Werner Rau

Mobil Reisen

NORWEGEN
Reisewege zum Nordkap

Die Grand Tour
für individuelles Wohnmobil-Cruising,
Caravaning, Auto- & Motorrad-Touring

Mit vor Ort erfassten GPS-Koordinaten

Mobil Reisen
Band 3

RAU'S REISEBÜCHER

MOBIL REISEN

NORWEGEN
REISEWEGE ZUM NORDKAP

Die Grand Tour
für individuelles Wohnmobil-Cruising,
Caravaning, Auto- & Motorrad-Touring

Oslo und Umgebung
Südnorwegen
Gletscher, Fjells und Fjorde
Westnorwegen und Lofoten
Finnmark und Nordkap

Mit vor Ort erfassten GPS-Koordinaten

WERNER RAU VERLAG STUTTGART

Idee, Layout, Text, Karten, Stadtpläne und Fotos (falls nicht anders gekennzeichnet): Werner Rau

Titelgestaltung: HitzArtworks, 72667 Schlaitdorf

Titelfoto: Lofoten-Insel Vestvågøy

12. überarbeitete, aktualisierte Auflage 2012/2013

Alle Rechte vorbehalten
© Werner Rau, Stuttgart

Herstellung: Druckerei & Verlag Steinmeier, 86738 Deiningen
Printed in Germany

ISBN   978-3-926145-47-5
Geo Nr. 663 10148

Nachdruck und Reproduktion in jeder Form, auch durch elektronische Medien, durch fotomechanische Wiedergabe, Datenverarbeitungssysteme jeglicher Art, Verbreitung im Internet, auch auszugsweise, nur mit ausdrücklicher schriftlicher Genehmigung des Verlages.

INHALT

Zum Kennenlernen

Die Touren, Übersichtskarte...... .... Umschlaginnenseite vorne
Der Reiseweg durch Norweger ....Umschlagaußenseite hinten
Ein Kurzporträt Norwegens 8
Kunst und Geschichte – in Stichworten.. 10
Bedeutende Persönlichkeiten, große Namen 16
Wie kommt man hin?.. 19
– Mit dem Auto... 19
– Fährverbindungen... 20

MOBIL REISEN – NORWEGENS SÜDEN

Oslo und Umgebung – 2 Touren - ca. 3 Tage   25

1. Halden – Oslo 26
2. Oslo 31

Südnorwegen – 6 Touren (plus 2 Alternativen) - ca. 8 Tage   53

3. Oslo – Kristiansand 54
4. Kristiansand – Egersund – Stavanger 68
    – Ausflüge zum Preikestolen und zum Lysefjord 80
5. (Alternative) Stavanger – Haugesund – Bergen.............................. 83
6. (Alternative) Stavanger – Odda – Bergen 90
7. Stavanger – Tonstad – Evje 100
8. Evje – Dalen 104
9. Dalen – Notodden – Åmot (Telemarkrundfahrt).........................109
10. Åmot – Røldal – Skånevik – Bergen 117

Gletscher, Fjells und Fjorde – 7 Touren - ca. 9 Tage   122

11. Bergen 123
12. Bergen – Voss 135
13. Voss – Flåm – Lærdal (Lærda søyri)...142
    – Alternativroute mit der Fähre durch den Nærøyfjord..............143
14. Lærdal (Lærdalsøyri) – Borgund – Gol – Lom 149
15. Lom – Sognefjell – Sogndal 162
    – Abstecher zum Gletscher Nigardsbreen 168
16. Sogndal – Loen..173
    – Abstecher an Norwegens Westkap 178
    – Ausflug zum Briksdalsgletscher...182
17. Loen – Geiranger – Trollstigen – Åndalsnes............................186
    – Abstecher nach Ålesund und Runde 196

Umkehrpunkt der Touren „Norwegens Süden" und Rückreise – ca. 2 Tage   202

18. Åndalsnes – Dombås – Otta – Lillehammer – Oslo 203
    – Alternativroute über Elverum...213

NORWEGENS NORDEN

Westnorwegen und die Inselwelt der Lofoten – 6 Touren - ca. 7 Tage   217

19. Åndalsnes – Molde – Kristiansund – Trondheim 218
20. (Alternative) Åndalsnes – Dombås – Trondheim......................225
    – Alternativroute über Røros.. 227

INHALT

21. Trondheim 232
22. Trondheim – Mosjøen 243
    – Alternativroute über Namsos (via R17) 244
    – – Abstecher nach Rørvik 246
    – Über die E6 nach Mosjøen 249
23. Mosjøen – Bodø – Lofoten 255
24. Lofoten Inseln 272
25. Vesterålen Inseln – Narvik 284

Finnmark und Nordkap – 6 Touren - ca. 9 Tage — 292

26. Narvik – Tromsø 293
27. Tromsø 295
28. Tromsø – Alta 301
29. Alta – Nordkap 310
    – Abstecher nach Hammerfest 310
    – Nordkap 316
30. Nordkap – Varanger Halbinsel – Kirkenes 320
31. Rückreisevarianten 333

Praktische und nützliche Informationen von A bis Z

Anschriften 337
Camping 337
– Thema Wohnmobil-Stellplätze 337
– Ver- und Entsorgung für Wohnmobile 338
– Hinweise über Angaben zu Campingplätzen 339
– Campinghütten 339
– Jedermannsrecht 340
Einreisebestimmungen 340
Freizeitaktivitäten 341
– Angeln 341
– Radfahren 342
– Wasser- und Kanusport 342
– Wandern 342
– Mückenschutz 343
Gesetzliche Feiertage 343
Hotels und andere Unterkünfte 344
Klima, Temperaturen 345
– Durchschnittstemperaturen 345
Medikamente, ärztliche Versorgung 345
Mitternachtssonne u. Polarnacht 346
Miniwortschatz – klein, aber nützlich 346
Mit dem Auto durch Norwegen 348
– Straßenmaut 349
– Pannenhilfe 350
– Verkehrsregeln 350
– Kraftstoffpreise 350
– Entfernungsübersicht 351
Öffnungszeiten 351
Post und Telefon 351
Reisen im Lande 352
– Mit dem Flugzeug 352
– Mit der Bahn 352
– Mit dem Bus 352
– Mit dem Mietauto 352

INHALT

– Mit dem Schiff 3532
– Hurtigruten 353
Reisezeit und Kleidung 353
Währung und Devisen 354
Zeichenerklärung 355
– GPS-Koordinaten 356

Register 357
– Campingplätze 357
– Stellplätze für Wohnmobile 363

Rau's Reisebücher „MOBIL REISEN" Programm 365

GPS-Roadbook-CD 372

Extra-Infos

„Alt for Norge", Norwegens Monarchie 10
Die Story vom „Schottenzug" 219
Das Ende des „Schottenzuges" 208
Ein Schiff erobert die Eismeere 44
Fjorde am „Nordweg" 144
Gas von „Schneewittchen" oder das zukunftsorientierte Hammerfest 312
Gletscher 171
Golfstrom 294
Längster Straßentunnel der Welt 147
Lofotfischfang 276
Mitternachtssonne und Polarnacht 264
Nordische Mythologie, die Welt mit den Augen der Wikinger 194
Nordlicht 300
Ölexporteur Norwegen 81
Sami, „Nomaden des Nordens" 308
Stabkirchen 152
Wasserstraßen in der Telemark 58
Wikinger, erste Entdecker Amerikas 241

Karten und Stadtpläne

Die Touren, Übersicht .... Umschlaginnseite vorne
Der Reiseweg durch Norwegen .... Umschlagaußenseite hinten
Routenkarten .... vor jeder Etappe

Bergen 125
Fährverbindungen 20
Finnmark und Nordkap 292
Gletscher, Fjells und Fjorde 122
Kristiansand 65
Nordkapplateau 318
Westnorwegen und Lofoter 217
Oslo, Stadtplan Großraum 31
Oslo, Stadtplan Zentrum 35
Oslo, Norsk Folkemuseum 40
Stavanger 76
Südnorwegen 53
Tromsø 296
Trondheim 234

EIN KURZPORTRÄT NORWEGENS

Das **Königreich Norwegen**, das *Kongeriket Norge*, das mit alten Namen auch als *Noregi, Nåri, Thule* oder *Nuruniak* bezeichnet wurde, liegt am Westrand der skandinavischen Halbinsel und grenzt im Westen an die Nordsee (Atlantik), im Norden ans Eismeer, im Osten an Russland (fast 200 km Grenze), an Finnland (über 700 km Grenze) und an Schweden (1.619 km Grenze) und im Südosten an den Skagerrak.

Größe des Landes

Die Gesamtfläche (ohne Svalbard und Jan Mayen) beläuft sich auf 323.759 qkm (BRD 357.050 qkm). Davon sind nur rund 4% bebaut oder anderweitig genutzt, z. B. durch Landwirtschaft.

Die Nord-Süd-Ausdehnung des norwegischen Territoriums beträgt 1.752 km, die Ost-West-Ausdehnung beläuft sich auf rund 430 km, wobei die schmalste Stelle des Landes nur ca. 6 km breit ist.

Küstenlänge: Luftlinie 2.650 km, mit allen Fjorden und Buchten rund 21.192 km, zusätzlich mit allen Inseln 57.009 km.

Einwohnerzahl: 4,79 Mio. (Deutschland rund 82,1 Mio.).

Hauptstadt ist Oslo mit annähernd 575.000 Einwohnern.

Staatsform

Als Staatsform hat Norwegen die Konstitutionelle Monarchie (seit 1905) mit demokratischer Verfassung gewählt.

In ihrer noch heute gültigen Form wurde Norwegens Verfassung in Eidsvoll von der Nationalversammlung beschlossen und am 17. Mai 1814 verkündet. Norwegens Verfassung ist eine der ältesten in Europa und wurde bei ihrer Entstehung von den Leitgedanken der Französischen Revolution beeinflusst.

Dem Monarchen (seit 1991 König Harald V.) – er ist auch Oberhaupt der Staatskirche und oberster Befehlshaber der Streitkräfte – obliegt die ausübende, vollziehende Gewalt (Exekutive). Die gesetzgebende Gewalt (Legislative) liegt beim Parlament, dem „Storting", und die richterliche Gewalt (Jurisdiktion) beim Rechtswesen.

Der König ernennt mit Zustimmung des Parlaments den Ministerrat.

Das Parlament wird alle vier Jahre als Ein-Kammer-Parlament in geheimer Wahl neu gewählt und setzt sich aus 165 Mitgliedern zusammen. Das Parlament wählt aus seiner Mitte 38 Abgeordnete, die das „Lagting" bilden. Die restlichen Abgeordneten stellen das „Oldesting" dar.

Die meisten Norweger (ca. 88%) gehören der evangelisch-lutherischen Staatskirche an.

Landesnatur

Zu drei Vierteln besteht Norwegen überwiegend aus Gebirgen, Gletschern und Tundra. Das restliche Viertel ist in erster Linie Wald, der sich in der Südostecke des Landes (Östlandet) konzentriert.

Im **Südosten** und östlich des Oslofjords wird die Landschaft geprägt von Flußtälern, wie das Österdal mit dem Fluß Glåma oder das weiter nordwärts führende Gudbrandsdal mit grünen, fruchtbaren Talgründen und waldreichen Höhen. An der Übergangsstelle des Tallandes in die verzweigte Küstenregion des weit ins Land reichenden Oslofjordes liegt die Hauptstadt des Landes.

Westlich schließt die Region **Telemark** an, die den Übergang zum weiter westlich gelegenen südnorwegischen Hochland bildet. Neben der Telemark zählen die Provinzen **Östfold, Vestfold, Akershus, Buskerud, Oppland** und **Hedmark** zu dieser Region.

Die **Südküste** Norwegens vom Oslofjord bis Stavanger ist eine Fels- und Schärenküste mit kaum nennenswerten größeren Buchten oder gar ins Land reichenden Fjorden. Hier liegen die Provinzen **Austagder** und **Vestagder**. Die relativ wirtliche Küste erlaubte eine dichte Besiedelung. Arendal, Kristiansand, Mandal oder Stavanger sind hier die bedeutendsten Küsten- und Hafenstädte.

Norwegens südlichster Punkt, das **Kap Lindesnes**, ist westlich von Mandal zu finden. Viele Täler, wie das schöne Setesdal, streben vom gebirgigen Inland hauptsächlich südwärts zur Küste.

Das **südnorwegische Hochland** ist das Gebiet der Fjells, der Hochflächen (Hardangervidda), Berge und Gletscher. Ein wunderbares Gebiet übrigens, für handfeste Wandertouren. Die wichtigsten Gebirgszüge hier sind das **Dovrefjell** mit dem 2.286 m hohen *Snöhetta* und **Jotunheimen**. Jotunheimen ist Skandinaviens größtes zusammenhängendes Hochgebirge. Hier findet man Norwegens höchste Erhebung, den 2.469 m hohen *Galdhöpiggen* und den Jostedalsbreen, mit 486 qkm größter europäischer Gletscher.

EIN KURZPORTRÄT NORWEGENS

Noch dramatischer wird das ohnehin schon imposante Landschaftsbild des südnorwegischen Hochlandes durch die ungeheuer tief ins Land schneidenden, steilen und tiefen Arme des **Nordfjords**, des **Sognefjords** oder des **Hardangerfjords**.

Die **westnorwegische Schären- und Fjordküste** umfaßt den größten Teil der überaus zerklüfteten und zerrissenen Westküste des Landes. Zum einen ist dieser Küstenstrich das Hauptgebiet der norwegischen Heringsfischerei, zum anderen aber ist er das Land der bezaubernden Fjordwelt, mit Landschaftsbildern, die jede Reise lohnen. **Rogaland, Hordaland, Sogn og Fjordane** und **Møre og Romsdal** sind die Provinzen dieser Landesregion.

Mittelnorwegen mit den Provinzen **Sør-Trøndelag** und **Nor-Trøndelag** ist ein Mittelgebirgsland am hier abgeflachten westskandinavischen Gebirgsrücken, mit weiten Wäldern, aber auch mit Wiesenflächen und Feldern. Das Gebiet um die alte Königsstadt **Trondheim** am Trondheimsfjord ist uraltes norwegisches Kulturgebiet.

Nordnorwegen schließlich, mit den Provinzen **Nordland, Troms** und **Finnmark**, ist das Land der Mitternachtssonne und der Polarlichter, der Samen und der menschenleeren Weiten der Tundra. Hier findet man die Inselgruppen der Vesterålen und Lofoten, Zentren der Kabeljaufischerei und des Dorschfangs, die Hafenstädte Bodø, Narvik, Tromsø, Alta, Hammerfest und Kirkenes und das **Nordkap**, den nördlichsten per Straße erreichbaren Punkt Europas. Nicht nur von strategischer, sondern mit ihrem reichen Eisenerzvorkommen auch von wirtschaftlicher Bedeutung, ist die Varangerhalbinsel im äußersten Nordosten des Landes. Die geförderten Erze werden in Kiruna verarbeitet und über den Hafen von Narvik verschifft.

Wirtschaftliche Schwerpunkte

Die Bedeutung der klassischen Erwerbszweige wie Landwirtschaft und Fischerei nehmen im Vergleich zu den anderen Wirtschaftssektoren mehr und mehr ab.

Die in erheblichem Umfang aus Wasserkraft gewonnene Elektrizität ermöglicht eine extensive Herstellung und Verarbeitung energieintensiver Produkte auf den Gebieten Metall und Chemie. Export von Nickel, Magnesium, Mangan, Kupfer und Zink. Ausgeprägte Forstwirtschaft, holzverarbeitende Industrie und Papierindustrie.

Unter norwegischer Flagge fährt die viertgrößte Handelsflotte der Welt.

Seit etwa 1970 spielt die Off-Shore-Exploration in der Nordsee für Norwegens Wirtschaft eine herausragende Rolle. Große Erdöl- und Gasvorkommen machten das Land zu einem wohlhabenden Öl- und Gasexportland. Begleitet wird die Öl- und Gasförderung von einer wachsenden Off-Shore-Industrie. Darunter sind Werften, die der Welt größte Ölbohrplattformen bauer (siehe auch unter „Ölexporteur Norwegen").

Die **Nationalflagge** ist ein quer liegendes blaues, weiß umrandetes Kreuz auf rotem Grund.

Südlichster per Auto erreichbarer Punkt: Kap Lindesnes 57°57'31" nördlicher Breite.

Nördlichster Punkt: Nordkap 71°10'21" nördlicher Breite.

Längster Fjord: Sognefjord, ca. 200 km lang und bis 1.308 m tief.

Größter See: Mjøsa, 368 qkm (von insgesamt über 200.000 Binnenseen im Lande).

Tiefster See: Hornindalsvatnet, 604 m tief, Europas tiefster See.

Höchster Berg: Galdhøpiggen, 2.469 m.

Größter Gletscher: Jostedalsbreen 486 qkm (von insgesamt fast 1.700 Gletschern in ganz Norwegen, gleichzeitig Europas größter Gletscher).

Größte Insel: Hinnøya (Vesterålen), 2.198 qkm.

Längster Fluss: Glomma, ca. 600 km.

Nationalfeiertag: 17. Mai, Tag der Verfassung.

Norwegens Nationalhymne beginnt mit der Worten: „Ja, wir lieben dieses Land...".

Autokennzeichen: N

KUNST UND GESCHICHTE – IN STICHWORTEN

„Alt for Norge"
Norwegens Monarchie

Seine Majestät König Harald V. von Norwegen trat nach dem Tode seines Vaters, König Olav V., am 21. Februar 1991 die Thronfolge an. Und wie sein Vater und sein Großvater, König Haakon VII., wählte er das Motto „Alt for Norge", „Alles für Norwegen".

König Harald wurde am 21. Februar 1937 auf Skaugum, einem Gut der königlichen Familie in Asker bei Oslo, geboren. Nach 567 Jahren war er der erste im Lande geborene norwegische Prinz. Entsprechend groß war die Begeisterung im norwegischen Volk.

König Haralds Eltern waren König Olav V. (1903 – 1991, Sohn von König Haakon VII., ehemals Prinz Carl von Dänemark und Königin Maud, Tochter von König Edvard VII. von Großbritannien) und Kronprinzessin Märthe (1901 – 1954, Tochter von Prinz Carl von Schweden und Prinzessin Ingeborg).

Die Erziehung des Erbprinzen Harald entspricht der königlichen Tradition und der späteren Verantwortung des Monarchen – Volksschule in Smestad, Kathedralschule in Oslo, Offiziersanwärterschule der Kavallerie, Militärakademie, Balliol College in Oxford.

Norwegens Königspaar
König Harald V. und Königin Sonja
Foto: Norwegische Botschaft, Berlin

KUNST UND GESCHICHTE – IN STICHWORTEN

Mit dem Rückgang der Eismassen am Ende der Eiszeit vor 10.000 bis 15.000 Jahren drangen die ersten Menschen, wahrscheinlich aus osteuropäischen Gegenden, auf die skandinavische Halbinsel vor.

Um 8000 – 2000 v. Chr. – Norwegen ist – wenn auch recht spärlich und nur an den Küsten – bis in den hohen Norden von Menschen der **Steinzeitkultur** bewohnt.

Spuren aus jener Zeit sind in Form von Felsgravuren (Felszeichnungen – norw. „*helleristninger*") vom Süden des Landes bis hinauf nach Alta in der Finnmark heute noch zu besichtigen. Dargestellt sind jagende Menschen, Tiere (Rentiere, Elche, Bären etc.), Boote und die wohl erste Skizzierung eines skifahrenden Menschen. Eine Kopie davon ist vor dem Skifahrtmuseum an der Holmenkollenschanze in Oslo zu sehen. Diese Felszeichnungen zählen mit zu ersten Objekten in der europäischen Kunstgeschichte.

In der **jüngeren Steinzeit** wird auch im Landesinneren mit der Kultivierung des Bodens und mit einer bescheidenen Landwirtschaft begonnen.

Um 1000 v.Chr. – In der Bronzezeit werden die alten Steinwerkzeuge und Waffen rasch von der widerstandsfähigeren Bronze verdrängt. Erste eherne Gebrauchs- und Ziergegenstände werden gefertigt. Als Zeugen aus der Vorgeschichte sind Felsritzungen, Hünengräber und Dolmen erhalten.

5. Jh. v. Chr. – Erstmals wird Eisen verwendet.

1. – 6. Jh. n. Chr. – In Norwegen beginnen sich Siedlungen und Stammesgemeinschaften zu bilden. Am Trondheims-fjord formt sich das erste von einem König regierte Reich.

Die Zeit um das 5. Jh., die Zeit der Völkerwanderung, bringt Bewegung in die norwegischen Stammesgebiete. Von Süden kommende Stämme drängen die Ansässigen nach Westen und Norden. Die Zeit ist

KUNST UND GESCHICHTE – IN STICHWORTEN

Im August 1968 heiratet Kronprinz Harald die bürgerliche Sonja Haraldsen. Der Umstand führte aber nur kurzfristig zu Debatten, in der Öffentlichkeit wie auch im Storting und im Kabinett. In der Bevölkerung wurde die künftige Königin mit Begeisterung aufgenommen. Aus der Ehe gehen zwei Kinder hervor, Prinzessin Märthe Louise, geboren am 22. September 1971 und der Thronfolger Prinz Haakon, geboren am 20. Juli 1973.

Als Kronprinz war Harald Stellvertreter des Königs und in dieser Eigenschaft leitete er seit der Erkrankung seines Vaters, König Olav, ab 1990 die Staatsratssitzungen und nahm andere Aufgaben des Königs wahr.

Nach dem Tod seines Vaters am 17. Januar 1991 legte König Harald am 21. August 1991 seinen Eid auf die Verfassung ab. Königin Sonja begleitete ihn bei diesem historischen Ereignis im Storting. Zu dieser Zeit war es 69 Jahre her, dass im Parlamentssaal eine Königin zugegen war.

Am 23. Juni 1991 wurde König Harald auf eigenen Wunsch im Nidaros-Dom zu Trondheim gesegnet. Auch Königin Sonja nahm den Segen der Kirche entgegen. Im Sommer desselben Jahres unternahm das Königspaar eine zehntägige Segnungsreise durch das südliche und im Jahr darauf durch das nördliche Norwegen.

Seine Majestät König Harald hat sich bei einer Reihe von nationalen und internationalen Segelwettbewerben einen Namen gemacht. Als Kronprinz hat er Norwegen mehrere Male bei den Olympischen Spielen vertreten; 1968 hat er im Kampf um den Goldpokal den Sieg davongetragen, 1972 die Kieler Regatta gewonnen und im Sommer 1987 wurde er Weltmeister mit seinem neuen Eintonner „Fram X".

Die persönliche und die engagierte Weise, in der König Harald und Königin Sonja, die von einer überwältigenden Mehrheit der Bevölkerung hoch geschätzt werden, ihre offiziellen Aufgaben wahrnehmen, ist eine von mehreren Ursachen dafür, dass die Monarchie in Norwegen heute so gefestigt ist. Eine weitere Ursache ist die Bedeutung der Königlichen Familie als Symbol der Stabilität und politischen Kontinuität.

geprägt von kriegerischen Auseinandersetzungen zwischen den zahlreichen Sippen, Stämmen und Kleinkönigreichen, die sich in den vielen Tälern etabliert haben.

8.–9. Jh. n. Chr. – Es ist die Zeit der **Wikinger**, eine Zeit, in der sich das Augenmerk der Bevölkerung vor allem aufs Meer richtet. Wikinger bestimmen das Geschehen im nord- und mitteleuropäischen Raum.

Zeugen aus der Wikingerzeit sind noch erhalten, z. B. im sehenswerten Wikingerschiff-Museum in Oslo.

In ihren bewundernswerten, meisterlich konzipierten und gebauten Holzbooten erkunden die Wikinger die Meere. Auf Handels- und Raubzügen dringen sie nach Frankreich, bis an den Bosporus, nach England, Island, Grönland, ja bis nach Nordamerika vor (siehe auch „Wikinger, erste Entdecker Amerikas").

Zwischen dem 9. und 11. Jh. erobern Waräger, einerseits handels- und geschäftstüchtige, andererseits kriegslüsterne Wikinger aus Schweden, Teile des Baltikums und segeln bis Byzanz.

872 – König Harald Hårfagre („Schönhaar") versucht das in viele Kleinkönigreiche zersplitterte Norwegen zu einem Reich zu einen, ohne Erfolg.

Um 1000 – Wikingerschiffe unter *Leif Erikson* erreichen die Küste Nordamerikas. In Nidaros (heute Trondheim) regiert König *Olav Tryggvasson*, ein Nachfahre Harald Schönhaars. Er versucht erneut, Norwegen zu einen.

Unter König Olavs Schutz beginnt die Christianisierung des Landes. Olav Tryggvasson fällt in der Schlacht gegen die Truppen Dänemarks und Schwedens bei der Insel Rügen.

Sein Nachfolger, König *Olav Haraldsson* („der Heilige"), verhilft dem Christentum in Norwegen zum Durchbruch. Der König fällt am 29. Juli 1030 bei Stiklestad (alljährlich St. Olav Festspiele) im Kampf für die neue Religion, die zur Staatsreligion ernannt wird. König Olav wird Norwegens Nationalheiliger.

KUNST UND GESCHICHTE – IN STICHWORTEN

1035 – 1047 – Es regiert König *Magnus Olavsson* („der Gute"). Ihm gelingt es, die Eigenständigkeit und Geschlossenheit des jungen norwegischen Königreichs gegenüber Schweden und Dänemark zu festigen und zu sichern.

1048 – oder 1050 wird Oslo von König *Harald Hårdråde* („der Harte") gegründet. 1066 fällt König Harald Hårdråde in England im Kampf um den englischen Thron. Mit ihm geht die große Zeit der Wikinger zu Ende.

1070 – Bergen wird gegründet. Die norwegische Hafenstadt entwickelt sich rasch zu einem wichtigen Handelsplatz und wird nach Trondheim, damaliger Sitz des einflußreichen Klerus und Residenzstadt, zur wichtigsten Stadt des Königreichs.

12. Jh. – Die christlichen Kreise um den Erzbischof von Trondheim nehmen mehr und mehr Einfluß auf die politischen Geschehnisse am Königshof. Sie festigen ihren Rückhalt bei wichtigen Familien des Landes und verlangen schließlich ein Mitspracherecht bei der Vergabe der Königswürde.

Der Handelsbund der norddeutschen **Hanse** erlangt Macht und Einfluß im skandinavischen Raum.

Das 11. und 12. Jahrhundert waren die Blütezeit der **Stabkirchen-Architektur** in Norwegen. Die älteste noch erhaltene Stabkirche des Landes ist die von Urnes. Sie entstand um 1090 (siehe auch unter „Stabkirchen").

13. Jh. – Nicht zuletzt durch die Politik der Kirche kommt es zu Rivalitäten bei der Erbfolge am norwegischen Königshof.

1217 – *Håkon Håkonsson* wird zum König von Norwegen gekrönt. Die Königswürde wird von nun an an den ältesten Sohn des Königs vererbt.

Mitte des 13. Jh. wird das Königreich Norwegen um die Inseln Island und Grönland erweitert. Die deutsche Hanse festigt ihre Position als Handelsmacht in Bergen.

1276 – Erstmals werden für das ganze Königreich geltende Gesetze eingeführt.

Zeugen mittelalterlicher Baukunst in Norwegen sind die 1261 fertiggestellte Håkonshalle und die Marienkirche aus dem 12. Jh. in Bergen. Auch die Domkirche von Stavanger zählt zu den Baudenkmälern aus jener Zeit. Sie entstand im 12. Jh., wurde aber später des öfteren restauriert und umgebaut, wobei Stilelemente der Gotik und später des Barock hinzugefügt wurden. Das wohl bedeutendste gotische Kirchenbauwerk Norwegens stellt der Nidarosdom zu Trondheim dar.

Die bildenden Künste entfalteten sich im Mittelalter in erster Linie auf dem Gebiet der Kirchenkunst. Altartafeln, Schnitzwerk und Holzplastiken sind erhalten.

Aus dem frühen 13. Jh. ist das erste Werk **norwegischer Literatur** bekannt. *Snorri Sturluson* (1179 – 1241) schrieb auf Island die **Königs-Sagas**. Sie vermitteln ein Bild der Sitten und der Geschichte des 12. Jh.

Mitte des 13. Jh. entstand der **„Königsspiegel"**, der Einblick in das Leben an den nordischen Höfen der damaligen Zeit gibt.

1319 – *Magnus Eriksson* wird König von Norwegen und Schweden.

Bei den Bestrebungen um eine skandinavische Union der drei Königreiche Norwegen, Schweden und Dänemark gerät Norwegen mehr und mehr ins Hintertreffen.

1320 – Der Bau des Nidarosdoms in Trondheim wird abgeschlossen. Der im 12. Jh. im romanischen Stil begonnene Monu-

Holzschnitzereien an der Stabkirche von Urnes aus dem 11. Jh.

KUNST UND GESCHICHTE – IN STICHWORTEN

mentalbau ist Krönungskirche und Norwegens bedeutendster Sakralbau.

1350 – Während einer verheerenden Pestepidemie stirbt nahezu die Hälfte der Bevölkerung des Landes. Norwegen wird wirtschaftlich von der Hanse, politisch von Schweden und 1380 mit *Olav Håkonsson*, der in Personalunion König von Dänemark und Norwegen ist, auch von Dänemark abhängig.

1397 – Die **„Kalmarer Union"** wird auf Betreiben und unter Vorsitz der dänischen *Königin Margrethe* unterschrieben. Beabsichtigt ist, Schweden, Dänemark und Norwegen unter einem dänischen Unionskönig zu vereinigen. Bald aber versucht Schweden, sich der dänischen Vorherrschaft zu entziehen. Es gibt Aufstände, die der Bauernführer Engelbrekt nutzt und sich zum Reichsvorsteher Schwedens ernennen lässt. Es entsteht ein Reichstag, zu dem Adel, Geistlichkeit, Bürgertum und Bauern ihre Vertreter entsenden.

Norwegen bleibt bis 1814 mit Dänemark verbunden.

Während der gesamten Unionszeit mit Dänemark findet eine eigenständige Entfaltung der Künste in Norwegen kaum statt. Lediglich im 17. Jh. treten zwei Literaten hervor, *Peter Dass*, ein Kirchenmann, der zwischen 1647 und 1708 lebte und mit seiner *„Nordland-Trompete"* das Leben in Nordnorwegen beschrieb, und *Ludvig Holberg*. Er wurde zwar in Bergen geboren (1684), lebte aber bis zu seinem Tod 1754 in Dänemark. Er schrieb u. a. Komödien.

15. Jh. – Norwegen muss die Orkney- und Shetland-Inseln an die schottische Krone abtreten.

1523 – Gustav Wasa wird zum schwedischen *König Gustav I.* gewählt. Er tritt aus der Kalmarer Union aus.

1537 – Durch die von Dänemark erzwungene Abschaffung des Reichsrates wird Norwegen faktisch der Status eines eigenständigen Königreichs (bis 1814) genommen. Aufstände gegen die dänische Krone scheitern.

Während der Reformation werden auch die katholischen Bischöfe Norwegens entmachtet. Dem dänischen Königshaus fallen die riesigen Ländereien zu, die ehemals im Besitz des Klerus waren.

Aus der Kunstepoche der **Renaissance** gilt in Norwegen der Rosenkrantzturm in Bergen aus der Mitte des 16. Jh. als schönes Beispiel.

1563 – 1570 – Im Siebenjährigen Krieg wird Norwegen als Reichsteil Dänemarks in die Kriegshandlungen gegen Schweden verstrickt.

Nachdem um 1550 die Vormachtstellung der Hanse in Norwegen durch Dänemark gebrochen worden war, konnte Norwegen langsam einen zunächst bescheidenen Auslandshandel beginnen. Dabei nutzte man den natürlichen Reichtum des Landes – Holz und Fisch. Die Erfolge auf dem Gebiet des Handels weckten auch den Wunsch nach nationaler Selbständigkeit.

17. Jh. – Die erste Hälfte des Jahrhunderts ist geprägt von Kriegen zwischen Dänemark und Schweden (1611 – 1614 und 1643 – 1645), in die auch Norwegen verwickelt ist. Norwegen verliert die Provinzen Härjedalen, Jämtland und 1658 auch Bohuslän.

1709 – 1721 – „Nordischer Krieg". Schweden unter König Karl XII. steht im Krieg mit Dänemark und Norwegen, mit Sachsen, Preußen, Polen, Russland und Hannover.

1716 – Schwedische Truppen besetzen kurzzeitig Oslo (damals Christiania). Nach den Kriegswirren verschaffen Handelsmonopole zu Gunsten Norwegens dem Land die Möglichkeit, seine Exportgeschäfte auszubauen. Vor allem die Handelsschifffahrt und der Schiffsbau erleben eine Blütezeit.

1807 – 1814 – Während des Krieges Englands und Schwedens mit Dänemark/Norwegen verhängt England zwischen 1809 und 1812 eine Blockade, die die Verbindungen Norwegens mit Dänemark sehr stört und Norwegens Handelsschifffahrt hart trifft.

Die häufigen Kriege, in die Norwegen durch die Union mit Dänemark meist unfreiwillig verstrickt wird und nun auch der Niedergang des Handels, lassen die unzufriedenen Stimmen über die miserable Außenpolitik Dänemarks in Norwegen laut werden. Man strebt nun entschlossen die Unabhängigkeit von Dänemark an.

1809 – Frieden mit Schweden.

1814 – Kieler Frieden. Nach den Wirren der napoleonischen Kriege – Dänemark hatte während dieser Zeit mit Frankreich sympathisiert – muss sich Dänemark gegenüber England geschlagen geben und Helgoland an England und Norwegen an Schweden abtreten.

Norwegen erklärt sich mit den Resultaten des Kieler Friedensvertrages nicht

KUNST UND GESCHICHTE – IN STICHWORTEN

einverstanden, fordert seine nationale Eigenständigkeit und beruft am 10. April 1814 in Eidsvoll eine **Nationalversammlung** ein, die am **17. Mai 1814** eine neue Verfassung verkündet. Zum neuen König wird der dänische Kronerbe *Christian Frederik* gewählt.

Schweden und auch England sind mit diesem Akt nicht einverstanden und bestehen auf der Einhaltung des Kieler Friedensvertrages. Es kommt im Juli und August 1814 zum Krieg mit Schweden.

Schon am 14. August 1814 aber wird ein Waffenstillstand mit Schweden geschlossen. König Christian Frederik dankt ab und geht außer Landes. Das Storting in Oslo akzeptiert die Union mit Schweden und die Weisungen der schwedischen Krone in außenpolitischen Fragen. Innenpolitisch aber kann die in Eidsvoll verkündete Verfassung angewandt werden. Die Union mit Schweden dauert bis 1905.

Island, Grönland und die Faröer werden von Dänemark annektiert. Der Versuch Dänemarks ganz Schleswig einzugliedern, führt zu den deutsch-dänischen Kriegen 1848, 1850 und 1864.

Mitte des 19. Jh. – „Nynorsk", eine aus den verschiedenen Dialekten (Landsmål) entstandene Sprache, wird offizielle Landessprache in Norwegen.

Erneute Blütezeit der norwegischen Handelsschiffahrt. Industrialisierung des Landes. Starke Landflucht und 1882 Auswanderungswelle nach Amerika.

1872 – Am 3. August 1872 wird als zweitältester Sohn des dänischen Königs Frederik VII., *Prinz Carl*, der spätere norwegische König *Håkon VII.* geboren.

Nach der Trennung Norwegens von Dänemark und der Wiedererlangung einer gewissen staatlichen Souveränität, entwickelte sich in Norwegen nach und nach wieder ein **eigenständiges Geistes- und Kunstleben.**

Das 19. Jh. wurde zu einer Zeit der kulturellen Blüte in Norwegen. Es ist die Zeit des Dramatikers *Henrik Ibsen*, des Komponisten *Edvard Grieg*, des Malers *Edvard Munch*, des Bildhauers *Vigeland* und anderer namhafter Künstler (siehe auch unter „Bedeutende Persönlichkeiten, große Namen").

1903 – Am 2. Juli 1903 wird Olav, Kronprinz von Norwegen und späterer König von Norwegen bis 1991, geboren.

1905 – Das norwegische Parlament tritt zurück und erklärt am 7. Juni die Personalunion mit Schweden für beendet. In einer Volksabstimmung am 13. August dis-tanzieren sich die Norweger mit überwältigender Mehrheit von der Union mit Schweden. Eine fast ebenso große Volksmehrheit stimmt für eine parlamentarische Monarchie als Staatsform für das nun endgültig unabhängige Norwegen. Am 18. November 1905 wird der dänische *Prinz Carl* als *Håkon VII.* zum norwegischen König gewählt.

Im gleichen Jahr durchsegelt *Roald Amundsen* als erster mit seinem Schiff „Gjøa" die schon lange gesuchte Nordwestpassage.

1906 – Am 22. Juni 1906 wird König Håkon VII. in der Domkirche zu Trondheim zum König von Norwegen gekrönt.

1911 – Roald Amundsen erreicht am 4. Dezember als erster Mensch den Südpol, rund vier Wochen vor dem Engländer Scott.

1912 – Die Frauen Norwegens erhalten das Wahlrecht.

Stockholm ist Austragungsort der Sommerspiele der 5. Olympiade.

1914 – 1918 – Erster Weltkrieg. Dänemark und Norwegen bleiben neutral. 1918 wird Island selbständiges Königreich.

1919 – 1940 – Die Weltwirtschaftskrise um 1930 wird auch in Norwegen spürbar. Arbeitslosigkeit und die schlechte Situation der Bauern stärkt die sozialistische Arbeiterpartei, die ab 1935 schließlich die Regierung bildet.

Ab 9. April 1940 beginnen Truppen der deutschen Wehrmacht Norwegen zu besetzen. Oslo wird eingenommen und andere wichtige Städte, darunter Narvik, das mit seinem Verschiffungshafen des aus Kiruna in Schweden stammenden Erzes natürlich von besonderer Bedeutung war.

Die Regierung und König Håkon VII. fliehen nach England und setzen von dort aus den Kampf gegen Hitlers Truppen fort.

Während der fünfjährigen deutschen Besetzung führt der Norweger *Vidkun Quisling* eine den Besatzern genehme Regierung.

1945 – Im Mai kapitulieren die deutschen Truppen in Norwegen. Der König kehrt im Juni nach Oslo zurück. Vidkun Quisling wird zum Tode verurteilt. Im November wird Norwegen Mitglied der Vereinten Nationen (UN).

1949 – Norwegen wird Mitglieder der NATO.

1950 – Das 1933 begonnene Rathaus von Oslo wird vollendet.

1952 – Der Nordische Rat wird gegründet. Ihm gehören alle fünf Nordischen

KUNST UND GESCHICHTE – IN STICHWORTEN

Länder Dänemark, Norwegen, Schweden, Island und Finnland an. Es beginnt eine enge Kooperation und Annäherung der Gesetzgebung der Nordischen Länder (Sozialabkommen, Arbeitsrecht, Passrecht, Entwicklungs- und Handelspolitik u. a.).

1957 – Im Alter von 85 Jahren stirbt der norwegische König *Håkon VII*. Er war verheiratet mit der englischen Prinzessin *Maud* (gest. 1938). Nachfolger auf dem Thron wird der 1903 geborene einzige Sohn des Königspaares, *Olav V*.

Aus der Ehe König Olavs V. mit der schwedischen Prinzessin *Märthe* (gest. 1954) gingen drei Kinder hervor, die 1930 geborene Prinzessin *Ragnhild*, die 1932 geborene Prinzessin *Astrid* und der 1937 geborene Thronfolger Kronprinz *Harald*.

Zu den norwegischen Künstlern moderner Prägung zählen u. a. Bildhauer wie *Lunde, Rasmussen, Emil Lie* oder *Anne Grimdalen*, die das Reiterstandbild König Harald Hårdrådes an der Westseite des Rathauses schuf. Die Künstlerin wurde aber vor allem wegen ihrer Tierplastiken (Bären) bekannt.

Namhafte norwegische Komponisten der Zeit sind u.a. *Klaus Egge* oder *Ludvig I. Jensen*.

1966 – Beginn der Off-Shore-Exploration, der Suche nach Öl und Gas in der Nordsee (siehe auch unter „Ölexporteur Norwegen").

1971 – Erste Ölförderung auf norwegischen Ölfeldern.

1972 – In einem Volksentscheid votiert die Mehrheit der Norweger gegen einen Beitritt zur Europäischen Gemeinschaft (EG). In den folgenden Jahren verhelfen die reichen Öl- und Gasvorkommen und die mit deren Erschließung und Förderung verbundenen Industrien Norwegen zu wirtschaftlichem und sozialem Wohlstand.

1981 – *Gro Harlem Brundtland* von der Norwegischen Arbeiterpartei wird mit 42 Jahren Norwegens jüngste Premierministerin.

1989 – Am 7. April 1989 sinkt im Eismeer nördlich der norwegischen Küste ein atomgetriebenes sowjetisches U-Boot.

1994 – Vom 12. bis 27. Februar 1994 finden im südnorwegischen Lillehammer die 17. Olympischen Winterspiele statt.

Im Mai wird der Ministerpräsidentin Gro Harlem Brundtland in Aachen der Karlspreis verliehen.

Am 2. Dezember 1994 stimmen die Norweger erneut über den Beitritt ihres Landes zur EU ab. Überraschend klar fällt die Ablehnung aus. 52,2% der Wahlberechtigten sprechen sich gegen einen Beitritt aus.

1995 – Seit dem 25. Oktober 1995 bildet ein neues Kabinett unter Ministerpräsident *Thorbjørn Jagland* von der Norwegischen Arbeiterpartei die Regierung.

1997 – Am 15. September 1997 wählen die Norweger ihr neues Parlament. Jagland verfehlt das angestrebte Ziel, wieder Ministerpräsident zu werden, um 2%. Er tritt im Oktober zurück. Neuer Ministerpräsident wird *Kjell Magne Bondevik* von der Christlichen Volkspartei.

2000 – Nach dem Rücktritt der norwegischen Regierung unter Bondevik am 17. März 2000 übernimmt *Jens Stoltenberg* das Amt des norwegischen Ministerpräsidenten an. Er bildet eine sozialdemokratische Minderheitsregierung.

2001 – Am 25. August heiraten Kronprinz Haakon und Mette-Marit Tjessem Høiby in der Kathedrale zu Oslo.

Parlamentswahlen am 10. September. Neuer Premierminister wird Kjell Magne Bondevik. Bondevik bildet mit der konservativen Partei Høyre (38 Sitze im Storting), der Christlichen Volkspartei (22 Sitze) und der Liberalen Partei Venstre (2 Sitze) eine Minderheitsregierung.

2002 – Thor Heyerdal stirbt am Freitag, dem 19. April 2002.

Prinzessin Märtha Luise und Ari Behn heiraten am 24. Mai 2002 im Nidarosdom in Trondheim. Das Hochzeitsbankett findet im Stiftsgården statt, der königlichen Residenz in Trondheim.

2004 – Am 22. August 2004 werden am hellichten Tage in Oslo zwei der wertvollsten Gemälde von Edward Munch, nämlich „Der Schrei" und „Madonna", aus dem Munch Museum geraubt.

Am 21. Januar 2004 wird Prinzessin Ingrid Alexandra geboren. Somit ist die Thronfolge gesichert und Norwegen könnte nach über 600 Jahren wieder eine Königin haben. Erst 1990 wurde die Verfassung entsprechend geändert.

2005 – Die Wahlen am 12. September konnte die Sozialdemokratische Arbeiterpartei mit 32,8% gewinnen und zusammen mit der grünen und der linken Partei eine Regierung bilden. Neuer Premierminister wird Jens Stoltenberg.

2006 – Die Polizei von Oslo fand am 31. August die beiden berühmten Munch-Bil-

BEDEUTENDE PERSÖNLICHKEITEN, GROSSE NAMEN

der „Der Schrei" und „Madonna" bei einer Razzia wieder.

2011 – Am 22. Juli tötete ein politisch Verblendeter kaltblütig 77 Menschen. Zunächst verloren 8 Menschen durch ein Bombenattentat in der Osloer Innenstadt ihr Leben. Danach erschoss der Attentäter 69 Teilnehmer eines Jugendlagers auf der Insel Utøya vor Oslo. Der Täter wurde festgenommen. Die Taten bereut hat er bislang nicht.

BEDEUTENDE PERSÖNLICHKEITEN, GROSSE NAMEN

Roald Amundsen (1872 – 1928), Polarforscher. Amundsen wird am 16. Juli 1872 geboren. Erste Forschungsfahrten mit dem Schiff „Gjøa" von 1903 bis 1906 zur Erkundung eines schiffbaren Weges durch die Nordwestpassage.

Am 14. Dezember 1911 erreicht Amundsen als erster den Südpol. Näheres unter „Oslo, Fram Museum". 1926 überfliegt er zusammen mit dem italienischen Luftschiffkonstrukteur Umberto Nobile mit dem Luftschiff „Norge" den Nordpol. 1928 kommt der Polarforscher von einer Rettungsaktion für den mit seinem Luftschiff „Italia" in der Arktis notgelandeten Nobile nicht zurück und bleibt verschollen.

Roald Amundsen

Bjørnstjerne Bjørnson (1832 – 1910), Schriftsteller, Dramatiker und Theaterdirektor. Eines seiner Gedichte lieferte den Text zur norwegischen Nationalhymne. 1903 Literaturnobelpreis.

Gro Harlem Brundtland, geb. 1939, graduierte Medizinerin und Politikerin der Norwegischen Arbeiterpartei. Von 1974 bis 1978 Kabinettsmitglied. 1981 kurzzeitig Premierministerin. In dieses Amt kehrte sie 1986 für eine Amtsperiode zurück.

Ole Bull (1810 – 1880), ein bedeutender Violinvirtuose des 19. Jh.

Johann Christian (1788 – 1857), einer der ersten großen romantischen Landschaftsmaler Norwegens.

Petter Dass, ein Kirchenmann und Literat, der zwischen 1647 und 1708 lebte und in seiner „Nordland-Trompete" das Leben in Nordnorwegen beschrieb.

Edvard Grieg (1843 – 1907) Norwegens weltberühmter Komponist. Seine oft von Volksweisen inspirierten Kompositionen, sein Klavierkonzert in a-moll, Opus 16, das einzige Klavierkonzert übrigens das Grieg schrieb, und natürlich die Musik zu Ibsens „Peer Gynt", zeugen nicht nur von seinem musikalischen Genie, sondern auch von einer innigen Verbundenheit mit der norwegischen Landschaft.

Edvard Hagerup Grieg wurde am 15. Juni 1843 in Bergen geboren. Nach einem Studium am Konservatorium in Leipzig debütiert er 1861 mit einem Konzert in Kalmar in Schweden. Ein Jahr später gibt er sein erstes Konzert in Bergen.

Grieg zieht nach Kopenhagen, später nach Kristiania (Oslo), wo er 1867 Nina Hagerup heiratet.

In den folgenden Jahren schreibt Grieg lyrische Stücke, das a-Moll-Konzert, das Liszt 1870 in Rom aufführt, 25 norwegische Volksweisen und Tänze. 1880 zieht Grieg in seine Heimatstadt Bergen.

In den folgenden Jahren unternimmt Grieg zahlreiche Konzertreisen durch Deutschland und Holland, nach London und nach Kopenhagen und 1890 nach Paris, Stuttgart, Leipzig, Berlin, Oslo und Kopenhagen. Dazwischen hält sich Grieg immer wieder in Troldhaugen, seinem Wohnsitz in Bergen, auf, wo er sich 1891 seine wunderschön am Fjord gelegene Komponistenhütte bauen lässt.

Es folgen zahlreiche weitere Konzertreisen in ganz Europa. 1905 trifft Edvard Grieg König Håkon VII. und Königin Maud. Zwei Jahre später stirbt der große norwegische

BEDEUTENDE PERSÖNLICHKEITEN, GROSSE NAMEN

Edvard Grieg

Komponist am 4. September 1907 im Alter von 64 Jahren in Bergen.

Knut Hamsun (1859 – 1952), einer der großen norwegischen Erzähler und Romanschriftsteller wurde am 4. August 1859 in Garmo bei Lom geboren und hieß mit bürgerlichem Namen eigentlich Pedersen.

Hamsun verbrachte nur die ersten drei Jahre seines Lebens in Garmo. 1862 zogen seine Eltern weiter nordwärts nach Hamsund auf Hamarøy. Dort wuchs er bis zu seinem 14. Lebensjahr auf. Der junge Knut kam kurzzeitig zurück nach Garmo und arbeitete in einem Laden als Laufbursche.

Die frühen Jahre des jungen Schriftstellers waren unstete Wanderjahre. Damals kam Hamsun wiederholt auch nach Amerika. Allerdings konnte er sich nie so richtig mit dem „american way of life" anfreunden. In vielen seiner Kommentare kritisierte er den Lebensstil in den USA.

Literaturhistoriker bescheinigen seinen Romanen „ein starkes Naturgefühl" und Hamsun die Fähigkeit, „das Seelenleben auch der einfachen Menschen seiner Heimat mit meisterhafter Intensität darzustellen".

Einige der großen Romane Hamsuns sind „Hunger" von 1890, „Victoria" (1898), „Segen der Erde" (1917, deutsch 1918), „Das Letzte Kapitel" (1923) oder „Landstreicher-Trilogie" (1927 - 1934).

Knut Hamsun, der auch zahlreiche Gedichte und Schauspiele schrieb, wurde 1920 für „Segen der Erde" mit dem Literaturnobelpreis ausgezeichnet. Hamsun starb am 19. Februar 1952.

Thor Heyerdahl (1914 – 2002), Forscher und Ethnologe. 1937 erste Expeditionen in den pazifischen Raum. 1947 fährt er mit seinem Balsafloß „Kon-Tiki" von Peru nach Polynesien. Heyerdahl wird für die Dokumentation dieser aufsehenerregenden Reise mehrfach ausgezeichnet. 1953 Expedition zu den Galapagos-Inseln, 1955 Expedition zur Oster-Insel, um das Geheimnis der dortigen monumentalen Steinskulpturen zu lüften. 1969 und 1970 zwei aufsehenerregende Expeditionen mit den Papyrusbooten „Ra I" und „Ra II". Die 1977 gestartete Expedition mit dem Schilfboot „Tigris" endete allerdings aus politischen Gründen im Roten Meer dramatisch. Heyerdal starb am 18. April 2002.

Ludvig Holberg, Schriftsteller und Dramatiker, wurde zwar in Bergen geboren (1684), lebte aber bis zu seinem Tod 1754 in Dänemark. Er schrieb u. a. Komödien.

Henrik Ibsen (1832 – 1906), Schriftsteller und Dramatiker. Ibsen verbrachte seine Jugendjahre in Grimstad und lebte in der zweiten Hälfte des 19. Jh. lange Jahre in Italien und Deutschland.

Ibsen beschäftigte sich zunächst mit Themen aus seiner Heimat, wandte sich aber bald kritisch gesellschaftspolitischen Fragen

Knut Hamsun

BEDEUTENDE PERSÖNLICHKEITEN, GROSSE NAMEN

zu. Die Beziehungen zwischen Mann und Frau, die er in einigen Werken als Lebenslüge entlarvt, sowie die Stellung der Frau in der Familie und in der Ehe beschäftigen Ibsen sehr. 1879 schrieb er das Drama „Nora oder ein Puppenheim", 1880 „Peer Gynt", 1881 „Gespenster", 1888 „Hedda Gabler" u. v. a. Siehe auch unter Grimstad.

Alexander Kielland (1849 – 1906), satirischer Schriftsteller, Romane, Erzählungen, schreibt kritisch und mokant über die Gesellschaft seiner Zeit.

Jonas Lie (1853 – 1908), Schriftsteller, befaßt sich in seinen Werken u. a. auch mit gesellschaftspolitischen Fragen, die sich aus der neuen staatlichen Situation nach der Trennung Norwegens von Dänemark und der Wiedererlangung der Souveränität ergeben. Einer seiner großen Romane ist „Die Familie auf Gilje".

Trygve Lie (1896 – 1968), norwegischer Politiker, war zwischen 1946 und 1952 erster Generalsekretär der Vereinten Nationen in New York.

Edvard Munch wurde 1863 geboren. Der wohl bedeutendste Impressionist des Landes beherrscht mit seiner epochemachenden Kunst die norwegische Szene zumindest bis zur Jahrhundertwende. Munch starb 1944. Siehe auch unter Oslo, Edward Munch Museum.

Henrik Ibsen

Fridtjof Nansen (1861 – 1930), Polarforscher und Diplomat. 1888 durchquert Nansen als erster Grönland von Ost nach West. Mit dem Forschungsschiff „Fram" driftet er zwischen 1893 und 1896 durch das Packeis des nördlichen Polarmeeres. Siehe auch unter Oslo, Fram Museum. Später tritt Nansen in den diplomatischen Dienst und wird von 1906 bis 1908 norwegischer Gesandter in London. Nach dem 1. Weltkrieg ist Nansen Oberkommissar des Völkerbundes. 1922 ini-tiiert er die Einführung des sog. Nansen-Passes als Ausweisdokument für Staatenlose. 1922 Friedensnobelpreis.

König Olav V. (1903 – 1991). SM Olav V. wurde am 2. Juli 1903 in Sandringham in Großbritannien als einziger Sohn von König Håkon II. und der englischen Prinzessin Maud geboren und kam im Alter von zwei Jahren nach Norwegen. Als junger Kronprinz macht Olav als Sportsmann und Skiläufer Furore und bleibt seiner sportlichen Passion bis ins Alter treu.

1929 heiratet Olav die schwedische Kronprinzessin Märthe. Während des 2. Weltkrieges geht er ins Exil. Der Einsatz für sein Land während des Exils bringt dem Monarchen höchste Achtung und Bewunderung unter der norwegischen Bevölkerung ein. 1957 folgt Olav seinem Vater König Håkon auf den norwegischen Thron. König Olav V. starb am 18. Januar 1991.

Liv Ullmann, geboren 1938. Schauspielerin. Studierte in London Schauspielkunst und hatte 1957 ihr Bühnendebut. Von 1960 bis 1971 arbeitete sie am Norwegischen Theater und am Nationaltheater. Ihre Rollen in den Filmen des schwedischen Regisseurs Ingmar Bergman (z. B. „Szenen einer Ehe") brachten ihr Weltruhm ein. Liv Ullmann tritt am Broadway auf und arbeitet in Hollywood und sie setzt sich engagiert für die Belange der UNICEF ein.

Sigrid Undset (1882 – 1949) Schriftstellerin von Weltruf, befaßt sich in ihren Werken vor allem mit den Lebensfragen der Frau. U. a. Romantrilogie „Kristin Lavransdatter" (Kristin Lavranstochter), entstanden zwischen 1920 und 1922, schildert den Gesellschaftskonflikt zwischen Christentum und heidnischen Weltanschauungen im 14. Jh. Sigrid Undset wurde 1928 mit dem Literaturnobelpreis ausgezeichnet.

Gustav Vigeland (1869 – 1943), ein von einer schon fast orgiastischen Schaffens-

WIE KOMMT MAN HIN?

kraft besessener Bildhauer. Näheres unter Oslo, Frogner Park.

Henrik Wergeland (1808 – 1845), Lyriker, einer der ersten, der nach der Trennung Norwegens von Dänemark die „Wiederbelebung" seiner Nation in seinen Werken zum Ausdruck bringt.

WIE KOMMT MAN HIN?

Mit dem Auto

Bei der Anreise nach Norwegen führen alle einigermaßen direkten Wege über Hamburg. Der weitere Weg wird von dem Fährhafen bestimmt, von dem aus man nach Norwegen, bzw. über Dänemark und/oder Schweden nach Norwegen einreisen will.

Abgesehen vom direkten und schnellen, wenn auch nicht unbedingt billigsten Weg mit der **Direktfähre Kiel – Oslo**, bietet sich der recht schnelle und bequem zu bewältigende Weg über **Flensburg** und **Jütland** nach **Hirtshals** (durchweg vierspurige Autobahn) an der dänischen Nordseeküste an. Dort nimmt man die Fähre z. B. nach **Kristiansand**. Die Straßenkilometerentfernung von Hamburg nach Hirtshals beträgt rund 500 km.

Nur kurze Fährabschnitte, dafür aber der längste Anteil an Straßenkilometern sind zu bewältigen auf dem Weg über die **„Vogelfluglinie"** (Fähre Puttgarden – Rødbyhavn), weiter über die dänischen Inseln **Lolland** und **Seeland** (siehe auch „MOBIL REISEN: DÄNEMARK"), vorbei an **Kopenhagen** nach **Helsingør**, nach **Helsingborg** (Schweden) und weiter auf der E6 über **Göteborg** nach **Oslo**. Straßenkilometeranteil Hamburg – Oslo: Rund 850 km.

Mit der **Tunnel-Brücken-Verbindung über den Øresund** zwischen Kopenhagen und Malmö hat sich die Anreise über Schweden nach Norwegen zwar nicht verbilligt, aber sie ist um einiges schneller geworden, da das Ein- und Ausschiffen sowie Wartezeiten in den Häfen entfallen. Die Mautgebühr pro Pkw bis 6 m Länge betru-

Auf dem Weg nach Norwegen

WIE KOMMT MAN HIN?

gen zuletzt 38,- Euro und für ein Wohnmobil oder Caravangespann 75,- Euro. www.oeresundsbron.com.

Mit dem Schiff

Zahlreiche Fährverbindungen bestehen zwischen deutschen, dänischen und norwegischen Häfen. Überlegenswert sind auch die Anfahrtsmöglichkeiten über schwedische Häfen.

Man kann wählen zwischen einer ausgedehnten Seereise von Kiel nach Oslo und kurzen Sprüngen über die „Vogelfluglinie" (kürzeste Fährpassage, dafür längster Straßenkilometeranteil).

Bei Reisen während der Ferienzeit empfehlen sich Platzreservierungen fürs Auto und ggf. für eine Kabine!

Endlich auf der Fähre, ist man gut beraten, sein Fahrzeug ordentlich zu verschließen, gasbetriebene Aggregate während der Überfahrt abzuschalten und den Haupthahn am Gastank zu schließen.

FÄHRVERBINDUNGEN NACH NORWEGEN

DEUTSCHLAND – DÄNEMARK – SCHWEDEN

„Vogelfluglinie" Puttgarden – Rødbyhavn/Lolland

Scandlines – Ganzjähriger Verkehr, im Sommer bis zu 42 Abfahrten täglich. Abfahrten alle halbe Stunde, Fahrtdauer 45 Minuten. www.scandlines.de.

Scandlines bietet günstige **Kombinationstarife** für die Strecken Puttgarden – Rødby / Helsingør – Helsingborg! (Änderungen möglich).

Weiterreise über

Helsingør (DK) – Helsingborg (S)

Scandlines – Ganzjährig von 0.00 Uhr bis 24.00 Uhr laufend Abfahrten alle 20 Minuten, Fahrtdauer 20 Minuten. www.scandlines.de.

WIE KOMMT MAN HIN?

DEUTSCHLAND – NORWEGEN

Kiel – Oslo
Color Line – Ganzjährig, tägliche Abfahrt um 14 Uhr, Fahrtdauer 19,5 Stunden. www.colorline.de.

DEUTSCHLAND – SCHWEDEN

Kiel – Göteborg
Stena Line – Ganzjährig, eine tägliche Abendabfahrt, Fahrtdauer ca. 14 Stunden; www.stenaline.de

DÄNEMARK – NORWEGEN

Hirtshals – Kristiansand
Color Line – Ganzjährig, bis zu 4 Abfahrten täglich. Fahrtdauer mit der schnellen Fähre „SuperSpeed 1" 3 Stunden 15 Min. Günstige Super-Sparkpaket-Preise (mit Bedingungen). An Wochenenden höhere Preise! www.colorline.de.

Fjord Line – Katamaran-Schnellfähre „Fjord Cat", Ende April bis Mitte September, bis 3 Abfahrten in der Hauptsaison, Fahrtdauer 2 Std., 15 Min. www.fjordline-express.no.

Nach Mitteilung soll ab Herbst 2012 ein neues Fährschiff von Hirtshals nach Kristiansand verkehren. Fahrplan war zum Zeitpunkt der Drucklegung leider nicht erhältlich. www.fjordline.de.

Hirtshals – Larvik
Color Line – Ganzjährig. Im Sommer bis zu 2 Abfahrten pro Tag. Fahrtdauer mit der schnellen Fähre „Super Speed 2" 3 Stunden 45 Min. Günstige Super-Sparkpaket-Preise (mit Bedingungen). An Wochenenden höhere Preise! www.colorline.de.

Hirtshals – Stavanger – Bergen
Fjord Line – Ganzjährig mit der „MS Bergensfjord" wöchentlich 4 Abfahrten. Fahrzeit Hirtshals-Stavanger 11,5 Std., bis Bergen 19,5 Std.. www.fjordline.com.

Frederikshavn – Oslo
Stena Line – Ganzjährig, eine Abfahrt täglich. Tagesfahrtdauer 8,5 Stunden, Nachtfahrtdauer 13 Stunden. www.stenaline.de.

Kopenhagen – Oslo
DFDS Seaways – Ganzjährig, eine Abfahrt täglich um 17 Uhr. Fahrtdauer ca. 16 Stunden. www.dfds.de.

DÄNEMARK – SCHWEDEN

Helsingør – Helsingborg
Scandlines – Ganzjährig von 0.00 Uhr bis 24.00 Uhr laufend Abfahrten alle 20 Minuten, Fahrtdauer 20 Minuten. www.scandlines.de.

Es gibt **Kombinationstarife** für die Strecken Puttgarden – Rødby / Helsingør – Helsinborg! (Änderungen möglich).

Grenå – Varberg
Stena Line – Ganzjährig, täglich 2 Abfahrten. Fahrtdauer ca. 4 - 5 Stunden. www.stenaline.de.

Frederikshavn – Göteborg
Stena Line – Ganzjährig, im Sommer bis zu 9 Abfahrten täglich. Fahrtdauer ca. 3 Stunden 15 Minuten, mit Stena Express Fähren Fahrzeit 2 Stunden. www.stenaline.de.

SCHWEDEN – NORWEGEN

Strömstad – Sandefjord
Color Line – Ganzjährig, im Sommer bis zu 6 Abfahrten täglich. Fahrtdauer 2,5 Stunden. www.colorline.de.

DIE TOUREN

MOBILE TOURING HIGHLIGHTS

NORWEGENS SÜDEN

OSLO UND UMGEBUNG
2 Touren – ca. 3 Tage
Seite 26

SÜDNORWEGEN
6 Touren (plus 2 Alternativen) – ca. 8 Tage
Seite 53

GLETSCHER, FJELLS UND FJORDE
7 Touren – ca. 9 Tage
Seite 122

NORWEGENS NORDEN

WESTNORWEGEN UND DIE INSELWELT DER LOFOTEN
6 Touren – ca. 7 Tage
Seite 217

FINNMARK UND NORDKAP
6 Touren – ca. 9 Tage
Seite 292

NORWEGENS SÜDEN

Der Wasserfall Steinsdalsfossen bei Norheimsund (R7)

OSLO UND UMGEBUNG

2 TOUREN – CA. 3 TAGE

Tour 1: Halden – Oslo, Seite 26

Tour 2: Oslo, Seite 31
- Oslos Stadtgeschichte
- Tipps zur Stadtbesichtigung
- Innenstadt und Festung Akershus
- Die Museen auf der Insel Bygdøy
- Rundfahrt Holmenkollen, Frognerpark, Museen
- Ein Schiff erobert die Eismeere - die „Fram"
- Weitere interessante Sehenswürdigkeiten
- Praktische Hinweise über Oslo

Für alle, die nach Norwegen über Südwestschweden anreisen, bietet sich dieser Reiseweg an.

Unterwegs sind auf alle Fälle die Stadt **Halden** mit ihrer gewaltigen Festung sowie die hübsche **Altstadt von Fredrikstad** einen Stopp wert.

In Fredrikstads Gamlebyen können Sie auf alten Pflasterstraßen und vorbei an stattlichen Holzhausfassaden aus dem 17. und 18. Jh. über den zentralen Stadtplatz Kongens Torv bis zum Flusshafen an der Glomma und weiter bis zum Stadtmuseum spazieren.

In **Oslo** kommen Sie mit einem Besichtigungstag allerdings nicht besonders weit. Die Sehenswürdigkeiten sind zahlreich!

Auf keinen Fall versäumen sollten Sie die **Museen auf der Insel Bygdøy**. Und was Sie besichtigen sollten, wenn Sie nur einen Tag, zwei oder drei Tage zur Verfügung haben, finden Sie in **Tour 2: Oslo** unter „Was besichtigt man?" weiter hinten.

TOUR 1: HALDEN – OSLO

HALDEN – OSLO

Länge dieser Tour: Rund 130 km, ohne Abstecher.
Die Route: Über die E6/E18 bis **Oslo**.
Abstecher: Nach **Fredrikstad**.
Reisedauer: Mindestens ein Tag.
Reisehöhepunkte: Die **Festung in Halden** * – die Altstadt **Gamlebyen** ** **von Fredrikstad – die Felsritzungen** * bei Solberg – der Herrenhof **Hafslund Hovedgård** ** und das **Freilichtmuseum** ** in Sarpsborg.

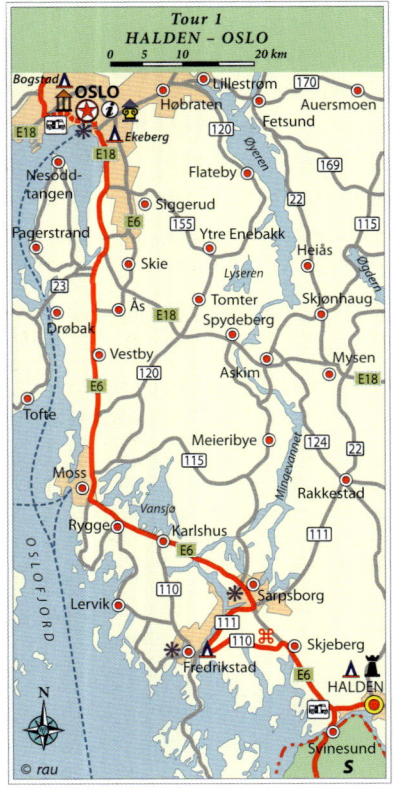

Unweit nach der Grenze (Autobahnausfahrt 2) findet man an der modernen, großzügigen **Autobahnraststätte** das bestens sortierte **Touristeninformationsbüro Svinesund Infosenter** [**N 59° 07' 46.4" E 11° 16' 23.7"**] *(geöffnet tgl. 9 - 20 Uhr)*, sowie Parkplätze (werden gerne als Übernachtungsstellplatz genutzt), Picknicktische, Toiletten, Duschen, Motel, Geldautomat, Cafeteria, Souvenirladen und großer Kinderspielplatz. Tankstelle und Supermarkt nebenan.

ROUTE: *Am großen Kreisverkehr bei besagter Raststätte bietet sich Gelegenheit zu einem Abstecher ostwärts nach* **Halden**, *7 km.*

Halden (ca. 28.000 Einw.), die erste norwegische Stadt auf unserer Reise nach Norden, wartet mit der mächtigen **Festung Fredriksten** [**N 59° 07' 12.8" E 11° 24' 27.0"**]hoch über der Stadt auf.

Lange war Halden die wichtigste Verteidigungsbastion gegen Schweden. 1665 bekam Halden, das damals *Fredrikshald* hieß, Stadtrechte und seit 1928 trägt Halden seinen heutigen Namen.

Das heutige Stadtbild Haldens, zumindest im Innenstadtbereich, wird geprägt von Gebäuden vornehmlich im Empirestil, die nach dem letzten großen Stadtbrand 1826 entstanden sind.

Einen wirtschaftlichen Aufschwung erlebte Halden ab dem 17. Jh. durch eine florierende Holz- und Papierindustrie. Später kommen Baumwollspinnereien dazu.

Und seit Mitte des 19. Jh. bekam die Steinindustrie große Bedeutung. Vor allem

ROUTE: *Die E6 (Mautpflicht) führt – von* **Helsingborg** *über* **Göteborg** *kommend – im weiteren Verlauf in Küstennähe nordwärts und passiert bei* **Svinesund** *(großes Einkaufszentrum „Svinesund Köpcenter") auf der 2005 eingeweihten, 704 m langen* **Svinesundbrücke** *die schwedisch-norwegische Grenze* [**N 59° 05' 42.2" E 11° 15' 06.5"**].

TOUR 1: HALDEN – OSLO

Die Festung Fredriksten über der Stadt Halden

Granit vom Iddefjord wurde in die ganze Welt exportiert.

1926 wird ein 2600 Tonnen schwerer Granitblock gebrochen, aus dem später der imposante, von Gustav Vigeland geschaffene, Monolith „die Lebenssäule" im Osloer Frognerpark werden sollte.

Haldens Festung Fredriksten, oft belagert und bedrängt, aber nie erobert, wurde von 1658 an von den Schweden zunächst drei Jahre lang berannt, aber immer ohne großen Erfolg. 1660 dann gab König Frederik III. den Befehl zum Bau der Festung. Fast 50 Jahre dauerte die erste Bauphase.

1716 rückten die Schweden erneut gegen Fredriksten. Aber auch diesmal war für die Schwedischen Truppen nichts zu holen. Die Haldenser hatten nämlich ihre ganze Stadt angezündet, um den feindlichen Truppen keine Versorgungsmöglichkeiten zu bieten. Bei den damaligen Attacken fand der Schwedenkönig Karl XII. in Halden den Tod. Bei einem Angriff in der Nacht zum 4. Juli 1716 wurde er von einer Kugel in den Kopf getroffen. Von wem der tödliche Schuss abgegeben wurde, von Norwegern oder von einem schwedischen Attentäter, ist bis heute nicht hundertprozentig geklärt. Die Norweger jedenfalls sind der Überzeugung, dass es sich nur um „eine ehrliche norwegische Kugel" gehandelt haben kann.

Innerhalb der Festungsmauern, die frei besichtigt werden dürfen, findet man diverse **Ausstellungen und Museen** *(geöffnet 18. Mai - 31. Aug. tgl. 10 - 17 Uhr, Eintritt für Führungen)*.

Die **Kriegshistorische Ausstellung** im alten Gefängnis der Östlichen Kurtine dokumentiert die Kriegsgeschichte der Grenzstadt Halden vom 17. bis ins 19. Jh.

Eine andere Ausstellung, **„Union an der Grenze"**, befasst sich mit den Beziehungsschwierigkeiten früherer Zeiten zwischen Norwegen und Schweden. An den verheerenden Stadtbrand von 1826 erinnert die Ausstellung **„Die Stadt brennt"**.

Von den Bastionen und Wällen hat man einen sehr schönen Blick auf die Stadt und den Single Fjorden bzw. den Idde Fjorden, die beiden Grenzfjorde Norwegens.

Eine weitere Sehenswürdigkeit von Halden ist der **Rød Herregård**, am Westrand (Straße 21) gelegen *(geöffnet auf Führungen 19. Juni - 12. Aug. Di - So 12, 13, 14 Uhr, Mai + Sept nur So)*. Das herrschaftliche Gut stammt aus der Mitte des 18. Jh. und ist noch in Familienbesitz. Zu sehen sind kunstvoll ausgestattete Salons, eine große Waffensammlung sowie Stallungen und Remisen mit Wagen und Schlitten. Kunstausstellungen. Nettes Herrenhofcafé. Wunderschöner Park mit altem Baumbestand

Bei längerem Aufenthalt empfiehlt sich ein **Ausflug zum Haldenkanal** oder eine Tour mit dem Ausflugsschiff M/S Turisten (www.turisten.no) auf dem Kanal. Die Schiffe verkehren von 1. Mai bis 1. Oktober zwischen

TOUR 1: HALDEN – OSLO

PRAKTISCHE HINWEISE – HALDEN

Touristeninformation, Torget 2, 1754 Halden, Tel. 69 19 09 80, www.visithalden.com. Geöffnet Mo - Fr 9 - 16.30 Uhr, Winterhalbjahr bis 15.30 Uhr.

RESTAURANT
Dickens, Storgata 9, Tel. 69 18 35 33, alteingesessens, zünftiges Kellerlokal, umfangreiche Karte, mittlere Preislage. Im Sommer auch im Freien.

HOTELS
Park Hotell Halden, Marcus Tranesgata 30, Tel. 69 21 15 00, www.park-hotel.no. 70 Zi., Zufahrt von der Straße 21, am Westrand der Stadt etwas außerhalb des Zentrums gelegens, komfortables Haus, mittlere Preislage; Restaurant, Sauna, Parkplatz. Günstige Sommer- und Wochenendpreise.

CAMPING
Camping Fredriksten *** [N 59° 06′ 55.1″ E 11° 23′ 53.5″], 1750 Halden, Tel. 69 18 40 32, 1. Mai – 15. Sept.; in der Stadt beschildert; auf der Rückseite (Südseite) unterhalb der Festung gelegen. Von Bäumen umgebenes Wiesengelände mit Stellmöglichkeiten um eine Wiesenmulde in parkähnlicher Umgebung; ca. 3 ha – 130 Stpl.; gute Standardausstattung; Waschmaschine, Trockner; Laden, Cafeteria. **V & E für Wohnmobile** vor dem Platzeingang befahrbare Betonplatte mit Abwasser-Bodenauslass, Wasserhahn mit Schlauch. Chemikalausguss hinter den Geschirrwaschmöglichkeiten. 14 Miethütten. Schöner Spaziergang durch die Parkanlage mit kleinem See zur Festung.

Strømsfossen und Tistedal bzw. Ørje (interessantes Haldenvassdragets Kanalmuseum).

Der teils künstlich geschaffene Wasserweg zwischen Skulerud und Tistedal bei Halden ist 80 km lang und neben dem Telemarkkanal der einzige Kanal in Norwegen. Größte Attraktion am Kanal sind die **Schleusen von Brekke** mit der höchsten Schleuse Europas. Höhendifferenz gesamt 26,6 m.

ROUTE: *Zurück zur E6 und weiter Richtung* **Sarpsborg**. *Ab Sarpsborg lohnt ein Umweg westwärts auf der Straße 111 über* **Fredrikstad**.

Wer sich allerdings für norwegische Frühgeschichte interessiert, sollte schon nach wenigen Kilometern kurz nach **Skjeberg** westwärts auf die Straße 110 abzweigen und dem sog. **Oldtidsveien** folgen. Die Straße führt an diversen archäologischen Stätten mit Zeugen aus der Frühgeschichte vorbei.

So findet man schon kurz nach dem Verlassen der E6 bei **Solberg** einen beschilderten Parkplatz, von dem ein kurzer markierter Fußweg (ca. 6 Min.) zu **Felszeichnungen (Helleristninger)** führt. Zu sehen sind auf einem glatten Felsrücken rund 20 Bootsdarstellungen mit Ruderern.

Felszeichnungen sind besonders in dieser küstennahen norwegischen Region Östfold und in der angrenzenden schwedischen Provinz Bohuslän besonders zahlreich zu finden. Die Motive, meist Schiffe und menschliche Figuren, seltener Tiere, Pflanzen oder mytische Symbole, stammen alle aus der Bronzezeit (ca. 1800 - 500 v. Chr.). Allerdings ist ihre Bedeutung nicht eindeutig geklärt. Allgemein wird angenommen, dass es sich um Kultsymbole ritueller Art handelt.

Wenige Kilometer weiter erreicht man in **Hunnfeltet/Hunn** den romantisch im Wald gelegenen **Steinkreisfeld „Tingstedet"** [N 59° 12′ 58.1″ E 11° 04′ 30.1″]. Hier sind Grabhügel aus der Eisenzeit, Steinkreise eine Schiffsetzung und einige wenige Felsbilder zu finden.

Felsritzung von Wikingerbooten bei Solberg

TOUR 1: HALDEN – OSLO

Und abermals einige Kilometer weiter auf der Straße 110 Richtung Fredrikstad kann man bei **Begby [N 59° 13' 19.7" E 11° 00' 34.3"]** wieder einen kleinen Spaziergang zu **Felsritzungen** unternehmen.

Später ist ein kurzen **Abstecher nach Fredrikstad-Gamlebyen** möglich.

Hier gleich ein **Tipp** dazu: Einen Parkplatz in der Altstadt Gamlebyen zu finden, ist vor allem in den Sommermonaten schwierig. Dafür gibt es unmittelbar an der Brücke in die Alstadt einen großer **öffentlichen Parkplatz**. Nur wenige Gehminuten in die Altstadt.

Gamlebyen [N 59° 12' 07.4" E 10° 57' 07.0"], die historische Altstadt von Fredrikstad, liegt gegenüber der Neustadt am östlichen Ufer des Glomma-Flusses.

Gamlebyen wurde 1567 als reine Festungsstadt geplant. Folglich ist das gesamte überschaubare Stadtgebiet von Festungswällen, Bastionen und Wassergräben umgeben. Noch heute führt nur eine einzige Straße in die Stadt. Von der Brücke aus sieht man noch die alte Zugbrücke, die früher den Weg in die Stadt ermöglichte.

Heute allerdings sind die Festungswälle, die einstsmals mit über 200 Kanonen bestückt gewesen sein sollen, längst zu friedlichen Spazierwegen geworden.

Und ein Spaziergang durch die gepflasterten Gassen und Straßen von Gamlebyen mit ihren hübschen Holzhäusern vornehmlich aus dem 17. und 18. Jh. lohnt allemal.

Mittelpunkt des Städtchens ist der viereckige, etwas nüchtern wirkende **Kongens Torv**, der Königsmarkt, auf dem eine stattliche Denkmalsstatue Frederiks II. steht. König Frederik II. gründetete die Stadt 1567 in erster Linie, um das geschäftige, prosperierende Fredrikstad auf der anderen Flussseite vor schwedischen Angriffen zu schützen. Die militärischen Einrichten in Gamlebyen wurden bis 2002 genutzt

Der Königsmarkt st umgeben vom **Alten Rathaus** und von der ehemaligen **Infanteriekaserne** an der Ostseite sowie dem **Dunkejongården** an der Westseite. Die Bauwerke stammen alle aus der zweiten Hälfte des 18. Jh. Der Dunkejongården leitet seinen Namen übrigens davon ab, dass hier lange ein Schnapsladen im Keller des Hauses eingerichtet war, in dem Branntwein aus Fässern (dunk = Fass) verkauft wurde.

Einen Straßenzug weiter südlich sieht man die mehrfach abgebrannte und neu aufgebaute **Stadtkirche**.

Der Kongens Torv in Fredrikstad Gamlebyen

An der Südseite, in der Tøihusgaten, findet man in einem langgezogenen Bau das **Touristenbüro** und das besuchenswerte **Fredrikstad Museum** *(geöffnet Mitte Juni - Mitte Aug. Mo - Fr 9 - 17 Uhr, Sa + So 11 - 17 Uhr, übrige Zeit nur wochentags bis 16.30 Uhr).* Das Museum befasst sich in erster Linie mit der wechselvollen Geschichte der Stadt, mit ihrer militärischen Vergangenheit, aber auch mit wirtschaftlichen Aspekten der Stadtentwicklung.

Weiter westlich am Glommaufer liegt das Gebäude der alten **Bakeriet**, in der die Festungswache ihren Sitz hatte. In der Bakeriet wurden u. a. renitente Häftlinge in sog. „Käfigen" zur Raison gebracht.

Das niedere, langgestreckte Gebäude gegenüber ist als **Det Gamle Slaveri** bekannt. Es diente als Strafgefängnis. Hier befanden sich Wachstuben und Zellen für die sog. Festungssklaven.

Gleich daneben liegt am Glommaufer das **Grundmurede Provianthus**, das älteste aus der Gründerzeit der Stadt noch erhaltene Gebäude.

Und wenn Sie vor der Altstadt einen **Abstecher in Fredrikstads Neustadt** machen möchten, nehmen Sie ab dem Bootsanleger die Fähre über die Glomma. Drüben können Sie einen Spaziergang über die Strandpromenaden westwärts bis in die Innenstadt machen.

TOUR 1: HALDEN – OSLO

PRAKTISCHE HINWEISE – FREDRIKSTAD GAMLEBYEN

Touristenbüro Gamlebyen [N 59° 12′ 12.01 E 10° 57′ 8.80″], Torvgaten 59A, 1632 Gamle Fredrikstad, Tel. 69 30 46 00, www.opplevfredrikstad.com. Geöffnet 15. Juni - 15. Aug. Mo - Fr 9 - 17 Uhr, Sa + So 12 - 17 Uhr. Sonst 9 - 16.30 Uhr.

RESTAURANTS

Major-Stuen, Voldportgata 73, Pub, Restaurant mit renommierter Speisekarte, man kann auch im Freien sitzen.
Wer's ausgiebiger und etwas nobler mag, sollte mal im **Café Balaklava**, Ecke Kirkegaten/Voldportgaten, vorbeischauen, gehobene Preise. Sonntag Ruhetag. Im Sommer mit einladendem Gartencafé.

CAMPING & MOTEL

Fredrikstad Motell og Camping **, **[N 59° 12′ 2.23″ E 10° 57′ 49.32″]**, Torsnesveien 16, 1630 Gamle Fredrikstad, Tel. 69 32 03 15; www.fredrikstadmotel. no; 1. Juni – 31. Aug.; unweit östlich an der Zufahrtsstraße; einfacher, ebener, von hohen Laubbäumen umgebene Übernachtungsplatz in Gehnähe zur Altstadt; ca. 2 ha – 120 Stpl.; Standardausstattung. Kiosk, Imbiss. Gästezimmer. **V & E für Wohnmobile**. Ganzjährig geöffnetes **Motel** (24 Zi.).

ROUTE: *Von Fredrikstad Gamlebyen zurück bis zur Straße 110 und am Kreisverkehr nordwärts auf die Straße 111 Richtung* **Sarpsborg**.

Nach wenigen Kilometern passiert man bei **Hvidsten/Torp** den Abzweig zu **Roald Amundsens Minne [N 59° 15′ 50.5″ E 11° 04′ 47.2″]**, Framveien 7, Torp, Tel. 69 34 83 26. Hier wurde am 16. Juli 1872 Norwegens großer Polarforscher Roald Amundsen geboren. Sein Elternhaus ist heute **Museum** *(Öffnung unklar, war bei unserem jüngsten Besuch geschlossen! www.roaldamundsen.no)*. Amundsen erreichte 1911 als erster Mensch den Südpol. 1928 kommt Amundsen von einer Rettungsaktion für den mit seinem Luftschiff „Italia" in der Arktis notgelandeten italienischen Konstruktuer Umberto Nobile nicht zurück und bleibt verschollen.

Auf der Weiterfahrt Richtung Sarpsborg passiert die Straße 111 den **Hafslund Hovedgård [N 59° 16′ 27.8″ E 11° 08′ 01.6″]**, einen stattlichen Gutshof und Herrensitz aus dem 17. und 18. Jh., der aus jener Zeit komplett und völlig unverändert erhalten ist und somit eine große Rarität in ganz Norwegen darstellt. Ein Besuch der diversen Gebäude und original eingerichteten Wohn-, Arbeits- und Wirtschaftsräumen lohnt sehr! Im Juni, Juli und August werden sonntags um 12, 13 und 14 Uhr Führungen angeboten.

Im östlichen Stadtbereich von **Sarpsborg** liegt das **Borgarsyssel Museum [N 59° 16′ 44.9″ E 11° 07′ 17.7″]**, Gamlebygta 8 *(geöffnet 18. Mai - 31. Aug. Di - Fr 10 - 16 Uhr, Sa + So 12 - 16 Uhr. Montag geschlossen. Führungen. Innenausstellungen ganzjährig zugänglich; www.museumsnett.no/borgarsyssel)*.

In dem ausgedehnten Freilichtmuseum sind Ruinenreste früherer Kirchen, 36 Gebäude und Gehöfte, Kinderzoo sowie Ausstellungen aus verschiedenen Zeit- und Kulturepochen (Mittelalter, Bauern-, Stadt-, Arbeiter- und Beamtenkultur u. a.) der Provinz Østfold zu sehen. Zu den Glanzstücken des 1921 gegründeten Museums zählen zwei astronomische Uhren des genialen Uhrmachers Rasmus Sørnes (1892 - 1967). Und seit 2006 ist man stolz auf eine eigene Glasbläserei.

ROUTE: *In Sarpsborg stößt man auf die E6. Ihr folgt man, vorbei am Fährhafen* **Moss**, *bis* **Vinterbru** *und wechselt dort auf die E18, die hinein nach* **Oslo** *führt.*

PRAKTISCHE HINWEISE – SARPSBORG

Sarpsborg Turist, Glengsgaten, zwischen Fußgängerzone und Kirche, 1702 Sarpsborg, Tel. 69 15 65 35, www.visitsarpsborg.no.

TOUR 2: OSLO

OSLO

Reisedauer: Mindestens zwei, besser drei Tage.

Höhepunkte: Blick von der **Festung Akershus** zum Hafen ** – die Museen auf der **Insel Bygdøy** *** – das **Munch-Museum** ** – die **Vigeland Skulpturen im Frognerpark** ** – Stadtblick von der **Holmenkollenschanze** **.

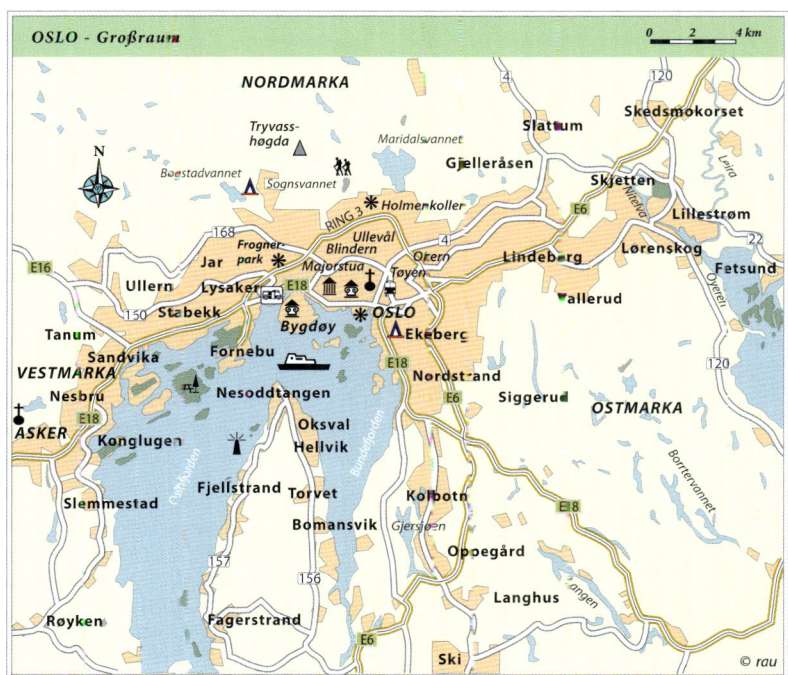

„Es liegt das Schloss Agershusen nahend dieser Stadt Aslo oder Opslo, allda das Hofgericht ist, dahin alle schwerere Rechtliche Sachen auß gantz Norwegen gebracht werden: und wird das Recht in dieser Stadt in Gegenwart des gedachten Schlosses Hauptmann gesprochen". So berichtete der Reisende Martin Zeiller 1648 in seiner „Neuen Beschreibung des Königreichs Norwegen, auch desselben einverleibten Landschatten".

Zu Zeiten früher reisender Chronisten Mitte des 17. Jh. wurde Oslo bereits als eine Stadt mit 600jähriger Geschichte geschildert. Kurz zuvor hatte die Stadt 1624 einen katastrophalen Großbrand erlitten und wurde bald danach umgetauft in **Christiania**.

Gegründet wurde Oslo Mitte des 11. Jh. von Harald Hårdråde, genannt „der Harte", als der König 1048 oder 1050 (über das genaue Datum sind sich die Geschichtsforscher noch nicht einig geworden) im Ostteil der heutigen Stadt einen befestigten Handelsplatz eirrichten ließ, um den sich dann rasch ein lebhaftes Gemeinwesen mit annähernd 3.000 Einwohner entwickelte.

Klöster wurden gegründet und Kirchen errichtet, darunter die St.-Hallvards-Kirche (heute Ruinenreste in Gamleby), in der 1299 König Håkon V. gekrönt wurde.

Håkon V. wählte Oslo zu seiner Residenz, machte die Stadt zur Hauptstadt des Reiches (bis dahin war Bergen Hauptstadt) und begann um 1300 mit dem Bau der Feste Akershus.

In der Mitte des 14. Jh. suchte eine Pestepidemie das Land heim und traf in verheerendem Maße die Bevölkerung der Stadt.

Oslos Bedeutung als Handelsstadt sank in gleichem Maße, wie die mächtiger werdende Hanse ihre Position festigte. Auch die

TOUR 2: OSLO

"Union von Kalmar" ausgangs des 14. Jh. und die Einführung der Reformation Mitte des 16. Jh. hemmten die Entfaltung der Stadt Oslo mehr, als sie diese förderten.

Ein drastischer Einschnitt in die Stadtentwicklung war die Feuersbrunst am 17. August 1624. Drei Tage lang brannte die Stadt. Danach lag ganz Oslo in Schutt und Asche.

Auf Geheiß des dänisch-norwegischen Königs Christian IV. (1588 – 1648) wurde Oslo nun am Westufer des Akerselva und im Schutz der Festung Akershus völlig neu aufgebaut. Alle wichtigen Bauten errichtete man in Stein. Die Hauptstraßen legte man mindestens 15 m breit an, um das Ausbreiten evtl. neuer Brände zu erschweren.

Zu Ehren des Erbauers des neuen Oslo wurde die Stadt umbenannt in *Christiania* (ab 1877 Kristiania). Dieser Name wurde bis 1925 beibehalten. 1811 entstand Oslos Universität.

Mit der Einführung der Industrialisierung nach dem Kieler Frieden von 1814 und mit der Erstarkung eines neuen Nationalgefühls, begann auch für Oslo wieder eine prosperierende Entwicklung. Die Einwohnerzahl stieg von rund 8.000 zu Beginn des 19. Jh. auf über 40.000 in der Mitte des 19. Jh.

Und als der norwegisch-schwedische König Karl Johan XIV. während der Union mit Schweden den Bau des Königspalastes und die Anlage des Hauptboulevards Karl Johansgate veranlasste, war Oslo auf dem Wege zu einer repräsentativen Landeshauptstadt ein gutes Stück weiter.

Oslos Bausubstanz blieb von den kriegerischen Einflüssen im Zweiten Weltkrieg verschont. Die Stadt konnte sich in der Nachkriegszeit erheblich erweitern.

Heute hat Norwegens Metropole rund eine halbe Million Einwohner und ist die wichtigste Hafenstadt, sowie ein bedeutendes Handels- und Industriezentrum des Landes mit beachtlichen kulturellen Aktivitäten.

Tipps zur Stadtbesichtigung:

Oslos Sehenswürdigkeiten verteilen sich im Wesentlichen auf drei Regionen – auf den **Innenstadtbezirk**, auf die **Insel Bygdøy** und auf die **Außenbezirke**, vor allem im Nordwesten der Stadt.

Stehen nur einige Stunden für eine Stadtbesichtigung zur Verfügung, sollte ein Besuch in einem der Museen (etwa Wikingerschiffe oder Freilichtmuseum) auf der Insel Bygdøy Priorität erhalten.

Die **Stadtzufahrten** nach Olso sind **mautpflichtig!** Zuletzt 26,- NOK (ca. 3,30 EUR).

Besonders an Werktagen während der Geschäftszeiten (ca. 10 – 17 Uhr, Sommer 16 Uhr) ist es in der Innenstadt schwierig, einen **Parkplatz** zu finden. Erwischt man einen Parkplatz am Straßenrand wird man feststellen, dass Parken (außer in Parkhäusern und am Hauptbahnhof Oslo Sentralstasjon) auf max. drei Stunden begrenzt ist.

Außerhalb der City wird die Höchstparkdauer durch Farben an den Parkuhren signalisiert: Gelb = 1 Stunde, Grau = 2 Stunden. Braun = 3 Stunden.

Parkhäuser in der City findet man u. a. in der Sjøgata 4 beim Einkaufszentrum Aker Brygge, dann im Munkedamsveien westlich vom Rathaus, in der Prinsensgate beim Einkaufscenter Paleet in der Nähe des Bahnhofs Sentralstasjon, dann hinter der Sentralstasjon an der Südostseite in der Nähe des Terminals Flytoget (Flughafenbahn) und vor allem rund um das Veranstaltungszentrum "Oslo Spektrum" mit dem Hotel Radisson SAS Plaza am Sonja Henies plass 3.

Parkplätze findet man u. a. beim Touristeninformationsbüro Vestbanen, bei der Nationalgalerie in der Kristian August gate nordöstlich vom Schlosspark, dann Nähe Kongens gate östlich der Akershus Festung und am Bankplassen, auf dem Festungsplatz am Südende der Kirkegata, am Ostende der Rådhusgata und schließlich südlich von der Sentralstasjon in der Havnegate.

Es empfiehlt sich – falls man es einrichten kann – auf Stadtbesichtigungen öffentliche Verkehrsmittel zu benutzen. U-Bahn, Straßenbahn und Busse (teils auch Schiffe) verkehren zu allen bedeutenden Sehenswürdigkeiten.

Wichtige Knotenpunkte des öffentlichen Nahverkehrs sind der Bahnhof und der Bahnhofsvorplatz (*Oslo Sentralstasjon* und *Jernebanetorget*, ab hier verkehren Züge, Straßenbahn und Busse), das *Terminal Nationaltheater* (Busse, Straßenbahn) oder das U-Bahn *Terminal am Stortinget*.

Oslo bietet seinen Besuchern den **Oslo Pass** an. Diese Pauschalkarte hat eine Gültigkeit von ein, zwei oder drei Tagen. Zuletzt kostete sie pro Erwachsener 230 NOK (ca. 30 EUR), 340 NOK (ca. 43 EUR) oder 430 NOK (ca. 55 EUR), Kinder bezahlen NOK 100,- (€ 12,-), NOK 120,- (€ 15,-) oder NOK 160,- (€ 20,-). Infos dazu auch unter www.visit-oslo.com.

TOUR 2: OSLO

Blick über den Hafen Pipervika zum markanten Osloer Rathaus

Die Karte bietet unbegrenzt freie Benutzung der öffentlicher Verkehrsmittel und der NSB-Lokalzüge innerhalb Oslos (bis Zone 4), aber nicht für Nacht-Busse und Nacht-Straßenbahnen. Zudem gewährt der Oslo Pass freien Eintritt in die meisten Museen, in die städtischen Freibäder Tøyenbadet und Frognerbadet und zu vielen Sehenswürdigkeiten. Der Preis der Karte schließt weiter das freie Parken auf ausgewiesenen, städtischen Parkplätzen sowie diverse weitere Ermäßigungen (Stadtrundfahrten, Hafenrundfahrten, Theater, einige Restaurants, einige Autovermietungen und den Freizeitpark Tysenfryd) ein. Die Karte gibt es in den Touristeninformationen, in vielen Hotels und auf den Osloer Campingplätzen.

Infos zu Stadtrundgängen durch Oslo können Sie sich auch als **App für Ihr iPhone** herunterladen (Gebühr). Detaillierte Infos dazu erfährt man in den Touristeninformationsbüros der Stadt

Was besichtigt man?

Als Anhaltpunkt hier einige Besichtigungsvorschläge, die in zwei, drei oder vier Tagen bewältigt werden können. Bei intensiverem Studium der einzelnen Sehenswürdigkeiten, häufigeren Museumsbesuchen und Ausflügen kann leicht ein einwöchiger Aufenthalt ausgefüllt werden.

1. Tag: Innenstadt, Schloss (3) und Wachablösung, Karl Johans gate, Rathaus (1) und Festung Akershus (15).

2. Tag: Die Museen auf Bygdøy.

3. Tag: Rundfahrt per Auto oder mit öffertlichen Verkehrsmitteln nach Holmenkollen (Schanze und Skimuseum), zum Frognerpark (17) mit den Vigeland-Plastiken und dem Osloer Stadtmuseum (18), dann Vigeland-Museum und später evtl. eines der Museen auf Bygdøy.

4. Tag: Ausflüge oder Museumsbesuche, z. B. Munch-Museum, Kunstgewerbemuseum, Nationalgalerie, Stadtmuseum, Bogstad Gård, Aussichtsturm „Tryvannstårnet" etc.

Bei sehr gedrängtem Zeitplan sollten wenigstens eines der Bygdøy-Museen (evtl. Norsk Folkemuseum oder Wikingerschiffe-Museum), die Karl Johans gate, der Frognerpark und möglichst das Munch-Museum besichtigt werden.

1. Innenstadt und Festung Akershus

Ausgangspunkt dieses Stadtrundgangs ist der **Rådhusplassen (Rathausplatz)**. An der Südseite des Platzes liegen die Hafenkais. Ab Kai 3 verkehren die Boote zur Insel Bygdøy.

An der nördlichen Hauptfront des Rathauses liegt der Fridtjof Nansens Plass. Dort findet man das **Tourist Informationsbüro neben dem Rathaus [N 59° 54' 46.8" E 10° 44' 04.2"]**, das ausführliche Informationen über Oslo bietet *(geöffnet Juni - Aug. tgl. 9 - 19 Uhr. Apr., Mai, Sept. Mo - Sa 9 - 17 Uhr. Übrige Zeit Mo - Fr 9 - 16 Uhr);* www.visitoslo.com; Hotline 815 30 555.

TOUR 2: OSLO

Düster, kahl und abweisend wirkt der Backsteinbau des **Rådhuset i Oslo**, des **Osloer Rathauses (1) [N 59° 54' 39.3" E 10° 43' 57.1"]**, Fridtjof Nansens plass 5, www.oslo.kommune.no *(geöffnet: 1.6. - 31.8. tgl. 9 - 19 Uhr. Apr., Mai, Sept. Mo - Sa 9 - 17 Uhr. Übrige Zeit Mo - Fr 9 - 16 Uhr. Führungen in der Saison täglich, übrige Zeit Mo - Fr 10, 12 und 14 Uhr. Eintritt, mit Oslo Pass frei. Bahn Nr. 12 bis Radhusplassen).*

Mit seinen beiden ungeschlachten Türmen gleicht das Rathaus mehr einer Trutzburg, bereit, alle neugierigen Touristen gleich hier wieder zur Umkehr zu bewegen. Selbst durch die Wasserspiele auf dem Rathausplatz davor kann man sich dieses Eindrucks nicht ganz erwehren.

Das Osloer Rathaus, das Wahrzeichen und eine der Sehenswürdigkeiten der Stadt, wurde zwischen 1931 und 1950 von den Architekten Arnstein Arneber und Magnus Poulson erbaut. Es verkörpert angeblich einen Stil „neuer Sachlichkeit". Das äußere Erscheinungsbild des Rathausbaus sollte aber nicht von der Besichtigung (Führungen) seines Inneren abhalten.

Die namhaftesten Künstler des Landes haben daran mitgewirkt, das Gebäude mit Skulpturen, Gemälden, Wandbehängen u. ä. auszuschmücken.

Beeindruckend ist vor allem die 21 m hohe **Rathaushalle**, die der Stadt bei festlichen Empfängen und anderen Feierlichkeiten als Repräsentationsraum dient, z. B. bei der alljährlichen Verleihung des Friedensnobelpreises am 10. Dezember, dem Todestag des Nobelpreisstifters Alfred Nobel.

Im Innenhof ist eine große astronomische Uhr zu sehen.

Wir folgen der Roald Amundsens gate, westlich vom Rathaus, stadteinwärts bis zur Stortings gate. Dort sieht man weiter rechts (östlich) das **Nationaltheater (2) [N 59° 54' 51.0" E 10° 44' 02.8"]**.

Am Nationaltheater links, vorbei am Verkehrsterminal „Nationaltheater" bis zu Oslos Hauptboulevard **Karl Johans gate**. Nach Westen führt er durch Parkanlagen auf das **Königliche Schloss (3) [N 59° 55' 00.5" E 10° 43' 46.4"]** zu, Drammensveien 1, www.kongehuset.no.

Auf dem freien Platz vor dem Schloss sieht man das Reiterstandbild des schwedisch-norwegischen Königs Karl Johan. Das Denkmal wurde von Brynjulf Bergslien gefertigt und 1875 eingeweiht.

Det Kongelige Slott (3), das Königliche Schloss, liegt etwas erhöht mitten in einem ausgedehnten Park. Auf Veranlassung von König Karl Johan wurde es zwischen 1825 und 1848 erbaut. Der Baustil ist klassizistisch. Im großen und ganzen wirkt der Schlossbau eher schlicht, verglichen mit den Residenzen englischer, ehemaliger französischer oder österreichischer gekrönter Häupter etwa.

Das Schloss kann auf **Führungen** besichtigt werden. Gewöhnlich ist dies im Sommer zwischen dem Mittsommertermin um den

Das Königliche Schloss in Oslo

TOUR 2: OSLO

OSLO – **1** Rathaus – **2** Nationaltheater – **3** Königliches Schloss – **4** Universität – **5** Historisches Museum – **6** Nationalgalerie – **7** Kunstindustriemuseum – **8** Vår-Frelsers-Friedhof – **9** Damstredet – **10** Gamle Aker Kirke – **11** Regierungsgebäude – **12** Parlamentsgebäude – **13** Domkirche – **14** Zentralbahnhof u. Busbahnhof – **15** Akershus Festung – **16** Aker Brygge – **17** Frogner/Vigeland Park – **18** Stadtmuseum – **19** Vigeland Museum – **20** Norsk Folkemuseum – **21** Wikingerschiffe-Museum – **22** Fram-, Kon-Tiki- u. Seefahrtmuseum – **23** Schloss Oskarshall – **24** Rundfahrten, Fjordfahrten, Fähre nach Bygdøy – **25** Nobel Friedenszentrum – **26** Ibsen Museum – **27** Oper

23. Juni bis ca. Mitte August möglich, montags bis donnerstags und samstags 11- 18 Uhr. Freitags, sonntags und an Geburtstagen der Königsfamilie (4. und 20. Juli) nur 13 - 18 Uhr. Tickets können ab März übers Internet, in jedem norwegischen Postamt und unter der Telefonnummer +47 81 53 31 33 reserviert werden. Die restlichen Tickets können vor Beginn jeder Tour gekauft werden. Die Tour dauert eine Stunde und beginnt alle 20 Minuten. In englischer Sprache finden Führungen um 12, 14 und 14.20 Uhr statt; freitags, sonntags und an den königlichen Geburtstagen um 14, 14.20 und 16 Uhr. Eintritt 95 NOK. www.kongehuset.no.

Gezeigt werden die **Prunkräume des Schlosses**, darunter der Spiegelsaal, die Suite von König Haakon VII, das königliche Speisezimmer, die Zeremoniensäle sowie der Bankettsaal.

Die **Wachablösung** der Königlichen Garde, begleitet vom Gardemusikcorps, findet täglich pünktlich um 13.30 Uhr vor dem Schloss statt.

Im Sommer ist die Zeremonie der Wachablösung der Endpunkt der **Militärparade**. Sie beginnt um 13.10 Uhr an der Akershus Festung, führt über die Kirkegaten und die Karl Johan Gate zum Königlichen Schloss, wo pünktlich um 13.30 Uhr die Wachablösung zelebriert wird.

Im weiteren Verlauf unseres Rundgangs durch die Innenstadt gehen wir den breiten, gut einen Kilometer langen Hauptboulevard Oslos, die **Karl Johans gate** hinunter fast bis zu ihrem Ostende am Jernebanetorget (Bahnhofsplatz) am Zentralbahnhof (14).

Nehmen Sie sich Zeit für den Weg. Besonders die östliche Hälfte des Boulevards, Oslos Paradestraße ist voller Leben. Man findet jede Menge Kaufhäuser, darunter das moderne **Einkaufscenter Paleet** (Karl Johans gate 37 – 43, 45 Geschäfte, 13 Restaurants, von 10 bis 20 Uhr geöffnet), weiter Geschäfte, Restaurants, Hotels, fliegende Händler, Straßenmusikanten etc., aber auch gepflegte Grünanlagen und historische Gebäude, wie das Parlament **Storting (12)**, etwa auf halbem Weg.

TOUR 2: OSLO

Nachdem man den Schlosspark verlassen hat, sieht man zunächst linkerhand, an der Nordseite der Karl Johans gate also, den Komplex der **Oslo Universität (4) [N 59° 54′ 55.4″ E 10° 44′ 00.1″]**. Sie wurde 1811 gegründet, der Bau nach einem Entwurf des vor allem in Berlin tätigen Baumeisters Karl-Friedrich Schinkel (1781–1841) ausgeführt.

Der alte Festsaal der Uni verdient durch die von Edvard Munch geschaffenen Gemälde besondere Aufmerksamkeit. Der Saal kann im Juli (Mo – Fr 12 – 14 Uhr) besichtigt werden.

Zwei Straßenzüge nördlich der Universität findet man zwei interessante Museen: **Historik Museum (5) [N 59° 54′ 59.5″ E 10° 44′ 04.5″]**, Frederiksgate 2, Ecke Kristian gate; www.khm.uio.no/info-hist-e.html (geöffnet: 15. 5. - 14. 9. Di - So 10 - 17 Uhr, übrige Zeit 11 - 16 Uhr. Eintritt frei. Tram Nr. 11, 17, 18 bis Tullinløkka).

Neben umfangreichen Sammlungen aus dem Altertum bis in unsere Zeit, von der frühen Wikingerkultur bis zu Amundsens Polexpeditionen, beherbergt das Museum das **Myntkabinettet,** das Münzkabinett, sowie die **Universitetets Oldsaksamling,** die Frühgeschichtliche Sammlung der Universität.

Nasjonalgalleriet (6) [N 59° 54′ 57.9″ E 10° 44′ 16.6″], Universitets gata 13; www.nationalmuseum.no (geöffnet: ganzjährig Di, Mi, Fr 10 - 18 Uhr, Do bis 20 Uhr, Sa + So 10 - 17 Uhr, Eintritt frei. Tram Nr. 11, 17, 18 bis Tullinløkka).

Hier ist die größte Kunstsammlung des Landes untergebracht. In der den Arbeiten norwegischer Künstler vorbehaltenen Abteilung findet man natürlich Werke von Edvard Munch, Christian Dahl u.a. Im **Munch-Saal** werden 19 der bedeutendsten Werke Munchs gezeigt. In den anderen Abteilungen sind Meisterwerke von El Greco, Goya, Rembrandt, über Renoir, Cezanne, Van Gogh, Gauguin u.a. bis Picasso zu sehen.

Außerdem gibt es Ausstellungen über zeitgenössische Kunst und Bildhauerei, eine interessante Ikonensammlung sowie Grafiken und Zeichnungen.

Es bietet sich an – je nach Interessenlage – ab der Nationalgalerie einen Umweg nach Norden zu machen. Man geht dann über die Universitets gata ein gutes Stück bis zur St. Olavs gate am gleichnamigen Platz, folgt ihr rechts (ostwärts) bis zur **St. Olavs Kirche**.

Ihr gegenüber liegt das **Kunstindustriemuseum (7) [N 59° 55′ 05.8″ E 10° 44′ 36.8″]**, St. Olavs gate 1; www.nasjonalmuseet.no (geöffnet: ganzjährig Di, Mi, Fr 11 - 18 Uhr, Do bis 20 Uhr, Sa + So 12 - 16 Uhr. Eintritt frei. Tram Nr. 37 bis Nordahl Bruns gate).

Ausgestellt ist norwegisches und ausländisches Kunstgewerbe vom Mittelalter bis in die jüngste Zeit. Neben Porzellan, Glas und Möbeln ist vor allem der Baldisholteppich aus dem 12. Jh. ein Glanzstück des Museums, neben einer Sammlung königlicher Garderoben. Separate Abteilung über skandinavisches Design.

An der Ostseite der St. Olavs Kirche vorbei kann man über den Akersveien weiter nach Norden gehen. Wenig später beginnt linkerhand das Gelände des Friedhofs **Vår Frelsers Gravlund (8) [N 59° 55′ 17.4″ E 10° 44′ 37.7″]**. Hier sind u. a. namhafte Bürger der Stadt beigesetzt, darunter Bjørnstjerne Bjørnson, Henrik Ibsen und Edvard Munch.

Auf dem Weg zum Osteingang an der Friedhofskapelle passiert man kurz vorher die **Damstredet (9) [N 59° 55′ 12.3″ E 10° 44′ 47.3″]**, die nach rechts abzweigt. In dieser hübschen alten Wohngasse sind – wie im ganzen hiesigen Viertel „Bergfjerdingen" zwischen Friedhof und Maridalsveien – noch viele alte Holzhäuser erhalten.

Ab Maridalsveien kann man Busse der Linien 31 und 32 zurück in die Stadt (Stortorvet) nehmen.

Folgt man dem Akersveien vollends bis zum Ende, kommt man zur **Gamle Aker Kirke (10) [N 59° 55′ 26.2″ E 10° 44′ 47.6″]**. Sie stammt aus der Zeit um 1100, gilt als die älteste Steinkirche in ganz Skandinavien und dient heute noch als Gotteshaus. Die Kirche ist nur zwischen 12 und 14 Uhr für Besucher geöffnet.

Unser Abstecher nach Norden führt ab St. Olavs Kirche wieder südwärts, über die Akersgata, vorbei an der **Trefoldighetskirke** (Dreifaltigkeitskirche) und dem hohen Regierungsgebäude bis zur Karl Johans gate in Höhe des Parlamentsgebäudes.

Verzichtet man auf diesen nördlichen Umweg, geht man ab Universität die Karl Johans gate weiter nach Osten, passiert die Grünanlage Eidsvolls Plass, rechts, und erreicht bald das markante Parlamentsge-

TOUR 2: OSLO

Das Gebäude des norwegischen Parlaments Stortinget

bäude **Stortingsbygningen (12) [N 59° 54' 47.6" E 10° 44' 26.0"]**. Das imposante Bauwerk mit seinen beiden Seitenflügeln und dem rotundenähnlichen Zentralteil, zu dem vom Eidsvoll Platz her eine breite Freitreppe hinaufführt, entstand zwischen 1861 und 1866. Das Innere ist mit Kunstwerken dekoriert, darunter ist ein monumentales Wandgemälde von Oscar Wergeland, das die Unterzeichnung der Verfassung in Eidsvoll im Jahre 1814 zeigt.

Weiter östlich liegt links der Karl Johans gate die **Oslo Domkirke (13) [N 59° 54' 45.1" E 10° 44' 45.8"]**, Stortorvet, www.oslodomkirke.no. Der Dom mit seinem massiven Ziegelturm und der dreigeschossigen, vielfach durchbrochenen Turmhaube entstand ausgangs des 17. Jh., wurde aber zwischen 1848 und 1850 sowie zwischen 1939 und 1950 mehrfach restauriert, was allerdings die Harmonie des Erscheinungsbildes des Inneren nicht fördern konnte.

Sehenswert dagegen sind einzelne Kunstwerke, wie Altartafel und Kanzel, die beide noch aus dem Jahre 1699 stammen, dann die Glasmalereien von Emanuel Vigeland und die Bronzetore am Hauptportal von Dagfin Werenskiold (entstanden vor dem Zweiten Weltkrieg), sowie die Deckenmalereien von Hugo Luis Mohr.

An der Südseite des Domplatzes, Ecke Dronningens gate, liegen die sog. **Basarhallen**. Sie stammen aus der Mitte des 19. Jh., dienten damals als Markthallen und sind heute ein Zentrum des Kunsthandwerks.

Der Hauptbahnhof **Oslo Sentralstasjon (14) [N 59° 54' 36.0" E 10° 45' 05.2"]** und Bahnhofsvorplatz Jernebanetorget (Touristeninformation **[N 59° 54' 38.9" E 10° 44' 59.5"]**) schließen die Karl Johans gate im Osten ab.

An der Nordseite des Bahnhofsplatzes findet man moderne Einkaufszentren wie „**Oslo City**" oder „**Byportens Shopping**" mit mehreren hundert Geschäften.

Wir gehen die Dronningens gate ganz nach Süden, vorbei an der **Hauptpost** und an der **Norges Bank** bis zur Myntgata **[N 59° 54' 27.2" E 10° 44' 37.0"]**, folgen dieser nach Westen bis zur Kongens gate und noch ein Stück weiter bis zum Park und zum Zugang zur **Akershus Festung (15) [N 59° 54' 26.7" E 10° 44' 27.7"]** zuführt, Akershus festning; www.mil.no/felles *(geöffnet: Gelände: tgl. 6 - 21 Uhr. Museen: 2. 5. - 31. 8. Mo - Sa 10 - 16, So 12.30 - 16 Uhr. Übrige Zeit Do 12 - 14 Uhr. Eintritt zu Akershus Slott, mit Oslo Pass gratis. Tram Nr. 12 bis Christiania torv)*.

Von den Mauern der etwas erhöht gelegenen Festung Akershus hat man einen sehr schönen Blick auf die Stadt, das Rathaus und den Hafen. Heimathafen übrigens des wunderschöner Windjammers „Christian Radich".

Der Kern der mittelalterlichen Festung stammt aus dem späten 13. Jh. und wurde unter König Håkon V. Magnusson auf einem Felsrücken über der Bucht Pipervika errichtet. Jahrhundertelang widerstand die befestigte Königsresidenz allen Wirrnissen und Angriffen, bis sie im August 1624 ein Raub der Flammen wurde.

Mitte des 17. Jh. ließ König Christian IV. Akershus als **Renaissanceschloss** wieder aufbauen. Die gesamte Befestigung wurde dabei erweitert und mit neuen Bastionen und Bollwerken versehen. Im großen und ganzen erhielt die Anlage damals das Aussehen, wie es sich uns heute bietet. 1716 wurde Akershus zum letzten mal belagert. Später verlor sie an Bedeutung und begann schließlich zu zerfallen.

Das Schloss Akershus kann heute besichtigt werden. Zu sehen sind schöne Säle, das Arbeitszimmer des Reichsarchivars Wergeland, die Schlosskirche, das königliche Mausoleum und Modelle der Festung. Es werden Führungen angeboten im Rahmen der Öffnungszeiten. Eine Führung in englischer Sprache findet donnerstags um 13 Uhr statt.

Während des Zweiten Weltkrieges diente Akershus als Gefängnis für politisch unbequeme Zeitgenossen. Nach dem Kriege wurde die Festungsanlage bis 1963 umfassenden Restaurierungsarbeiten unterzogen. Heute beherbergt sie zahlreiche staatliche Einrichtungen. Die Krypta unter der Schlosskirche dient als Königliches Mausoleum. Im Sommer finden sonntags in der Schlosskirche Konzerte statt.

In einem beachtenswerten Fachwerkgebäude aus dem Jahre 1774 links vom Zugang in die Festungsanlage findet man ein **Informationszentrum**. Und ganz in der Nähe kann man – nach Voranmeldung im Informationszentrum – im ehemaligen Pulvermagazin das **Gefängnismuseum** besichtigen. Die Zellen dienten vor allem im 19. Jh. der Verwahrung besonders schwerer Jungs.

Im Høymagasinet, dem Gebäude 025 der Festung Akershus an der Rathausseite, ist das Christiania Stadtmodell zu besichtigen. Das Modell zeigt das Bild der Stadt im 17. und 18. Jh. Die Ausstellung ist Teil einer 20-minütigen Tonbildschau über die Geschichte Oslos.

In einem Gebäude nördlich des Schlosskomplexes, auf einer Anhöhe innerhalb des Festungsareals, ist das **Norges Hjemmefront Museum** (Norwegisches Widerstandsmuseum) eingerichtet; www.nhm.mil.no *(geöffnet: Juni - Aug. Mo - Sa 10 - 17 Uhr, So 11 - 17 Uhr; Jan. - Mai, Sept. - Dez. Mo - Fr 10 - 16 Uhr, Sa + So 11 - 16 Uhr. Eintritt, mit Oslo Pass frei. Tram Nr. 12 bis Christiania torv).*

Das Widerstandsmuseum dokumentiert fast ausschließlich die Zeit während der deutschen Besetzung 1940 bis 1945. Ein Denkmal erinnert an die gefallenen Widerstandskämpfer.

Die Akershus Festung

TOUR 2: OSLO

Östlich der Kongens gate liegt am Südrand des Festungsplatzes das **Forsvarsmuseet**, das Norwegische Armee- oder Verteidigungsmuseum. Es gibt anhand von Kriegsgerät Einblick in die norwegische Militärgeschichte vom 17 Jh. bis in die Zeit nach dem Zweiten Weltkrieg.

Unweit östlich der Akershus Festung findet man am Bankplassen 4 das **Museet for Samtidskunst, Museum für Zeitgenössische Kunst [N 59° 54′ 31.8″ E 10° 44′ 31.1″]**, www.nasjonalmuseet.no (geöffnet: ganzjährig Di, Mi, Fr 10 - 18 Uhr, Do. bis 20 Uhr, Sa + So 10 - 17 Uhr, . Eintritt frei. Tram Nr. 12 bis Christiania torv).

Das Nationalmuseum für norwegische und internationale bildende Kunst ist in einem Granitbau untergebracht, der zu Beginn unseres Jahrhunderts im Jugendstil für die Norges Bank errichtet worden ist. Gezeigt werden – teils in wechselnden Ausstellungen – Arbeiten norwegischer und internationaler Künstler aus der Zeit nach dem Zweiten Weltkrieg bis heute.

Ein gutes Stück weiter östlich, am Hafenbecken Bjørvika, liegt am Kirsten Flagstads pl. 1 der Komplex der **Neuen Oper von Oslo (27)**, die 2008 eröffnet wurde. Sie wird als das größte norwegische Kulturobjekt bezeichnet. Das mit weißem Carrara-Marmor verkleidete, 207 Meter lange und 110 Meter breite Gebäude soll eine treibenden Eisberg symbolisieren. Baukosten ca. 520 Mio. Euro.

Von der Akershus Festung zurück zum Ausgangspunkt am Rathausplatz.

An der Westseite der Hafenbucht Pipervika liegt das Einkaufszentrum **Aker Brygge (16) [N 59° 54′ 38.3″ E 10° 43′ 43.8″]**. In diesem modernen Zentrum findet man neben Geschäften, Modeboutiquen und annähernd 35 Restaurants und Cafés auch Theater, ein Großleinwandkino und ein wechselndes Unterhaltungsangebot.

An einem sonnigen Tag ist Aker Brygge ein angenehmer Platz von einem der Straßencafés aus das Leben und Treiben in diesem geschäftigen Zentrum und im Hafen zu beobachten.

Ganz in der Nähe in Richtung Rathaus findet man **Nobels Fredssenter (25), das Nobel Friedenszentrum (25)** am Brynjulf Bulls plass 1, www.nobelpeacecenter.no (geöffnet: Juni, Juli, Aug. tgl. 10 - 18 Uhr, Jan. - Mai + Sept. - Dez. Di, Mi, Fr 10 - 16 Uhr, Sa + So 11 - 17 Uhr. Eintritt, mit Oslo Pass frei. Tram Nr. 12 bis Aker Brygge).

Dieses Museum zeigt alles Wissenswerte über Alfred Nobel, die Gewinner des Friedensnobelpreises und deren Arbeit. Filme, Vorträge und interaktive digitale Exponate geben anschaulich vielseitige Informationen zum Thema Friedensnobelpreis, der alljährlich am 10. Dezember, dem Todestag Alfred Nobels, im nahegelegenen Rathaus verliehen wird.

Ein gutes Stück weiter nördlich findet man in der Henrik Ibsens gate 26 südlich des Schlossparks das **Ibsen Museet (26) [N 59° 54′ 54.4″ E 10° 43′ 38.7″]**, www.ibsenmuseet.no, www.ibsen.net (geöffnet: 15. Mai - 14. Sept. Di - So 11 - 18 Uhr, übrige Zeit Di - So. 11 - 16 Uhr, Do bis 18 Uhr. Eintritt, mit Oslo Pass frei. Führungen obligatorisch).

Hier hatte der Schriftsteller und Dramatiker Henrik Ibsen zusammen mit seiner Frau Suzannah (gest. 1914) von 1895 bis zu seinem Tod im Jahre 1906 seinen letzten Wohnsitz in Oslo. Die mit dem Museum verbundene Wohnung (Arbinsgate 1) wurde im Stil des 19. Jh. originalgetreu restauriert und ist seit 2006 ebenfalls für Besucher geöffnet, Bibliothek, Museumsshop.

2. Bygdøy

Bygdøy, die „Museumsinsel Oslos" erreicht man bequem mit dem Auto ab E18 (Oslo – Drammen). Parkmöglichkeiten am Folke Museum, am Wikinger-Schiffe-Museum und am Kon-Tiki-Museum. In der Sommerferienzeit gibt es gelegentlich Engpässe bei den Parkplätzen.

Man erreicht Bygdøy auch **mit öffentlichen Verkehrsmitteln**. Busse der Linie 30 verkehren ab Nationaltheater bis Bygdøynes. Oder man nimmt die Personenfähren Nr. 91 ab Rathauskai 3. Die Boote verkehren zwischen Mai und September regelmäßig über das Ausflugslokal „Dronningen" zur Anlegestelle beim Fram-Museum, von dort auf direktem Weg zurück.

Die Museen auf Bygdøy

Folgende Museen sind auf Bygdøy zu finden: **Norsk Folkemuseum (20), Wikingerschiffe-Museum (21), Kon-Tiki-Museum, Fram-Museum** und das **Norwegische Seefahrtmuseum (22).**

Die letzten drei genannten Museen liegen vom Wikinger-Schiffe-Museum ca. 15 Geh-Minuten entfernt. Und vom Wikinger-

TOUR 2: OSLO

NORSK FOLKEMUSEUM
1 Innenhof, Museum
2 Setesdalgehöfte
3 Numedalgehöfte
4 Glåmdalgehöfte
5 die Stabkirche von Gol
6 Hovegehöfte
7 Oppdalgehöfte
9 Hordalandgehöfte
10 Lendegehöfte
11 Ostnorwegengehöfte
12 Hallingdalgehöfte
13 Telemarkgehöfte
14 „Die Altstadt"
15 Wikingerschiffe-Museum

Schiffe-Museum zum Norsk Folkemuseum geht man nochmals gut 5 Minuten. Man kann aber auch den Bus 30 für Fahrten zwischen den Museen benutzen.

Außerdem liegt auf der Insel Bygdøy das **Schlösschen Oskarshall (23)**. Dieses Mitte des 19. Jh. von König Oskar I. erbaute Lustschloss kann allerdings nur von Ende Mai bis Ende September an Sonntagen zwischen 11 und 16 Uhr gegen Eintritt besichtigt werden.

Mein Tipp! **Norsk Folkemuseum (20)**, das **Norwegische Freilichtmuseum [N 59° 54′ 26.7″ E 10° 41′ 13.0″]**, Museumsveien 10; www.norskfolkemuseum.no (*geöffnet: 15.5. - 14.9. tgl. 10 - 18 Uhr. Übrige Zeit: Mo. - Fr. 11 - 15, Sa. + So. 11 - 16 Uhr. Eintritt, mit Oslo Pass frei. Restaurant, Cafeteria, Souvenirs*).

Ein Gang durch dieses ausgedehnte Freilichtmuseum kommt einem Gang durch die Architektur-, Kunst- und Kulturgeschichte Norwegens vom Mittelalter bis in das 19. Jh. gleich. Der Besuch lohnt sehr und sollte nicht ausgelassen werden. Das Gezeigte ist so vielfältig, dass man sich für die Besichtigung viel Zeit nehmen sollte (mindestens einen halben Tag)!

Insgesamt sind hier 170 alte Gebäude, meist bäuerliche Anwesen, aus allen Teilen Norwegens zusammengetragen und mit größter Sorgfalt und bis ins Detail genau wieder aufgebaut worden. Die Gehöfte, Wohnhäuser, Stallungen, Scheunen, Speicher, Mühlen, Sennhütten, Badestuben etc. sind entsprechend ihrer Herkunftsregion zu Gruppen zusammengefaßt. Museumsführer, in Kos-tüme und Trachten der jeweiligen Landschaftsregion gekleidet, geben Auskünfte oder demonstrieren alte Arbeits- oder Herstellungsmethoden aus dem landwirtschaftlichen oder handwerklichen Bereich.

Geht man aus dem großen, von Verwaltungs- und Museumsgebäuden umgebenen Hof (Beschilderung) und wendet sich nach links, kommt man zunächst zu einem Häuserensemble aus dem *Setesdal*. Im wesentlichen besteht es aus einem Gehöft aus dem frühen 18. Jh., mit Wohnhaus und diversen Speichern, Scheunen und Ställen.

Unweit nördlich davon eine Gruppe von Gehöften aus der Region *Glåmdal/Osterdal*.

Wege, an denen alte Meilensteine zu sehen sind, führen durch einen Waldpark hinauf zur wieder aufgebauten **Stabkirche**

TOUR 2: OSLO

von Gol. Sie stammt aus dem 12. Jh. und ist vom Fundament bis zum Giebel ein herrliches Beispiel früher norwegischer Kirchenbaukunst. König Oskar II. ließ die Kirche 1885 von Gol im Hallingdal hierher bringen und neu errichten.

Beachten Sie u. a. das reich mit Schnitzereien versehene Portal und die tragenden Holzsäulen im Inneren, mit den kunstvoll gearbeiteten Verstrebungen oben. Kaum auszumachen sind im Dunkel unter dem Giebel die Köpfe am obersten Abschluß der Säulen. Chor und Apsis sind mit Malereien aus der Mitte des 17 Jh. ausgeschmückt.

Dem Kirchenportal gegenüber steht ein sehr schönes Bauernhaus, das aus der ersten Hälfte des 18. Jh. stammt und aus der Heddalgegend in der Telemark hierher gebracht wurde. Schauen Sie sich hier den großen Wohnraum an mit seiner Feuerstelle, den Wandbänken, Schränken, Pfostenbetten etc.

Gleich hinter diesem Telemarkhaus liegt das Restaurant.

Zurück zu den Setesdalshäusern und weiter zu den Gehöften aus dem *Numedal*. Hier steht u. a. eines der ältesten Holzhäuser des Landes (Haus Nr. 21). Es stammt aus dem 13. Jh.

Ein Rundweg führt nun um den sog. Festplatz (mit Café). Folgt man ihm gegen den Uhrzeigersinn, sieht man Gebäude aus dem Gudbrandsdal, aus Nordfjord und Sunnfjord, aus Hordaland, Ostlandet, Hallingdal und schließlich aus der Telemark mit den markanten Speichern (z. B. Gebäude Nr. 133)

Es schließt sich die sog. **„Altstadt"** an. Hier sind einige Straßenzüge und Stadthäuser aus dem 17., 18. und 19. Jh. wieder aufgebaut worden.

In den **Museumsgebäuden** beiderseits des Hauptplatzes sieht man u. a. Kunsthandwerk, Trachten, Möbel aus städtisch-bürgerlichem und ländlich-bäuerlichem Milieu, des weiteren sakrale Kunstwerke und eine sehr interessante Ausstellung aus dem Kulturbereich der samischen Bevölkerung.

Vikingskiphuset (21) [N 59° 54' 15.4" E 10° 41' 09.5"], Huk Aveny 35. www.khm.uio.no *(geöffnet: 1. 5. - 30. 9. tgl. 9 - 18 Uhr. Übrige Zeit tgl. 11 - 16 Uhr. Eintritt, mit Oslo Pass frei. Bus 30 oder Boot 91 ab Pier 3 Rathausplatz und Fußweg).*

Hier sind u. a. drei Wikingerschiffe aus dem 9. und 10. Jh. ausgestellt, die – nach mühsamer und langwieriger Restaurierung – nun zu den schönsten Beispielen alter norwegischer Schiffsbaukunst zählen.

Alle drei Schiffe, das **Osebergschiff**, das **Gokstadschiff** und das **Tuneschiff** wurden im Küstenbereich des Oslofjords gefunden.

Im Freilichtmuseum Norsk Folkemuseum

Das Osebergschiff im Wikingerschiffe-Museum

Die Schiffskörper, die als Gräber gedient hatten, wurden zwar von den Erdmassen, die sie bedeckten, völlig zerdrückt, Holz-, Metallteile, Knochen und sogar Textilien aber waren dank der hermetisch luftdichten Abschottung durch die Erdlagen in recht gutem Zustand.

In monatelangen Arbeiten wurden die oft in Tausende von Einzelteilen zerfallenen Schiffe und Grabbeigaben geborgen. Größtes Problem dabei war, die Funde permanent feucht zu halten. Andernfalls wären sie ausgetrocknet und unwiederbringlich zerbrochen.

Nach einer akkuraten Katalogisierung aller Teile, wurden vor allem die empfindlichen Holzstücke in einer jahrelangen Prozedur mit Speziallösungen, die man auch erst erproben mußte, dauerhaft konserviert. Nun konnte mit dem Geduldspiel des Wiederzusammenfügens der Schiffe begonnen werden. Aus den Schiffen wurden noch einmal Meisterwerke, diesmal welche der erhaltenden Archäologie.

Schaut man sich nur die Bordbeplankung an, erahnt man schon – auch ohne einschlägiges Wissen – dass an diesen Wikingerschiffen vor fast tausend Jahren Meister ihres Handwerks tätig gewesen sein müssen. Die Ahnung wird zur Gewissheit, wenn man von den nautischen Qualitäten der Wikingerschiffe erfährt.

Auf einem starken Kiel, der aus einem einzigen Stamm gearbeitet wurde, sind in genau überlegten Abständen Spanten aus Eichenholz befestigt. Sie bildeten das Rückgrat für die eichenen Bordplanken. Teils wurden 12 Bordplanken (Osebergschiff), bei Schiffen für größere und härtere Einsätze 16 Planken verwendet. Das Deck bildeten Laufplanken aus Kiefernholz. Der einzige, umlegbare Mast war mittschiffs im „Kielschwein", einem kräftigen Eichenklotz auf dem Schiffsboden, befestigt.

Alle Bauelemente waren durch Nägel und Taue so kunstvoll und vor allem so elastisch miteinander verbunden, dass Fachleute von der ganz erstaunlichen Seetüchtigkeit, die Wikingerschiffen eigen gewesen sein muss, heute noch begeistert sind. Mit originalgetreuen Nachbauten wurden ganz erstaunliche Resultate erzielt.

Decksaufbauten gab es gewöhnlich nicht. Die Besatzung saß auf ihren Seekisten, die gleichzeitig als Ruderbänke dienten. Man war Wind und Wetter ohne besonderen Schutz ausgesetzt. Lediglich auf Reiseschiffen standen wichtigen Personen zusammenlegbare Bordzelte und sogar Betten zur Verfügung.

Gleich nach dem Eingangsbereich des kreuzförmig angelegten Museumsgebäudes kommt man in die gewölbte Halle mit dem Osebergschiff, das schon durch seine Proportionen, die überaus elegante Linienführung des Rumpfes und die kühn geschwungenen Steven mit herrlichen Schnitzereien, auf Anhieb besticht.

TOUR 2: OSLO

Das **Osebergschiff** wurde 1904 ausgegraben. Es diente als Grabstätte einer hochgestellten weiblichen Person. Es wird angenommen, dass diese Frau Königin Asa war. Ganz besonders reich war der Fund an Grabbeigaben. Zu den Prachtstücken zählen ein überaus seltener **Wagen**, ein **Schlitten**, Truhen, Betten und allerlei Kleingerät. Diese Gegenstände sind im hinteren Raum zu sehen.

Im Flügel links ist das **Gokstadschiff** wieder aufgebaut worden, das man 1880 entdeckte. Vergleicht man das Osebergschiff mit dem Gokstadschiff, fällt der etwas gedrungene Schiffskörper auf und man stellt fest, dass die Bordwand beim Gokstadschiff um zwei Bordplanken höher ist, was dem Schiff wohl eine bessere Eignung für Fahrten bei rauher See verlieh. Außerdem sind zwei kleine Beiboote zu sehen, die als Grabbeigaben dienten. Die Grabkammer ist wieder aufgebaut, die einst auf dem Schiff stand.

Im rechten Seitenflügel sind die Reste des **Tuneschiffs** zu besichtigen. Leider sind nur noch Fragmente des Schiffs vorhanden.

Polarschiffmuseum Frammuseet (22) [N 59° 54′ 11.7″ E 10° 41′ 54.3″], Bygdøynesveien 36; www.fram.museum.no (geöffnet: Juni - Aug tgl. 9 - 18 Uhr; Mai + Sept. tgl. 10 - 17 Uhr; Jan., Feb., Okt., Dez. Mo - Fr 10 - 15 Uh, Sa + So 10 - 16 Uhr; Eintritt, mit Oslo Pass frei).

Die „Fram", das angeblich stärkste Polarschiff, wurde nach speziellen Angaben des Polarforschers *Fridtjof Nansen* für extreme Bedingungen bei Fahrten in den Polarmeeren von Collin Archer erbaut und 1893 in Dienst gestellt.

Auf ihren Expeditionsfahrten gelangte die „Fram" am weitesten sowohl in nördliche als auch in südliche Breiten. Das Schiff hat eine Wasserverdrängung von 800 Tonnen, eine Länge von 39 m, eine Breite von 11 m und einen Tiefgang von 5 m. Seine hervorragende Konstruktionsweise hat sich auf all seinen Fahrten bewährt.

Die Grundidee Nansens war es, ein Schiff zu bauen, das so stark und dessen Rumpf so geschickt geformt war, dass es, eingefroren im Packeis, nicht von den gigantischen Eismassen zerdrückt (Schicksal vieler früherer Polarschiffe), sondern aus dem Eis gehoben wurde und so „gefahrlos" mitdriften konnte.

In dem um das Schiff herum erbaute Museumsgebäude wird eine interessante polargeschichtliche Ausstellung gezeigt, deren Exponate in 9 Sprachen beschriftet sind.

Norsk Sjøfartsmuseum, Norwegisches Seefahrtmuseum (22), Bygdøynesveien 37; www.norst-sjofartsmuseum.no (geöffnet: 15. 5. - 31. 8. tgl. 10 - 18 Uhr. Übrige Zeit tgl. a. Do 10.30 - 16, Do bis 18 Uhr. Eintritt, mit Oslo Pass frei).

Die lange, erfolgreiche Seefahrertradition des Landes wird hier anhand von Modellen, Schiffsteilen, Booten, Schaukästen, Gemälden und vielen nautischen Gegenständen sehr anschaulich dokumentiert. Im Museumsgebäude befinden sich außerdem das *Restaurant Najaden*, sowie eine Cafeteria mit Fjordterrasse.

Kon-Tiki Museum (22), Bygdøynesveien 36; www.kon-tiki.no (geöffnet: Jun - Aug. tgl. 10.30 - 17.30 Uhr; April, Mai, Sept. tgl. 10 - 17 Uhr. Übrige Zeit tgl. 10.30 - 15.30 Uhr. Eintritt, mit Oslo Pass frei).

Die bedeutendsten Exponate sind einmal Thor Heyerdahls weltberühmtes Balsafloß „Kon-Tiki" und zum anderen Heyerdahls Papyrusboot „Ra II" sowie ein Tigris-Modell.

Mit der „Kon-Tiki" fuhren Heyerdahl und fünf Kameraden 1947 8.000 km weit über den Pazifik von Peru bis Polynesien. Mit der „Ra II" segelte er 1970 über den Atlantik. Fotodokumentationen schildern Vorbereitungen und Durchführung der Reisen. Außerdem Ausstellungen von Kunst- und Kultgegenständen der Osterinseln. Im Kinoraum des Museums finden fortlaufende Filmvorführungen statt.

Setesdaltracht, im Osloer Folkemuseum

Ein Schiff erobert die Eismeere
Nansen, Amundsen und die „Fram"

Seine erste Expedition mit der „Fram" unternahm *Fridtjof Nansen* im Sommer 1893. Kapitän war *Otto Neumann Sverdrup*. Es war geplant, soweit wie möglich Richtung Nordpol zu segeln, sich dort einfrieren zu lassen und mit der Eisdrift zum Nordpol zu gelangen.

Langsam kam man auf einem verschlungenen Zickzackkurs tatsächlich in die Nähe des Nordpols. Am 16. Oktober 1895, fast zweieinhalb Jahre nach Beginn der Reise, hatte man die nördlichste Position von 85° 57′ nördl. Breite erreicht. Nansen erkannte, dass die „Fram" nicht näher zum Pol driftete und verließ mit *Hjalmar Johansen* das Schiff. Beide machten sich mit Hunden und Schlitten auf den Weg zum Nordpol. Widrige Umstände veranlassten die beiden zur vorzeitigen Umkehr und im August 1896 kamen Nansen und Johansen nach abenteuerlicher und dramatischer Überwinterung und Rückreise nach Vardø, dem Ausgangspunkt der Expedition vor über drei Jahren, zurück.

Fridtjof Nansen vor dem Polarexpeditionsschiff „Fram"

Die „Fram" kam erst im August 1896 vom Polareis frei und lief am 20. August in Skjervøy in Nordnorwegen ein.

Die zweite große Expeditionsreise mit der „Fram" unternahm der polarmeererfahrene Kapitän Otto N. Sverdrup im Jahre 1898. Sverdrup wollte Grönland im Norden umrunden, was allerdings nicht gelang.

Sverdrup kartografierte aber ein großes, bis dahin unerforschtes Gebiet nordwestlich von Grönland.

Das Ergebnis einer weiteren, der dritten Expeditionsreise der „Fram", sollte zu einem Meilenstein in der norwegischen und internationalen Geschichte der Polarforschung werden.

Roald Amundsen verließ mit der „Fram" am 10. August 1910 Kristiansand mit „unbekanntem" Ziel, wie es anfangs hieß. Tatsächlich waren Amundsen und seine Mannschaft auf dem Weg zum Südpol. Die anfängliche Geheimniskrämerei hatte Gründe. Im Juni des gleichen Jahres nahm nämlich auch der Engländer Robert Falcon Scott Kurs auf den Südpol.

Amundsen erreichte mit der „Fram" auf dieser Reise den südlichsten Punkt, 78° 41′ südl. Breite, den bis dahin kein Schiff je angesteuert hatte. Die „Fram" war nun das erste Schiff der Welt, das am weitesten nach Norden und nach Süden auf unserem Erdball vorgedrungen war.

Von der Walfischbucht im Rossmeer, unmittelbar an der Eisbarriere, machte sich Amundsen mit drei Begleitern, mit Schlitten und Hunden auf den Marsch zum Südpol, den die Gruppe am 11. Dezember 1911 glücklich erreichte. Amundsen hatte als erster den Südpol erreicht. Scott kam am 18. Januar 1912 am Südpol an. Er und seine Leute überlebten den Rückweg nicht.

Die „Fram" mit Amundsen, Kapitän Nilsen und seiner Mannschaft, kehrte am 16. Juli 1914 nach Norwegen zurück.

TOUR 2: OSLO

3. Rundfahrt Holmenkollen, Frognerpark, Museen

Benutzt man für die Rundfahrt nicht das Auto, sondern öffentliche Verkehrsmittel, bedient man sich am einfachsten der U-Bahn Linie 1 bis Holmenkollen. Die Bahn verkehrt regelmäßig in kurzen Abständen ab U-Bahn Station Nationaltheater. Ab Station Holmenkollen muss man bis zur Schanze und zum Skimuseum noch ein Stück zu Fuß gehen. Die Holmenkollenschanze liegt nordwestlich vom Stadtzentrum und ist gut ausgeschildert.

Fährt man mit der U-Bahn Linie 1 noch fünf Stationen weiter bis zur **Endstation Frogneseteren**, kann man den Ausflug mit Wanderungen und einem Besuch des Aussichtsturms „Tryvannstårnet" (siehe auch 4. Weitere interessante Sehenswürdigkeiten) verbinden.

Auf der **Holmenkollen Skisprungschanze**, Kongeveien 5, www.skiforeningen.no, werden jedes Jahr im März die Internationalen Skisprung Meisterschaften ausgetragen. Die Teilnahme an diesem weltweit bekannten Springen gilt als Höhepunkt in dieser Sportdisziplin. Abertausende von Zuschauern kommen jedes Jahr zu diesem Weltsportereignis.

Ein Aufzug bringt Sie auf den etwa 60 m hohen Turm der Sprungschanze und wer schwindelfrei ist und zu Fuß weiter hoch bis zum Anlauf gehen kann, wird mit einer einzigartigen **Aussicht** auf Oslo und die Bucht belohnt. Aber es genügt schon ein Blick von der Nähe des Schanzentisches hinab in die im Sommer teils von einem See bedeckte Auslaufmulde, um den Mut der Skispringer respektvoll zu bewundern. Im Sommer zeigen gelegentlich Skiakrobaten ihr Können an eben erwähntem See. Und wenn Sie Lust bekommen haben, auch einmal einen Skiflug von der ehrwürdigen Holmenkollenschanze zu wagen, können Sie das im Ski-simulator gleich tun.

Sehr lohnend ist ein Besuch im gleich neben der Schanze teils in den Berg gebauten **Skimuseum [N 59° 57' 53.4" E 10° 40' 00.1"]**, Kongeveien 5; www.skiforeningen.no (geöffnet: Jun. + Juli tgl. 9 - 20 Uhr; Mai, Aug., Sept. tgl. 10 - 17 Uhr, übrige Zeit tgl. 10 - 16 Uhr. Eintritt, mit Oslo Pass frei. Metro Nr. 1 bis Holmenkollen).

Beachten Sie am Eingang die etwa 4.000 Jahre alte Felszeichnung des „ersten Skiläufers der Welt". Die Geschichte des Skilaufs, von der Zeit, als lediglich ungeschlachte Holzbohlen den Menschen vor etwa 1.400 Jahren nicht im Schnee untergehen ließen, bis zu den supermodernen Brettern aus Kunstfaser samt stromlinienförmig gestylter Kleidung, ist in ihren vielfältigen Facetten ausgezeichnet dargestellt. Die Exponate werden in den modernen Museumsräumen sehr übersichtlich präsentiert.

Von besonderem Interesse sind Skiausrüstungsgegenstände von Fridtjof Nansens

Denkmal König Olavs V. vor der Holmenkollenschanze

Grönlandüberquerung 1888 und Roald Amundsens Südpolexpedition 1910 – 1912, gleich im Eingangsbereich. Im Obergeschoß des Museums sind u. a. Skier der Königlichen Familie zu sehen. Auf dem Weg vom Parkplatz zur Schanze passiert man ein Denkmal, das König Olav V. auf Skiern zeigt.

Falls Sie mit der Bahn unterwegs sind, fahren Sie zurück bis Station Majorstuen, verlassen dort die U-Bahn, gehen ein kurzes Stück stadteinwärts bis zur Querstraße Kirkeveien und nehmen dort die Straßenbahn Linie 12 oder 15 bis zum Haupteingang zum Frogner Park, Haltestellen Vigelandsparken oder Frogner plass.

Wenn Sie von der Haltestelle Majorstuen nur ein kurzes Stück zurückgehen, können Sie – aber nur am Wochenende – noch einen kurzen Sprung ins **Sporveismuseet**, das Straßenbahn-Museum, Ecke Selmdalsveien und Gardeveien, machen. Das Museum beherbergt die einzige Sammlung öffentlicher Verkehrsmittel in Norwegen.

Der ausgedehnte **Frogner-Park (17) [N 59° 55′ 31.9″ E 10° 42′ 34.6″]**, Kirkevejen; www.vigeland.museum.no. *(Geöffnet: Ganzjährig 24 Std. Bus 20, Tram 12, 15 bis Vigelandsparken.)*

Die „Lebenssäule" von Gustav Vigeland, im Frogner-Park

Der Frogner-Park, auch Vigeland-Park genannt, mit seinen beiden Seen, ist berühmt für seine Freilichtsammlung von Bronze- und Steinplastiken des Bildhauers Gustav Vigeland.

Gustav Vigeland, 1869 in Mandal geboren und in einer Handwerkerfamilie und auf Großvaters Hof Vigeland in Lindesnes aufgewachsen, war Zeit seines Lebens erfüllt von einem glühenden Schaffensdrang. Vigelands Vater war Möbelschreiner. So wurde der Sohn schon in jungen Jahren mit der Holzschnitzerei bekannt. 1884 kam Gustav aus seinem sehr ernsten, strengen Elternhaus nach Oslo zur Ausbildung als Holzschnitzer. Später lebte und arbeitete er in Kopenhagen, Paris, Berlin, Florenz und London und kehrte Anfang unseres Jahrhunderts wieder zurück nach Oslo. Vigeland starb 1943. In seinem unbändigen Arbeitseifer schuf er weit über tausend monumentale Skulpturen, rund 800 plastische Skizzen und nicht weniger als 12.000 Zeichnungen und Skizzen.

Zeit seines Lebens waren seine Motive Mann und Frau, Menschendarstellungen in allen Lebensaltern. Fast immer strahlen Vigelands Plastiken Ernst und Wehmut aus.

Alle Werke überließ der Meister der Stadt Oslo als Entgelt für das Gebäude, das die Stadt dem Bildhauer errichtete, in dem sich Vigelands Atelier und Wohnung befand. Heute beherbergt es das Vigeland Museum (siehe dort).

Schon das große schmiedeeiserne Tor mit seinen sieben Flügeln am Haupteingang zum Park (Kirkeveien) ist eine sehenswerte Arbeit Vigelands.

Als nächstes erreicht man die Brücke, die über die Parkseen führt. Hier stehen zahlreiche Steinplastiken. Insgesamt findet man im Park, dessen Anlage von Vigeland selbst konzipiert wurde, annähernd 200 Skulpturen.

Man kommt zur **Bronzefontäne**. Der Lebensweg des Menschen vom Kind bis zum Greis wird anhand von Bronzeplastiken dargestellt.

Treppen führen schließlich hinauf zum großen **Monolithen „Lebenssäule"**, der erhöht auf einer Steinterrasse steht. Die 17 m hohe Steinsäule ist mit 121 Leibern geschmückt, die sich wild verschlungen bis zur Spitze des Obelisks gruppieren. Der Monolith besteht aus einem einzigen Granitblock.

Beachtung verdienen natürlich auch die Monumentalplastiken, die sich um den Monolithen gruppieren.

TOUR 2: OSLO

Kunsthistoriker sind sich nicht ganz einig über den künstlerischen Wert von Vigelands Schöpfungen. Sicher dürfte aber sein, dass Vigelands Lebenswerk alleine schon durch die enorme Vielzahl seiner Arbeiten ein hervorragender Stellenwert zukommt.

Im Sommer kann man den Besuch des Frogner-Parks mit einer willkommenen Abwechslung verbinden, mit einem Abstecher ins Frognerbad, dem größten Freibad der Stadt, das in der Nordostecke der Parkanlage beim Stadion und den Tennisplätzen liegt.

Wir setzen unsere Tour durch den Südteil des Frogner-Parks fort und erreichen kurz darauf das **Oslo Bymuseet, das Stadtmuseum (18)**, Frognerveien 67, www.oslobymuseum.no, mit Sommerrestaurant beim See. Das Museum ist untergebracht im Frogner Hovedgård, einem ehemaligen Gutshof aus dem Jahre 1790. Ausgestellt ist umfangreiches Anschauungsmaterial über die 1000-jährige Geschichte Oslos, sowie eine Gemäldesammlung und interessante Einrichtungs- und Gebrauchsgegenstände aus verschiedenen Epochen der Stadt. *(Geöffnet tgl. Di - So 11 - 16 Uhr).*

Man verlässt den Frogner-Park am Südeingang an der Halvdan Svartes gate. Fast genau gegenüber, auf der anderen Straßenseite, steht das Gebäude des **Vigeland Museums (19) [N 59° 55' 18.3" E 10° 42' 04.9"]**, Nobels gate 32, www.vigeland.museum.no *(geöffnet: Jun. - Aug. Di - So 11 - 17 Uhr, übrige Zeit Di - So 12 - 16 Uhr. Eintritt, mit Oslo Pass frei. Tram Nr. 12 bis Frogner plass).*

Im Museum kann man sich einen ganz ausgezeichneten Überblick über die unzähligen Arbeiten des Bildhauers Gustav Vigeland verschaffen. Der größte Teil des Lebenswerks des Künstlers ist hier untergebracht. Darunter sind Tausende von Zeichnungen, Holzschnitten und Plastiken in Marmor, Granit oder Bronze.

Ist man mit öffentlichen Verkehrsmitteln unterwegs, geht man vom Vigeland Museum ein kurzes Stück nach Osten zurück bis an die Südecke des Frogner Parks am Frogner Plass (Taxistand) und nimmt die Straßenbahn 12 oder 15 zurück ins Stadtzentrum (Rathausplatz).

Je nach zur Verfügung stehender Zeit, kann man nun noch die Straßenbahn Linie 18 oder 19 oder Bus 34B, 45 oder 46 ins östliche Stadtgebiet zum Oslo Ladegård nehmen (siehe 4. Weitere interessante Sehenswürdigkeiten).

Bronzeplastik von Gustav Vigeland, im Frogner-Park

4. Weitere interessante Sehenswürdigkeiten

Edvard Munch Museum [N 59° 55' 00.7" E 10° 46',23.9"]; www.munch.museum.no *(geöffnet: Jun. - Aug. tgl. 10 - 18 Uhr. Jan. - Mai + Sept. - Dez. Di - Fr 10 - 16 Uhr, Sa + So 11 - 17 Uhr. Eintritt, mit Oslo Pass frei. Bus 20 oder U-Bahn 1, 2, 3, 4, 5 bis Tøyen-Munchmuseet).*

Das Munch Museum liegt im Osten der Stadt in der Tøyengata 53, gegenüber dem Botanischen Garten. Es ist mit Bus 20 ab Jernebanetorget oder mit der U-Bahn ab Stortinget bis Tøyen zu erreichen.

Das moderne Museumsgebäude beherbergt den größten Teil des Lebenswerks des Malers Edvard Munch.

Insgesamt vermachte der Künstler der Stadt Oslo 1940 annähernd 24.000 Objekte, darunter Graphiken, Zeichnungen, Plastiken, Aquarelle und andere Gemälde. Im Museum finden Filmvorführungen, Konzerte und Vorträge statt.

Edvard Munch wurde am 18. Dezember 1863 geboren und starb im Alter von 81 Jahren im Januar 1944. Munch war Maler und Graphiker und gehörte mit zu den Begründern des Expressionismus. Themenmittelpunkt seiner Arbeit war stets der Mensch

TOUR 2: OSLO

im Spannungsfeld der zwischenmenschlichen Beziehungen.

Universitets Naturhistoriske Museer. Die Naturgeschichtlichen Museen liegen ganz in der Nähe des Munch Museums im **Botanischen Garten** im Osten der Stadt. Zu erreichen mit Bus 20 ab Jernebanetorget oder mit der U-Bahn, Linien 1, 2, 3, 4, 5 ab Stortinget bis Tøyen.

Auf dem Gelände des sehr ansprechend angelegten Botanischen Gartens mit seiner artenreichen Flora nördlicher Provenienz und Treibhäusern mit südlicher Pflanzenwelt, gibt es außerdem zu besichtigen: das **Botanische Museum**, das **Zoologische Museum**, das **Mineralogische Museum** und das **Paleontologische Museum**. Freier Eintritt in Park und Museen.

Oslo Ladegård, Oslo gate 13; www.oslo.kommune.no/ladegard *(geöffnet: Mai - Mitte Sept. Führungen So 13 + Mi 18 Uhr. Eintritt, mit Oslo Karte frei. Tram 18, 19 bis St. Halvards plass).*

Nicht sehr weit östlich vom Osloer Zentralbahnhof liegt, Ecke Bispegata (E18) und Oslo gate, dieses barocke Stadthaus aus dem frühen 18. Jh. Es wurde damals auf den Resten der alten Bischofsburg aus dem 12. Jh. als Bürgermeisterresidenz errichtet und beherbergt heute eine **Ausstellung alter Stadtansichten Oslos**.

Vor der Zerstörung durch den Stadtbrand von 1624 bildete die Bischofsburg zusammen mit der historischen Hallvardskirche das große geistliche Zentrum im Süden Norwegens. Reste der ehemaligen Altstadt wurden im benachbarten Ruinenpark ausgegraben.

Folgt man ab Ladegård der Oslo gate weiter nach Süden, kann man einen Abstecher (beschildert) zum **Ruinenpark von Sørenga** machen. Hier sind weitere Ruinen der Stadt aus der Zeit vor dem großen Brand, darunter Reste des Königshofes und der Marienkirche aus dem 11. Jh., zu sehen.

Von der Straße, die hinauf zum Campingplatz Ekeberg führt, hat man vom Aussichtspunkt an der Kehre einen guten Blick auf den Ruinenpark und die Stadt.

Norsk Teknisk Museum [N 59° 57' 59.8" E 10° 46' 58.5"], Kjelsåsveien 143; www.tekniskmuseum.no *(geöffnet: 20. Juni - 20. Aug. tgl. 10 - 18 Uhr, übrige Zeit Di - Fr 9 - 16 Uhr, Sa + So 11 - 18 Uhr. Eintritt, mit Oslo Pass frei. Tram Nr. 11, 12 bis Kjelsås).* Das Technische Museum von Norwegen liegt weit im Norden der Stadt am Akerselva, unweit des Sees Maridalsvannet. Gezeigt wird die Entwicklung der Technik von der Frühzeit bis heute, von der Dampfeisenbahn bis zum Düsenjet und bis zur Computertechnik.

Bogstad Gård, Sørkedalsveien 826. Der Gutshof und Herrensitz aus der Mitte des 18. Jh. liegt gut 10 km außerhalb der Stadt in einem herrlichen englischen Park. Das Anwesen kann ganzjährig dienstags bis sonntags zwischen 12 und 16 Uhr besucht werden. Es werden Führungen angeboten. Eintritt nur für Führungen. Man gelangt mit Bussen der Linie 41 zum Bogstad Gård oder mit der Metro Nr. 2 bis Røa.

Das **Museum für Moderne Kunst (Henie-Onstad Kunstzentrum),** liegt in Høvikodden, Sonja Henies vei 31, rund 12 km westlich vom Stadtzentrum von Oslo; www.hok.no *(geöffnet: Di - Do 11 - 19, Fr - So 11 - 17 Uhr. Eintritt, mit Oslo Pass 50% Rabatt. Busse 151, 252, 261 ab Sentralstasjon Hauptbahnhof bis Høvikodden).*

Dank der Initiative und Stiftung des Ehepaares Sonja Henie und Niels Onstad konnte 1968 dieses moderne Kunstzentrum eingeweiht werden. Sonja Henie war in den Zwanziger Jahren die Eislaufkönigin schlechthin, während Niels Onstad sportliche Meriten im Rudern errang.

Zu sehen ist eine Sammlung moderner Malerei des 20. Jh. sowie ein Skulpturenpark. Zeitgenössische Kunst wird auch auf den Gebieten Literatur, Musik, Tanz, Theater u. a. bei wechselnden Ausstellungen, Vorträgen, Ausstellungen und Veranstaltungen gezeigt. Ein Terrassencafé ist angeschlossen.

Tryvannstårnet. Der Fernsehturm liegt nordwestlich der Stadt in über 500 m Höhe. Der Turm selbst ist fast 120 m hoch. Von der Aussichtsplattform hat man bei klarem Wetter einen prächtigen Rundblick.

Man erreicht den Turm per U-Bahn ab Station Nationaltheater (siehe auch Holmenkollen Schanze) bis Station Voksenkollen und hat von dort noch etwa 15 Minuten zu gehen. Mit dem Auto folgt man zunächst der Beschilderung Holmenkollen, dann weiter bis Frognerseteren bzw. Tryvannstårnet.

Besonders bei schönem Wetter lohnt es sich, den Ausflug zum Aussichtsturm mit einem Abstecher zum nahen **Frognerseteren Höhenrestaurant** zu verbinden. Man hat von dort nicht nur einen weiteren schönen Blick auf Oslo, sondern es bieten

TOUR 2: OSLO

sich auch viele Möglichkeiten zu Waldspaziergängen.

Ein weiterer Ausgangspunkt für Spaziergänge und Wanderungen in der Nähe Oslos liegt im Norden der Stadt am See **Sognsvannet**. Mit der Bahn Linie 3 fährt man ab U-Bahn Station Nationaltheater bis Endstation Sognsvann. Bademöglichkeit. Parkplätze.

Ausflüge in die Umgebung von Oslo

Bei längerem Aufenthalt lohnt ein Ausflug (Ganztagestour) auf der E16 nach Nordwesten **Richtung Hönefoss**.

Nach ca. 50 km erreicht man **Sundsvollen**. Dort nimmt man am SM-Markt den mit Dronningveien beschilderten Abzweig, der bergwärts führt und später mautpflichtig wird. Am Ende der Straße führt vom Parkplatz ein etwa 25-minütiger Fußweg durch den Wald zum Aussichtspunkt **Kongens Utsikten**. Von dort genießt man einen weiten Ausblick nach Westen auf den verzweigten See Tyrifjorden.

Eine fast ebenso schöne Aussicht hat man schon von **Dronnings Utsikten** am Fahrweg, am Beginn des unbefestigten Wegstücks am Viehgatter.

Skøtemuseet, das **Norwegische Schlittschuhmuseum**, Middelthuns gate 26, Frogner Stadion; www.oslosk.no (geöffnet: Ganzjährig Di + Do 10 - 14.30 Uhr, So 10 - 14 Uhr. Eintritt. Tram Nr. 12 bis Frogner stadion). Es ist das einzige Museum Norwegens, das über die Entwicklung des Eisschnelllaufs berichtet. Norwegen hat in der Vergangenheit zahlreiche Weltmeister, Olympiasieger und Europameister hervorgebracht und die Ausstellung zeigt eine Pokalsammlung, viele Bilddokumente und natürlich Wettkampfschlittschuhe der Meister aus der Glanzzeit dieser Sportart.

Ca. 23 km südlich von Oslo liegt beim Ort **Virterbro** Norwegens größter **Vergnügungspark Tusen Fryd**; www.tusenfryd.no. (geöffnet: 1. Mai - 17. Juni tgl. a. Mi 10.30 - 19 Uhr, 23. Juni - 19. Aug. tgl. 10.30 - 19 Uhr. April sowie Mitte Aug. - Anf. Okt. Sa + So 11.30 - 17 Uhr. Eintritt. Bus Nr. 541 bis Tusen Fryd).

Mit seinen Attraktionen wie einem Wasserpark, Karussells und Achterbahnen ist er ein Anziehungspunkt für Osloer Familien. Eine der neuesten Attraktionen ist das ‚Speed Monster', eine Achterbahn, die in zwei Sekunden von 0 auf 90 beschleunigt.

In **Jevnaker**, ca. 80 km nordwestlich von Oslo gelegen und über Hønefoss zu erreichen, findet man die **Glashütte Hadeland Glasverk**; www.hadeland-glasverk.no (geöffnet: im Sommer Mo - Fr 10 - 16.30 Uhr, Sa 10 - 17 Uhr, So 11 - 17 Uhr. Übrig Zeit tgl. 11 - 17 Uhr,. Hier wird seit 1380 bis heute Glas geblasen. Der Besucher hat sogar die Möglichkeit, selbst unter Anleitung ein Glasobjekt herzustellen oder in den verschiedenen Läden ein schönes Glas-Souvenir zu erstehen.

PRAKTISCHE HINWEISE – OSLO

Tourist Information neben dem Rathaus, Fridtjof Nansens plass 5, Eingang Roald Amundsen Straße, N-0160 Oslo, Tel. +47-815 30 555. Geöffnet: Apr., Mai, Sept. Mo.- Sa. 9 - 17 Uhr, Juni - Aug. tgl. 9 - 19 Uhr, übrige Zeit Mo. - Fr. 9 – 16 Uhr, an Feiertagen geschlossen. E-mail: info@vis toslo.com. www.visitoslo.com.

Tourist Information neben dem Hauptbahnhof, Trafikanten Service Centre gibt Auskunft über die öffentlichen Verkehrsmittel in Oslo und Umgebung, außerdem Reservierung und Auskünfte über NSB-Dienste (Norwegische Staatsbahnen), Oslo Sentralstasjon, Jernebanetorget 1, N-0154 Oslo, Tel. +47-815 30 555, Fax 23 15 88 11. Geöffnet: Ganzjährig Mo. - Fr. 7 - 20 Uhr, Sa. + So. 8 - 18 Uhr, Mai - Sept. Sa. + So., 8 - 20 Uhr, an Feiertagen 10 - 16 Uhr. E-mail: info@visitoslo. com. www.visitoslo.com.

Akershus Reiselivsråd, Informationen über die Provinz Akershus und über die Umgebung von Oslo, Schweigaardsgate 4, N-0185 Oslo, Tel. 22 05 58 75, Fax 22 05 58 99. Internet: www.akershus.com

Norges handikapforbund Oslo, Folke Bernadottes vei 2, N-0862 Oslo, Tel. 22 17 02 55, Fax 22 17 61 77. Der Verband gibt ein Handbuch (norwegisch und englisch) über die Zugangsmöglichkeiten diverser Einrichtungen heraus.

NAF Alarmsentral (Autopannendienst) – (00 47) 81 00 05 05 (Tag und Nacht).

TOUR 2: OSLO

Notarzt – 113.
Polizei – 112.
Feuerwehr – 110.
Oslo Kommunale legevakt, Ärztlicher Bereitschaftsdienst, Unfallstation Notaufnahme: Tel. 22 11 80 80.
Nachtapotheke (24 Stunden Dienst): Jernebanetorgets Apotek, Tel. 22 41 24 82.
Zahnarztnotdienst: Tel. 22 67 30 00.
Telefonnummern zum **Sperren verlorengegangener Kreditkarten**:
Für alle Karten: Tel. 116 116 – American Express Tel. 80 03 32 44 – **Diners Club** Tel. 23 00 10 00 – **Eurocard/Master** Tel. 80 03 02 50 – **Visa** Tel. 22 01 34 20, 800 30 25 0.
NAF Norwegischer Automobilverein, Storgata 2, 0105 Oslo, Tel. 22 34 14 00, Fax 22 33 13 72.
KNA Königlich Norwegischer Automobilclub, Drammensveien 20 c, 0255 Oslo, Tel. 22 56 19 00.

Oslos internationaler **Flughafen Oslo Lufthavn Gardermoen** liegt rund 50 km nordöstlich Stadt. Am schnellsten erreicht man den Flughafen mit der Flughafen-Zubringerbahn **Flytoget** ab Oslo Sentralstasjon, Flytogterminalen. Der Zug verkehrt alle 10 Minuten, Fahrzeit 20 Minuten.
Ein **Flughafenbus** des SAS Transportservice verkehrt sechs mal pro Stunde ab Radisson SAS Scandinavia Hotel, Fahrzeit rund 45 Minuten.
Außerdem verkehren die **SL-Linienbusse der Linie 344** von Radisson SAS Scandinavia Hotel via Jernebanetorget, Helsfyr und Furuset drei mal pro Stunde zum Flughafen, Fahrzeit ca. 50 Minuten.
Die **Buslinie 332** verkehrt ein mal pro Stunde ab Busterminal Galleri Oslo via Gjerdrum zum Flughafen.
Natürlich kann man auch mit dem Taxi zum Flughafen gelangen, **Oslo Taxi** Tel. 23 23 23 23.

Oslo Sentralstasjon (Hauptbahnhof), Jernebanetorget 1, 0154 Oslo, Tel. 22 36 80 00. – Internationaler Zugverkehr, sowie alle Züge Richtung Kristiansand und Stavanger, Bergen, Trondheim, Bodø, Åndalsnes.
Ein anderer wichtiger Zentralbahnhof in Oslo ist der Bahnhof **Nationaltheater.** Internet: www.nsb.no

Stadtrundfahrten
H.M. Kristiansens, Hegdehaugsvn. 4, 0167 Oslo, Tel. 22 20 82 06. Internet: www.hmk.no. Mehrere 3-stündige Stadtrundfahrten täglich, zu den großen Sehenswürdigkeiten der Stadt. Hotel-Abholung oder ab Rathaus Seeseite 10 und 13.30 Uhr.
Båtservice Sightseeing, Rathausplatz, Rådhusbryggen Pier 3, 0116 Oslo 1, Tel. 22 20 07 15. Internet: www.boatsightseeing.com. Einstündige Hafenrundfahrten sowie zwei- bis dreistündige Fjordrundfahrten. Große Ganztagestour mit Bus und Boot. Und weitere Angebote.

Feste, Folklore
Holmenkollen Skishow, Folklore und Shows während der Skisprung- und Langlaufwettbewerbe auf dem Holmenkollen, Ende Februar bis Mitte März.
Anlässlich des **Nationalfeiertages** am 17. Mai finden diverse Veranstaltungen und ein großer Umzug über die Karl Johans gate zum Schloß statt.
Jazzfestival, Anfang August.
Oslo Kammermusikfestival, Konzertwoche in der ersten Augusthälfte.

TOUR 2: OSLO

RESTAURANTS

Restaurant Bagatelle, Bygdøy allé 3, Tel. 22 12 14 40, gepflegtes Speiselokal, exquisite Küche, vorzügliche Weinkarte, Fischgerichte, Wildspezialitäten, teuer. Zählt zu den besten Restaurants im Lande. Sonntags geschlossen. Tischreservierung empfehlenswert.

Blom - Kunstnernes Restaurant, Paleet, Karl Johans gate 41b, Tel. 22 47 73 00; speisen im Ambiente einer Galerie, Kunst, Gemälde, Porträts an den Wänden und kulinarische Spezialitäten wie Lachs- oder Rentiergerichte auf dem Teller, große Weinkarte, gehobene Preisklasse. Sonntag Ruhetag.

Restaurant Engebret Café, Bankplassen, Tel. 22 33 66 94, beim Kunstmuseum, traditionsreiches Lokal, in dem schon Henrik Ibsen speiste; die Küche wird gelobt, auch Fischgerichte und norwegische Spezialitäten; hübsche Terrasse; gehobene Preisklasse. Sonntags geschlossen.

Lofoten Fiskerestaurant, Stranden 75, Aker Brygge, Tel. 22 83 08 08, gerne besuchtes Fischlokal.

Najaden Restaurant, Bygdøynesveien 37, Tel. 22 43 81 80; im Seefahrtmuseum auf der Insel Bygdøy, traditionsreiches Restaurant, bekannt für seine norwegischen Spezialitäten,

Theatercaféen, Stortingsgata 24, Hotel Continental; stadtbekannte Adresse im Wiener Kaffeehausstil der Jahrhundertwende, gehobene Preisklasse.

HOTELS

Von den zahlreichen Hotels im Großraum Oslo sind nur einige der zentral gelegenen Häuser erwähnt. Alle aufgeführten Hotels bieten auch Nichtraucherzimmer an.

Mein Tipp! Von Mitte Juni bis Ende August bieten viele Hotels sog. „**Sommerpreise**" an, die in aller Regel erheblich unter den Normalpreisen liegen. Fragen Sie danach!

Anker, 230 Betten, Storgata 55, Tel. 22 99 75 00, Fax 22 99 75 20, Parkplatz. www.anker.oslo.no

Astoria Tulip Inn Rainbow, 170 Betten, Dronningens gata 21, Tel. 22 42 00 10, Fax 22 42 57 65.

Bondeheimen Best Western, 136 Betten, Rosenkrantz gata 8, Tel. 23 21 41 00, Fax 23 21 41 01, Cafeteria, Sauna, Solarium.

Bristol, 225 Betten, Kristian IV's gt. 7, Tel. 22 32 60 00, Fax 22 82 60 01, Restaurant, Garage. www.bristol.no

Carlton, 82 Betten, Parkvn. 78, Tel. 23 27 40 00, Fax 23 27 40 01, Restaurant. www.carlton.no.

Cecil Tulip Inn Rainbow 196 Betten, Stortingsgt. 8, Tel. 23 31 48 00, Fax 23 31 48 50, zeitgemäßes, zentral gelegenes Mittelklassehotel, Restaurant, Garage.

City, 90 Betten, Skippergt. 19, Tel. 22 41 36 10, Fax 22 42 24 29. Preiswert. www.cityhotel.no

Continental, 290 Betten, Stortingsgt. 24 - 26, Tel. 22 82 40 00, Fax 22 42 96 89, zentral Nähe Nationaltheater gelegen, traditionsreiches, alteingesessenes Haus, Restaurant, Garage. www.hotel-continental.no.

Fønix, 99 Betten, Dronningens gt. 19, Tel. 22 42 59 57, Fax 22 33 12 10, Restaurant.

Grand, 275 Zi., Karl Johans gt. 31, Tel. 22 42 93 90, Fax 22 42 12 25, luxuriöses, traditionsreiches, zentral gelegenes Haus Restaurants, u. a. das exquisite „Etoile", „Grand Café", Sauna, Solarium, Schwimmbad, Garage. www.grand.no.

Munch Tulip Inn Rainbow, 225 Betten, Munchs gt. 5, Tel. 23 21 96 00, Fax 23 21 96 01.

Norrøna Tulip Inn Rainbow, 104 Betten, Grensen 19, Tel. 22 42 64 00, Fax 22 33 25 65, Cafeteria.

TOUR 2: OSLO

Scandic Hotel KNA, 320 Betten, Parkveien 68, Tel. 23 15 57 00, Fax 23 15 57 10, gepflegtes Firstclass Hotel, Restaurant, Solarium, Sauna, Garage.
Stefan Golden Tulip Rainbow, 200 Betten, Rosenkrantz gt. 1, Tel. 23 31 55 00, Fax 23 31 55 55, Restaurant.
Vika Atrium Golden Tulip Rainbow, 170 Betten, Munkedamsvn. 45, Tel. 22 83 33 00, Fax 22 83 09 57, Restaurant, Solarium, Garage. – Und andere Hotels.
Mein Tipp! **Holmenkollen Park Hotel Rica ****,** 195 Zi., Kongeveien 26, Tel. 22 92 20 00, Fax 22 14 61 92; nicht in der Innenstadt, sondern außerhalb unterhalb der Holmenkollenschanze hoch über Oslo gelegen, prächtiger Blick auf die Stadt und den Oslofjord, komfortables, renommiertes Firstclass Hotel, das Haupthaus mit dem Restaurant ist im traditionellen Holzbaustil gehalten. www.holmenkollenparkhotel.no.

Jugendherbergen
Oslo Vandrerhjem Haraldsheim, Haraldsheimveien 4, 0409 Oslo, Tel. 22 22 29 65; Anf. Jan. – Ende Dez.; Straßenbahn Linie 1 ab Nationaltheater oder Storgatan. www.haraldsheim.oslo.no
Oslo Vandrerhjem LBM Ekeberg, Kongsveien 82, 1109 Oslo, Tel. 22 74 18 90, nur im Sommer von Anfang Juni bis Ende August geöffnet.
Albertine Hostel, Storgata 55, 0182 Oslo, Tel. 22 99 72 00; 10. Juni – 31. Aug., 400 Betten, Restaurant, Parkplatz. Weniger eine Jugendherberge, eher eine Pension. www.anker.oslo.no

CAMPING BEI OSLO
Bogstad Camp & Turistsenter *** [N 59° 57′ 44.2″   E 10° 38′ 31.8″], Ankerveien 117, 0766 Oslo; Tel. 22 51 08 00; www.bogstadcamping.no; 1. Jan. – 31. Dez.; im nördl. Stadtgebiet, über E18 (Oslo – Drammen) beschildert, nahe Holmenkollenschanze; weitläufig, teils eben, teils auf abfallenden Wiesen. Der hintere Platzteil mit separatem Sanitärhaus ist gut schattig. Im Sommer stark frequentiert, dadurch überlastete Sanitäranlagen mit zu wenig Geschirrwaschplätzen, keine Wäschewaschmöglichkeiten; ca. 15 ha – 800 Stpl.; Standardausstattung; Laden, Restaurant; 46 Miethütten * – *****, Bus 32 ab/bis Nationaltheater.
Camping Ekeberg *** [N 59° 53′ 45.3″   E 10° 46′ 37.2″], Ekebergveien 65, 1181 Oslo; Tel. 22 19 85 68; www.ekebergcamping.no; 1. Juni – 31. Aug.; im östl. Stadtbereich, über E6 beschildert; Wiesengelände oberhalb von Oslo mit schönem Blick auf die Stadt, im Sommer oft drangvolle Enge; ca. 7 ha – 700 Stpl.; Standardausstattung; Laden, Restaurant. Busse 34 und 74 zur Stadtmitte.
Oslo Fjordcamping AS ** [59° 50′ 3.901″   E 10° 46′ 32.401″], Ljanbruksveien 1, 1250 Oslo, Tel. 22 75 20 55, www.oslofjordcamping.no; www.oslofjordcamping.no; 1. Mai – 30. Sept.; ca. 10 km südl. Oslo, Abzweig von der E18; Waldgelände mit Felsrücken; ca. 2 ha – 100 Stpl.; einfache, veraltete Standardausstattung; Laden, Imbiss. Bus Nr. 83 bis Tårnåsen.

Wohnmobil-Stellplatz
Sjølyst Bobil Parkering [N 59° 55′ 13.8″   E 10° 40′ 30.4″], Drammensveien 164, 0273 Oslo-Skøyen, Tel. 22 50 91 93, www.bobilparkering.no. 1. Juni – 15. Sept.; ca. 3 km westlich Oslo Stadtzentrum, Zufahrt von der E18 (Oslo – Drammen), Ausfahrt Skøyen. Zwischen der E18 und dem Bootshafen Sjølyst Marina gelegen. Zufahrt durch die Bootswerft. Stellplatz für etwa 250 Wohnmobile am Kai des Sjølyst Bootshafens an der Westseite von Bygdøy. Sanitäranlagen mit Duschen und Toiletten. Ausguss für Chemikaltoiletten hinter dem Sanitärhaus. Strom- u. Wasseranschluss. Radverleih. Busse 31, 32, 33 (Haltestelle Skøyen) ins Zentrum. Geschäfte und Restaurant ca. 5 Gehminuten entfernt.

Die Gebühr von NOK 150,- (inkl. Wasser, WC, Dusche, Strom, **V & E**) muss an einem Parkscheinautomat bezahlt werden. Der Platz ist von 23 bis 7 Uhr mittels Schlagbaum geschlossen.

SÜDNORWEGEN

6 TOUREN (PLUS 3 ALTERNATIVEN) – CA. 8 TAGE

Tour 3: Oslo – Kristiansand, S. 54

Tour 4: Kristiansand – Egersund – Stavanger, S. 68

— Ausflüge: Preikestolen und Lysefjord, S. 79

Alternativ-Tour 5: Stavanger – Haugesund – Bergen, S. 83

Alternativ-Tour 6: Stavanger – Odda (R13) – Bergen, S. 90

Tour 7: Stavanger – Tonstad – Evje, S. 100

Tour 8: Evje – Dalen, S. 104

Tour 9: Dalen – Notodden – Heddal – Åmot, S. 109

Tour 10: Åmot – Røldal – Skånevik – Bergen, S. 117

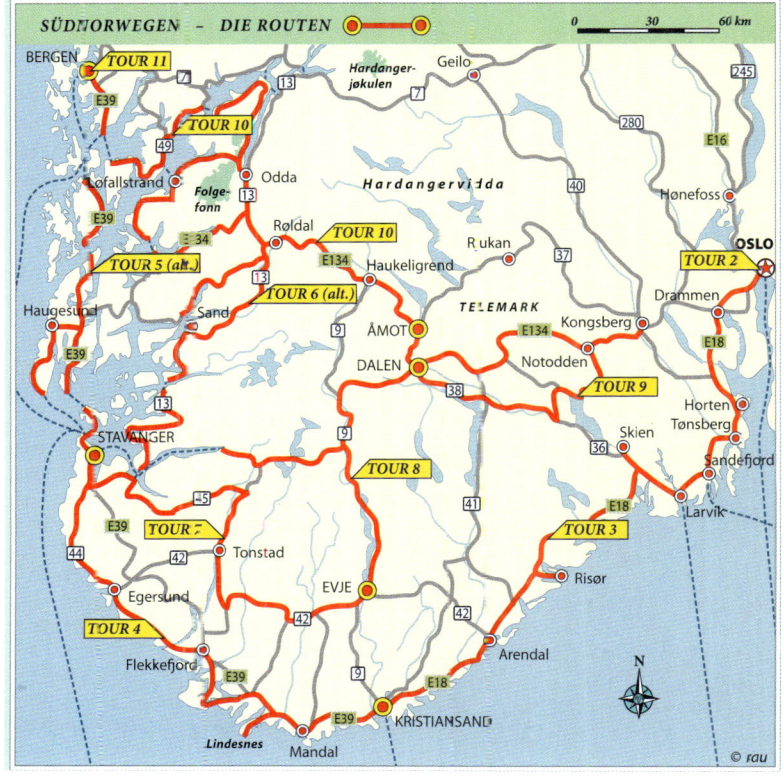

TOUR 3: OSLO – KRISTIANSAND

OSLO – KRISTIANSAND

Länge dieser Tour: Rund 330 km, ohne Abstecher.

Die Route: Straße E18 über **Drammen, Larvik, Porsgrunn, Arendal, Grimstad** und **Lillesand** bis **Kristiansand**.

Abstecher: Nach **Skien**, nach **Risør,** nach **Brekkestø.**

Reisedauer: Mindestens ein Tag.

Reisehöhepunkte: Die Hafenstädtchen **Risør **, Tvedestrand **, Arendal **, Grimstad** und **Brekkestö **** – die **Fels- und Schärenküste **** bei **Risør** und nördlich von Kristiansand bei **Høvåg**.

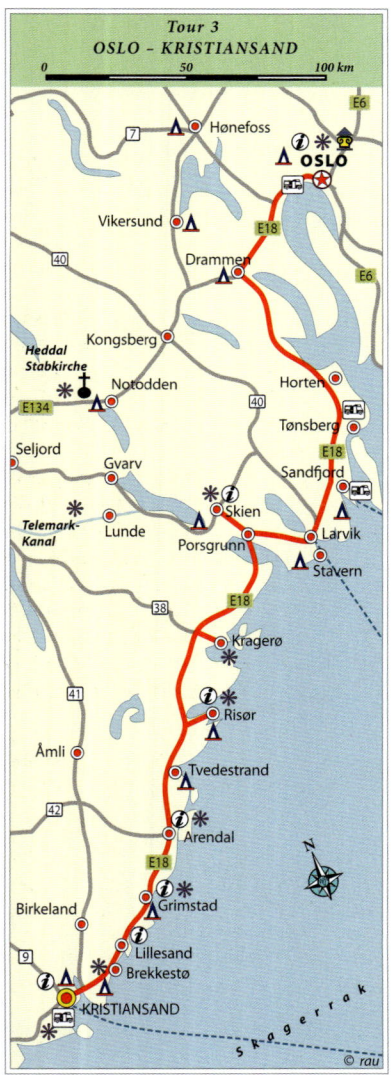

Abkürzende Alternativroute

Alternativ zur Hauptroute, die über die E18 nach Kristiansand führt, kann man den Reiseweg durch Südnorwegen erheblich abkürzen, indem man sich gleich südwestlich von Oslo ab Drammen der Straße E134 bedient. Man folgt ihr über Hokksund, Kongsberg, Notodden (Heddal Stabkirche) und Seljord quer durch die Telemark bis Åmot. Eine nähere Beschreibung des Weges zwischen Notodden und Åmot ist in **Tour 9 (Dalen – Notodden – Åmot)** zu finden.

Ab Åmot schließlich folgt man mit **Tour 10 (Åmot – Røldal – Skånevik – Bergen)** wieder unserer Hauptroute.

Hauptroute

ROUTE: *Wir verlassen Oslo über die E18 in südwestlicher Richtung. Nach 41 km erreichen wir* **Drammen**.

Achtung! Entlang der E18 sind Geschwindigkeitsüberwachungsblitzer fest installiert.

Drammen ist die Verwaltungshauptstadt der *Provinz Buskerud*. Die aus den Gemeinden Bragernes und Strømso am Ende des Drammenfjords entstandene Stadt kann zwar auf über 4.000 Jahre alte Siedlungsspuren verweisen, zu einem lebhaften Hafenort entwickelte sich Drammen aber erst Anfang des 17. Jh. und erhielt hundert Jahre später Stadtrecht.

Heute ist Drammen eine wichtige Industrie- und Hafenstadt und der fünftgrößte Industriestandort des Landes mit rund 50.000 Einwohnern. Wirtschaftsschwerpunkte sind

TOUR 3: OSLO – KRISTIANSAND

PRAKTISCHE HINWEISE – DRAMMEN

Drammen Kommune Touristeninformation, Bragernes torg 7, 3008 Drammen, Tel. 32 80 62 10.
Buskerud Opplevelser, Dronningt. 15, 3019 Drammen, Tel. 32 21 93 86, Fax 32 21 93 51. www.buskerud.com

HOTELS

Rica Park, 190 Betten, Gamle Kirkepl. 3, Tel. 32 83 82 80, Fax 32 89 32 07, Restaurant, Parkmöglichkeit.
Tollboden Home, 127 Betten, Tollbugt. 43, Tel. 32 89 10 90, Fax 32 89 11 35, Restaurant, Sauna, Garage.

CAMPING

NAF-Camping Drammen ***, [N 59° 45′ 4″ E 10° 8′ 1″], Buskerudveien 97, 3027 Drammen, Tel. 32 82 17 98; 1. Mai – Mitte Sept., Zufahrt von der E134 beschildert, ca. 4 km westl. der Stadt am Fluss Drammenselva; ca. 4 ha – 140 Stpl.; Kiosk; 20 Miethütten; Standardausstattung. **V & E** **für Wohnmobile.**

Wohnmobil-Stellplatz Sandefjord
Wohnmobil-Stellplatz Bobilhavn [N 59° 7′ 30″ E 10° 13′ 13″], Sandfjordveien 7, Tel. 33 46 61 66; gebührenpflichtig; ebenes, schattenloses Gelände mit befestigten Stellflächen mit Platz für 15 Wohnmobilen, mit Hafenblick; bei der SHELL-Tankstelle am Hafen, Nähe Rica Park Hotel; Kiosk, **V & E** **für Wohnmobile**, Stromanschlüsse.

neben dem Hafenbetrieb vor allem Metall- und Papierindustrie.

Von touristischem Interesse ist die sog. **Spiralstraße** (mautpflichtig), die am Westrand der Stadt von der E134 auf den Berg Bragerneasen führt.

Dieses Unikum von Straße ist dem Bemühen, Landschaft zu schützen, zu verdanken. Anstatt einen Steinbruch an der Bergflanke anzulegen, der nicht nur das Landschaftsbild, sondern auch das Stadtpanorama beeinträchtigt hätte, holte man den Stein aus dem Berg. So entstand von 1953 an im Laufe von etwa 10 Jahren ein 1.650 m langer, spiralenförmiger Tunnel, der in sechs Kehren auf die Bergspitze zum **Aussichtspunkt Bragernes** führt. Oben bietet sich eine herrliche Aussicht.

Außerdem sehenswert in Drammen sind das **Freilichtmuseum** mit alten Gehöften aus der Region und die **Kirche** von 1667 im Stadtteil Strømsø.

An der **Raststätte Drammen** (E18 Drammen-Horten) findet man eine **Ver- und Entsorgungsstation für Wohnmobile**.

ROUTE: *Ab Drammen über die E18 südwärts. Nach etwa 40 km passiert man bei* Kopstad *den Abzweig nach* Horten. *Im weiteren Verlauf der E18 nach Süden folgen die Ausfahrten nach* Tønsberg, Sandefjord *(Wohnmobil-Stellplatz s. o.;* Hotels; *sehenswertes Walfangmuseum),* Larvik *(Hotels, Fährhafen, Industriestadt, Mineralquellen, Stadt- und Seefahrtmuseum) und* Porsgrunn.

Wenn genügend Zeit zur Verfügung steht, sollte man zwischen Horten und Larvik die küstennahen Straßen 311 und 303 wählen. Sie führen näher an reizvollen Bade- und Hafenstädtchen wie Åsgårdstrand *(Edvard Munchs ehemaliges Sommerhaus* [N 59° 21′ 08.5″ E 10° 28′ 01.9″]) *vorbei. Allerdings erfordert diese Strecke viel Zeit und Geduld wegen hohem Verkehrsaufkommen in dieser Region.*

Horten [N 59° 25′ 03.1″ E 10° 29′ 02.3″] ist ein Handelshafen und Marinestützpunkt am Oslofjord.

Am südlichen Ortsausgang von Horten findet man den **Borre Nasjonal Park** (geöffnet 1. Mai - 30. Aug. tgl. 11 - 16 Uhr). „Borrehaugene" ist Norwegens erster Nationalpark und die größte Gräberanlage in Skandinavien mit reichen Funden aus der Wikingerzeit. Im **Besucherzentrum Midgard** erhält man Informationen über die Funde der sieben größeren und 30 kleineren Grabhügel. www.midgardsenteret.no.

TOUR 3: OSLO – KRISTIANSAND

PRAKTISCHE HINWEISE – HORTEN, TØNSBERG

Tønsberg Turistkontor, Storgt. 55, 3100 Tønsberg, Tel. 33 31 02 20.

HOTELS
Borge, 41 Zi. Betten, in 3132 Husøy, Tel. 33 36 74 25, Parkmöglichkeit.
Grand, 52 Zi., øvre Langgt. 65, Tel. 33 31 22 03, Restaurant, Sauna, Garage.
Klubben, 103 Zi., Nedre Langgt. 49, Tel. 33 31 51 11, Restaurant, Garage.
Maritim, 54 Betten, Storgt. 17, Tel. 33 31 71 00, Restaurant, Parkmöglichkeit.

CAMPING
Horten
Camping Rørestrand, Parkveien 34, 3186 Horten, Tel. 33 07 33 40; www.rorestrandcamping.no; 1. Mai – 15. Sept., 135 Stpl., 22 Miethütten *** – ***, Standardausstattung.
Løvøya Camping & Båthavn, Løvøyveien 54, 3189 Horten, Tel. 33 07 86 54; www.lovoya-camping.no; Juni – Sept.; nördlich von Horten über die Straße 310 zu erreichen; Baumwiese zwischen Straße und Meer; Standardausstattung. 3 Miethütten.
Borre Familie Camping, Steinbryggan 30, 3184 Borre, Tel. 33 08 23 90; www.bfc.no; 1. Mai - 1. Sept.; beschilderte Zufahrt nahe des Borre Nationalparks; Standardausstattung. Miethütten.

Tønsberg
Furustrand Camping ****, Tareveien 11, 3150 Tolvsrød, Tel 33 35 70 00; www.furustrand.no; 1. Mai – 1. Sept.; ca. 5 km östlich von Tønsberg; Wiesengelände am Meer mit Badegelegenheit; ca. 4 ha – 200 Stpl; Laden, Imbiss; Standardausstattung; 16 Miethütten **** – ****, Motel.

Tønsberg
Wohnmobil-Stellplatz Messa [N 59°16' 51.07" E 10°24' 38.36"], Stadion 12, Tel. 33 35 45 19; Zufahrt von der Straße R19 Ausfahrt Stadion; am nördlichen Ortsrand von Tønsberg beim Stadion mit Platz für 20 Wohnmobile auf Schotter, kostenlos. Hier keine Versorgungseinrichtungen. **V & E** für Wohnmobile in der Fjordgatan, ca. 1,5 km entfernt **[N 59° 16' 44" E 10°24' 3"]**.

Tjøme
Camping Mostranda ***, Moveien, Tel. 33 39 07 10; 1. Jan. – 31. Dez.; Straße 308 ca. 25 km südlich Tønsberg; ca. 1,5 ha – 100 Stpl.; 15 Miethütten.
Rica Havna Camping ***, Havnaveien 50, Tel. 33 30 30 00; Anf. Mai – Mitte Sept.; Straße 308 ca. 23 km südl. Tønsberg; ca. 20 ha; 8 Miethütten, Motel.

Camping zwischen Stavern und Helgeroa
Stavern
Solplassen & Rakke Camping ***, Rakkeveien 101, 3290 Stavern, Tel. 33 19 92 82; www.solplassen.no; 1. Jan. – 31. Dez.; ca. 2 km südl. Stavern; Wiesengelände mit Baumbestand am Meer mit Badegelegenheit; ca. 5 ha – 300 Stpl.; Standardausstattung; Laden, Imbiss, 39 Miethütten.

Nevlunghamn
Camping Oddane Sand ***, Oddanesandveien 73, Tel. 33 18 82 70; www.oddanesand.no; Anf. Apr – Mitte Sept.; ca. 13 km südwestl. Stavern; Wiesengelände am Meer, Badegelegenheit; ca. 12 ha – 500 Stpl.; Laden, Imbiss; 20 Miethütten.

Helgeroa
Camping Blokkebukta ***, Tel. 33 18 85 19; www.blokkebukta-camping.no; Ende Mai – Ende Aug.; ca. 11 km westl. von Stavern; Wiesengelände mit Baumbestand am Meer mit Badegelegenheit; ca. 5 ha – 300 Stpl.; Standardausstattung; Laden, Imbiss; Miethütten.

TOUR 3: OSLO – KRISTIANSAND

Tønsberg [N 59° 16' 22.7" E 10° 26' 27.1"], der Hauptverwaltungsort der **Provinz Vestfold** mit fast 10.000 Einwohnern, liegt knapp 20 km südlich von Horten. Die im 9. Jh. gegründete Stadt gilt als die älteste Gemeinde in Norwegen.

Auch wenn Tønsberg heute nicht mehr wichtigster Handelshafen des Landes ist, sind Handel und seit dem späten 19. Jh. verstärkt auch Stahl- und Schiffbauindustrie die maßgeblichen Wirtschaftszweige der Stadt. Der Walfang hingegen, dem Tønsberg nach seinem Niedergang im 16. Jh. 300 Jahre später seinen neuen Aufschwung mit verdankt, spielt heute keine Rolle mehr. Die lange Tradition der Handelsseefahrt und des Walfangs lebt in Tønsberg nur noch im **Vestfold Landesmuseum** weiter. Dem Museum ist eine Freilichtabteilung angeschlossen.

Weitere Sehenswürdigkeiten sind die **Festung Tunsberg** aus dem 13. Jh. auf der Anhöhe Slottsfjellet mit Aussichtsturm nordwestlich der Stadt und die **Hünengräber** von Mollebakken.

Nur wenige Kilometer nördlich von Tønsberg liegt **Oseberg**. Dort wurde das Osebergschiff, eines der schönsten bisher wiederentdeckten Wikingerschiffe, 1904 ausgegraben. Es steht heute im Wikingerschiffemuseum auf Bygdøy/Oslo.

Lohnend ist ein Abstecher auf der Straße 308 nach Süden auf die **Insel Tjøme** (Hotels) bis **Verdens End** (Ende der Welt). Bootsausflug zur Leuchtturminsel Færder im Sommer.

An der Küste zwischen Sandefjord und Larvik gelten **Kjerringvik** und **Ula** als gute Badeorte mit Strand. Weitere **Badestrände** und **Campingplätze** findet man zwischen **Stavern** und **Helgeroa**.

Sehenswert zwischen Nevlunghavn und Helgeroa sind die „**Gravrøyser**", Gräber aus der Bronzezeit bei Mølen.

Der Dom in Skien

Abstecher nach Skien

Nur unweit nördlich von Porsgrunn liegt die Stadt Skien.

Skien [N 59° 12' 33.2" E 9° 36' 26.1"], ca. 30.000 Einwohner, ist Ausgangspunkt der Telemarkkanalschiffahrt (siehe auch Tour 9, Dalen – Notodden – Åmot

---

PRAKTISCHE HINWEISE – SKIEN

Skien Turistkontor, Nedre Hjellegata. 18, 3701 Skien, Tel. 35 58 19 10; www.visittelemark.no (auch in Deutsch).
Telemarkreiser AL, P. O. Box 2813 Kjørbekk, 3702 Skien, Tel. 35 90 00 20; www.telemarkreiser.no

HOTELS

Dag Bondeheim **, 60 Betten, Prinsessegt. 7, Tel. 35 52 00 30, www.dagbondeheim.no; zentral am Kanal gelegens Haus, Cafeteria, Parkplatz.
Thon Hotel Høyers ***, 120 Betten, Kongensgt. 6, Tel. 35 90 58 00, www.thonhotels.no/hoyers; Traditionshotel von 1853, zentral, Restaurant, Parkplatz.
Rica Ibsen ****, 236 Betten, Kongensgt. 33, Tel. 35 52 49 90, Fax 35 52 61 86, Restaurant, Sauna, Schwimmbad, Garage.

CAMPING

Gåsodden Camping **, Fjærekilveien 66, Tel. 35 54 50 07; 1. Juni – 31. Aug.; ca. 7 km westl. der Stadt zwischen Straße 36 und Norsjø; 3 Miethütten.

TOUR 3: OSLO – KRISTIANSAND

Wasserstraßen in der Telemark

Skien ist seit dem 19. Jh. die Drehscheibe im Verkehr auf dem **Telemarkkanal**. Genaugenommen setzt sich das Kanalsystem aus zwei Wasserstraßen zusammen, dem **Skien-Norsjøkanal** und dem **Norsjø-Bandakkanal.**

1854 wurde mit dem Bau des Skien-Norsjø-Kanals begonnen. In siebenjähriger Bauzeit wurde eine Wasserstraße größtenteils aus dem Fels gesprengt, die das Hafenbecken Hjellevannet in Skien mit dem Frierfjord verband und damit Anschluß an das offene Meer des Skagerrak herstellte.

1887 liefen die Bauarbeiten zum weiterführenden Norsjø-Bandakkanal an, der die Seen Norsjø, Nomevatn, Flåvatn, Kviteseidvatn und Bandak, sowie verbindende Wasserläufe nutzt und so einen 105 km langen Wasserweg schuf, der bis Dalen weit im Innern der Telemark reicht.

Die MS "Victoria" in den Schleusen von Vrangfoss

Die größte Schwierigkeit bereiteten die beträchtlichen Höhenunterschiede zwischen Skien und dem Flåvatn bei Hogga. 18 Schleusen mussten angelegt werden, um einen Höhenunterschied von 72 m zu überwinden.

Das schwierigste kanalbautechnische Problem stellte neben dem Ulefoss der gewaltige Katarakt des Vrangfoss dar. In der größten Schleusenanlage des gesamten Kanalsystems werden am Vrangfoss die Schiffe mittels sechs Hebewerken insgesamt 23 m gehoben.

Jede der 31,4 m langen, 6,5 m breiten und 3 m tiefen Schleusenkammern ist akkurat aus behauenen Steinquadern gebaut. Die Schleusentore werden wie in alter Zeit nach wie vor über Zahnstangen, Hebel und Kurbeln von Hand betätigt.

Alleine die Passage der sechs Schleusen von Vrangfoss nimmt eine Stunde in Anspruch. Und auf den 17 km zwischen Ulefoss und Hogga sind 14 Schleusen zu überwinden.

Am 1. Juli 1892 konnte der Norsjø-Bandakkanal nach fünfjähriger Bauzeit feierlich eingeweiht werden. Mehrere Dampfer, teils komfortabel mit erster Klasse und Restaurant ausgestattet, hielten den Schiffsverkehr bis 1957 im Sommer wie im Winter aufrecht. Um die Jahrhundertwende konnte der Schnelldampfer „Inland" die Strecke Skien-Dalen-Skien gar an nur einem Tag zurücklegen.

Nach 1957 war der Personen- und Warentransport mit Autos schneller zu bewerkstelligen. Der Linienschiffsverkehr wurde eingestellt. Seit 1963 versehen die 1882 gebaute „MS Victoria" (180 Passagiere), die „Königin des Kanals", und die 1907 in Schweden gebaute „MS Henrik Ibsen" (220 Passagiere) wieder einen Sommerdienst für Touristen zwischen Skien und Dalen.

Die Stadt Skien entstand im 12. Jh. als Handelsplatz in der Nähe eines Klosters auf der Insel Gimsøy. Die überaus günstige geographische Lage des Handelsplatzes, mit Verbindungen zum Meer und relativ leichtem Zugang über die Seen ins waldreiche Hinterland, ließ vor allem den Holzhandel blühen. 1358 wurden Skien vom König Stadtprivilegien verliehen. Bis heute sind Holzhandel, Holzverarbeitung und Papierindustrie die wichtigsten Arbeitgeber geblieben. Mehrfach wurde das Gesicht der Stadt durch Feuersbrünste verän-

TOUR 3: OSLO – KRISTIANSAND

dert. Letztmals fiel 1886 die gesamte Innenstadt einem Großbrand zum Opfer.

Zu den Sehenswürdigkeiten in Skien zählen das Regionalmuseum **„Fylkesmuseum for Telemark og Grenland" [N 59° 12′ 31.9″ E 9° 36′ 53.1″]** im Brekkepark (geöffnet 15. Mai - 31. Aug. tgl. 10 - 18 Uhr, www.telemark.museum.no). Zu besichtigen sind das Herrenhaus Søndre Brekke aus dem 18. Jh., mit kulturhistorischen Sammlungen, des weiteren ein Arbeitszimmer, ein Schlafzimmer und ein Salon, die Henrik Ibsen bewohnte. In anderen Gebäuden sind Sammlungen zur Stadtgeschichte, eine Seefahrtabteilung und eine Apotheke zu sehen.

Außerdem sind im Park alte Bauernhäuser aus der Telemark sowie heimatkundliche Sammlungen mit Volkstrachten, Bauernmöbeln und Silberschmuck ausgestellt.

Erst vor wenigen Jahren wurden auf dem sog. **Gjerpen-Feld** im nordöstlichen Stadtbereich von Skien 400 neue frühgeschichtliche **Felszeichnungen** aus der Bronzezeit entdeckt, die von Osloer Archäologen auf ein Alter zwischen 2500 und 3100 Jahre geschätzt werden.

Rund 5 km nördlich der Stadt liegt **Venstøp**, das **Elternhaus des Dramatikers Henrik Ibsen**, einem der bedeutendsten, sicher aber bekanntesten Söhne der Stadt Skien (geöffnet 15. Mai - 31. Aug. tgl. 10 - 18 Uhr). Ibsen wurde in Skien 1828 geboren und verbrachte acht Jahre seiner Kindheit (1835 – 1843) in Venstøp, bevor er nach Grimstad ging (siehe dort) und dort während seiner Lehrzeit als Apothekergehilfe mit dem Schreiben begann.

Ab Skien legen die Telemarkschiffe ab.

Im Sommer zwischen Ende Juni und Anfang August verkehrt die 1882 in Dienst gestellte **„MS Victoria"** abwechselnd mit der **„MS Henrik Ibsen"** täglich (Anf. - Ende Juni, sowie Anf. - Ende Aug nur Mo, Mi, Fr + Sa) nach Dalen, Abfahrt 8.30 Uhr.

Die Fahrt geht über **Ulefoss** (11 Uhr), **Vrangfoss** (12.25 Uhr), **Lunde** (13 Uhr), **Kjeldal** (13.45 Uhr), **Hogga** (14.10 Uhr) und **Kviteseid** (16.40 Uhr) nach **Dalen** (an 19.20 Uhr). Fahrzeit ca. 11 Stunden. Rückfahrt ab Da 8.40 Uhr, an Skien 17.50 Uhr. Die Schiffe sind bewirtschaftet. Der Fahrplan kann sich ändern.

In Risør

TOUR 3: OSLO – KRISTIANSAND

*Galionsfigur am Restaurant „1711",
Arendal, Tyholmen*

Und zwischen Anf. Juni und Mitte August nimmt die **„MS Telemarken"** zusätzlich den Verkehr zwischen Akkerhaugen und Lunde auf, Abfahrt täglich 10 Uhr, Ankunft Lunde 13.45 Uhr.

Mehr über die Landschaftsregion der Telemark, den Telemark- und Bandakkanal lesen Sie unter **Tour 9, Dalen – Notodden – Åmot**.

*ROUTE: Von Skien fahren wir die wenigen Kilometer zurück nach **Porsgrunn** und zur E18.*

HAUPTROUTE

*ROUTE: Auf der Weiterfahrt von Porsgrunn über die streckenweise mautpflichtige und mit zahlreichen Tunnels versehene E18 Richtung Kristiansand lohnen Abstecher an die Küste, z. B. nach **Risør**. Man verlässt die E18 bei **Akland**, kurz nach dem Sørlandsporten Tunnel und folgt der R416 14 km nach Osten.*

PRAKTISCHE HINWEISE – RISØR UND TVEDESTRAND

 Info Sør für Risør und Tvedestrand, 4993 Sundbru, Tel. , 72 41 11 65, 37 15 85 60.

HOTELS

Risør
Risør Hotel, 60 Betten, Tangengt. 16, Tel. 37 15 07 00, Fax 37 15 20 93, einladendes **Restaurant „Inger Johanne"**, Parkmöglichkeit.

Tvedestrand
Tvedestrand Hotell, 32 Betten, Brygga, Tel. 37 16 26 55, Restaurant, Parkplatz.

CAMPING

Moen/Akland
Camping Moen ***, Moen, Tel. 37 15 50 91, www.moen-camping.no; 1. Apr. – 31. Okt.; ca. 12 km westl. Risør, in Moen an der Straße 416; ca. 2 ha – 100 Stpl.; Standardausstattung, 5 Miethütten *** - ****.

Risør
Camping Sørlandet Fritidssenter **** [N 58° 41' 28.0"   E 9° 09' 47.4"], Sandnes, Tel. 37 15 40 80, www.sorlandet-feriesenter.no; 15. März – 15. Okt.; südl. von Risør am Südufer des Sandnesfjord, ab Båssvika über die R411 südwärts bis Laget und ostwärts ca. 6 km; abseits, schön gelegenes, gestuftes, von Felsen durchsetztes Wiesengelände in waldreicher Umgebung oberhalb des Fjords, mit Sandstrand und Felsküste; ca. 7 ha – 150 Stpl.; einfache Standardausstattung; Laden, Imbiss; 33 einladende Miethütten ** - *****; kleiner Bootshafen. **V & E für Wohnmobile. Quick Stop** 21 - 9 Uhr.

Tvedestrand
Camping Holt ***, Tel. 37 16 02 65; 1. Juni – 31. Aug.; ca. 5 km südwestl. von Tvedestrand, an der E18 bei Holt; ca. 2,5 ha – 100 Stpl.; Standardausstattung; 15 Miethütten **.

TOUR 3: OSLO – KRISTIANSAND

Risør [N 58° 43' 14.0" E 9° 14' 03.2"] mit seinem reizvollen Hafen und den gepflegten alten Patrizierhäusern zählt zweifellos zu den einladendsten Küstenstädtchen in Sørland.

Sehenswert ist neben dem Stadtkern mit seinen strahlend weißen Häusern, die **Heilig-Geist-Kirche** aus dem 17. Jh. mit barocker Innenausstattung.

Tvedestrand [N 58° 37' 28.5" E 8° 55' 37.2"] ist ein weiteres dieser anziehenden kleinen Sørlandstädtchen. Es liegt an einem steilen Hang oberhalb seines reizvollen Hafens, was eine recht winkelige Straßen- und Gassenführung bedingt. Das wiederum macht den Ort an manchen Ecken noch malerischer und führte zu kuriosen Hausformen, wie z. B. dem „Bügeleisenhaus" (Strykejernet). Es wird als „schmälstes Haus Norwegens" bezeichnet. Sehenswert ist auch das Rathaus. Zumindest bei längerem Aufenthalt lohnt eine Bootsfahrt durch die Schären und Inseln mit dem Ausflugsschiff „Søgne".

Arendal [N 58° 27' 43.8" E 8° 45' 03.0"], ca. 12.000 Einwohner, ist die Hauptstadt der *Frovinz Aust-Agder*. Als die Stadt vor rund 350 Jahren als Hafen und Stützpunkt für Seefahrer und die damals rasch expandierende Segelschiffahrt gegründet wurde, erstreckte sie sich über mehrere Inseln. Im Lauf der Jahre wurden die Kanäle zwischen den Inseln zugeschüttet und durch Straßen ersetzt. Die lange Seefahrertradition von Arendal wird in der renommierten Seemannsschule, eine der größten des Landes, fortgesetzt.

Recht idyllisch wirken die Straßenzüge im **alten Stadtviertel Tyholmen** noch heute. Das Viertel liegt westlich vom zentralen Bootshafen „Pollen", hinter der **Dreifaltigkeitskirche** (Trefoldighetskirke) aus dem Jahre 1888. Die Kirche fällt durch ihren 86 m hohen Turm auf. Der neugotische Backsteinbau kann im Juli und August zwischen 10 und 14 Uhr besichtigt werden.

Am Südrand von Tyholmen liegt an der Uferpromenade das **Rathaus** aus dem frühen 19. Jh. Es wird als der zweitgrößte Holzbau des Landes bezeichnet.

PRAKTISCHE HINWEISE – ARENDAL

Arendals og Sørlands Turistkontoret, Frihomsgata 1, 4801 Arendal, Tel. 37 00 55 44, Fax 37 02 52 12.
Aust-Agder Reiselivsråd, Fylkeshuset, 4800 Arendal, Tel. 37 01 73 76, Fax 37 01 73 65. Internet: www.sydnorge.no

RESTAURANTS

Madame Reiersen, Nedre Tyholmsvei 3, Tel. 37 02 19 00, bei schönem Sommerwetter sitzt man auf der Terrasse am Hafen besonders schön; teuer; Sonntags geschlossen.
Restaurant 1711, Nedre Tyholmensvei 9, Tel. 37 02 45 55, gemütliches „Wohnstuben"-Ambiente; teuer; Sonntags geschlossen.

HOTELS

Arendal, 100 Betten, Vestregate 11, Tel. 37 02 53 00, Fax 37 02 55 51, Restaurant, Parkplatz.
E 18 Motorhotell, 68 Betten, Harebakken, Tel. 37 03 62 00, verkehrsgünstig an der Ausfahrt der E18 gelegen, Cafeteria, Sauna, Parkplatz.
Inter Nor Tyholmen Hotel, 120 Betten, Teaterplassen 2, Tel. 37 02 68 00, Fax 37 02 68 01, gepflegtes, komfortables Haus, schön am Fjord gelegen, Nähe Bootsanleger, Nichtraucherzimmer; renommiertes, aber teures **Restaurant „Bryggekanten",** Sauna, Fahrradverleih, Garage.
Phønix Arendal, 155 Betten, Friergangen 1, Tel. 37 02 51 60, Fax 37 02 67 07, Nichtraucherzimmer, Restaurant, Sauna, Fahrradverleih, Garage.

CAMPING

Camping Nidelv * [N 58° 25' 37.9" E 8° 43' 47.4"],** Vesterveien 251, Tel. 37 01 14 25; 1. Mai – 15. Sept.; ca. 5 km südwestl. Arendal an der R420 in Hisøy; ca. 2 ha – 100 Stpl.; Standard-ausstattung; Laden, Imbiss; 15 Miethütten ** – ****.

TOUR 3: OSLO – KRISTIANSAND

Im Sommer werden Führungen durch Tyholmen mit Rathausbesuch veranstaltet. Näheres über Zeiten/Preise im Touristenbüro.

Zu den Sehenswürdigkeiten der Stadt zählt auch das **Aust-Agder Museum**. Es liegt nördlich der Stadt an der Ausfallstraße zur E18. Zu sehen sind kulturhistorische Sammlungen zur Geschichte der Stadt und der Region sowie eine Seefahrtsabteilung.

Die Schönheit der Schärenküste offenbart sich erst richtig auf einer Bootsfahrt. Ab Arendal bieten sich mehrere Möglichkeiten dazu. Im Sommer verkehren ab Hafen Pollen, die „Pelle Pan" regelmäßig rund um die **Insel Hisøy**. Und mit einer Fähre gelangt man zu den **Inseln Merdø** (**Merdøgård Museum**, altes Schifferhaus aus dem 18. Jh., Mitte Juni – Mitte Aug. geöffnet) und **Hove**.

Montags, mittwochs und freitags (Tage und Uhrzeit können sich ändern) legt die „MS Søgne" um 12.30 Uhr ab zu einer dreieinhalbstündigen Fahrt durch die herrlichen Sørlandsschären nach **Lyngør/Gjeving**. Rückfahrt gewöhnlich mit Bussen.

Segeltörns werden mit dem alten englischen Segler „*Ekstrand*" angeboten. Auskunft im Touristenbüro.

In Brekkestø

Grimstad [N 58° 20' 25.6"   E 8° 35' 36.3"] (ca. 15.000 Einwohner), eine alte Handelsstadt, weist, wie viele andere Orte an der Sørlandsküste einige hübsche Straßenzüge im Stadtkern auf. Viele der herrschaftlichen Bürgerhäuser stammen aus dem Anfang des 19. Jh., als Grimstad Sitz reicher Schiffseigner, Werft- und Reedereibesitzer war.

Besonderer Erwähnung bedürfte Grimstad nicht unbedingt, hätte nicht **Henrik Ibsen** seine Jugendjahre in der Stadt verbracht. Ibsen (1828 – 1906), der große norwegische Dichter und Dramatiker, war einige Jahre lang Lehrgehilfe in der alten Stadtapotheke. Dort schrieb er auch sein erstes Drama „Catalina".

Später war Ibsen als Theaterdirektor tätig und lebte danach mehr als zwanzig Jahre in Italien und Deutschland, bevor er nach Norwegen zurückkehrte. Einige seiner gesellschaftskritischen Werke, mit denen Henrik Ibsen Weltgeltung als Dramatiker errang, waren „Peer Gynt", „Nora oder ein Puppenheim", „Hedda Gabler", „Gespenster" u. a.

Im **Stadtmuseum** von Grimstad ist heute die Apotheke eingerichtet, in der Ibsen einst lernte. Außerdem ist hier sein Wohn- und Ar-

TOUR 3: OSLO – KRISTIANSAND

PRAKTISCHE HINWEISE – GRIMSTAD UND LILLESAND

Grimstad Turistkontor, Smith Petersenssgt., 4890 Grimstad, Tel. 37 04 40 41. www.grimstad.net.

Lillesand Touristkontor, Strandgate, 4790 Lillesand, Tel. 37 27 15 00, 37 27 23 77. www.lillesand.com.

HOTELS

Grimstad
Grimstad Hotell, 74 Zi., Kirkegt. 3, Torvet, Tel. 37 04 47 44, Fax 37 04 47 33, zentral, Restaurant, Sauna, Garage.
Helmershus Hotell, 58 Betten, Vesterled 23, Tel. 37 04 10 22, Fax 37 04 11 03, Restaurant, Sauna, Solarium, Parkplatz.

Lillesand
Gryten Motel, 22 Betten, Nygårdsg. 34, Tel. 37 27 24 44, Restaurant, Parkplatz.
Høvåg Gjestehus, 50 Betten, Vestre Vallesverd, Tel. 37 27 53 35.
Norge Hotel, 45 Betten, Strandgt. 3, Tel. 37 27 01 44, Fax 37 27 30 70, Restaurant, Parkplatz.

CAMPING

Bie Apartement & Feriesenter ****, Arendalsveien 87, Tel. 37 04 03 96, www.bieapart.no; 1. Juni – 31. Aug.; an der E18, knapp 2 km nordöstl. Grimstad; ca. 1 ha – 75 Stpl.; Standardausstattung; 7 Miethütten *** - **** + 30 Appartements.
Camping Marivold ****, Tel. 37 04 46 23, www.marivold.no; 1. Apr. – 1. Okt.; ca. 4 km südl. von Vik; Wiesengelände an waldreicher Felsküste, abgeschieden, in sehr reizvoller Lage, gute Badegelegenheit; ca. 7 ha – 200 Stpl.; Standardausstattung; Laden, Imbiss; 12 Miethütten ***.
Moysand Familiecamping ****, Moy, Tel. 37 04 02 09, www.moysand.no; 1. Mai – 1. Sept. ca. 6 km nordöstl. Grimstad, über R420; weitläufiges Wiesengelände zwischen teils dichtem Baumbestand, an der Küste mit guter Badegelegenheit; ca. 10 ha – 200 Stpl.; Standardausstattung; Laden, Imbiss. 3 Miethütten *** - *****.

Lillesand
Camping Tingsaker **** [N 58° 15' 22" E8° 23' 23"], Tel. 37 27 04 21, www.tingsakercamping.no; 1. Mai – 1. Sept.; östl. vom Zentrum Lillesand an der Schärenküste mit Bademöglichkeit; ca. 2,5 ha – 150 Stpl.; Standardausstattung; Laden; 16 Miethütten *** – ****.

Homborsund
Camping Breivik ** [N 58° 17' 18.1" E 8° 29' 31.3"], Tel. 37 24 64 06, www.breivikcamping.com; Anf. Mai – Ende Aug.; ca. 12 km nordöstl. von Lillesand, ab E18 noch ca. 4 km teils unbefestigt; zwei gestufte Wiesen, teils mit Baumbestand, teils mit Felsen, in schöner, abgeschiedener Lage an einer Fels- und Sandbucht, gute Bademöglichkeit; ca. 5 ha – 200 Stpl.; einfache Standardausstattung; Laden, Imbiss.

Høvag
Skottevik FerieSenter **** [N 58° 07' 32.9" E 8° 13' 48.2"], Tel. 37 26 90 30; www.skottevik.no; 1. Jan. – 31. Dez.; Zufahrt von E18 ca. 2 km westlich von Høvag auf die Straße 401; weitläufiges Gelände zwischen Wald und hohen Felsriegeln in Meeresnähe. Für Touristen mehrere ebene, durch hohe Hecken unterteilte Wiesenstreifen. Boden nach Regen stellenweise tiefgründig. Zahlreiche Dauercamper; ca. 20 ha – 150 Stpl.; gute Standardausstattung; Schwimmbad, Cafeteria (in Saison), Supermarkt, Restaurant mit Terrasse am Bootsanleger 300 m entfernt; 73 Miethütten *** - *****. **V & E** für Wohnmobile.

63

TOUR 3: OSLO – KRISTIANSAND

beitszimmer zu sehen. Angeschlossen sind landeskundliche Sammlungen.

Nördlich von Grimstad liegen zwischen **Vik** und Bie die mittelalterliche **Kirche von Fjære** mit dem obeliskartigen *Terje Vigens Bautastein*, sowie bronzezeitliche Gräber.

ROUTE: *Weiterfahrt von Grimstad über die E18 nach Südwesten.*

In **Nörholm** kann der ehemalige Wohnsitz des Schriftstellers und Literaturnobelpreisträgers (1918) **Knut Hamsun** besichtigt werden. Im Haus ist heute ein Museum eingerichtet, das vor allem Erinnerungsgegenstände an Hamsun, aber auch Gemälde, alte Möbel etc. zeigt.

Die E18 umgeht **Lillesand**, eine kleine, hübsch gelegene Hafenstadt mit einigen reizvollen alten **Bürgerhäusern**. Lillesand ist dafür bekannt, dass es seine Industrie „versteckt". Gemeint ist, dass kleine Betriebe ihre Fabrikationsstätten äußerlich dem alten Baustil angleichen und somit das Stadtbild nicht stören. Im Carl-Knudsen-Haus aus dem 19. Jh. ist heute das **Stadtmuseum** eingerichtet.

Zwischen Lillesand und Kristiansand verkehrt im Sommer täglich um 14.15 Uhr das Ausflugsschiff „MS Øya" durch den vorgelagerten, herrlichen Schärengürtel. Rückfahrt mit Bus.

Eine bezaubernd schöne, abgeschiedene Küstenszenerie erlebt man in dem kleinen Hafenort **Brekkestö**. Man zweigt dazu in Sangereid von der E18 nach Süden ab und erreicht nach knapp 8 km den Ort mit seinen idyllischen Seemannshäusern.

Brekkestö hatte seine große Zeit im 19. Jh., als die geschützten Gewässer hier als Winterhafen für einen Teil der norwegischen Kauffahrtseglerflotte diente.

Auf den letzten 25 km über die E18 bis Kristiansand – landschaftlich reizvoller, aber auch länger ist der südliche Umweg über die R401 – passiert man Norwegens größten Tier- und Freizeitpark **Dyreparken** (siehe auch Kristiansand) und kommt dann über die 620 m lange Hängebrücke *Varoddbrua* nach Kristiansand. 30 m über dem Wasser überquert die Fahrbahn den Topdalsfjord, der hier die Grenze zwischen den *Provinzen Aust-Agder* und *Vest-Agder* bildet.

Kristiansand [N 58° 08' 46.4" E 7° 59' 23.1"], die Hauptstadt der Provinz Vest-Agder, ist mit rund 80.000 Einwohnern Norwegens fünftgrößte Stadt. Kristiansands Fährhafen ist einer der bedeutendsten im Süden des Landes, mit Verbindungen nach Dänemark (Hirtshals) und nach Großbritannien (Newcastle). Die Zufahrtsstraßen nach Kristiansand sind **mautpflichtig**.

Gegründet wurde Kristiansand 1641 vom dänisch-norwegischen König Christian IV. an der Mündung des Otra-Flusses. Es sollte eine Festungsstadt zum Schutz der südnorwegischen Küste werden. Ihre große wirtschaftliche Blütezeit erlebte die Stadt im 19. Jh. durch die Aktivitäten ihrer bedeutenden Segelschiffflotte. Heute ist Kristiansand eine Handels- und Industriestadt von Bedeutung für ganz Südnorwegen (Metallverarbeitung, Schiffsbau).

Auffallend am Stadtbild ist die schachbrettartige Anlage der Straßenzüge im alten Stadtzentrum. Hier, in den sog. **Kvadraturen** mit ihren belebten Geschäftsstraßen, sind nur noch wenige der für die Sørlandküstenstädte so typischen Holzhäuser erhalten. Die meisten wurden bei einem großen Stadtbrand vor gut hundert Jahren ein Raub der Flammen.

Überragt wird das alte Stadtzentrum vom Turm der **Domkirche (2)** am Markt, die nach dem großen Stadtbrand 1885 neu errichtet wurde.

Die **Festung Christiansholm (3)** liegt am Osthafen. Sie wurde 1674 von König Frederik III. von Dänemark angelegt.

Bei längerem Aufenthalt lohnen Besuche der **Kirche von Oddernes**, mit Barockkanzel von 1704 und Runenstein, die ihren Ursprung im 11. Jh. hat, sowie des **Vest-Agder-Fylkemuseums** *(geöffnet Ende Juni - Ende Aug. Di - Fr 10 - 18 Uhr, Sa - Mo 12 - 18 Uhr, übrige Zeit So 12 - 17 Uhr; www.vafmuseum.no).*

Im Bezirksmuseum für Vest-Agder sind insgesamt 28 alte Gebäude zu sehen, darunter Bauernhöfe aus Vest-Agder, aus dem Setesdal und aus Kristiansand, sowie Möbel, Trachten, Kostüme und Gebrauchsgegenstände aus dem bäuerlichen und dem städtischen Alltag im 18. und 19. Jh. Sehenswert auch der Straßenzug mit alten Häusern aus dem Kvadraturen-Viertel im Zentrum von Kristiansand.

Beide Sehenswürdigkeiten, Kirche und Freilichtmuseum, liegen nordöstlich des Stadtzentrums – Oddernes Kirche ca. 2 km, Fylkenmuseum ca. 4 km.

TOUR 3: OSLO – KRISTIANSAND

KRISTIANSAND – **1** Information – **2** Domkirche – **3** Festung Christiansholm – **4** Postamt – **5** Ausflugsboote – **6** Busbahnhof – **7** Fähren nach Dänemark – **8** Bahnhof – **9** Tangen

Ein historischer alter Herrensitz ist der **Gimle Gård**, Gimleveien 21, nördlich der Innenstadt, jenseits des Otra-Flusses *(geöffnet Ende Juni - Ende Aug. tgl. 12 - 18 Uhr, übrige Zeit So 12 - 17 Uhr)*. Das stattliche Haupthaus eines Gehöfts, das aus der Zeit um 1800 stammt, dient heute als kulturhistorisches Museum. Das eindrucksvolle Haupthaus, ein dreigeschossiges Holzgebäude im neoklassizistischen Stil errichtet, weist prächtig ausgestattete Räume und Salons auf, allen voran der Ballsaal im Empirestil und der Goldsalon. Das Anwesen wird umgeben von einem gepflegten Landschaftsgarten.

In unmittelbarer Nähe des Gimle Gård findet man das **Agder Naturmuseum** und den **Botanischen Garten**. Das Naturmuseum wurde schon 1828 gegründet und ist somit wohl eines der ältesten Museen in ganz Norwegen. Die norwegische Tier- und Pflanzenwelt, eine Mineralsammlung, sowie die Entwicklung der südnorwegischen Natur von der Eiszeit bis zur Neuzeit, präsentiert mit moderner Ausstellungstechnik, sind einige der Themen des Naturmuseum.

Ca. 11 km östlich von Kristiansand liegt an der E18 der **Kristiansand Dyrepark**. Der Zoo und Freizeitpark wird als größter seiner Art in ganz Norwegen bezeichnet. Neben dem Rauabtierreservat, der Kinderalm und dem Affenwald ist bei den kleinen Besuchern vor allem „Kardemomme By", eine Miniaturstadt im Zoogelände, beliebt.

Eine Sehenswürdigkeit besonderer Art findet man an der Küste südlich der Stadt (Straße 456/457 Richtung Vågsbygd). Auf dem **Møvik Fort [N 58° 05' 29.6" E 7° 58' 09.8"]** ist eine gewaltige Bastion mit einem riesigen **Geschütz** aus dem Zweiten Weltkrieg erhalten *(geöffnet 18. 5. - 14. 6. Mo - Mi 11 - 15, Do - So 11 - 17 Uhr; 15. 6. - 13. 8. tgl. 11 - 18 Uhr; 14. 8. - 1. 10. Do - So. 11 - 17 Uhr; übrige Zeit So 12 - 16 Uhr)*. Das Monstrum wiegt 337 Tonnen und hat ein Kaliber von einmaligen 38 cm. Die Granaten, die aus dem 20 m langen Kanonenlauf abgefeuert wurden, wogen 800 Kilogramm und flogen auf der maximalen Reichweite von 55 km zwei Minuten lang.

Das Geschütz gehörte zu einer Einheit von vier deutschen Geschützen auf norwegischer und vier Kanonen auf dänischer Seite. Im Sommer werden täglich Führungen durch die Anlage angeboten.

Ausflüge ab Kristiansand

Bei längerem Aufenthalt lohnt eine Bootstour durch die **Blindleia-Schären**

TOUR 3: OSLO – KRISTIANSAND

PRAKTISCHE HINWEISE – KRISTIANSAND

Destinasjon Sørlandet, Vestre Strandgate 32, 4612 Kristiansand, Tel. 38 12 13 14; www.sorlandet.com. *Geöffnet Mo - Sa 10 - 18 Uhr, Ende Juni - Ende Aug. auch So. 12 - 18 Uhr.*

Geführte Stadtrundgänge durch den Altstadtteil Posebyen im Zentrum mit der alten Holzhausbebauung und durch Murbuen, den anderen Altstadtteil, im Juli an jedem Montag, Mittwoch, Freitag und Sonntag jeweils um 20 Uhr durchgeführt. Treffpunkt ist Gjensidige, Markensgata/Tollbodgata.

Feste, Folklore
Internationale Kirchenfestspiele, gewöhnlich Mitte Mai. Norwegische Künstler, Chöre und Orchester, Konzerte in der Domkirche, Theater, Kunstausstellungen.
Quart Festival, Anfang Juni, ein vier Tage dauerndes recht lautes und turbulentes Musikfestival für „Leute bis 35". Oft mit international renommierten Top-Künstlern.

RESTAURANTS

Luihn, Rådhusgata 15, Tel. 38 02 40 20, gute Küche, angenehmes Ambiente, obere Preisklasse. Sonntags geschlossen.

HOTELS

Bondeheimen Best Western, 30 Zi., Kirkegt. 15, Tel. 38 02 44 40, Fax 38 02 73 21, einfach, dafür zentral gelegen, Cafeteria, Parkplatz.
Clarion Ernst, 135 Zi., Rådhusgt. 2, Tel. 38 12 86 00, Fax 38 02 03 07, komfortables, traditionsreiches Haus mit Atmosphäre, zentrale Lage, Restaurant, Solarium, Garage.
Norge Golden Tulip Rainbow, 173 Zi., Dronningensgt. 5, Tel. 38 17 40 00, Fax 38 17 40 01, Cafeteria, Fahrradverleih, Parkplatz.
Radisson SAS Caledonien, 205 Zi., V. Strandgt. 7, Tel. 38 02 91 00, Fax 38 02 09 44, zeitgemäßes Firstclass Hotel, Restaurant, Solarium, Garage.
Scandic Hotel Kristiansand, 112 Zi., Markensgt. 39, Tel. 21 61 42 00, Fax 21 61 42 11, Restaurant, Garage.

CAMPING

Camping Roligheden **** [N 58° 07' 32.9" E 8° 13' 48.2"],** Framnesveien, Tel. 38 09 67 22, www.roligheden.no; 1. Juni – 1. Sept.; stadtnächster Platz, im östl. Stadtbereich beschilderter Abzweig von der E18, Zufahrt durch eine Bootswerft des Jachthafens; weitläufiges, felsdurchsetztes, hügeliges Gelände, für Wohnmobile wenig ebene Stellflächen; ca. 3 ha – 200 Stpl.; Laden, Imbiss; Standardausstattung, wenig gepflegte Sanitärs.
Kristiansand Feriesenter **** [N 58° 7' 20" E 8° 3' 58"],** Dvergsnesveien 751, Tel. 38 04 19 80, www.kristiansandferiesenter.no; Anf. Jan – Ende Dez.; südöstl. von Kristiansand bei Randesund, beschilderter Abzweig von der R401; stark gegliedertes Wiesengelände mit Baumbestand, an der Felsküste; ca. 10 ha – 300 Stpl.; Standardausstattung; Laden, Imbiss; 23 Miethütten ** - ****.

Hamresanden
Hamresanden Apartments & Camping *****, Hamresandveien 3, Tel. 38 04 72 22, www.hamresanden.com; 1. Mai – 30. Sept.; ca. 7 km nordöstl. Kristiansand, beschilderter Abzweig von der E18 Richtung Flughafen; Wiesengelände am öffentl. Badestrand; ca. 2 ha – 200 Stpl.; Laden, Imbiss; 21 Miethütten *** - *****, Motel mit Sauna und Solarium.

Søgne
Camping Åros Motellcamp *****, Årossanden 9, Tel. 38 16 64 11; 1. Jan. – 31. Dez.; ca. 18 km südwestl. von Kristiansand gelegen; Wiesen- und Waldgelän-

TOUR 3: OSLO – KRISTIANSAND

de am Meer mit Bademöglichkeit; ca. 4 ha – 200 Stpl.; Standardausstattung; Laden, Imbiss; 74 Miethütten ****.

nach **Lillesand**. Täglicher Betrieb von Ende Juni bis Anfang August. Abfahrten um 11 Uhr und 15.30 Uhr. Fahrzeit nach Lillesand ca. 2 ½ Stunden. Rückfahrt ab Lillesand um 14.30 Uhr und 19 Uhr.

Außerdem werden von Mitte Juni bis Mitte August täglich Hafenrundfahrten und Bootsausflüge zu nahen Stränden wie Hamresanden und Dvergsnestangen angeboten.

Die **Setesdalbahn**, eine dampfbetriebene Veteranenbahn aus dem Jahre 1901, verkehrt ab **Grovane**, 20 km nördlich von Kristiansand an der R405, noch auf ca. 9 km ihrer Schmalspurschienen *(17. Juni - 2. Sept. sonntags, 3. - 31. Juli zusätzlich Di. - Fr., ab Grovane 11.30, 13.15, 15.10 Uhr, im Juli auch 18.05 Uhr, Fahrradmitnahme gratis)*.

Die Setesdalbahn wurde 1896 in Betrieb genommen und verkehrte bis 1962 auf der 78 km langen Strecke von Kristiansand durch das Setesdal nach Byglandsfjord.

Die heute zur Freude der Touristen wieder betriebene Strecke führt von Grovane nach Røyknes. Dabei meistert der Dampfzug scharfe Kurven, sowie Brücken und Tunnels und bei gemütlicher Fahrt genießt man zudem eine sehr einladende Landschaft.

Abkürzende Alternativroute

Der in diesem Reiseführer vorgeschlagene Reiseweg durch Norwegen lässt sich erheblich abkürzen – allerdings unter Verzicht auf die Sehenswürdigkeiten um Stavanger (z. B. Lysefjord und Preikestolen) und den äußersten Südwesten des Landes – wenn man von Kristiansand aus über die Straße R9 und durch das sehenswerte Setesdal direkt weiter nordwärts fährt und in Evje wieder in die beschriebene Route (Tour 8, Evje – Dalen) einsteigt.

Die „Sørlandet" im Hafen von Kristiansand

TOUR 4: KRISTIANSAND – EGERSUND – STAVANGER

KRISTIANSAND – EGERSUND – STAVANGER

Länge dieser Tour: Rund 340 km, ohne Abstecher.

Die Route: Über die R456 bis **Höllen** – E39 über **Mandal** nach **Vigeland** – R460 bis **Kap Lindesnes** und zurück – E39 bis **Flekkefjord** – R44 über **Egersund** bis **Stavanger**.

Ausflüge ab Stavanger: Zum **Preikestolen**, zum **Månafossen** und zum **Utstein Kloster**.

Reisedauer: Mindestens ein Tag, besser zwei Tage (ohne Ausflüge ab Stavanger!).

Reisehöhepunkte: Der **Sandstrand** bei Mandal * – **Kap Lindesnes** * – die **Felsküste** bei Flekkefjord ** – **Stavangers Altstadt** ** – das **Erdölmuseum** in Stavanger ** – die Aussicht vom **Preikestolen** *** – eine Tour mit Wanderung zum **Wasserfall Månafossen** ** – das **Utstein Kloster** – ein Ausflug **per Schiff durch den Lysefjord ***.

Einen Vorschlag zur Routenabkürzung finden Sie am Ende der vorangegangenen Tour.

ROUTE: Der weitere Verlauf unserer Hauptroute führt ab Kristiansand entlang der Südküste. Der Weg über die küstennahe R456 ist reizvoller als der schnellere Weg über die E39.

Ab **Höllen** (*Åros Motellcamp*, siehe bei Kristiansand) werden im Sommer Bootstouren zu dem unter Denkmalschutz stehenden Fischerort **Ny Hellesund** auf der Insel Monsøy angeboten.

Bevor man bei **Søgne** wieder die E39 erreicht, passiert man die **„Alte Søgne Kirche"** aus dem 16. Jh.

TOUR 4: KRISTIANSAND – EGERSUND – STAVANGER

ROUTE: Nach weiteren 28 km erreicht man auf der E39 **Mandal**.

Mandal, die „südlichste Stadt Norwegens" mit heute über 14.000 Einwohnern, liegt an beiden Seiten der Mündung des Mandalselva. Die Anfänge Mandals können bis ins 15. Jh. zurückverfolgt werden, als der Handelshafen Spidsboe gegründet wurde, aus dem sich die Stadt Mandal entwickelte.

Es lohnt sich, einen **Spaziergang durch den alten Stadtkern** am Westufer des Mandalselva zu machen. Dort sind schöne alte Holzhäuser erhalten. Sie stammen zumeist aus dem 18. Jh., der Zeit, in der sich Mandal durch den aufblühenden Holzhandel vom Hafenort zur Stadt entwickelte.

Mandal hatte damals schon eine lange Tradition im Holzhandel. Vor allem die Holländer, die im 16. und 17. Jh. zur führenden Seefahrernation in Europa geworden waren, hatten einen enormen Bedarf an Bauholz. Kiefern- und Eichenholz wurde nicht nur im Schiffbau gebraucht, sondern auch dazu, um Deiche zu festigen und vor allem, um Pfahlgründungen für die Fundamente ihrer Bauwerke in Amsterdam zu schaffen.

Die Holländer kauften aber nicht nur Holz, sondern auch tonnenweise Lachs und Hummer. Und sie heuerten Seeleute für ihre stattliche Handelsflotte an. Zeitweise sollen über 7.000 norwegische Seeleute in holländischen Diensten gestanden haben.

Von diesen lebhaften Handelsbeziehungen profitierten Mandal und seine Bevölkerung aber nicht nur finanziell, sondern auch kulturell und sozial. Holländische Kaufleute und rückkehrende Seeleute und Dienstmädchen brachten viele neue Ansichten, Eindrücke und Erfahrungen mit. Und das heute in vielen Winkeln noch idyllische Mandal entwickelte sich schon damals zu einem relativ weltoffenen Hafenstädtchen.

Das erste Handelshaus gründete ausgangs des 16. Jh. Torris Christensen Nedenes, damals als „König von Mandal" bekannt. In jener Zeit war Lachs aus dem Mandalfluss schon ein begehrter Exportartikel. Die drei Lachse im Stadtwappen erinnern daran.

Besuchenswert ist das **Stadtmuseum** in der Store Elvgate 5 – 6. Es ist im **Andorsengården** aus dem Jahre 1801 eingerichtet. Zu sehen sind heimatkundliche Sammlungen, eine Seefahrts- und Fischereiabteilung, sowie eine Gemäldesammlung mit Werken Mandaler Künstler, wie *Gustav Vigeland* und *Amaldus Nielsen*.

Gustav Vigeland wurde 1869 im Haus Nr. 20 im Gustav Vigeland Vei geboren. Vigeland ließ sich von der Küstenlandschaft Sørlandets inspirieren und Zeit seines Lebens fühlte er sich eng mit seiner Heimat und mit der Natur um seine Sommervilla bei Tjøm verbunden.

Näheres über Gustav Vigeland finden Sie unter Oslo, Frogner Park.

Das Elternhaus Nielsens liegt in der Nordgata. Die Häuser sind auch heute noch in Privatbesitz und nicht zugänglich.

Andere historische Stadthäuser sind der **Wattnehof** aus dem Jahre 1780 (damals von Friedrich Giertzen, einem Enkel des „Königs von Mandal" errichtet), der heute als **Bondeheimsgården** bekannt ist und eine Cafeteria beherbergt; dann der **Skrivergården**, das alte Amtmannshaus von 1766; weiter der *Christersenhof* vor 1759 und die **Tingstua,** die alte Gerichtsstube von 1784 im Stadtteil Sanden.

In der Tingstua, auch als „Arresten" bekannt, war bis 1970 das Stadtgefängnis eingerichtet. Heute finden dort Ausstellungen statt. Und nach alter Tradition halten am 17. Mai, Norwegens Nationalfeiertag, die Abiturienten von der Treppe des Gebäudes herab ihre Reden.

Mandals Kirche wurde nach einem Stadtbrand 1810 neu errichtet. Es entstand ein großer Holzbau im Empirestil mit 1.800 Sitzplätzen. Es soll eine der größten Holzkirchen in Norwegen sein.

Die Hauptstraße des alten Stadtkerns von Mandal ist heute eine einladende Fußgängerzone (Gågade).

Ein besonders wichtiges Datum im Festkalender von Mandal ist das große **Schalentierfest** Mitte August. Weit über 50.000 Besucher kommen jedes Jahr zu diesem bedeutendsten Volksfest in Sørlandet, um nach Herzenslust Delikatessen aus dem Meer, Krabben, Garnelen und Fisch zu probieren, die auf riesenlangen Tischen in den Straßen aufgefahren werden.

Zu den größten touristischen Anziehungspunkten von Mandal zählt aber zweifellos der gut 800 m lange **Sandstrand Sjøsanden** südlich der Stadt. Er ist Norwegens bekanntester und bestimmt auch meist besuchter Badestrand.

TOUR 4: KRISTIANSAND – EGERSUND – STAVANGER

PRAKTISCHE HINWEISE – MANDAL

Touristinfo Region Mandal, A. Tidemandsgate 2, 4514 Mandal, Tel. 38 27 83 00, Fax 38 27 83 01.
Feste: Jedes Jahr im August findet in Mandal das **Schalentierfestival** statt. Dann werden in der Stadt reichlich Krabben und Langusten serviert.

HOTELS

First Hotel Solborg, 120 Betten, Neseveien 1, Tel. 38 26 66 66, Fax 38 26 48 22, Restaurant, Sauna, Schwimmbad.
Jugendherberge: **Mandal Vandrerhjem,** Kjøbmandsgaarden, Store Elvegt. 57, 4500 Mandal, 90 Betten, Tel. 38 26 12 76, 1. Juni – 31. Aug.

CAMPING

Camping Sjøsanden Feriesenter * [N 58° 01′ 11.7″   E 7° 26′ 20.1″],** Tel. 38 26 10 94, www.sjosanden-feriesenter.no; Anf. Juni – Mitte Aug.; ca. 1,5 km südl. Mandal; weitläufiges, lichtes Föhrenwaldgelände, teils sandig, durch geteerte Fahrwege unterteilt, über eine Düne zum 800 m langen Sandstrand; ca. 5 ha – 300 Stpl.; Standard-ausstattung; Laden; Schwimmbad; 12 Miethütten *****.
Camping Sandnes Mandal * [N 58° 02′ 34.2″   E 7° 29′ 42.5″],** Holumsveien 133, Tel. 38 26 51 51, www.sandnescamping.com; 15. Mai – 1. Sept.; R455 ca. 2 km Richtung Mandal; ebene Wiese zwischen Straße und bewaldetem Felsrücken; ca. 1,5 ha – 50 Stpl.; Standardausstattung; **V & E für Wohnmobile**; 5 Miethütten.

Ausflug ab Mandal

Marnardal og Opplands Folkemuseum, bei Øyslebø, ca. 20 km nördl. Mandal (R455). Freilichtmuseum, typisches mandalsches Gehöft mit drei alten Gebäuden – Wohnhaus, Vorratsspeicher und Stall. Sehenswert besonders die rustikale „gute Stube" **Mjålandsstova**. Im Obergeschoß sind Rosenmalereien, ein Himmelbett und Einrichtungsgegenstände aus der Zeit um 1800 zu sehen.

HAUPTROUTE

ROUTE: *12 km westlich von Mandal, an der Kreuzung mit der R460, liegt* **Vigeland**.

Vigeland [N 58° 05′ 03.4″   E 7° 18′ 17.8″] ist ein kleiner Ort, in dem *Gustav Vigeland* einige Jahre seiner Kindheit verbrachte. Im Sommer ist im **Heimatmuseum**, www.vigeland.museum.no *(geöffnet Ende Juni – Anf. Aug. Mo. – Sa. 11 – 16, So. 13 – 17 Uhr)* eine Gustav Vigeland Ausstellung mit annähernd 80 Arbeiten des Künstlers zu sehen.

Für Interessierte kann die **Valle Kirche** aus dem späten 18. Jh. einen Besuch lohnen. Neben der Kirche liegen die denkmalgeschützten **Grabhügel Dronninghaug**.

Die **Lindesnes Turistinformasjon** in Vigeland, Tel. 38 25 80 68, ist nur im Sommer vom 15. Juni bis 15. August, *montags bis samstags von 11 bis 17 Uhr und sonntags von 12 - 17 Uhr geöffnet.*

Südkap – Nordkap 2.518 km

TOUR 4: KRISTIANSAND – EGERSUND – STAVANGER

CAMPING

Vigeland
Camping Solstrand ***, Tel. 38 25 64 37, www.solstrand-camping.no; 1. Mai – 31. Aug.; in Vigeland beschilderter Abzweig von der E39 südwärts; Platz in schöner Lage, ca. 3 ha – 100 Stpl.; Standardausstattung. Laden, Imbiss, 12 Miethütten ** - ****.

Lillehavn
Lindesnes Camping *** [N 57° 59' 45.1" E 7° 05' 27.5"], Tel. 38 25 88 74; www.lindesnescamping.no; 1. Apr. – 30. Sept.; Zufahrt von der R460 ca. 3 km nördl. von Kap Lindesnes; kleiner, überschaubarer, ebener Wiesenplatz, zwischen Felsriegeln, zum Meer hin offen, sehr schön und ruhig gelegen, 7 befestigte Stellplätze für Wohnmobile; einfache Sanitärausstattung, 11 Hütten ** - ****.

*ROUTE: Nach Norden führt die Straße 460 in das Audne-Tal. Nach Süden führt sie kurvenreich, aber gut ausgebaut entlang einer herrlichen Felsküste hinaus nach **Lindesnes** (28 km). Insgesamt eine sehr schöne Fahrt.*

Die Straße windet sich meist unmittelbar an der Küste entlang durch schöne felsdurchsetzte Landschaft und vorbei an der herrlichen Sandbadebucht **Njervesanden** hinaus zum **Kap Lindesnes**, dem südlichsten Festlandspunkt Norwegens auf 57° 58' 53" nördlicher Breite. Von hier sind es nicht weniger als 2.518 km bis zum Nordkap!

Ein Fußweg führt vom Parkplatz **[N 57° 59' 04.0" E 7° 02' 54.1"]** mit dem **Informationszentrum** hinauf zum **Leuchtturm** auf Norwegens Südkap, das Teil einer zerrissenen Felsküste aus rosa Granit ist. Der heutige Leuchtturm wurde 1915 in Betrieb genommen und kann bestiegen werden. Aber auf Kap Lindesnes war bereits Mitte des 17 Jh. das erste Leuchtfeuer eingerichtet. Neben dem heutigen Leuchtturm sind die Fundamente des alten Turmes zu sehen, dessen Leuchtfeuer lange mit Holzkohle gespeist wurde. Außerdem sind Reste von Wehrmachtsbunkern aus dem 2. Weltkrieg übrig.

*ROUTE: Von Kap Lindesnes zurück bis **Vigeland** und auf der E39 westwärts, über **Lyngdal** und **Kvinesdal** nach **Flekkefjord**.*

Die Abkürzung von Spangereid nach Lyngdal auf schmaler Landstraße ist zwar landschaftlich sehr reizvoll, aber zeitraubend.

*ROUTE: Die E39 führt entlang des Moska-Flusses auf neuer Trasse und durch viele Tunnels (einer davon der Vatlandstunnelen, ist 3,2 km lang) nach **Flekkefjord**.*

Flekkefjord mit annähernd 9.000 Einwohnern ist heute ein wichtiges Touristenzentrum zwischen Kristiansand und Stavanger.

Eine Blütezeit erlebte die Stadt im 17. und 18. Jh. durch einen regen Handel mit Holz und Granitgestein. Ähnlich wie in Mandal machten damals vor allem Schiffseigner und Kaufleute aus Holland das Geschäft. Seitdem lebt Flekkefjord mit dem Beinamen „Hollenderbyen", also „Holländerstädtchen". Es gibt ein Stadtviertel mit diesem Namen, in dem einige Holzhäuser aus dem 17. und 18. Jh. erhalten sind.

Das Leuchtfeuer am Kap Lindesnes, Norwegens Südkap

TOUR 4: KRISTIANSAND – EGERSUND – STAVANGER

CAMPING BEI LYNGDAL
Camping Rosfjord **** **[N 58° 07' 20.0"   E 7° 03' 35.8"]**, Tel. 38 34 01 000; 1. Jan. – 31. Dez.; ca. 2 km südwestl. Lyngdal; ausgedehntes Gelände, teils Kiefernwald, an einem langen, felsbegrenzten Sandstrand am Rosfjord; ca. 6 ha – 400 Stpl., sehr stark mit Dauercampern belegt! Standardausstattung; Laden, Imbiss, Tennis; 25 Miethütten, Motel.
Camping Kvavik *** **[N 58° 08' 02.9"   E 7° 02' 23.9"]**, Tel. 38 34 61 32; Ostern – 1. Okt.; ca. 2 km Richtung Farsund; ebenes Gelände, fast bis an den Lyngdalsfjord reichend, zur Straße durch hohen Bretterzaun abgegrenzt; ca. 4 ha – 100 Stpl.; sehr stark mit Dauercampern belegt! Standardausstattung; Laden, Imbiss; 31 Miethütten *** - ****; naher Sandstrand.

Im 19. Jh. wurde Flekkefjord zu einem wichtigen Exporthafen an der Sørlandsküste für Fisch und vor allem für Heringe. Und nachdem sich mit dem Aufkommen der Dampfschiffahrt der Hafenort leichter und schneller erreichen ließ, entwickelte sich langsam der Fremdenverkehr.

Zu den Sehenswürdigkeiten in den hübschen Gassen von Flekkefjord zählt das Stadtmuseum **Flekkefjord Museum,** das im ältesten Haus der Stadt aus dem frühen 18. Jh. untergebracht ist. Eingerichtet ist es wie das Haus einer wohlhabenden Bürgerfamilie im frühen 19. Jh.

Im Sommer (1. 6. – 31. 8.) ist auch das **Flekkefjord Electricitet Museum** zu besichtigen, das mittels multimedialer Präsentationen über die Geschichte der Stromversorgung berichtet.

Interessante Gebäude sind außerdem die achteckige **Kirche** von 1833, das **Rathaus**, die alte **Apotheke** und weitere his-torische Gebäude aus dem 18. Jh.

Mein Tipp! Für die Weiterreise von Flekkefjord nach Egersund sollte die Straße R44 "Nordsjøvegen" dem Weg über die E39 vorgezogen werden. Die R44 führt sehr kurvenreich auf teils schmaler Straße durch eine überaus reizvolle, vielfach von rosarot schimmernden Felsen dominierte, abgeschiedene Landschaft mit zahlreichen dunklen Seen dazwischen.

Bis Hauge ist die R44 für große Gespanne und Wohnmobile beschwerlich, da sehr kurvenreich mit engen Wegstücken und mit Steigungen!

Unterwegs passiert man den in einem Hochtal verstreut gelegenen Flecken **Kvanvik** und bald darauf **Åna-Sira**, am gleichnamigen Fluß (großes Wasserkraftwerk). Åna-Sira liegt bereits in der *Provinz Rogaland,* die südlichste Provinz an der norwegischen Westküste, die vom weitverzweigten Boknafjord geprägt wird.

ROUTE: *Die Straße 44 schraubt sich nach dem Ort Åna-Sira hinauf ins Vardefjell*

PRAKTISCHE HINWEISE – FLEKKEFJORD

Flekkefjord Promotion as, Elvegaten 15, 4400 Flekkefjord, Tel. 38 32 21 31, Fax 38 32 21 30.

HOTELS
Hotel Bondeheimen, 15 Zi., Elvegt. 7 - 9, Tel. 38 32 21 44, Fax 38 32 29 79, Cafeteria, Parkplatz.
First Hotel Maritim, 46 Zi., Sundegt., Tel. 38 32 33 33, Fax 38 32 43 12, in zentraler Lage, Restaurant, Schwimmbad, Tennis, Parkplatz.
Grand Hotel, 25 Zi., Anders Beersgt. 9, Tel. 38 32 23 55, Fax 38 32 11 67, Restaurant, Parkplatz.

CAMPING
Egenes Camping Ferie og Fritidssenter **** **[N58° 17' 19" E 6° 42' 57"]**, Egenes, Tel. 38 32 01 48, www.egenes.no; Anf. Jan. – Ende Dez.; Wiesengelände ca. 5 km östlich von Flekkefjord; ca. 2,5 ha – 180 Stpl.; Standardausstattung; Laden, Imbiss, Badestrand, Bootsverleih, Fahrradverleih, 6 Miethütten ** - ****. **Motel.**

TOUR 4: KRISTIANSAND – EGERSUND – STAVANGER

mit wuchtigen Felsmassiven, um anschließend hinunter zum **Jössing-fjord** *zu führen, mit dem wichtigsten Umschlaghafen für die weiter landeinwärts bei Titania abgebauten Mineralien. Ein Denkmal am Fjord erinnert an die „Altmark-Affäre" im Zweiten Weltkrieg, die erste Kriegshandlung auf norwegischem Boden.*

Ab Jössingfjord beginnt eine imposante Passfahrt. Die alte Trasse mit ihren kühnen Galerien an den senkrechten Felswänden, die einstmals den Puls des Autofahrers etwas ansteigen ließ, ist noch zu erkennen, aber nicht mehr zu befahren. Sie wird durch ein modernes Tunnel und eine breite Straße umgangen.

Man erreicht **Hauge i Dalane** (Bakkaåno Camping, 1. Mai – 30. Sept., ca. 2,5 km von Hauge i Dalane entfernt, mehrere Platzteile, für Wohnmobile in einer Geländemulde, abgeschieden nahe eines Baches gelegen, gute Sanitärs, 3 Miethütten), mit der interessanten **Sogndal Kirche** und dem hübschen Sogndalstrand wenig südlich vom Ort.

Nach weiteren 30 km kommt man nach **Egersund**.

Egersund [N 58° 27' 08.9"   E 6° 00' 07.0"] ist ein Hafenstädtchen mit rund 14.000 Einwohnern. Vor allem der Heringsfang brachte Mitte des vergangenen Jahrhunderts einen gewissen Wohlstand in die Stadt. Zwar laufen auch heute noch Fischkutter den Hafen von Egersund an, wirtschaftlich bedeutender für die Stadt sind aber inzwischen holzverarbeitende Industrien und die Elektronikindustrie geworden.

Egersund ist das Zentrum des Bezirks Dalane. Der Stadtname kommt vom altnorwegischer „Eikundarsund", was soviel wie „Sund zwischen dem Festland und der Eicheninsel" bedeutet.

Während der Wikingerzeit trafen sich in Egersund verschiedene Handelswege, was der Landungsbrücke des Ortes zu einer gewissen Bedeutung verhalf. Dies geht auch daraus hervor, dass an dieser Landungsbrücke ein „Leidangsskip", ein Königsschiff, lag, das instand gehalten und zu „Wikingfahrten" bemannt und ausgerüstet werden mußte.

Egersund, das zwar schon 1607 urkundlich erwähnt wird, damals aber aus nicht viel mehr als vier oder fünf Häusern bestand, hat eine relativ alte **Kirche**, die aus dem frühen 17. Jh. stammt und im Stadtteil Eie ein wenig bekanntes, aber sehenswertes **Fayencemuseum,** das einen schönen Querschnitt durch die 133-jährige Fayenceproduktion (Porzellan, Keramik, Steingut, Monumentalvasen, Puppengeschirr, Tassenausstellung u. v. a.) in Egersund zeigt. Egersunds Fayencefabrik war zwischen 1847 und 1979 tätig.

Das Fayencemuseum wird vom **Dalane Folkemuseum** betreut, zu dem auch die Hauptsammlung des **Regionalmuseums** über der Bezirk Dalane gehört, das sich beim ehemaligen Amtsrichterhof **Slettebø**, rund 3 km nördlich der Stadt an der Straße 42 befindet.

Das 1910 eingerichtet Museum besteht mittlerweile aus acht Museumsgebäuden aus

---

PRAKTISCHE HINWEISE – EGERSUND

Dalane & Sirdal Reiselivslag, Jernbaneveier 2, 4370 Egersund, Tel. 51 49 08 19. *Geöffnet Mitte Mai bis Ende August.*

HOTELS

Grand Hotel, 40 Zi., Johan Feyersgt. 3, Tel. 51 49 18 11, Fax 51 49 36 46, Restaurant, Parkplatz, Fahrradverleih.
Egersund Hotell, 31 Zi., Årsdaddalen, Tel. 51 49 02 00, Fax 51 49 29 30, Restaurant, Parkplatz, Fahrradverleih.

CAMPING

Camping Steinsnes *** [N 58° 28' 38.7"   E 5° 59' 48.8"], Jærveien 190, Tel. 51 49 41 36, ; 1. Jan. – 31. Dez.; 3 km nördl. Egersund an der R44, in **Tengs**, ebenes Gelände zwischen Straße und Fluß; ca. 1,5 ha – 100 Stpl.; einfache Standardausstattung; 25 Miethütten ** - ***.
Camping Hauen ***, Steinbakken 52, Tel. 51 49 23 79, www.hauencamping. no; 1. Jan. - 31. Dez.; kleinere Anlage südwestlich der Stadt, nur etwa 1 km vom Anleger der Fähren nach Dänemark entfernt, 4 Miethütten.

TOUR 4: KRISTIANSAND – EGERSUND – STAVANGER

dem Dalanabezirk. Darunter sind das Haupthaus, diverse Werkstätten, landwirtschaftliche Gebäude, das Landschulhaus von Møgedal aus dem Jahre 1880, ein Verwalterhaus aus der Mitte des 19. Jh., ein Lusthaus und ein Wagenhaus, eine Remise, zu sehen.

Abkürzende Alternativroute

Bei knappem Zeitplan kann die Reiseroute abgekürzt werden, wenn man von Egersund über die R42 nordostwärts nach **Tonstad** fährt und dort wieder in die beschriebene Route (siehe Tour 7, Stavanger – Tonstad –Evje) einsteigt.

Hinter Egersund beginnt eine sehr schöne Fahrt, zwar auf relativ schmaler, kurvenreicher, aber guter Straße durch das sehr wilde **Gyadalen**.

Das Tal wird gesäumt von mächtigen Bergstöcken. Oft steigen die Felswände fast senkrecht aus dem Tal des Wildbaches Gya. Besonders nach regenreichen Tagen stürzen unzählige Wasserfälle von den Hängen.

Die Straße führt stetig aufwärts und passiert schließlich ein bewaldetes Hochtal bei **Björnestad** (Wintersportgebiet). 11 km weiter erreicht man **Tonstad.**

HAUPTROUTE

ROUTE: *Stavanger liegt rund 80 km nordwestlich von Egersund und ist über die E39 rasch zu erreichen. Der abwechslungsreichere Weg aber führt über die Küstenstraße R44.*

Auf der Küstenstraße 44 **„Nordsjøvegen"** sind vor allem die weiten Dünen und **Sandstrände bei Brusand** an der Ognabucht ein lohnendes Sommerziel.

Sehenswertes auf dem Weg Richtung Sandnes

Die neue **Kirche von Ogna** wurde 1995 eingeweiht und ruht auf den Fundamenten eines spätmittelalterlichen Gotteshauses aus dem Jahre 1520. Die Kirche ist in den Monaten Juni, Juli und August an Sonntagen auf Führungen zu besichtigen.

Wenige Kilometer nordwestlich von Brusand bietet sich die Möglichkeit zur Küste und zum **Leuchtturm Kvassheim fyr** abzuzweigen. In der Nähe des Leuchtturms das bronze- bzw. eisenzeitliche **Grabfeld** von Kvassheim.

Bei **Varhaug** findet man den **„Gamle Kirke gård"**, einen alten Friedhof mit hübscher Kapelle. Man hat von dort einen schönen Blick aufs Meer. Zwischen Friedhof und Küste führte am Strand einstmals der alte Königsweg von Varhaug nach Grødaland vorbei.

Nahe **Reime** liegt das eher bescheidene Freilichtmuseum **Grødaland Bygdetun Museum** mit einem Gehöft aus dem 18. Jh.

Schließlich kann man bei **Hå** dem **Gamle Prestegård**, einem restaurierten Pfarrhof aus dem Jahre 1637 einen Besuch abstatten. Der Hof ist für Besucher im Sommer von Dienstag bis Samstag von 11 bis 18 Uhr und am Sonntag zwischen 12 und 18 Uhr zugänglich. In der übrigen Jahreszeit nur Samstag und Sonntag geöffnet.

Ganz in der Nähe liegt der Leuchtturm **Oberstad fyr**, dort können Sie auch übernachten. Geöffnet für Besucher ist der Leuchtturm im Juli täglich außer Montag 12 - 17 Uhr, übrige Zeit nur Sonntag 12 - 17 Uhr.

Schließlich gibt es noch das **Jærmuseet** zu besichtigen. Das Museum, das sich in erster Linie mit der Kultur des Landvolkes der Region befasst, liegt bei **Nærbø** östlich der Straße 44. Zum Museum mit seiner umfangreichen Landmaschinenausstellung gehört auch ein hübsches Museumsgehöft.

Durch das ausgedehnte Gelände, das sich dem Museum anschließt führt ein lan-

---

 CAMPING

Varden/Ogna
Ogna Camping *** [N 58° 31' 55.6" E 5° 46' 24.5"], Varden, Tel. 51 43 82 42, www.ognacamping.no; Ostern – 30. Sept.; ca. 25 km nordwestlich von Egersund zwischen Straße 44 und Küste; Wiesen und sandiges Gelände hinter einem langen Dünengürtel, davor langer Sandstrand; ca. 3 ha – 120 Stpl.; Standardausstattung; Laden, 17 Miethütten ** - *****.

Brusand
Camping Brusand **** [N 58° 32' 30.7" E 5° 43' 33.5"], Kvalbein, Tel. 51 43 91 23, www.brusand-camping.no, 1. Apr. – 30. Sept.; ca. 2 ha – 120 Stpl.; Standardausstattung; 9 Miethütten *** - ****, naher, langer Sandstrand.

TOUR 4: KRISTIANSAND – EGERSUND – STAVANGER

ger Lehrpfad zu diversen Sehenswürdigkeiten wie frühgeschichtlichen Grabhügeln, Tingsteinen, eisenzeitlichen Siedlungsspuren oder einem Kommandobunker aus dem Zweiten Weltkrieg.

Macht man weiter nördlich den Umweg über die Straße 507, passiert man die Sandbänke **Jærens rev** westlich von **Kleppe**.

Stavanger am Boknefjord zählt zu den alten Städten Norwegens. Schon früh einflussreicher Bischofsitz, erhielt die Stadt im 15. Jh. Handelsrechte und entwickelte sich, nicht zuletzt dank seines geschützten Hafens, zu einer Handelsstadt von Rang mit einer ansehnlichen Flotte. Später kamen rege Aktivitäten in der Hochseefischerei hinzu. Fischverarbeitende Industrie und Werften siedelten sich an.

Einen regelrechten Wirtschaftsboom erlebte Stavanger allerdings um 1970, als in der Nordsee Öl entdeckt wurde und Stavanger zum bedeutendsten Versorgungshafen für die norwegische Off-Shore-Industrie aufstieg. Mit rund 121.000 Einwohnern ist Stavanger heute die viertgrößte Stadt des Landes.

Tipps zur Stadtbesichtigung

Einen guten Gesamteindruck von der Stadt erhält der Erstbesucher auf einer begleiteten **Stadtrundfahrt** mit dem Bus, Dauer 2 Stunden. Stadtrundfahrten finden von 1. Juni bis 31. August täglich statt. Abfahrt um 14 Uhr an der Touristeninformation am Rosenkildetorget.

Stationen der Stadtrundfahrt sind die Innenstadt, die historische Altstadt, Breidablikk, Harsfjord, „Schwerter im Fels", Ullandhaug-Turm und Dom von Stavanger.

Eine besondere Art Stavanger kennen zu lernen ist die, sich einem geführten **Stadtspaziergang mit anschließender Hafenrundfahrt** anzuschließen. Man geht durch die historische Altstadt und besucht dort das Konservenmuseum. Danach geht es auf dem Veteranenboot M/S Skreddaren durch den Hafen zum Norwegischen Ölmuseum. Die Tour findet vom 15. Juni bis 15. August jeweils dienstags und donnerstags um 11 Uhr statt, beginnt am Touristeninformationsbüro am Rosenkildetorget und dauert 2 ½ Stunden.

Will man die Innenstadt auf **eigene Faust** erkunden, lässt sich das auf einem etwas ausgedehnteren Stadtspaziergang, der nachstehend skizziert ist, durchaus bewerkstelligen. Altstadt, Dom und Ölmuseum sind hier die wichtigsten Stationen.

Um zu den anderen, etwas außerhalb des Zentrums gelegenen Sehenswürdigkeiten zu gelangen, wird man sich jedoch besser des eigenen Autos bedienen.

Gebührenpflichtige **Parkplätze** im Citybereich findet man am **Strandkaien** an der Ostseite der in die Innenstadt reichenden Hafenbucht Vågen, dann etwas weiter nördlich davon beim **Terminal** der Fähre nach Newcastle, dann beim alten Zollamt am **Skansenkaien** an der Ostseite der Hafenbucht und schließlich im Norden der Innenstadt am **Ryfylkekaien** mit dem Anleger der Fähren nach Bergen und Haugesund und beim **Ölmuseum (14)** etwas weiter östlich.

Sehenswertes in Stavanger

Am besten beginnt man den Stadtrundgang am Rosenkildetorget am Südende des Hafens. Von dort geht man am Strandkaien an der Ostseite des Hafenbeckens entlang.

Man passiert das **Stavanger Sjøfartsmuseum (4)**, das Handels- und Seefahrtmuseum, Nedre Strandgate 17 – 19. Hier gibt es neben umfangreichen Ausstellungen zu Stavangers 200jähriger Seefahrtgeschichte auch Einblick in die Handelstradition der Stadt (altes Kontor, Kaufmannswohnung, Lager u. a.).

Nordwestlich vom Handels- und Seefahrtmuseum erstreckt sich zwischen Hafen und Øvre Strandgate der Stadtteil **Gamle Stavanger (5) [N 53° 58′ 24.5″ E 5° 43 ,34.0″]**, Alt Stavanger. Ein Bummel durch die gepflasterten, ansteigenden Gassen, die gesäumt sind von meist schneeweiß gestrichenen Holzhäusern, lohnt sehr. Die meisten Häuser stammen aus dem späten 18., frühen 19. Jh. und sind sorgfältig restauriert. Besonders malerische Winkel findet man in den wenigen Quergassen, die hinab zum Hafen führen.

Den Spaziergang durch Gamle Stavanger kann man mit einem Besuch im **Norsk Hermetikkmuseum (5)**, dem Norwegischen Konservenmuseum, Øvre Strandgate 88A, verbinden. Hier ist eine fischverarbeitende Fabrikanlage, wie sie im 19. Jh. in Stavanger zu finden war, eingerichtet.

Durch eine der hübschen Quergassen am Ende der Øvre Strandgate, z. B. durch die Bildensolstrædet oder die Rosenbergbakken, gehen wir wieder hinunter zum Hafen und zurück zum Ausgangspunkt am Rosenkilde-

TOUR 4: KRISTIANSAND – EGERSUND – STAVANGER

STAVANGER
1 *Information*
2 *Dom*
3 *Valbergturm*
4 *Handels- u. Seefahrtmuseum*
5 *Alt Stavanger*
6 *Konservenmuseum*
7 *Postamt*
8 *Busbahnhof*
9 *Bahnhof*
10 *Stavanger Museum*
11 *Ledaal-Herrenhaus*
12 *Breidablikk-Herrenhaus*
13 *Clipper Boote*
14 *Norwegisches Ölmuseum*
15 *Telemuseum*
16 *Archäologisches Museum*

torget. Auf dem Weg dahin hat man einen schönen Blick über den Hafen auf die Häuserfront mit den schön restaurierten alten Speicherhäusern am gegenüberliegenden Skagenkaien mit dem Anleger der Ausflugsboote Clipper Boats (13) und auf die dahinter leicht ansteigende Innenstadt.

Vom Rosenkildetorget gehen wir nun ostwärts über den Marktplatz zum Dom.

Der Dom von Stavanger (2) liegt nur wenige Gehminuten östlich vom Rosenkildetorget im Stadtpark Byparken an der Nordseite des großen Stadtsees Breivatnet.

Nachdem Sigurd Jorsalfar Stavanger im Jahre 1125 zum Bischofsitz erhoben hatte, ließ Bischof Reinald von Winchester noch im selben Jahrhundert den Grundstein zum Dom von Stavanger legen. Der Bau wurde im anglonormannischen Stil erreicht und dem Heiligen Svithun geweiht. Ein Arm des Heiligen ist die kostbarste Reliquie des Doms.

Aber die Domkirche blieb kaum ein Jahrhundert vom Feuer verschont. Schon 1272 wurden Schiff und Chor ein Raub der Flammen. Sie wurden um 1300 im gotischen Stil wieder aufgebaut. In dieser Form sieht der Besucher den Dom von Stavanger noch heute.

Unweit vom Dom entfernt liegt der **Kongsgård**, der bis Anfang des 19. Jh. als königliche und bischöfliche Residenz diente. Seit 1850 beherbergt das historische Gebäude ein Gymnasium.

Gehen Sie vom Dom die Haakon VII's Gate ein kurzes Stück nach Osten und folgen der Kirkegata nordwärts. Sie erreichen dann den linkerhand gelegenen **Valbergtårnet (3)**, einen alten Feuerwachtturm, der zwischen 1850 und 1853 gebaut worden ist. Von dort haben Sie einen schönen Blick über den Hafen zur Altstadt und über den Fjord. Im Turm ist das **Nachtwächtermuseum** eingerichtet, das u. a. eine Sammlung

TOUR 4: KRISTIANSAND – EGERSUND – STAVANGER

historischer Fahrzeuge und Ausstellungen aus über hundert Jahren Straßenbaugeschichte zeigt.

Vom Valbergtårnet zurück bis zur Kirkegata, der wir nun links, nordwärts folgen. Die Straße führt hinab zur Hafenanlage an der Nordseite der Innenstadt. Unweit rechts erkennt man das moderne Gebäude des Norwegischen Erdölmuseums direkt am Wasser am Kjeringholmen.

Sehr sehenswert, informativ und interessant ist ein Besuch im 1999 eröffneten **Norsk Oljemuseum (14),** dem Norwegischen Erdölmuseum, Kjeringholmen 1A, im nördlichen Bereich des Stadtzentrums (geöffnet Juni - Aug. 10 - 19 Uhr, sonst bis 16 Uhr, www.norskolje.museum.no). Der moderne Museumsbau liegt direkt am Wasser, ähnelt äußerlich einer Ölbohrplattform und birgt im Inneren eine Vielfalt von Ausstellungen und multimedialen Präsentationen, die einen ausgezeichneten Überblick über die Geschichte der Off-Shore-Ölgewinnung, die Techniken und die entsprechenden Industriezweige der Erdölexploration in der Nordsee geben. Parkplatz, Cafeteria, Bibliothek Museumsladen.

Der kürzeste Weg wieder zurück zum Dom bzw. zum Rosenkildetorget ist der nun schon bekannte Weg über die Kirkegata.

Je nach Interesse bzw. je nach zur Verfügung stehender Zeit kann man den Stadtrundgang nun noch ausdehnen und zum Stavanger Museum gehen. Das Museum liegt aber ein gehöriges Stück weiter südlich. Noch südlicher als der Stadtsee Breiavatnet und der Bahnhof.

Man kann an der Ostseite (Kongsgata und Golden Tulip Rainbow Hotel Maritim) oder an der Westseite des Sees (Olav V's gate und Radisson SAS Atlantic Hotel) vorbei gehen, passiert den Bahnhof (Parkplätze) und gelangt zum Theater südlich des Bahnhofs.

Rechts (westlich) vom Theater und noch vor dem Rica Park Hotel gelangt man über die Muségata schließlich zum **Stavanger Museum (10),** Muségata 16. Neben kulturhistorischen Sammlungen aus Rogaland und Ausstellungen Stadtgeschichte gibt es auch zoologische Abteilungen (Fische, Vögel, Säugetiere).

Weitere Sehenswürdigkeiten

Im Norden der Stadt, ganz in der Nähe des Internationalen Kulturzentrums, Sandvigå 29, und Stavangers Konzerthaus im Bjergsted Park, ist das **Norsk Grafisk Museum,** das **Norwegische Grafische Museum,** Sandvigå 24, zu besichtigen. Zu sehen gibt es wechselnde Ausstellungen und alte grafische Handwerke.

Weiter im Süden des Stadtbereichs, westlich vom Bahnhof, findet man in der Dronningensgate 12 das **Norwegische Telemuseum (15).** Es gibt Einblick in die Geschichte des „Amerika-Telegraphen" und die

Nostalgie und Romantik, Stavangers hübsche Altstadt

TOUR 4: KRISTIANSAND – EGERSUND – STAVANGER

Entwicklung der drahtlosen Kommunikation und der Telefongeschichte. Besucher können sich selbst an Morsegeräten, Bildtelefonen und an den neuesten elektronischen Medien versuchen.

Noch ein Stück weiter westlich vom Bahnhof liegen im Stadtteil **Eiganes** am Eiganesveien zwei alte Stadtvillen, die von Interesse sind.

Ledaal (11), Eiganesveien 45, ist ein Patrizierhaus, das um 1800 für die Familie Kielland errichtet wurde. Es dient heute noch gelegentlich als Königliche Residenz, wenn der König Stavanger besucht. Das Haus ist im Stil des 19. Jh. möbliert und kann nach einer Phase umfassender Renovierung nun wieder besichtigt werden.

Nicht weit entfernt liegt die **Villa Breidablikk (12)**, Eiganesveien 40A. Sie wurde 1880 für den Reeder Lars Berentsen gebaut und ist ebenfalls zu besichtigen.

Schließlich lohnt bei ausreichend zur Verfügung stehender Zeit und Interesse ein Besuch im **Arkeologisk Museum (16),** dem **Archäologischen Museum**, Peder Klowsgata 30A, mit Ausstellungen zur Naturgeschichte der Region der letzten 15.000 Jahre und Funden aus der Frühgeschichte Rogalands, sowie im **Vegmuséet,** dem Straßenbaumuseum, Lagårdsveien 80 *(geöffnet Mo - Fr 9-15 Uhr, www.vegvesen.no)*. Dokumentiert werden hier hundert Jahre Straßenbaugeschichte, die durch die geologischen Gegebenheiten Norwegens besonders bewegt war. U. a. sieht man historische Fahrzeuge, Geräte und Werkzeuge. Das Museum ist mit Bussen der Linien 23 und 24 zu erreichen.

Sehenswertes außerhalb von Stavanger

Das **Rogaland Kunstmuseum**, Tjensvoll 6, liegt südlich der Innenstadt in der Nähe des Sees Mosvatnet. Einen Schwerpunkt der umfangreichen Ausstellung, die sich vornehmlich mit norwegischer Kunst des 19. und 20. Jh. befassen, bildet die sehenswerte Sammlung von Lars Hertervig (1830 – 1902).

In einem separaten Pavillon findet der Besucher die Sammlung von Halvdan Hafsten. Sie umfasst Arbeiten von acht norwegischen Künstlern aus der Zeit von 1918 bis etwa 1935. Das Museum ist mit Bussen der Linien 143 und 152 zu erreichen.

Vom **Ullandhaugtårnet** im Stadtteil Ullandhaug, kann man schöne Ausblicke in die Umgebung von Stavanger genießen. Der 1964 erbaute Telekommunikationsturm liegt 135 m über dem Meeresspiegel und ist 64 m hoch. Der Turm ist mit Bussen der Linie 78 zu erreichen.

Ganz in der Nähe liegt Stavangers **Botanischer Garten** (Bus 78).

Der **Jernaldergården** am Ullandhaugveien ist eine rekonstruierte Hofanlage aus der älteren Eisenzeit, also etwa aus der Epoche zwischen 350 und 550 n. Chr. Die Anlage wurde an der Stelle errichtet, an der tatsächlich Funde aus jener Zeit gemacht wurden. Gezeigt werden alte Handwerkstechniken und experimentelle archäologische Forschungsvorhaben. Das Museum kann auch mit Bussen der Linie 78 erreicht werden.

Bemerkenswert ist ein Denkmal im Vorort **Badla** am Hafrsfjord, das als **„Sverd i Fjell"** („Schwerter im Fels") **[N 58° 56′ 31.7″ E 5° 40′ 18.7″]** bekannt ist. Der historische Hintergrund dieses Monuments ist die Einigung Norwegens zu einem Reich durch König Harald Schönhaar. Die letzte Schlacht in diesem Zusammenhang wurde 872 hier am Hafrsfjord geschlagen. Die drei Denkmalsmonolithe symbolisieren Friede, Freiheit und Einheit und sind Wikingerschwertern nachempfunden, die an verschiedenen Orten in Norwegen gefunden

Die „Schwerter im Felsen"

TOUR 4: KRISTIANSAND – EGERSUND – STAVANGER

wurden. Die Kronen oben auf den Schwertern erinnern an die Distrikte Norwegens, die sich damals an der historischen Schlacht beteiligt haben. Das Denkmal ist ein Werk von Fritz Røed. Es wurde 1983 vom damaligen König Olav enthüllt.

Ein gutes Stück westlich der Stadt bei Kvernevik schließlich trifft man auf das **Alexander L. Kielland Denkmal.**

PRAKTISCHE HINWEISE – STAVANGER

Destinasjon Stavanger, Domkirkeplassen 3, 4005 Stavanger, Tel. 51 85 92 00. *1. Juni – 31. Aug. tgl. 9 – 18 Uhr. Übrige Zeit bis 16 Uhr, Sa bis 14 Uhr und sonntags geschlossen*. Internet: www.destinasjon-stavanger.no; www.regionstavanger.com
Destination Stavanger, Sandnes und Jæren, Vågsgt. 22, 4306 Sandnes, Tel. 51 97 55 55, e-mail: info@RegionStavanger.com
Stadtrundfahrten und **geführte Stadtrundgänge** werden von Juni bis August veranstaltet. Startpunkt ist die Touristeninformation am Domkirkeplassen.
Bootsausflüge (Siehe auch unter Ausflug in den Lysefjord weiter hinten)
Rødne Fjord Cruise, Skagenkaien 18, 4006 Stavanger, Tel. 51 89 52 70. Internet: www.rodne.no, e-mail: mail@rodne.no. Hafenrundfahrten, Schiffs-/Bustouren zum Preikestolen (Dauer 3,5 Stunden), Schiffsausflüge in den Lysefjord.
Veteran Fjordcruise AS, Fiskepirterminalen, 4004 Stavanger, Tel. 51 53 85 85. Internet: www.vfc.no; e-mail: booking@vfc.no. Fjordkreuzfahrten mit Autobeförderung durch den Lysefjord bis Lysebotn und zurück.

RESTAURANTS

Skagen Sjøhus, Skagen 16, Tel. 51 89 51 80, rustikales, maritimes Ambiente, eingerichtet in einem alten Speicherhaus, gute Küche, lokale Spezialitäten, mittlere Preislage.
Straen Fiskerestaurant, Nedre Strandgate 15, Tel. 51 84 37 00.

HOTELS

Commandør, 35 Zi., Valberggt. 9, Tel. 51 89 53 00, Fax 51 89 53 01, zentral gelegen, moderate Preise, Parkplatz.
Radisson SAS Royal, 202 Zi., Løkkeveien 26, Tel. 51 76 60 00, Fax 51 56 74 60, zentral gelegenes Firstclass Hotel, Restaurants, Sauna, Schwimmbad, Garage.
Skagen Brygge Hotell, 110 Zi., Skagenkaien 28 - 30, Tel. 51 85 00 00, Fax 51 85 00 01, Sauna, Garage.
Victoria, 107 Zi., Skansegt. 1, Tel. 51 89 54 00, Fax 51 89 54 10, traditionsreiches Haus, Restaurant, Garage, günstige Wochenend- und Sommerpreise.
Jugendherberge: **Stavanger Vandrerhjem Mosvangen,** Henrik Ibsensgt. 21, 4021 Stavanger, Tel. 51 87 29 00. 64 Betten. Beim Campingplatz Mosvangen.

CAMPING

Stavanger Camping Mosvangen *** [N 58° 57' 09.2"   E 5° 42' 43.1"], Tjensvoll 1 B, Tel. 51 53 29 71; www.mosvangencamping.no. 1. Mai – 30. Sept.; am südl. Stadtrand von der E39 beschildert; unebene Wiesen, bis an den See Mosvatnet reichend, kein Badesee; unterhalb der Jugendherberge; ca. 2 ha – 150 Stpl.; Standardausstattung; Laden; 19 Miethütten. Busverbindung ins Stadtzentrum.

Sandnes
Sandnes Hytte- og Campinganlegg, Vøstadskogen ***, Torger Vøl-stadvei, Tel. 51 62 71 20, www.volstadskogen.no; 1. Jan. – 31. Dez.; westlich von Sandnes, Campingmöglichkeit in einem lichten, naturbelassenen Waldgelände in ländlicher Umgebung, einige wenige geschotterte Stellflächen; wenig Sanitärs, Standardausstattung, 25 schön ausgestattete Miethütten *** - ****.

R 4: KRISTIANSAND – EGERSUND – STAVANGER

Kleppe
Bore Strandcamping **, Nordsjøveien 123, Borestranda, Tel. 51 42 22 16, www.borestrand.no; 1. Mai – 1. Okt.; südwestlich von Stavanger am Bore-Sandstrand gelegen, ebenes Wiesengelände; Standardausstattung; 12 Miethütten ** - *****. Beliebtes Surfgebiet.

Ausflüge ab Stavanger

Zur „Kanzel" Preikestolen

Mein Tipp! Der **Preikestolen [N 58° 59' 25.8" E 6° 08' 16.7"]**, der Predigtstuhl, ist eine der größten Sehenswürdigkeiten in der Fjordwelt Südnorwegens. Diese Felskanzel mit ihrem flachen Plateau ragt senkrecht über 600 m hoch aus dem Wasser des schmalen Lysefjords. Der Blick vom Preikestolen gehört zu den großen Erlebnissen auf einer Reise durch Norwegens südwestliche Provinz Rogaland.

Den Ausgangspunkt für Wanderungen zum Preikestolen, die **Preikestolhütte**, kann man im Sommer auf einer kombinierten Bus/Schiffsreise erreichen. In der Zeit von Mitte Juni bis Anfang September verkehrt ein **Bus ab Tau** zur Preikestolhütte. Der Bus verkehrt im Anschluß an die Fähren Stavanger – Tau,

die um 8.20 und um 9.15 in Stavanger ablegen. Die Rückfahrt mit dem Bus startet ab Preikestolhütte um 16.15 Uhr.

Fährt man mit dem eigenen Auto zur Preikestolhütte, nimmt man entweder die Fähre nach Tau und fährt von dort zurück über Jørpeland und Jøssang oder man folgt ab Stavanger zunächst der E39 bis **Sandnes** und zweigt dort ostwärts auf die R13 und zum **Fährhafen Lauvvik**. Überfahrt nach **Oanes** (10 Min.) und weiter Richtung **Jørpeland**.

Mein Tipp: Der Ausflug zum Preikestolen lässt sich übrigens sehr gut mit Tour 6 (Stavanger – Odda – Bergen) verbinden.

In **Oanes** (Lysefjord Touristenzentrum, Souvenirs, Panoramarestaurant, im Sommer Anlegestelle der Ausflugsschiffe von Clipper Fjord Sightseeing) bietet sich Gelegenheit, einen Abstecher über die neue, 640 m lange Brücke über den Lysefjord mit herrlichen Ausblicken in die wilde Fjordlandschaft nach **Forsand** und zum **Freilichtmuseum Landa** bei der Landschule von Fossamoen zu machen. Archäologen haben hier die Reste eines rund dreieinhalbtausend Jahre alten, prähistorischen Dorfes ausgegraben. Im Laufe der Zeit sollen 14 bronzezeitliche, strohgedeckte Häuser und Blockhütten rekonstruiert und der Versuch gemacht werden, dem Besucher einen Eindruck von der Kultur und den Lebensumständen in jener frühgeschichtlichen Epoche zu vermitteln.

Ca. 20 km nordwestlich von Oanes zweigt in **Jøssang** die Straße zur **Preikestolhütte** ab. Schon kurz nach dem Abzweig passiert man den schön an der Straße gelegenen **Campingplatz Preikestolen** (Tel 51 74 97 25, www.preikestolencamping.com; 1. Mai – 1. Okt., Wiesen, teils mit Hartstandplätzen, in erhöhter, ansprechender, ruhiger Lage; ca. 80 Stpl.; gute Standardausstattung; Laden, Imbiss).

Die Wanderung zum Preikestolen beginnt an der **Preikestolhütte** (Tel. 51 84 02 00, geöffnet vom 1. 6. bis 3. 9., 56 Betten, Bewirtschaftung, gebührenpflichtiger Parkplatz, auch für Wohnmobile).

Nach einer fast 4-stündigen (hin und zurück, 6 km), ziemlich anstrengenden, Kondition fordernden Wanderung erreicht man schließlich die Felskanzel des senkrecht aus dem Lysfjord aufragenden **Preikestolen**. Wer unter Höhenangst leidet, dem wird schon beim Anblick der auf dem Bauch liegend nach unten schauenden Besucher schwindelig. Die Wanderung zum Preikestolen, die teils über holperige Steinfelder führt, sollten Sie nur mit festem Schuhwerk antreten, Höhenunterschied 350 m.

Kongeparken

Kongeparken, 27 km südöstlich von Stavanger in **Ålgård** (Camping Kongeparken, ganzjährig, Miethütten **[N 58° 46' 33.2" E**

TOUR 4: KRISTIANSAND – EGERSUND – STAVANGER

Ölexporteur Norwegen

An der norwegischen Südwestküste hat sich besonders Stavanger als Ausgangspunkt für die Exploration des norwegischen Fest-landsockels nach Erdöl und Erdgas herausgebildet.

Ein ganz neuer Wirtschaftszweig, die Förderung von Gas und Öl in der Nordsee, wuchs seit etwa 1970 rasend schnell und riss einen großen Teil der Arbeitskräfte des Landes an sich. Die Gefahr, dass ein „Vakuum" an Beschäftigten in gewissen Branchen, etwa der Fischereiindustrie oder in der Landwirtschaft entstand, war gegeben.

Ölbohrplattform

Um aber auch nach dem „Ölzeitalter" noch auf allen Wirtschaftsgebieten wettbewerbsfähig oder zumindest handlungsfähig zu sein, wurde versucht, einen zu raschen Strukturwandel zu verhindern. Norwegen wollte kein „Kuwait des Nordens" werden, wollte nicht ausschließlich vom Öl abhängig sein. Wie recht man mit dieser Politik hatte, zeigte sich erstmals 1986, als das Preisgefüge auf dem Petromarkt verfiel und im Staatssäckel plötzlich Millionen von bereits verplanten Petro-Dollars fehlten.

Zu dem massiven Einstieg ins Ölgeschäft führte die Erkenntnis, dass in der gesamten Nordsee rund 16 Milliarden Tonnen Ölreserven und viele Billionen Kubikmeter Gas lagern.

Die Ausdehnung der Festlandssockel vor der Küste der Nordsee-Anrainerstaaten diente zur Festlegung der Hoheits- sprich Fördergebiete der einzelnen Staaten. Norwegen kam gut dabei weg. Nach Großbritannien ist es das zweitgrößte Förderland an der Nordsee. In der Weltrangliste der Off-Shore-Förderländer, das sind die Länder, die Erdgas- oder Erdölfelder in den Weltmeeren nutzen, steht das nordische Königreich gar an sechster Stelle, noch vor dem Iran und vor Nigeria.

Rund fünf Milliarden Dollar wurden investiert, bis 1971 das erste aus eigenen Bohrlöchern geförderte Öl an Land gebracht werden konnte. Etwa zehn Bohrinseln hat das Land bislang eingesetzt. Das Ekofisk-Feld alleine fördert mehr Öl, als Norwegen verbrauchen kann. Ein vorläufiger Höhepunkt der Gesamtförderkapazität war für 1995 erwartet worden – ca. 5 Mio. Barrels pro Tag (1 Barrel = 159 Liter).

Weitere geradezu gigantische finanzielle Aufwendungen werden nötig sein. Heute wird in die Ölindustrie für Forschung, Förderung und Transport fast soviel investiert, wie in alle anderen Wirtschaftszweigen zusammen.

Ein Riesenprojekt war für die zweite Hälfte der 90er Jahre vorgesehen. Mitten in der Nordsee entstand die fast 400 m hohe „Ölförderstadt" Gullfaks C, auf der zwischenzeitlich täglich für annähernd 6 Mio. Dollar Öl gefördert wird.

Trotz dieser Anstrengungen deckt Norwegen, das seit 1976 zu den Ölexportländern zählt, selbst in Zeiten der Spitzenförderleistung nur etwa 2% der Weltölproduktion bzw. nur etwa 7% des westeuropäischen Ölbedarfs.

Alles in allem sind die Aussichten im Ölgeschäft für das Land der Fjorde gut. Denn noch nicht einmal die Hälfte des Festlandsockels von Norwegen wurde bislang auf Öl- und Gaslager abgeklopft. „Es gibt viel zu tun,...".

5° 50' 40.4"]) an der E39, einer der größten Freizeit- und Vergnügungsparks in Norwegen.

Zu Rogalands höchstem Wasserfall

Ab **Ålgård** bietet sich ein längerer **Ausflug zum Månafossen,** Rogalands höchstem Wasserfall, an. Man sollte sich dafür aber

TOUR 4: KRISTIANSAND – EGERSUND – STAVANGER

einen ganzen Tag Zeit nehmen können! Der erste Teil des Weges bis Gilja entspricht dem Beginn der Tour 7 (Stavanger – Tonstad – Evje, die „Landstrecke").

Ab Ålgård nimmt man die R45 bis **Dirdal** und weiter bis **Gilja [N 58° 48' 23.0" E 6° 15' 14.3"]**. Hier Abzweig nordwärts nach **Frafjord** (Tunnel) und **Brådland**. Schließlich erreicht man den gebührenpflichtigen Parkplatz bei **Eikjeskog**. Von dort führt ein markierter, teils sehr steiler Wanderpfad zum 92 m hohen Wasserfall **Månafossen**. Gutes Schuhwerk ist sehr empfehlenswert. Und nehmen Sie sich Proviant für den etwas anstrengenden Weg mit.

Der Ausflug lässt sich mit einem Abstecher (Schild bei Gilja, ca. 10 km) zum Hof **Byrkjedalstunet** (Café, Kerzenzieherei) verbinden.

Insel Mosterøy

Bei längerem Aufenthalt lohnt ein Ausflug zur Insel Mosterøy und zum **Utstein Kloster**. Der Auflug lässt sich gut mit Tour 5 (Stavanger – Haugesund – Bergen) verbinden. Näheres siehe dort.

Im Lysefjord

Ausflug in den Lysefjord

Mein Tipp! Falls man den weiteren Verlauf des Reiseweges – so wie in der Tour 7 (Stavanger – Tonstad – Evje) vorgeschlagen – nicht durch den Lysefjord und über Lysebotn plant, ist ein **Schiffsausflug durch den Lysefjord** ab Stavanger empfehlenswert! Gerade bei schönem Wetter ist die Bootstour eine herrliche und bequeme Art, den 40 km langen Fjord zwischen seinen gigantischen Granitwänden zu erleben. Restauration an Bord. Campingmöglichkeit in Lysebotn (s. Tour 7).

Zwei Reedereien bieten unterschiedliche Boostausflüge an.

Rødne Fjord Cruise, Skagenkaien 18, 4006 Stavanger, Tel. 51 89 52 70. www.rodne.no, e-mail: mail@rodne.no.

Hafenrundfahrten, Schiffs-/Bustouren zum Preikestolen (Dauer 3,5 Stunden), **Schiffsausflüge in den Lysefjord**. Die Boote verkehren im Mai, Juni und September einmal täglich, Abfahrt 12.00 Uhr und im Juli und August zwei bis dreimal täglich.

Veteran Fjordcruise AS [N 58° 58' 18.7" E 5° 44' 26.0"], Fiskepirterminalen, 4004 Stavanger, Tel. 51 86 87 88. www.vfc.no; e-mail: booking@vfc.no.

Veteran Fjordcruise bietet Fjordkreuzfahrten **mit Autobeförderung** durch den Lysefjord bis Lysebotn und zurück an. Fahrtdauer von Stavanger nach Lysebotn allerdings 4 Stunden. Kombinationsangebote mit Rückreise per Bus. Gesamtdauer des Ausflugs dann 8 Stunden.

Die Schiffe verkehren vom 1. Juni bis 2. September täglich ab Stavanger um 10 Uhr, Lauvvik ab 11.25 Uhr, Forsand ab 11.40 Uhr. Rückfahrt ab Lysebotn um 15.00 Uhr, Ankunft in Stavanger um 19.00 Uhr.

ACHTUNG! ROUTENALTERNATIVEN

Falls Sie einer der beiden nächsten Alternativrouten – Tour 5 (Stavanger – Haugesund – Bergen) oder Tour 6 (Stavanger – Odda – Bergen) nicht folgen wollen, Weiterreise ab Stavanger mit Tour 7 (Stavanger – Tonstad – Evje), siehe weiter hinten.

TOUR 5: STAVANGER – HAUGESUND – BERGEN

STAVANGER – HAUGESUND – BERGEN

Länge der Tour: Rund 170 km, plus Fähren und Tunnels.

Die Route: E39 und Landstraße bis **Randaberg** – Fähre nach **Skudeneshavn** (Insel Karmøy) – Straße 47 über **Åkrahamn**, **Kopervik** und **Avaldsnes** bis **Haugesund.**

Alternativ: E39 via **Byfjordtunnel** bis **Mortavika** (Insel Rennesøy) – Fähre nach **Arsvågen** (Insel Bokn) – E39 bis **Aksdal** – E134 bis **Haugesund**.

Die Route: E134 von Haugesund bis **Aksdal** – E39 via **Børlafjordtunnel** und **Leirvik** (Insel Stord) bis **Jektevik** – Fähre nach **Hodnanes** (Insel Tysnesøy) – Straße 48 bis **Våge** – Fähre nach **Halhjem** (Insel Os) – E39 bis **Bergen**.

Reisedauer: Mindestens 1 Tag, besser zwei Tage.

Reisehöhepunkte: Die langen **Seetunnels** – **Utstein Kloster **** – das Nationaldenkmal **Haraldshaugen *** bei Haugesund – **Bergen ***** (siehe dort).

Es gibt zwei Alternativen, um von Stavanger nach Haugesund zu gelangen.

Falls Sie auf die nachstehend beschriebene Alternativroute verzichten, bitte **weiter mit Hauptroute** weiter hinten!

Alternativroute

*ROUTE: Von Stavanger auf der E39 nordwestwärts [N 58° 57' 24.6" E 5° 42' 04.4"]. Nach rund 10 km unterquert man im 5,83 km langen Byfjordtunnel 223 Meter unter dem Meeresboden (eines der tiefsten Seetunnels der Welt) den gleichnamigen Fjord und gelangt auf die **Insel Mosterøy**. Nach dem Tunnelausgang hat die Straße eine Steigung von 8%. Wenige Kilometer weiter bietet sich Gelegenheit zu einem Abstecher zum **Utstein Kloster**.*

Am Westende der Insel Mosterøy, 6 km von der Hauptstraße E39 entfernt, liegt das **Utstein Kloster [N 59° 06' 09.7" E 5° 35' 34.8"]** *(geöffnet Mitte Mai - Mitte Sept. Di - Sa 10 - 16 Uhr, So 12 - 17 Uhr).* Das historische Anwesen diente schon als Königsresidenz Harald Schönhaars und edler Landsitz weltlicher Herren. Utstein gilt als der besterhaltene mittelalterliche Klosterbau in Norwegen. Heute Konferenzzentrum.

Besucher des Utstein Klosters, die mit Caravangespannen oder mit großen Wohnmobilen über Sprintergröße unterwegs sind, parken besser auf dem Parkplatz des Utstein Kloster Hotel. Von dort sind es allerdings noch 2 km bis zum Kloster.

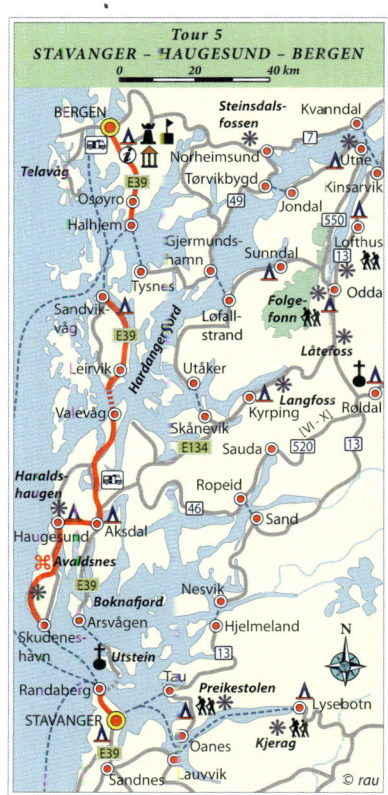

TOUR 5: STAVANGER – HAUGESUND – BERGEN

ROUTE: Vom Kloster zurück zur Hauptstraße E39 und links (nordwärts). Gleich darauf passiert man das nächste Seetunnel, das 133 m tiefe und 4,4 km lange **Mastrafjordtunnel** *und gelangt auf die Insel Rennesøy. Rund 7 km nach dem Tunnelausgang kommt man entlang schöner Felsküstenszenerie mit einzelnen Gehöften zur* **Fährstation Mortavika** *[N 59° 08' 14.4" E 5° 35' 18.4"].*

Hier bedient man sich der **Fähre nach Arsvågen** *[N 59° 10' 13.3" E 5° 27' 07.6"] auf der Insel Bokn. Die Fähren verkehren ganzjährig, 20 – 30 Abfahrten täglich. Die Überfahrt dauert rund 25 Minuten.*

Der weitere Weg auf der E39 nordwärts ist landschaftlich recht reizvoll, passiert drei Sundbrücken und erreicht über **Slåttevik** *nach 31 km* **Aksdal** *(Camping Grindafjord Feriesenter, Tel. 52 77 57 40, an der Straße R515 östlich von Aksdal und der E39, bei Grinde).*

In Aksdal verlassen wir die E39 und nehmen die E134 westwärts ins 13 km entfernte **Haugesund.**

HAUPTROUTE

Die Strecke folgt dem nördlichsten Teil des **Nordsjøvegen**, der rund 430 km langen küstennahen Straßenverbindung von Kristiansand, über Lyngdal, Flekkefjord, Egersund Sandnes und Stavanger nach Haugesund.

ROUTE: Von Stavanger auf der E39 nordwärts und nordwestlich des Stadtgebiets Abzweig westwärts zum Fährhafen **Mekjarvik** *(Randaberg).*

Wenige Kilometer außerhalb von Randaberg erhebt sich auf der Landspitze **Tungenes** ein **Leuchtturm** mit interessantem **Museum**.

In Mekjarvik bedient man sich der **Fähre via Kvitsøy nach Skudeneshavn,** Fahrtdauer ca. 85 Minuten, vier Abfahrten täglich, werktags 7:35, 12:15, 16:45 und 22:25 Uhr, Sa + So veränderliche Zeiten.

Skudeneshavn liegt an der Südspitze der **Insel Karmøy.**

Das hübsche Küstenstädtchen **Skudeneshavn** mit seiner reizenden Holzhausarchitektur im alten Stadtteil Gamle Skudeshavn (Sørgada) wurde vor einigen Jahren gar zu Norwegens „Sommerstadt" gewählt. Seine große Zeit erlebte der erst Anfang des 19. Jh. erbaute Hafen in der Zeit der Heringsfischerei und des Segelschiffzeitalters.

Sehenswert ist das **Stadtmuseum Mælandsgården [N 59° 08' 58.7" E 5° 15' 40.1"]** mit seinem nostalgischen Museumsladen und Kaufmannskontor aus dem 19. Jh. *(geöffnet Ende Mai - Ende Aug. Mo - Fr 11 - 17, So 12 - 18 Uhr; www.skudesnes.no).*

ROUTE: Ab Skudeneshavn folgen wir der R47 an der wilden, sehr schönen Westküste der Insel Karmøy entlang Richtung **Åkrahamn.** *Unterwegs passieren wir* **Sandve** *und* **Ferkingstad.**

In **Ferkingstad** bietet sich Gelegenheit, von der Straße 47 westwärts nach Ferkingstad Havn abzuzweigen.

Am Hafen kann man an einer hübschen Bucht parken und einen kurzen Spaziergang an die Küste zum **Fischermemorial** machen **[N 59° 13' 53.8" E 5° 10' 36.7"].** Es erinnert an die Seeleute und Hochseefischer, die auf See ihr Leben ließen.

In **Åkrahamn** ist im Packhaus „Nora", Buktaveien, dem Gebäude einer alten Heringsalzerei, heute das **Åkrehamn Kystmuseum** eingerichtet *(geöffnet Ende Mai - Ende Aug. Mo - Fr 11 - 17, So 14 - 18 Uhr).* Die Ausstellungsthemen befassen sich mit der norwegischen Küstenkultur.

Hinter Åkrahamn führt die Straße an die Ostküste der Insel nach **Kopervik,** dem Verwaltungszentrum der Gemeinde Karmøy. Im 19. Jh. erlebte die Stadt eine Blütezeit, als durch Fisch- und Konservenfabriken Geld in die Stadt kam.

In Kopervik lebte der Historiker Tormod Torfæus, der im 16. Jh. ein umfassendes Geschichtswerk über das norwegische Volk verfasste.

Etwa auf halbem Wege kann man nordwärts nach **Vedavågen** abzweigen, um dem dortigen **Karmøy Fischereimuseum [N 59° 17' 12.8" E 5° 14' 38.3"]** einen Besuch abzustatten *(geöffnet Ende Mai - Ende Aug. Mo - Fr 11 - 17, So 14 - 18 Uhr, www.visitkarmoy.no).* Vom Parkplatz mitten im Ort führt ein kurzer Fußweg zum Museum mit Seewasseraquarium und Café.

Fast so interessant wie die Ausstellungen im Museum zur Fischereigeschichte ab 1950 ist das Museumsgebäude selbst, das oberhalb eines malerischen Meeresarms liegt. Das moderne, völlig schmucklose Gebäude selbst gleicht einem viereckigen Betonarm,

TOUR 5: STAVANGER – HAUGESUND – BERGEN

PRAKTISCHE HINWEISE – SKUDENESHAVN

Skudeneshavn Touristinformation, Tel. 52 85 80 00. *Geöffnet Juni - Aug. Mo - Fr 11 - 17 Uhr, Sa 11 - 16 Uhr, So 12 - 17 Uhr.*

RESTAURANT

Lanternen Kro & Restaurant, Tel. 52 82 32 00, in einem traditionellen Speicherhaus, Hafenrestaurant mit Terrasse am Wasser.

HOTEL

Geitungen Fyr, 32 Betten, Tel. 52 71 53 11; Übernachten im Leuchtturm, prächtiger Meerblick, ohne Restaurant, Transport von Skudeneshavn per Boot.

CAMPING

Skudeneshavn
Skudenes Camping *** **[N 59° 09' 19.4„ E 5° 14' 36.2"]**, Postveien 129, Tel. 52 82 81 96, www.skudenescamping.no; ganzjährig; Einfahrt von der R47, Wiese unterhalb der Straße gegenüber der SHELL-Tankstelle; Standardausstattung. Laden, Imbiss, Boots- und Fahrradverleih. 8 Miethütten ** - ****.
V & E für Wohnmobile.
Ferkingstad
Sandhåland Camping [N 59° 11' 34.3" E 5° 11' 12.7"], Sandhålandsvegen 36, Tel. 52 84 32 34, www.sandhaaland.no; 1. Mai - 1. Sept.; in Sandve südlich von Ferkingstad gelegen, schöne Lage in zerklüfteter Felsküstenlandschaft; einfache Standardausstattung.

---

der über einen Wiesenhang hinausragt und so gar nicht in die Landschaft passen will.

Rund 10 km nördlich von Kopervik lohnt unbedingt ein Abstecher nach **Avdaldsnes**, die „Wiege Norwegens". Geschichtsträchtiger kann ein norwegischer Ort kaum sein.

Avaldsnes leitet seinen Namen ab von **Augvald**, einem frühen norwegischen Kleinkönig, der um das 7. Jh. hier ansässig gewesen sein soll. Aber Vieles um den legendären Götterkönig Augvald reicht ins Reich der Legenden. Augvald soll göttlicher Abstammung gewesen sein. Und seine beiden Töchter waren „Kampfjungfrauen", Walküren also, die sowohl göttliche als auch irdische Wesen waren und „mit dem Wind übers Land und übers Meer ritten". Sie schlugen sich tapfer an der Seite ihres Vaters.

Avaldsnes kann für sich in Anspruch nehmen, ältester Königssitz Norwegens zu sein. Darüberhinaus liegt der Ort am schmalen Karmsund, schon in alten Tagen ein wichtiger Schiffsweg. Die hier schon seit vielen Jahrhunderten ansässigen Fürsten und Könige kontrollierten den wichtigen Seeweg, den legendären „Nordvegen", durch den Karmsund und zwischen den Inseln nach Norden, der schließlich dem Land Norwegen seinen Namen gab. Wie man liest, soll „Nor" im Altnorwegischen für „enge Meerstraße" stehen.

Der Museumsbau des Karmøy Fischereimuseums bei Vedavågen

TOUR 5: STAVANGER – HAUGESUND – BERGEN

Die Passage der Gewässer im Karmsund, deren Strömung stark von den Gezeiten beeinflusst wird, war für die frühen Seefahrer eine wahre Herausforderung. Oft kamen die Segler nicht mehr gegen die Strömung an und mussten auf das Drehen der Gezeitenströmung warten. Noch gefährlicher war der Weg über das offene Meer an der Westseite von Karmøy entlang. Wer also den Schiffsweg durch den Karmsund beherrschte, hatte die uneingeschränkte Kontrolle über die Seefahrt in dieser Region und er hatte eine handels- wie wehrpolitisch sehr starke Position, die schließlich zur Königswürde gereichte.

Besuchenswert sind die Ausstellungen im **Nordvegen Historiesenter** *(geöffnet Mo - Fr 10 - 16, Sa 10 - 17, So 12 - 18 Uhr)*. Der futuristische Betonbau liegt unterirdisch an einem Geländehang, öffnet sich mit einer Fensterfront zur Talseite hin und ist über eine große Treppenrotunde zugänglich.

Dieser runde Museumseingang soll, wie es heißt, an Mimirs Brunnen, die „Quelle der Erkenntins" in der altnordische Mythologie, erinnern. Man wählte diese versteckte Bauweise, um das Gesamtbild der kulturhistorisch so wichtigen Landschaft und den Blick auf die St. Olavskirche nicht zu zerstören.

Das Museum widmet sich mit seinen Ausstellungen und Dokumentationen der über dreieinhalbtausend Jahre langen Geschichte der Region Avaldsnes bis hin zum legendären norwegischen Reichseiner (nach der Schlacht im Hafrsfjord ca. 872, s. bei Stavanger) und erstem König Norwegens, **Harald Hårfagre** (Harald Schönhaar), der Avaldsnes zur ersten Königsresidenz Norwegens machte.

Harald Hårfagre starb etwa um 930 und wurde am Karmsund in einem Wikingergrab beigesetzt.

Avaldsnes war bis Mitte des 15. Jh. Königsresidenz.

Vieles was man aus dieser frühen Zeit der norwegischen Geschichte weiß, wäre nicht überliefert, hätte nicht der aus Island stammende Skalde Snorri Sturluson (auch Sturlason) von seiner Reise durch Norwegen ausgangs des 12. Jh. umfangreiche Aufzeichnungen in Form der legendären Königssagas hinterlassen.

Einer der Mächtigen im frühen Norwegen des 10./11. Jh., dessen Abenteuer und Wikingerfahrten breiten Raum in Snorris Königssagas einnehmen, war **Erling Skjalgsson** (970 – 1028), ein schillernder Wikingerfürst, der ausgangs des 10. Jh. über ganz Südwestnorwegen herrschte und 996 Astrid heiratete, die Schwester **Olav Tryggvassons** (König zwischen 995 und 1000).

In unmittelbarer Nähe des Nordvegen Historiesenter liegt die historische **St. Olavskirche** (Parkplatz) **[N 59° 21' 19.9" E 5° 17' 30.5"]**. An der Kirche findet man die beiden größten Bautasteine des Landes. Die „Nähnadel der Jungfrau Maria", ein fast sieben Meter hoher, schlanker Bautastein, lehnt sich fast an die äußere Wand des Kirchenschiffs. Das Wörtchen „fast" ist hier wichtig. Denn eine Legende weiß, dass wenn sich der nur noch knapp 10 cm von der Wand entfernte Stein weiter neigt und die Mauer berührt, bricht der Jüngste Tag an. Also – nur noch eine Handspanne bis zur Ewigkeit?

Veranlasst hatte den Kirchenbau König Håkon Håkonsson Mitte des 13. Jh. Er weihte die Kirche Olav Tryggvason, der sich als einer der ersten Wikingerkönige hatte taufen lassen und um 997 große Teile Westnorwegens christianisierte.

Im Laufe seiner langen Geschichte musste die St. Olavskirche mehrfach res-tauriert, der Kirchturm in den zwanziger Jahren des vergangenen Jahrhunderts gar komplett neu errichtet werden.

Nordvegen Historiesenter Museum bei Avaldsnes

TOUR 5: STAVANGER – HAUGESUND – BERGEN

Historisch, die St. Olavskirche bei Avaldsnes

Heute stellt sie die noch einzige verbliebene von einst vier königlichen Stiftskirchen in Norwegen dar (geöffnet im Sommer Mo - Sa 10 - 16, So 13 - 17 Uhr).

Weiter auf Wikingerspuren wandeln kann man im **Wikingerdorf**, das ganz in der Nähe des Nordvegen Historiesenters mit Langhaus, Bootshaus und diversen Wirtschaftsgebäuden rekonstruiert wurde (geöffnet Mitte Juni - Mitte Aug. Mo - Fr 10 - 16, So 12 - 17 Uhr; www.vikinggarden.no). Hier wird es vor allem jedes Jahr im Juni laut und lebendig, wenn das **Wikingerfestival** stattfindet.

Nur wenige Kilometer westlich von Avaldsnes findet man bei **Visnes** ein interessantes **Bergbaumuseum**. Jahrhunderte lang wurde in Visnes Kupfer abgebaut. Die Gruben hier waren bis zum Ausgang des 19. Jh. die größten in ganz Nordeuropa. Kupfer aus Visnes wurde z. B. auch für die Freiheitsstatue in New York verwendet.

Wen's interessiert, sollte im **Harmøy Heidezentrum** in Visnes vorbeischauen. Hier erfahren Sie alles darüber, wie die Bewohner von Karmøy Heidekraut das ganze Jahr über verwendeten und welche Bedeutung Heidekraut für sie hatte.

Auf der Weiterfahrt gelangt man über die 690 m lange und 65 m hohe Bogenbrücke über den Karmsund nach **Haugesund**.

Haugesund mit annähernd 32.000 Einwohnern ist eine geschäftige, aber außerhalb seiner weithin bekannten Festivals, dem **Oldtime-Jazzfestival Sildajazz** (jedes Jahr Anfang August, Winterjazz Anfang Februar) und dem **Norwegischen Filmfestival** (jedes Jahr Mitte August) eine eher unspektakuläre Stadt.

Die meisten Geschäfte, Restaurants und Kneipen findet man in der **Einkaufsmeile Haraldsgata** und am **Kai am Smedasund**.

Beachtung verdienen das **Rathaus** und der **Rathauspark**. Das Gebäude stammt aus der Zeit um 1930. Führungen finden statt von Juni bis Mitte August, montags und mittwochs bis freitags um 13 Uhr.

Der Panoramafilm „Das offene Land" im Rica Maritime Hotel, Åsbygata 3, erlaubt Ihnen, die fantastischen Landschaften von Haugelandet, die Schärengärten, Fjorde und Fjells bis hin zum Gletscherfeld des Folgefonn bequem aus der Vogelperspektive zu betrachten.

Bei längerem Aufenthalt lohnt ein Besuch im **Karmsund Folkemuseum**, Skåregate 142 (geöffnet Mo - Fr 10 - 14 Uhr, So 12 - 15 Uhr). Zu sehen sind Sammlungen zu den Themen Seefahrt, Fischerei und Landwirtschaft. Breiten Raum nehmen auch die Ausstellungen zur Stadtgeschichte ein.

Das **Dokken Freilichtmuseum** liegt in der Brogata 1D - 13C auf der kleinen, der Innenstadt vorgelagerten und über eine Brücke zu erreichenden Insel Hasseløy (geöffnet im Sommer So - Fr 12 - 17 Uhr). Hier sind Gebäude, Kontore, alte Läden und Werkstätten

TOUR 5: STAVANGER – HAUGESUND – BERGEN

> ### PRAKTISCHE HINWEISE – AVALDSNES
>
> **Avaldsnes Touristeninformation**, Tel. 52 81 24 00. *Geöffnet Jan. - März und Sept. - Dez. Mo - Sa 10 - 16, So 12 - 17 Uhr. April - Aug. Mo - Fr 8.30 - 18, Sa 8.30 - 17 Uhr, So 10 - 18 Uhr.*
>
> **HOTELS**
> **Park Inn Haugesund Airport Hotel**, Helganesv. 24, Tel. 52 84 25 00; www.rezidorparkinn.com.

aus der Blütezeit der Heringsfischerei zwischen 1850 und 1950 zu sehen. Tante Emma Laden, Café.

Unweit nördlich der Brücke auf die Insel Haseløy findet man den Stadtpark. An seiner Westseite liegt in der Erling Skjalgssonsgate 4 die **Haugesund Bildergalerie**, das regionale Kunstmuseum *(geöffnet Di - Sa 12 - 15 Uhr, Do bis 19 Uhr, So 12 - 17 Uhr, Mo geschlossen; www.haugesund-billedgalleri.net).*

Das **Nationaldenkmal Haraldshaugen [N 59° 25′ 43.4″ E 5° 15′ 40.9″]** liegt rund 2 km nördlich von Haugesund. Der symmetrisch angelegte Hügel wird von einem mächtigen, 17 m hohen Obelisken überragt und von 29 kleinen Säulen umgeben, die die Distrikte, Fürstentümer und Kleinkönigreiche Norwegens in der Wikingerzeit des 9. Jh. symbolisieren. Eingeweiht wurde das Reichsdenkmal im Jahre 1872 zur Erinnerung an die Einigung Norwegens im Jahre 872.

Unmittelbar südlich des Denkmals erhebt sich eine kleine Anhöhe. Hier auf **Krosshaugen** findet man ein uraltes **Steinkreuz**, das noch aus der Zeit der ersten Christianisierung Norwegens stammt und demnach an die tausend Jahre alt sein muss. Angeblich wurde der Platz hier in der Wikingerzeit als Thingstätte genutzt, an der Gesetze verkündet und Recht gesprochen wurde.

ROUTE: *Weiterreise von Haugesund ostwärts auf der E134 über* **Forre** *bis* **Aksdal***. Hier über die E39 nordwärts und über* **Leirvik** *bis zum Fährhafen* **Jektevik***.*

Östlich von Haugesund etwa auf halbem Wege nach Aksdal findet man in **Fjørresfjorden** das **Arquebus Krigshitorisk Museum**, ein kriegshistorisches Museum, das Einblick in die Lebens-umstände der norwegischen Bevölkerung während des Zweiten Weltkrieges gibt *(geöffnet Mai - Aug. Mo - Fr + So 11 - 17 Uhr; Sept. + Okt. So 11 - 17 Uhr).*

Nach rund 40 km unterquert man im mautpflichtigen, 8 km langen und bis zu 260 m tiefen **Bømfjordtunnelen** den gleichnamigen Wasserarm.

Und rund 8 km nach dem Tunnelausgang erreicht man **Leirvik**. Die Stadt an der Ostseite der Insel Stord lebte lange fast ausschließlich vom Schiffbau und nahm mit der Förderung des Nordseeöls einen enormen Aufschwung.

12 km nördlich von Leirvik erreicht man die **Fährstation Jektevik [N 59° 53′ 09.6″ E 5° 31′ 15.7″]**. Hier nehmen wir die Fähre über den Meeresarm Langenuen hinüber nach **Hodnanes** auf der Insel Tysnesøy **[N 59° 53′ 24.0″ E 5° 33′ 30.8″]**. Die Fähren verkehren tagüber in regelmäßigen Intervallen. Die Überfahrt dauert nur 15 Minuten.

Großen Wohnmobilen und Wohnwagengespannen ist zu

Nationaldenkmal Haraldshaugen bei Haugesund

TOUR 5: STAVANGER – HAUGESUND – BERGEN

PRAKTISCHE HINWEISE – HAUGESUND

Touristeninformation Destinasjon Haugalandet, Strandgt. 171, 5525 Haugesund, Tel. 52 01 08 30; www.haugesund.net. Geöffnet Mitte Juni - Ende Aug. Mo - Fr 9 - 17, Sa + So 10 - 15 Uhr. Sept. - Mitte Juni Mo - Fr 10 - 16.30 Uhr.

RESTAURANTS
Egon Restauranter, Smedasundet 93, Tel. 52 72 56 02, mitten in der Innenstadt, Speisekarte in sieben Sprachen, gehobene Preislage.
Lothes Mat & Vinhus, Skippergata 4, Tel. 52 71 22 01; zentral in der Innenstadt, ganz in der Nähe des Hurtigrutenanlegers; gemütliches Gasthaus mit Café und feinem Restaurant, gehobene Preislage.

HOTELS
Best Western Hotel Neptun, 70 Betten, Haraldsgt. 207, Tel. 52 86 59 00; www.bestwestern.com/no/neptun; zentral gelegenes Komforthotel.
Rica Saga Hotel, 170 Betten, Skippergt. 11, Tel. 52 86 28 24, www.rica.no, zentral gelegenes Hotel der gehobenen Mittelklasse, obere Preislage, Restaurant.
Strandgaten Gjestgiveri, 30 Betten, Strandgt. 81, Tel. 52 71 52 55; www.gjestgiveri.net, zentral gelegene, komfortable Frühstückspension mit moderaten Zimmerpreisen, Parkmöglichkeit.

CAMPING
Camping Haraldshaugen *** [N 59° 25′ 39.5″ E 5° 15′ 32.3″], Haraldshaugveien, Tel. 52 72 80 77; www.naf.no/haugesund; 1. Jan. – 31. Dez.; nordwestlich der Stadt gelegen; unmittelbar neben dem Nationaldenkmal Haraldshaugen gelegen. In einer kleinen, sich zum Meer hin öffnenden Wiesenmulde, an einer Seite von einem Felsriegel begrenzt. Überwiegend unebene Wiesen mit weichem, moorigem Untergrund. Bei Regenwetter Einsinkgefahr. Begrenzte für Wohnmobile gut geeignete Stellmöglichkeiten. Wenig gepflegter Gesamteindruck. **V & E für Wohnmobile**. 23 Miethütten * - ***.

Stord
Børtveit Motell og Camping Langenuen, [N 59° 54′ 03,1″ E 5° 30′ 30,2], Tel. 53 49 53 15, www.langenuen.com; ganzjährig; Zufahrt von der E39 ca. 2 km nördlich des Fährhafens Jektevik; Asphaltfläche und Wiese am Langenuenfjord bei einem Motell; ca. 1 ha - 30 Stpl.; einfache Standardausstattung.
V & E für Wohnmobile. 7 Miethütten.

Kvalvåg / Sveio
Wohnmobil-Stellplatz Victors Naturpark [N 59° 31′ 49″ E 5° 26′ 38″], Tel. 53 74 13 25, www.victors-naturpark.no; ca. 15 km nördlich vom Arquebus Kriegsmuseum entfernt, ca. 12 km nördlich von Aksdal Abzweig von der E39 nach Kvalvåg; geschotterter Stellplatz für 10 Wohnmobile am Südufer des Ålfjorden beim Angelcamp, Gebühr pro Reisemobil inkl. Strom. **V & E für Wohnmobile**, Toilette; geöffnet 1. Apr. - 31. Okt..

empfehlen auf der E39 weiter bis **Sandvikvåg** zu fahren und sich dort der **Fähre nach Halhjem** zu bedienen.

Die **Fähren zwischen Sandvikvåg und Halhjem** verkehren rund um die Uhr, tagsüber alle 45 Min., Fahrtdauer 40 Minuten.

Denn die Weiterfahrt von Hodnanes auf der R49 an der Westseite der Insel Tysnesøy entlang zum 18 km entfernten **Fährhafen Våge** [N 60° 02′ 36.0″ E 5° 31′ 20.7″] ist teils schmal und einspurig mit Ausweichstellen und darüberhinaus streckenweise recht kurvenreich.

In Våge nimmt man die ganzjährig verkehrende **Fähre nach Halhjem** [N 60° 08′ 49.9″ E 5° 25′ 36.1″], zwischen 5:40 (Sa 6:40 Uhr, So ab 8 Uhr) und 21:45 Uhr bis 15 Abfahrten täglich, Fahrzeit ca. 40 Minuten.

Von Halhjem führt die E39 nach **Bergen**, ca. 23 km. Bergen siehe Tour 11.

TOUR 6: STAVANGER – ODDA – BERGEN

STAVANGER – ODDA – BERGEN

Länge der Tour: Rund 460 km, plus 3 Fähren.

Die Route: Über die E39 bis **Sandnes** – R13 bis **Lauvvik** – Fähre nach **Oanes** – R13 über **Jørpeland** und **Tveit** bis **Hjelmeland** (auch Hjelmelandsvågen) – Fähre nach **Nesvik** – R13 über **Sand** bis **Håra** – **evtl. Abstecher** auf der E134 nach **Røldal** – E134/R13 von **Håra** bis **Skare** – R13 bis **Odda** – R551 und **Folgefonntunnel** bis **Løffalstrand** – Fähre nach **Gjermundshamn** – R49 bis **Våge** – Fähre nach **Halhjem** – E39 bis **Bergen.**

Reisedauer: Mindestens zwei Tage.

Alternativroute: Großen, ausladenden Wohnmobilen über Sprinter- oder Ducato-Größe und großen Caravangespannen empfiehlt sich eher der Weg **ab Odda** auf der R13 bis **Kinsarvik, Fähre über Utne nach Kvanndal** und R7 nach **Bergen.**

Reisehöhepunkte: Wanderung zum Preikestolen und **Aussicht** von dort *** – die **Felsklamm** im Brattlandsdalen – die **Stabkirche von Røldal** * – der **Doppelwasserfall Låtefoss** *** – das **Hardanger Folkemuseum** ** in Utne – evtl. Umweg auf schmaler **Küstenstraße** ** von Utne nach Jondal – die Gärten der **Baronie Rosendal** * – die Landschaftsbilder am **Hardangerfjord** ** – **Wandern zum Folgefonn und auf der Hardangervidda** ***.

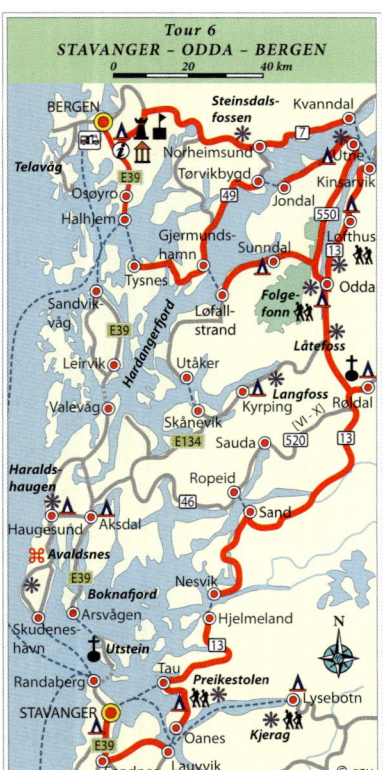

Eine sehr schöne **Alternative zur Weiterreise** ab Stavanger ist der Weg über die **R13 „Ryfylkevegen"** nordwärts durch die Region Ryfylke nach **Odda**.

ROUTE: *Von Stavanger über die E39 südwärts bis* **Sandnes***. In Sandnes ostwärts auf der R13 bis* **Lauvvik***. Fähre nach* **Oanes***. Weiter auf der R13 am hellgrünen Wasser des Idsefjord entlang und über* **Jøssang** *(Abzweig zur Preikestolhütte),* **Jørpeland** *und* **Tau** *[N 59° 03' 54.9" E 5° 54' 29.2"] (Autofähren nach Stavanger) nach* **Hjelmeland***. Unterwegs hat man von der R13 aus immer wieder schöne Ausblicke. Die Strecke bis Jøssang entspricht dem* **Ausflug zum Preikestolen***, siehe Tour 4.*

Bei **Solbakk**, einige Kilometer westlich von Jørpeland, bietet sich die Gelegenheit, zu **Felszeichnungen „Helleristninger"** aus der Bronzezeit abzuzweigen. Auf den glatten Felsen am hübschen Fjordufer sind bei genauerem Hinsehen Wikingerboote, Spiralen und Kreise zu erkennen.

TOUR 6: STAVANGER – ODDA – BERGEN

CAMPING ZWISCHEN JØRPELAND UND HJELMELAND

Jørpeland
Solvik Camping **** [N 59° 01' 30.7" E 5° 58' 58.4"], Tveitavikveien 1, Tel. 51 74 77 12; www.solvik-camping.no; 1. Jan. – 31. Dez.; ca. 3 km westlich von Jørpeland unterhalb der R13; gepflegtes zum Idsefjord geneigtes, gestuftes Rasengelände in ansprechender Lage mit schönen Ausblicken; ca. 1,5 ha – 80 Stpl.; gute Standardausstattung, 4 Miethütten. **V & E für Wohnmobile**

Björheimsund
Wathne Camping [N 59° 04' 27.4" E 6° 03' 39.2"], Tel. 51 74 64 17; Juni – Sept.; einfache Campingmöglichkeit auf Wiesen unterhalb der R13 an einem Flüsschen nahe des Tysdalsvatnet. Der See liegt in einem herrlichen, von steilen Felswänden gesäumten Tal.

Tysdal Camping **, Tel. 51 75 24 34; 1. Juni – 1. Sept.; Wiesen unterhalb der R13 schön am Ostende des Sees Tysdalsvatnet gelegen. Kiosk, Miethütten.

Fister
Fister Camp, Tel. 51 75 21 17; 1. Mai – 30. Sept.; in Hetland Abzweig von der R13 und westwärts bis an den Fjord [N 59° 10' 13.1" E 6° 08' 29.0"]; leicht zum Fisterfjord abfallende Wiesen unterhalb eines bewaldeten Berghangs; **Stellplätze für Wohnmobile** und Campingmöglichkeit, Stromanschlüsse, Kiosk, Gästezimmer, kleiner Strand, Bootsverleih, 3 Miethütten.

Solvåg Fjordferie, Tel. 51 75 22 63; in Hetland Abzweig von der R13 und zunächst westwärts bis Fister, dort südwärts, **Stellplätze für Wohnmobile**, teils auf einem schmalen, ebenen Geländestreifen direkt am Fjord, Gästezimmer, Bade- und Angelmöglichkeit.

Hjelmeland
Hjelmeland Camping **, Tel. 51 75 02 30; 1. Jan. – 31. Dez.; kleines Wiesengelände bei der **Nøklings Gjestgiveri**, Zeltmöglichkeit und einige wenige **Stellplätze für Wohnmobile**, Laden, 9 Miethütten. Pension mit Fremdenzimmern.

ROUTE: In **Tveit** wendet sich die Straße R13 nach Westen und erreicht nach wenigen Kilometern **Årdal**.

Wer Interesse an alter, naiver Kirchenmalerei hat, sollte in **Årdal** einen Stop einlegen und sich die aus dem frühen 17. Jh.

Die Gamle Kirka in Årdal

TOUR 6: STAVANGER – ODDA – BERGEN

Im Lofrafjorden südlich von Sand

stammende, schöne **Gamle Kirka** [**N 59° 09' 26.8" E 6° 11' 57.3"**], die Alte Kirche von Årdal, anschauen. Das Kircheninnere ist komplett ausgemalt mit Engeln, Heiligen und Darstellungen der Tugenden.

ROUTE: *In* **Hjelmeland** [**N 59° 14' 01.1" E 6° 09' 58.2"**] nimmt man die **Fähre** über den **Jøsenfjord** nach **Nesvik** [**N 59° 15' 42.0" E 6° 09' 32.7"**] *(zwischen 5.50 Uhr und 23.15 Uhr Abfahrten ca. jede Stunde, Fahrtdauer 15 Min.).*

Es folgt eine landschaftlich sehr reizvolle Fahrt, zunächst an den steilen Felswänden am Jøsenfjord [**N 59° 18' 32.5" E 6° 20' 16.5"**] entlang und später über die Berge des **Ryfylke** bis **Sand** (Suldal Touristinformation, im Sommer, Tel. 52 79 05 60 – Ryfylke Regionalmuseum **Nesa-Sjøhuset** [**N 59° 29' 04.9" E 6° 15' 04.2"**], Hafenspeicher von 1850, im Sommer 150 Jahre alter Veteranensegler „Brødrene af Sand", wochentags 9 - 15 Uhr – Ryfylke Fjordhotel, 71 Zi., Tel. 52 79 27 00; www.ryfylkefjordhotel.no,

---

PRAKTISCHE HINWEISE – SAUDA

Sauda Touristinformation, Rådhusgate 1, 4201 Sauda, tel. 52 78 42 00; www.saudaferie.no. Geöffnet Mo - Fr 8 - 15.30 Uhr, Sommer tgl. 10 - 18 Uhr.

HOTEL

Kløver Hotell, Skulegate 1, Tel. 52 78 69 99; zentral gelegenes Mittelklassehotel, Restaurant.
Sauda Fjordhotel, 35 Zi., Tel. 52 78 12 11; www.saudafjordhotel.no; fast hundert Jahre altes Traditionshotel, Fjordblick, Restaurant.

CAMPING

Camping Sauda, Tel. 52 78 12 57; 1. Jan. – 31. Dez.; 3 km westl. von Sauda in Saudasjøen, ebene Wiesen zwischen Dorfstraße und Fjord, ca. 30 Stpl., einfache Sanitärausstattung, Imbiss, 20 Miethütten ** – ****.

TOUR 6: STAVANGER – ODDA – BERGEN

Camping Sand [N 59° 28' 32.0" E 6° 17' 27.0"], Tel. 52 79 72 34).

Wer viel Zeit mitbringt, sollte in **Lovraeid** die Gelegenheit nutzen und einen Abstecher südwestwärts über die R517 zum alten Küstenort **Jelsa** unternehmen. In dem recht idyllisch gelegenen Dorf gibt es einiges zu besichtigen, darunter die im Renaissancestil dekorierte **Holzkirche** aus dem Jahre 1647, sowie das **Schulmuseum**, in dem bis ins 20. Jh. Generationen von „Strandsassen" das Lesen und Schreiben lernten und lange Zeit auch Wanderlehrer ausgebildet wurden *(nur im Sommer geöffnet)*.

ROUTE: *In Sand muss man sich entscheiden, ob man weiter auf der R13 nach Håra/Røldal bleibt, oder einen Umweg über Ropeid und Sauda (R520) machen will.*

Mein Tipp! Breiten Wohnmobilen und Gespannen ist der Weg über die R13 eher zu empfehlen! Siehe *Hauptroute*.

Alternativroute über Sauda

Die Strecke von **Sand** mit der Fähre nach **Ropeid** (von ca. 5.30 Uhr und 23.15 Uhr Abfahrten alle 30 Min., Fahrtdauer 15 Min.) und weiter auf der R520 von **Sauda** bis zur Straße 13/E134 bei Horda ist landschaftlich überaus reizvoll. *Allerdings weist der Abschnitt zwischen Sauda und Horda streckenweise einspurige Wegstücke (mit Ausweichen) auf! Außerdem ist der letzte Teil von Årtun bis Horda gewöhnlich zwischen Oktober und Mai wegen Schnee gesperrt.* Noch im Juni fährt man hier stellenweise an meterhohen Schneewänden vorbei. Motorradfahrer aber dürften ihre Freude an dieser Strecke haben.

HAUPTROUTE

ROUTE: *Bleibt man in Sand auf der R13, geht die Fahrt am Fluss Suldalslågen und am See Suldalsvatn entlang nach* **Suldal** (**Heimatmuseum Kolbeinstveit**, *im Sommer samstags Rundfahrten auf dem See mit dem his-torischen* **Dampfer „D/S Suldal"**) *und führt später durch das* **Brattlandsdalen** *mit seiner imposanten* **Felsklamm Djupedalsklamm** [N 59° 39'

Der Låtefossen

TOUR 6: STAVANGER – ODDA – BERGEN

11.0"   E 6° 4' 33.5"] *weiter bis* **Håra** *an der Straße E134.*

Nur 9 km weiter nordöstlich liegt **Røldal** [N 59° 49' 54.7"   E 6° 49' 10.8"]mit seiner sehenswerten **Stabkirche** (Näheres und Campings siehe Tour 10).

ROUTE: *Weiterreise auf der E134/R13 nordwestwärts bis* **Skare/Skarsmo** *[N 59° 55' 31.7"   E 6° 34' 29.0"] und dort auf der R13 nordwärts bis* **Odda.**

Auch dieser Streckenabschnitt geizt nicht mit landschaftlichen Reizen! Schon wenige Kilometer hinter Skarsmo stürzen rechts von den Höhen die Zwillingswasserfälle des **Låtefossen [N 59° 56' 53.5"   E 6° 35' 01.2"]** fast 170 m tief donnernd zu Tal. Besonders im Frühjahr oder nach Regenfällen ein prächtiges Schauspiel.

Kurz vor Odda dann hat man einen sehr schönen Blick über den See Sandvinvatnet nach Westen zum Gletscher **Buarbreen**, einem Ausläufer des Folgefonn-Gletscherfeldes, dem drittgrößten Gletscher in Norwegen.

Odda wird gerne als "Tor zum Hardangerfjord" bezeichnet.

Odda war schon im 19. Jh. ein vielbesuchter Ferienort, an dessen Kai sich damals im Sommer die Kreuzfahrtschiffe drängten. Später setzte man mehr auf Industrie und Energiegewinnung. Erst ausgangs des 20. Jh. bildete der Tourismus wieder einen neuen wirtschaftlichen Schwerpunkt.

Und tatsächlich bietet sich das relativ kleine Städtchen am Südende des malerischen, fast 40 km langen Sørfjorden, einem der vielen Nebenarme des Hardangerfjords, zusammen mit dem unweit nördlich benachbarten Tyssedal als guter Ausgangspunkt für Ausflüge und Wandertouren in die Umgebung und vor allem zur Hardangervidda an.

Besonders prächtig präsentiert sich die Gegend ausgangs Mai bis weit in den Juni hinein, wenn an den grünen Fjordhängen die Obstbäume in voller Blüte stehen.

Ausflüge ab Odda

Wanderung zum Buar-Gletscher

Ab Odda kann man einen **Ausflug zum Buarbreen**, einem Ausläufer des großen Folgefonn-Gletschers, unternehmen.

Die Straße führt ab Odda **[N 60° 03' 15.5"   E 6° 33' 16.0"]** zunächst südwärts an der Westseite des Sandvinvatnet entlang und am Campingplatz vorbei, um sich dann durch das Buerdalen hinauf in die Berge zu winden. Die rund 8 km lange Stichstraße zum **Parkplatz am Beginn des Wanderwegs zum Buarbreen** ist teils einspurig und war auf den letzten 5 km bis zuletzt unbefestigt. Vom Parkplatz hat man noch einen Fußmarsch von annähernd eineinhalb bis zwei Stunden (eine Wegstrecke!) vor sich. Es wird davor gewarnt, zu nahe an das Gletschereis heranzugehen!

Wanderung zum Folgefonna

Von Ende Mai bis in den September hinein ist eine Tour zum **Folgefonn-Gletscher** ein besonderes Wandererlebnis.

PRAKTISCHE HINWEISE – ODDA

Odda Turistinformasjon, Opheimsgate 31, Torget 2 - 4, 5750 Odda, Tel. 53 65 40 05; www.visitodda.com. *Geöffnet Mitte Juni - Mitte Aug. Mo - Fr 9 - 19 Uhr, Sa + So 11 - 17 Uhr; übrige Zeit Mo - Fr 7.30 - 15 Uhr.*

HOTELS

Hardanger Hotel, 50 Zi., Eitrheimsvegen 13, Tel. 53 65 14 00; www.hardangerhotel.com; WLAN. Komfortables Hotel garni.

Tyssedal
Tyssedal Hotel, 25 Zi., 5770 Tyssedal, Gamle Oddaveg, Tel. 53 64 69 07, www.tyssedal-hotel.no; Restaurant, Bar, Konferenzeinrichtungen.

CAMPING

Camping Odda * [N 60° 3' 13" E 6° 32' 38"]**, Jordalsveien 29, Børstå, Tel. 41 32 16 10, www.oppleve.no; 15. Mai – 31. Aug.; kleiner Wiesenplatz an der Straße nach Buer südwestlich von Odda; ca. 50 Stpl., einfache Ausstattung. 4 Miethütten *** - ****

TOUR 6: STAVANGER – ODDA – BERGEN

Der Weg beginnt rund 2 km nordwestlich von Odda bei Eitrheimsneset am **Parkplatz** an der Straße R550 Richtung Utne.

Der Weg (er folgt einem schon vor mehreren hundert Jahren bekannten Handelsweg) wurde erst vor ein paar Jahren neu ausgebaut, markiert und mit Rastplätzen versehen, ist aber nach wie vor ziemlich anstrengend und streckenweise auch steil. Man sollte also schon etwas Kondition und auch etwas Bergwandererfahrung mitbringen.

Entsprechende Ausrüstung für eine Wanderung im Gebirge (festes Schuhwerk, warme, winddichte Kleidung etc., Verpflegung und Getränke nicht vergessen) ist unerlässlich! Mit Wetterwechseln und sich rapide verschlechternder Sicht ist immer zu rechnen. Wanderkarte und Kompass sollte man dabei haben und mit ihrem Gebrauch vertraut sein!

Ziel dieser Bergtour ist die **Homaskjær-Hütte** in 1.565 m Höhe. Die Hütte ist immer geöffnet. Gehzeit dorthin rund 5 Stunden. Für den Rückweg sind nochmals knapp vier Stunden einzuplanen. Wanderungen über den eigentlichen Gletscher sind nur mit lokalen Bergführern möglich!

Wandern auf der Hardangervidda

Östlich von Odda erstreckt sich die ausgedehnte, von Berggipfeln und vielen Seen durchsetzte **Hochebene des Hardangervidda Nationalparks**, ein wahres Eldorado für zünftige, anspruchsvolle Wandertouren.

Wanderungen auf der Hardangervidda startet man in dieser Region am besten von Tyssedal aus. Der Ort liegt an der R13 nur rund 6 km nördlich von Odda.

Beschreibung von Tyssedal und Wandermöglichkeiten von dort, z. B. durch das **Skjeggedal** zur spektakulären Felszunge „**Trolltunga**", siehe bei „**Alternativroute**" weiter hinten!

Routenalternativen

Zur Weiterreise westwärts Richtung Bergen bietet sich ab Odda eine Fülle an Möglichkeiten an.

Unsere **Hauptroute** folgt dem direktesten Weg durch das Folgefonntunnel zum Fährhafen Løffalstrand (R551), weiter zum Fährhafen Våge (R49) und auf der E39 nach Bergen.

Wer mit einem nicht allzu großen Fahrzeug (m. E. bis etwa Sprintergröße) unterwegs ist, kann die Hauptroute durch einen **Umweg über Utne** (unter Auslassung des Folgefonntunnels) ausdehnen.

Eine **Alternativroute** für große Fahrzeuge (evtl. mit einem Abstecher nach Eidfjord, ist auch noch auf Tour 12, Bergen – Voss, möglich) stellt der Weg über Kinsarvik, Utne, Kvanndal und Straße R7 nach Bergen dar.

HAUPTROUTE

ROUTE: *Weiterreise ab Odda über die R550 und am Westufer des Sjørfjorden nordwärts. Nach rund 6 km zweigt die Straße R551 zum* **Folgefonntunnel** *ab.*

Der 11,1 km lange **Folgefonntunnel** führt von der Straße R550 westwärts unter dem Folgefonn-Gletschermassiv hindurch nach **Austrepollen/Gjerde** am Marangerfjord, einem der vielen Arme des Hardangerfjords.

Die Reise geht weiter am Hardangerford entlang südwärts übers **Sundal** bis zum **Fährhafen Løffalstrand [N 60° 01' 02.1" E 5° 59' 49.4"]**.

Wenige Kilometer südlich von Løffalstrand kann man in **Rosendal** (Näheres siehe Tour 10) das Renaissanceschloss „**Baroniet**" mit schönem Park besichtigen.

Im weiteren Verlauf der Route nimmt man ab **Løffalstrand** die **Fähre nach Gjermundshamn [N 60° 03' 42.1" E 5° 55' 12.8"]**. Die Fähren verkehren zwischen 5.15 Uhr (Sa 6.30 Uhr, So 7.45 Uhr) und 23.30 Uhr (Sa 21.00 Uhr) in Intervallen zwischen 30 und 60 Min., Fahrtdauer rund 25 Minuten.

ROUTE: *Weiterreise von Gjermundshamn über die R49 südwestwärts und über Lunde bis zum* **Fährhafen Våge**. *In Våge nimmt man die ganzjährig, verkehrende* **Fähre**

CAMPING

Sundal

Camping Sundal **** [N 60° 4' 48.36" E 6° 9' 31.464"], Maurnager, Tel. 53 48 41 86; www.sundalcamping.no. 1. April – 31. Oktober; ca. 2 ha – 100 Stpl.; Laden, Cafeteria. Fahrradverleih. Abwasserentsorgung für Wohnmobile, 10 Miethütten. Ausgangspunkt für Touren zum Folgefonn-Gletscher und in das reizvolle Bondhus-Tal.

TOUR 6: STAVANGER – ODDA – BERGEN

HOTEL – UTNE
Utne Hotel, 24 Zi., Tel. 53 66 64 00; www.utnehotel.no; gepflegtes, traditionsreiches Fjordhotel in einem hübschen, weißen Holzhaus aus dem 18. Jh. eingerichtet, einer der ältesten Beherbergungsbetriebe des Landes, der schon 1722 Gäste bewirtete, recht familiäres Ambiente. Restaurant. 15. Juni - 15. Aug. auch touristische Informationen.

CAMPING – LOTHE BEI UTNE
Camping Lothe ** **[N 60° 25' 37.5" E 6° 32' 52.6"],** Tel. 53 66 66 50; www.lothecamping.no; 15. Mai – 15. Sept.; ca. 5 km westlich von Utne Richtung Jondal; kleines, einladendes Campingplätzchen zwischen Fjordstraße 550 und dem Hardangerfjord. Ebene, geschotterte Fläche für Wohnmobile und Caravans. Kleine Zeltwiese, an eine Obstplantage grenzend. Herrliche Ausblicke zu den gegenüberliegenden Bergen. ca. 1 ha – 30 Stpl.; bescheidene Sanitäranlagen, aber gepflegt. 5 Miethütten *** - ****. **für Wohnmobile.**

nach **Halhjem** (*zwischen 5.40 Uhr, Sa ab 6.40 Uhr, So ab 8 Uhr und 21.45 Uhr bis 15 Abfahrten täglich, Fahrzeit ca. 40 Minuten*) und erreicht über die E39 schließlich **Bergen** (*siehe Tour 11*).

Umweg über Utne

Wegen der engen, teils einspurigen Straßenpassagen zwischen Lothe und Jondal erscheint dieser Streckenabschnitt für große Wohnmobile und Caravangespanne weniger geeignet!

Wer aber gerne abseits schon ausgetretener Reisewege fährt, kann von Odda aus über die Straße R550 **[N 60° 04' 00.1" E 6° 32' 46.8"]** am Westufer des Sørdalsfjorden nordwärts über **Nå** nach **Utne** fahren (45 km).

In **Nå** kann man das Haufendorf **Agatunet** besuchen (*geöffnet Mitte Mai - Ende Aug. Mo - Fr 11 - 15 Uhr, 23. Juni - 12. Aug. tgl. 10 - 17 Uhr; www.agatunet.no*). Fast 40 Häuser und Wirtschaftsgebäude vom Mittelalter bis in die Neuzeit geben Einblick in die Lebensweisen in diesem Teil Norwegens. Die **Amtmannstube**, das älteste Gebäude dieser Art, stammt aus der Mitte des 13. Jh.

In **Utne** lohnt ein Besuch im **Hardanger Folkemuseum**, das ganz in der Nähe oberhalb des Fähranlegers **[N 60° 25' 21.6" E 6° 37' 26.0"]** liegt (*geöffnet 1. Mai - 31. Aug. tgl. 10 - 16 (Mai)/17 Uhr, übrige Zeit Mo - Fr 10*

Utne

TOUR 6: STAVANGER – ODDA – BERGEN

Obstbaumblüte am Sørfjord

- 15 Uhr; www.folkemuseum.hardanger.museum.no). Dieses besuchenswerte Volks- und Heimatmuseum besteht aus dem **Museumsgebäude** und einer anschließenden **Freilichtabteilung** mit einer ganzen Reihe hübscher alter Holzhäuser und landwirtschaftlicher Gebäude aus der Hardangerregion.

Im Museumsgebäude sieht man u. a. eine schöne **Trachtensammlung**, **Holzschnitzarbeiten** des Kunsthandwerkers Lars Kinsarvik, eine **Instrumentensammlung** und eine Geigenbauerwerkstatt (Hardangerfiedel), sowie Ausstellungen zu den Themen „Arbeitsjahr der Frauen", „Der Brautzug in Hardanger", „Tanzen und Volksmusik in Hardanger".

Die Straße R550 wird ab Utne zusehends schmäler, um dann, vorbei am Campingplatz Lothe (siehe oben), streckenweise einspurig mit Ausweichen an der Südostküste des wunderschönen Hardangerfjordes über **Herand** (lange Bootsbautradition, Gasthöfe) nach **Jondal** zu führen.

Jondal (Touristeninfo Anf. Juni - Mitte Aug. tgl. 9.30 - 16 Uhr) ist günstiger Ausgangspunkt für Touren und Ausflüge auf der Jondal-Halbinsel, z. B. durch das Krossdalen nach **Handagard** (Autostraße, Camping) und weiter (Mautstraße, Wintersperre) zur Westflanke des Folgefonn-Gletschers.

Zwischen **Jondal** [N 60° 16′ 32.8″ E 6° 15′ 07.0″] und **Tørvikbygd** [N 60° 18′

05.6″ E 6° 10′ 08.9″] verkehren **Autofähren** und zwar Mo - Fr zwischen 6.15 Uhr (Sa. ab 7.15 Uhr, So. ab 8.45 Uhr) und 21.30 Uhr (Sa. 20.30 Uhr, ca. alle 60 Min., Fahrtdauer 30 Min.

ROUTE: *In Jondal bedient man sich der* **Fähre nach Tørvikbygd** *und nimmt dort die Straße F49 (teils eng, mit Ausweichstellen) nordwärts nach* **Norheimsund** *an der R7 nach* **Bergen**.

Alternativroute

Langen, ausladenden Wohnmobilen über Sprinter- oder Ducato-Größe und großen Caravangespannen empfiehlt sich eher der Weg ab Odda auf der R13 bis **Kinsarvik**, **Fähre über Utne nach Kvanndal** und R7 nach **Bergen**.

ROUTE: *Wenige Kilometer nördlich von* **Odda** *passiert die Straße R13, die auf weite Strecken zwischen dem Ostufer des Sørfjordes und den grünen Hängen ausgedehnter Obstbaumwiesen verläuft, den Ort* **Tyssedal**.

Tyssedal entstand in der Zeit der Wanderarbeiter, der Rallare, zu Beginn des 19. Jh.

Größte Attraktion in **Tyssedal** ist ein Besuch im **Norwegischen Wasserkraft- und Industrie-Museum** (geöffnet Jan. - Mitte Mai Di - Fr 10 - 15 Uhr, Mitte Mai - Anf. Sept. tgl. 10 - 17 Uhr; www.nvim.no). Die denkmalgeschütz-

TOUR 6: STAVANGER – ODDA – BERGEN

te Kraftwerksanlage gilt als Meilenstein in der Industrialisierung Westnorwegens. Führungen, Multimedia-Programm, Ausstellungen, Cafeteria.

Das **Tyssedal Kraftwerk** von 1906 liegt direkt am Fjord und war seinerzeit das größte Hochdruck-Wasserkraftwerk der Welt. Die imposante Turbinenhalle mit originalen Maschinen wurde restauriert und wird heute als Konzert- und Veranstaltungshalle genutzt.

Deutlich sind am Berghang die Druckrohrleitungen zu erkennen, die den Turbinen des Kraftwerks das Wasser zuleiten. Der Bau der Rohrleitungen war zu Beginn des 20. Jh. eine Pioniertat im Wasserkraftwerksbau.

Von Tyssedal führt eine Straße hinauf nach **Skjeggedal** am Westende des langen, schmalen Sees Ringedalsvatn (Wasserkraftwerk), Ausgangspunkt für Wanderungen.

Unweit östlich liegt der zwischen 1910 und 1918 aus behauenen Natursteinquadern aufgeführte **Ringedalsdamm**. Mit einer Länge von 529 m und einer Höhe von 33 m ist der Staudamm einer der größten seiner Art in ganz Norwegen. Neueren Datums ist das Wasserkraftmonument „Elektra" aus dem Jahre 2000.

Die **Trallebanen**, ein 985 m langer Schienen-Schrägaufzug, der früher den Kraftwerksarbeitern als Lorenbahn diente, bringt heute Besucher in 13 Minuten von **Skjeggedal** hinauf nach **Mågelitop** auf 450 m.

Übrigens: Sollte die Bahn nicht verkehren, können Sie sich der Treppen bedienen, die neben den Schienen nach oben führen. Ein ziemlich anstrengender Weg, der fast eine Stunde in Anspruch nimmt!

Mågelitop und das nahegelegene Tyssesete sind ein vorzüglicher Ausgangspunkt für **Wanderungen auf der Hardangervidda**. Hier oben wartet ein unglaublich weites Wanderwegenetz auf Sie.

An den gut markierten Hauptwegen findet man in regelmäßigen Abständen Berg- und Übernachtungshütten, die teils bewirtschaftet, teils unbewirtschaftet sind. Die Touren haben unterschiedliche Schwierigkeitsgrade. Ordentliche Wanderausrüstung für alle Wetterlagen ist immer empfehlenswert. Und der Umgang mit Karte und Kompass sollte trotz der markierten Wege geläufig sein.

Detailliertes Kartenmaterial und Infos über das Wanderwegenetz, die Berghütten, deren Öffnungszeiten und Bewirtschaftung bietet das örtliche Touristenbüro in Odda oder der Norwegische Touristenverband DNT, www.turistforeningen.no.

Eine beliebte Wanderung auf die Hardangervidda führt von Skjeggedal oder von Mågelitop zur spektakulären Felszunge **„Trolltunga"**, die **„Trollzunge"**, für Schwindelfreie ein ganz prächtiger Aussichtspunkt über den See Ringdalsvatn. Der Weg ist laut Mitteilung streckenweise nicht sehr gut markiert! Unterwegs ist bei Floreseter ein Wasserlauf zu queren, was bei Hochwasser nach Regenfällen schwierig sein kann (Gehzeit ca. 8 - 9 Stunden hin und zurück).

ROUTE: *Weiterreise von Tyssedal auf der landschaftlich sehr reizvollen Uferstraße R13 über* **Ullensvang** *und* **Lofthus** *bis* **Kinsarvik** *(Fährhafen).*

Die Küstengestade des weitverzweigten Hardangerfjords und seines Nebenarms Sørfjord um Utne, besonders auch um Ullensvang und Lofthus, wird gerne als **„Norwegens Obstgarten"** bezeichnet. Tatsächlich sind hier die Hänge übersät mit Obstplantagen, die vor allem zur **Baumblüte** meist Ende Mai ein wunderschönes Bild bieten.

Wie man liest, soll der Anbau von Obstkulturen schon im 13. Jh. mit Mönchen des Zisterzienserordens an den Sørfjord gekommen sein. Heute sollen in der Region annähernd 500.000 Obstbäume stehen.

In **Lofthus** lebte und arbeitete zeitweise der Komponist Edvard Grieg. Grieg lebte von 1843 bis 1907 hauptsächlich bei Bergen, erarbeitete aber, wie es heißt, viele seiner bekanntesten Werke in seiner „Komponistenhütte" in Lofthus, die heute im Garten des Hotels Ullensvang zu finden ist.

Ein sehr schöner **Wanderweg** führt östlich von Lofthus durch das **Elvadalen** am Flüsschen Ope entlang zu den Wasserfällen Bjødnebykse links und dem 400 m hohen Skrikjo rechts. Gehzeit ab Ortsmitte rund 90 Minuten.

Kinsarvik ist Hauptort der **Region Ullensvang**, die als Norwegens größtes Obstanbaugebiet gilt.

Wandermöglichkeiten durch das **Husedalen** auf dem **Hardanger Fossasti** zu diversen Wasserfällen und hinauf in die Hardangervidda z. B. über **Nykkjesøy** zur **Hütte Stavali** (ca. 8 Stunden ein Weg). Der Weg

TOUR 6: STAVANGER – ODDA – BERGEN

PRAKTISCHE HINWEISE – LOFTHUS, ULLENSVANG, KINSARVIK

Lofthus Touristeninformation, 5787 Lofthus, Tel. 53 66 11 90; *geöffnet 15. Juni - 15. Aug. tgl. 11 - 19 Uhr.*
Kinsarvik Touristeninformation, Kinsarvik Zentrum, Kinsarvik Brygge, 5782 Kinsarvik, Tel. 53 66 31 12; www.visitullensvang.no; *geöffnet Mitte Juni - Mitte Aug. Mo - Fr 9 - 19 Uhr übrige Zeit bis 16 Uhr*

HOTELS
Lofthus
Hotel Ullensvang, 157 Zi., Tel. 53 67 00 00, www.hotel-ullensvang.no; modernes, traditionsreiches Haus der gehobenen Preiskategorie, direkt am Fjord gelegen. Schwimmbad, Sauna, Fitnesseinrichtungen. Griegs „Komponistenhütte".
Ullensvang Gjesteheim, Tel. 53 66 12 36, einfachere Pension mit 8 Doppel- und 5 Einzelzimmern. Man serviert Hausgästen Frühstück, Mittag- und Abendessen.

Kinsarvik
Kinsarvik Fjord Hotel Best Western, 70 Zi., Tel. 53 66 31 00, www.kinsarvikfjordhotel.no; zeitgemäßes Haus der gehobenen Mittelklasse, Café in der Hauptsaison, Fitnesseinrichtungen.

CAMPING
Lofthus
Camping Lofthus **** [N 60° 20' 9" E 6° 39' 30"], Tel. 53 66 13 64; www.lofthuscamping.com; 1. Mai – 15. Sept.; von Obstplantagen umgebene Wiese, ansprechend gelegen, teils mit Aussicht auf den Fjord und zum Folgefonn; ca. 2 ha – 75 Stpl.; Standardausstattung. 27 Miethütten ** – ****.

Kinsarvik
Hardangertun Camping **** [N 60° 22' 34" E 6° 43' 28"], Tel. 53 67 13 13, www.hardangertun.co; 1. Jan. – 31. Dez.; Ferienanalage mit Campingmöglichkeit; ca. 2 ha – 70 Stpl.; Café, Bootsverleih, Schwimmbad, 26 Miethütten *****. **V & E** **für Wohnmobile**.

Kinsarvik Camping *** [N 60° 22' 27" E 6° 43' 7"], Tel. 56 66 32 90; www.kinsarvikcamping.no; 20. Apr. - 1. Okt.; ebene Wiese mit lichtem Baumbestand, mit Fjordblick; ca. 50 Stpl.; Standardausstattung. 25 Miethütten * - *****.

---

gilt Vielen als der schönste Aufstieg auf die Hochebene der Hardangervidda.

Von Kinsarvik verkehren **Fähren über Utne nach Kvanndal** und zwar werktags von 6.30 Uhr bis 21.30 Uhr etwa alle Stunde, ab 16 Uhr länger Intervalle. Samstags und sonntags verkehren die Fähren etwa im 2-Stunden-Takt und samstags nur bis 19.45 Uhr. Fahrzeit von Kinsarvik nach Kvanndal 60 Min., nach Utne 30 Min.

Abstecher nach Eidfjord und Routenalternativen

Entschließt man sich in Kinsarvik den Abstecher nach **Eidfjord** zu unternehmen, kann man im weiteren Verlauf der Reise zurück bis zum Fährhafen **Brimnes** fahren, dort die **Fähre nach Bruravik** nehmen und auf der ziemlich kurvenreichen Straße 7 westwärts nach Bergen reisen.

Verzichtet man auf den Weg nach Bergen, bietet sich eine Abkürzung des Reiseweges an, wenn man nach dem Vallavik-Tunnel in **Granvin** auf der R13 direkt weiter nach **Voss** fährt (siehe Tour 12, Bergen – Voss).

Besteht die Notwendigkeit, die Reise durch Norwegen auf den Süden des Landes zu beschränken, bietet es sich an, ab Eidfjord auf der R7 weiter ostwärts bis **Geilo** oder bis **Gol** (siehe auch Tour 14) und nimmt ab Geilo die R40 durch das einladende Numedal oder ab Gol die R7 durch das nicht minder schöne Hallingdal zurück Richtung Oslo.

Campings und Sehenswertes bei Eidfjord, wie das Hardangervidda Naturzentrum, siehe Tour 12 (Bergen – Voss).

TOUR 7: STAVANGER – TONSTAD – EVJE

STAVANGER – TONSTAD – EVJE

Länge dieser Tour: Rund 225 km.

Die Route „Fährstrecke": Fähre von **Stavanger** durch den Lysefjord bis **Lysebotn** – Bergstraße (Wintersperre) über **Suleskar** – Gebirgsstraße bis **Ålsheia/Sinnes** – R468 bis **Tonstad** und weiter wie „Landstrecke".

Alternativroute „Landstrecke": E39 bis **Ålgard** – R45 über **Dirdal** und **Byrkjedal** bis **Ålsheia/Sinnes** – R468 bis **Tonstad** –R42 über **Kvinlog**, **Eiken** und **Sveindal** bis **Hornnes** – R9 bis **Evje**.

Reisedauer: Mindestens ein Tag.

Reisehöhepunkte: Die Schiffstour durch den **Lysefjord** *** – die Fahrt über die 27 Haarnadelkurven der Gebirgsstraße **Lysevegen** ** von Lysebotn hinauf auf die Hochebene – eine Wanderung zum **Aussichtspunkt Kjerag** ** – der prächtige **Ausblick vom Kjerag** *** – der **Mineralpark** * bei Hornnes.

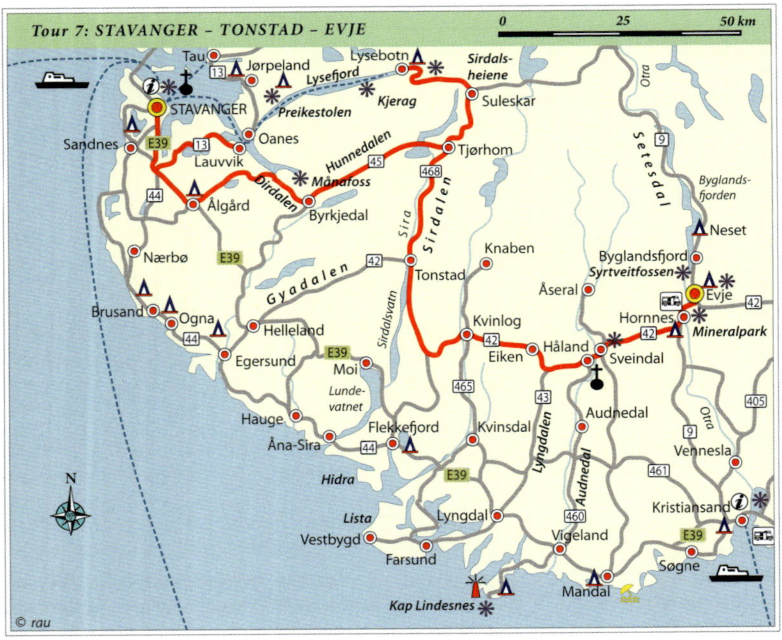

Der favorisierte – allerdings etwas kostenintensive und zeitaufwändige – Weg für die Weiterreise sollte unseres Erachtens auf einer **Bootstour durch den Lysefjord** in den kleinen Ort **Lysebotn** am Ostende des Fjords und weiter über die Serpentinenstraße Lysevegen hinauf auf die Hochebene führen (siehe unter „Die Fährstrecke").

Da die Aufnahmekapazität der Fähre für Autos (67 Autoplätze), zumal Wohnmobile aber begrenzt ist, kann es in der Sommersaison durchaus zu Wartelisten sprich Wartezeiten kommen.

Sollten die Wartezeiten Ihre Reiseplanung sprengen, kann man als Alternative den Weg über die Straße R45 nehmen, die durch das **Hunnedalen** ostwärts

TOUR 7: STAVANGER – TONSTAD – EVJE

führt (siehe unter „Die Landstrecke" weiter hinten).

Für welche Strecke Sie sich auch entscheiden, fahren Sie mit gefülltem Kraftstofftank los. Tankstellen sind auf dieser Tour selten!

DIE FÄHRSTRECKE

Die Fährstrecke von **Stavanger** über **Lauvvik** und **Forsand** bis ans Fjordende in **Lysebotn** wird bislang bedient von **Veteran Fjordcruise AS [N 58° 58′ 18.7″ E 5° 44′ 26.0″]**, Fiskepirterminalen, 4004 Stavanger, Tel. (+47) 51 86 87 88. Internet: www.vfc.no; e-mail: booking@vfc.no.

Die Fjordkreuzfahrt mit Autobeförderung von Stavanger nach Lysebotn dauert 4 Stunden, ab Lauvvik rund 2,5 Stunden.

Die Fährschiffe verkehren vom 1. Juni bis 2. September täglich ab Stavanger Fiskepirterminalen um 10 Uhr, Lauvvik ab 11.25 Uhr, Forsand ab 11.40 Uhr. Fahrzeuge müssen spätestens 20 Min. vor Abfahrt an der Fähre sein. Ankunft in Lysebotn 14.00 Uhr.

Je nach Bedarf können unterwegs auch Songesand und Fløyrli, kleine Anleger im Lyseford, angelaufen werden. Unterwegs weist die Schiffscrew durch Ansagen (Norwegisch und Englisch) auf die wichtigsten Sehenswürdigkeiten im Fjord hin.

Die eindrucksvolle Fahrt mit der Autofähre durch den Lysefjord geht u. a. direkt unterhalb der senkrecht aus dem Wasser ragenden Felswand des **Preikestolen** entlang (an der Nordwestseite des Fjords zu sehen, sieht von unten aber ziemlich unspektakulär aus, im Gegensatz zu oben!) – der Preikestolen wird um 12.10 Uhr passiert – und vorbei am majestätischen, 1.132 m hohen, ebenfalls senkrecht aus dem Meer aufsteigenden Gipfel **Kjerag** (Südostseite), der übrigens ein beliebter Startpunkt für Gleitschirmflieger ist.

Von Lysebotn führt unser Reiseweg über die imposante **Gebirgsstraße Lysevegen** mit ihren 27 Haarnadelkurven hinauf auf die bis weit in den Juni hinein schneebedeckte Hochebene. Die Straße selbst wird um diese Jahreszeit aber nicht mehr vom Schnee beeinträchtigt. Sie ist längst geräumt. Die Wintersperre wird gewöhnlich Ende Mai aufgehoben.

Oben wartet der rund 600 m hoch gelegene **Berggasthof Øygardsstøl** (Tel. 94 61 77 76) **[N 59° 02′ 44.4″ E 6° 39′ 07.1″]** mit großem, in der Saison gebührenpflichtigem Parkplatz, Restaurant und Souvenirshop auf den Reisenden.

Der Berggasthof klebt wie ein Adlerhorst an der Felskante. Die **Aussicht von der Terrasse** hinab auf den Lysefjord ist überwältigend!

Am Gasthof Øygardsstøl startet ein **Wanderpfad auf den Kjerag** (1.132 m). Die rund 10 km lange Wanderung (Höhenunterschied 570 m) dauert vier bis sechs Stunden hin und zurück.

Der Weg führt über schwieriges Gelände, ist ziemlich anstrengend und steil und sollte nur von geübten, trittsicheren Wanderern mit angemessener Ausrüstung begangen werden.

Der Lohn der Mühe allerdings ist ein prächtiger Blick hinab in den Lysefjord. Und wer den waghalsigen Sprung wagt, kann sich auf dem in schwindelnder Höhe zwischen zwei Felsen eingeklemmten runden **Kjerag-Stein** fotografieren lassen.

Den Ausgangspunkt der Wanderung am Gasthof Øygardsstøl erreicht man einmal (wie oben geschildert) von Lysebotn aus oder man fährt den ganzen Weg von Stavanger mit dem Auto durch das Dirdalen und Hunnedalen (R45) und weiter bis Ådneram/Suleskar und dort westwärts Richtung Lysebotn bis zum Parkplatz am Berggasthof Øygardsstøl.

ROUTE: *Vom Gasthof Øygardsstøl führt unser Reiseweg durch die Bergwelt von Sirdalen und weiter ostwärts in den Wintersportort **Ådneram** in rund 1.000 m Höhe auf dem „Dach Südwestnorwegens".*

CAMPING
Lysebotn
Kjerag Lysebotn Camping [N 59° 03′ 16.7″ E 6° 38′ 54.9″], Tel. 90 83 20 35, www.kjerag-lysebotn.no; Ende Mai – 30. Sept.; ca. 2 ha – 80 Stpl.; Standardausstattung, 6 Miethütten, **Jugendherberge**. Die isolierte Lage dieses Campingplatzes versetzt den Betreiber offenbar in die beneidenswerte Lage, die Übernachtungspreise nicht am landesüblichen Niveau ausrichten zu müssen.

TOUR 7: STAVANGER – TONSTAD – EVJE

Weiterreise südwärts bis Tonstad und weiter wie „Landstrecke".

Eine erhebliche **Abkürzung des Reiseweges** ergibt sich, wenn man bei **Ådneram** über **Suleskar (Camping Suleskard [N 59° 00' 44.0" E 6° 56' 19.0"])** ostwärts und über die 1.000 m hohe **Hochfläche Urevassheia**, eine felsdurchsetzte Urweltlandschaft mit unzähligen dazwischen eingelagerten Seen (herrliche Ausblicke) und einem ausgedehnten Wanderwegenetz hinab ins bezaubernde **Setesdal** fährt. Dort trifft man in **Nomeland** auf die Straße R9 und auf unsere Tour 8 aus Evje (siehe dort).

Diese Strecke über die Hochfläche Urevassheia ist **nur im Sommer befahrbar!** Wintersperre ist gewöhnlich von etwa Ende Oktober bis Ende Mai/Anfang Juni.

DIE LANDSTRECKE

Zieht man den Landweg der beschriebenen Schiffsreise vor, oder stehen keine Autoplätze auf der Fähre durch den Lysefjord zur Verfügung, stellt die Strecke von Stavanger durch das **Hunnedalen** ins **Sirdalen** eine nicht minder reizvolle Routenvariante dar.

ROUTE : *Man verlässt Stavanger auf der E39 südwärts und fährt über* **Sandnes** *bis* **Ålgård**. *Dort zweigt man ostwärts ab auf die R45 nach* **Dirdal** *(Abstecher zum Wasserfall Månafossen, siehe „Tour 4, „Ausflüge ab Stavanger") und nach* **Byrkjedal [N 58° 46' 49.7" E 6° 19' 17.6"]**.

Ab **Byrkjedal** beginnt eine schöne Fahrt durch das reizvolle **Hunnedalen**, das sich weit nach Nordosten zieht. Schließlich erreicht man nach rund 40 km den 550 m hoch gelegenen See **Sinnesvatn**.

Hier hat man nun die Wahl entweder nordwärts über **Sinnes** und **Fidjeland** (Skigebiet, Berghotel), später ostwärts über **Suleskar** und die Hochfläche Urevassheia ins Setesdal weiterzureisen (siehe oben), oder man folgt der R468 südwärts nach **Tonstad**.

Tonstad [N 58° 39' 58.7" E 6° 42' 57.9"] liegt am Nordende des langen, schmalen Sees Sirdalsvatn. In die Berge bei Tonstad wurde eines der größten Wasserkraftwerke Norwegens gebaut.

Die 700-Seelen-Gemeinde Tonstad ist Zentrum der umliegenden Skigebiete und Ausgangspunkt für einen Abstecher nach Norden über die R468 ins **Obere Sirdal** und weiter über die Hochmoore bei Suleskar (zahlreiche Wandermöglichkeiten) bis Lysebotn (siehe Abstecher ab Stavanger).

Die urweltlich anmutende Hochfläche Urevassheia

TOUR 7: STAVANGER – TONSTAD – EVJE

ROUTE: *Die R42 führt ab Tonstad am Sirdalsvatn entlang südwärts, wendet sich dann nach Osten, quert zahlreiche in Nord-Südrichtung verlaufende waldreiche Täler und Höhenzüge, bis nach rund 100 km* **Hornnes** *erreicht wird.* **Evje** *liegt 5 km weiter nördlich an der R9.*

Unterwegs passiert man **Kvinlog**. Gut 30 km nördlich des Ortes liegen bei **Knaben** drei stillgelegte Gruben, aus denen bis vor etwa 30 Jahren Eisenerz gefördert wurde. Heute beginnen bei Knaben zahlreiche Wanderwege in die seendurchsetzte Hochebene von Åseral.

Eiken liegt hübsch am Lygne See. Kirche aus dem frühen 19. Jh.

Wer an Kirchenbaukunst und Kirchenmalerei interessiert ist, zweigt in **Håland** nach Süden auf die R460 ab. Nach 4 km kommt man zur **Kirche von Grindheim**, die aus dem späten 18. Jh. stammt und innen mit Rosenmalerei aus jener Zeit geschmückt ist.

Bei **Sveindal** kann ein **Freilichtmuseum** (alter Bauernhof) besichtigt werden.

Westlich von Sveindal ist man wieder in der Provinz Aust-Agder.

Zu den wenigen Sehenswürdigkeiten von **Hornnes** zählen das **Freilichtmuseum Fennefoss** und die oktogonale **Kirche von Hornnes** [N 58° 33′ 33.7″ E 7° 46′ 21.9″] aus dem Jahre 1828, unweit südlich von Evje gelegen.

Interessant ist eine Besichtigung des an der Straße 9 gelegenen **Setesdal Mineralparks** [N 58° 32′ 59.9″ E 7° 46′ 32.2″] *(geöffnet Mai - Okt. tgl., www.mineralparken.no)*. Sehenswerte Skulpturen und Mineralienausstellung, Schaubergwerk, kleines Freilichtmuseum, Cafeteria. Nebenan See mit Strandbad, Bootsverleih im Sommer.

Evje, knapp 1.500 Einwohner, eine Kleinstadt am Otra-Fluss und am Kreuzungspunkt der Straßen 42 und 9, gilt als Zentrum seltener Mineralien, die als Schmucksteine verarbeitet werden.

Auf dem 2,5 km langen **Evje Mineralsti** kann man zwischen Mitte Juni und Mitte August zu fünf alten Gruben-Schächten wandern.

PRAKTISCHE HINWEISE – HORNNES, EVJE

Setesdal Informasjonssenter, 4735 Evje, Tel. 37 93 14 00; www.setesdal.com; geöffnet Feb. - Nov. Mo - Sa 10 - 15 Uhr.

HOTEL – EVJE
Hotel Dølen, 10 Zi., Tel. 37 93 02 00, www.hoteldolen.no; ansprechendes Haus in Evje am Otra-Fluss, Restaurant, Terrasse, Parkmöglichkeit, WLAN.

CAMPING

Hornnes
Camping Hornnes *** [N 58° 33′ 13.5″ E 7° 46′ 55.1″], Hornnesvegen 12, Tel. 37 93 03 05, www.hornnescamping.setesdal.com; 15. Mai – 15. Sept.; 1 km abseits der E9 am Abzweig der R42, ca. 5 km südl. Evje; wellige Wiese, teils mit hohen Nadelbäumen, auf einer Landzunge am Otra-Fluss, langer Strand; ca. 1,5 ha – 50 Stpl.; Standard-ausstattung.

Wohnmobil-Stellplatz
Wohnmobil-Stellplatz Hornnes / Mineralparken Bobilcamp [N 58° 33′ 1.28″ E 7° 46′ 30.52″], Tel. 37 93 13 10 – **Zufahrt/Lage:** Beim Mineralpark, am Südrand von Hornnes. **Geöffnet:** Mai – Sept. **Gebühr:** Gebührenpflichtig.

Stellplatz: Ebenes Wiesengelände unterhalb der E9 beim Setesdal Mineralpark. Zufahrt durch den Parkplatz des Mineralparks. Bis an einen See reichend. Ca. 1 ha - 32 Stellplätze, je mit befestigten Standspuren. **Ausstattung:** V & E Einrichtung, Stromanschlüsse. Platzbeleuchtung.

Evje
Camping Odden **** [N 58° 35′ 01.9″ E 7° 47′ 49.9″], Tel. 37 93 06 03, www.oddencamping.com; 1. Jan. – 31. Dez.; am südl. Ortsbeginn Einfahrt zwischen Supermarkt und XY-Tankstelle an der Straße 9; von Bäumen unterteilte Wiese oberhalb des Otra-Flusses; ca. 4 ha – 150 Stpl.; Standardausstattung; Laden, Cafeteria; Kanu- u. Fahrradverleih. 22 Miethütten *** – *****.

TOUR 8: EVJE – DALEN

EVJE – DALEN

Länge dieser Tour: Rund 155 km.
Die Route: Über die R9 und über **Byglandsfjord, Ose, Rysstad, Nomeland** und **Valle** bis **Flateland** – R45 bis **Dalen**.
Reisedauer: Mindestens ein Tag.
Reisehöhepunkte: Die Landschaften im **Setesdal** ** – die Stromschnellen am **Syrtveitfossen** * – das **Setesdalmuseum** in Rysstad – Wandern auf den **Hochebenen** *** – das **Traditionshotel Dalen** ***.

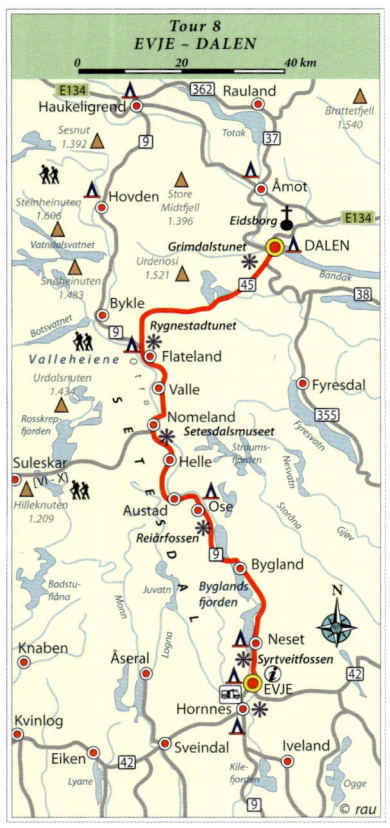

Das Dorf **Byglandsfjord** liegt am Südende des Årdalsfjord, dem südlichen Teil des schmalen, viele Kilometer langen Byglandsfjord. Bis 1962 war hier Endstation für die inzwischen stillgelegte Setestalbahn aus Grovane, nördl. von Kristiansand.

Im Sommer verkehrt der **Dampfschiffveteran „D/S Bjoren"** aus dem Jahre 1867 ab dem schön am See gelegenen Revsnes Hotel zu Ausflugsfahrten auf dem Byglandsfjord.

Ab **Neset** beginnt eine herrliche Fahrt durch das **Setesdal**. Dieses lange Zeit fast vergessene Gebirgstal (erst um 1880 wurde eine richtige Straße angelegt) zählt zu den schönsten Tälern in Südnorwegen.

Die überwältigende Landschaftsszenerie wird geprägt vom Otra-Fluss, der immer wieder Stromschnellen, Wasserfälle und Seen bildet und von steilen Hängen und Felsflanken begleitet wird, die für ein abwechslungsreiches Panorama sorgen.

Auf der Weiterfahrt passiert man hinter **Grendi** die oktogonale **Kirche von Årdal** aus dem 19. Jh. (Runenstein und nahebei die fast 900 Jahre alte Eiche „Landeeike").

Man kommt durch **Longerak** (*Camping Longerak* **, Tel. 96 20 88 88, www.longerak.com; 1. Juni – 1. Sept.; 10 Stellplätze, 15 Miethütten).

Wenig später passiert man, immer noch dicht am Ostufer des Byglandsfjords fahrend, ein kurzes Tunnel, das den Bergzug Fånefjell durchsticht und erreicht schließlich den Ort **Bygland** (Hotel, Camping), mit einer Kirche aus der Mitte des 19. Jh. und dem **Freilicht-Museumshof Bygland [N 58° 49' 39.4" E**

ROUTE: *Von Evje auf der R9 nordwärts.*

Etwa 8 km nördlich von Evje rauschen westlich der Straße die wilden Stromschnellen des **Syrtveitfossen** talwärts. Auf einer Steinmole kann man weit an den tobenden Katarakt heran und fast bis in die Mitte des Otra-Flusses gehen. An der Straße Rastplatz.

TOUR 8: EVJE – DALEN

HOTELS – BYGLANDSFJORD
Revsnes Hotel Best Western, 104 Betten, Tel. 37 93 43 00, Fax 37 93 41 27, Restaurant, Fahrradverleih, Sauna, Parkplatz.

CAMPING
Mein Tipp! **Camping Neset** **** [N 58° 41' 21.8" E 7° 48' 17.7"], Tel. 37 93 42 55, www.neset.no; 1. Jan. – 31. Dez.; ca. 3 km nördl. Byglandsfjord an der Straße R9; teils hügeliges Wiesengelände auf einer Halbinsel im See Byglandsfjorden, sehr schöne Lage; ca. 7 ha – 200 Stpl.; sehr engagierte, deutschsprechende Platzleitung. Komfortausstattung; Laden, Café; Fahrradverleih, Bootsrampe, Bootsverleih, Bademöglichkeit, 20 Hütten ** – ***. **V & E für Wohnmobile**. Guter Ausgangspunkt für Wanderungen auf markierten Wegen auf den Hochebenen. Elchsafaris.

Ose
Camping Reiårsfossen *** [N 58° 56' 26.1" E 7° 41' 24.4"], Tel. 37 93 41 00; 1. Mai – 1. Okt.; südl. von Ose unterhalb der E9, ebene Wiese in schöner Lage am Sandnesfjord angesichts des Wasserfalls Reiårsfossen; ca. 2,8 ha – 100 Stpl.; Standardausstattung; Laden; 2 Miethütten.

Rysstad
Rysstad Feriesenter ** [N 59° 05' 26.6" E 7° 32' 26.2"], Tel. 37 93 63 45, 1. Jan. – 31. Dez.; an der R9, Wiese am Otrafluss; ca. 2,5 ha - 100 Stpl.; Standardausstattung. Laden, Imbiss. 35 Miethütten.

7° 47' 47.0"]. Einige Gebäude des Gehöfts stammen aus dem 17. Jh.

Wenige Kilometer weiter nördlich wird der Byglandsfjord mit dem nördlich weiterführenden Sandnesfjord durch den Wasserarm **Storestraumen** [N 58° 51' 01.0" E 7° 45' 00.8"] verbunden (Camping). Der Storestraumen, über den noch die alte Steinbrücke führt (heute R9), wurde um 1870 durch eine Schleuse schiffbar gemacht.

Die Straße R9 führt nun am Westufer des Sandnesfjords weiter nordwärts.

Am Nordende des Sees, der hier Åraksfjord heißt, stürzt von der westlichen Bergflanke der **Wasserfall Reiårsfoss** zu Tal.

Ose liegt nahe der Mündung des Otra-Flusses in den Åraksfjord. Im Ort stehen noch schöne alte **Speicherhäuser** (Stabburer).

Man passiert **Helle**, einen kleinen Ort mit langer Silberschmiedetradition und erreicht wenige Kilometer weiter **Rysstad** mit einer **Kirche** aus dem 19. Jh. und dem besuchenswerten **Setesdalmuseum** [N 59° 05' 45.5" E 7° 31' 45.6"] mit Trachten, Brauchtum, Ge-

Die Serpentinenstraße Lysevegen

TOUR 8: EVJE – DALEN

Riverrafting am Syrtveitfossen, Otrafluss

schichte, Kunst und Kultur im Setesdal *(geöffnet Ende Juni - Mitte Aug. tgl. 11 - 17 Uhr, übrige Zeit Mo - Fr 12 - 15 Uhr).*

In **Nomeland** mündet die Straße aus Suleskar und Lysebotn (s. Tour 7) in die R9.

12 km weiter kommt man durch **Valle**, das malerisch in einem weiten Talkessel des Setesdalen liegt. Das Setesdal ist bekannt für seine Silberschmiedekunst. Eines der Zentren ist Valle. Alteingesessene Silberschmiedewerkstätten findet man auch weiter südlich in Rysstad und in Helle.

Unweit südlich von Valle kann man von Ende Juni bis Anfang August die historische **Hofanlage „Tveitetunet"** besichtigen, in der auch eine Kunstgewerbeausstellung untergebracht ist.

Auf der von unzähligen Seen durchsetzten **Hochebene Valleheiene** westlich von Valle, erstreckt sich ein schier endloses Netz von Wanderwegen. Wanderhütten sind vorhanden. Infos dazu im Valle Turistkontor, Tel. 37 93 75 29, www.setesdal.com.

Vorschlag zu einer mehrtägigen Wanderung über die Hochebene:

Südlich von Valle westwärts hinauf nach **Berg**. Von dort zur **Stavskarhytta** (unbewirtschaftet, 4 Betten), Gehzeit etwa 3 Stunden.

Am 1.377 m hohen Svararnuten vorbei zur **Bosbuhytta** (Selbstverpflegung, 18 Betten) am Bosbuvatnet, Gehzeit ca. 3 Std. Von hier kann man nordwärts nach **Bykle** an der Straße R9 gehen (Gehzeit ca. 9 Std.), oder südwärts über **Auguntjørnstølen** zur **Svartenuthytta** (Selbstverpflegung, 24 Betten), Gehzeit ca. 3 Std.

Weiter zur **Øyuvsbuhytta** (Selbstverpflegung, 40 Betten), Gehzeit ca. 5 Std. Auf halbem Wege kann man den Heibergveien (wird zur Straße ausgebaut) zurück nach **Nomeland** an der Straße R9 nehmen (Gehzeit ca. 7 Std.).

Oder man geht von der Øyuvsbuhytta südostwärts zur **Stakkedalshytta** (unbewirtschaftet, 10 Betten), Gehzeit ca. 9 Std., und von dort zurück an die Straße R9 bei **Langeid** (Gehzeit ca. 2 Std.). Auf dem letzten Wegstück schöner Blick ins Setesdal.

ROUTE: *Nur 9 km nördlich von Valle kommt man nach* **Flateland**.

Einen Besuch lohnt das etwas nördlich von Flateland an der Straße R9 gelegene **Freilichtmuseum** mit der historischen **Hofanlage „Rygnestadtunet"** *(geöffnet 1. Juli - 15. Aug. tgl. 11 - 17 Uhr)*. Besondere Beachtung verdient der „Rygnestadloftet," ein Speicherhaus aus dem 16. Jh.

Abkürzende Alternativroute

Unter Verzicht auf die in Tour 9 (Dalen – Notodden – Åmot) beschriebene, sehr lohnende Rundreise durch die Landschaft der Telemark, kann man den Reiseweg erheblich abkürzen, wenn man **von Flateland weiter**

TOUR 8: EVJE – DALEN

HOTELS BEI HAUKELIGREND

Alle Hotels liegen rund 10 km westlich von Haukeligrend beim Wintersportort **Vågslid**.
Botn Skysstasjon, 54 Betten, Tel. 35 07 05 35, Fax 35 07 05 83, Cafeteria.
Vågslid Høgfjellshotel, 138 Betten, Tel. 35 07 05 85, Fax 35 07 05 72, Sauna. Geschlossen: 22. 4. bis 15. 5. und 1. 10. bis 31.12.

CAMPING BEI HAUKELIGREND

Camping Tallaksbru ** [N 59° 44' 4.24 E 7° 33' 5"], Tel. 35 07 03 14; Anf. Juni – Ende Sept.; an der Straße 9, Abzweig von der E134; kleiner, ebener Platz an der Flußbrücke; ca. 1 ha – 50 Stpl.; einf. Standardausstattung; 10 Miethütten ***.
Camping Velemoen **, Edland, Tel. 35 07 01 09, www.velemoen.no; 15. Mai – 1. Okt.; ca. 3 km östl. Haukeligrend an der E134; ca. 2,5 ha – 150 Stpl., Standardausstattung; 13 Miethütten *** - ****.
Edland Camping, Edland, Tel. 35 07 02 08; ca. 2 km östlich von Haukeli-grend, abseits der E134. Mindestausstattung. 10 Miethütten.

nordwärts direkt nach Haukeligrend fährt. Ansonsten fahren Sie fort mit „Hauptroute" weiter unten.

ABKÜRZENDE ALTERNATIV-ROUTE: *Der Weg nach* **Haukeligrend** *folgt weiter der Straße 9 nordwärts.*

Etwa 18 km weiter weist bei **Moen** ein Hinweisschild auf den alten Saumpfad **Byklestigen** hin, der, bevor die Straße ausgangs des 19. Jh. durch das Setesdal gebaut wurde, ein Teil des alten Weges durch das Tal war. Abwechslungsreicher Spaziergang, ca. 1 km.

HOTELS

Hovden
Hovden Høyfjellshotell, 170 Betten, Tel. 37 93 88 00, www.hovdenhotell.no; moderner Hotelbau, Restaurant, Sauna, Schwimmbad.
Eminent Hovdestøylen Hotel, 143 Betten, Tel. 37 93 95 52, www.eminent-hotels.com; sportlich-rustikel, Restaurant mit Lava-Grill, Sauna, Schwimmbad, WLAN, Miethütten.

CAMPING ZWISCHEN FLATELAND UND HOVDEN

Flateland
Flateland Camping ** [N 59° 14' 38.6" E 7° 28' 31.4"], Valle, Tel. 95 00 55 00, www.flatelandcamping.no; 1. Juni – 31. Aug.; ca. 10 km nördl. Valle, am Abzweig von R9 auf R45; ebene Wiese auf einer Halbinsel am Otra-Fluss, ansprechende Lage; ca. 1,5 ha – 50 Stpl.; 13 Miethütten *** - *****.

Bykle
Byklestøylane Camping **, Tel. 91 66 88 24; 1. Juni – 31. Aug., ca. 6 km nördlich von Bykle. 14 teils 300 Jahre alte Miethütten.

Hovden
Camping Hovden Fjellstoge **** [N 59° 34' 47.9"   E 7° 23' 17.2"], Tel. 37 93 95 43 www.hovdenfjellstoge.no; 1. Jan. – 31. Dez.; ca. 3 km nördl. von Hovden an der Straße 9; Campingmöglichkeit bei einer Hütten- und Dauercampersiedlung, mit Gasthof und Jugendherberge; ca. 2,5 ha – 50 Stpl.; Standardausstattung; 20 Miethütten.

Wohnmobil-Stellplatz bei Flateland
Sanden Såre Bobilpark [N 59°12'7.79" E7°31'54.46"] , Tel. 37 93 68 49, gebührenpflichtige Stellplatzmöglichkeit für Wohnmobile und Caravans in Waldgelände, 9 km nördlich von Valle zwischen Straße R9 und Otra-Fluss, Stromanschlüsse, Wasser, Sanitäranlage.

TOUR 8: EVJE – DALEN

Bykle, ein kleiner Gebirgsort hat eine **Kirche** aus dem frühen 19. Jh. mit Rosenmalerei und ein **Heimatmuseum** im Huldreheimen.

Hovden ist das Zentrum des Ferien- und Wandergebiets in der **Hochebene Setesdalsheiene**. Vielbesuchter Ausgangspunkt für Wandertouren, z. B. zur **Sloaroshytta** (Selbstverpflegung, 14 Betten) am Langevatnet, Gehzeit 5 Stunden, oder über Breiva und Væringsstøl zur **Bleskestadmoenhytta** (Selbstverpflegung, 14 Betten), Gehzeit 9 Stunden.

Von Ende Juni bis Ende Juli kann man täglich zwischen 11 und 14 Uhr mit einem **Sessellift** auf den 1.183 m hohen Nos fahren. Der Berg, von dem bei klarem Wetter die Sicht nordwärts bis zur Hardangervidda möglich ist, ist Ausgangspunkt für Gebirgstouren.

ABKÜRZENDE ALTERNATIVROUTE: *Der höchste Punkt der Straße wird nach **Bjåen** (Ausgangspunkt für Wanderungen) am See **Sessvatn** in 917 m Höhe erreicht. Schließlich führt die Straße 9 in vielen Kehren steil hinab nach **Haukeligrend** an der E134 in der Provinz Telemark.*

Folgt man der eben geschilderten abkürzenden Alternativroute, Weiterreise ab Haukeligrend mit Tour 10 (Åmot – Bergen).

HAUPTROUTE

ROUTE: *Ab **Flateland** auf der Straße R45 nach Nordosten. Nach 52 km erreicht man **Dalen**.*

Wenige Kilometer vor Dalen passiert man **Grimdalen** und das **Grimdalen Skulpturmuseum**. Hier ist beim elterlichen Bauernhof der Bildhauerin *Anne Grimdalen* (1899 – 1961) ein moderner Museumsbau mit Werken Anne Grimdalens zu besichtigen. Die Künstlerin wurde vor allem durch ihre Tierplastiken (Bären) bekannt. Anne Grimdalen schuf auch Werke für das Osloer Rathaus.

Auf dem Hofgelände sind auch schön verzierte alte Holzhäuser und Schober zu sehen.

In zahlreichen Serpentinen (prächtige Aussicht) führt die R38 recht steil hinab nach **Dalen** am Westende des Bandak Sees.

Die kleine Gemeinde war zu Zeiten des Telemarkschiffsverkehrs ein bedeutender „Touristenort". Denn um die Wende 18./19. Jh. war es für vornehme Reisende eine stilvolle Sommerreise, sich mit den Kanalschiffen nach Dalen bringen zu lassen und von hier mit Pferd und Kutsche über die westlichen Höhen des Haukelifjell an die Westküste weiterzureisen.

Einzelne schöne alte Holzhäuser aus jener Zeit, die damals als Gästehäuser und Hotels dienten, sind noch erhalten. Eines dieser Traditionshotels, das attraktive Viking Dalen Hotel, ist erhalten und beherbergt noch heute Gäste.

PRAKTISCHE HINWEISE – DALEN

Dalen Turistkontor, 3880 Dalen, Tel. 35 07 70 65, www.visitdalen.com.

HOTELS
Mein Tipp! **Viking Dalen Hotel** ***, 52 Betten, Tel. 35 07 70 00, Fax 35 07 70 11, www.dalenhotel.no; komfortables, gepflegtes Traditionshotel der oberen Preisklasse, in einem schönen, historischen, über 100 Jahre alten Holzgebäude untergebracht, schon früher ein renommiertes Domizil der Sommergäste, die über den Telemarkkanal und den Bandaksee nach Dalen reisten. Herrlicher Hotelgarten und Restaurantterrasse.

CAMPING
Buøy Camping Dalen Telemark [N 59° 26' 29.2" E 8° 00' 28.3"], Tel. 35 07 75 87; www.dalencamping.com; Anf. Mai – Mitte Sept.; am südlichen Ortsrand, im Ort beschildert; überschaubare, fast ebene Wiesen, von hohen Laubbaumgruppen unterteilt. Rezeption, Sanitärhaus und Cafeteria gegenüber; 7 ha - 100 Stpl.; Standardausstattung; Fahrrad-, Kanu- und Mountainbikevermietung; 5 Hütten. WLAN. **V & E für Wohnmobile.** Jugendherberge hinter der Rezeption. In ca. 300 m ICA Supermarkt, Tankstelle.

TOUR 9: DALEN – NOTODDEN – ÅMOT

DALEN – NOTODDEN – ÅMOT

Länge dieser Tour: Rund 310 km, plus Abstecher nach Kongsberg 64 km.

Die Route: Über die R45 und über **Eidsborg** bis **Ofte** – E134 über **Morgedal, Brunkeberg, Seljord** bis **Notodden** – evtl. Abstecher bis **Kongsberg** und ggf. E134 zurück bis **Notodden** – R360 bis **Gvarv** – R36 bis **Ulefoss** – R359 bis **Bø** – R36 bis **Seljord** – E134 bis **Brunkeberg** – R41 bis **Vrådal** – R38 über **Dalen** bis **Åmot**.

Reisedauer: Empfehlenswert sind zwei Tage.

Reisehöhepunkte: Die **Eidsborg Stabkirche** ** – das **Skimuseum** ** in Morgedal – die **Heddal Stabkirche** *** bei Notodden – das **Silberbergwerk** in Kongsberg – der **Telemarkkanal** ** bei Ulefoss.

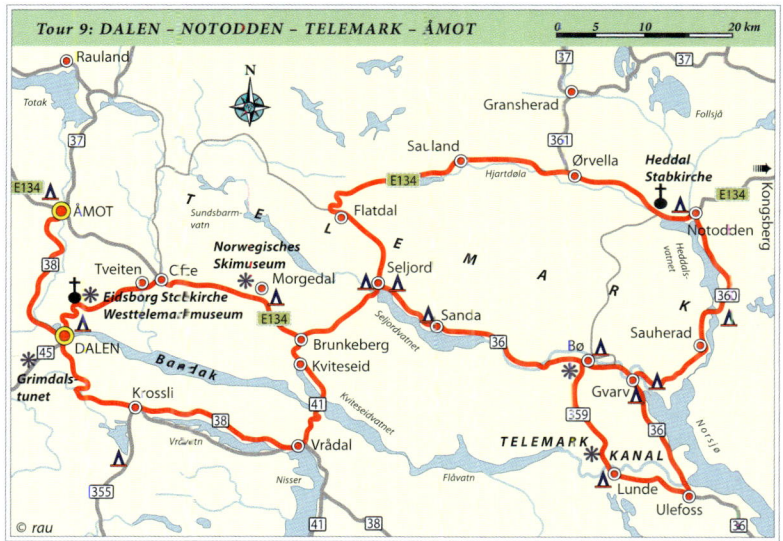

Im Interesse des Reiseerlebnisses empfiehlt es sich, für die folgende **Rundreise durch die Telemark** mindestens **zwei Tage** vorzusehen.

Die **Provinz Telemark** (ca. 162.000 Einwohner), gerne auch als **„Wiege des Skisports"** bezeichnet, weist auf ca. 15.300 qkm ein überaus abwechslungsreiches Landschaftsbild auf. Es reicht von der Schärenküste bei Kragerø, über Seen, bewaldete Höhen und Flusstäler bis zur kahlen Hochebene Hardangervidda im Nordwesten der Provinz. Verwaltungshauptort ist **Skien**.

Eine beliebte Sommerattraktion in der Telemark ist eine Bootstour mit Ausflugsschiffen oder mit dem eigenen Boot oder

Kanu auf dem **Telemarkkanal** zwischen Skien und Dalen (Details unter „Skien", Tour 3).

ROUTE: *Ab Dalen führt unser Reiseweg über die steil und in engen Kehren aufwärts führende R45 nach* **Eidsborg**. *Unterwegs hat man schöne Ausblicke hinab nach Dalen und auf den Bandaksee.*

Die **Stabkirche von Eidsborg** [N 59° 27' 54.4" E 8° 01' 22.2"] *(geöffnet Ende Mai - Anf. Sept. tgl. 10 - 17 Uhr, im Juli bis 18 Uhr; im Sommer täglich etwa im Stundenintervall Führungen)* ist eine der beiden letzten in der Telemark erhaltenen Stabkirchen, von einst-

TOUR 9: DALEN – NOTODDEN – ÅMOT

mals 30 dieser für Norwegen so typischen Kirchenbauten. Die andere erhaltene Kirche ist die Heddal Stabkirche bei Notodden.

Erbaut wurde die Eidsborg Stabkirche um 1200. Der ursprünglich fast quadratische Kirchenraum zwischen den vier tragenden Holzpfeilern (Stäbe – Stabkirche) wird von einem spitzen Satteldach mit Türmchen überragt. Drei Seiten der Außenfassade umläuft ein überdachter, von kleinen Säulen gestützter Umgang. Hier mußten in alten Tagen die Kirchenbesucher ihre Waffen ablegen und es war der Platz für aussätzige Gläubige, die dem Gottesdienst beiwohnen wollten.

Das vielfach gegliederte Dach, die Außenwände und die Außensäulen sind mit Holzschindeln gedeckt und verkleidet. Zweimal, 1826 und 1845, mußte der Kirchenraum nach Osten erweitert werden. 2006/2007 wurde die Kirche komplett restauriert.

Im Inneren sind die Wände mit einfachen, teils schon verblassten Malereien geschmückt. Die an der linken Nordseite stammen von 1604 und stellen die Heiligen Drei Könige, Mutter Maria und Christus sowie die Hochzeit von Kanaan dar. Rechts an der Südwand weltliche Gestalten, gemalt Mitte des 17 Jh. Man erkennt Mädchenköpfe (die klugen und die törichten Jungfrauen) und das Gesicht eines Edelmannes, möglicherweise eines Königs.

Über dem Durchgang zum Chorraum sieht man ein kleines geschnitztes Kreuz, das aus der Entstehungszeit der Kirche, also aus dem frühen 13. Jh. stammt. Ursprünglich hatte der Kirchenraum eine Galerie und keine Fenster, nur kleine runde Löcher im Oberteil der Seitenwände. Eines kann man noch rechts hinten, oben im Eck erkennen.

Die Stabkirche von Eidsborg war dem Schutzpatron der Seefahrer und Reisenden St. Nikolaus von Bari geweiht. Eine schlichte Statue des Heiligen (Kopie, Original in Oslo) steht links vom Eingang. Zum Johannisfest wurde die Skulptur früher von der Kirchengemeinde in einer feierlichen Prozession durch eine hohe, schmale Tür (heute vernagelt) an der rechten Seite zum See unterhalb der Kirche getragen und dort, als symbolische Reinigung von allen Sünden, ins Wasser getaucht.

Von der wunderschön proportionierten Stabkirche führt ein Fußweg zum rund 100 m entfernten **Volkskunde- und Freilichtmuseum Vest-Telemark** (ehemals Lårdal Bygdemuseum, *geöffnet wie Stabkirche*). Im Ausstellungsgebäude wird Kunsthandwerk und Volkskunst aus dem 18. und 19. Jh. gezeigt.

Im Raum links vom Eingang sieht man u. a. schöne Bauerntruhen, eine Messersammlung, eine herrliche Ausstellung kunstvoll gearbeiteter Hardangerfiedeln, eine Silberschmiedewerkstatt, Volkstrachten aus der Telemark, hölzernes Hausgerät u. a.

Im Raum rechts vom Eingang werden Webstühle, diverse Werkzeuge, Gemälde von Einar O. Bakkane, prähistorische Wetz-

Die Eidsborg Stabkirche

TOUR 9: DALEN – NOTODDEN – ÅMOT

steine und eine mit repräsentativen Bauernmöbeln (Rosenmalerei) ausgestatteter Raum gezeigt.

Die bedeutendsten der über 30 historischen Gebäude im Freilichtmuseum mit seinen Gehöften, Speichern und Wirtschaftsgebäuden, sind das zweistöckige Bauernhaus **Tveitenstua** (rechts vom Museumsbau), das 1780 im benachbarten Høydalsmo errichtet worden war und das Bauernhaus **Djuvestua** von 1799.

ROUTE: *Von Eidsborg auf der R45 weiter nordostwärts über Ofte bis* **Høydalsmo** *an der E134, der wichtigsten Ost-West-Verbindung in Südnorwegen. Ihr folgen wir ostwärts nach* **Morgedal**.

Die Telemark gilt als die **"Wiege des Skisports"**. Und in **Morgedal** sollen die ersten Schritte auf Schneebrettern zu sportlichen Zwecken gemacht worden sein.

Wer erinnert sich noch an „Telemarkschwung" und an den eleganten „Christian-Bogen"? Wedeln oder Jetschwung wären mit den ungeschlachten Holzbrettern mit Riemenbindung und dem langen Holzstock, der auch als Bremse diente, ja auch schwerlich möglich gewesen.

Die Bauern der Telemark machten sich einst einen Spaß daraus, sich an den langen, düsteren Wintertagen die Zeit mit Slalomläufen und Sprungwettkämpfen zu vertreiben. Bald wurde diese Art der Freizeitbeschäftigung im Schnee eine der beliebtesten Volkssportarten. Wesentlich mit zu dieser Entwicklung hat sicher die waghalsige Reise Fridtjof Nansens beigetragen, der 1888 erstmals Grönland auf Skiern durchquerte.

In der Nähe von Morgedal wurde 1825 *Sondre Norheim* geboren, der als Pionier des modernen Skisports gilt. Ebenfalls aus der Gegend stammte *Olav Bjåland*, der an Roald Amundsens Südpolexpedition teilnahm.

Vor dem **"Norsk Skieventyr Museum"** (ehemals Bjålandmuseum) steht ein Denkmal für Sondre Norheim, der mit seiner neuen Abfahrtstechnik *„Slalom"* die Neuzeit in der Geschichte des Skisports einläutete.

„Slalom" soll sich von einem Telemark Dialektwort ableiten. Es heißt, dass Zuschauer bei den ersten Skispielen, die hier Mitte des 19. Jh. abgehalten worden sind, den Skifahrern zuriefen „sla lom" (mach'ne Kurve), wenn die Läufer in „beängstigend schneller" Fahrt einen Hang hinabschossen.

Trotz dieser langen Skigeschichte wurden die ersten Olympischen Winterspiele 1924 nicht in Norwegen, sondern in Chamonix durchgeführt. Erst 1952 wurden sie in Oslo ausgetragen. 1994 fanden in Lillehammer die XVII. Olympischen Winterspiele statt.

Im **Norsk Skieventyr Museum** in Morgedal *(geöffnet Mitte Mai - Mitte Okt. tgl. 11 - 16 Uhr, 16. Juni - 15. Aug. tgl. 9 - 19 Uhr, www.morgedal.com)* wird die 4000-jährige Geschichte des Skilaufens dokumentiert. In dem anlässlich der Winterolympiade 1994 modernisierten und ausgebauten Museum wird u. a. eine Reise in Bildern durch die Skigeschichte gezeigt inkl. einer Multivisionsschau mit Skiaction und einem Film über Sondre Norheim, der als Vater des Skisports gilt.

Spezielle Ausstellungen befassen sich z. B. mit Olav Bjåland, Skipionier und Expeditionsteilnehmer an Roald Amundsens Südpolfahrt im Jahre 1911 und mit Cato Zahl Pedersens Tour zum Südpol 1994.

PRAKTISCHE HINWEISE – MORGEDAL

Kviteseid Turistkontor, 3840 Morgedal, Tel. 35 05 41 73.

HOTELS

Morgedal Turisthotell ***, 130 Betten, Tel. 35 05 41 44, Fax 35 05 42 88, Restaurant, Sauna, Schwimmbad, Tennis.
Kviteseid Vandrerhjem, Bræk's Motel, 40 Betten, Tel. 35 05 32 61, 1. Mai – 31. Aug.; Sauna, Bademöglichkeit.

CAMPING

Camping Morgedal ** **[N 59° 29' 6" E 8° 24' 35"]**, Morgedalsveien 255, Tel. 35 05 41 52, www.morgedalcamping.no; 15. Mai – 15. Sept.; beschilderter Abzweig von der Straße E134, beim Turisthotell; beim See Morgedalsvannet und ca. 400 m vom Skimuseum entfernt gelegen; ca. 1,5 ha – 60 Stpl.; Standardausstattung; 5 Miethütten ** - ****.

TOUR 9: DALEN – NOTODDEN – ÅMOT

ROUTE: *Weiterreise von Morgedal auf der E134 über* **Brunkeberg, Seljord, Åse, Sauland** *und durch das Heddal bis* **Notodden**.

5 km westlich von **Notodden** liegt etwas abseits der Straße E134 die **Heddal Stabkirche [N 59° 34' 46.9" E 9° 10' 22.5"]**. Sie gilt als die größte Stabkirche Norwegens, stammt aus dem Jahre 1148 und wurde 1954 restauriert. Beachtung verdient u. a. das Schnitzwerk an den Portalen.

In einer alten norwegischen Saga heißt es, dass am mächtigen Kirchenbau der Riese Fin, eine Gestalt, die an unsere Sagenfigur Rübezahl erinnert, mitgewirkt habe. Niemand anders als er selbst soll die gewaltigen, tragenden Holzsäulen des Kirchenschiffs hierher getragen und aufgerichtet haben.

Vor der Stadtkirche steht die von der norwegischen Bildhauerin Anne Grimdalen (siehe auch unter Grimdalen bei Dalen) geschaffene Skulptur „Andacht".

Und neben der Stabkirche findet man ein Versorgungsgebäude mit Ticketkasse, einem Café, einem kleinen Museum und einem Souvenirladen.

Unweit der Heddal Stabkirche liegt an der alten Straße Richtung Notodden das **Heimat- und Freilichtmuseum Heddal Bygdetun**. Alte Bauernhäuser aus der Umgebung mit historischem Inventar, Speicher und Scheunen und eine mit Bauernmalerei ausgeschmückte Gästestube sind zu sehen.

Notodden selbst ist eine wenig anziehende Industriestadt (u. a. Plastikproduktion und Herstellung hochwertiger Metalle).

Falls Sie dem Abstecher nach Kongsberg nicht folgen wollen, bitte weiter mit **„Hauptroute"** weiter hinten.

Abstecher nach Kongsberg

ABSTECHER: *Von Notodden über die E134 nordostwärts nach* **Kongsberg**, *32 km. Den gleichen Weg später zurück nach Notodden.*

Die Bergwerkstadt **Kongsberg [N 59° 39' 51.6" E 9° 39' 15.4"]** (Wohnmobilstellplatz „Sommer Camping" an der Schwimmhalle) wurde 1624 von König Christian IV. gegründet. Der Abbau von Silbererzen war bis 1957 wichtigster Wirtschaftszweig in Kongsberg.

Sehenswert in der Stadt sind die aus dem 18. Jh. stammende **Kirche** mit Barockausstattung und das **Bergwerkmuseum**.

Vor allem aber lohnt ein Besuch der alten **Silbermine „Sølvegruvene"** (auch Königsgrube). Beschilderter Abzweig von der Straße E134 westlich Kongsberg.

Die Grube war im Besitz des Königshauses und stellte nach über 300jähriger Tätigkeit 1957 den Betrieb wegen zu geringer Ergiebigkeit ein. Über 36 Jahre wurde alleine am

Norwegens größte Stabkirche, die Heddal Stabkirche

TOUR 9: DALEN – NOTODDEN – ÅMOT

PRAKTISCHE HINWEISE – NOTODDEN

Turistkontoret for Øst-Telemark, Jernebanestasjonen, 3670 Notodden, Tel. 35 01 26 33.

HOTELS
Bolkesjø Hotel *****, 330 Betten, Bolkesjø, Tel. 35 01 86 00, Fax 35 01 87 14, Restaurant, Sauna, Schwimmbad, Parkplatz.
Grand Hotell Bolkesjø, 160 Betten, Bolkesjø, Tel. 35 01 86 40, Restaurant, Sauna, Schwimmbad, Garage.
Telemark Hotel ***, 130 Betten, Torget 8, Tel. 35 01 20 88, Fax 35 01 40 60, Restaurant, Sauna, Parkplatz.

CAMPING
Camping Notodden ** [N 59° 33' 58.4" E 9° 12' 30.2"], Reshjemveien 46, Tel. 35 01 33; www.notoddencamping.com; 15. Juni – 1. Sept.; ca. 3 km westl. Notodden Abzweig von der Straße E134 und Zufahrt über Rollbahn des Flughafens; fast eben, beim Sportflugplatz; ca. 3 ha – 150 Stpl.; Standardausstattung; 16 Miethütten ***.

Ausbau des Bergwerks gearbeitet, bis mit der Silberförderung begonnen werden konnte. Lange mussten die Stollen ohne Dynamit, nur mit Hilfe von Feuer, gehauen werden. Bis zur Einführung von Förderkörben und Aufzügen sahen sich die Arbeiter gezwungen, über ein System von über 100 Leitern zu ihren Arbeitsplätzen im Schacht hinabzusteigen – pro Weg einei̇nhalb Stunden!
Heute wird der Besucher per Grubenbahn in 10 Minuten ca. 2,3 km weit in den Berg gefahren. Dort werden Schächte, Aufzüge und technische Installationen besichtigt. Gesamtdauer der Tour 1 Stunde 15 Minuten. Und nehmen Sie einen dicken Pullover mit! In der Grube ist es auch im Sommer empfindlich kalt! www.visitkongsberg.no.

HAUPTROUTE

ROUTE: *Der weitere Weg unserer Telemarkrundfahrt führt von* **Notodden** *auf der R360 südwärts, am See Heddalsvatnet entlang durch eine liebliche Landschaft mit großen Bauernhöfen, nach* **Gvarv** *am Bøelva.*

Unterwegs passiert man nördlich von **Sauherad** den Felsen **Bratningsborg** von dem die Sage geht, dass in grauer Vorzeit hier ein Kleinkönig namens Bratning herrschte, dem sein Goldschatz geraubt worden war. Der Räuber aber schmolz den Schatz um zu einem goldenen Götzenkalb und versenkte es im nahen See. Unentwegte versuchen gelegentlich heute noch, den Schatz ausfindig zu machen.

Die **Kirche** von Sauherad stammt aus dem 12. Jh. Interessante Renaissance-Altartafel und bemerkenswerte Dekoration im Chorgewölbe.

ROUTE: *Von Gvarv über die R36 südostwärts nach* **Ulefoss**, *16 km.*

Ulefoss liegt am Westufer des Norsjø. In Ulefoss beginnt der 1892 eröffnete **Bandakkanal**, der als Teil des Telemarkkanalsystems den Norsjø mit dem weiter westlich gelegenen See Flavatn verbindet. Auf diesem Kanalstück müssen die Schiffe 14 Schleusen überwinden. Die Hebewerke überbrücken einen Höhenunterschied von 57 m.

Die ersten Schleusen liegen westlich Ulefoss an der Straße nach Lunde. Drei Schleusenkammern heben hier die Schiffe 11 m hoch den Ulefoss hinauf.

Ab Skien legen die Telemarkschiffe ab. Im Sommer zwischen Ende Juni und Anfang August verkehrt die 1882 in Dienst gestellte **„MS Victoria"** abwechselnd mit der **„MS Henrik Ibsen"** tägl. (Anf. - Ende Juni, sowie Anf. - Ende Aug. nur Mo, Mi, Fr + Sa) nach Dalen, Abfahrt 8.30 Uhr.

Die Fahrt geht über **Ulefoss** (11 Uhr), **Vrangfoss** (12.25 Uhr), **Lunde** (13 Uhr), **Kjeldal** (13.45 Uhr), **Hogga** (14.10 Uhr) und **Kviteseid** (16.40 Uhr) nach **Dalen** (an 19.20 Uhr). Fahrzeit ca. 11 Stunden. Rückfahrt ab Dalen 8.40 Uhr, an Skien 17.50 Uhr. Die Schiffe sind bewirtschaftet. Der Fahrplan kann sich ändern.

Es lohnt sich, dem **Bandakkanal** (Teil des Telemarkkanals) ab Ulefoss ein Stück

TOUR 9: DALEN – NOTODDEN – ÅMOT

CAMPING

Holtsås
Camping Volltveit **, Tel 32 95 97 70; Mitte Juni – Ende Aug.; ca. 15 km südl. Notodden, kleinere Anlage zwischen R360 und Heddalsvatnet; ca. 1 ha – 50 Stpl.; 2 Miethütten.

Akkerhaugen
Camping Norsjø Ferieland **** [N 59° 23′ 15″ E 9° 15′ 47″], Liagrendveien 71, Tel. 35 95 84 30, www.norsjo-ferieland.no; 1. Mai – 30. Sept.; ca. 4 km östl. Gvarv Abzweig von der R360 und noch 2 km; in schöner Lage am Nordende des Norsjø, teils eben, teils Terrassen; Badestrand, Bootssteg; ca. 4 ha – 150 Stpl.; Komfortausstattung; 30 Miethütten *** - *****.

Gvarv
Teksten Familiecamping/ Barnas Camping *** [N59° 23′ 6″ E 9° 10′ 54″], Strandavegen 140, Tel. 35 95 55 96; 1. Juni – 1. Sept.; fast ebene Wiese mit Baumgruppen an einem Flussknie; ca. 1,5 ha – 100 Stpl.; gute Standardausstattung; 5 Miethütten.

Lunde
Telemark Kanal Camping ** [N 59° 17′ 47.1″ E 9° 05′ 47.9″], Sluseveien, Tel. 91 57 54 21; www.kanalcamping.no; 1. Juni – 31. Aug.; kleiner Zeltplatz nahe des Kanals, am Südrand von Lunde; ca. 1 ha – 30 Stpl.; Mindestausstattung.

westwärts auf der Straße nach Lunde etwa bis **Hogga** zu folgen. Die Flusslandschaft ist hier sehr lieblich.

Wenige Kilometer westlich von Ulefoss sollte man bei **Eidsbygda** nordwärts abzweigen und erreicht dann nach kurzer Fahrt beim mächtigen Katarakt **Vrangfoss die größte Schleusenanlage am Bandakkanal [N 59° 18′ 02.6″ E 9° 12′ 12.0″]**. Richten Sie es so ein, dass Sie gegen 12 Uhr dort sind, dann können Sie beobachten, wie die Ausflugsschiffe „MS Victoria", „MS Henrik Ibsen" oder MS Telemarken" in sechs Schleusenkammern 15 m bergwärts (bzw. talwärts) gehievt werden.

Während des Schleusenbaus von 1887 bis 1892 wurde daneben ein 32 m hoher Staudamm angelegt.

Westlich von **Lunde** liegen die **Schleusen von Kjeldal** (Schiffsdurchfahrt ca. 13.40 Uhr) mit einem seltenen, aus senkrecht im Wasser stehenden Holzstämmen gefügten Damm zur Wasserregulierung sowie die **Hoggaschleusen** mit zwei Kammern.

An den Schleusen von Vrangfoss, bei Ulefoss

TOUR 9: DALEN – NOTODDEN – ÅMOT

PRAKTISCHE HINWEISE – BØ
Bø Turistkontor, Bø Zentrum, 3800 Bø, Tel. 35 95 18 80.

HOTELS
Bø Hotell ***, 180 Betten, Tel. 35 95 01 11, Restaurant, Sauna, Schwimmbad, Parkplatz.
Lifjell Hotell ****, 150 Betten, Tel. 35 95 33 00, Restaurant, Sauna, Schwimmbad, Parkplatz.

CAMPING
Bø Camping **** [N 59° 24' 33.3" E 9° 05' 22.0"], Tel. 35 95 20 12, www.bocamping.com; 1. Jan. – 31. Dez.; nördl. des Ortes bei Lifjell; ca. 6 ha – 300 Stpl.; Standardausstattung; 11 Miethütten ** - ****.

Folgt man der Straße weiter, erreicht man nach der Brücke am Nordufer des Sees Flåvatn den Campingplatz *Omnes Caravan*.

ROUTE: Zurück nach **Lunde** und der R359 nordwärts durch sehr reizvolle Hügellandschaft bis **Bø** folgen.

Schon von weitem erkennt man die auf der Anhöhe Gvalahaugen markante **Kirche von Bø**. Neben der neueren Holzkirche steht eine alte Steinkirche aus dem 12. Jh.

Weitere Sehenswürdigkeiten der 4.500-Seelen-Gemeinde Bø sind das **Heimatmuseum** bei **Oterholt**, wenige Kilometer nördlich der Stadt und der **Østerli Museumshof**. Ebenfalls nördlich der Stadt liegt der **Ferienpark Bø Sommerland**, Norwegens größtem Wassererlebnispark.

ROUTE: Weiterreise von Bø westwärts über die R36 nach **Seljord**.

In **Seljord**, das in schöner hügelreicher Telemarklandschaft am Seljordsee liegt, kann man die **Kirche** aus dem 12. Jh. mit dem legendären Stein des starken Nils besichtigen.

ROUTE: Ab Seljord folgen wir der Straße E134 bis **Brunkeberg**. In Brunkeberg wäre – wenn nicht schon zu Beginn dieser Etappe besichtigt – nochmals ein Abstecher nach Morgedal, der „Wiege des Skisports" möglich. In Brunkeberg verlassen wir die Straße E134 und folgen der R41 südwärts über **Kviteseid** [N 59° 24' 23.4" E 8° 29' 32.8"] (Anlegestelle des Kanaldampfers „MS Victoria") und über den Wasserarm Straumane hinweg nach **Smeodden** und weiter bis **Vrådal**.

Kurz hinter **Kviteseid** kann man zum **Kviteseid Freilichtmuseum** abzweigen (geöffnet 10. Juni - 15. Aug. tgl. 11 - 17 Uhr, Juli bis 18 Uhr). Zu sehen ist ein typischer West-Telemark-Hof aus dem 16. Jh. Das Haupthaus „Flekstveitstova" hat mit Rosenmalerei dekorierte Stuben. Sehr schön sind auch die beiden

PRAKTISCHE HINWEISE – SELJORD
Seljord Turistkontor, 3840 Seljord, Tel. 35 05 10 06, 35 05 06 18.

CAMPING
Garvikstrondi Camping **** [N 59° 25' 51.29" E 8° 44' 20.17"], Garvikvegen 540, Tel. 35 05 29 12; www.garvikstrondi.no; 1. Mai – 15. Sept.; an der Fv156 südöstl. Seljord; Wiesengelände in sehr schöner Lage am See; ca. 1 ha – 100 Stpl.; Standardausstattung; Laden; 15 Miethütten ** - *****; Bademöglichkeit.
Seljord Camping **** [N 59° 28' 53.3" E 8° 38' 15.7"], Bjørgesanden Badeplass, Tel. 35 05 04 71; www.seljordcamping.no; 1. Mai – 30. Sept.; ebene Wiese und Terrassen am See, am östl. Ortsrand von Seljord an der R36; ca. 2 ha – 130 Stpl.; öffentlicher Badestrand; Laden, 11 Miethütten ** - *****.
Sanden Camping **** [N 59° 27' 19.1" E 8° 43' 51.4"], Tel. 35 05 29 62; 1. Jan. – 31. Dez.; 12 km östl. Seljord Richtung Bø; ebene Wiese zwischen Straße 36 und dem Seljordsee, ansprechend gelegen mit kleinem Sandstrand; ca. 2 ha – 100 Stpl.; Standardausstattung; Laden, 2 Miethütten, Badestrand.

TOUR 9: DALEN – NOTODDEN – ÅMOT

Zwei der für die Telemark typischen Speicherhäuser, im Freilichtmuseum Kviteseid

kunstvoll mit Schnitzereien versehenen Scheunen auf dem Hofplatz. Gleich hinter dem Hof steht eine alte **Steinkirche** aus dem 13. Jh., die zu den ältesten in der Telemark gezählt wird.

ROUTE: *In* **Vrådal** *Abzweig auf die R38 und westwärts nach* **Dalen***. Die Fahrt führt lange am Nordufer des schön gelegenen, langgestreckten Sees Vråvatn entlang.*

Auf dem Weg über Dalen durchs Tokketal passiert man die **Schlucht Ravnjuvet**. Hier herrschen meist ungewöhnlich heftige Aufwinde aus dem Talgrund, die zu einer bescheidenen Touristenattraktion geworden sind.

ROUTE: *Ab Dalen schließlich über die R38 und durch das* **Tal des Tokke** *nordwärts nach* **Åmot**

Åmot [N 59° 34' 19.2"   E 7° 59' 18.4"] am Kreuzungspunkt von Straße E134, R38 und R37 ist Hauptverwaltungsort der Großgemeinde **Ytre Vinje** (insgesamt 3.900 Einwohner, ca. 3.120 qkm).

PRAKTISCHE HINWEISE – YTRE VINJE

 Vinje Turistkontor, 3890 Ytre Vinje, Tel. 35 07 13 00.

 HOTELS
Vinje Hotel Park ***, 107 Betten, Tel. 35 07 13 00, Fax 35 07 15 85, Restaurant, Sauna, Schwimmbad, Parkplatz.

 CAMPING

Camping Groven *** [N59°34'21.19" E7°59'30.84"], Vinje, Raulandsvegen, Tel. 35 07 14 21, www.grovencamping.no; 15. Mai – 1. Okt.; in Åmot auf die R37 Richtung Rauland und rechts; Wiesen und Geländestufen in schöner Lage, naher Wasserfall, waldreiche Umgebung; ca. 5 ha – 50 Stpl.; Komfortausstattung; 20 Miethütten ** - ****; Badesee. **V & E für Wohnmobile**.
Camping Hyllandsfoss ** [N 59° 34' 51.69" E 8° 0' 3.17"], Tel. 35 07 12 49; 1. Mai – 30. Sept.; ca. 2,5 km nördl. Åmot an der R37 Richtung Rauland; kleinere Anlage mit einfacher Ausstattung, 10 Miethütten **.

TOUR 10: ÅMOT – RØLDAL – SKÅNEVIK – BERGEN

ÅMOT – RØLDAL – SKÅNEVIK – BERGEN

Länge dieser Tour: Rund 320 km + 2 Fähren.

Die Route: Über die E134 und R48 über **Røldal** und **Skarsmo** bis **Skånevik** – Fähre nach **Utåker** – R48 über **Uskedal** und **Rosendal** bis **Løfallstrand** – Fähre nach **Gjermundshamn** – R48 über **Eikelandsosen** bis **Tysse** – R7 bis **Trengereid** – E16/E39 bis **Bergen**. Siehe auch Alternativ-Tour 6.

Reisedauer: Mindestens ein Tag.

Reisehöhepunkte: Die Fahrt über das **Haukelifjell** * – Wandern auf der **Hardangervidda** ** – die **Røldal Stabkirche** * – Abstecher zum Wasserfall **Låtefoss** *** bei Skarsmo – der Wasserfall **Langfoss** *** – die Strecken entlang des **Åkrafjords** und des **Hardangerfjords** – Baronie und Park in **Rosendal** **.

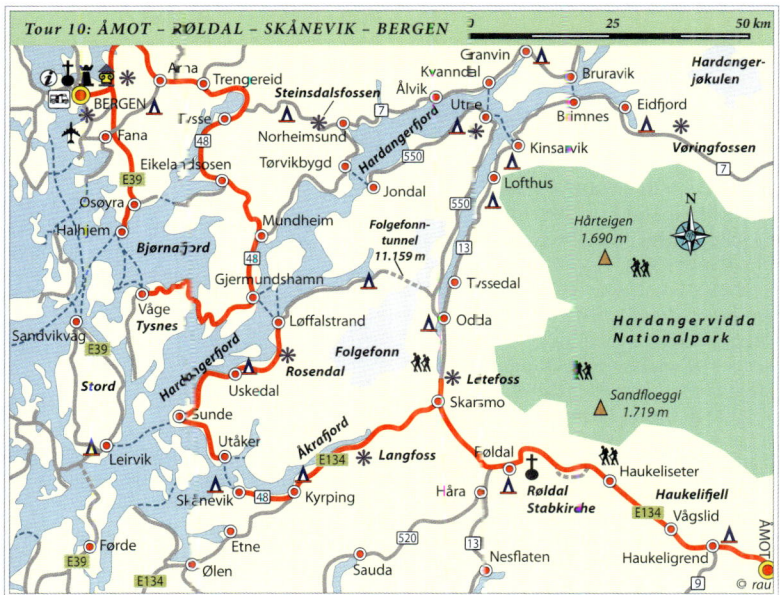

ROUTE: Ab Åmot auf der E134 über **Haukeligrend** nach Nordwesten.

Campings bei Haukeligrend siehe Tour 8, „Abkürzende Alternativroute".

Hinter Haukeligrend beginnt die Straße langsam anzusteigen. Sie führt hinauf nach **Vågslid**, einem etwa 900 m hoch gelegenen Wintersportgebiet, das mitten in einem seenreichen Hochplateau, dem **Haukelifjell** liegt. Die Landschaft hier oben nimmt gebirgsähnlichen Charakter an.

Bei der **Prestegård Turisthytte** passiert man den gut 1,5 km langen **Prestegård Tunnel**. Wenig später kommt man an der **Haukeliseter Hall** und an der **Haukeliseter Fjellstue** am Ståvatnet vorbei.

Diese Hotels bzw. bewirtschafteten Gebirgshütten sind Ausgangspunkte für ausgedehnte **Wandertouren** in die südlich gelegene **Setesdalsheiene** oder in die riesige, sich nach Norden erstreckende **Hardangervidda**. Diese Hochebene soll die größte ihrer Art in ganz Europa sein. Große Teile (3.430

117

TOUR 10: ÅMOT – RØLDAL – SKÅNEVIK – BERGEN

qkm) wurden 1981 zum **Nationalpark** erklärt. So um die 1.000 Höhenmeter zieht sich die schier endlos erscheinende, sehr vegetationsarme und von zahllosen Seen zwischen Granitbuckeln durchsetzte Hochfläche weit nach Norden bis in die Nähe des Gletschers Hardangerjökulen.

Wandern auf der Hardangervidda
Tourenvorschläge

Die gesamte Hardangervidda ist ein ganz hervorragendes Gebiet für mehrtägige Wandertouren. Zahlreiche Hütten stehen zur Verfügung (*Den Norske Turistforening*, Oslo. www.hardangerviddanett.no).

Tourenvorschlag: Durchquerung der Hardangervidda in Nordsüdrichtung, von **Haukeliseter** nach **Haugastøl** an der Straße 7, ca. 22 km westlich von Geilo, Dauer min. 6 Tage.

1. Tag: Haukeliseter – Hellevassbu, 7 Std., Hütte in 1.160 m, Selbstbedienung, 26 Betten.

2. Tag: Hellevassbu – Litlos, 5 Std., bewirtschaftete Hütte in 1.180 m, 52 Betten.

3. Tag: Litlos – Sandhaug, 7 Std., bewirtschaftete Hütte in 1.250 m, 80 Betten.

4. Tag: Sandhaug – Bjoreidalshytta, 6 Std. privat bewirtschaftete Hütte. Kürzere Etappen mit Übernachtungen in den Privathütten **Hellehalsen** oder **Trondsbu** nach telefonischer Absprache möglich.

5. Tag: Bjoreidalshytta – Krækkja, 5 Std., bewirtschaftete Hütte in 1.162 m, 66 Betten.

6. Tag: Krækkjahytta – Haugastøl, 5 Std., privat geführtes Berghotel, Bahnstation.

HAUPTROUTE

ROUTE: *Weiterfahrt von der Haukeliseter Fjellstue auf der E134 nach Westen. Nach weiteren sieben Kilometern Fahrt durch die überaus eindrucksvolle Berglandschaft des Haukelifjell erreicht man das Ostportal des fast 6 km langen* **Haukelitunnels**.

Sommerweg über den Dyrskar-Pass

Direkt vor dem Tunneleingang zweigt rechts ein kleines Sträßchen ab. Die alte Straßentrasse (befestigt, aber schmal) führt über den 1.148 m hohen **Dyrskar-Pass** (Wintersperre bis ca. Mitte Juni) mit prächtigem Panoramablick und erreicht nach etwa 6 km wieder die E134.

Diese vor allem bei schönem Wetter überaus lohnende Fahrt scheint allerdings für Wohnwagengespanne ungeeignet! Sie sollten lieber den bequemen Weg durch den Haukelitunnel nehmen.

Bleibt man auf der Hauptstraße E134 passiert man den **Haukelitunnel**, später den etwa 1 km langen **Svandalsflonatunnel** und gelangt schließlich durch den **180-Grad-Austmannlitunnel** (früher Austmannli Abstieg / Aussichtspunkt Austmannli **[N 59° 51′ 21.9″ E 6° 52′ 38.5″]**) hinab nach Røldal.

Seit dem Haukelitunnel befinden wir uns in der **Provinz Hordaland** mit Bergen als Provinzhauptstadt. Hordalands wild zerklüftete Küste wird maßgeblich vom ausgedehnten Hardangerfjord geprägt.

Bald taucht unterhalb der E134 **Røldal** auf. Die kleine, von hohen Bergen umgebene Gemeinde am Nordende des langgezogenen Sees Røldalsvatnet war lange Zeit nicht mehr als ein kleiner Weiler, der seit dem Mittelalter aus einem Markt an Kreuzungspunkt von Handelswegen entstanden war. In erster Linie wurden Waren zwischen den Dörfern an der Fjordküste und den Bergdörfern ausgetauscht. Ansonsten lebte man von der Land- und Viehwirtschaft.

Vor allem die Ziegenzucht wurde in größerem Stil betrieben. Und aus der fetten Ziegenmilch wurde und wird noch heute ein ausgezeichneter Ziegenkäse (Geitost) gemacht, für den Røldal weit über seine Talgrenzen hinaus bekannt ist.

Erst später, mit dem Bau der ganzjährig befahrbaren Straße über das Haukelifjell, siedelten sich in Røldal auch andere Betriebe an.

Sehenswert ist neben dem kleinen **Dorfmuseum** die **Stabkirche von Røldal** aus dem frühen 13. Jh. Im Inneren sieht man u. a. eine schön gearbeitete Kanzel und ein wundertätiges Pilgerkreuz über dem Chor. Lange Zeit pilgerten die Gläubigen zum Kreuz von Røldal, um Heilung und Linderung von ihren Leiden zu erbitten. Und nach altem Volksglauben heißt es, dass die Jesusfigur am Kreuz am Tag der Sommersonnenwende schwitzt.

Bei der Kirche liegen Reste eisenzeitlicher Hünengräber.

TOUR 10: ÅMOT – RØLDAL – SKÅNEVIK – BERGEN

Blick auf Røldal

ROUTE: *Hinter Røldal folgt die E134 ein Stück dem See Røldalsvatnet, um dann ab* **Håra** *in Serpentinen über die* **Hordalia Bergstraße** *hinauf ins Røldalsfjellet zu führen. Es bieten sich sehr schöne Ausblicke. Durch zwei Tunnels, 5 km und 2,5 km lang, gelangt man hinab ins Hochtal von* **Seljestad**.

Auch auf diesem Wegstück gibt es die Möglichkeit, im Sommer die beiden Tunnels der E134 auf der alten, sehr steilen und engen Straßentrasse **Seljestadjuvet** zu umgehen. Allerdings kann die alte Trasse (nur im Sommer und nur für Fahrzeuge bis 2 m Breite erlaubt!) bis weit in den Juni hinein wegen Schnee gesperrt sein!

Über die Straße, die Mitte des 19. Jh. mit großen Anstrengungen gebaut wurde, erzählt man sich folgende Geschichte: Im Januar 1903 wurde der Postbote G. Turtveit hier von einer Lawine verschüttet. 56 Stunden lang war der Mann unter den Schneemassen begraben, bis es ihm endlich gelang, sich mit seinem Posthorn selbst zu befreien. Ein Gedenkstein an der Straße erinnert an die Begebenheit.

Nach **Seljestad** passiert man das Wintersportgebiet bei **Solfonn** (Camping, Motel) und erreicht kurz darauf den Abzweig der Straße 13 bei **Skarsmo/Jøsendal**.

Achtung Routenalternativen!

In Skarsmo kann man sich entscheiden, ob man der weiter unten beschriebenen **Hauptroute** über Skånevik und Rosendal oder doch lieber der Route über Odda und den Folgefonntunnel folgen möchte (siehe Tour 5, Stavanger – Odda – Bergen, Alternativroute durch den Folgefonntunnel).

PRAKTISCHE HINWEISE – RØLDAL

Røldal Turistinformasjon, 5760 Røldal, Tel. 53 64 72 59. www.roeldal.com

CAMPING

Camping Skysstasjon Røldal ****, Kyrkjevegen 24, Tel. 53 64 73 85, www.skysstasjonen.no; 1. Jan. – 31. Dez.; ebene Wiese, Nähe Stabkirche; ca. 2 ha - 50 Stpl.; Standardausstattung. Fahrradverleih, Imbiss. 7 Miethütten ****.

Røldal Hyttegrend & Camping **** [N 59° 49′ 52″ E 6° 49′ 44″], Kyrkjevegen 49, Tel. 53 64 71 33, www.roldal-camping.no; 1. Jan. - 31. Dez.; Wiese nahe der Stabkirche; ca. 1 ha - 50 Stpl.; Standardausstattung. 9 Miethütten ** - *****.

Seim Camping ***, Tel. 53 64 73 71; www.seimcamp.no; 1. Mai – 30. Sept.; kleines Campinggelände im Ort bei der Stabkirche; 7 Miethütten * - ****.

Saltvold Camping ** N 59° 49′ 52.7″ E 6° 49′ 15.4″, Tel. 53 64 72 45; 1. Jan.–31. Dez.; im Ort Nähe Stabkirche; ca. 2 ha – 90 Stpl.; einf. Standardausstattung; 9 Miethütten **-*****.

TOUR 10: ÅMOT – RØLDAL – SKÅNEVIK – BERGEN

Mein Tipp! Wer sich für imposante Wasserfälle begeistern kann, sollte aber – wenn man sich für die Hautproute über Skånevik entscheidet – auf alle Fälle die wenigen Kilometer von Skarsmo auf der R13 nordwärts bis zum 170 m hohen Zwillingswasserfall **Låtefossen** fahren!

HAUPTROUTE

ROUTE: *Bei* **Skarsmo** [N 59° 55' 31.6" E 6° 34' 28.8"] *wendet sich die E134 nach Südwesten und führt (mit Engstellen) durch das* **Sørdalen** *und am* **Åkrafjord** *entlang rund 43 km nach Südwesten (Mautpflicht).*

Es ist eine sehr reizvolle Fahrt durch das **Sørdalen** entlang eines wilden Gebirgsbaches, der immer wieder durch tosende Wasserfälle auf sich aufmerksam macht.

Ab **Fjæra** zieht die stellenweise schmale Straße durch etliche Tunnels hoch über dem herrlichen **Åkrafjord** entlang.

Einige Kilometer südwestlich von Fjæra stürzt von der linken Bergflanke unübersehbar und unüberhörbar der gewaltige **Langfoss** hinab zum Fjord. Insgesamt toben die Wasser des Falls in wilden Schleiern und Kaskaden über 600 m tief zu Tal. Nach längeren Regenfällen ist der Anblick besonders imposant.

Bei **Tjelmeland** kann man hinab nach **Kyrping** abzweigen, das sehr schön am Åkrafjord liegt.

Bei ausreichend zur Verfügung stehender Zeit und bei besonderem Interesse für die Frühgeschichte Norwegens kann man etwa 1 km weiter südlich von der Hauptstraße N134 auf eine schmale, einspurige Straße zum Weiler **Frette** abzweigen und weiter an See Størdalsvatnet entlang bis ans Ende der Straße bei einem Bauernhof fahren.

Von dort führt ein nicht beschilderter Weg an einem Bach entlang hinauf zu einem Felsen mit **frühgeschichtlichen Felszeichnungen**. Die Sehenswürdigkeit ist aber eher bescheiden. Und den etwas beschwerlichen Weg werden sich wohl nur speziell Interessierte antun.

ROUTE: *Wenige Kilometer südlich von* **Tjelmeland** *zweigt von der E134 nach Westen die R48 ab. Ihr folgen wir und erreichen nach 14 km kurvenreicher Fahrt den* **Fährhafen Skånevik** *am gleichnamigen Fjord.*

In **Skånevik** [N 59° 43' 58.4" E 5° 55' 54.0"] *nimmt man die* **Fähre nach Utåker**. *Sie verkehrt täglich zwischen ca. 5.45 Uhr (Sa 7 Uhr, So 8.15 Uhr) und 21.50 Uhr (Sa 21 Uhr) bis zu 15 mal, Fahrtdauer rund 20 Minuten.*

Weiter ab Utåker [N 59° 43' 58.4" E 5° 55' 54.0"] *auf der Straße 48 über* **Sunde, Uskedal** *und* **Rosendal** *zum* **Fährhafen Løfallstrand**.

Sehenswert in **Rosendal** [N 59° 59" 07.3" E 6° 00' 41.7"] ist – neben der turmlosen **Kvinnherad Kirche** aus dem 13. Jh. – das **Renaissanceschloss „Baroniet"** (geöffnet Anf. Mai - Ende Sept. 11 - 15 Uhr, Juli - Mitte Aug. 10 - 17 Uhr, stündl. Führungen).

Der Adelssitz aus dem 17. Jh., dessen vier Gebäudeflügel sich um einen Innenhof gruppieren, liegt mitten in einem herrlichen, sehr gepflegten Park mit alten Bäumen und romantischen Wasserläufen. *Ludwig Rosenkrantz* hatte sich dieses Schlösschen 1665 errichten lassen.

Der Zugang zum Innenhof führt durch eine schönes **Renaissanceportal** mit Steinmetzarbeiten. Im Inneren gibt es Ausstellungen zu besichtigen.

Der einstige Weinkeller ist in eine **Kunstgalerie** umgewandelt und einer der Gebäudeflügel zum **Konzertsaal** restauriert worden. Schönes **Café mit Gartenterrasse**, in dem Selbstgebackenes aus der Schlossküche angeboten wird.

Außerdem gehört zu dem Anwesen ein Gutshof mit einem Gestüt für Norwegerpferde.

In Rosendal, das Teil der Großgemeinde Kvinnherad ist, lief übrigens die legendäre „Gjøa" von Stapel, mit der Amundsen und Sverdrup ausgangs des 19. Jh. auf Polarexpedition gingen. Das Schiff ist heute im Seefahrtmuseum in Oslo zu sehen.

CAMPING – KYRPING

Kyrping Camping * [N 59° 44' 43" E 6° 6' 41"]**, Tel. 53 75 51 00, www.kyrping-camping.no; 1. Apr. – 1. Okt.; durch die wellige Geländeform mehrfach unterteilte Wiesen in reizvoller Lage am Åkrafjord, mit kleinen idyllischen Buchten zwischen Felsen; ca. 3 ha – 100 Stpl.; Standardausstattung; Laden, Imbiss, Bootsverleih. 18 Miethütten * - *****. **V & E für Wohnmobile**.

TOUR 10: ÅMOT – RØLDAL – SKÅNEVIK – BERGEN

HOTELS – SKÅNEVIK

Skånevik Fjordhotel, 51 Zi., Tel. 53 77 07 00, www.fjordhotellet.no; komfortables Mittelklassehotel in ansprechender Lage am Fjord, Restaurant, Sauna. Fahrrad- u. Bootsverleih. Parkplatz.

CAMPING – SKÅNEVIK

Camping Toflebrekko ***, Tel. 53 75 52 87, www.skaanevik.no/overnatting; 1. Mai – 30. Sept.; Campingmöglichkeit westl. des Ortes; Wiesengelände am Fjord; ca. 1.5 ha – 60 Stpl.; einfache Standardausstattung; 10 Miethütten.

Die lange Schiffbautradition wird im **Schiffbaumuseum** am Kai von Rosendal dokumentiert, Diashow *(geöffnet Mitte Juni - August 12- 17 Uhr)*.

Herrlich ist die Landschaft am **Hardangerfjord** im Frühling wenn etwa Ende Mai die Obstbäume weiß und rosa blühen und die leuchtend grünen Wiesenhänge übersät sind mit gelbem Hahnenfuß und Löwenzahn. In eigentümlichem Kontrast stehen dann die noch schneebedeckten Bergkuppen, die sich im tiefblauen, klaren Wasser des Fjordes spiegeln. Unzählige Wasserfälle stürzen, weißen Schleiern gleich, von den Bergen. Nahezu 170 km weit erstreckt sich der Hardangerfjord mit seinen vielen Verzweigungen in das Land.

ROUTE: *In* **Løfallstrand** *[N 60° 01' 00.0" E 5° 59' 53.0"] nehmen wir die Fähre nach* **Gjermundshamn** *[N 60° 03' 45.2" E 5° 55' 13.4"]. Die Fähren verkehren zwischen 5.15 Uhr (Sa 6.30 Uhr, So 7.45 Uhr) und 23.30 Uhr (Sa 21.00 Uhr) in Intervallen zwischen 30 und 60 Min., Fahrtdauer rund 25 Minuten.*

Mein Tipp! **Gespannfahrer** sollten für die Weiterreise ab Gjermundshamn den Weg südwestwärts über die R49 nach **Våge** in Betracht ziehen, um von dort die **Fähre nach Halhjem** zu nehmen (verkehrt ganzjährig zwischen 5.40 Uhr, Sa ab 6.40 Uhr, So ab 8 Uhr und 21.45 Uhr, bis 15 Abfahrten täglich, Fahrzeit ca. 40 Min.) und über die E39 nach Bergen weiterzureisen.

Grund für diese Überlegung ist das letzte Stück der R48 zwischen **Eikelandsosen** [N 60° 14' 31.8" E 5° 44' 35.2"] und **Tysse**. Die Straße auf diesem Teilstück ist teils schmal und nur einspurig, was gelegentliches Zurücksetzen zu Ausweichstellen nötig machen kann.

ROUTE: *Von Gjermundshamn auf der R48 über* **Mundheim** *[N 60° 09' 51.5" E 5° 54' 33.7"] nordwärts nach* **Tysse** *(49 km). Ab Tysse erreicht man über die gut ausgebaute E16 (mautpflichtig) und über* **Ytre Arna** *rasch die Stadt* **Bergen** *(50 km).*

Alternativ dazu bietet sich der Weg von Gjermundshamn über Eikelandsosen nach Venjaneset an, Fähre nach Hatvik und E39 nach Bergen.

PRAKTISCHE HINWEISE – ROSENDAL

Kvinnherad/Rosendal Turistinformasjon, 5470 Rosendal, im Zentrum, Tel. 53 48 42 80, www.kvinnherad.kommune.no/guide.

HOTELS

Rosendal Fjordhotel, 95 Zi., Tel. 53 48 80 00, www.rosendal-fjordhotel.no; komfortables Mittelklassehotel, ansprechend am Fjord gelgen, Restaurant, Sauna, Fitnesszentrum, Hotelgarten, Tennis. Parkplatz.
Rosendal Turisthotel, 14 Zi., Skålagata 17, Tel. 53 47 36 66, kleines, gemütliches Gasthaus aus dem späten 19. Jh., zentral gelegen, Restaurant, Pub.

CAMPING

Uskedal
Rabben Feriesenter, Tel 53 48 61 50, www.rabbencamping.no; 1. Mai – 15. Sept.; Campingmöglichkeit bei der weißen Kirche, zwei ebene Wiesen am Storsundet; einfache Standardausstattung; 16 Miethütten, Bootsverleih.

GLETSCHER, FJELLS UND FJORDE

7 TOUREN – CA. 9 TAGE

Tour 11: Bergen, S. 123
Tour 12: Bergen – Voss, S. 135
Tour 13: Voss – Flåm – Lærdal (Lærdalsøyri), S. 142
 – Alternativroute durch den Nærøyfjord, S. 143
Tour 14: Lærdal – Borgund – Gol – Lom, S. 149
Tour 15: Lom – Sognefjell – Sogndal, S. 162
 – Abstecher zum Gletscher Nigardsbreen, S. 168
Tour 16: Sogndal – Loen, S. 173
 – Abstecher an Norwegens Westkap, S. 178
 – Ausflug zum Briksdalgletscher, S. 182
Tour 17: Loen – Geiranger – Trollstigen – Åndalsnes, S. 186
 – Abstecher nach Ålesund und Runde, S. 196

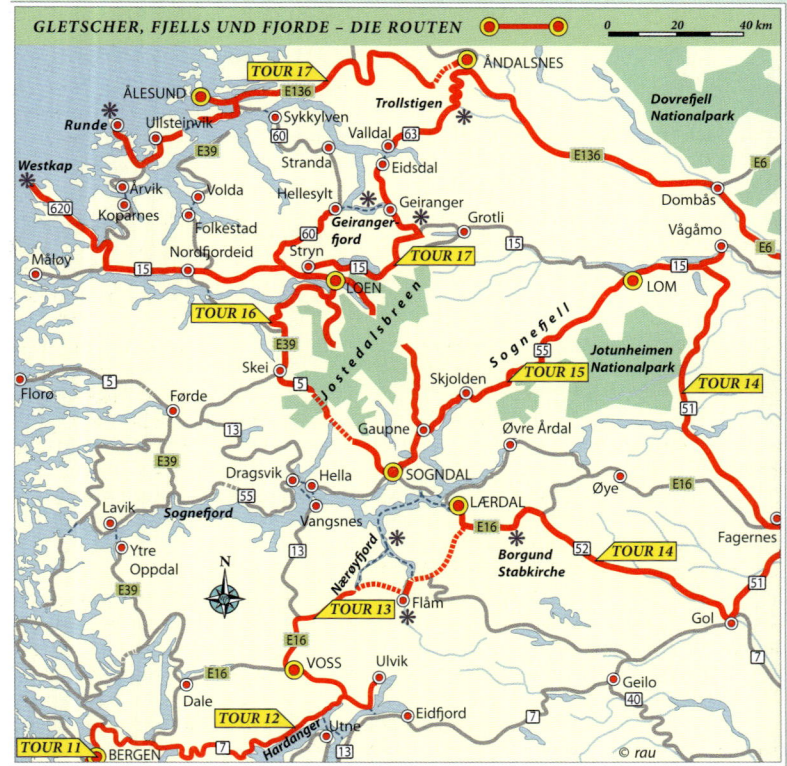

TOUR 11: BERGEN

BERGEN

Reisedauer: Mindestens ein Tag, besser zwei Tage.
Höhepunkte: Stadtspaziergang und Bummel durch das **Hanseviertel Bryggen *** – Gamle Bergen ***** – Fahrt mit der Standseilbahn auf den Hausberg **Fløyen** und **Stadtblick **** von dort – **Edvard Grieg Haus *** – **Fantoft Stabkirche ***.

Bergen, die große alte Handels- und Hafenstadt an der norwegischen Westküste, zählt zu den reizvollsten und besuchenswertesten Städten Norwegens. Alleine schon die von Fjorden und Bergzügen geprägte Lage der Stadt machen sie zu einem anziehenden Reiseziel.

Bergen kann auf eine lange Geschichte zurückblicken, die seit eh und je von Seefahrt und Handel geprägt wird.

Schon 1070 legte hier König Olav Kyrre einen Hafen an. Bergen ist somit eine der ältesten Stadtgründungen Norwegens. Die günstige Lage des Hafens ließ ihn rasch an Bedeutung gewinnen und machte ihn schon früh zu einem einflussreichen Seehandelszentrum. Wie bedeutend Bergen damals schon war zeigt die Tatsache, dass die Stadt vom 12. bis ins 13. Jh. 200 Jahre lang Norwegens Hauptstadt war.

Im 14. Jh. nutzten hanseatische Kaufleute die günstige Lage der Stadt und trugen maßgeblich mit dazu bei, damals aus Bergen das größte Hafen- und Handelszentrum Skandinaviens zu machen. Längs des Hafens **Vågen** stehen an den Bryggen heute noch die spitzgiebeligen Handelshäuser aus der Hansezeit, die das Hafenviertel prägen.

Das große Geld machten die hanseatischen „Pfeffersäcke" mit Salz, das sie mit ihren Koggen aus deutschen Landen anlandeten und dafür Fisch (Stockfisch), das traditionelle Freitagsessen gutgläubiger Christenmenschen, mit in die Hansestädte nahmen.

Zwar wurde Bergen 1702 von einer verheerenden Feuersbrunst fast vollständig zerstört, dennoch war die Stadt um 1800 nach wie vor die wohlhabendste und einflussreichste des Landes. Ein weiterer großer Stadtbrand veränderte 1916 abermals das Gesicht Bergens.

Heute ist Bergen immer noch bedeutende Handels- und Hafenstadt mit zunehmenden Aufgaben im Versorgungsbereich der norwegischen Off-Shore-Erdölförderung.

Bergen ist mit rund 252.000 Einwohnern die zweitgrößte Stadt Norwegens und es ist, mit viermal mehr Regen als im Landesdurchschnitt, die regenreichste Stadt des Landes.

Bergen ist aber auch eine Stadt mit einer lebendigen, langjährigen Kulturtradition. *Ole Bull*, der große Violinvirtuose, gründete hier das erste *Theater* Norwegens. Das städtische *Symphonieorchester* kann auf eine über 200jährige Geschichte zurückblicken.

Einen Ruf, der über die Grenzen der Stadt hinaus reicht, hat das ehrwürdige, bereits 1765 gegründete *Bergen Filharmoniske Orkester*. Und längst haben die *Bergen Festspiele*, die jedes Jahr im Mai/Juni stattfinden, internationale Anerkennung gefunden.

Parken in der Innenstadt

Pkw-Touristen wird interessieren, dass ihnen mit dem **Parkhaus Bygarasien (24)** [N 60° 23′ 12.7″ E 5° 20′ 02.7″], Vestre Strømkai, Tel. 55 56 88 70, beim Busbahnhof und in Bahnhofsnähe ein Tag und Nacht geöffnetes Großparkhaus in Zentrumsnähe (ca. 5 Min. bis Torget) zur Verfügung steht (gebührenpflichtig). Weitere große Parkhäuser sind das **Parkeringshuset** in der Rosenkrantzgate 4 in der Altstadt Bryggen und das Parkhaus City Park, Markeveier 7, beim Tinghuset.

Parken in der Innenstadt auf Parkplätzen (meist mit Parkgebührautomaten) entlang der Straßen ist auch in Bergen nicht ohne Probleme möglich.

Die Zufahrten in den Innenstadtbereich, der übrigens durch einen Tunnel unter dem Fløyen komplett umgangen werden kann, sind **mautpflichtig!** Fahrzeuge bis 3,5 t NOK 15,00, über 3,5 t NOK 30,00. Automatisch-elektronische Erfassung durch scannen des Kennzeichens, Rechnung kommt per Post.

TOUR 11: BERGEN

Blick über die Hafenbucht auf Bergens historisches Stadtviertel Bryggen

Stadtspaziergang

Wir beginnen unseren **Stadtrundgang** im Zentrum Bergens an der Südostseite des Torget am **Touristeninformationsbüro (4)**, Vågsallmenningen 1 [**N 60° 23' 38.8" E 5° 19' 32.9"**].

Das Büro ist in einem beachtenswerten, repräsentativen Gebäude im Renaissancestil, der ehemaligen Bergener Börse, die auch den Beinamen **Fresko-Halle** trägt, untergebracht. Der Bau stammt aus der Mitte das 19. Jh. und ist im Inneren mit Fresken von Axel Revold (1887 – 1962) ausgemalt. Man erkennt drei Hauptmotive:

Die **Nordland-Wand** mit großen Bildtafeln über die Lofotfischerei, das Trocknen und Verarbeiten des Kabeljaus, sowie den Transport nach Bergen, dem traditionellen Umschlagplatz des getrockneten Stockfischs.

Die **Bergen-Wand** zeigt die Ankunft der schwer beladenen Nordlandboote, die Verladung auf große Segelschiff, das Löschen von Getreide und Szenen auf Schiffswerften.

Die dritte Wand ist die sog. **Welt-Wand** mit Motiven zum Thema Mensch und Maschinen, Landwirtschaft und Urwald.

Wenn Sie vorhaben, viele Museen zu besichtigen und auf Ihrer Stadtbesichtigung ausgiebig die öffentlichen Verkehrsmittel benutzen wollen, sollten Sie über die Vorteile der **Bergen Karte** nachdenken. Man kann die Karte u. a. in der **Tourist Information (4)** kaufen (s. „Praktische Hinweise").

Neben der Touristeninformation ist ein Haltepunkt des Flughafenbusses.

Zwei Straßenzüge weiter östlich der Touristeninformation findet man übrigens Bergens **Hauptpostamt (20),** *geöffnet Montag bis Freitag 8 bis 18, Samstag 9 bis 15 Uhr.*

Und das moderne **Einkaufszentrum Galleriet (13)** mit annähernd 70 Geschäften *(geöffnet bis 20 Uhr)* liegt in der Torgallmenningen unweit südlich des Touristeninformationsbüros.

Weitere große Einkaufszentren sind das **Kløverhuset** in der Strandgaten etwas westlich vom Torget und **Bergens Storsenter** am Busbahnhof im östlichen Innenstadtbereich.

Westlich der Touristeninformation liegt Bergens zentraler Marktplatz **Torget (1) [N 60° 23' 42.9" E 5° 19' 32.9"]** mit dem Seefahrtdenkmal von Dyre Vaa am Ost-ende des Hafenbeckens Vågen.

Auf dem Torget findet werktags von 8 bis 15 Uhr ein lebhafter Markt statt. Aus dem ehemals üppig mit fangfrischem Fisch, mit Krabben und Hummer, Gemüse, Obst und Blumen bestückten Markt ist heute mehr ein touristisch orientierter Trödlermarkt geworden. Und der einst schöne Blick vom Torget auf die historische Häuserfront der Bryggen ist durch den Bau an der **Zacharias Brücke** leider etwas verstellt.

Die **Bryggen (2) [N 60° 23' 50.3" E 5° 19' 21.7"]**, früher auch Tyske Bryggen (Deutsche Brücke), an der Nordseite des Hafenbeckens Vågen, waren das Zentrum der

TOUR 11: BERGEN

BERGEN, Zentrum – **1** Torget, Marktplatz, Fischmarkt – **2** Bryggen – **3** Hanseatisches Museum – **4** Touristeninformation – **5** Bergenhus Festung – **6** Håkonshalle, Rosenkrantzturm – **7** Fischereimuseum – **8** Bryggenmuseum, Schøtstuene – **9** Marienkirche – **10** Talstation der Standseilbahn auf den Fløyen – **11** Domkirche – **12** Lepramuseum – **13** Galleriet – **14** Kunstgewerbemuseum – **15** Städtisches Kunstmuseum, Bergener Kunstverein, Rasmus Meyers Sammlung – **16** Botanischer Garten, Naturhistorische Sammlung – **17** Aquarium – **18** Klosteret, Platz und alte Gassen – **19** Theater – **20** Post – **21** Hurtigruten Schiffe – **22** Strandkaiterminal, Hochgeschwindigkeitskatamarane nach Stavanger, Haugesund, zum Hardangerfjord, Sognefjord, Nordfjord – **23** Lille Lungegårdsvann – **24** Busbahnhof, Kaufhaus Bergens Storsenter, Großparkhaus – **25** Bahnhof – **26** Rathaus – **27** Korskirken – **28** Ein-/Ausfahrt Fløyfjelltunnel – **29** Wohnmobil-Stellplatz – **30** Schifffahrtsmuseum, Kulturhist. Musem

Handelskontore der hanseatischen Kaufleute. Am östlichen Ende von Bryggen hat das **Sightseeingbähnchen "Bergen-Expressen"** im Sommer seinen Haltepunkt. Und von den Bootsanlegestellen hier verkehren zw. 25. Mai und 30 Aug. tgl. von 10 - 18 Uhr **Personenfähren zum Tollbodkai**. Von dort bietet sich ein Spaziergang zum nahen Aquarium an.

Typisch für das Stadtbild Bergens sind die **Giebelfassaden der Holzhäuser** im **Bryggenviertel [N 60° 23' 50.3" E 5° 19' 21.7"]**. Viele der Gebäude stammen noch aus dem frühen 18. Jh. Hier lag das Zentrum des Warenumschlags, mit Speichern, Kontoren, Geschäften und den Zentralen der großen Handelshäuser. Schlendern Sie durch die schmalen Gassen, in denen sich heute kleine Boutiquen, Geschäfte und Restaurants (z. B. "Tracteursted", "To Kokker" oder "Enhjørningen", alle drei exklusiv und teuer) angesiedelt haben.

Wenn Sie mehr über die Zeit der Hanse und ihre Kaufmannsgilden in Bergen erfahren wollen, sollten Sie nicht versäumen, das **Hanseatische Museum (3) [N 60° 23' 44.5" E 5° 19' 33.0"]** zu besuchen. Das Museum ist am Ostende der Bryggen im "Finnegården", einem der am besten erhaltenen Holzgebäude der Stadt, untergebracht und im Stil eines Kaufmannskontors des 16. Jh. eingerichtet (geöffnet 15. Mai - 15 Sept. tgl. 9 - 17 Uhr, übrige Zeit Di - Sa 11 - 14 Uhr, So bis 16 Uhr, im Sommer Führungen; www.museumvest.no; Eintritt gilt auch für Schøtstuene).

Wir gehen die Bryggen entlang, vorbei an den malerischen Häuserfronten, nach Nordwesten. Ein gutes Stück weiter erhebt sich die **Festung Bergenhus (5)**.

TOUR 11: BERGEN

An den Bryggen in Bergen

Die Ursprünge dieser befestigten Königsresidenz gehen zurück ins frühe 12. Jh., als König Øystein Magnusson (1103 – 1122), ein Enkel des Stadtgründers Olav Kyrre, die Bedeutung des Handelsortes erkannte und seinen Lebensnerv, den Hafen, durch eine Festung sichern ließ.

Später wurde Bergenhus unter König Håkon Håkonsson Zug um Zug in eine befestigte, aus Stein errichtete Residenz verwandelt. Damals um 1250 entstand auch die **Håkonshalle (6)**, eine große Repräsentationshalle des mittelalterlichen norwegischen Königshauses, die 1261 anlässlich der Hochzeit und Krönung von König Magnus Håkonsson eingeweiht wurde *(geöffnet 15. Mai - 31. Aug. tgl. 10 - 16 Uhr, übrige Zeit tgl. 12 - 15 Uhr, Do 15 - 18 Uhr, Führungen; www.bygmuseet.no)*.

Gravierende Umbauten erfuhr die gesamte Anlage Anfang des 16. Jh., als durch die Einführung neuer Waffen Geschützbastionen nötig wurden. Schließlich erhielt Bergenhus um 1560 unter dem Schlosshauptmann Erik Rosenkrantz eine ansprechende Fassade.

Der ehemals schlichte **Rosenkrantzturm (6) [N 60° 23' 58.6" E 5° 19' 00.0"]** an der Südostseite der Burganlage wurde in einen repräsentativen Wohnturm mit etwas freundlicherer Renaissancefassade umgebaut. Håkonshalle und Rosenkrantzturm wurden im 2. Weltkrieg durch Explosionen stark zerstört, bis 1961 bzw. 1965 aber wieder völlig restauriert *(geöffnet 15. Mai - 31. Aug. tgl. 10 - 16 Uhr; 1. Sept. - 14. Mai So 12 - 15 Uhr)*.

Noch ein Stück weiter stadtauswärts kommt man zum **Norges Fiskerimuseum (7) [N 60° 24' 05.3" E 5° 18' 51.5"]**, dem Norwegischen Fischereimuseum, am Kai von Bontelabo an der Bucht Skutviken *(geöffnet Juni - 31. Aug. Mo - Fr 10 - 18 Uhr, Sa + So 11 - 16 Uhr, übrige Zeit Mo - Fr + Sa 11 - 16 Uhr)*. Das Museum gibt Einblick in die lange Geschichte der norwegischen Fischerei und Fischindustrie. Ausstellungen zum Seerecht, über Forschung, Technik und ökologisches Management sowie über die Entwicklung von Fangschiffen, über den kommerziellen Wal- und Robbenfang u. a.

Von Bergenhus gehen wir wieder stadteinwärts, vorbei am Hotel Clarion Collection, und die Straße Dreggs Almenningen am Hotel SAS Royal nordwärts (links).

Gleich hinter dem Hotel findet man das besuchenswerte **Bryggens Museum (8),** das sich mit der kulturhistorischen und archäologischen Seite des Bryggenviertels befasst. Historische Fundamentsreste, Ausstellungen zu Handel, Schifffahrt und Handwerk im Spätmittelalter, gemütliches Museumscafé *(geöffnet 15. Mai - 31. Aug. tgl. 10 - 17 Uhr, übrige Zeit 11 - 15 Uhr, www.bymuseet.no)*.

In unmittelbarer Nähe erheben sich die viereckigen Doppeltürme der **Marienkirche (9) [N 60° 23' 56.0" E 5° 19' 20.8"]**. Die dreischiffige Basilika wurde im 12. Jh. im romanischen Stil errichtet und ist in großen Teilen aus jener Zeit nahezu unverändert erhalten geblieben *(geöffnet 15. Juni - 28. Aug. Mo - Fr 9 - 11.30, 13 - 16 Uhr, übrige Zeit Di - Fr 11 - 12.30 Uhr. Ab 2010 wegen Renovierung geschlossen!).*

Die Marienkirche zählt zu den ältesten Bauwerken in Bergen. Außen ist das Erscheinungsbild der Kirche eher schlicht. Lediglich das romanische Südportal verdient Aufmerksamkeit.

Das Innere der lange im Besitz der Hansekaufleute stehenden Kirche ist vor allem interessant wegen des dreiflügeligen **Altars**. Er stammt aus dem späten 15. Jh. und wird einem Handwerker aus Lübeck zugeschrieben. Im Mittelteil des Altars sieht man Mutter Maria mit dem Christuskind. Neben ihr Heilige mit ihren Attributen. Auf den Seitenflügeln sind die zwölf Apostel (allerdings ohne Judas, dafür aber mit dem Apostel Paulus) dargestellt.

Von größtem kunstgeschichtlichen Wert ist die **Barockkanzel** der Kirche. Sie besteht aus einem turmhohen, reich gegliederten Baldachin und der eigentlichen Kanzel. Dort sind in acht säulenbegrenzten Feldern die acht christlichen Kardinalstugenden, symbolisiert durch Frauengestalten mit Attributen, dargestellt. Zu ihnen zählen Glaube (mit Buch und Kreuz), Hoffnung (Taube und Anker) und Liebe (zwei Kinder).

Auf dem Boden der Kirche liegen alte Grabsteine aus dem 15. bis 17. Jh. von wohlhabenden deutschen Kaufleuten, Reedern und Kirchenmännern. Außerdem sind an den Wänden der Seitenschiffe Epitaphe (Erinnerungstafeln) an namhafte und verdiente Bürger der Stadt zu sehen.

Das große Triumphkreuz über dem Mauerbogen zum Chor wurde um 1550 von Mitgliedern der hanseatischen Kaufmannsgilde gestiftet.

Neben der Marienkirche liegt in der Øvregaten 50 die **„Schøtstuene" (8)** mit alten Gesellschaftsräumen und Festsälen aus der Hansezeit *(geöffnet 15. Mai - 15. Sept. tgl. 10 - 17 Uhr, übrige Zeit nur So 11 - 14 Uhr, Jan. + Feb. geschlossen).* Die hanseatischen Kaufleute kamen hier nicht nur zu offiziellen gesellschaftlichen Anlässen oder zu privaten Feiern zusammen, sondern in der Schøtstuene wurden auch die Lehrlinge unterrichtet und hier wurde zu Gericht gesessen.

Zurück zum Marktplatz Torget. Wenden Sie sich an der Ecke Bryggen/Torget bergwärts, und gehen Sie über die Vertlidsalmenningen nordwärts bis zur Øvregaten, dann stoßen Sie auf die **Talstation der Standseilbahn Fløibanen** (*0 [N 60° 23′ 45.4″ E 5° 19′ 38.8″],* die auf den 320 m hohen **Fløyen** fährt. *Die Bahn (www.floibanen.no) verkehrt ab 8 Uhr bis 23 Uhr, im Sommer bis 24 Uhr; jede halbe Stunde. Fahrzeit ca. 7 Minuten.* Inhaber der Bergen Karte können die Fløibanen gratis benutzen. Besonders bei klarem Wetter ist die Aussicht auf Stadt, Hafen und Umgebung den Abstecher wert. Auf dem Fløyen gibt

Gasse in Bergens Bryggen-Viertel

TOUR 11: BERGEN

es Restaurant, Café und lange Spazierwege über die waldreichen Höhen.

Weiter südöstlich von der Talstation liegt in der Lille Øvregate die **Domkirche (11)** [N 60° 23' 38.1" E 5° 19' 48.6"], die Kathedrale von Bergen. Die ältesten Partien des Baus gehen zurück bis ins 12. Jh. Chor und Turm dagegen stammen aus dem 13. Jh. und sind im gotischen Stil errichtet. An- und Umbauten brachten weitere Stilelemente hinzu.

Noch etwas weiter östlich, Richtung Bahnhof, findet man im St. Jørgens Hospital in der Kong Oscars Gate 59 das **Lepramuseum (12)** [N 60° 23' 30.7" E 5° 19' 58.0"]. Es ist untergebracht in einem ehemaligen Hospital für Leprakranke *(geöffnet 15. Mai - 31. Aug. tgl. 11.30 - 16 Uhr, www.bymuseet.no)*. Das Museum befasst sich mit norwegischen Pionieren im Kampf gegen die Leprakrankheit, wie z. B. dem Arzt *Armauer Hansen*.

Man kann nun über die Kong Oscars Gate zurück zum Torget gehen und passiert auf diesem Wege die **Korskirken (27)**, die **Kreuzkirche**, ein Renaissancebau aus dem 17. Jh.

Wir halten uns links, gehen über den berühmten **Fischmarkt (1)** am Torget südwärts und passieren das **Kaufhaus Galleriet (13)**.

Geht man nach dem Kaufhaus links durch die Rådhusgaten, erreicht man gleich darauf die Olav Kyrres Gate, der wir rechts (südwärts) folgen.

Schräg gegenüber vom Hotel SAS Norge liegt das **Kunstgewerbemuseum (14)**, Nordahl Brunsgate 9 *(geöffnet 15. Mai - 14. Sept. tgl. 11 - 17 Uhr, übrige Zeit Di - So 12 - 16 Uhr, www.kunstmuseene.no)*. Das Museum gibt Einblick in norwegisches und skandinavisches Kunsthandwerk, darunter Keramiken und Goldschmiedearbeiten. Man sieht aber auch schöne Antiquitäten aus Europa und Übersee. Sehenswert auch die Abteilung über chinesische Kunst.

Wenn Sie vom Kunstgewerbemuseum weiter nach Osten gehen und die Christies Gate überqueren, gelangen Sie in die Rasmus Meyers Alleé. Dort finden Sie vier der interessantesten Museen der Stadt, die alle zum Bergen Kunstmuseum zählen.

Als erstes trifft man auf das **Städtische Kunstmuseum (15)** [N 60° 23' 24.2" E 5° 19' 32.2"] mit der **Stenersen Arena** mit wechselnden Ausstellungen *(geöffnet tgl. 11 - 17 Uhr, Winterhalbjahr Mo geschlossen; www.kunstmuseene.no)*.

Neben dem Städtischen Kunstmuseum liegt das Haus des **Bergener Kunstvereins** (wechselnde Ausstellungen zeitgenössischer Kunst, *geöffnet wie Städtisches Kunstmuseum, s. o*).

Ein kurzes Stück weiter ist die **Rasmus Meyers Sammlung** (norwegische Maler und Künstler aus dem 18. Jh. und bis um 1915) untergebracht *(geöffnet wie Städtisches Kunstmuseum, s. o)*. Breiten Raum nimmt eine Sammlung mit Werken von Edvard Munch ein. Außerdem sieht man Werke J. C. Dahl, Tidemand, Gude, Chr. Krogh oder Harriet Backer.

In unmittelbarer Nachbarschaft findet man die moderne **Grieghalle**, Bergens Konzert- und Opernhaus.

Die Reihe der Museen an der Rasmus Meyers allé schließt schließlich das **Bergen Kunstmuseum im Lysverket-Bau** ab *(geöffnet wie Städtisches Kunstmuseum, s. o)*. Die städtische Galerie zeigt Kunst vom 15. Jh. bis in die Gegenwart. U. a. sieht man niederländische Barockmeister oder russische Ikonenmalerei. Besondere Aufmerksamkeit verdient die Stenersens Sammlung mit Werken moderner Künstler wie Edvard Munch, Paul Klee (Nordeuropas größte Paul Klee Sammlung!) oder Pablo Picasso.

Wenn Sie gerne Museen besuchen, kommen Sie ein paar Straßenzüge weiter südlich nochmals auf Ihre Kosten. Auf dem Universitätsgelände neben dem **Botanischen Garten (16)** liegen noch drei weitere Museen:

Das **Naturhistorische Museum "De Naturhistoriske Samlinger" (16)** [N 60° 23' 16.4" E 5° 19' 18.8"], Muséplass 3, präsentiert botanische, geologische und zoologische Sammlungen *(geöffnet wie Kulturhist. Museum, s. u)*.

Am Südrand des Botanischen Gartens liegt am Haakon Sheteligs plass 10 das **Kulturhistorische Museum (30) "De Kulturhistoriske Samlinger"** *(geöffnet 1. Juni - 31. Aug. Di - Fr 10 - 156 Uhr, Sa + So 11 - 16 Uhr, Mo geschlossen; 1. Sept. - 31. Mai Di - Fr 10 - 15 Uhr, Sa + So 11 - 16 Uhr, Mo geschlossen; Eintritt gilt am gleichen Tag auch für Naturhist. Museum)*. Das Kulturhistorische Museum der Stadt zeigt Sammlungen aus Westnorwegen, aus dem Altertum, dem Mittelalter und der Neuzeit, außerdem archäologische Funde, eine kostbare Ikonen- u. Kirchenkunst-Sammlung, eine Textilausstellung, Sammlungen zur Stadtgeschichte und zur Wikingerzeit u. a.

TOUR 11: BERGEN

Das Sjøfartsmuseet (30) [N 60° 23' 11.9", E 5° 19' 11.2"], Haakon Shetelgs plass 15 (geöffnet tgl. 11 - 15 Uhr) liegt ein kurzes Stück westlich des Kulturhist. Museums. Das Schifffahrtsmuseum dokumentiert die Entwicklung der langen Seefahrtgeschichte Bergens, von den Anfängen der Stadt bis heute.

Auf der Landzunge **Nordnes**, ganz am Nordwestrand der Stadt, liegt das **Bergen Aquarium (17) [N 60° 23' 58.6" E 5° 18' 15.1"]**, Nordnesbakken 4, Parkmöglichkeit (geöffnet 1. Mai - 31. Aug. tgl. 9 - 19 Uhr, Fütterungszeiten 12, 15 + 18 Uhr; 1. Sept. - 30 Apr. tgl. 10 - 18 Uhr, Fütterungen 12 + 15 Uhr; www.akvariet.no). Man erreicht das Aquarium auch mit Bussen der Linie 11 ab Stadtzentrum. Und in der Zeit zwischen Mai und September verkehrt ab Fischmarkt/Torget eine Fähre To lbodkaien, ganz in der Nähe des Aquariums.

Zu Fuß gehen Sie ab Stadtmitte etwa 20 Minuten.

Das Aquarium zählt zu den modernsten und größten seiner Art in Nord-europa. Im Freigelände findet man z. B. einen Seehund- und Pinguinteich. Tropisches Terrarium mit Schlangen und Krokodilen. Neueren Datums ist die Rekonstruktion eines Vogelfelsens. Meeresfauna der norwegischen Fjorde. 3D-Filme, Restaurant.

Egal ob Sie mit dem Auto oder zu Fuß zum Aquarium gekommen sind, nehmen Sie für den Rückweg in die Stadt auf jeden Fall die Straße Haugeveien. Man passiert dann die in einem Park gelegenen Reste der **Fredriksberg Festung** und erreicht bald darauf den **Klosteret** (18 – Klosterberg) **[N 60° 23' 42.5" E 5° 18' 52.7"]**, einen hübschen kleinen Platz, der umgeben ist von schönen alten Häusern. Einige der schmalen Gassen, die hinunter zur C. Sundts gate am Hafen führen, haben idyllische Winkel.

In Gamle Bergen

Gamle Bergen

Lohnend ist ein Besuch in **Gamle Bergen [N 60° 25' 03.9" E 5° 18' 41.5"]**, einem Freilichtmuseum, das im Stadtteil **Sandviken**, Nyhavnsveien 4, nordwestlich vom Zentrum liegt (geöffnet 8. Mai - 6. Sept. tgl. 9 - 17 Uhr, www.bymuseet.no). Das Parkplatzangebot am Museumseingang ist sehr begrenzt!

Benutzt man öffentliche Verkehrsmittel, bedient man sich der Stadtbusse der Linie 20, 23 oder 24 ab Stadtmitte (Postamt) bis zum Museum.

In „Alt Bergen" mit seinen urigen Pflasterstraßen wurden etwa 40 alte, für das alte Stadtbild Bergens typische Holzhäuser wieder aufgebaut und im Stil des 18. und 19. Jh. eingerichtet. U. a. sieht man Stadtwohnungen des gehobenen Bürgertums, Läden und Werkstätten. Das Innere der Häuser kann nur auf Führungen besichtigt werden, ab 10 Uhr stündlich. Es gibt ein Restaurant.

TOUR 11: BERGEN

Edvard Griegs Wohnhaus Troldhaugen

Ausflüge ab Bergen

Neben einem Ausflug auf den **Ulriken** (siehe unten) oder einer **Tageskreuzfahrt** durch die Fjorde lohnen Abstecher zur **Stabkirche von Fantoft**, zum **Grieg Haus** oder noch weiter südlich zum **Lysekloster**.

Die **Fantoft Stabkirche** (geöffnet 15. Mai - 15. Sept. tgl. 10.30 - 18 Uhr) stammte ursprünglich aus der Mitte des 12. Jh. Sie war eine der wenigen noch komplett erhaltenen Kirchen dieser Art in Norwegen.

Erbaut worden war sie um 1150 in Fortun am Sognefjord. 1880 wurde sie durch die Initiative eines Privatmannes vor dem Ruin dadurch bewahrt, dass sie hierher nach Fantoft versetzt wurde.

Viele Jahrzehnte zählte die Stabkirche zu den großen Sehenswürdigkeiten um Bergen. In der Nacht vom 5. zum 6. Juni 1992 passierte dann die Katastrophe. Die wunderschöne alte Stabkirche brannte bis auf die Grundmauern ab. Zwischenzeitlich ist sie aber nach alten Plänen und unter Verwendung historischer Materialien längst wieder originalgetreu rekonstruiert worden und wieder zu besichtigen.

Die Zufahrt mit dem Auto war bei unserem letzten Besuch noch etwas schwierig zu finden. Fahren Sie auf der E39 südwärts, etwa 5 km bis Paradis und zweigen Sie bei der zweiten Fußgängerbrücke links ab. Folgen Sie dem Schild „Fantoft Studentby". Die Stabkirche liegt beim Parkplatz des Chr. Michelsens Institut. Vom Parkplatz ca. 5 Minuten Fußweg.

Per Bus kommt man in die Nähe der Fantoft Stabkirche mit Bussen, die ab Bergen Busbahnhof mit Linien 20 bis 24 alle 15 bis 20 Minuten abfahren. Fahrzeit ca. 10 Minuten bis Haltestelle „Fantoft". Von dort über die Straße und einen ansteigenden Weg wenige Minuten bis zur Stabkirche.

Auf der Weiterfahrt nach Troldhaugen kann **Gamlehaugen**, Gamlehaugveien 10, die Residenz des norwegischen Königs bei seinen Besuchen in Bergen, besichtigt werden (geöffnet 1. Juni - 31. Aug. Di - Fr sowie 1. Sept. - 31. Mai Sa + So Führungen 12, 13 + 14 Uhr; www.gamlehaugen.no). Das Anwesen ist während Besuchen des Königs für die Öffentlichkeit geschlossen. Der Park der Residenz ist ganzjährig und unentgeltlich zugänglich.

Troldhaugen, der ehemalige Wohnsitz des Komponisten *Edvard Grieg*, liegt etwa 10 km südlich vom Bergener Stadtzentrum. Man verlässt die Stadt auf der E39 Richtung Nestun und zweigt bei **Hop** nach Troldhaugen ab. Vom Parkplatz 5 Minuten Fußweg zum Grieghaus (geöffnet 1. Mai - 30. Sept. tgl. 9 - 18 Uhr, 1. Okt. - 30 Apr. tgl. 10 - 16 Uhr; Juni, Juli + Aug. Mo - Fr Konzerte um 13 Uhr; www.troldhaugen.com)

Mit Bussen ab Bergen Busbahnhof mit Linien 20 bis 24 bis Haltestelle „Hopsbroen" und noch gut 20 Minuten zu Fuß.

TOUR 11: BERGEN

Edvard Grieg (1843 – 1907) ist Norwegens weltberühmter Komponist. Seine oft von Volksweisen inspirierten Kompositionen, sein Klavierkonzert in a-moll, Opus 16, das einzige Klavierkonzert übrigens das Grieg schrieb, und natürlich die Musik zu Ibsens Peer Gynt, zeugen nicht nur von seinem musikalischen Genie, sondern auch von einer innigen Verbundenheit mit der norwegischen Landschaft.

Grieg ließ sich Troldhaugen 1885 bauen und wohnte dort mit seiner Frau 22 Jahre lang bis zu seinem Tod. Das kleine gemütliche Holzhaus liegt mitten in einem wunderschönen Park oberhalb des Fjords. Das Innere des Hauses ist mit altem Mobiliar ausgestattet. Im Park sind Edvard Grieg und seine Frau Nina beigesetzt.

Neben dem alten Wohnhaus findet man den Kammermusiksaal Troldsalen. U. a. finden hier während der Bergen Festspiele Konzerte statt. 1995 kam ein neues Edvard Grieg Museum mit Ausstellungen und Multimedia-Raum hinzu.

Mein Tipp! Kaufen Sie sich in Troldhaugen eine CD mit Werken von Grieg, etwa das Klavierkonzert a-moll mit der Peer Gynt Suite und stecken Sie die CD, wenn Sie wieder einmal durch eines der unvergleichlichen Fjordtäler fahren, in Ihren CD-Player im Auto. Und schnell werden Sie feststellen, dass es kaum einem anderen Komponisten so einfühlsam gelungen ist, norwegische Landschaftseindrücke in Musik umzusetzen.

Mit einer Schwebeseilbahn ist der 643 m hohe **Ulriken** zu erreichen. Die Talstation der Ulrikenbahn liegt südöstlich der Stadt, beschilderter Abzweig von der E39, die Bergstation in 607 m Höhe.

Von 15. Mai bis 15. Sept. verkehren zwischen 9 Uhr und 21 Uhr alle 30 Minuten Doppeldecker-Rundfahrtbusse ab dem Touristeninformationsbüro (Torget) im Zentrum. Die Seilbahn auf den Ulriken verkehrt im Sommer alle 7 Min. zwischen 9 und 21 Uhr, im Winter bis 17 Uhr (www.ulriken643.no).

Auf dem Ulriken bieten sich neben herrlichen Ausblicken auf die Fjorde bei Bergen auch gute Wandermöglichkeiten. Ganzjährig geöffnetes Panoramarestaurant.

Westlich der Bergener Innenstadt liegt im **Stadtteil Laksevåg** (Strasse 582) in der Alléen Nr. 26, das herrschaftliche Anwesen **Damsgård** (geöffnet 20. Mai - 31. Aug. tgl. 11 - 16 Uhr, im Sommer stündlich Führungen, www.bymuseet.no). Der noble Landsitz, den sich ein wohlhabender „Generalkriegskommisær" namens Gyldenkrantz hatte erbauen lassen, stammt aus der zweiten Hälfte des 18. Jh. Ausgangs des Jahrhunderts kaufte der wohlhabende Bergener Kaufmann H. D. Janson den Besitz, der bis 1983 in Händen der Familie blieb. 1983 erwarben der Staat und die Stadt Bergen Damsgård.

Die Räume des Landsitzes sind alle noch im Stil des 18. und 19. Jh. original möbliert und schon alleine deshalb einen Besuch wert. Schöner Garten. Cafeteria. Man kann das Anwesen auch mit Bussen der Linien 19, 70 und 71 erreichen.

In **Rå**, etwa 12 km außerhalb von Bergen an der Straße 553 (Flyplassvegen) findet man **Siljustøl**, den ehemaligen Wohnsitz des norwegischen Komponisten *Harald Sæverud* (1397 – 1992). Sæverud, der die norwegische Musikszene im 20. Jh. maßgeblich mit prägte, ließ sich dieses Haus 1939 in der traditionsreichen norwegischen Bauweise unter Verwendung von Naturstein und viel Holz errichten. Das Anwesen wurde 1997 als Museum eröffnet (geöffnet nur 21. Juni - 20. Sept. So 12 - 16 Uhr, www.siljustol.com).

Siljustøl erreicht man ab dem Busbahnhof in Bergen mit Bussen der Linie 30.

Gut 30 km südlich von Bergen (Straße E39, Nesttun, Fana und R553) liegen bei **Lysekloster** die Ruinen einer alten Zisterzienserabtei, die schon 1146 gegründet worden war und bis zur Reformation Norwegens bedeutendstes Kloster war.

Etwas weiter südwestlich ist die **Insel Lysøyen** vorgelagert. Ab Buena-Kai setzt man mit dem Fährboot „Ole Bull" über zur Insel. Die Boote verkehren während der Öffnungszeiten der Ole Bull Villa jeweils zur vollen Stunde um 12, 13, 14 und 15 Uhr. Letzte Rückfahrt werktags um 16.10 Uhr, sonntags um 17 Uhr.

Auf Lysøyen kann die **Ole Bull Villa** (geöffnet 18. Mai - 31. Aug. Mo - Sa 12 - 16 Uhr, So 11 - 17 Uhr, www.lysoen.no), das Sommerhaus des norwegischen Geigenvirtuosen und Nationalhelden *Ole Bull* (1810 – 1880) besichtigt werden. Das Landhaus war vor allem in den 70er Jahren des vergangenen Jahrhunderts ein geschätzter Treffpunkt gehobener Kreise aus Kunst und Kultur. Die Insel ist Naturschutzgebiet. Bademöglichkeit.

Im Sommer werden von 1. Juli bis 15. Aug. tgl. um 11 Uhr ab Dreggekai, Bergen Bryggen, **Bootsausflüge** zur Insel Lysøyen mit Führungen angeboten. Rückkehr in Bergen um 16 Uhr.

TOUR 11: BERGEN

Busse der Lysefjordlinie verkehren ab dem Busbahnhof, Bahnsteig 19 und 20 nach Buena-Kai, Fahrzeit rund 50 Minuten. Ab Buena-Kai mit dem Fährboot nach Lysøyen.

Eine knappe Autostunde westlich von Bergen liegt an der Westküste der Insel Store Sotra der Ort **Telavåg** (gut 40 km auf der Straße 555, oder Busse ab Busbahnhof, ca. 60 Min.). Der Hafenort, der an einer wilden Felsküste liegt, war im Zweiten Weltkrieg eine sehr aktive Basis der norwegischen Widerstandskämpfer und ein Zentrum des Flüchtlings- und Agentenverkehrs nach Großbritannien, der sog. „Nordseefahrt". Wegen des Widerstands gegen die Wehrmacht und die Besatzung wurde Telavåg damals in Schutt und Asche gelegt und alle Bewohner deportiert.

Seit 1998 erinnert das Widerstandsmuseum **Nordsjøfahrtmuseet,** Nordseefahrtmuseum, an die tragischen Ereignisse der 40er Jahre des vergangenen Jahrhunderts *(geöffnet 1. Mai - 31. Aug. tgl. 11 - 16 Uhr, www.museumvest.no).* Stündlich Videofilme. Cafeteria.

Norwegen en miniature
Wer aus Zeitmangel seine Reise auf die südlichen Regionen Norwegens beschränken muss, aber gerne einen tieferen Blick in Norwegens Fjordwelt machen möchte, dem empfiehlt sich, an der organisierten Tagestour „Norwegen en miniature" (Norway in a nutshell) teilzunehmen.

Die Tour startet vormittags gegen 8 Uhr in Bergen mit einer Zugfahrt nach Voss. Dort wird man mit dem Bus nach Gudvangen gebracht und besteigt die Fähre durch den wunderschönen Nærøyfjord nach Flåm. Von Flåm geht es mit der berühmten Flåmbahn hinauf nach Myrdal, von wo aus man mit dem Zug zurück nach Bergen gelangt, Ankunft gegen 18 Uhr. Informationen, aktuelle Preise und genaue Zeiten erfährt man im Touristeninformationsbüro in Bergen oder bei www.fjordtours.com.

PRAKTISCHE HINWEISE – BERGEN

Bergen Tourist Information [N 60° 23' 38.8" E 5° 19' 32.9"], Vågsallmenningen 1, N-5014 Bergen, Tel. 55 55 20 00; *geöffnet Juni, Juli + Aug. 8.30 - 22 Uhr, Mai + Sept. tgl. 9 - 20 Uhr, übrige Jahreszeit Mo - Sa 9 - 16 Uhr.* Internet: www.visitbergen.com
Auf den Seiten von www.visitbergen.com steht der Bergen „City-Guide" mit nützlichen Infos zu Hotels, Ausflügen etc. zum download auch in deutscher Sprache zur Verfügung.

NAF-Pannendienst: Tel. 81 00 05 05 – **Polizei-Notruf:** 112.

Bergens Hauptbahnhof Jernebanestasjon liegt im östlichen Innenstadtbereich in der Strømgatan 4, Tel. 55 96 69 00. Nah- und Regionalverkehr sowie Tages- und Nachtverbindungen nach Oslo. Gepäckaufbewahrung.
Der **zentrale Busbahnhof** liegt ganz in der Nähe des Hauptbahnhofs im östlichen Innenstadtbereich in der Strømgaten 8. Nahezu alle Stadtbusse stoppen am Busbahnhof. Expressbusse. Flughafenbusse. Einkaufszentrum Bergen Storsenter. Gepäckaufbewahrung.
Alle Busse ab Busbahnhof zur Stadtmitte und zum Hauptpostamt können gratis benutzt werden.

Bergen Karte – Mit der **Bergen Karte** erhalten Sie Vergünstigungen bei diversen Einrichtungen Bergens während Ihres Stadtbesuches. Die Karte ist für einen Gültigkeitszeitraum von 24 oder 48 Stunden zu haben. Sie kostete zuletzt 190 NOK (24 Std.) bzw. 250 NOK (48 Std.) pro Erwachsenen. Wer viele Museen besuchen will und auf seiner Stadtbesichtigung viel mit öffentlichen Verkehrsmitteln unterwegs sein wird, für den kann die Bergen Karte durchaus vorteilhaft sein.
Die Bergen Karte kann man online (www.visitBergen.com/Bergenskortet) oder bei der Touristinformation, im Hauptbahnhof, in der Montana Jugendherberge und in der Rezeptionen der meisten Campingplätze und Hotels kaufen.

Stadtrundfahrten
Etwa zwischen Anfang Mai und Ende September werden von verschiedenen Unternehmen täglich Stadtrundfahrten mit Führungen angeboten. Zwischen

TOUR 11: BERGEN

 Mitte Juni und Mitte August erweitertes Angebot. Die Rundfahrten reichen von der einstündigen Kurztour über die dreistündige große Stadtrundfahrt, die auch Griegs Haus Troldhaugen und die Fantoft Stabkirche einschließen, bis zur ganztägigen Bus- und Bootstour. Außerdem werden Fjordfahrten und einstündige Hafenrundfahrten angeboten. Die neuesten Abfahrtszeiten, Preise und Fahrkarten gibt es im Touristeninformationsbüro.

Von 1. Juni bis 31. Aug. kann man sich gegen Gebühr einem begleiteten **Stadtrundgang** anschließen, Erklärungen Norwegisch und Englisch. Start tgl. um 15 Uhr am Touristeninformationsbüro, Dauer 90 Min.

Eine **Standseilbahn** fährt täglich regelmäßig auf der 320 m hohen Hausberg **Fløyen** (siehe auch unter Stadtrundgang).
Mit einer **Schwebeseilbahn** ist der 642 m hohe **Ulriken** zu erreichen. Die Talstation der Ulrikenbahn liegt südöstlich der Stadt, beschilderter Abzweig von der E39, die Bergstation in 607 m Höhe. Von Anf. Mai bis Ende Sept. verkehrt zwischen 9 Uhr und 21 Uhr (im Winter bis 17 Uhr) alle 30 Minuten Ulriken643-DoppeldeckerRundfahrtbuss ab Torget beim Touristenbüro. Die Seilbahn verkehrt im Sommer alle 7 Min. zwischen 9 und 21 Uhr, im Winter bis 17 Uhr.
Ab Bergen verkehren zahlreiche Fähren in die Fjorde Westnorwegens, in die umliegende Inselwelt und bis Nordnorwegen. Ab **Strandkaiterminalen** (Tel. 55 23 87 80) verkehren **Hochgeschwindigkeitskatamarane** nach **Stavanger, Haugesund**, in den **Hardangerfjord** und in den **Sognefjord**, den **Nordfjord** und den **Sunnfjord**.

Die Postschiffe der **Hurtigruten** legen täglich am Hurtigrutenterminal (Nøstebryggen) zu ihren 11-tägigen Reisen nach Nordnorwegen ab (siehe auch unter „Reisen im Lande – Hurtigruten").

Einkaufen – Sollten Sie an einem Regentag lieber einen Einkaufsbummel machen wollen, versuchen Sie es mal im modernen **Kaufhaus Galleriet** mit annähernd 70 Geschäften, darunter ein Lebensmittelsupermarkt, geöffnet bis 20 Uhr, samstags bis 18 Uhr. Es liegt mitten in Bergen in der Fußgängerzone Torgalmenningen unweit südlich des Touristinformationsbüros.
Weitere große Einkaufszentren sind das **Kløverhuset** in der Strandgaten etwas westlich vom Torget und **Bergens Storsenter** am Busbahnhof im östlichen Innenstadtbereich.

Feste, Folklore
Internationale Festspiele Bergen, Ende Mai bis Anfang Juni, 12 Tage mit Konzerten, Theater, Ballett und Folklore.
Bergen Folklore – Folkloristische, norwegische Volkstänze mit Musik und Gesang, von Anf. Juni bis Mitte August jeweils dienstags um 21 Uhr in der **Schøtstuene**, Øvregaten, Nähe Bryggens Museum. Dauer eine Stunde. Eintrittskarten im Touristeninformationsbüro oder an der Abendkasse.

RESTAURANTS

 Bryggen Tracteursted, Bryggestredet 2, geöffnet 1. Mai – 1. Sept., Tel. 55 31 40 46, das „älteste Wirtshaus Norwegens", in einem historischen Hansehaus in Bryggen, rustikales Ambiente, gute norwegische Küche, teuer, stark frequentiert, Tischreservierung empfehlenswert.
Bryggeloftet, Bryggen 11, Tel. 55 30 20 70, www.bryggeloftet.no; gemütliches Ambiente, Blick auf den Hafen, gute Küche, Fischspezialitäten, teuer.
Enhjørningen, Bryggen, Tel. 55 30 69 50, in einem im Stil eines Hansehauses des 17. Jh. rekonstruierten Gebäude im Bryggen-Viertel, gepflegtes Fischrestaurant, teuer, im Sommer tgl. 16 - 23 Uhr, Tischreservierung ratsam.
Pascal Mat og Vin, im Rica Neptun Hotel, Valkendorfsgate 8, Tel. 55 30 68 20, ein gepflegtes, einladendes Restaurant mit vorzüglicher Küche zu erschwinglichen Preisen.

TOUR 11: BERGEN

Wessel Stuen, Øvre Ole Bulls plass 6, Tel. 55 55 49 49, gemütliches, alteingesessenes Restaurant, teuer, serviert auch herzhafte norwegische Spezialitäten. Man wirbt mit „... in gemütlicher Umgebung wo Rauchen erlaubt ist." Zum Anwesen gehören die **Wessel Bar** (Spezialität Aquavit), sowie der **Loge Haven**, ein überdachter, beheizter Biergarten.
Vaagen Pub, Strandkaien 12, Tel. 55 90 03 80, eine traditionsreiche, seit mehr als 100 Jahren bekannte Bierkneipe im Zentrum von Bergen, nur ein paar Minuten vom Torget entfernt. Man serviert auch kleinere Gerichte.

HOTELS

Augustin, 110 Zi., C. Sundts gate 22 - 24, Tel. 55 30 40 00, www.augustin.no; gepflegtes Haus der mittleren Preisklasse, zentral in Gehnähe zum Torget, Restaurant.
Clarion Hotel Admiral, 190 Zi., C. Sundts gate 9, Tel. 55 23 64 00, www.choicehotels.no; traditionsreiches Haus der Luxuspreisklasse, zentral am Hafen Nähe Fischmarkt (Torget), Fischspezialitätenrestaurant „Emily" mit schönem Stadtblick, Parkmöglichkeit.
Hordaheimen Best Western, 88 Zi., C. Sundts gate 18, Tel. 55 23 23 20, www.hordaheimen.no; zentral gelegenes Mittelklassehotel, Restaurant.
Rica Hotel Neptun, 105 Zi., Valkendorfsgate 8, Tel. 55 30 68 00, www.neptunhotel.no; komfortables Stadthotel in zentraler Lage, mittlere Preislage, teils mit Gemälden norwegischer Künstler ausgestattet, empfehlenswertes Restaurant „Pascal Mat og Vin", Tiefgarage.
Thon Hotel Bergen Bryggen, 229 Zi., Bradbenken 3, Tel. 55 30 87 00, www.thonhotels.no/bergenbrygge; gehobene Preisklasse, beim Rosenkrantz-turm gelegen.

CAMPING

Lone Camping *** [N 60° 22' 26.6" E 5° 2' 24.7"], Haukeland, Hardangerveien 697, Tel. 55 39 29 60; www.lonecamping.no; 10. Jan. – 20. Dez.; ca. 20 km östl. Bergen an der Straße 580; drei große, geschotterte Flächen für Caravans und Wohnmobile mit Stromanschluss, sowie ebene Wiesen, zwischen Shell-Tankstelle und einem See gelegen, in landschaftlich reizvoller Lage; ca. 4 ha – 200 Stpl.; zeitgemäße Sanitäreinrichtungen; **V & E** für **Wohnmobile**; 28 Miethütten ** - ****. Bootsverleih. Größter Platz östl. von Bergen, stark frequentiert.
Bergen Camping Park, Travparkveien 65; 5111 Breistein, Tel. 55 24 88 08, Haukås in Åsane, ca. 15 km nordöstlich der Innenstadt, Zufahrt **[N 60° 28' 34.8" E 5° 21' 11.7"]** von der E39 Richtung Knarvik und Abzweig zur Travbane; Dauercamper- und Hüttensiedlung neben der Trabrennbahn, die auch Touristen aufnimmt, ca. 50 Stpl für Touristen; Standardausstattung; 29 Miethütten; Motel mit 16 Zi.; Kiosk, Cafeteria.

Wohnmobil-Stellplatz
Bergen Bobilsenter [N 60° 22' 55.8" E 5° 19' 04.6"], Damsgårdsveien 99, Tel. 55 34 05 00, www.helgheim-auksjon.no/bobil_uk.html; am südl. Stadtrand Zufahrt von der R540 vor der Puddefjord-Brücke; ganzjährig geöffnet; 75 Plätze; gebührenpflichtig; ebener, schattenloser, befestigter Parkplatz, unmittelbar östlich der Brücke am Damsgårdsundet; WC, Dusche, Stromanschlüsse, Waschmaschine, Trockner, Ausguss für Chemikal-WC.

Haukeland
Bratland Camping **** [N 60° 21' 06.2" E 5° 26' 08.0"], Bratlandsveien 6, Tel. 55 10 13 38; www.bratlandcamping.no; 18. Mai – 15. Sept.; ca. 15 km östl. Bergen; kleinere Anlage, geschotterterte Fläche und Wiesenstreifen an der Straße 580, **V & E** für **Wohnmobile**; 28 Miethütten ** - *****.

TOUR 12: BERGEN – VOSS

BERGEN – VOSS

Länge dieser Tour: Rund 180 km, ohne Abstecher.
Die Route: Über die E16 bis **Trengereid** – R7 über **Norheimsund** und **Granvin** bis **Brimnes** – R572 über **Ulvik** bis **Granvin** – R13 bis **Voss**.
Reisedauer: Mindestens ein Tag. Direkter Weg auf der E16 und über Dale höchstens ein halber Tag.
Reisehöhepunkte: Der **Steinsdalsfossen** * in Fossatun – die Fahrt am **Hardangerfjord** ** – die Fahrt über das Fjell nach Voss.

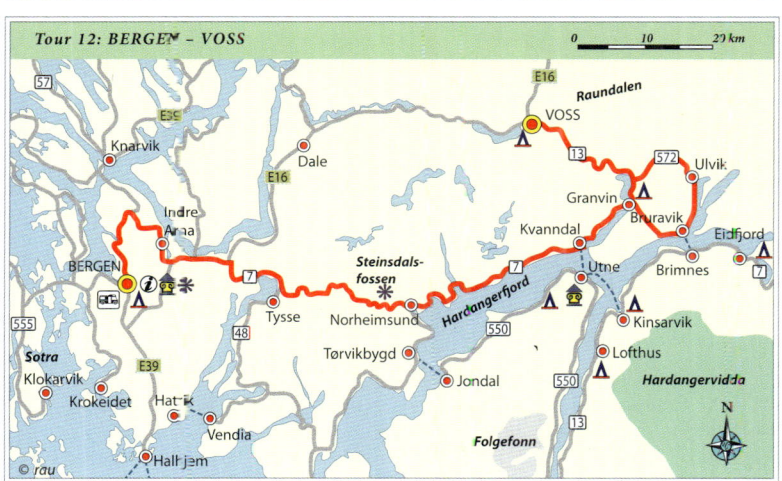

ROUTE: Auf der E39/R585 über **Paradis** (Fantoft Stabkirche), **Hop** (Abzweig zum Grieg Haus) und **Nesttun** verlassen wir Bergen zunächst in südlicher Richtung.

Ab Nesttun auf der R580 nordwärts über **Haukeland**, **Espeland** und **Indre Arna** zur E16.

Unweit nordwestlich von Indre Arna findet man in **Garnes** das **Jernebanemuseum**, das **Eisenbahnmuseum**. Ein vom Museum betriebener **Veteranenzug** verkehrt im Sommer auf einem 18 km langen Teilstück der alten Bahnstrecke nach Voss zwischen Garnes und Midttun. Abfahrten sonntags um 11.30 und 14.30 Uhr.

ROUTE: Im weiteren Verlauf unseres Reiseweges folgen wir der E16 ein kurzes Stück ostwärts bis **Trengereid**. Ab Trengereid nehmen wir die Straße 7, die ostwärts über **Norheimsund**, **Ålvik** und **Kvanndal** bis **Granvin** führt.

Abkürzende, schnelle Alternativroute

ABKÜRZENDE ALTERNATIVROUTE: Ab Bergen bis zur E16 bei **Trengereid** (wie Hauptroute). Ab Trengereid bleibt man auf der E16 nach **Voss**.

Die bestens ausgebaute E16 führt durch reizvolle Landschaft, besonders zwischen **Dale** und **Voss**. Durch die zahlreichen Tunnels ist die Strecke zwar relativ rasch zu bewältigen (reine Fahrzeit eine gute Stunde bis Voss), dafür sieht man aber von der Landschaft weniger.

Details über Voss finden Sie weiter hinten auf dieser Tour.

HAUPTROUTE

ROUTE: Unsere **Hauptroute** folgt ab **Trengereid** der Straße 7, die ab **Tysse** die Fjordküste verlässt und durch ein enger

TOUR 12: BERGEN – VOSS

Am Hardangerfjord bei Ålvik, R7

werdendes Tal und durch Tunnels hinauf auf das **Hochplateau Kvamskogen** *(Ski- und Wandergebiet mit Hütten und Liften) führt. Es ist eine sehr reizvolle Fahrt!*

Weiter westlich, vor dem Abstieg in die **Schlucht Tokagjelet**, bieten sich schöne Ausblicke nach Südosten zum Gletscher Folgefonn.

Zwischen Kvamskogen und Tokagjelet liegt der relativ kleine, ganzjährig geöffnete Campingplatz **NAF-Camping Kvamskogen,** 10 Miethütten.

Der einst rasante, etwa 3 km lange Toka-Abstieg ist durch vier Tunnels entschärft und unproblematisch.

Im Tal sollte man in **Fossatun** links der Straße auf den wilden Wasserfall **Steinsdalsfossen [N 60° 22' 12.5" E 6° 06' 22.9"]** achten. Ein Fußweg führt unter dem Wasservorhang hindurch. Nahebei ein Café.

Zu den bescheidenen Sehenswürdigkeiten in **Norheimsund**, das seit Mitte des 19. Jh. als Handelshafen von einiger Bedeutung am Hardangerfjord fungiert, zählt neben der **Stadtkirche** aus dem Jahre 1989 mit einem bemerkenswerten Altarbild von Audun Storås, das **Hardanger Fartøyvern-senter** *(geöffnet Anf. Mai - 31. Aug. tgl. 10 - 17 Uhr; www.fartoyvern.no)*. In dieser Museumswerft werden Holzboote fachgerecht restauriert. Sammlung alter Boote. Diaschau, Café. Im Sommer mittwochs und donnerstags Ausflüge mit dem Kutter "Viking".

ROUTE: *In* **Norheimsund** *stößt die Straße wieder auf den Hardangerfjord, an dem sich die R7 kurvenreich und teils recht schmal entlang schlängelt. Über* **Øystese** *(Ingebirgt Vik Skulpturenmuseum, im Sommer tgl. geöffnet) und* **Ålvik** *erreicht man die* **Fährstation Kvanndal**.

PRAKTISCHE HINWEISE – NORHEIMSUND

Kvam Turist Informasjon, 5600 Norheimsund, Tel. 56 55 38 70, www.hardangerfjord.com; *geöffnet Ende Juni - Ende Aug..*

HOTELS

Sandven Hotel, 70 Betten, Tel. 56 55 20 88, traditionsreiches Haus im Fjordhausstil aus der Mitte des 19. Jh., Restaurant.

CAMPING

Mo Camping, Steinsdalsvegen 117, Tel. 56 55 17 27, kleiner, hübsch gelegener Platz an der R7, Wiesen am See Movatnet, Fremdenzimmer, Bootsverleih.

TOUR 12: BERGEN – VOSS

Abstecher nach Utne

Ab **Kvanndal [N 60° 28′ 18.6″ E 6° 36′ 44.6″]** – noch bis 1945 war der Ort ohne Straßenverbindung – verkehren Fähren nach **Utne** und nach **Kinsarvik**. Abfahrten zwischen ca. 7 und 22 Uhr bis zu 25 mal nach Utne und bis zu 10 mal nach Kinsarvik. Fahrzeit nach Utne 20 Minuten, nach Kinsarvik 50 Minuten.

Wer viel Zeit mitbringt und sich gerne Freilichtmuseen mit alten Gehöften anschaut, kann einer kurzen Abstecher mit der Fähre nach **Utne** unternehmen (falls nicht schon auf dem Hinweg nach Bergen geschehen), um dort das **Hardanger Folkemuseum** zu besuchen, das ganz in der Nähe oberhalb des Fähranlegers liegt. Details dazu finden Sie unter Tour 6, Stavanger – Odda – Bergen, Umweg über Utne.

Von Utne zurück nach Kvanndal.

HAUPTROUTE

ROUTE: *Weiterreise von* **Kvanndal** *auf der R7 über Fokedal (lange Sensenschmiede-Tradition) bis* **Granvin**.

Granvin [N 60° 31′ 43.6″ E 6° 43′ 36.1″] verdankt seine Existenz im Grunde seiner günstigen Lage an den alten Handelswegen zwischen Hardanger und Voss einerseits und von Bergen ins Landesinnere andererseits. Auf diesem Wege reiste weiland schon König Olav Haraldsson, der Heilige, als er 1023 unterwegs war, um seine Landsleute zu christianisieren.

Darüber hinaus weisen archäologische Funde darauf hin, dass hier in der Wikingerzeit und sogar schon in der Steinzeit Siedlungen existiert haben müssen.

Zu besichtigen gibt es ein kleines, von 15. Juni bis 15. Aug. geöffnetes **Heimat- und Freilichtmuseum**.

Mein Tipp: **Falls Sie nicht** – wie nachstehend beschrieben – mit der Fähre von Bruravik nach Brimnes und nach Eidfjord oder weiter über Geilo und Gol reisen wollen, nehmen Sie ab **Granvin** die R13 nordostwärts nach Voss (27 km), siehe „**Hauptroute**" weiter hinten.

Abstecher nach Eidfjord und Abkürzende Alternativroute

In Granvin kann man ostwärts abzweigen und gelangt dann durch das 7,5 km lange **Vallavik Tunnel** zur **Fährstation Bruravik**.

Ab **Bruravik [N 60° 29′ 38.0″ E 6° 53′ 31.9″]** setzt man mit der Fähre über nach **Brimnes [N 60° 28′ 16.9″ E 6° 54′ 30.0″]**. Von dort kann man auf der R7 über **Eidfjord [N 60° 27′ 59.0″ E 7° 04′ 10.6″]** und **Øvre Eidfjord** hinauf auf die **Hardangervidda** zum spektakulären **Wasserfall Vöringsfoss** gelangen. Sehr schöne Fahrt!

Von Eidfjord führt eine schmale Fjordstraße nach Nordosten ans Ende des Eidfjords.

Am Ende des Fjords liegt das **Sima Kraftwerk**, eines der größten Wasserkraftwerke Europas. Die riesige Kraftwerkshalle, 200 m

PRAKTISCHE HINWEISE – GRANVIN

Touristeninformation, Granvin Centrum, 5736 Granvin, Tel. 56 52 53 60; www.granvin.kommune.no; *geöffnet 1. Mai - 30 Sept. tgl. 11 - 20 Uhr, übrige Zeit bis 18 Uhr.*

CAMPING

Granvin Hytter & Camping *** [N 60° 33′ 14.5″ E 6° 43′ 50.0″], Kyrkjestrondi, Tel. 56 52 52 82, www.granvin-hytter.no; 1. Juni – 30. Aug.; kleinere Anlage neben der weißen Granvin Kirche; ca. 0,5 ha – 30 Stpl.; Standardausstattung; Laden; 15 Miethütten ** - ****.
Camping Seim **, Tel. 56 52 57 30; 1. Jan. – 31. Dez.; nördl. Granvin Abzweig von der R13 Richtung Seim/Nesheim; ebene Wiesen; ca. 1 ha – 50 Stpl.; Standardausstattung; 7 Miethütten.
Espelandsdalen Camping *** [N 60° 35′ 32″ E 6° 48′ 22″], Tel. 56 52 51 67, www.espelandsdalencamping.no; 1. Mai – 30. Sept.; von der R13 ab auf die R572, 7 km Richtg. Ulvik; kleiner Platz am See Espelandsvatnet; 10 Hütten.
Camping Flatlandsmo ** [N60° 35′ 37.81″ E6° 34′ 50.92″], Flatlandsmoen 6, Tel. 56 51 78 08; Ende März – Ende Okt.; an der R13, etwa auf halbem Wege zwischen Granvin und Voss; Wiesen am See Monsvatnet; ca. 2,5 ha – 80 Stpl.; Standardausstattung; 12 Miethütten ** - ***, Gästehaus.

TOUR 12: BERGEN – VOSS

lang und 40 m hoch, liegt 700 m im Berginneren. Von 15. Juni bis 15. August finden tgl. um 10, 12 und 14 Uhr einstündige Führungen statt. Informativer Film.

600 m oberhalb des Kraftwerks liegt am steilen Felshang der **Bergbauernhof Kjeåsen**.

Vom Kraftwerk führt die Straße noch ein Stück weiter nach Osten hinein ins malerische **Simadalen**. Am Ende der Straße kann man zum nicht allzuweit entfernten Wasserfall **Skykkjedalsfossen** wandern oder eine längere Bergtour zur Hütte **Rembesdalseter** am Gletscher **Hardanger Jøkulen** unternehmen.

ROUTE: *Weiterreise von Eid-fjord auf der R7 ostwärts und über* **Øvre** *Eidfjord und auf schon im 17. Jh. bekannter Straßentrasse (Infotafeln an den Rastplätzen) kurvenreich durch das imposante* **Måbødalen** *und durch mehrere Tunnels hinauf auf die Hochebene der* **Hardangervidda**.

Am Ostrand von **Øvre Eidfjord** liegt unmittelbar an der Straße R7 das moderne Museumsgebäude des am 28. Mai 1995 von Ihrer Majestät Königin Sonja eingeweihten **Hardangervidda Naturzentrums** *(geöffnet 1. Apr. - 31. Okt. tgl. 10 - 18 Uhr, im Sommer 9 - 20 Uhr; www.hardangervidda.org).*

Geologische, naturgeschichtliche, zoologische und botanische Exponate und Bildtafeln geben Einblick in Natur, Kultur, Fauna und Flora der Hardangervidda, die angrenzenden Täler und Gletscher.

Sehr sehenswert und eindrucksvoll sind die Bilder und Landschaftspanoramen, die dem Besucher in einem sehenswerten, 225° Panoramafilm gezeigt werden. Vorstellungen alle 30 Minuten. Dauer 20 Minuten. Dem Museum angegliedert ist ein Restaurant und ein Souvenirladen.

Oben bei **Fossli** (Parkplatz, Cafeteria, Ausflugstram „Troll-Tram") donnert der imposante **Wasserfall Vøringsfoss** fast 150 m senkrecht in dunkle, kaum einsehbare Tiefen.

Ab Fossli kann man mit der „Troll-Tram" ein Stück die alte Trasse der einstigen „haarsträubenden" Passstraße hinabfahren.

Die **Hochebene Hardangervidda**, heute Nationalpark und Naturschutzgebiet, auf der noch Rentierherden leben, liegt zwischen 1.000 und 1.250 m über dem Meer und ist ein wahres Eldorado für ausgedehnte, auch anspruchsvolle **Wanderungen**. Ausgangspunkt für Wanderungen können z. B. die **Berghotels Fagerhjem Fjellstue** oder die schöne und einsam gelegene **Halne Fjellstue** sein.

Auf dem Weg über die einsame, baumlose, von zahllosen kleinen Seen durchsetzte Hardangervidda gelingen bei klarem Wetter immer wieder herrliche Ausblicke bis hin zum Gletscher **Hardangerjøkulen** (1.862 m) im Norden.

Routenabkürzung

Folgt man der R7 ab **Fossli** weiter nach Osten (Wintersperre zwischen Maurset und Haugastøl), passiert man **Geilo** (Campings) und **Hol** (Kirche) und erreicht schließlich **Gol** (120 km). Ab Gol schließt Tour 14 (Gol – Lom) zur Weiterreise an.

Umweg über Ulvik

Wer auf der Suche nach schönen Wandergebieten ist, sollte von **Granvin bis Bruravik [N 60° 29′ 38.0″ E 6° 53′ 31.9″]** fahren, um dort nordwärts nach **Ulvik [N**

PRAKTISCHE HINWEISE – EIDFJORD, ØVRE EIDFJORD

Touristeninformation, Riksvegen 27 A, 5783 Eidfjord, Tel. 53 67 34 00; www.visiteidfjord.no; *geöffnet 1. Juni - 31. Aug. Mo - Sa 10 - 18 Uhr, übrige Zeit Mo - Fr 9 - 16 Uhr.*

CAMPING

Øvre Eidfjord
Camping Sæbø *** [N 60° 25′ 33.3″ E 7° 07′ 18.8″], Tel. 53 66 59 27, www.saebocamping.com; 1. Mai – 25. Sept.; Zufahrt von der R7, Wiesengelände in schöner Lage am Eidfjordvatnet; ca. 2,5 ha – 100 Stpl.; Standardausstattung. Laden, 16 Miethütten ** - ****.
Måbødalen Camping og Hyttesenter ****, Tel. 53 66 59 88; 1. Jan. – 31. Dez.; Zufahrt von der R7, fast ebenes Wiesengelände in schöner Lage; ca. 1,5 ha - 90 Stpl.; gute Standardausstattung, Laden, Imbiss, 8 Miethütten *** - ****.

TOUR 12: BERGEN – VOSS

60° 3' 4 13.3" E 6° 54' 55.1"] zu gelangen, einem viel besuchten und hübsch am Ulvikfjord gelegenen Sommerferienort.

Ab Ulvik bietet sich ein **Abstecher nordostwärts nach Osa** am Nordende des reizvollen Osafjords an.

Etwa 15 Minuten zu Fuß entfernt kommt man zum **Røykjafossen**. Allerdings ist dieser Wasserfall reguliert. Und es ist durchaus möglich, dass Sie ihn in einer gebremsten Magerversion erleben.

Nördlich und östlich von Osa erstreckt sich ein riesiges **Wandergebiet,** das sich u. a. bis zum Gletscher **Hardangerjökulen** im Osten erstreckt.

Am besten zugänglich ist der Gletscher von **Finse** nördlich des Gletschers. Finse bietet Bahnstation, Finsehytta und das **Rallarmuseum** über den Bau der Bergbahn Ende des 19. Jh.

Wer herausfordernde **Wander- und Radtouren** sucht, für den kann der **Rallarvegen** ein interessantes Erlebnis sein. Der Weg führt über insgesamt 92 km von Haugestøl über Finse, Hallingskeid und Myrdal bis hinab nach Flåm immer entlang der Bergbahn, die zwischen 1895 und 1902 gebaut worden ist und als höchstgelegene Bahnstrecke Nordeuropas gilt.

Auf der Weiterfahrt von Ulvik über die R572 (alter Winter-Postweg) und durch das **Hochtal Espelandsdalen** zurück zur R13 bei **Granvin**, hat man von den oberen Straßenkehren einen sehr schönen Blick zurück auf Ulvik und den Fjord.

HAUPTROUTE

ROUTE: Im weiteren Verlauf unserer Route von Granvin nach Voss führt die Straße 13 am Ostufer des dunklen Granvinvatnet vorbei. **Granvin Kirche** aus dem 18. Jh.

Wenige Kilometer weiter beginnt eine sehr **schöne Passfahrt**, die in engen, übereinander liegenden Serpentinen angesichts des tosenden **Wasserfalls Skjervefossen** bergan führt. Immer wieder schöne Ausblicke zurück und hinab ins Tal.

Voss in der Provinz Hordaland, eine Kleinstadt mit rund 7.000 Einwohnern, ist wichtiger Verkehrsknotenpunkt an der E16, mit Bahnanschluß (Bergen – Myrdal – Oslo) und Anbindung an die Fernbuslinien.

Dank seiner günstigen Lage zwischen dem Hardangerfjord im Süden und dem Sognefjord im Norden hat sich Voss zu einem wichtigen Fremdenverkehrsort und bedeutenden Wintersportgebiet entwickelt.

Die Stadt bietet sich als günstiger Ausgangspunkt für Ausflüge zum Nærøyfjord und zur berühmten Flåmbahn an.

Voss ist aber auch Sitz der Ole Bull Akademie, die als wichtiges Zentrum für Volksmusik in Norwegen fungiert.

Voss, eine vergleichsweise alte Siedlung, wurde im 2. Weltkrieg allerdings durch Bombenangriffe stark in Mitleidenschaft gezogen, so dass das Straßenbild heute von modernen Bauten geprägt wird. Lediglich die **Kirche von Voss** aus dem 13. Jh. in der

PRAKTISCHE HINWEISE – ULVIK

Ulvik Turist Informasjon, 5730 Ulvik, Tel. 56 52 62 80; www.visitulvik.com; geöffnet Mo - Fr 8.30 - 13.30 Uhr, im Sommer bis 17 Uhr und auch So 13 - 17 Uhr.

HOTELS

Rica Brakanes, 143 Zi., Tel. 56 52 61 05, www.brakanes-hotel.no; Komforthotel am Fjord, gehobene Preislage; Restaurant, Sauna, Schwimmbad, Tennis, Parkplatz, hoteleigenes Ausflugsschiff.
Rica Strand Fjordhotel, 50 Zi., Tel. 56 52 63 05, www.rica.no; komfortables Mittelklassehotel, Restaurant, Sauna, Schwimmbad, Parkplatz.
Ulvik Fjord Hotel, 40 Betten, Tel. 56 52 61 70, www.ulvikfjord.no; Restaurant. WLAN. Fahrradverleih.

CAMPING

Ulvik Fjordcamping, Eikjeledbakkjen 2, Tel. 56 52 61 70, www.camping.ulvikfjord.no; Ende Mai – Ende Sept.; über R572, ca. 500 m außerhalb; Wiese zwischen Straße und Fjord, kleiner, einfacher Platz mit 40 Stpl.; 6 Miethütten.

Stadtmitte ist unversehrt und nahezu unverändert erhalten geblieben. Im Inneren sind Stilelemente der Renaissance (Kanzel) zu sehen.

Empfehlenswert ist ein Besuch des **Folkemuseums Voss** im **Museumshof Mølstertunet [N 60° 39' 04.6" E 6° 26' 09.5"]** *(geöffnet Mitte Mai - Mitte Sept. tgl. 10 - 17 Uhr, übrige Zeit tgl. a. Sa 10 - 15 Uhr; www.vossfolkemuseum.no)*. Das Freilichtmuseum liegt nördlich der Stadt in schöner Hanglage. Mølstertunet besteht aus 16 alten Gebäuden. Die ältesten stammen aus dem 16. Jh. Der Hof war bis 1927 bewirtschaftet.

Im westlichen Stadtbereich liegt nördlich der Straße E16/R13 **Finnesloftet** *(geöffnet Ende Juni - 15. Aug. tgl. 10 - 16 Uhr)*, ein beeindruckendes altes Holzgebäude, das 1250 als Gildehaus oder adeliger Bankettsaal errichtet wurde und aus jener Zeit unverändert erhalten geblieben ist. Es zählt zu den größten nicht sakralen Holzbauten in Norwegen.

Einen ausgezeichneten Blick auf die Landschaft um Voss genießt man vom 660 m hohen Aussichtspunkt auf dem **Hangursfjell** (Restaurant). Von der Talstation nordwestlich vom Stadtzentrum bringt Sie eine **Kabinenseilbahn** in nur vier Minuten hinauf zum Aussichtspunkt. Die Bahn verkehrt im Sommer täglich zwischen 11 und 17 Uhr alle 15 Minuten. Im Juli verkehrt ein Sessellift weiter bis in 800 m Höhe.

Oben auf dem Hangursfjell bieten sich vielfältige Wandermöglichkeiten. Wanderkarten gibt es in den Sportgeschäften in Voss.

Etwa 16 km nördlich von Voss liegt am Ostufer des Sees Lønavatnet **Nesheimtu-

PRAKTISCHE HINWEISE – VOSS

Voss Touristeninformation, Rathaus Voss Tinghus, Uttrågate 9, 5701 Voss, Tel. 56 52 08 00, www.visitvoss.no; *geöffnet im Juni, Juli + Aug. Mo Fr 8 - 19, Sa 9 - 19, So 12 - 19 Uhr, übrige Jahreszeit Mo - Fr 8.30 - 15.30 Uhr.*

HOTELS

Fleischer's, 115 Zi., Evangerveien 13, Tel. 56 52 05 00, www.fleischers.no; komfortables, traditionsreiches Firstclass Hotel, Haupthaus in einem historischen Gebäude aus dem 19. Jh., Restaurant, Sauna, Schwimmbad, Tennis, Hotelterrasse.
Jarl, 144 Betten, Elvegata 9 - 11, Tel. 56 51 99 00, www.jarlvoss.no; gutes Mittelklassehotel, zentrumsnah, Restaurant, Pub, Sauna, Schwimmbad, Parkplatz.
Park Hotel Vossevangen, 131 Zi., Tel. 56 53 10 00, www.parkvoss.no; gepflegtes, komfortables Firstclass Hotel mit entsprechenden Preisen, das größte Haus am Platz, zentral gelegen, gutes **Restaurant „Elysée"** (teuer), Café, Nachtclub, Piano-Bar, Parkplatz.

CAMPING

Camping Voss * [N 60° 37' 29.4" E 6° 25' 20.6"]**, Tel. 56 51 15 97, www.vosscamping.no; 1. Mai - 30. Sept.; im Ort von der E16 (Voss – Dale) beschilderter Abzweig; teils Wiesen am See Vangsvatnet mit Kiesstrand und öffentlichem Badestrand, teils im Föhrenwald; schöne Lage mit Blick auf See und Berge; ca. 2 ha – 100 Stpl.; Standardausstattung; Laden; Miethütten; beheiztes Freibad nebenan. Fahrradverleih, Bootsverleih.

Der Campingplatz von Voss wird stark frequentiert, besonders in den Ferienmonaten! Wem das Gedränge hier dann zu groß wird, kann auf kleinere, etwas einfachere, aber mindestens genau so schön gelegene Plätze an der Straße E16 nach Gudvangen ausweichen (z. B. **Camping Tvinde [N 60° 43' 28.5" E 6° 29' 28.7"]**, ganzjährig, kleiner Platz unterhalb des Tvindefossen sowie **Camping Taulen [N 60° 45' 09.1" E 6° 30' 02.7"]**, ca. 10 km nördl. Voss wunderschön an einem Wildbach unterhalb eines bewaldeten Berges gelegen).

V & E Station für Wohnmobile in Kvåle, E16 4 km Richtung Bergen, gebührenpflichtig.

net, ein weiterer vom Volksmuseum Voss betreuter **Museumshof**. Hier ist ein für diese Region typisches Gehöft mit 12 alten Holzhäusern zu sehen. Die ältesten stammen aus dem ausgehenden 17. Jh. Nesheimtunet ist nur von Mitte Juni bis Ende Juli samstags und sonntags geöffnet.

Ausflug ins Raundalen

Ein sehr schöner Ausflug führt von Voss nach Nordosten hinein ins herrliche **Raundalen**. Das rund 40 km lange Tal zieht sich hinauf bis nach **Upsete** (Bahnstation). Unterwegs findet man in **Mjølfjell** ein Informations- und Servicezentrum mit Lebensmittelladen, einem Café, Sanitäranlagen und einem **Parkplatz für Wohnmobile**.

Im Raundalen bieten sich vielfältige Möglichkeiten zum Wandern (man kann über das Gebirge bis nach Flåm wandern, Schwimmen (beheiztes Freibad), Reiten, Radfahren auf dem legendären Rallarvegen (Fahrradverleihs), Riverrafting, Angeln etc.

Radwanderung auf dem Rallarvegen

Von Voss aus bietet sich vor allem im Sommer Gelegenheit, zu einer ausgedehnten Radwanderung auf dem konditionell teilweise anspruchsvollen **Rallarvegen** zu starten.

Näheres über den Weg lesen Sie auf der nächsten Etappe, Tour 13 (Voss – Flåm – Lærdal), unter **„Radwandern auf dem alten Bahnarbeiterweg"**.

Abstecher nach Flåm

Mein Tipp! Falls Sie sich für einen anderen Reiseweg als den in der nachfolgenden Tour 13 (Voss – Flåm – Lærdal) beschriebenen entscheiden, sollten Sie zumindest einen **Abstecher von Voss über Gudvangen am Ende des schmalen Nærøyfjords nach Flåm** (berühmte Flåmbahn) in Betracht ziehen. Es werden auch organisierte Ausflüge dorthin angeboten. Näheres im Touristeninformationsbüro in Voss.

Der Wasserfall Skjervefossen zwischen Granvin und Voss

TOUR 13: VOSS – FLÅM – LÆRDAL

VOSS – FLÅM – LÆRDAL

Länge dieser Tour: Rund 105 km, via Hordalen 125 km.
Die Route: E16 über **Vinje** bis **Gudvangen** – R50 über **Flåm** nach **Aurland** – Höhenstraße durchs **Horndalen** oder längster **Tunnel** der Welt nach **Lærdal** (**Lærdalsøyri**).
Alternativroute: Mit der Fähre durch den **Nærøyfjord**.
Reisedauer: Mindestens ein Tag, ohne Fahrt mit der Flåmbahn.
Reisehöhepunkte: Die Serpentinenstraße **Stalheimskleiva** * – eine Schifffahrt durch den **Nærøyfjord** *** – die Fahrt mit der **Flåmbahn** ** – der Blick auf den **Aurlandsfjord** *** – Fahrt über die Hochfläche des **Horndalen** * – der **Lærdaltunnel** ***, der längste Tunnel der Welt ***.

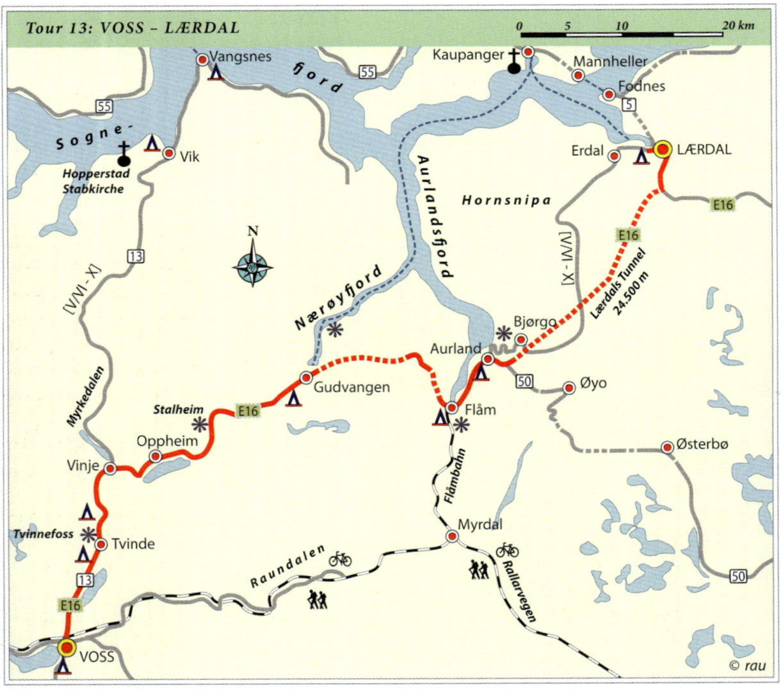

ROUTE: *Von Voss über die E16/R13 nordwärts zunächst bis* **Vinje** *und weiter auf der E16 zum Fährhafen* **Gudvangen** *(46 km).*

Nach gut 10 km sieht man linkerhand den **Tvinnefoss** rund 150 m tief zu Tal stürzen (Parkplatz, Kiosk). Direkt unterhalb des Wasserfalls liegt der **Campingplatz Tvinde** [N 60° 43' 28.5" E 6° 29' 28.7"].

Von Vinje über Stalheim und durch das Nærøytal nach Gudvangen führte früher die alte **Poststraße** bzw. der sog. „**Königswegs**" von Oslo nach Bergen. Die heutige Straße E16 folgt bei Oppheim noch der alten Trasse.

Auch die **Serpentinen von Stalheim** waren Teil des „Königswegs". Teilstücke der alten Straße existieren noch und laden zu Wanderungen ein, z. B. zwischen Vinje Hotel und Oppheim

TOUR 13: VOSS – FLÅM – LÆRDAL

Hotel, oder zwischen Haugsvik am Westende des Sees Oppheimsvatnet und dem Stalheim Hotel.

Später passiert man **Oppheim** (alter **Museums-Pfarrhof**, Besichtigung nach Absprache. **Wintersportgebiet** mit Liftanlagen, **Hotel** s. u. Gudvangen).

Nach weiteren 13 km kann man von der E16 zum **Hotel Stalheim** (Details s. u. Gudvangen) abzweigen. Das Berghotel liegt sehr schön. Ihm ist ein **Freilichtmuseum** angeschlossen, das nach Absprache mit dem Hotel besichtigt werden kann.

Die Weiterfahrt vom Hotel über die enge, steile **Stalheimskleiva-Straße [N 60° 50' 19.9" E 6° 41' 50.3"]**, die in 13 Haarnadelkurven mit bis zu 18%! Gefälle, begleitet vom Sivlefoss, talwärts führt, **sollte nicht mit Wohnwagen unternommen werden!** Man umfährt Stalheim dann besser auf der gut ausgebauten E16, die hier durch zwei längere Tunnels führt.

Man kann auch von der Talseite der Stalheimskleiva-Straße bis zur 3. Serpentine hinaufwandern. Von dort hat man den schönsten Blick auf den Sivlefall. Die Trassenführung der alten Stalheimstraße ist an sich schon eine Sehenswürdigkeit und ein wirklich bemerkenswertes Beispiel kühner Straßenbaukunst.

Gudvangen (Provinz Sogn og Fjordane) liegt in einem von steilen Bergwänden eingefassten Tal am Ende des Nærøyfjords, einem Ausläufer des Sognefjords, und vielleicht einer der schönsten Fjorde in Norwegen. Besonders während der Schneeschmelze schwillt der **Kielsfoss** an der Ostseite des Tals zu einem gewaltigen Wasserfall an.

Ab Gudvangen verkehren **Autofähren über Kaupanger nach Lærdal (Lærdalsøyri)**. Besonders in der Hauptreisezeit im Juli ist die Strecke stark frequentiert und Autoplätze sind dann knapp, was zu längeren Wartezeiten führen kann!

Die Fähren verkehren ganzjährig. Abfahrten zwischen 1. Mai und 30. September ab Gudvangen täglich um 12 Uhr, vom 1. Juni bis 31 Aug. zusätzlich um 8 Uhr, 14.45 Uhr und 13.15 Uhr. *Die Zeiten können sich ändern!* Die Überfahrt nach Kaupanger dauert zwei Stunden, nach Lærdal rund drei Stunden. Info: www.fjord1.no.

Alternativroute mit der Fähre durch den Nærøyfjord

MEIN TIPP! Eine sehr empfehlenswerte Routenalternative – wenn auch eine etwas teure Alternative, vor allem, wenn man einen Platz für sein Fahrzeug auf der Fähre benötigt – ist der Weg **mit der Fähre** durch den engen, imposanten **Nærøyfjord**, den anschließenden **Aurlandsfjord**, den **Sognefjord** und schließlich durch den **Lærdalsfjorden** nach **Kaupanger** (Fährzeit zwei Stunden) und weiter nach **Lærdal** (knapp drei Stunden). Abfahrtszeiten in Gudvangen s. o.

Der Sognefjord ist mit einer Länge von 204 km der längste Fjord der Welt – und

HOTELS – GUDVANGEN

Gudvangen Fjordtell, 38 Zi., Tel. 48 07 55 55, www.gudvangen.com; 1. Mai - 30. Sept.; Restaurant. Parkplatz

Vossestølen Hotel, 29 Zi., Oppheimsvegen 87, Tel. 56 52 99 99, www.vosshotel.no; 1. Mai – 30. Sept.; etwas westlich von **Oppheim** an der E16 schön am Oppheimsvatnet gelegen, Restaurant, Café.

Hotel Stalheim, 124 Zi., Tel. 56 52 01 22, www.stalheim.com; Anf. Mai – Ende Sept.; sehr schön gelegenes Berghotel, Festaurant.

CAMPING – GUDVANGEN

Camping Vang ** **[N 60° 52' 17" E 6° 49' 43"]**, Tel. 57 63 39 26, www.vang-camping.no; 15. Mai – 10. Sept.; an der E16 kurz vor Gudvangen; ebene Wiesen; ca. 1 ha – 30 Stpl.; einfache Standardausstattung; 12 Miethütten ** - ****.

Gudvangen Camping [N 60° 52' 25.0" E 6° 49' 52.1"], Tel 57 63 39 34, www.vistigudvangen.com; 5. Apr. – 30. Okt., an der E16 kurz vor Gudvangen; ebene Wiese; ca. 1,5 ha – 40 Stpl.; einfache Standardausstattung; 11 Miethütten ** - ****.

V & E Station an der SHELL-Tankstelle am Tunnelbeginn **[N 60° 52' 46.3" E 6° 50' 40.2"]**.

TOUR 13: VOSS – FLÅM – LÆRDAL

Fjorde am „Nordweg"

Die großartige und wilde Landschaft der Fjorde, die ja eine Fortsetzung der zum Meer hin verlaufenden Gebirgstäler darstellen, ist ein Ergebnis der Eiszeit. *Fjord* bedeutet übrigens soviel wie *Fahrwasser* oder *Förde*.

Eismassen gruben auf dem Weg zum Meer tiefe Täler. Interessant dabei ist, dass die größte Tiefe dieser Täler nicht etwa an der Mündung ins Meer, sondern weiter im Landesinneren liegt.

Das wandernde Eis schob gewaltige Massen an Felsgestein vor sich her, die vor der Küste als Schären und Inseln stehenblieben. Das geschützte Fahrwasser zwischen Festland und Inseln erlaubte später auch bei schwerer See die Aufrechterhaltung des Schiffsverkehrs nach Norden. Es entstand der Begriff *„Nordweg"*, der dem Land *„Norwegen"* seinen Namen gab.

Der **Sognefjord**, der längste und mit 1.308 m auch der tiefste Fjord Norwegens, reicht mit seinen Armen rund 204 km weit ins Landesinnere.

Zu seinen schönsten Seitenarmen zählen der nach Südwesten reichende **Nærøyfjord** und der benachbarte **Aurlandsfjord**.

Noch weiter landeinwärts teilt sich der Sognefjord nochmals in drei Arme. Einer endet in Lærdalsøyri, von wo es nicht mehr weit bis zur Borgund-Stabkirche ist, einer Sehenswürdigkeit für sich. Der andere Fjordarm, der **Årdalsfjord**, endet bei Årdalstangen. Von dort führen Wege ins Jotunheimen oder zum 1.073 m hoch gelegenen Tyin-See.

Der dritte Arm schließlich ist der **Lustrafjord**, der bis Skjolden reicht. Von dort führt eine Straße in steilen Serpentinen hinauf ins Jotunheimen-Gebirge und endet in Otta an der E6. Und jeder dieser Fjordarme ist ein lohnendes Reiseziel.

Am eindrucksvollen Nærøyfjord

einer der schönsten ganz Norwegens. Die Schiffstour wird übrigens zu den **schönsten Fjordfahrten** in Norwegen gezählt! Und auf der relativ langen Passage bietet sich genügend Zeit, die prächtige Fjordlandschaft zu genießen. Ein besonderes Reiseerlebnis!

HAUPTROUTE AUF DEM LANDWEGE

ROUTE: *Folgt man nicht dem Wasserweg durch den Nærøyford und den Sognefjord nach Lærdal, sondern unserer* **Hauptroute**, *fährt man von* **Gudvangen** *weiter auf der E16 in nordöstlicher Richtung*

TOUR 13: VOSS – FLÅM – LÆRDAL

und durch den 1,4 km langen **Gudvangentunnel** *nach* **Flåm**.

Flåm [N 60° 51' 47.2" E 7° 06' 48.4"], lange nicht viel mehr als eine beschauliche Bahnstation, präsentiert sich dem Besucher heute als turbulentes, touristisches Zentrum mit großer moderner Molenanlage für Kreuzfahrt- und Ausflugsschiffe, mit Promenade, Restaurant, Zugrestaurant in zwei Eisenbahnwaggons aus den 20er Jahren, Souvenirläden und großem Parkplatz.

Klein dagegen nimmt sich mittendrin das alte **Bahnhofsgebäude** aus, in dem heute das **Flåmsbanemuseet** eingerichtet ist. Das kleine Museum informiert sehr anschaulich über die spektakuläre Flåmsbahn und ihre Geschichte *(geöffnet 15. Mai – Ende Oktober tgl. 12 – 16 Uhr; www.flamsbana-museet.no, auch in Deutsch)*.

Ein schöner **Wander- und Fahrradweg** führt von Flåm am Fjord entlang knapp 4 km Richtung Aurland bis zum **Otternes Heimatmuseum**.

Fahrt mit der Flåmsbahn

Die **Flåmsbahn**, nicht nur eine viel besuchte Touristenattraktion, sondern auch ein Meisterstück des Eisenbahnbaus, führt von **Flåm** südwärts durch das enge, steile Flåmsdalen von Meereshöhe hinauf zur 867 m hoch gelegenen Station **Myrdal** an der Hauptbahnstrecke Oslo – Bergen. Anf. Mai bis Ende Sept. bis 10 Abfahrten täglich. Auf der 20 km langen Strecke, die in 55 Minuten bewältigt wird, fährt der Zug durch 20 Tunnels und Galerien mit übereinanderliegenden Schleifen und Kehren von insgesamt 6 km Länge. Der längste Tunnel ist der 1.342 m lange Nåli-Tunnel.

Im oberen Teil der beeindruckenden Strecke führt die Bahntrasse unmittelbar am über 200 m hohen **Kjosfossen Wasserfall** vorbei. Hier wird gewöhnlich angehalten, um den Passagieren Gelegenheit zu geben, auszusteigen und zu fotografieren.

Der Zug ist übrigens mit nicht weniger als fünf von einander unabhängigen Bremssystemen ausgerüstet.

Radwandern auf dem alten Bahnarbeiterweg

Der Rallarvegen, der alte Bahnarbeiterweg, stammt noch aus der Zeit, als die Bahntrasse Oslo – Bergen über die kargen Höhen des Kallingskarvet gebaut wurde. Der erste Abschnitt konnte 1883 eröffnet werden. Und ab 1909 dann war der Zugbetrieb über Myrdal bis Voss möglich.

Heute ist der Rallarvegen nicht nur ein überaus beliebter Rad- und Wanderweg, sondern auch ein kulturhistorisches Denk-

---

PRAKTISCHE HINWEISE – FLÅM

Flåm Turistinformasjon, 5743 Flåm, Tel. 57 63 21 06, www.visitflam.com. Nur in der Sommersaison geöffnet.
Flåmbahn-Information: Tel. 57 63 21 00, www.flaamsbana.no.
Info Rallarvegen: Tel. 32 09 59 00.
Fahrradverleih Flåm, Tel. 57 63 21 06, 57 63 11 48.

HOTELS

Fretheim Hotel, 121 Zi., Tel. 57 63 63 00, www.fretheim-hotel.no; traditionsreiches Komforthotel, teils in einer Villa aus dem 19. Jh. eingerichtet, moderner Anbau, Restaurant, Café, Pub, Schwimmbad.
Heimly Pensjonat, 23 Zi., Tel. 57 63 23 00, www.heimly.no, einfacheres Haus mit relativ moderaten Zimmerpreisen, am Fjord gelegen, Restaurant.
Myrdal
Vatnahalsen Høyfjellshotell, 40 Zi., Tel. 57 63 37 22, www.vatnahalsen.com; ansprechendes Berghotel, Restaurant, Sauna, Schwimmbad.

CAMPING

Flåm Camping og Vandrarheim **** [N 60° 51' 45" N 7° 6' 32.1"], Tel. 57 63 21 21, www.flaam-camping.no, 1. Mai – 15. Sept.; westlich der Bahnstation; Terrassen und ansteigende Wiesen in ansprechender Lage am Ortsrand, ca. 2,5 ha – 150 Stpl.; Standardausstattung, Laden, Fahrradverleih, 15 Hütten ** - ****. **V & E** **für Wohnmobile**. Jugendherberge.

TOUR 13: VOSS – FLÅM – LÆRDAL

mal. Man wandert entlang der historischen Bahntrasse und trifft dabei immer wieder auf Gebäude, Bahnwärterhäuschen und Bahnhöfe, die teils noch aus der Jahrhundertwende stammen.

Flåm ist Endpunkt des **Radwanderweges Rallarvegen**, der von Haugastøl (an der R7 westlich von Geilo) her kommt. Wegen des starken Gefälles von Vatnahalsen hinab nach Flåm wird der rund 80 km lange Rallarvegen gewöhnlich in Ost-West-Richtung (also Richtung Flåm) befahren.

Sie können aber auch in Flåm starten, den sehr anstrengenden Aufstieg (fast 900 m Höhenunterschied) nach Myrdal mit der Bahn überbrücken, dort umsteigen, mit dem Zug weiter nach Haugastøl fahren und dort mit der Radtour beginnen.

Im Sommer verkehrt auf der Strecke Oslo – Haugastøl – Myrdal – Voss ein spezieller Fahrradzug.

Wie gesagt startet der Weg am Bahnhof von **Haugastøl**, der auf 988 m Höhe liegt. Später erreicht er am Tågavatn mit 1.301 m seinen höchsten Punkt, um dann ab Vatnahalsen bei Myrdal steil hinab auf Meereshöhe zu führen.

Durchgehend befahrbar ist der Weg allerdings nur im Hochsommer. Zu Beginn der Radlsaison Ende Mai liegt auf den höchsten Abschnitten der Bergstrecke noch Schnee. Man wird dann zwischen Finse und Hallingskeid den Fahrradzug nehmen.

Finse, das 1.222 m hoch liegt, ist übrigens der höchst gelegene Bahnhof in Norwegen. Besichtigen kann man hier das Rallarmuseum. Und übernachten kann man in der DNT Finsehütte und im Hotel Finse.

21 km weiter nordwestlich liegt in 1.100 m Höhe der Bahnhof von **Hallingskeid**. Dort gibt es auch eine Hütte des Norwegischen Wanderverbandes DNT für Selbstversorger.

Der Weg führt nun nach und nach immer steiler bergab. Mit Vorsicht sollte man die Passage bei Klevagjerdet angehen. Dort führt der Weg auf einem schmalen, unsicheren Felsvorsprung entlang. Die nächste Hütte mit Bewirtung ist die Seltuftstova.

15 km hinter Hallingskeid erreicht man die Wegkreuzung von **Myrdal** (Bahnhof). Verpflegen kann man sich hier in der Myrdal Fjellstue und übernachten kann man im Hotel im nahen **Vatnahalsen**.

Die letzten 20 km hinab nach **Flåm** sind sehr steil. Im oberen Teil trifft man auf 21 Kurven und Kehren. Insgesamt beträgt hier der Höhenunterschied 865 m. Der Wanderverein empfiehlt, das Fahrrad in den Kurven und an den Steilstücken zu schieben.

Abzweig nach Voss: Übrigens muss man von Myrdal nicht unbedingt hinab nach Flåm fahren. Eine Seitenstrecke (43 km) führt von Myrdal nach Südwesten bis **Upsete** (Bahnhof, Übernachtung und Verpflegung in der Upsete Fjellstove) an der Westseite des Gravhalstunnels und weiter durch das **Raundalen** hinab nach Voss.

HAUPTROUTE

ROUTE: *Weiterreise von* **Flåm** *auf der E16 nordwärts und über* **Otternes** *nach* **Aurland** *(8 km).*

Zu den Sehenswürdigkeiten in **Aurland** zählen die gotische **Vangen-Kirche** aus dem

---

PRAKTISCHE HINWEISE – AURLAND

Aurland Turist Informasjon, Postboks 53, 5741 Aurland, Tel. 57 63 33 13, www.alr.no

HOTELS
Aurland Fjordhotell, 24 Zi., Bjørgavegen 1, Tel. 57 63 35 05, www.aurlandfjordhotel.com; in Aurland, Restaurant, Café, Sauna. Parkplatz.
Ryggjatun Hotel, 44 Zi., geöffnet 1. Mai – 30. Sept., Tel. 57 63 35 00, Restaurant.

CAMPING
Lunde Camping *** [N 60° 5'3 59.7" E 7° 12' 25.0"], Tel. 57 63 34 12, www.lunde-camping.no; 1. Apr. – 1. Okt.; an der R50, ca. 2 km östl. Aurland Nähe Kreisverkehr E16; langgestreckte, ebene Wiesen in sehr schöner Lage zwischen Straße und Aurlandselva; ca. 1,5 ha – 80 Stpl.; Standardausstattung; 17 Hütten ** - ****.

TOUR 13: VOSS – FLÅM – LÆRDAL

13. Jh. und das Heimatmuseum des **Otternes Bauerndorfs** (Mitte Juni - Mitte Aug. tgl. 11 - 18 Uhr). Die Hofanlage zwischen Aurland und Flåm besteht aus einer Gruppe von 27 historischen und für die Region typischen Bauernhäusern, die teilweise aus dem 17. Jh. stammen. Vom Museumsgelände hat man einen schönen Blick auf den Fjord.

Von Aurland aus lässt sich **Lærdal** durch den 24,5 km langen, mautfreiem **Lærdals Tunnel** rasch und bequem erreichen. Der Preis für die Abkürzung ist allerdings der Verzicht auf die wirklich schöne Berglandschaft des Hornsnipa und der prächtige Blick von oben auf den Aurlandsfjord. Bei miesem Wetter und bei schlechter Weitsicht wird man aber wohl die Fahrt durch den Tunnel wählen – eine Reiseerfahrung der besonderen Art übrigens, und für Leute die lange Tunnelröhren hassen vermutlich eine Qual.

Hat man es dagegen nicht allzu eilig, lohnt – noch dazu bei schönem Wetter – auf jeden Fall **die Fahrt über die Hochfläche am Hornsnipa**. Zu beachten ist, dass die Straße über die Hochfläche nach Sæbø gewöhnlich nur zwischen 20. Mai und 15. Oktober geöffnet ist! **Und für Caravangespanne und sehr ausladende Wohnmobile ist dieser Weg m. E. nicht geeignet.** Die Trasse ist am Aufstieg bei Aurland sehr schmal und am Ende bei Sæbø einspurig und sehr eng!

Um auf die Hochfläche zu gelangen, fährt man von Aurland zunächst ein kurzes Stück am Ostufer des Aurlandsfjords nord-

Der längste Strassentunnel der Welt

Norwegen hat wieder einmal eine Meisterleistung im Straßen- und Tunnelbau vollbracht. Seit Ende 2000 verbindet der **Lærdals Tunnel** das Lærdal rund 6 km südlich von Lærdalsøyri (E16) mit dem Aurlandsdal bei Skaim (R50), und 3 km östlich von Aurland. Mit einer Länge von sage und schreibe 24,5 km ist der Tunnel der längste Straßentunnel der Welt. Der nächst längste Tunnel ist der knapp 17 km lange St.-Gotthard-Tunnel.

Am 15. März 1995 war mit dem Tunnelbau begonnen worden. Das ehrgeizige Vorhaben, mit einem ersten Kostenvoranschlag von 976 Mio. NOK (rund 109 Mio. Euro), sollte endlich eine durchgehende und ganzjährig befahrbare Straßenverbindung von Oslo nach Bergen ohne Fähren möglich machen.

In fast sechsjähriger Bauzeit wurden u. a. 2,5 Mio. Kubikmeter Aushub und Abraum, der durch über 5.000 Präzisionssprengungen gelockert worden ist, aus dem Berg geschafft. Wohin mit dem Abraum? Die Frage wurde elegant beantwortet. Man schüttete mit den gigantischen Gesteinsmassen eine neue, große Mole bei Flåm auf, an der nun auch die größten Kreuzfahrtschiffe festmachen können.

Probleme mit Gesteinsverschiebungen, Wasseradern und Fragen der Be- und Entlüftung der Tunnelröhre mussten gemeistert werden. Während der gesamten Bauphase wurde mittels Fixpunkten außerhalb des Tunnels und mit Hilfe von Laserstrahlen und Navigationssatelliten der Verlauf der Tunnelröhren kontrolliert. Man hatte von Skaim und von Tønjum aus mit dem Vortrieb der Tunnelröhren begonnen und traf sich in der Mitte mit einer Abweichung von nur wenigen Zentimetern. Ein Bravourstück moderner Straßenbaukunst. Und auf der fast 25 km langen, 7,5 m breiten, unterirdischen Straßentrasse, über der sich ein über 1.600 m hohes Bergmassiv (Hornsnipa 1.692 m) türmt, wurden 16 Wendepunkte, die auch das Wenden mit großen Lkws ermöglichen, 48 Nothaltebuchten, eine riesige Luftfilteranlage und drei große, hell beleuchtete sog. Gebirgshallen angelegt. Diese Lichthallen bieten dem Autofahrer alle 8 km eine optische Abwechslung, die die Monotonie einer langen Tunnelfahrt in Grenzen halten soll. Außerdem wurden alle nur erdenklichen Sicherheitsvorkehrungen getroffen.

Nach knapp sechsjähriger Bauzeit konnte König Harald am 27. November 2000 das Bauwerk für den Verkehr freigeben. Nun kann man in knapp 20 Minuten Fahrzeit – eine Ewigkeit für Leute, denen Tunnels ein Greuel sind – bequem mit dem Auto zwischen dem Lærdal und dem Aurlandstal reisen – kostenfrei. Für das Befahren des Lærdals Tunnels wird keine Maut erhoben.

TOUR 13: VOSS – FLÅM – LÆRDAL

Blick auf den Aurlandsfjord

wärts Richtung Höydal, zweigt aber schon kurz hinter Aurland rechts (ostwärts) ab auf eine schmale Bergstraße, die in vielen engen Serpentinen hinauf nach **Bjørgo** führt.

Unterwegs hat man vom **Aussichtspunkt „Stegastein"** [N 60° 54' 29.2" E 7° 12' 47.8"] mit seiner spektakulären **Aussichtsrampe** an der Straße (Parkplatz, Toiletten) einen **traumhaft schönen Blick** hinab auf den tief unten liegenden Aurlandsfjord.

Die beeindruckende Fahrt – insgesamt sind es 45 km von Aurland nach Sæbø – durch die von Seen durchsetzte Moränenlandschaft mit schönen Ausblicken auf die umliegenden Berge führt vorbei am 1.692 m hohen **Hornsnipa** und weiter durch das **Horndalen** hinab nach **Sæbø/Erdal** am Südufer des Lærdalsfjorden. Hier nehmen wir die Hauptstraße ostwärts und kommen nach rund 4 km nach Lærdal (Lærdalsøyri).

Lærdalsøyri, eine Gemeinde mit annähernd 2.500 Einwohnern, hat in ihrer hübschen Altstadt eine ganze Reihe schöner alter Häuser aus dem 18. Jh. und 19. Jh. erhalten. Rund 160 Gebäude stehen dort unter Denkmalschutz.

Zu den Touristenattraktionen zählt das **Norsk Villaks Senter** (geöffnet Mai - Aug. tgl. 10 - 18 Uhr, Juli bis 22 Uhr, Sept. 11 - 17 Uhr, www.norsk-villakssenter.no). Hier erfahren Sie fast alles über den Wildlachs und seine Lebenszyklen. Aquarien, Ausstellungen über den atlantischen Lachs, Filmpräsentation, Fliegenbinderwerkstatt, Cafeteria. Souvenirladen. Parkplatz.

PRAKTISCHE HINWEISE – LÆRDALSØYRI

Aurland og Lærdal Reiselivslag, Gamle Lærdalsøyri, Postboks 122, 6886 Lærdal, Tel. 57 64 12 07; www.alr.no.

HOTELS

Lindstrøm Hotel, 86 Zi., Tel. 57 66 69 00, www.lindstroemhotel.no; geöffnet 1. 5. – 30. 9., in Gamle Lærdalsøyri, teilweise in einem hübschen Holzgebäude aus dem 19. Jh., Restaurant.
Lærdal Hotel, 85 Zi., Tel. 57 66 65 07, www.lerdalhotel.no; moderner Hotelbau direkt am Sognefjord gelegen, Restaurant, Parkplatz

CAMPING

Lærdal Ferie og Fritidspark **** [N 61° 05' 54.2" E 7° 28' 13.0"], Grandavegen 5, Tel. 57 66 66 95, www.laerdalferiepark.com; 15. Apr. – 1. Okt.; Zufahrt von der E16 am nordwestlichen Ortsrand, nahe des Fodnestunnels (R5); ebenes Wiesengelände, ca. 2 ha – 100 Stpl.; gute Standardausstattung, zeitgemäße Sanitärs; Laden, Imbiss, Fahrradverleih, WLAN. 29 Miethütten ****.
V & E für Wohnmobile.

TOUR 14: LÆRDAL – GOL – LOM

LÆRDAL – GOL – LOM

Länge dieser Tour: Rund 335 km.
Die Route: E16 bis **Fagernes** – R51 bis **Randen** – R15 bis **Lom**.
Abstecher: Von **Gol** über **Geilo** bis **Uvdal** und zurück bis Gol, ca. 240 km.
Reisedauer: Mindestens ein Tag, mit Abstecher besser zwei Tage.
Reisehöhepunkte: Die **Borgund Stabkirche** *** – die Stabkirchen von **Uvdal** ** und **Nore** * – das **Valdresdal** * – das **Freilichtmuseum in Fagernes** ** – Wandern im **Jotunheimengebirge** *** – die **Stabkirche von Lom** ***.

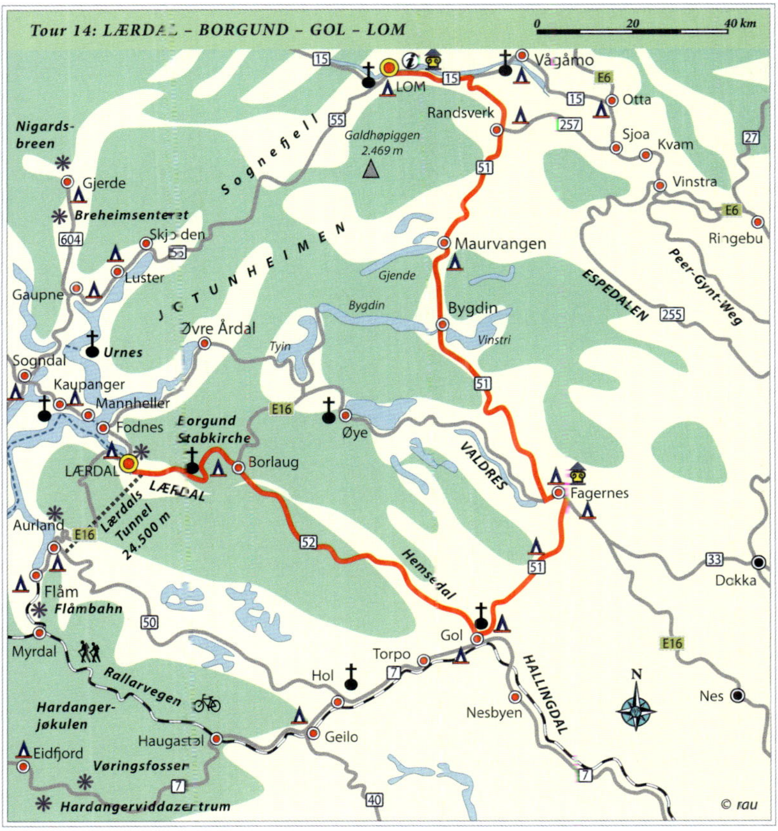

Tour 14: LÆRDAL – BORGUND – GOL – LOM

Abkürzende Alternativrouten
Besteht die Notwendigkeit den Reiseweg zu straffen und die Route abzukürzen bietet es sich an, von Lærdal auf der E16 nordwestwärts und durch das 6,6 km lange Fodnestunnel zum Fähranleger **Fodnes** zu fahren und dort nach **Mannheller** überzusetzen.

Die Autofähren zwischen Fodnes und Mannheller verkehren zwischen 1 Uhr und 24 Uhr regelmäßig in kurzen Intervallen, Fahrzeit 15 Min.

Weiter reist man durch das 3 km lange Amlatunnel über **Kaupanger** (Stabkirche) nach **Sogndal** (siehe Tour 16, Sogn-

TOUR 14: LÆRDAL – GOL – LOM

Denkmal an den ersten Autotouristen in Norwegen

dal – Loen) und steigt dort wieder in die beschriebene Route ein.

Eine andere abkürzende Alternativroute führt von Flåm über Gudvangen zurück bis **Vinje**. Dort wendet man sich nordwärts und folgt der R13 über **Vik** (in der Nähe sehenswerte Hoppestad Stabkirche) bis nach **Vangsnes**. Hier nimmt man die Fähre nach **Hella**, folgt der Straße R55 nach **Sogndal** und steigt dort wieder ein in Tour 16 (Sogndal – Loen).

HAUPTROUTE

ROUTE: *Weiterreise von* **Lærdal** (**Lærdalsøyri**) *südwärts bis zur Einmündung in die E16 (auch Zufahrt zum Lærdalstunnel). Wir folgen der E16 in östlicher Richtung. Nach knapp 20 km erreicht man einen neuen 4,5 km langen Tunnel. Wir nehmen hier aber die sog. „Historic Rute"* [**N 61° 03' 43.5" E 7° 49' 06.4"**] *statt des Tunnels. Nach knapp 4 km erreicht man dann die sehenswerte* **Borgund Stabkirche**.

Rund 20 km östlich der Ausfahrt des Lærdalstunnels führt die Straße durch eine Schlucht, in der die lachsreiche Lærdalselva über den **Sjurhaugfossen** talwärts stürzt. Um den wandernden Lachsen die Überbrückung des gewaltigen Wasserfalls zu ermöglichen, wurden eigens vier Lachstreppen in einem 140 m langen Tunnel angelegt.

Jahrhunderte lang war der Lærdalselva einer der lachsreichsten, wenn nicht gar der lachsreichste Fluss in ganz Norwegen. In den vergangenen Jahrzehnten allerdings kann sich das Gewässer dieses Prädikats nicht mehr rühmen. Umwelteinflüsse und ökologische Veränderungen haben den einstigen Fischreichtum im Lærdalselva zurückgehen lassen.

Am Vindhella Haltepunkt kann man am Steilhang oberhalb des Sjurhaugfossen den alten **Berghof Galdane** erkennen. Vier Hütten des Gehöfts, das vom 16. Jh. bis 1947 bewirtschaftet wurde, sind noch erhalten.

Wenig weiter steht links (südwestlich) der Straße ein kurioses Denkmal. Ein **Gedenkstein** [**N 61° 02' 36.9" E 7° 47' 46.2"**] mit Inschrift erinnert an den ersten mutigen Automobilisten – einen Holländer namens Beduin – der im Sommer 1901 von Kristiania (Oslo) kommend, wagemutig das Lærdal per Auto durchquerte.

Gleich daneben kann man ein kleines **Straßen- und Verkehrsmuseum** besichtigen (Parkplatz).

In der Nachbarschaft nicht weit davon entfernt sieht man links der Straße das traditionsreiche, über hundert Jahre alte **Hotel Husum** (12 Zi., Tel. 57 66 81 48 (war bei unserem letzten Besuch geschlossen, Wiedereröffnung ungewiss!), das durch seinen verspielten „Zuckerbäckerstil" auffällt.

In der Nähe des Hotels und des erwähnten Gedenksteins sind **Reste der alten Verkehrswege** durch das Lærdal erhalten, so der „Gamle Kongeveien" bzw. **Sverrestien Weg** zwischen Husum und Kyrkjestølane, das ca. 33 km weiter nordöstlich liegt. Am historischen Reitweg Sverrestien sollen 1177 die Bauern vom Lærdal König Sverre erwartet haben.

Der Weg wurde schon vor über 1.000 Jahren im Gesetz des Gulathings erwähnt. Dort heißt es, dass der Weg nirgends schmäler als eine Speerlänge sein sollte. Der Sverrestien, Teil des Alten Königsweges, ist heute ein sehr beliebter Wanderweg.

Ein Teil des Weges zwischen Husum und Borgund Stabkirche ist auch als **Vindhellavegen** bekannt. Er wurde 1793 angelegt, als der Alte Königsweg ausgebessert und von einem Reitweg zu einem Fahrweg verbreitert wurde. Der größte Teil des heutigen Weges stammt aus der Zeit zwischen 1840 und 1843.

TOUR 14: LÆRDAL – GOL – LOM

Rund 4 km östlich des Husum Hotels liegt links (nördlich) der Straße die **Borgund Stabkirche [N 61° 02' 52.3" E 7° 48' 47.8"]**. Dieses Wahrzeichen Norwegens gilt als die am besten erhaltene, typischste Stabkirche des Landes.

Modernes **Besucher- und Informationszentrum** u. a. mit einer interessanten Ausstellung zur Geschichte der Stabkirchen Norwegens, Restaurant, Souvenirs, Parkplatz (geöffnet 1. Mai - 30. Sept. tgl. 10 - 17 Uhr, 11. Juni - 21. Aug. tgl. 8 - 20 Uhr, geschl. am 17.5.! www.stavechurch.com).

Die Stabkirche von Borgund entstand in der Mitte des 12. Jh. Sie ist aus jener Zeit so gut wie unverändert erhalten geblieben! Die Kirche ist nach der Stabkirche von Urnes die zweitälteste noch existierende Kirche dieser Art in Norwegen.

Anhand der Borgund Stabkirche lässt sich die kunstvolle Holzbauarchitektur gut nachvollziehen. Auch hier wird der zentrale, kleine Kirchenraum von den hoch aufragenden, durch Andreaskreuze und Rundbögen verbundenen „Stäben" (Holzsäulen) gebildet. Es wird berichtet, daß diese tragenden Säulen mit aller größter Sorgfalt ausgewählt und wohl schon während ihres Wachstums als Baum einer Behandlung unterzogen wurden, um ein möglichst hartes, festes Holz zu erhalten.

Über dem Kirchenraum türmt sich ein vielfach gegliedertes Schindeldach. Die Dachfirste zieren Kreuze und Drachenköpfe. Um die Kirche, mitsamt turmgekrönter Chorapsis, verläuft der von einem Pultdach gedeckte, teils von Säulchen gestützte „Svalgang".

Besondere Beachtung verdienen das kleine, geschnitzte **Säulenportal** an der Südseite und vor allem das reich mit typischen, an die Ornamentik der Wikingerzeit erinnernden Schnitzereien geschmückte **Westportal**. Es lohnt sich genauer hinzusehen. Erst dann entdeckt man den Detailreichtum der verwirrend ineinander verschlungenen Ranken und Tierleiber.

An der nördlichen Außenseite der Kirche ist noch gut der Teerbelag zu sehen, mit dem der ganze Bau überzogen ist (und in längeren Abständen erneuert wird), um das Kiefernholz vor den Einflüssen der Witterung zu schützen. Der Glockenturm steht separat.

ROUTE: *13 km nordöstlich der Borgund Stabkirche passiert man den Abzweig der Straße R52 bei* **Borlaug***. Einige Kilometer vorher ist ein neuer Tunnel zwischen Steinklepp und Hegg im Bau. Wir folgen der R52, die durch das* **Mörkedalen,** *später durch das* **Hemsedal** *südostwärts führt und über Ulsåk (Camping Elvely [N 60° 50' 57.7" E 8° 37' 00.2"] nach 78 km Gol an der R7 erreicht.*

Gol [N 60° 41' 56.5" E 8° 56' 50.9"] mit seinen knapp 2.000 Einwohnern ist Verkehrsknotenpunkt und ein bedeutender Som-

Ein wahres Kleinod, die aus dem 12. Jh. perfekt erhaltene Borgund Stabkirche

Stabkirchen

Bis in die heutige Zeit ist Holz eines der beliebtesten Baumaterialien in Norwegen geblieben. Aus dem jahrhundertelangen Umgang mit Holz hat sich schon früh eine Kunstfertigkeit der Verarbeitung und Anwendung dieses Materials herausgebildet. Schlagende Beweise dafür sind die wiedergefundenen schlanken Wikingerschiffe, vor allem aber auch die Stabkirchen.

Im 11. und 12. Jahrhundert muss ein wahrer Bauboom mit Stabkirchen geherrscht haben. In den 200 Jahren entstanden etwa 800 dieser Gotteshäuser. Doch scheinen die Handwerksmeister und Planer damals noch nicht so recht von der Christianisierung durchdrungen gewesen zu sein. Die grausigen Drachenköpfe an den Giebeln und allerlei Fabelgetier, die gerne in Ornamenten an den Portalen dargestellt werden, weisen deutlich darauf hin, dass auch die Mythologie aus Wikingertagen noch lebendig war. Vielleicht sind Kreuz und Drachenkopf auf den Dachgiebeln der Stabkirchen ein Symbol dafür, wie dicht beieinander christliche Lehre und heidnisches Gedankengut im Leben der damaligen Zeit noch lagen.

Die Borgund Stabkirche

So wie vielen Gebäuden, ja ganzen Stadtvierteln der „rote Hahn" zum Verhängnis wurde, fielen auch sehr viele der Stabkirche dem Raub der Flammen zum Opfer. Andere wurden, da meist in Privatbesitz großer Bauern, einfach abgerissen, um Baumaterial für Häuser oder Scheunen zu bekommen. Heute sind noch 30 Stabkirchen im Land erhalten.

Der Name „Stavkirke" oder „Stabkirche" leitet sich von der Konstruktionsweise dieser für Norwegen so typischen Kirchenbauten ab. Auf einen kurzen Nenner gebracht, sind es die auf einem mächtigen, rechteckigen Basis-Bohlenrahmen stehenden, senkrecht nach oben ragenden hölzernen Pfeiler oder „Stäbe", die zum Sammelbegriff für diese Kirchenbauart führten. Diese „Stäbe" sind das statische Herz, sie tragen die ganze Konstruktion und bilden gleichzeitig das Kirchenschiff.

Eines der schönsten Beispiele norwegischer Stabkirchen-Baukunst stellt –neben der **Stabkirche von Lom** oder der **Hopperstad Stabkirche** bei Vik – die **Borgund Stabkirche** im Lærdal (E16) dar, ein Meisterwerk aus Kiefernholz aus dem 12. Jh. Unversehrt und ohne verändernde Umbauten ist sie aus jener Zeit erhalten geblieben.

An der Außenseite umläuft den gesamten Bau samt Apsis unten ein dachbewehrter „Arkadengang" (Svalgang), der die eigentliche Kirchenwand vor den Unbilden des Wetters schützt und ehemals als Sammel- und Treffpunkt der weit verstreut lebenden Kirchengemeinde diente. Die Bauelemente, auf Nut und Feder gearbeitete Wandbretter, sind zugleich Zierde und lassen die „Handschrift" von Schiffszimmerleuten vermuten.

Das Innere des Kirchenraums ist schlicht und einfach, wie in vielen anderen Stabkirchen. Nur selten sind Stabkirchen innen durch Malereien ausgeschmückt. Eines der wenigen Beispiele dafür ist die Kirche von Nore im Numedal.

Die größte Stabkirche in Norwegen, die **Heddal Stabkirche,** findet sich nahe Notodden in der Telemark. Sie stammt aus dem Jahre 1148 und wurde 1954 renoviert.

An der ältesten Stabkirche, der in **Urnes** aus dem Jahre 1090, sind eigentümlich verschlungene Fabeltierornamente, teils Pferd, teils Drachen, teils Schlange, noch gut erhalten.

TOUR 14: LÆRDAL – GOL – LOM

CAMPING – BORGUND, STEINKLEPP

Borgund Hyttesenter og Camping ** [N 61° 03' 55.69" E 7° 49' 11.66"], Tel. 57 66 81 71, www.hyttesenter.com; 1. Mai – 15. Okt.; ca. 500 m vom Tunnelausgang entfernt, 1,5 km nördl. der Borgund Stabkirche; ebene Wiese an der E16; ca. 1 ha – 50 Stpl.; einfache Standardausstattung; 10 Hütten *** - *****.
Camping Steinklepp ** [N 61° 04' 04.4" E 7° 49' 22.5"], Tel. 57 66 81 59; 10. Juni – 15. Sept.; 6 km nördl. der Borgund Stabkirche; einfacher Wiesenplatz an der E16; ca. 0,5 ha – 40 Stpl., 15 Hütten **. **Jugendherberge**.
Bjøraker Camping **, Tel. 57 66 87 20; 1. Juni – 31. Aug.; ca. 10 km nordöstl. Borgund an der E16; Wiesen zwischen Straße und Bach, bei einem Bauernhof; ca. 1,5 ha – 40 Stpl.; Standardausstattung; 15 Hütten ** - **.

Hemsedal
Moen Camping [N 60° 50' 40.3" E 8° 37' 14.8"], Tel. 32 06 01 36, 1. Jan. – 31. Dez.; an der R52, etwa 27 km nordwestl. von Gol; großes Wiesengelände, ca. 300 Stpl.; 16 Miethütten.

mer- und vor allem Winterferienort mitten in Südnorwegen (zahlreiche Liftanlagen). Das Städtchen liegt von Bergen umgeben wunderschön an einer weiten Biegung des Hallingdalselva im oberen **Hallingdal**.
Zu den Sehenswürdigkeiten zählt die **Stabkirche von Gol** (geöffnet Juni - Aug. tgl. 10 - 17 Uhr, beim letzten Besuch erstaunlich teurer Eintritt!). Sie ist eine etwas verkleinerte Rekonstruktion der Originalkirche, die heute eine Zierde des Folkemuseums auf der Museumsinsel Bygdøy von Oslo ist.
Etwas schwer zu finden, weil nicht sonderlich gut beschildert, ist der **Museumshof**

PRAKTISCHE HINWEISE – GOL

Gol Turist Informasjon, Sentrumsvegen 93, 3550 Gol, Tel. 32 02 97 00, www.golinfo.no; geöffnet Mo - Fr 10 - 15 Uhr, Juli Mo - Fr 9 - 18 Uhr, Sa 10 - 14 Uhr, So 12 - 16 Uhr.

HOTELS
Eidsgaard Best Western Hotel og Motel, 32 Zi., Sentrumsveien 130, Tel. 32 07 93 00, www.eidsgaardhotel.no; komfortables Haus in zentraler Lage, mittlere Preislage, Restaurant, Bar, Parkmöglichkeit.
Solstad Hotel og Motel, 20 Zi., Tel. 32 02 97 20, www.solstadhotell.no, zentral gelegenes Mittelklassehotel, Restaurant, Terrasse, Parkmöglichkeit.

CAMPING
Fossheim Hytte og Camping **** [N 60° 41' 01.7" E 8° 52' 48.2"], Tel. 32 02 95 80, www.flyshop.no/fossheim; 1. Jan. – 31. Dez., ca. 1 ha – 50 Stpl.; Zufahrt von der R7 ca. 6 km westlich von Gol; langer Wiesenstreifen, teils gestuft, zwischen Straße und Hallingdalselva; gute Standardausstattung mit zeitgemäßen Sanitärs; Laden; V & E **für Wohnmobile**. 12 Miethütten *** – ****, Fremdenzimmer, **Motel**.
Gol Campingsenter **** [N 60° 42' 1" E 9° 0' 15"], Tel. 32 07 41 44, www.golcamp.no; 1. Jan. – 31. Dez.; gut 2 km südl. Gol an der R7; Wiesengelände beiderseits der Straße, teils bis an den Hallingdalselva reichend; bei einem Gasthof (Kro); ca. 10 ha – 350 Stpl.; gute Standardausstattung; Restaurant, Laden, Cafeteria, Fahrradverleih, Sauna, 39 Miethütten ** - *****. V & E **für Wohnmobile**.
Camping Kvanhøgd Turistsenter *** [N 60° 47' 01.6" E 9° 02' 55.7"], Tel. 32 07 39 57, www.kvanhogd.no; 1. Jan. – 31. Dez.; Zufahrt von der R51 (Gol - Leira), ca. 18 km nordöstlich von Gol; rund 860 m hoch gelegenes Wiesengelände in ansprechender Lage; ca. 1 ha – 70 Stpl.; Standardausstattung; Sauna, Laden, Cafeteria, Fahrradverleih, 14 Miethütten ** - ****.

TOUR 14: LÆRDAL – GOL – LOM

Gol bei der Folkshögskole (Volkshochschule). Die Zufahrt zweigt von der R52 2 km nördlich von Gol ab. Die Gebäude des historischen Gehöfts liegen wunderschön in Halbhöhenlage. Man hat von dort einen prächtigen Blick hinab auf Gol und ins Tal des Hallingdalselva. Kleiner Parkplatz. Zum Zeitpunkt unseres letzten Besuches war das Gelände wegen Renovierung geschlossen.

Beliebt bei vielen Besuchern ist ein Besuch im Badeland „Tropicana" von Gol.

Falls Sie dem nachstehend beschriebenen Abstecher nicht folgen wollen, bitte weiter mit **„Hauptroute"** weiter unten.

Abstecher nach Geilo und zur Uvdal Stabkirche

ROUTE: *Bei ausreichend zur Verfügung stehender Zeit und bei besonderem Interesse an alten Kirchen, lohnt der Abstecher von Gol auf der R7 westwärts über* **Torpo** *und* **Ål** *bis nach* **Geilo** *(50 km) und dort weiter südostwärts bis* **Uvdal** *oder bis* **Nore** *(weitere rund 80 km).*

Dieser Weg bietet sich auch an, falls man die Reise abkürzen und Richtung Oslo zurückkehren will.

In **Torpo [N 60° 39' 53.3" E 8° 42' 29.7"]**, rund 15 km westlich von Gol gelegen, findet man eine sehenswerte **Stabkirche** aus dem 12. Jh, eine der ältesten ihrer Art in Norwegen *(geöffnet 1. Juni - 31. Aug. tgl. 8.30 - 18 Uhr)*, die ausgangs des 19. Jh. nur knapp dem kompletten Abriss entging. Bemerkenswert sind vor allem die **Deckenmalereien** im Kirchenraum.

Ca. 10 km weiter liegt **Ål** (Sundre Camping, 1. Jan. - 31. Dez.; ca. 100 Stpl.; 26 Miethütten). In Ål lebte über zwanzig Jahre lang der aus Deutschland stammende Graphiker und Zeichner **Rolf Nesch**. Im Kulturhaus von Ål, das auch die Touristeninformation beherbergt, sind in einer Ausstellung Werke von Nesch zu sehen.

Außerdem wartet Ål mit einem bemerkenswerten **Freilichtmuseum** mit über 30 alten Häusern auf. Und im Juni feiert Ål seine **Volksmusiktage**.

Nochmals rund 14 km weiter passiert man den Ort **Hol**. Wenige Kilometer weiter nordwestlich an der Straße R50 Richtung Aurland sieht man linkerhand die sehr schöne **Kirche von Hol [N 60° 36' 53.5" E 8° 17' 57.0"]** mit ihren beiden Türmchen *(geöffnet 1. Juli - Mitte Aug. Di - So 11 - 16 Uhr)*. Die Ursprünge des rustikalen, schlichten Holzbaus reichen zurück bis ins 12. Jh. liegt. Damals wurde das Gotteshaus als Stabkirche errichtet, später aber umgebaut und verändert.

In Hol mit seinem Wasserkraftwerk lohnt das **Freilichtmuseum** an der Straße 7 einen Besuch *(geöffnet 1. Juli - Mitte Aug. Di - So 11 - 16 Uhr)*. Zu sehen sind eine ganze Reihe hübscher alter Blockhäuser, Gehöfte und Gebäude aus der Region und den umliegenden Tälern.

800 Jahre perfekte Zimmermannskunst – die Kirche von Hol

TOUR 14: LÆRDAL – GOL – LOM

Selten, weil innen komplett ausgemalt – die Uvdal Stabkirche

Nach Geilo sind es nun nur noch 11 km.
Geilo gilt als größtes Wintersportgebiet Norwegens. Die bewaldeten Hänge ringsum sind durch Seilbahnen, Lifte und Abfahrtsschneißen voll erschlossen. Entsprechend ausgebaut ist auch die touristische und gastronomische Infrastruktur.

ROUTE: *Wer sich für norwegische Kirchenbauarchitektur interessiert, fährt ab* **Geilo** *auf der R40 südostwärts und durch die landschaftlich überaus reizvollen Täler* **Uvdal** *und* **Numedal** *nach Uvdal oder weiter bis Nore.*

Sehenswert auf dem Weg ist die **Uvdal Stabkirche,** die etwas nördlich der R40 schön an einem Wiesenhang bei einem Gehöft liegt. Die sehenswerte Kirche stammt im wesentlichen aus dem 16. Jh., wurde aber

PRAKTISCHE HINWEISE – GEILO

Geilo/Hol Turist Informasjon, 3580 Geilo, Tel. 32 09 59 00, www.geilo.no, geöffnet 1. Juni - 31. Aug. Mo - Fr 8.30 - 17 Uhr (3. Juli - 13. Aug. bis 21 Uhr), Sa 9 - 15 Uhr (3. Juli - 13. Aug. bis 17 Uhr + So 12 - 17 Uhr); übrige Jahreszeit Mo - Fr 8.30 - 16 Uhr, Sa 9 - 14 Uhr.

HOTELS

Bardøla Høyfjellshotell, 330 Betten, Tel. 32 09 41 00, www.bardola.no, zeitgemäßes Ferienhotel, gehobene Preislage, Restaurant, Sauna, Schwimmbad, Tennis. Miethütten.
Dr. Holms Hotel, 245 Betten, Tel. 32 09 57 00, www.drholms.com; traditionsreiches, gepflegtes, zentral gelegenes Firstclass Hotel, Restaurants, Sauna, Schwimmbad, Garage.
Norlandia Geilo Hotel, 144 Betten, Tel. 32 09 05 11, Fax 32 09 05 11, www.norlandia.no/geilo; gemütlich eingerichtetes Haus, mittlere Preislage, zentrumsnah, Restaurant, Sauna.

CAMPING

Camping Øen Turistsenter **** [N60°32'39.41" E8°14'8.87"], Lienveien 137, Tel. 32 09 70 60, www.oenturist.no; 1. Jan. – 31. Dez.: ca. 2 km östl. Geilo an der R7; Wiesengelände; ca. 120 Stpl.; gute Standardausstattung, Laden, Imbiss; Fahrradverleih, 29 Miethütten ** - *****. **Jugendherberge.**

TOUR 14: LÆRDAL – GOL – LOM

Nostalgie pur – die „gute Stube" eines Gehöfts im Valdres Freilichtmuseum in Fagernes

danach mehrfach umgebaut und erweitert, vor allem im 17. und 18. Jh., als der Bau in eine Kreuzkirche umgewandelt wurde.

Die Kirche ist innen, so wie früher viele Stabkirchen im Numedal, noch komplett mit relativ naiv wirkenden Bildmotiven, Ornamenten, Blumen- und Blattmustern ausgemalt. Die Namen der Künstler sind nicht bekannt. Man spricht nur vom „Blaumaler", der um 1720 die Wandflächen und die Galerie ausmalte und vom „Grünmaler", der um 1770 die Kanzel und die Gestühlswangen dekorierte.

Das kleine Kirchenschiff ist ausgefüllt mit Holzbänken, von denen einige noch die Monogramme der großen, wohlhabenden Bauernfamilien im Tal aufweisen.

Auf dem Kirchengelände stehen einige hübsche alte Berghütten.

Der Weg hierher lohnt sich (vor allem bei schönem Wetter) schon alleine der Lage der Stabkirche wegen. Die Kirche ist im Sommer gegen Eintritt gewöhnlich zu besichtigen.

Rund 20 km weiter südlich kommt man an der **Nore Stabkirche** vorbei. Der wunderschöne, goldbraun gealterte Holzbau ist innen mit Wandmalereien ausgestattet. Das Kircheninnere ist gewöhnlich nur bei Gottesdiensten zugänglich. Die Kirche liegt jenseits der Hauptstraße an der Westseite des schmalen, langgestreckten Sees Norefjorden.

ROUTE: *Von Nore über* **Geilo** *zurück nach* **Gol** *und weiter mit* **„Hauptroute"**, *siehe unten.*

Um einiges kürzer, aber wegen der Straßenverhältnisse auch etwas beschwerlicher, ist der Weg zurück nach Gol über **Rødberg** (östl. von Uvdal gelegen) nordwärts, am Ostufer des **Sees Tunhovdfjorden** entlang und später durch das **Rukkedalen** nach **Nesbyen** (sehenswertes **Freilichtmuseum** mit 27 historischen Gebäuden) an der R7 im schönen Hallingdal. Von Nesbyen sind es nur rund 20 km zurück nach **Gol**.

HAUPTROUTE

ROUTE: *Der weitere Verlauf unserer Hauptroute führt von* **Gol** *über die R51 nordostwärts nach* **Fagernes** *(50 km).*

An der R51 liegen bei Tisleidalen die **Campingplätze Vasetdansen und Bjørkestølen**, Beschreibung nächste Seite.

Fagernes, eine relativ „junge" Stadt, entwickelte sich erst zu Beginn des 20 Jh. mit der Eröffnung der Valdresbahn im Jahre 1906. Heute präsentiert sich die Stadt als wirtschaftlich bedeutsamer Verkehrsknotenpunkt im oberen Valdrestal.

Sehenswert ist besonders das **Valdres Freilichtmuseum [N 60° 58' 52.8" E 9° 13' 49.7"]** *(geöffnet Sommer 10 - 16 Uhr, sonst Mo - Fr 10 - 15 Uhr, www.valdres.museum.no)*. In dem weitläufigen Museumsgelände auf einer Halbinsel sind weit über 80 schöne alte Gebäude aus der Region zu sehen. Einige der Holzbauten sind über 800

TOUR 14: LÆRDAL – GOL – LOM

PRAKTISCHE HINWEISE – FAGERNES

Valdres Turistinformasjon, Jernebanevegen, 2900 Fagernes, Tel. 61 35 94 10, www.valdres.no; *ganzjährig geöffnet*.

HOTELS

Fagernes Quality Hotel & Resort, 150 Zi., Tel. 61 35 80 00, Komforthotel gehobener Preislage; Restaurant, Sauna, Schwimmbad.

CAMPING

Tisleidalen
Vasetdansen Camping **** [N 60° 51′ 13″ E 9° 10′ 54″], Tel. 61 35 99 50, www.vasetdansen.no; 1. Jan. - 31. Dez.; 25 km südwestl. von Fagernes an der R51 gelegen, Wiesenhang an einem Bergbach; ca. 10 ha - 100 Stpl.; Komfortausstattung, Laden, Imbiss, Restaurant, Fahrradverleih, WLAN.
Bjørkestølen Camping **** [N 60° 51′ 55.3″ E 9° 12′ 29.0″], Tel. 61 36 41 50, www.bjorkestolen.no; 1. Jan. - 31. Dez.; ca. 22 km südwestl. von Fagernes an der R51 schattenloses Wiesengelände in schöner Lage; ca. 8 ha - 150 Stpl.; Komfortausstattung; Laden, Restaurant, Fahrradverleih.

Fagernes
Fagernes Camping **** [N 60° 58′ 55″ E 9° 13′ 52″], Tyinvegen 23, Tel. 61 36 05 10, www.fagernes-camping.no; 1. Jan. – 31. Dez.; im Ortsbereich Beschilderung an der E16, Wiesen am Strandafjord in ansprechender Lage neben dem Freilichtmuseum; ca. 3 ha – 180 Stpl.; gute Standardausstattung; Laden, Imbiss; 16 Hütten ** - ****. Fremdenzimmer.
Fossen Camping ** [N 61° 01′ 58.7″ E 9° 10′ 33.8″], Holdalsfoss, Tel. 61 36 35 34; 1. Mai - 30. Sept.; ca. 6 km nördl. Fagernes an der R51 Richtung Beitostølen, bei Holdalsfoss; ca. 1,5 ha – 50 Stpl.; Standardausstattung; 15 Hütten ** - **.

Leira
Leira Camping og Hyttesenter ***, Markavegen, Tel. 61 36 10 00, www.leiracamp.no; 1. Jan. – 31. Dez.; in Leira, südöstl. von Fagernes, beschilderter Abzweig von der E16; ca. 4 ha – 100 Stpl.; Standardausstattung; 11 Hütten ***.
Strandheim Hyttetun og Camping ***, Tel. 90 75 25 61; 20. Mai - 15. Sept.; ca. 4 km südl. Fagernes bei Strandfjorden/Leira; Hüttenanlage mit Campingmöglichkeit; 10 Miethütten *** - ***.

Jahre alt. Beachtung verdient vor allem die Trachtensammlung des Museums oder der Tante-Emma-Laden aus dem 19. Jh. Im Sommer werden alte Handwerksarten demonstriert und Volkstänze aufgeführt.

ROUTE: *Ab* **Fagernes** *folgt unser Reiseweg der R51 in nördlicher Richtung über* **Skammestein** *hinauf in die Hochebene* **Valdresflya**. *Nach rund 125 km trifft man westlich von* **Vågåmo** *auf die Straße R15. Ihr folgen wir westwärts nach* Lom *(24 km).*

8 km hinter **Skammestein** passiert man das Ferien- und Wintersportgebiet **Beitostølen** (Hotels, Berggasthöfe sowie **Beitostølen Hytter og Camping** [N 61° 14′ 33.7″ E 8° 55′ 10.3″], Tel. 61 34 11 00, 250 Stpl.) und erreicht nach weiteren 14 km in rund 1.170 m Höhe das **Berghotel Bygdinsheim**. Es liegt zwischen den beiden langgestreckten **Bergseen** Vinstri im Osten und Bygdin im Westen und ist Ausgangspunkt für Wandertouren ins Jotunheimengebirge, das sich weiter im Nordwesten ausdehnt.

Später erreicht die Straße R51 über die herrliche **Hochebene Valdresflya** bei 1.462 m ihren höchsten Punkt und führt im weiteren Verlauf durch ein schönes Hochtal mit herrlichen Seitentälern. Die Vegetation beschränkt sich auf den Hochflächen auf Moose und Flechten.

Gleich hinter dem Berghotel Bygdin zweigt rechts (ostwärts) der **Jotunheim-Vegen** ab, eine einspurige, mautpflichte Ölkiesstraße, die nach rund 52 km Fjellstad an der R255 erreicht.

TOUR 14: LÆRDAL – GOL – LOM

In **Maurvangen** (Camping, Hütten) kann man nach Westen zum **Gjende-See** und zur **DNT-Berghütte Gjendesheim** abzweigen.

Gjendesheim (Tel. 61 23 89 44, www.gjendebu.com) ist ein wichtiger Ausgangspunkt für Wandertouren ins Jotunheimengebirge. **Boote verkehren auf dem Gjende-See** von Gjendesheim nach Memurubu (zwischen Mitte Juni und Mitte Sept. bis 5 x am Tag, gewöhnlich 7.45, 8.00, 9.45, 14.25 und 16 Uhr) und 2 x am Tage weiter bis Gjendebu (7.45 und 14.25 Uhr). Fahrzeit bis Memurubu 20 Min., bis Gjendebu 45 Min. Zeiten veränderlich! Unbedingt vorher überprüfen!

Auf der Weiterfahrt auf der R51 passiert man **Bessheim** am Westufer des Øvre Sjodalsvatn (Bessheim Fjellstue mit Hütten, Weiterbestand der Campingmöglichkeit fraglich!)

Etwa 27 km weiter, nun wieder in waldreicheren Gefilden, erreicht man den Abzweig nach Osten zur **Felsklamm Ridderspranget**. Die ca. 500 m lange Zufahrt ist unbefestigt. Vom Parkplatz führt ein etwa 200 m langer Fußweg zum Sjoafluss, der tief unten liegt.

Die Legende berichtet von einer Liebesgeschichte irgendwann im Mittelalter, die hier an der Schlucht eine entscheidende Wende erfuhr. Es heißt, dass weiland Ritter Sigvat Kvie mit seiner geraubten Schönen den über 2 m breiten Felsenschlund übersprungen haben soll. Sein Verfolger, Ritter von Sanbu, dessen Besitz Ritter Sigvat zuvor gebrandschatzt und dabei gleich seine Herzdame mitgenommen hatte, war nicht so kühn und musste die Verfolgung hier abbrechen. Die beiden entkamen. Happy End der Love-Story.

Auf dem letzten Stück der R51 passiert man **Randsverk Camping (s. u.)** an der Straßengabelung R51/R257, dann die **Lemonsjøen Fjellstue** am Südende des gleichnamigen Sees sowie **Skardå Camping** auf schräger Wiese oberhalb des Sees, bevor die Straße steil hinab nach **Randen** an der R15 führt. Hier wenden wir uns westwärts nach Lom.

Abstecher nach Vågåmo

Steht ausreichend Zeit zur Verfügung lohnt ein kurzer Abstecher in den nur 7 km östlich an der R15 gelegenen Ort **Vågåmo** durchaus.

Vågåmo liegt am Ostende des langgestreckten Sees Vågåvatn. Der Ort, heute ein in ganz Norwegen bekanntes Zentrum für Drachenflieger, fällt durch einige schöne, alte, naturgedunkelte, große Holzhäuser auf. Viele stehen unter Denkmalschutz, wie die Großgehöfte Håkenstad, Kvarberg, Sandbugården u. a.

Besondere Beachtung verdient die mitten im Ort an der Hauptstraße gelegene **Kirche von Vågå**. Sie wurde ursprünglich als Stabkirche (um 1100) errichtet, im 17.

PRAKTISCHE HINWEISE – VÅGÅMO

Vågå Turistinformasjon, in der SHELL-Tankstelle beim Smedsmo Camping, 2680 Vågåmo, Tel. 90 77 61 63, www.visitjotunheimen.com; *geöffnet 15. Juni - 31. Aug. Mo - Fr 10 - 16 Uhr, im Juli bis 17 Uhr + Sa + So..*

HOTELS

Vågå Hotel, 59 Zi., Vågåvn. 45, Tel. 61 23 95 50, www.vagahotel.no; günstig in Vågå gelegenes Mittelklassehotel, mittlere Preislage, Restaurant, Café, Kaminzimmer, Tanzabende im Sommer, Sauna, Schwimmbad, Parkplatz.

CAMPING

Camping Smedsmo og Fritid *** [N 61° 52' 11.0" E 9° 06' 12.5"], Vågåvegen 80, Tel. 61 23 74 50; 1. Mai – 30. Sept.; am westl. Ortsrand, an der R15, Einfahrt bei der SHELL-Tankstelle (Anmeldung); ebene Wiesen unter hochstämmigen Birken zwischen Tankstelle und Reiterhof; ca. 4 ha – 200 Stpl.; Standardausstattung; 23 Miethütten. V & E für **Wohnmobile** an der Tankstelle.

Randsverk
Camping Randsverk ** N 61° 43' 50.6" E 9° 04' 54.1", Tel. 61 23 87 45, www.randsverk-camping.no; 1. Jan. – 31. Dez.; ca. 130 Stpl., gute Standardausstattung, Cafeteria, Kiosk, Hütten, Fahrrad- u. Bootsverleih.

TOUR 14: LÆRDAL – GOL – LOM

GARMO – GASTHOF UND CAMPING
Kvila Turistheim, 30 Betten, Tel 61 21 24 20, relativ preiswerte Übernachtungsmöglichkeit in einem Gasthof mit Café u. Miethütten. Parkmöglichkeit.
Øyen Camping ***, Tel. 61 21 25 44; Juni – Aug.; relativ kleine, einfache Campinggelegenheit auf Waldwiesen an der R15; 5 Miethütten **.

Hamsun-Denkmal bei der Knut Hamsun Geburtsstätte in Garmo

Unweit westlich von Vågåmo passiert man den Ort **Garmo** [N 61° 50′ 53.5″ E 8° 48′ 43.8″].

Garmo ist der Geburtsort des Erzählers und Romanschriftstellers **Knut Hamsun**. Knut Hamsun, eigentlich Knut Pedersen, wurde hier am 4. August 1859 in sehr bescheidene Verhältnisse hinein geboren. Das kleine Blockhaus, in dem er das Licht der Welt erblickte ist erhalten geblieben. Man kann es besichtigen. Eine umfangreichere Ausstellung über Leben und Werk des „Bücher schreibenden Wanderers" ist hier vorgesehen *(geöffnet im Juli tgl., www.knuthamsunlaget.no)*. Siehe auch unter „Bedeutende Persönlichkeiten, Große Namen".

Die 700-Seelen-Gemeinde **Lom** liegt an der Gabelung zweier wichtiger Straßenverbindungen, der R15 durchs Ottadalen und weiter nach Grotli und Stryn zum Nordfjord und der R55, die durch das Bøverdalen und über das Sognefjell (Jotunheimen) zum Sognefjord führt.

Überragt wird Lom, das ein wichtiges touristisches Zentrum an den Nordausläufern des Jotunheimengebirges ist, vom 1.524 m hohen Berg Lomsegga im Westen.

Lom hatte dank seiner Lage an der Gabelung zweier wichtiger Täler (Ottadalen, R13 und Bøverdalen, R55) schon früh Bedeutung als Schnittpunkt wichtiger Handelswege.

Jahrhundertelang waren den Bewohnern von Lom die Jagd und die Almwirtschaft wichtige Lebensgrundlagen. Viele der alten Höfe im Tal wurden über ein ausgeklügeltes Netz von kleinen Kanälen mit Wasser versorgt, die über Generationen gepflegt wurden. Und lange hieß es über Lom: „Die Leute wohnen im Tal und leben von den Bergen".

Allzu rosig wird die „gute, alte Zeit" aber auch in den Tälern um Lom nicht gewesen sein. Nicht umsonst gilt diese Gegend als die Region des Landes, aus der die größte Abwanderung erfolgte. Alleine aus der Gemeinde von Lom wanderten zwischen 1856 und 1905 nicht weniger als 2.800 Personen nach Amerika aus.

Jh. aber umgebaut und dabei stark verändert. Als Stabkirche wäre sie eine der ältesten des Landes.

Ganz in der Nähe der Kirche weist die Beschilderung auf das **Freilichtmuseum Jutulheimen Bygdemuseum** hin. Das Museum liegt wenige Kilometer oberhalb des Ortes. Dort wurden einige besonders schöne und stattliche Häuser aus dem Vågågebiet zusammengetragen *(geöffnet Ende Juni - Anf. Aug. Mo - Fr 12 - 16 Uhr)*.

Bei längerem Aufenthalt sollte man einen Ausflug über die gebührenpflichtige Straße nach Osten auf den 1.617 m hohen **Blåhø** unternehmen (ca. 15 km). Wunderbare Aussicht ins Gudbrandsdal im Osten und ins Ottadalen im Westen.

HAUPTROUTE

ROUTE: *Weiterreise von Vågåmo oder von der Einmündung der R51 in die R15 nach Westen ins 24 km (ab besagter Einmündung) entfernte* **Lom**.

TOUR 14: LÆRDAL – GOL – LOM

Sehenswert, die Stabkirche von Lom

Die große Sehenswürdigkeit des heute stark vom Fremdenverkehr geprägten Ortes ist die **Stabkirche von Lom [N 61° 50' 20.8" E 8° 33' 59.8"]** im nordwestlichen Ortsbereich an der R15 *(geöffnet 12. Mai - 16. Sept. tgl. 10 - 16 Uhr, 15. Juni - 19. Aug. tgl. 9 - 20 Uhr)*.

Die Kirche entstand im 12. Jh. als Basilikabau unter Anlehnung an romanische Stilelemente, was sich an den Rundbögen der Portale und im Mittelschiff zeigt. Markant im sehr harmonischen äußeren Erscheinungsbild der Kirche ist der hohe, spitze Turm.

Im Inneren sind die Holzsäulen, die das hohe Mittelschiff bilden und das Dach tragen, durch sog. Andreas-Kreuze verbunden. Sie stellen gleichzeitig ein schmückendes Element der interessanten Holzarchitektur dar. Näheres über Stabkirchen steht unter „Stabkirchen" bei Borgund.

Im 16. Jh. wurde die Kirche von Lom durch Querschiffe erweitert und erhielt so eine Kreuzform. In jener Zeit wurde auch der heute sichtbare Turm errichtet.

Im Innenraum sind die schönen Schnitzereien an der Chorschranke, die Malereien an der Holzdecke im Chorraum, der Altar und die Barockkanzel mit Akanthusschnitzereien aus dem späten 18. Jh. sehenswert. Die Kanzel wurde von Jacob Sæterdalen, einem lokalen Künstler, gearbeitet. Die Gemälde stammen von Eggert Munch aus Vågå, der sie Anfang des 18. Jh. gemalt haben soll.

Interessant ist ein Besuch im **Lom Bygdemuseum Presthaugen** *(geöffnet Ende Juni - Mitte Aug. tgl. 11 - 16 Uhr, Führungen, www.gbdmuseum. no)*. Das Heimat- und Freilichtmuseum besteht aus mehreren alten Gebäuden eines Loms-Hofs, mit Speichern, Stallungen, Austraghäusern. All die historischen Blockhäuser stammen aus der Umgebung von Lom und wurden hier wieder aufgebaut. Sie zeigen, wie ein typischer Loms-Hof im 18. Jh. ausgesehen haben mag.

Auffallend ist die Aufteilung des Gehöfts in zwei Hofplätze, den „*inn-tun*" (innerer Hofplatz) und den „*nautgard*" (Rinderhof). Separiert werden die beiden Hofplätze vom zentralen Pferdestall. Offenbar wurde ihm eine besondere Bedeutung beigemessen. Der Rinderplatz wird von Stallungen umgeben, der innere Hofplatz von Speichern und dem zweistöckigen Wohnhaus. Beachtung verdient hier die große „Peisstube" mit geschnitzter Decke und schönem schmiedeeisernen Beschlag an der Tür.

Von historischer Bedeutung ist die **Olavsstugu**, oder St. Olav-Haus, ein kleines Blockhaus am Rande des inneren Hofplatzes. Der Überlieferung nach soll hier König Olav Haraldsson auf seinen Reisen übernachtet haben. Interessant ist auch die alte restaurierte Bewässerungsleitung und die Ausstellung „Gudslånet" (Gottes Gabe) im Speicher „Storstabbur", die die Bewässerung von Getreide zum Thema hat.

Im Loms-Museumshof ist die Sammlung norwegischer Volkskunst des Dichters *Olav Aukrust* zu sehen, die Bestandteil der ansonsten wechselnden Ausstellungen ist.

Im **Fossheim Steinsenter**, einer umfangreichen Mineraliensammlung, erfahren Sie alles über die Gesteinsarten und Mineralien der Region. Angeschlossen ist eine Werkstatt für Kunsthandwerk und Schmuck.

Eine der neueren Attraktionen in Lom ist das **Norsk Fjellmuseum**, das Norwegische Gebirgsmuseum *(geöffnet Mai - Mitte Juni +*

TOUR 14: LÆRDAL – GOL – LOM

PRAKTISCHE HINWEISE – LOM

Lom Turistinformasjon / Jotunheimen Reiseliv, im Norsk Fjellmuseum, 2688 Lom, Tel. 61 21 29 90, www.visitjotunheimen.com. *Geöffnet Mai – Sept. Mo – Fr 9 - 16 Uhr, Sa + So 10 - 16 Uhr; 15. Juni - 15. Aug. Mo – Fr 9 – 19 Uhr, Sa - So 10 - 19 Uhr.*

HOTELS

Fossberg Hotell, 30 Zi., Tel. 61 21 22 50, www.fossberg.no; zentral gelegenes Mittelklassehotel, Restaurant, Schwimmbad, Sauna, Miethütten, Parkmöglichkeit.
Fossheim Turisthotell, 29 Zi., Tel. 61 21 95 00, www.fossheimhotel.no; renommiertes Haus mit gutem Restaurant, Haupthaus in einem Holzgebäude neueren Datums, teils recht urige Miethütten aus dem 16. Jh.

CAMPING

Nordal Turistsenter **** [N 61° 50' 22.0" E 8° 34' 29.0"], Tel. 61 21 93 00, www.nordalturistsenter.no; 1. Mai – 15. Okt.; an der R15 am östl. Ortsrand, Einfahrt bei der ESSO-Tankstelle; meist ebenes Wiesergelände unterhalb der Straße, in Gehnähe zur Lom Stabkirche; ca. 3 ha –130 Stpl.; Komfortausstattung; Laden, Restaurant, Café; **V & E** für **Wohnmobile** an der Tankstelle; 65 Miethütten ** - ****; **20 Zi.-Hotel.**
Synstad Camping **, Tel. 61 21 15 84; Anf. Juni – Ende Aug.; an der R15, ca. 3 km östl. Lom; schräge Wiesen zwischen Vågåsee und Straße; ca. 3 ha –100 Stpl.; Standardausstattung; 9 Miethütten **.

Weiter Campingplätze liegen westlich von Lom an der R15 bei **Bismo** (Camping Eispen, Tel. 61 21 41 30; Miethütten, **V & E** für WoMo, WLAN) und **Nordberg** Dønfoss Camping, Tel. 61 21 48 98, Laden, **V & E** für WoMo, Miethütten).

Mitte Aug. - 30 Sept. Mo - Fr 9 - 16 Uhr, Sa + So 11 - 17 Uhr; 15. Juni - 15. Aug. bis 19 Uhr. sonst Mo - Fr 10 - 15 Uhr, www.fjell.museum.no). Im Museum, das ganz in der Nähe der markanten Stabkirche liegt, ist auch die Touristeninformation untergebracht.

Die Ausstellungen in dem vorwiegend naturhistorischen Museum befassen sich mit nahezu allen Aspekten der interessanten norwegischen Bergwelt von der Ökologie bis hin zur Kulturgeschichte ihrer Bewohner.

Wandern in der Umgebung von Lom

Von Lom aus können mehrere Tageswanderungen unternommen werden. Man findet ein gutes Netz markierter Wanderwege in der Umgebung der Stadt. Die Pfade sind beschildert oder zumindest durch Steinhaufen oder durch Rotmarkierungen an Bäumen oder Felsen zu erkennen. Gutes, festes Schuhwerk oder Stiefel sind dringend zu empfehlen.

Mehr ein ausgedehnter Spaziergang als eine Wanderung ist der Weg über den **Soleggen.** Der Weg ist 7 km lang und mit Tafeln über natur- und kulturhistorische Sehenswürdigkeiten versehen. Start ist in Lom oder vom Fossheim Steinsenter aus.

Ein anderer Weg, der **Lomseggen** beginnt im Zentrum von Lom und führt auf den 1.289 m hoher Lomseggi. Der Weg ist zwar nur 3 km lang, dafür streckenweise aber sehr steil, jedoch ohne Kletterstrecke. Schöne Aussicht über das Bøverdalen und Ottadalen.

Auf der Südseite des Berges Richtung Marstein liegt die Smithbue, die nach einem aus Deutschland stammenden Maler benannt ist, der hier vor rund hundert Jahren hauste, heute Rasthütte.

Es gibt noch eine ganze Reihe weiterer Wanderwege um Lom. Im Touristenbüro gibt es darüber Karten und detaillierte Angaben.

Abkürzende Alternativroute

Der in diesem Reiseführer geschilderte Reiseweg lässt sich erheblich abkürzen – allerdings unter Verzicht auf die Fahrt über das Sognefjell, was nicht empfohlen werden kann – wenn man ab Lom auf der R15 westwärts direkt nach Stryn oder zum Geiranger Fjord weiterreist (siehe Tour 17, Loen –Geiranger – Trollstigen – Åndalsnes).

TOUR 15: LOM – SOGNDAL

LOM – SOGNDAL

Länge dieser Tour: Rund 140 km, ohne Abstecher.

Die Route: R55 über **Skjolden, Luster** und **Gaupne** bis **Sogndal**.

Abstecher: Zum Gletscher **Nigardsbreen** (75 km hin u. zurück ab Gaupne). Zur **Urnes Stabkirche**.

Reisedauer: Mindestens ein Tag, besser zwei Tage, zumal falls eine Gletscherwanderung auf dem Nigardsbreen geplant ist.

Reisehöhepunkte: Die Fahrt über das **Jotunheimen Gebirge** *** und das **Sognefjell** *** – eine **Wanderung zum Glittertind** *** – der Gletscher **Nigardsbreen** ** – eine **Gletscherwanderung** ** auf dem Nigardsbreen – die **Urnes Stabkirche** **, Norwegens älteste.

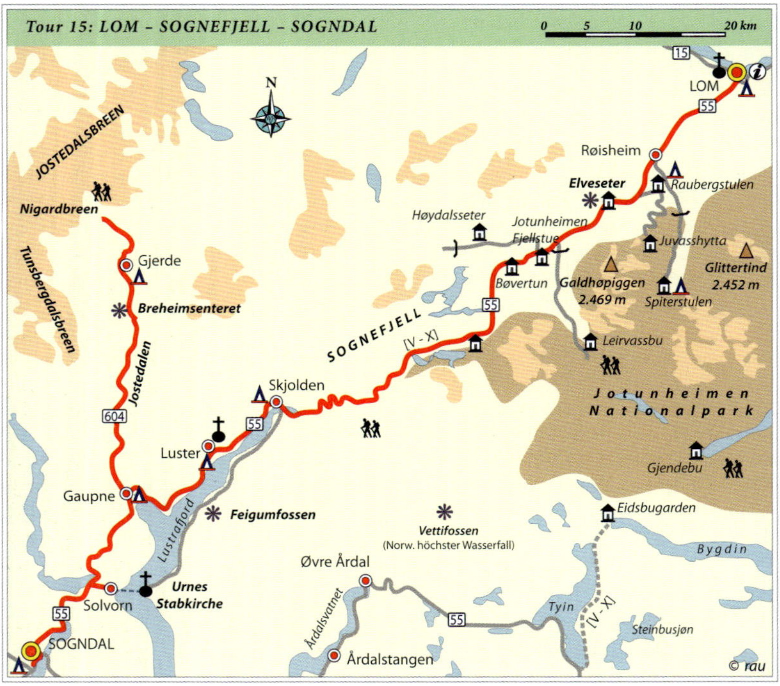

ROUTE: *Die folgende Fahrt ab Lom über die R55 Richtung Sogndal, über das **Jotunheimen Gebirge**, das **Sognefjell** und schließlich am **Sognefjord** entlang, zählt – neben der Route Dalsnibba – Geiranger – Trollstigen – zweifellos zu den **schönsten Autotouren** in Norwegen. Die Straße ist auf den Höhen des Sognefjell zwischen November und Mai/Juni gesperrt!*

Die Straße R55 folgt ab Lom zunächst dem schönen, enger werdenden **Bøverdalen** flussaufwärts.

Ausgangspunkte für Bergtouren

In **Røisheim (Røisheim Hotell**, Tel. 61 21 20 31, www.roisheim.no, uriges Hotel in den rustikalen Gebäuden eines Bauernhofes aus dem Jahre 1858, 50 Betten) zweigt eine Mautstraße

TOUR 15: LOM – SOGNDAL

Im Jotunheimen Gebirge

nach Süden ab. Sie führt hinauf ins **Jotunheimen Gebirge** und endet nach 18 km am 1.100 m hoch gelegenen **Berggasthof Spiterstulen Turisthytte** (150 Betten, Tel. 61 21 14 80, www.spiterstulen.no; Cafeteria, Sauna, Schwimmbad, **Camping**).

Von hier aus sind zahlreiche Touren in das Jotunheimen Gebirge, dem am besten erschlossenen Wandergebiet in Norwegen, möglich. So z. B. auf Norwegens höchste Berge **Glittertind** (2.464 m) und **Galdhøpiggen** (2.469 m). Es werden Gletschertouren mit Führer angeboten.

Benachbarte Berggasthöfe sind **Juvasshytta** (3 Stunden nördlich, siehe auch unten) sowie **Glitterheim** (bewirtschaftete Hütte des DNT, 5 Stunden östlich) und **Leirvassbu** (5 Stunden südwestlich).

Wenige Kilometer südwestlich von Røisheim liegt an der R55 **Galdesand** (Sommercamping). Von hier führt eine mautpflichtige Straße hinauf ins Gebirge, über **Raubergstulen Turisthytte** (Tel. 61 21 18 00, www.raubergstulen.no; Berggasthof, Zimmer, Hütten, Cafeteria, **Camping,** geführte Bergtouren, Halbtagestouren zu Pferde ab Raubergstulen Reitzentrum) in herrlicher Lage bis zum 1.880 m hoch gelegenen 15 km entfernten **Berggasthof Juvasshytta** (einer der nahesten Ausgangspunkte für Touren auf den Galdhøpiggen, Tel. 61 21 15 50, 80 Betten, Cafeteria, geführte Gletschertouren tgl. 10 + 11 Uhr über den Styggebreen zum Gipfel, Sommerski auf dem Juvassbreen, Dauer ca. 5 – 6 Stunden), unterhalb des 2.469 m hohen **Galdhøpiggen**, dem höchsten Berg Norwegens.

Zumindest bei klarem Wetter **empfiehlt sich der Abstecher zur Juvasshytta sehr**, auch wenn keine größeren Wanderungen unternommen werden. Das Bergpanorama ist prächtig!

Mein Tipp! Für Aktivitäten im Gebirge (auch wenn Sie an einer geführten Tour teilnehmen wollen) ist es wichtig, Kleidung für jedes Wetter dabei zu haben. Man macht es sich viel einfacher, wenn man die Kleidung dem Wetter anpassen kann. Die äußerste Kleidungsschicht sollte wasser- und winddicht sein. Handschuhe und Mütze müssen immer dabei sein.

Und wenn Sie an einer Gletscherbegehung teilnehmen, sollten Sie sich wie für einen Wintertag im Gebirge ausstaffieren.

Natürlich wird niemand mit nagelneuen Schuhen losgehen. Nehmen Sie eingelaufene, feste Schuhe, wenn die Tour nicht zur Tortur werden soll. In Schnee- und Gletschergebieten sind Sonnenbrille und Sonnenschutz unerlässlich. Und – gehen Sie nicht alleine auf längere Touren und informieren Sie z. B. den Hüttenwirt, wohin Sie gehen wollen! Auch wenn Sie nur einen ausgedehnten Spaziergang unternehmen denken Sie daran, Sie spazieren hier im Hochgebirge. Mit rapiden Wetterwech-

TOUR 15: LOM – SOGNDAL

seln, Temperaturstürzen, plötzlichen Sichtverschlechterungen u. ä. sollten Sie immer rechnen und darauf vorbereitet sein. Ein kleiner Rucksack mit Ausrüstung, Erste-Hilfe-Kit und Verpflegung, die auch eine Notübernachtung im Freien ermöglicht, sollte immer dabei sein. Auch wenn Sie nur auf markierten Wegen wandern wollen, sollten Sie Karten und Kompass nicht vergessen und in deren Gebrauch geübt sein.

Und verlassen Sie sich nicht blind auf Ihr Handy. In abgelegenen Berggegenden kann nicht immer mit Funkverbindung gerechnet werden!

HAUPTROUTE

ROUTE: *Weiterfahrt auf der R55 nach Südwesten.*

Das ab Galdesand nach Südwesten weiterführende **Leirdalen** wird vom reißenden Wildbach Bøvra durchflossen.

Am Eingang das Tals passiert man das **Hotel Elveseter**. Ein alter Gutshof mit zum Teil wunderschönen Holzhäusern die teilweise noch aus dem 17. Jh. stammen (Haus Midgard z. B. von 1640) , wurde hier zu einem rustikalen, einladenden und recht komfortablen Hotel umgebaut (Tel. 61 21 99 00, www.elveseter.no).

Ganz in der Nähe des Hotels findet man eine Gedenkstätte (Parkplatz) an Harald Hårfagre, der hoch zu Ross auf der gut 32 m hohen, runden **Saga-Säule** thront. Die Reliefs, mit der die Säule von unten bis oben verziert ist, zeigen Szenen der norwegischen Geschichte, vom Jahre 872, als Norwegen erstmals ein vereintes Reich war, bis zur Reichsversammlung in Eidsvoll im Jahre 1814.

Interessant ist die Geschichte der Säule, die ursprünglich als norwegisches Nationaldenkmal gedacht war.

1926 schrieb die norwegische Regierung einen Wettbewerb für ein Nationaldenkmal aus. Namhafte Künstler, darunter auch Gus-tav Vigeland, beteiligten sich daran. Gewinner der Ausschreibung war Professor Wilhelm Rasmussen. Rasmussen begann mit der Fertigung der Denkmalsäule. Während der Wirren des Zweiten Weltkriegs allerdings mussten die Arbeiten unterbrochen werden. Nach Kriegsende durfte Rasmussen die Arbeit aber nicht wieder aufnehmen, da ihm Sympathien mit der Deutschen Wehrmacht vorgeworfen wurden.

Die Denkmalsäule geriet in Vergessenheit, bis um 1980 Aamund Elveseter, Besitzer des Elveseter Anwesens, in Olso zufällig auf die halbfertige Säule stieß. Elveseter, einstmals Mitglied der norwegischen Widerstandsbewegung und später begeisterter Kunstsammler, nahm sich der Säule an, ließ das „Fast-Nationaldenkmal" fertigstellen und 1992 ganz in der Nähe seines Hotels aufstellen.

Rund 8 km weiter zweigt von der R55 abermals eine mautpflichtige Privatstraße nach Süden ins Jotunheimen Gebirge ab. Sie endet nach rund 18 km in 1.400 m Höhe am **Berggasthof Leirvassbu Fjellstue** (190 Betten, Tel. 61 21 29 32, www.leirvassbu.no). Der Abstecher ist empfehlenswert, einmal der Landschaft wegen, zum anderen ist der Wanderweg von der Leirvassbu Fjellstue nordostwärts zur **Spiterstulen Fjellstue** (5 Stunden) auch von weniger Geübten zu bewältigen. Ein eindrucksvolles Wandererlebnis, auch wenn man nicht die gesamte Strecke des markierten Weges geht.

Im weiteren Verlauf steigt die R55 über das Sognefjell weiter an, passiert die in einem schönen Hochtal gelegene **Jotunheimen Fjellstue** (Tel. 61 21 29 18), später, in etwa 1.000 m Höhe die **Bøvertun Hütte** (Tel. 61 21 29 24) und führt durch das felsübersäte **Breiseterdalen** mit herabstürzenden Wasserfällen schließlich hinauf ins **Sognefjell**. Hier liegen in 1.440 m Höhe die **Berg-

Die Saga-Säule von Elveseter

TOUR 15: LOM – SOGNDAL

Die Fahrt über das Sognefjell, ein grandioses Reiseerlebnis

gasthöfe Krossbu Turiststasjon (Saison 1. 6. - 30. 9., 85 Betten, Cafeteria, Tel. 61 21 29 22, www.krossbu.no) und **Sognefjellhytta** [N 61° 33' 54.9" E 7° 59' 56.2"] (Zimmer, Hütten, Cafeteria, Sommerski, Tel. 61 21 29 34, www.sognefjellet.no), die sich hervorragend als Ausgangspunkte für Wanderungen eignen.

Die Landschaft hier oben auf dem höchsten Punkt der Strecke (1.442 m) hinterlässt einen überwältigenden Eindruck. Die seendurchsetzte Hochfläche wird ringsum von weit ins Jahr hinein mit Schnee bedeckten Bergen umgeben und im Südosten und Osten erkennt man bei guter Sicht das ewige Eis der Gletscher Fannaråken (2.025 m) und Smørstabbreen (2.113 m).

Auf den Höhen des Sognefjells kann es durchaus passieren, dass man noch im Juni entlang mannshoher Schneewände fährt. Die Sognefjellstraße R55 ist zwischen Jotunheim Fjellstue und Opptun gewöhnlich von Mitte Oktober bis Ende Mai für den Autoverkehr gesperrt.

Die **Sognefjellstraße** gilt als höchste Passstraße in Skandinavien. Sie erreicht immerhin eine Höhe 1.434 m über dem Meer.

Die Straße entstand erst zwischen 1936 und 1938. Und gebaut wurde sie in erster Linie von arbeitslosen Jugendlichen.

Die Trasse wurde von beiden Seiten des Gebirges vorangetrieben, einerseits von Fortun (Skjolden), andererseits von Galdesand her. Und sie wurde quasi in Handarbeit gebaut. Maschinen kamen so gut wie nicht zum Einsatz. Die Arbeiter mussten mit Hacken, Spaten, Brechstange und Schubkarren zurechtkommen. Oft genug wurden die Arbeiten, die sowieso nur während des relativ kurzen Sommers ausgeführt werden konnten, von Schneefällen und Unwettern unterbrochen. Nach gut zwei Jahren endlich waren die Arbeiten vollendet. Am 16. Juli 1938 rollte der erste Personenkraftwagen auf der neuen Bergpiste über das Sognefjell.

Dieser Übergang vom Gudbrandsdal durch das Ottatal und über das Jotunheimen Gebirge an den Sognefjord ist ein uralter Weg, der früher von Bauern und Händlern benutzt wurde, um ihre landwirtschaftlichen Produkte nach Skjolden am Sognefjord zu bringen. Von dort wurden die Waren wie Leder, Butter, Teer und Eisen per Schiff in die Handelsstadt Bergen transportiert. Auf dem Rückweg nahm man Tuche, Salz, Fische etc. mit.

Allerdings war der Weg über das Sognefjell am Westrand des Jotunheimen so beschwerlich und gefährlich, dass man lange Zeit nur unter wegkundiger Führung und in Gruppen oder Konvois reiste. Hier oben war der Arm des Gesetzes weit und zwielichtiges Gesindel machte den Handelszügen das Leben schwer.

Die Berge, Gletscher und Hochflächen des unwirtlichen Jotunheimen kannte bis

TOUR 15: LOM – SOGNDAL

ins 19. Jh., außer ein paar Jäger oder Hirten, kaum jemand genau. *Åsmund Olavson Vinje* beschrieb das Gebirge erstmals etwas genauer und gab ihm den Namen Jotunheimen, was soviel wie „Welt der Riesen" nordischer Mythologie bedeutet.

Bis dahin gab es über diese raue, menschenfeindliche Landschaft nicht einmal Karten. Und die später von General Wergeland angefertigten waren anfangs auch nicht unbedingt verlässlich. In seinen Aufzeichnungen beschreibt Wergeland das Jotunheimen als „schrecklichen Weg durch die Nacktheit, Öde und Wüste des Sognefjells".

Auch der Volkskundler und Märchensammler P. Christian Asbjørnsen zog 1842 über das Sognefjell. Und als Henrik Ibsen hier reiste, wurde er 1862 drei Tage und drei Nächte lang in Hervabu festgehalten. Das Wetter war zum Weiterreisen viel zu schlecht. Wie man liest soll Ibsen von seinen Wanderungen über das Sognefjell viele Inspirationen zu „Peer Gynt" und zu seinen Gedichten „Hochgebirgsleben" und „Auf der Hochebene" mitgenommen haben.

Noch heute sieht man an markanten Punkten hohe, aufgeschichtete Steinpyramiden, die in alten Zeiten als wichtige Wegmarkierungen dienten. Erst 1938 wurde ja die Straße gebaut, die bis etwa 1984 noch auf langen Teilstücken im Hochgebirge unbefestigt war. Selbst im Hochsommer kann es hier vorkommen, dass bei Wetterstürzen der Regen in Schnee übergeht und die Passage dann heute noch mühsam ist.

Die **Sognefjellhytta** (1.414 m hoch, Tel. 61 21 29 34, www.sognefjellet.no) ist ein weiterer zentraler Ausgangspunkt für **Wandertouren durch das Jotunheimen Gebirge**.

1.140 qkm der Gebirgsregion von Jotunheimen wurden 1980 zum **Nationalpark Jotunheimen** erklärt. Der Nationalpark umfasst Norwegens gebirgsreichste Region. Die 27 höchsten Gipfel des Landes, darunter der Galdhøpiggen, mit 2.469 m Norwegens höchster Berg, liegen in diesem Gebiet! Außerdem findet man hier oben ausgedehnte Gletscher und mehrere große Seen. Alles in allem ist der Nationalpark mit seinen markierten Wanderwegen und zahlreichen Berghütten ein Eldorado für naturnahe, anspruchsvolle Wandertouren.

Wandertour über das Jotunheimengebirge

Hier ein **Tourenvorschlag** zur Durchquerung des Gebirges in West-Ost-Richtung, von der Sognefjellhytta nach Gjendesheim an der Straße 51 (Fagernes – Vågåmo, siehe auch Tour 14):

Sognefjellhytta – Skogadalsbøen (bewirtschaftete Hütte, 77 Betten), 5 Stunden.

Abstecher durch das **Utladalen** nach Süden bis **Vetti** und zum **Vettifoss**. Er ist mit einer Fallhöhe von über 270 m der höchste Wasserfall in Norwegen. Bis **Vettihytta** ca. 6 Stunden, von der Hütte (bewirtschaftet, 14 Betten) zum Wasserfall knapp eine Stunde.

Von **Vetti** zurück bis **Skogadalsbøen** (ca. 6 Stunden) und ostwärts durch das **Raudalen** zur **DNT-Hütte Olavsbu** (Selbstverpflegung, 40 Betten), Gehzeit 6 Stunden.

Ab **Olavsbu** entweder südwärts über **Geithø** (1.467 m) und durchs **Vesleadalen** zur **DNT-Hütte Gjendebu** am Westende des langgestreckten Bergsees *Gjende*, oder ab **Olavsbu** nordwärts und am Nordufer des *Langvatnet* entlang und durch das **Storadalen** nach **Gjendebu** (Hütte bewirtschaftet, 100 Betten), Gehzeit rund 6 Stunden.

Ab **Gjendebu** gelangt man mit Booten (8.35 Uhr und 16.00 Uhr, Zeiten veränderlich, vorher nochmals prüfen!) über **Memurubu** zur **DNT-Hütte Gjendesheim** am Ostende des Gjende-Sees. Ab hier Busverbindung. Natürlich kann man auch den ganzen Weg um den See wandern, über die Höhen am Nordufer des Gjendesees nach Memurubu (Hütte bewirtschaftet, 50 Betten), Gehzeit ca. 5 Std. In weiteren 6 Std. erreicht man Gjendesheim (bewirtschaftet).

Viele der Touren verlangen Übung im Bergwandern und gute Kondition. Der Umgang mit Karte und Kompass sollte vertraut sein! Geeignete Ausrüstung, auch für Schlechtwetterbiwaks, ist unerlässlich!

Besorgen Sie sich beim *DNT Den Norske Touristforening, Youngstorget 1, N-0181 Oslo, Tel. 0047-21 03 57 00, www.turistforeningen.no* detaillierte Routenbeschreibungen und genaue Wanderkarten.

Deutsche Vertretung des DNT: *Nach Norden, Helga Rahe, Drostestr. 3, 48157 Münster, Tel. 0251-32 46 08, www.huettenwandern.de.*

TOUR 15: LOM – SOGNDAL

HAUPTROUTE

ROUTE: *Im weiteren Verlauf unserer Fahrt über das Sognefjell führt die R55 nun langsam talwärts passiert das Turtagrø Hotel (s. u.) und führt dann – bereits wieder in der Provinz Sogn og Fjordane – in einer steilen Serpentinenabfahrt mit Engstellen hinab nach* **Fortun**. *Die Straße wird von einem gewaltigen Wildbach begleitet und erreicht bald darauf* **Skjolden.**

Skjolden, ein kleiner Ort, liegt am Lustrafjord, einem inneren Arm des Sognefjords, dem „König" der Fjorde. Das offene Meer ist von Skjolden gut 200 km entfernt. Trotzdem, oder gerade weil der Meeresarm so weit in das Land reicht, war Skjolden lange Zeit einer der wichtigsten Häfen für den Warenverkehr zwischen dem Gudbrandsdal im Binnenland und der Westküste.

Verzichtet man auf den nachstehend beschriebenen Umweg zur Urnes Stabkirche oder man will den Abstecher dorthin erst von Solvorn aus (siehe dort) unternehmen, dann bitte weiter mit **„Hauptroute"**.

Umweg zur Urnes Stabkirche

Eine Stichstraße führt von Skjolden am Ostufer des Lustrafjo den zur **Urnes Stabkirche** (31 km). Auf dem Weg von Skjolden nach Urnes passiert man den gigantischen **Wasserfall Feigumfoss**, der an der Ostseite des Lustrafjords an die 220 m frei herunterstürzt.

Die Stabkirche von Urnes, die älteste Stabkirche Norwegens, stammt aus dem Ende des 11., Anfang des 12. Jh. und ist ausgezeichnet erhalten geblieben. Ihr Stil war Vorbild für viele andere Stabkirchen des Landes. Von einst annähernd 800 Kirchenbauten dieser Art sind heute nur noch 30 übriggeblieben. Die Kirche von Urnes ist vor allem wegen ihrer herrlichen Schnitzereien bekannt *(geöffnet 1. 6. - 31. 8. Mo - Sa 10.30 - 17.30 Uhr)*.

Näheres über diese für Norwegen so typische, alte Kirchenform finden Sie unter „Stabkirchen" bei Borgund, Tour 14 (Lærdal – Lom).

Von Urnes kehrt man entweder auf dem gleichen Weg zurück bis Skjolden oder man bedient sich der **Autofähren über den Lustrafjord von Ornes nach Solvorn** unweit der Hauptstraße R55. Zwischen 7. Juni und 31. Aug. verkehren die Fähren zwischen Mo - Fr 7.50, 8, 10 Uhr sowie tgl. ab 11 Uhr bis 16 zur vollen Stunde + 16.40 Uhr. In der übrigen Jahreszeit wesentlich wenig häufiger Fähr-

PRAKTISCHE HINWEISE – SKJOLDEN

Skjolden Turistkontor, 6876 Skjolden, Tel. 57 68 67 44, 57 68 67 50, www.skjolden.com, *geöffnet 1. Juni - 31. Aug. tgl. 14 - 19 Uhr, Juli ab 11 Uhr.*

HOTELS

Fortun
Turtagrø Hotel, 19 Zi., Tel. 99 27 90 50, www.turtagro.no; WLAN; rund 15 km nordöstl. Skjolden, rund 900 m hoch gelegenes, traditionsreiches Berghotel.

Skjolden
Skjolden Hotel, 55 Zi., Tel. 57 68 23 80, www.skjolden.com/skjoldentotel; komfortables Mittelklassehotel am Fjord, Restaurant, Sauna, Schwimmbad, Parkplatz.

CAMPING

Vassbakken Kro og Camping **** [N 61° 29' 06.7"   E 7° 38' 59.2"], Tel. 57 68 61 88, www.vassbakken.com; April – Sept.; ca. 2 km östlich Skjolden, an der R55; Wiesen mit einzelnen Bäumen, gegenüber hoher Wasserfall; ca. 1,5 ha – ca. 50 Stpl.; Standardausstattung, Laden, Imbiss; 13 Hütten ** - ****.
V & E für Wohnmobile.
Camping Nymoen Leirplass ** [N 61° 29' 19.4"   E 7° 36' 30.4"], Tel. 57 68 66 03, www.skjolden.com/nymoen/; 1. Mai – 1. Okt.; am östl. Ortsrand Einfahrt bei der STATOIL-Tankstelle; flache, geneigte Wiesenterrassen schön an einer Seebucht unterhalb der R55 gelegen; ca. 1 ha – 40 Stpl.; gute Standardausstattung; 11 Hütten.

167

TOUR 15: LOM – SOGNDAL

Die Urnes Stabkirche, die älteste ihrer Art in ganz Norwegen

verkehr! Fahrzeit ca. 20 Minuten. Änderungen möglich! Die Fähre M/F Urnes fasst nur 12 Autos (www.urnesferry.com).

HAUPTROUTE

ROUTE: *Ab Skjolden auf der R55, die hier als teils schmales Fjordsträßchen am Westufer des herrlichen, von Bergen und Obstbaumwiesen gesäumten Lustrafjords entlang über* **Luster** *und* **Høyheimsvik** *nach* **Gaupne** *führt.*

Rund 3 km südwestlich von Skjolden passiert man einen kleinen Parkplatz rechterhand mit Infotafel. Es ist der Ausgangspunkt eines kurzen, mit roten Kreisen markierten, etwa 2 km langen **Wanderweges**, der zur 250 m hoch gelegenen **Sommerfarm „Fjøsnastølen"** führt.

Die Sehenswürdigkeit in **Luster** ist die **Kirche von Dale** aus dem Mittelalter.

Bei **Høyheimsvik** hat man einen guten Blick über den Fjord zum **Feigum-Wasserfall**.

Verzichtet man auf den nachfolgend geschilderten Abstecher zum Nigardsbreen, bitte weiter mit **„Hauptroute"** weiter hinten.

Abstecher zum Gletscher Nigardsbreen

ROUTE: *In* **Gaupne** *Abzweig nach Norden* [N 61° 24' 05.0" E 7° 1'7' 12.4"] *und auf der R604 durch das* **Jostedalen** *bis* **Gjerde**, *ca. 36 km.*

Die Fahrt durch das schöne Jostetal mit dem reißenden Jostedalselva und imposanten Wasserfällen ist recht reizvoll.

Der wichtigste Grund, einen Abstecher in dieses abgelegene Tal zu unternehmen, ist der Gletscher **Nigardsbreen**.

Ca. 5 km nördlich von **Gjerde**, am Beginn der Mautstraße zum Nigardsbreen, erreicht man zunächst das **Besucherzentrum „Jostedalen Breheimsenteret"**, das in einem hübschen Gebäude mit markanter Dachkonstruktion untergebracht ist *(geöffnet 1. Mai - 30. Sept.10 - 17 Uhr, 21. Juni - 20. Aug. 9 - 19 Uhr; www.jostedal.com, WLAN)*. Hier findet man das **Gletschermuseum** mit interessanten Informationen über die Gletscherregion des Jostedal Gletscher Nationalparks inklusive Filmdokumentationen und Sie erfahren viel über die Natur- und Kulturgeschichte der norwegischen Gletscherwelt. Außerdem gibt es Parkplätze, eine Cafeteria und einen gut sortierten Souvenirshop.

Die einspurige mautpflichtige Privatstraße (mit Ausweichen) führt durch das riesige Moränenfeld auf die Gletscherzunge des Nigardsbreen zu. Der Fahrweg endet an einem im Sommer oft überfüllten **Parkplatz** (Kiosk) oberhalb des türkis schimmernden Gletschersees.

Bereits weit vor dem Parkplatz bieten sich herrliche Blicke auf den Nigardsbreen,

TOUR 15: LOM – SOGNDAL

PRAKTISCHE HINWEISE – GAUPNE

Gaupne, Sogndal & Luster Turistinformasjon, Pyramiden Senter, 6868 Gaupne, Tel. 97 60 04 43, www.sognefjord.no, WLAN. *Geöffnet in Sommersaison.*

HOTELS
Tørvis Fjordhotell, 38 Zi., bei **Mariføra**, Tel. 41 00 02 00, www.torvis.no: einfaches, gemütliches Haus in ansprechender Fjordlage, Café.

CAMPING
Luster
Dalsøren Camping ** [N 61° 26' 36.7" E 7° 27' 37.3"], Tel. 57 68 54 36, www.dalsoren.com; 1. Mai – 31. Sept.; Wiese zwischen Straße 55 und Lustrafjord, nahe der alten Kirche von Dale; ca. 1,7 ha – 70 Stpl.; Standardausstattung; Laden; 16 Miethütten ** - ****.

Høyheimsvik
Camping Nes **, Tel. 57 68 64 24; 1. Mai – 1. Okt.; kleineres Wiesengelände an der R55 bei **Høyheimsvik**; 8 Miethütten **.

Gaupne
Camping Sandvik **** [N 61° 24' 01.9" E 7° 18' 01.7"], Tel. 57 68 11 53; 1. Jan. – 31. Dez.; Obstwiesen an der R55 in **Gaupne**; 19 Miethütten ** - ****.

V & E für Wohnmobile an der STATOIL-Tankstelle.

einen der 24 Arme des gigantischen, 486 qkm großen **Jostedalsbreen**, dem größten Eisfeld auf dem europäischen Festland.

Der bis zu 500 m dicke Eispanzer entstand in alten Zeiten, als z. B. die großen griechischen Tragödiendichter ihre Werke schrieben vor rund 2.500 Jahren also. Lange reichte die Gletscherzunge des Nigardsbreen viel weiter ins Tal. Aber seit über 250 Jahren ist der Gletscher ständig auf dem Rückzug, gewaltige Moränen zurücklassend. Die größte Moräne stammt aus dem Jahre 1875. Dass der Gletscherrückgang eher noch zunimmt, zeigt das große Geröllfeld, das zwischen See und Gletscherrand entsteht.

Von der Anlegestelle am Parkplatz [N 61° 40' 22.5" E 7° 14' 03.0"] verkehrt im Sommer zwischen 10. Juli und 30. August das offene **Gletscherboot „Jostedalsrypa"** (Gebühr) täglich zwischen ca. 10 und

Das Besucherzentrum und Gletschermuseum „Breheimsenteret"

TOUR 15: LOM – SOGNDAL

CAMPING – GJERDE

Jostedal Camping ** [N 61° 37' 50.6" E 7° 15' 47.9"], Tel. 97 75 67 89, www.jostedalcamping.no; 1. Mai – 15. Okt.; Zufahrt unterhalb der STATOIL-Tankstelle und dem **Jostedal Hotel** (Tel. 57 68 31 19, www.jostedalhotel.no, WLAN); Wiesen am Ortsrand; ca. 2 ha – 50 Stpl.; Standardausstattung; WLAN, 12 Miethütten ** *****. Supermarkt und Café in Gehnähe. Zum Gletscher Nigardsbreen ca. 5 km Mautstraße.

Nigardsbreen Camping ** [N 61° 39' 19.6" E 7° 16' 29.0"], Tel. 57 68 31 35; Ende Mai – Ende Sept.; nördl. Gjerde, am Abzweig zum Nigardsbreen; zum reißenden Jostedalselva hin leicht geneigtes Wiesenrund; ca. 0,7 ha – 40 Stpl.; Standardausstattung; Kiosk, 8 Miethütten. Zum Gletscher Nigardsbreen ca. 3 km Mautstraße.

18 Uhr regelmäßig bis zum Ende des Gletschersees Nigardsbrevatnet. Von dort ist auf etwas beschwerlichem, mit einem roten „T" markierten Weg über das Geröllfeld der Gletscherrand in etwa 30 Minuten zu erreichen. Festes Schuhwerk oder kräftige Gummistiefel mit Profilsohle sind sehr empfehlenswert. Warnungen vor Gletscherbrüchen sollten nicht ignoriert werden.

Im Sommer werden vom Fuß des Gletschers (bei gutem Wetter mehrmals täglich) kurze, leichte Wanderungen über den Gletscher geführt, Dauer 1 1/2 Stunden (Gebühr). Die Familientour (tgl. zwischen 12 Uhr und 14.30 Uhr) ist lt. Veranstalter schon für Kinder ab 5 Jahren geeignet.

Für die beliebte „Blaueistour" (tgl. um 13 Uhr) sollten die Teilnehmer mindestens 12 Jahre alt sein.

Tageswanderungen mit Gletscherführer starten im Sommer gegen 9.30 Uhr am Parkplatz. Warme Kleidung, feste Schuhe und Proviant sind notwendig. Steigeisen, Pickel und Seil werden gestellt. Die Zeiten und das Tourenangebot können sich ändern!

Übrigens: Gehen Sie nie alleine ohne kundige Führung auf Gletscherwanderung, wenn Sie das Eisgebiet nicht wie Ihre eigene Westentasche kennen! Die Gefahr, in eine vom Schnee nur leicht zugewehte Gletscherspalte zu stürzen ist zu groß. Und die Gletscherspalten hier können bis zu 40 m tief sein! Gehen Sie nie zu nahe an Gletscherabbrüche heran oder unter überhängenden Eismassen hindurch.

Veranstalter der Gletschertouren ist *Jostedalen Breførarlag, Tel. 57 68 31 11, www.jostedalen-breforarlag.no.*

Vom Nigardsbreen zurück zur Hauptstraße R55 in Gaupne.

HAUPTROUTE

ROUTE: *Weiter von Gaupne auf der R55 nach* **Sogndal***.*

Der Gletscher Nigardsbreen

Gletscher

Die Gebirgsregion zwischen Sogne- und Nordfjord wird bedeckt von der gewaltigen Eishaube des Jostedalsbreen. Über 480 qkm erstreckt sich dieses Gletschersystem. Es ist das größte Eisfeld auf dem europäischen Festland und es reicht mit seinen eisigen Ausläufern bis weit in die Täler hinab. In Norwegen nennt man diese „fließenden Eismassen" „breen" oder „brea", in Grönland „jökull" und in den Alpen „Ferner" oder „Kees".

Der Nigardsbreen, ein Seitenarm des Jostedalsbreen, bei Gjerde

Diese Gletscher entstanden vor rund 2.500 Jahren in Gebirgshochlagen (man spricht vom *Nährgebiet* des Gletschers) durch Niederschlag in Form von Schnee. Der Schnee wiederum verwandelte sich im Laufe der Jahrhunderte in Eis, nicht zuletzt durch den Druck, der sich im Laufe der Zeit aus den immer nachfolgenden Schneemassen addierte. Nun ist es auch nicht mehr verwunderlich zu erfahren, daß die Ausdehnung der Gletscher naturgemäß in niederschlagsreichen Perioden wächst. Ihre Ausläufer und Zungen reichen dann weit in die Täler hinab, wo sie in wärmeren Zonen (man spricht dabei vom *Zehrgebiet*) schließlich abschmelzen.

Die Dicke des Eispanzers eines Gletschers erreicht viele hundert Meter. 800 m sind keine Seltenheit und in Grönland wurden am Vatna-Jökull schon bis 2.000 m Eisdicke gemessen. Zur Zeit nehmen fast alle Gletscher wieder ab, was auf eine allgemeine Erwärmung unseres Klimas schließen läßt. Größte Ausnahme und ein Phänomen ist allerdings der Briksdalgletscher, der seit Jahren wieder wächst und zwar so rasant, dass ihm von den Glazeologen der größte Zuwachs aller Gletscher seit der letzten Eiszeit bescheinigt wird.

Auf ihrer „Wanderung" talwärts, die etwa 50 bis 200 m jährlich beträgt, führen die Eismassen gewaltige Mengen an abgeschürftem Untergrund mit sich, der dann, beim Rückgang des Gletschers durch Abschmelzen, als Moräne zurückbleibt und so die größte Ausdehnung des Eises markiert.

Auf dem Weg ins Tal entstehen in den gefrorenen Schneemassen gewaltige Drücke und Spannungen, die, wenn das Eis zerreißt, zu Spalten und Brüchen führen. Erscheinungen, die von allen Bergsteigern mit gehörigem Respekt angegangen werden.

Über verschiedene Gletscher Norwegens, z. B. über den Nigardsbreen, einen Ostausläufer des Jostedalsbreen, werden durch diese kalten Schlünde und Höhlen von kundigen Führern Wanderungen geleitet, auf denen man auch an so seltsam anmutenden Formen wie Gletschertöpfen oder Gletschermühlen vorbeikommt. Das sind Aushöhlungen, die durch stetig herabstürzendes Schmelzwasser, Sand und Geröll in strudelartigen Bewegungen rund ausgeschliffen wurden.

Norwegens größte Gletscher sind der *Jostedalsbreen* (480 qkm) in Sogn og Fjordane, der *Svartisen* (370 qkm) nördlich Mo i Rana in Nordland, der *Folgefonn* (210 qkm) westlich Odda in Hordaland, der *Blåmannsisen* (ca. 90 qkm) östlich von Fauske in Nordland und der *Hardangerjøkulen* (ca. 80 qkm) nordöstlich Eidfjord in Hordaland.

Etwa auf halbem Wege von Gaupne nach Sogndal kann man bei **Hafslo** nach Norden abzweigen und einer Stichstraße am langgestreckten Veitastrondsvatnet entlang bis **Høgebru** (33 km) folgen. Ein Fahrweg (Maut) führt weiter bis zur bewirtschafteten **Tungestølen Hütte**, Ausgangspunkt für Gletscherwanderungen (mit Führer) zu Ausläufern des Jostedalsbreen.

Nur wenige Kilometer südwestlich von Hafslo passiert man auf der R55 den Abzweig nach **Solvorn [N 61° 18' 13.1" E 7° 12'**

TOUR 15: LOM – SOGNDAL

47.8"]. Man erreicht den kleinen Fährhafen über eine rund 3 km lange Stichstraße.

Mein Tipp! In Solvorn befindet sich das kleine, aber sehr renommierte und gemütliche **Hotel Walaker**. Seit Generationen, genauer seit 1690, werden hier von der Familie Nitter Walaker und deren Nachkommen Gäste bewirtet (gediegenes Komforthotel, 45 Betten, Tel. 57 68 20 80, www.walaker.com, Mitte Apr. – Mitte Okt., obere Preislage, Res-taurant, schöner Hotelgarten am Fjord, Galerie Walaker 300).

Ab Solvorn verkehren im Sommer **Autofähren über den Lustrafjord nach Ornes** mit der sehenswerten **Urnes Stabkirche**. (geöffnet 1. 6. - 31. 8. Mo - Sa 10.30 - 17.30 Uhr). Zwischen 7. Juni und 31. Aug. verkehren die Fähren bis zu 9x täglich, zw. 11 und 16 Uhr stündlich. In der übrigen Jahreszeit wesentlich weniger häufige Abfahrten, nur 3 (4) mal tgl.! Fahrzeit ca. 20 Minuten. Änderungen möglich! Die Fähre M/F Urnes fasst nur 12 Autos (www.urnesferry.com).

Sie können Ihr Auto auch auf dem Parkplatz an der Fährstation Solvorn stehenlassen. In Ornes erreichen Sie dann die oberhalb der Fähranlegestelle gelegene Stabkirche zu Fuß in etwa 15 Minuten.

Eine kurze Beschreibung der **Urnes Stabkirche** finden Sie weiter vorne bei Skjolden „Umweg zur Urnes Stabkirche".

Von Solvorn zurück zur R55 und weiter nach Sogndal. **Sogndal** (ca. 6.800 Einwohner) ist eine kleine Industriestadt an einem Seitenarm des Sognefjords.

Abstecher nach Kaupanger

ROUTE: Von Sogndal auf der R5 südostwärts nach **Kaupanger** (29 km).

Unterwegs passiert man nach rund 6 km bei **Hovland** das links der Straße gelegene **Sogn Fjordmuseum**. Die Ausstellungen dort befassen sich vornehmlich mit dem Bootsverkehr auf dem Fjord, mit der Fischerei und dem Bootsbau in früheren Zeiten. Bootsbauwerkstatt.

Kaupanger, ein alter Handelsort in der Amlabucht am Sognefjord, war schon in der Wikingerzeit eine wichtige Siedlung. Hier liegt eine der ältesten **Stabkirchen** Norwegens (geöffnet Anf. Juni - Mitte Aug. tgl. 10 - 17 Uhr). Sie stammt aus der Zeit um 1190 und ist die größte ihrer Art in der Provinz Sogn og Fjordane.

Durch den rund 3 km langen Amlatunnel kann man den **Fähranleger von Mannheller** erreichen. Von dort verkehren **Autofähren nach Fodnes** zwischen 1 Uhr und 24 Uhr regelmäßig in kurzen Intervallen, Fahrzeit 15 Minuten (siehe auch Tour 13, Voss – Lærdal).

PRAKTISCHE HINWEISE – SOGNDAL

Sogndal Turistinformasjon, Kulturhaus, Hovevegen 3, 6852 Sogndal, Tel. 97 60 04 43, www.sognefjord.no; *geöffnet Mai - Sept.*

HOTELS

Quality Hotel Sogndal, 108 Zi., Gravensteinsgata 5, Tel. 57 62 77 00, www.choice.no; Restaurant, Schwimmbad, Parkplatz.
Hofslund Fjord Hotel, 54 Zi., Fjørevegen 37, Tel. 57 62 76 00, www.hofslundhotel.no; hübsches Haus im alten Stil, Restaurant.
Park Hotel Sogndal, 30 Zi., Parkvegen 11, Tel. 57 62 84 01, www.park-sogndal.no; zentrale Lage, Restaurant.

CAMPING

Kjørnes Camping ★★★★ [N 61° 13' 00.5"   E 7° 07' 32.3"], Tel. 57 67 45 80, www.kjornes.no; 1. Mai - 1. Okt.; rund 3 km östlich von Sogndal unterhalb der Straße 5 Richtung Kaupanger; langgestreckter Wiesenstreifen am Sogndalfjord, in aussichtsreicher, schöner Lage; ca. 2 ha – 100 Stpl.; Standardausstattung. 9 Miethütten ★★ ★★★★.
Stedje Camping ★★★★ [N 61° 13' 32.9"   E 7° 06' 08.6"], Tel. 57 67 10 12, www.scamping.no; 15. Mai – 31. Aug.; etwa 1 km südwestlich, an der R55, Einfahrt an der SHELL-Tankstelle; Wiesen in einem Obstgarten; ca. 2 ha – 80 Stpl.; 14 Miethütten.

TOUR 16: SOGNDAL – LOEN

SOGNDAL – LOEN

Länge der Tour: Rund 265 km (ohne Abstecher) + 1 Fähre auf der Alternativroute.

Abstecher: Ans **Westkap**, ab Byrkjelo ca. 150 km einfach.

Abstecher: Zum **Briksdalsgletscher**, ab Loen ca. 30 km einfach.

Die Hauptroute: Über R5 und über **Fjærland** bis **Skei** – E39 bis **Byrkjelo** – evtl. **Abstecher ans Westkap** – R60 ab Byrkjelo über **Olden** bis **Loen**.

Alternativroute: R55 bis **Hella** – evtl. **Abstecher** über **Vangsnes** nach **Vik** – Fähre nach **Dragsvik** – R13 bis **Moskog** – E39/R5 bis **Skei** (an der Hauptroute).

Reisedauer: Mindestens ein Tag. Für die Abstecher zum Westkap und zum Briksdalsgletscher sollte man zusätzlich jeweils mindestens einen bzw. einen halben Tag einplanen!

Reisehöhepunkte: Das **Norsk Bremuseum** * bei Fjærland – das **Sunnfjord Freilichtmuseum** ** bei Moskog – die **Hopperstad Stabkirche** *** bei Vik – Abstecher und Wanderung zum **Briksdalsgletscher** ***.

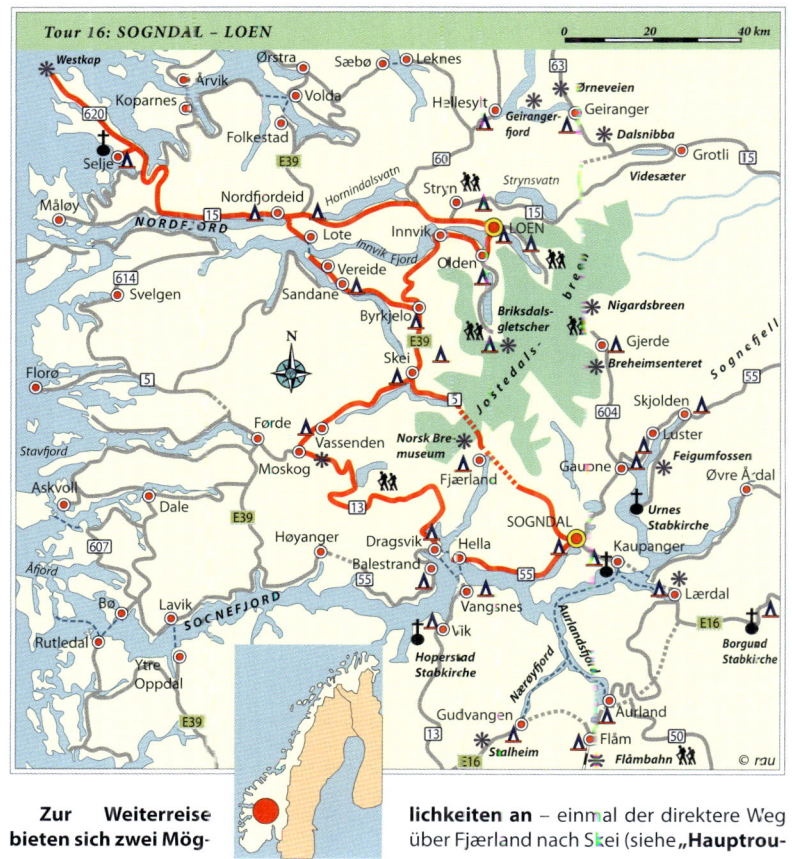

Zur Weiterreise bieten sich zwei Möglichkeiten an – einmal der direktere Weg über Fjærland nach Skei (siehe „**Hauptrou-**

TOUR 16: SOGNDAL – LOEN

te" weiter hinten) oder die nachstehend geschilderte **"Alternativroute"** über Hella und Moskog nach Skei. In Skei vereinigen sich beide Routen wieder.

Alternativroute

ALTERNATIVROUTE: *Von Sogndal über die R55 und über* **Leikanger** *zur* **Fährstation Hella** *(37 km). Ab Hella nimmt man die* **Autofähre nach Dragsvik.**

Falls auf den nachstehend geschilderten Abstecher nach Vik und zur Hopperstad Stabkirche verzichtet wird, bitte weiter mit **"Alternativroute, weiterer Verlauf"** weiter hinten.

Abstecher zur Hopperstad Stabkirche

ABSTECHER: *Wer Zeit mitbringt, Interesse an Stabkirchen oder an noch mehr schönen Berglandschaften hat, nimmt in Hella die* **Autofähre nach Vangsnes** *und macht von dort einen Abstecher südwärts nach* **Vik** *zur* **Hopperstad Stabkirche** *oder noch weiter hinauf ins* **Vikafjell.**

Autofähren zwischen Hella und Vangsnes verkehren täglich zwischen ca. 6.20 Uhr und 00.00 Uhr (bis zu 23 Abfahrten tgl., ca. alle 50. Min, Fahrzeit ca. 15 Min.).

Vangsnes, ein kleiner Fährhafen am Sognefjord, war der Sage nach Wohnsitz des Wikingerkönigs und Sagenhelden *Fridtjov*. In einem kleinen Park etwas östlich der Fährstation und oberhalb des Campingplatzes steht ein **Denkmal** zu seinen Ehren. Auch sein Grab ist dort zu finden.

In **Vik** (Viksøyri) am Sognefjord, rund 12 km südlich von Vangsnes gelegen, sollte man die **Hopperstad Stabkirche** besichtigen. Sie zählt zweifellos mit zu den interessantesten Stabkirchen Norwegens *(geöffnet Mitte Mai - Mitte Sept. tgl. 10 - 17 Uhr, Mitte Juni - Mitte Aug. tgl. 9 - 19 Uhr, www.stavechurch.com).*

Errichtet um 1130, diente die Stabkirche von Hopperstad über 700 Jahre lang als Gotteshaus und überstand nahezu unversehrt alle Wirrnisse der Zeit. 1875 sollte sie durch einen größeren Steinbau ersetzt werden. Nur dem engagierten Einsatz des Architek-

---

HOTELS – VANGSNES, VIK

Vangsnes
Sognefjord Gjestehus, 10 Zi., Tel. 57 69 67 22, www.sognefjord-gjestehus.no; einfaches, ganzjährig geöffnetes Haus, Restaurant, Parkmöglichkeit.

Vik
Hopstock Hotell og Motell, 61 Zi., Tel. 57 69 51 02, Fax 57 69 57 51, Restaurant, Sauna, Schwimmbad, Parkplatz.

CAMPING – VANGSNES, VIK

Vangsnes
Solvang Camping , Hytter & Motell **** [N 61° 10′ 23.04″ E 6° 38′ 12.84″], Tel. 57 69 66 20, www.solvangcamping.com; 1. Jan. – 31. Dez.; kleineres Wiesengelände unweit östl. des Fährhafens; ca. 0,5 ha – 30 Stpl.; Standardausstattung; Schwimmbad, 4 Miethütten ** ****; Motel.

Tveit Camping *** [N 61° 8′ 40.64″ E 6° 37′ 17.22″], Tel. 57 69 66 00, www.tveitcamping.no; 1. Mai – 15. Sept.; Wiesenterrassen am Sognefjord ca. 3 km südl. Vangsnes; ca. 1 ha - 40 Stpl.; Standardausstattung: Bootsverleih. Internet-Punkt. 6 Miethütten ** - ****. Fremdenzimmer. **V & E für Wohnmobile**.

Djuvik Camping *** [N61° 7′ 37″ E 6° 36′ 27″], Tel. 57 69 67 33, www.djuvikcamping.no; 1. Mai – 15. Sept.; kleiner Platz ca. 5 km südl. Vangsnes an der R13; ca. 0,5 ha – 30 Stpl.; Standardausstattung; 22 Miethütten *** - ****. **V & E für Wohnmobile.**

VIK

Camping Vik ** [N 61° 5′ 19″ E 6° 34′ 42″], Tel. 57 69 51 25; 10. Mai – 1. Okt.; im westlichen Ortsbereich; Wiesen am Sognefjord; ca. 1,5 ha – 50 Stpl.; Standardausstattung; 8 Miethütten ** - ****.

V & E für Wohnmobile bei Vik Bil/SHELL-Tankstelle.

TOUR 16: SOGNDAL – LOEN

ten Peter Blix ist es zu verdanken, dass dieses einmalige Baudenkmal erhalten und in den heutigen, schön restaurierten Zustand versetzt werden konnte.

Das gewaltige Dach des nahezu quadratischen Kirchenraumes wird von den für diese Kirchenart charakteristischen Holzsäulen (staver – Stäbe),

Die sehenswerte Hopperstad Stabkirche, eine der schönsten im Lande

die auf einem starken Bohlenrahmen-Fundament ruhen, getragen (siehe auch unter „Stabkirche" bei Borgund).

Alleine schon die kunstvolle Dachkonstruktion verdient Bewunderung. Nach Osten schließen sich Chorraum und Altarapsis an. Eine Seltenheit in Stabkirchen stellt der mit Schnitzereien reich geschmückte Holzbaldachin über dem linken Seitenaltar dar.

Bemerkenswert sind das runde Türmchen über der Altarapsis und die Dachreiter mit den Drachenköpfen an den Giebeln.

Besondere Aufmerksamkeit verdienen die wunderbaren **Schnitzereien am Westportal.** Obwohl teilweise schon etwas verwittert, erkennt man gut die verwirrend verschlungenen Leiber von Drachen und Fabeltieren. Der gesamte Kirchenraum ist von einem überdachten Umgang, dem „svalgang" umschlossen. Ein anderes Konstruktionsmerkmal der Stabkirchen ist gut zu erkennen. Man sieht an manchen Stellen deutlich, wie die aus senkrecht stehenden Holzbohlen gefügten Außenwände mit Nut und Feder ineinander greifen.

Eine weitere Sehenswürdigkeit von Vik ist die **Steinkirche zu Hove.** Der schlichte romanische Bau entstand ausgangs des 12. Jh. Schöne Portale (geöffnet 21. Juni - 10. Aug. tgl. So 11 - 16 Uhr, www.stavechurch.com).

Man kann den Abstecher ausdehnen und noch etwa 10, 12 km hinauf ins **Vikafjell** fahren. Auf den Höhen nimmt die Landschaft Hochgebirgscharakter an. Der höchste Punkt der Straße wird in 986 m Höhe erreicht. Es bieten sich immer wieder wunderschöne **Ausblicke** in die umliegenden Gebirge, zum Beispiel nach Osten bis zum Gletscher **Fresvikbreen** (1.660 m).

Diese Landschaft liegt bereits am Südrand der **Provinz Sogn og Fjordane,** die mit Superlativen aufzuwarten hat – dem größten Gletscherfeld Europas, dem **Jostedalsbreen,** und dem „König der Fjorde", dem gut 204 km langen und bei Nordeide 1.308 m tiefen **Sognefjord.**

Auf der Talfahrt zurück nach Vik gelingt von der letzten Haarnadelkurve ein schöner Blick auf Vik (Viksøyri) am Sognefjord.

ABSTECHER: *Zurück zum* **Fährhafen Vangsnes** *und mit der Autofähre nach* **Dragsvik.**

Autofähren von Vangsnes nach Dragsvik verkehren täglich zwischen ca. 5.30 Uhr und 23.30 Uhr (bis zu 23 Abfahrten tgl., ca. alle 50 Min., Fahrzeit ca. 30 Min.).

Alternativroute, weiterer Verlauf

ALTERNATIVROUTE: *Mit der Fähre von* **Hella** *nach* **Dragsvik.**

Autofähren von Hella nach Dragsvik verkehren täglich zwischen ca. 5.50 Uhr und 23.50 Uhr (bis zu 24 Abfahrten tgl., Fahrzeit ca. 15 Min.).

Rund 9 km südlich von Dragsvik liegt **Balestrand** ein viel besuchter Sommerferienort am Sognefjord.

Routenalternative für Gespannfahrer

Für Gespannfahrer und diejenigen, die Passfahrten lieber vermeiden wollen, empfiehlt sich der Weg über **Balestrand,** weiter

PRAKTISCHE HINWEISE – DRAGSVIK, BALESTRAND

Balestrand Turistkontor / Sognefjord Reiseliv BA, 6898 Balestrand, Tel. 57 69 16 17, www.sognefjord.no. Fahrradverleih.

HOTELS
Dragsvik
Dragsvik Fjordhotell, 25 Zi., Tel. 57 69 44 00, www.fjordhotel.com; einfaches Mittelklassehotel, Miethütten.
Balestrand
Kviknes Hotel, 190 Zi., Tel. 57 69 42 00, www.kviknes.no; 1. Mai – 30 Sept., traditionsreiches Haus der gehobenen Preisklasse in einem großen, alten Holzgebäude im „Zuckerbäckerstil" aus dem 19. Jh., die Mehrzahl der Gästezimmer liegt allerdings in einem modernen, unscheinbaren Neubau. Stark von Reisegruppen frequentiert. Restaurant, Sauna, Schwimmbad.
Kringsjå Hotel & Jugendherberge, 20 Zi., Tel. 57 69 13 03, www.kringsja.no; Ende Juni – Mitte Aug.; Restaurant. Preiswerte Übernachtungsmöglichkeit auch in 2-Bett-Zimmern.

CAMPING

Dragsvik
Veganeset Camping *** [N 61° 12' 57" E 6° 33' 44"], Tel. 57 69 16 12, www.veganesetcamping.no; 20. Mai - 15. Sept.; nahe des Fähranlegers, kleiner Wiesenplatz in bewaldeter Umgebung am Sognefjord; 1,5 ha - 30 Stpl.; Standardausstattung. Bootsverleih. Bademöglichkeit, 8 Miethütten ** - ****. 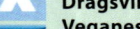 **für Wohnmobile.**
Balestrand
Sjøtun Camping ** [N 61° 12' 7" E 6° 31' 53"], Tel. 95 06 72 61, www.sjotun.com; 1. Mai – 15. Sept.; kleinere Campingmöglichkeit am Sognefjord, ca. 1 ha – 30 Stpl.; Laden, Badegelegenheit; 11 Miethütten **. V&E **für Wohnmobile.**

über die R55, durch das fast 7,5 km lange Høyangertunnel nach **Vadheim** und von dort über die E39 nach **Førde** und **Moskog.** Dort stößt man wieder auf die im Weiteren beschriebene Route.

ALTERNATIVROUTE: *Ab* **Dragsvik** *führt der weitere Verlauf unseres Reiseweges über die Straße R13 und durch das liebliche* **Bårdalen** *hinauf in das* **Gaularfjell.**

Die **Passstraße ins Gaularfjell** (Wintersperre gewöhnlich zwischen Oktober und Mai) zieht in neun kühnen Serpentinen von Meereshöhe bei **Mel** hinauf auf über 700 m. Vom großen Parkplatz auf der Anhöhe hat man einen herrlichen **Ausblick** auf die waghalsige Trasse und auf die umliegenden Gebirgsketten. Der höchste Punkt der Straße wird auf 745 m bei der **Berghütte Nystølen** erreicht.

Auf der Talfahrt nach **Eldalsosen** am Ostende des Sees Viksdalsvatnet passiert man den hübsch an einem kleinen See im Wald gelegenen **Hov Hyttegrend** (23 Miethütten, Stellplätze für Wohnmobile und Caravans (Tel. 57 71 79 37, *geöffnet 1. Apr. -1. Okt.).*

ALTERNATIVROUTE: *Ab Eldalsosen führt Straße 13 führt nordwärts über* **Viksdalen (Viksdalen Camping** **, *www.viksdalen.no; Mai – Sept., 9 Miethütten), später ostwärts und am See Haukedalsvatn entlang, überwindet – nun in westlicher Richtung verlaufend – abermals einen Gebirgsrücken und erreicht nach 8 km bei* **Moskog** *schließlich die E39/R5.*

Ca. 2 km westlich von **Moskog** liegt an der E35/R5 das **Sunnfjord Freilichtmuseum.** Das Distriktmuseum zeigt eine Reihe von typischen Bauernhäusern aus der Sunn-fjordregion. Insgesamt 17 Holzbauten, Höfe, Speicher, Scheunen, eine Schule, etc. sind zu sehen. Das älteste Haus stammt aus dem 16. Jh. Im angeschlossenen Museumsgebäude wird anhand von Fotografien, Kunst- und Gebrauchsgegenständen das bäuerliche Leben auf einem Hof des 18. Jh. dokumentiert *(geöffnet 1. Juni - 31. Aug. mo - Fr 10 - 16, Sa + so 12 - 17 Uhr, 1. Juli -*

TOUR 16: SOGNDAL – LOEN

CAMPING
Vassenden
Jølstraholmen Camping **** **[N 61° 9′ 16″ E 6° 5′ 1″]**, Tel. 57 72 89 07, www.jolstraholmen.no; 1. Jan. – 31. Dez.; ca. 2 km westl. Vassenden; an der E39/R5 bei der NOROL-Tankstelle; fast ebene Wiesen zwischen Straße und Wildbach; 2,5 ha – 50 Stpl.; Standardausstattung; Laden, Cafeteria, Fahrrad- und Bootsverleih; 21 Miethütten ** - ****; Minigolf.

15. Aug. Mo - Fr 10 - 18, Sa + So 12 - 17 Uhr, Tel. 57 72 12 20, www.sun-fjord.museum.no).

ALTERANTIVROUTE: *Ab Moskog folgen wir der E39/R5, die lange am Westufer des Sees Jølstravatnet entlang (Blick ostwärts zum Gletscher Grovebreen, 1.636 m) über* **Vassenden** *nach* **Skei** *führt. In Skei trifft man auf die nachfolgend beschriebene* **Hauptroute**.

Ab **Vassenden** (**Jølstra Museum**, privates Freilicht-Bauernhofmuseum, *geöffnet Ende Juni bis Ende Aug. Sa + So 12 - 17 Uhr*) bietet sich alternativ die Möglichkeit, über die Landstraße am Südostufer des als sehr fischreich bekannten Sees Jølstravatnet nach **Skei** zu fahren. Man passiert dabei bei **Sanddal** einige sehr alte Gehöfte wie *Midttunet* oder *Astruptunet*.

HAUPTROUTE

ROUTE: *Ab* **Sogndal** *auf der R5 über* **Fjærland** *bis* **Skei** *an der E39.*

Die R5 zwischen Sogndal und Skei führt durch mehrere Tunnels, wie den **Frudalstunnel** (6.750 m) **[N 61 20 53.5 E 6 52 03.5]**, den **Bergstunnel** (2.590 m) **[N 61 23 03.0 E 6 45 29.9]** und den 6.390 m langen **Fjærlandstunnel [N 61 23 52.5 E 6 44 28.0]** (bislang teure Maut. Laut Mitteilung seit 2011 mautfrei!).

35 km nordwestlich von Sogndal erreicht man **Fjærland** am Nordende des gleichnamigen Fjords. Hier kann man das moderne **Norsk Bremuseum [N 61 25 21.4 E 6 45 54.7]** besichtigen *(geöffnet Apr. - Okt. tgl. 10 - 16 Uhr, von Juni bis Aug. tgl. 9 - 19 Uhr. www.bre.museum.no).*

Das sehenswerte und sehr informative Norwegische Gletschermuseum zeigt in zeitgemäßen, gar nicht museumshaften und sehr anschaulichen Präsentationen interessante Ausstellungen über die Entwicklung der Gletscher in Norwegen und den Einfluss der Gletscher auf das Klima.

Von Professor Olav Orheim vom Norwegischen Gletschermuseum stammt der Satz: „Wir sind die erste Generation, die das Klima beeinflusst, und die letzte, die noch nicht die Konsequenzen zu spüren bekommt."

Und wenn Ihre Kinder fragen, warum das Eis blau ist, wie die Fjorde entstanden sind oder ob Mammute Vegetarier waren, kommen Sie um einen Besuch im Norwegischen Gletschermuseum nicht herum. Viele Experimente, die der Besucher selbst betätigen kann, machen die Erklärungen noch anschaulicher.

Fantastische Breitwandbilder erleben Sie im Museum in einem sehenswerten **Panoramafilm** über den Jostedalsbreen, den größten Festlandsgletscher Europas.

ROUTE: *Von Fjærland auf der R5 nach* **Skei** *(28 km).*

Auf der Fahrt nach Skei passiert man einige Kilometer weiter nördlich von Fjærland, kurz vor dem östlichen Portal des Fjærlandstunnels, die Eiszunge des **Bøyabreen**, einen

HOTELS – FJÆRLAND
Hotel Mundal, 35 Zi., 6848 Fjærland, Tel. 57 69 31 01, www.hotelmundal.no; geöffnet 1. Mai - geöffnet von 15. Mai - 30. Sept. Einladendes, traditionsreiches Haus im Stil des 19. Jh., gehobene Preislage.

CAMPING – FJÆRLAND

Bøyum Camping *** **[N 61° 25′ 24.23″ E 6° 45′ 26.2″]**, Tel. 57 69 32 52, www.fjaerland.org/boyumcamping; 1. Mai – 1. Okt.; Zufahrt über R5; in ansprechender Lage; ca. 2 ha – 100 Stpl.; Standardausstattung; Laden, Fahrradverleih, Bootsverleih, 7 Miethütten. **Jugendherberge**. **V & E** **für Wohnmobile**.

TOUR 16: SOGNDAL – LOEN

Ausläufer des Jostedalgletschers. Eine schmale, 300 m lange Schotterstraße führt zum **Aussichtspunkt an der Brevasshytta [N 61 28 52.9 E 6 44 43.3]** mit herrlichem Blick zum nahen Gletscher (großer Parkplatz, Cafeteria).

Skei präsentiert sich als ein wenig beeindruckender Marktflecken im Bezirk Jølster.

ROUTE: *Von Skei auf der E39 nach* **Byrkjelo** *(20 km).*

Ca. 5 km nördlich von Skei bietet sich erneut Gelegenheit zu einem Abstecher **[N 61 36 35.0 E 6 31 47.6]**, diesmal nach Osten in das malerische **Stardalen** (Camping Høyset, siehe unten). Die Straße endet nach 14 km in **Fonn** angesichts der Gletscherhauben des Jostedalsbreen.

Ab Fonn, das in einem von mächtigen Bergen gesäumten weiten Talkessel liegt, kann man durch das Fonndalen nach Süden zum Jostedalsbreen (ca. 2 Std.) und nach Nordosten nach Briksdal (ca. 5 Std.) weiterwandern.

Achtung Alternativroute! Falls Sie auf den nachstehend geschilderten Abstecher an Norwegens Westkap verzichten, bitte weiter mit **„Hauptroute"** weiter hinten!

Abstecher an Norwegens Westkap (ca. 150 km einfach)

An einem schönen, klaren Tag lohnt sich ein Abstecher hinaus an Norwegens Westküste zum **Westkap** und auf die **Halbinsel Stadlandet**. Der Küstenstrich dort ist aber auch bekannt für sein „typisch westnorwegisches Waschküchenwetter".

Für den Ausflug sollten Sie sich mindestens einen halben, besser einen ganzen Tag Zeit nehmen können.

ABSTECHER ZUM WESTKAP: *Man bleibt ab* **Byrkjelo** *auf der E39 und folgt ihr über* **Sandane** *bis* **Nordfjordeid** *(ca. 40 km). Auf dem Weg von Sandane nach Nordfjordeid muss zwischen Anda und Lote eine Fähre benutzt werden (Abfahrten etwa im Stundenintervall).*

Ab Nordfjordeid nimmt man die Straße R5 westwärts bis **Maurstad** (32 km), folgt dort der R61 nach **Åheim** (14 km), um schließlich über die R620 auf die Halbinsel Stadlandet in der Region Selje und zum **Westkap** zu gelangen (44 km).

Sandane im Bezirk Gloppen ist ein bedeutendes Zentrum der Lachsfischerei. Viele der Lachsplätze haben englische Namen. Die Tradition stammt aus dem 19. Jh. als die

HOTELS

Skei
Skei Hotel Best Western, 129 Zi., Tel. 57 72 78 00, www.skeihotel.no; gutes Mittelklassehotel, gehobene Preislage; Restaurant, Sauna, Schwimmbad, Tennis, Parkplatz.

CAMPING

Skei
Camping Haugen, Tel. 57 72 83 85; 15. Juni – 31. Aug.; ca. 1 km westl. Skei; kleiner Platz beiderseits der Straße und am See; ca. 1 ha – 40 Stpl.; einfache Standardausstattung; 11 Miethütten.

Fonndalen
Høyseth Turiststasjon & Camping **, **[N 61° 37' 2.68" E 6° 42' 31.93"]**, Tel. 57 72 89 63, www.hoyseth.no; Ende Juni - Mitte Aug.; im **Stardalen** rund 20 km nordöstlich von Skei und etwa 11 km nach dem Abzweig von der Hauptstraße E39. Guter Ausgangspunkt für Wanderungen zum Jostedalsbreen. Kleiner Platz in herrlicher, ruhiger Lage in der Nähe eines Wasserfalls am Ende des Tales; ca. 0,5 ha – 20 Stpl.; Standard-ausstattung; 8 Miethütten.

Byrkjelo
Byrkjelo Camping** [N 61 43 50.1 E 6 30 32.2], Tel. 91 73 65 97, www.byrkjelo-camping.no; 1. Mai – 30. Sept.; Wiesengelände mit Baumbestand am südl. Ortsrand an der E39, absprechende Lage; ca. 2 ha – 50 Stpl.; Standardausstattung; Kiosk, Schwimmbad, WLAN, 10 Miethütten ** - *****.

V & E **für Wohnmobile.**

TOUR 16: SOGNDAL – LOEN

HOTELS – SANDANE
Gloppen Hotel, 40 Zi., Sørstrandsvegen 16, 6823 Sandane, Tel. 57 86 53 33, www.gloppenhotell.no; ein nach Originalplänen aus dem Jahre 1866 restauriertes und im Stil des 19. Jh. eingerichtetes Haus, Restaurant.

CAMPING – SANDANE
Camping Gloppen **** [N 61° 46' 3" E 6° 11' 46"], Bukta, Tel. 57 86 62 14, www.gloppen-camping.no; 1. Juni – 1. Sept.; ca. 3 km westlich Sandane Zufahrt von der R615; Wiesen, teils mit Baumbestand am Gloppenfjord; ca. 2,5 ha – 60 Stpl.; gute Standardausstattung; Laden, Cafeteria, Schwimmbad, Bootsverleih; 25 Miethütten ** – ****.

besten Lachsgewässer an englische „Lachslords" verpachtet waren.

Einer der größten Lachse wurde vor einiger Zeit am 33 m hohen **Eidsfossen** südöstlich von Sandane gefangen. Das Prachtexemplar brachte stolze 26 Kilo auf die Waage. Am Eidsfossen findet man auch eine der höchsten Lachstreppen. Sie ist 230 m lang.

Das **Nordfjord Folkemuseum** zählt zu den ansonsten eher bescheidenen Sehenswürdigkeiten von Sandane (www.sogneogfjordane.kulturnett.no). In dem Heimat- und Freilichtmuseum wurden 40 historische Holzhäuser aus der Region wieder aufgebaut und ihrer Zeit gemäß eingerichtet. Die meisten der Gebäude stammen aus dem 18. und 19. Jh. In einem Museumsgebäude neueren Datums ist eine kulturhistorische Ausstellung untergebracht.

Ebenfalls zum Nordfjord Folkemuseum gehört der rund 20 m lange **Rahsegler „Holvikjekta"**, ein historischer Frachter, wie sie im 19. Jh. die Fjorde und Küstengewässer befuhren. Das Schiff liegt etwas außerhalb des Stadtzentrums an der E39.

Einen sehr schönen **Panoramablick** auf Sandane und den Gloppenfjord hat man vom 360 m hohen **Utsikten** aus. Eine Privatstraße führt nordwestlich von Sandane von der E39 hinauf zum Aussichtspunkt.

Die Autofähre von Anda nach Lote über den Ufjord verkehrt zwischen 5.45 Uhr (Mo - Fr) bzw. 8.50 Uhr (tgl.) bis ca. 01.00 Uhr etwa alle 30 Minuten. Fahrzeit 10 Minuten.

Durch das 3 km lange **Lote-Tunnel** geht es hinab nach **Nordfjordeid**.

Nordfjordeid, eine kleine Gemeinde mit knapp 6.000 Einwohnern, liegt am Ostende des Eidsfjord. Im Zentrum des Städtchens sind einige hübsche Holzhäuser aus dem 19. Jh. erhalten, so z. B. in der Tverrgata oder in der Eidsgata, der Haupteinkaufsstraße.

PRAKTISCHE HINWEISE – NORDFJORDEID

Nordfjordeid Turist Informasjon, Eidsgata, Tel. 57 86 46 00, *geöffnet von 10. Juni - 15. Aug. Mo - Fr 10 - 18 Uhr, Sa 11 - 16 Uhr, So geschlossen.*

HOTELS
Bryggen Hotel Nordfjord, 38 Zi., Kaivegen 1, Tel. 57 86 06 22, www.bryggenhotel.no; ordentliches Mittelklassehotel, Restaurant, Parkmöglichkeit.
Nordfjord Hotel Rica, 55 Zi., Tel. 57 86 04 33, www.nordfjord-hotell.no; zeitgemäßes Mittelklassehotel im Stadtbereich, Restaurant, Parkmöglichkeit.

CAMPING
Camping Eidatunet ***, Tel. 57 86 01 45; Mai – Sept.; hinter der ESSO-Tankstelle, Zufahrt von der E39 beschildert; ebene Wiese am Fjord; 1,6 ha - 40 Stpl.; Standardausstattung. Restaurant „Expeditionen".

Nes
Camping Nesjartun **, Tel. 57 86 27 32; 1. Mai – 1. Okt.; liegt bei **Nes**, gut 12 km östlich von Nordfjordeid an der E15 am Südwestufer des Sees Hornindalsvatn; kleiner Wiesenplatz; ca. 1 ha – 30 Stpl; Standardausstattung; Imbiss, 11 Miethütten ** - ****. Bootsverleih.

TOUR 16: SOGNDAL – LOEN

Das Wappen der **Großgemeinde Eid** ziert ein Pferdekopf, ein Hinweis darauf, dass Nordfjordeid ein bedeutendes Zentrum für die Zucht des **Norwegischen Fjordpferdes** ist.

In Stadtbeschreibungen liest man, dass den stämmigen, robusten und gutmütigen Fjordpferden in den vergangenen Jahrhunderten eine unverzichtbare Rolle bei der Erschließung und Kultivierung Westnorwegens zugekommen ist.

Ein Ereignis für Pferdezüchter aus dem In- und Ausland ist die alljährliche Staatliche Hengstschau am ersten Maiwochenende (Norsk Fjordhestesenter, Tel. 57 86 48 00, www.norsk-fjordhestesenter.no).

ABSTECHER ZUM WESTKAP: *Ab* **Maurstad** *führt die Straße 61 kurvenreich hinauf nach* **Åheim**. *Unterwegs hat man einen herrlichen Blick zum Vanylvsfjord und auf Åheim.*

Ab Åheim umrundet die relativ schmale, teils einspurige Straße 620 das hübsche Südende des Vanylvsfjord.

In **Leikanger** gabelt sich die Straße. Der eine Weg führt weiter nordwärts zum **Westkap**, der andere Weg zweigt westwärts ab nach **Hoddevika**.

Wir folgen zunächst dem Weg nach **Hoddevika**, der in eine ebenso abgeschiedene wie historische Ecke Norwegens führt. Die Straße geht hinauf auf eine Anhöhe. Oben passiert man ein monumentales **Steinkreuz** mit vier kleineren Steinen. Das Kreuz wurde 1913 zur Erinnerung an **Olav Trygvasson** errichtet. Die vier Steine symbolisieren die vier Bezirke in Dragseidet, die Olav Trygvasson christianisierte.

Im Jahre 997 hielt König Olav Trygvasson auf dieser Anhöhe, die den Wikingern durch die Portagen ihrer Schiffe damals wohlbekannt war, einen historischen Kongress zur Christianisierung seines Reiches ab. 1997 wurde hier das 1.000jährige Jubiläum der Christianisierung Norwegens in Anwesenheit von König Harald V. gefeiert.

Über diese 170 m hohe Anhöhe zwischen **Dragseidet** und **Leikanger** zogen die Wikinger in alten Tagen ihre Schiffe, wenn das Wetter in den Gewässern des Stadhavet am Westkap zu stürmisch war.

Dass der Transport harte Knochenarbeit gewesen sein muss, kann man sich unschwer vorstellen. Und dass die wahrlich seeerprobten Wikinger diese Anstrengung einer stürmischen Seefahrt um das Westkap vorzogen, lässt erahnen, dass eine Fahrt durch das Stadhavet damals eine sehr riskante Angelegenheit gewesen sein muss. Auch heute noch kennen Segler die See dort als ein Gewässer mit schwierigen Verhältnissen.

Noch bis 1917 gab es an beiden Enden des Weges Kutschenstationen. Viele Reisende überquerten die Halbinsel mit der Kutsche, die meisten taten es aber lieber zu Fuß, als eine Seefahrt um das Westkap zu wagen.

1889 wurde die jetzige Straße angelegt. Der alte historische Weg wird noch als Wanderweg benutzt und als historisches Monument erhalten.

Sehr wahrscheinlich hat **Dragseidet** seinen Namen von der Tatsache, dass die Schiffe über die Halbinsel gezogen wurden (dregne = ziehen). Und entlang des alten Weges sind noch Wegsteine zu sehen, wie sie die alten Reichswege in Sogne og Fjordane markieren.

Schon Snorri Sturluson, der isländische Sagaschreiber und Chronist, berichtete übrigens von diesem Weg und über die Schiffstransporte.

An dieser historischen, durch das erwähnte Steinkreuz markierten Stelle finden im Mai die **Dragseidspelet** statt. In den Freilichtspielen werden Szenen der historischen Ereignisse, die sich hier vor über tausend Jahren abspielten, wiederbelebt.

Man kann von der Anhöhe weiter nach Nordwesten bis in den abgelegenen Weiler **Drage** und noch weiter nach Indre Fure fahren, das eng zusammengebaut zwischen Berghang und Meeresufer am Ende des schmalen Weges wie am Ende der Welt liegt.

ABSTECHER ZUM WESTKAP: *Fahren Sie zurück bis* **Leikanger** *und nehmen Sie dort die Straße nordwestwärts Richtung Honningsvåg. Nach gut 12 km passiert man den Abzweig zum* **Vest-kapp (Westkap)**, *eine einspurige, stark ansteigende Straße mit weit auseinander liegenden Ausweichstellen.*

Vestkapp Camping, Tel. 57 85 73 07, ein einfacher Zeltplatz mit Miethütten, liegt an der Vestkappstraße.

Das oft wolkenverhangene **Westkap** ist **Norwegens westlichster Aussichtspunkt** mit Festlandsverbindung. Er liegt 496 m über dem Meer und bei klarem Wetter ist die Aus-

TOUR 16: SOGNDAL – LOEN

PRAKTISCHE HINWEISE – SELJE

Selje Turist Informasjon, 6740 Selje, im Zentrum gegenüber dem Selje Pastorat, Tel. 57 85 66 06, www.selje.no, www.nordfjord.no; *geöffnet im Sommer tgl. 9 - 16 Uhr, im Juli bis 19 Uhr.*

HOTELS

Selje Spa Thalasso Hotel, 49 Zi., Tel 57 85 88 80, www.seljehotel.no; hübsch am Fjord gelegenes Komforthotel, teuer, Restaurant, Schwimmbad, Fitness- u. Wellnesseinrichtungen.

CAMPING

Selje Camping og Hyttesenter **, Tel. 57 85 62 43, www.seljecamping.com; 1. Jan. – 31. Dez.; kleine, einfache Campingmöglichkeit, Kiosk, 8 Miethütten.

---

sicht in alle Himmelsrichtungen fantastisch. Das **Vestkapphuset** ist im Sommer bewirtschaftet (www.vestkapp.no).

Auf dem Weg zurück über Leikanger nach Åheim besteht die Möglichkeit, in Sandvik einen Abstecher auf kurvenreicher Straße über einen Bergrücken westwärts nach **Selje** am Skårfjord zu machen.

An einem schönen Sommertag ist ein **Schiffsausflug mit dem „Klosterschiff"** auf die unweit der Küste vorgelagerte **Insel Selja** mit ihren historischen Klosterruinen eine erlebnisreiche Abwechslung.

Die Ausflugsschiffe verkehren vom Hafen in Selje von Mitte Juni bis Mitte August tägl. um 10 Uhr und 13 Uhr, im Juli zusätzlich um 15.15 Uhr. Der Ausflug mit Führung auf der Klosterinsel dauert zwei Stunden.

Die Bootsfahrt führt durch den Ersholmsund in den Skårsfjord, umrundet die Insel und landet schließlich in der Bucht Klostervågen. Dort geht man an Land und weiter zum **Selja Kloster**.

Das Kloster Selja, das bis auf den gut erhaltenen Klosterturm längst verfallen ist, wurde zu Beginn des 12. Jh. von Mönchen des Benediktinerordens gegründet.

In die Klostergeschichte gingen die dramatischen Ereignisse um die **heilige Sunniva** ein, die hier den Märtyrertod erlitt.

Neben den norwegischen Schutzheiligen St. Olav und St. Hallvard wurde St. Sunniva zur einzigen weiblichen Schutzheiligen des Landes und zur Patronin Westnorwegens. Nicht umsonst war Selje Kloster im Mittelalter nach dem Nidarosdom in Trondheim Norwegens wichtigster Wallfahrtsort.

Die Legende berichtet, dass Sunniva, Tochter eines irischen Großkönigs, an die Küste Westnorwegens floh, nachdem ihr Land von Heiden erobert worden war und der neue heidnische König sie heiraten wollte. Die später heilig gesprochene Königstochter soll in der Höhle St. Sunnivahola beigesetzt sein. Dort sind auch Reste einer frühen Kirche entdeckt worden, die dem Erzengel Michael geweiht war.

Weitere Ruinen deuten auf die erste Gemeindekirche hin, die später auf das Festland transportiert und dort wieder aufgebaut worden sein soll.

Andere Gebäudereste stammen von der St. Sunniva Kirche. Sie steht an der Stelle, an

Oft wolkenverhangen, die Küste bei Selje

TOUR 16: SOGNDAL – LOEN

Im Oldedalen

der Olav Trygvasson eine der ersten Kirchen im Lande gegründet haben soll.

Außerdem sind Fragmente einer Klosterkirche vorhanden, die dem englischen Heiligen St. Albanus geweiht war.

An der Südseite der Insel Selja liegt **„Heimen"**. Dort pflegten die Mönche im Mittelalter einen Heilkräutergarten und hier kultivierten sie auch Hopfen zum Bierbrauen. Man fand dort mehrere Wikingergräber und Spuren eines Langhauses aus der Eisenzeit.

ABSTECHER ZUM WESTKAP: *Ab Selje, bzw. ab Leikanger, zurück über* **Åheim** *und* **Maurstad** *bis* **Nordfjordeid** *und weiter auf der R15 ostwärts bis* **Stryn**. *In Stryn trifft man wieder auf unsere* **Hauptroute nach Loen**.

HAUPTROUTE VON BYRKJELO BIS LOEN

ROUTE: *Ab* **Byrkjelo** *folgt der Weg unserer* **Hauptroute** *der R60 Richtung* **Stryn**. *Zunächst wird das Utvikfjell (630 m, Skigebiet) überquert. Vor der Talfahrt hat man vom Berggasthof „Karistova" einen schönen, weiten Blick hinab zum* **Innvikfjord**, *dessen Südostufer wir über* **Innvik** *(Camping Viking ** [N 61 51 27.8 E 6 36 13.9], ganzjährig, Terrassenplatz oberhalb der R60, 14 Miethütten, Gasthof mit 32 Betten) und* **Olden** *(Hotels und Camping) auf teils schmaler Straße bis* **Loen** *folgen. Der Ausbau der Trasse ist in vollem Gange.*

Loen, ca. 600 Einw., ist ein Tourismuszentrum im inneren Nordfjordgebiet. Das Städtchen liegt am Ostende des Innvikfjords, einem der vielen Arme des gut 100 km langen Nordfjords.

Zu den wenigen Sehenswürdigkeiten des Ortes selbst zählt die achteckige **Kirche** aus dem 19. Jh. Sie liegt etwas abseits der Straße zum Lovatn.

Loen ist umgeben von Bergzügen, die wiederum von zahlreichen, herrlichen Tälern und Seen durchschnitten werden. Jedes dieser meist zu den Gletschern des Jostedalsbreen hin ausgerichteten Täler bietet Möglichkeiten zu unvergesslichen Ausflügen durch eine wunderschöne Landschaft mit Hochgebirgscharakter.

Ausflug zum Briksdalsgletscher

Um zum **Briksdalsgletscher** (www.briksdalsbre.no) zu gelangen, fährt man von Loen auf der R60 6 km südwärts bis Olden und zweigt dort auf die Straße durchs Oldedalen ab. Dieses wunderschöne Gebirgstal erstreckt sich rund 20 km nach Süden, ist von langen, türkisgrünen Seen unterbrochen und wird von bis zu 1.700 m hohen Bergen gesäumt.

Bei klarem Wetter erkennt man schon von weitem die Hauben der umliegenden

TOUR 16: SOGNDAL – LOEN

HOTELS

Loen
Alexandra Hotel, 189 Zi., Tel. 57 87 50 50, www.alexandra.no; renommiertes Firstclass-Hotel der gehobenen Preislage, Restaurants, Café, Bar, Sauna, Schwimmbad, Tennis, Fahrradverleih, Parkplatz.
Loenfjord Hotel, 137 Zi., Tel. 57 87 57 50, www.loenfjord.no; komfortables Mittelklassehotel, Restaurant, Bar, Terrasse, Fahrradverleih, Parkplatz.

Olden
Olden Fjordhotell, 60 Zi., Tel. 57 87 34 00, www.olden-hotel.no; Haus der Mittelklasse, Zimmer mit Balkon und Fjordblick, Restaurants.

CAMPING

Loen
Camping Lo-Vik **** [N 61° 52′ 3″ E 6° 50′ 59″], Tel. 57 87 76 19, www.lo-vik.no; 1. Apr. – 30. Sept.; am westl. Ortsrand an der R60; ebene Wiesen am Fjordende; ca. 3 ha – 150 Stpl.; Komfortausstattung; Laden, Imbiss; Freibad; 24 Miethütten *** – ****. Stark mit Dauercampern belegt! Für Touristen nur kleinere Wiese.
Camping Tjugen ***, Tel. 57 87 76 17, www.tjugen.no; Mitte Mai – Ende Sept.; ca. 2 km östl. Loen, oberhalb des Bergbaches Lovatn; ansteigende Wiesen mit Terrassen; ca. 1 ha – 40 Stpl.; Standardausstattung; 6 Miethütten *** – ****.
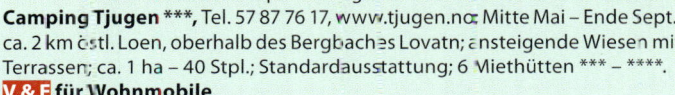 **V & E für Wohnmobile**.
Camping Sande **** [N 61 51 05.6 E 6 54 43.8], Tel. 57 87 45 90, www.sande-camping.no; 15. März – 31. Dez.; ca. 5 km südöstl. Loen; hügelige Wiesen und Terrassen am Lovatn, in ausgesprochen schöner Lage mit Blick über den See bis zu den Gletscherkuppen des Fjenndalsbreen; ca. 2 ha – 40 Stpl. + 40 Dau; Komfortausstattung; Laden, Cafe. WLAN. 16 Miethütten ** – *****; Sauna, Boots- und Fahrradverleih. Treff- u. Ausgangspunkt für Gletscherwanderungen. 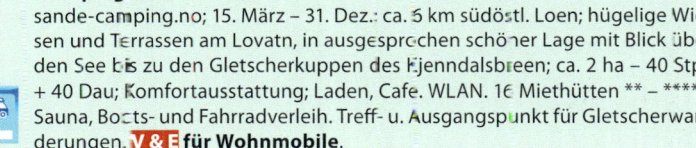 **V & E für Wohnmobile**.

Olden
Alda Camping ** [N 61 50 06.7 E 6 48 04.7], Tel. 91 30 40 85, www.alda-camping.com; 1. Juni – 1. Sept.; an der R60, Nähe Abzweig zum Briksdalsbreen; Wiese am Fjord. Einfache Standardausstattung. 14 Miethütten.
Camping Oldevatn **** [N 61 45 29.2 E 6 48 42.0], Tel. 57 87 59 15, www.oldevatn.no; ca. 10 km südl. Olden, Wiesen an der Brücke am Oldevatn in herr-

Gryta Camping, Oldedalen

TOUR 16: SOGNDAL – LOEN

licher Lage; ca. 60 Stpl., gute Standardausstattung. Imbiss. Boots- und Fahrradverleih, WLAN. 8 Miethütten. **V & E für Wohnmobile**.

Olden
Camping Gryta * [N 61 44 27.9   E 6 47 26.2]**, Tel. 57 87 59 36, www.gryta.no; 1. Mai – 1. Okt.; ca. 13 km südl. Olden; zwischen der Straße zum Briksdalsgletscher und dem grünen Oldevatn gelegen, breite Wiesenterrassen, in herrlicher Berglandschaft mit Gletscherblick; ca. 2,5 ha – 100 Stpl.; Standardausstattung; 5 Miethütten *** - ****. **V & E für Wohnmobile**.
Olden Camping Gytri * [N 61° 26' 35.808" E 6° 28' 25.212"]**, Tel. 57 87 59 34, www.oldencamping.com; 1. Mai – 15. Sept.; ca. 13 km südlich von Olden an der Straße zum Briksdalsgletscher, kleiner Terrassenplatz in herrlicher Lage am See, mit Gletscherblick; ca. 1 ha – 40 Stpl.; Standardausstattung; 3 Miethütten ** - **. **V & E für Wohnmobile.**

Briksdalsbre
Camping Melkevoll Bretun ** [N 61° 39' 47.663" E 6° 48' 56.316"]**, Tel. 57 87 38 64, www.melkevoll.no; 15. Apr. – 15. Okt.; kleiner Platz fast am Ende der Straße von Olden nach Briksdal, in eindrucksvoller Berglandschaft, ganz in der Nähe der **Briksdalsbre Fjellstove** (Tel. 57 87 68 00, www.briksdalsbre.no; 10 Gästezimmer; teils mit Dusche/WC; ca. 1,5 ha – 70 Stpl.; 7 Miethütten *** - *****. Cafeteria in der Fjellstove (Berghütte). Fußweg zum Briksdalsgletscher etwa 1 Stunde.

Gletscher und am Südende des Tals das bläuliche Weiß des Melkevollbreen.

Die Straße endet unterhalb des Berggasthofs **Briksdalsbre Fjellstove [N 61 39 47.8   E 6 49 15.6]** (Restaurant, Zimmer, gebührenpflichtiger **Parkplatz**. *Melkevoll Bretun Camping*, siehe oben).

Beim Gasthof beginnt der Weg, der – im mittleren Teil ziemlich steil und in Serpentinen, aber immer gut begehbar – hinauf führt zur Gletscherzunge des Briksdalsbreen.

Es ist eine wunderschöne Wanderung, vorbei an einem mächtigen, tosenden Wasserfall, später entlang an einem malerischen Wildbach und durch die eindrucksvolle Gebirgslandschaft hinauf bis zum Gletscher. Eine gute Stunde (für die einfache Wegstrecke) wird man zu Fuß unterwegs sein. Gutes Schuhwerk ist zu empfehlen!

Wer nicht zu Fuß zum Gletscher gehen will oder kann, muss auf den Ausflug nicht verzichten. Er kann sich mit motorisierten Buggies hinauf bis fast an die Gletscherzunge bringen lassen. Das allerletzte Stück des Weges muss aber immer noch zu Fuß zurückgelegt werden! Die Fahrt ist allerdings nicht gerade billig, zuletzt ca. 200 NOK pro Person!

Die gemütlichen, traditionellen Fahrten mit den zweirädrigen Kutschen, den von stämmigen Nordfjordpferden ("fjordinge") gezogenen "stolkjerre", werden leider nicht mehr angeboten.

Wer den Gletscher vielleicht von früheren Jahren her kennt, wird erstaunt sein. Der See, der sich unterhalb der Gletscherzunge ausdehnt, hat sich wieder vergrößert. Die Eismassen des Briksdalsbreen hatten in den Jahren zwischen 1992 und 1999 zwar ein Anwachsen erlebt, zwischenzeitlich ist die Eiszunge aber längst wieder auf dem Rückzug und zwar rasant.

Will man näher an die Gletscherzunge ran, kann man sich einer geführten Paddeltour mit Schlauchbooten über den Gletschersee anschließen.

Ausflüge ab Loen
Wandermöglichkeiten

Eine der schönsten **Touren für geübte und bergerfahrene Wanderer** ist der Weg auf den 1.848 m hohen **Skåla**. Auf dem schneebedeckten Gipfel ist ein Steinturm errichtet, der als Schutzhütte dient. Der Weg dauert etwa 8 Stunden und sollte nur mit passender Ausrüstung angetreten werden! Bergunerfahrenen Wanderern wird für den Gipfelgang ein Bergführer empfohlen (Infos bei vielen Campingplätzen und bei Briksdalsbreen Turistinformasjon, Tel. 57 87 68 00, www.briksdalsbre.no).

Man kann auch nur das erste Teilstück des Weges bis **Tjugen Seter** gehen (2 Stunden) oder bis zum **Skålasee** (ca. 6 Std.).

TOUR 16: SOGNDAL – LOEN

Eine andere, sehr schöne Bergwanderung ist der Weg zur Alm **Bødal Seter**. Man fährt bis Bødal am Nordostufer des Loenvatnet (auch Lovatnet) und kann von dort in etwa 3 bis 4 Stunden bis zur Almhütte gehen, die inmitten von Bergen, Gletschern und Wasserfällen liegt.

Die Wanderung kann bis zum Bødalsgletscher ausgedehnt werden (ca. zweieinhalb Stunden). Knapp 5 Kilometer Richtung Bødal Seter sind für Autos erlaubt (Mautstraße).

Weitere schöne Wanderungen auf Waldwegen führen unweit südlich von Loen ab der **Sætenbrücke** am Südufer des Lovatnet entlang, etwa 4 Stunden.

Einfachere, ausgedehnte Spaziergänge sind west ich von Loen bei **Rake** von der Straße 60 hinauf zu den Gehöften von **Oppheim** möglich (auch per Auto zugänglich). Gehzeit rund 3 Stunden. Herrliche Aussicht auf Loen, Innvikfjord und die Berge und Gletscher im Osten.

In Oppheim kann man weiter zur Alm **Rake Seter** gehen, ca. 2 Stunden. Der Weg ist auch für den „normalen" Wanderer geeignet.

Wer Zeit und Kondition mitbringt und mit Karte und Kompass umzugehen weiß, kann in Oppheim zu einer ausgedehnten Wanderung von rund 8 Stunden über Hoven, das **Lofjellet** (1.379 m) und Lohøgeseter zur Nordseite des Tales starten.

Noch viele weitere Wanderungen zu umliegenden Almen sind möglich. Siehe auch unten unter „Ausflug nach Kjenndal" und „Ausflug zum Briksdalsgletscher".

Ausflug nach Kjenndal

Die Straße ins Lodalen zweigt beim Hotel Alexandra ab und führt meist einspurig (Ausweichstellen) am Nordostufer des Lovatnet entlang.

Ab **Sæta** verkehrt im Sommer das Ausflugsboot „M/B Kjenndal" über den Lovatnet bis Kjenndal (Café Kjenndalstova).

Nach ca. 15 km endet die geteerte Straße und führt als unbefestigte, gebührenpflichtige Privatstraße weiter bis **Kjenndal [N 61 46**

Der Briksdalsgletscher

44.1 E 7 00 45.6] (Café-Restaurant „Kjenndalstova", Tel. 90 53 40 87, www.kjenndalstova.no; Fahrrad- u. Bootsverleih). Zugang und günstige Wandermöglichkeit zum Gletscher Kjenndalsbreen.

Vor Beginn der Privatstraße nach Kjenndal sieht man an der Bergseite eine **Gedenktafel**. Sie erinnert an verheerende Erdrutsche die hier niedergingen.

Am 15. Januar 1905 wurden hier durch gefrierendes Schmelzwasser in Felsspalten gewaltige Gesteinsmassen losgelöst. Die Erd- und Gesteinslawine stürzte in den See Lovatnet und löste eine riesige Flutwelle aus, die 61 Menschen das Leben kostete, mehrere Bauernhöfe hinweg fegte und die Fähre 400 m weit an Land schleuderte. Eine ähnliche Katastrophe wiederholte sich im Herbst 1913. Damals verloren 74 Menschen ihr Leben. Zuletzt stürzte im Sommer 1950 eine gigantische Erdlawine in den See, ohne aber Menschen oder Gehöfte zu gefährden.

In der Nähe der Gedenktafel liegt **Bødal**, Ausgangspunkt des Wanderweges zur **Bødalsseter** (siehe weiter oben unter „Wanderungen").

185

TOUR 17: LOEN – GEIRANGER – TROLLSTIGEN – ÅNDALSNES

LOEN – GEIRANGER – TROLLSTIGEN – ÅNDALSNES

Länge dieser Tour: Rund 190 km + 2 Fähren.

Die Route: Über R60 und über **Stryn** bis **Hellesylt** – Autofähre bis **Geiranger** – Abstecher auf der R63 zur **Djupvasshytta** – R63 ab Geiranger bis **Eidsdal** – Autofähre nach **Linge** – R63 über **Trollstigen** bis **Åndalsnes.**

Abstecher: Von Åndalsnes nach **Ålesund** (125 km einfache Strecke) und zur **Insel Runde**.

Reisedauer: Mindestens ein Tag, besser zwei Tage. Jeweils ein separater Reisetag zusätzlich für die Abstecher nach Ålesund und zur Insel Runde.

Reisehöhepunkte: Mit der Fähre durch den **Geirangerfjord** *** – Fahrt hinauf Richtung **Djupvasshytta** (Dalsnibba) *** – die Passstraße **Ørneveien** ** – die Serpentinenstraße **Trollstigen** *** – der Stadtblick auf Ålesund * – eine Wanderung zu den **Vogelfelsen auf Runde** **.

Die folgende Route führt durch **unvergleichliche Berg- und Fjordlandschaften**, die mit Fug und Recht zu den schönsten in ganz Norwegen gezählt werden. Entsprechend groß ist das Interesse und der Andrang der Besucher, besonders im Ferienmonat Juli. Auf Campingplätzen, in den Hotels und an den Fährstationen sollte dann mit Engpässen bzw. Wartezeiten gerechnet werden!

TOUR 17: LOEN – GEIRANGER – TROLLSTIGEN – ÅNDALSNES

ROUTE: *Von Loen auf der R15/R60 nordwestwärts nach* **Stryn** *(11 km).*

Stryn, ca. 3.000 Einwohner, liegt an der Mündung des Strynsvatn in den Innvikfjord. Die Stadt ist wichtiger Verkehrsknotenpunkt an der Zusammenführung der R60 und R15 und hat eine traditionsreiche Vergangenheit als Fremdenverkehrsort in der Nordfjordregion.

Zu den bescheidenen Sehenswürdigkeiten zählt das Gebäude des **Gasthofs Walhalla** im südlichen Stadtgebiet. Das denkmalgeschützte Anwesen diente früher als Kaufmannssitz, das auch Reisende und Gäste aufnahm.

Östlich von Stryn liegt der See Strynsvatn. Dort findet man an der Straße 15 bei **Oppstryn** in ansprechender Lage das **Jostedalsbreen Nasjonalparksenter** (geöffnet Mitte Mai - Mitte Sept. tgl. 10 - 16 Uhr, Juli bis 18 Uhr, www.jostedalsbre.no). Zu sehen gibt es hier ein natur- und kulturgeschichtliches **Museum**, mit Filmen, Ausstellungen und einem Gebirgspflanzengarten. Naturpfad zum Gletscher. Es werden Gebirgs- und Gletscherwanderungen organisiert.

Noch etwas weiter östlich findet man das **Sommerskigebiet Videseter** (siehe auch „Abkürzende Alternativroute").

Achtung Routenalternativen! Falls Sie auf die nachstehend geschilderte Alternativroute verzichten, bitte weiter mit **„Hauptroute"** weiter hinten.

Abkürzende Routenalternative

Diese landschaftlich überaus reizvolle Route (eine Sommerroute, denn der Abschnitt hinab nach Geiranger ist während des Winters und gelegentlich bis in den Juni hinein gesperrt!) kürzt den Reiseweg zwar etwas ab, allerdings unter Verzicht auf die Fahrt mit der Fähre durch den legendären Geirangerfjord. Und diese Fjordfahrt gilt als absolutes Highlight einer Norwegenreise. Man sollte nicht darauf verzichten!

Und **Gespannfahrer** sollten daran denken, dass der Straßenabschnitt der R15 hinab nach Geiranger vom Straßenbauamt als „für Wohnwagen grundsätzlich abzuraten" eingestuft ist.

Bei Hellesylt weiter hinten steht dazu ein besonderer Hinweis für Wohnwagenfahrer!

ABKÜRZENDE ROUTENALTERNATIVE: *Ab* **Stryn** *auf der R15 ostwärts durch das Tal des Strynsvatn über* **Oppstryn** *und* **Hjelle** *(Hotel, Camping) hinauf ins Strynfjellet mit dem Sommerskigebiet* **Videseter**.

PRAKTISCHE HINWEISE – STRYN

Stryn Turist Informasjon, Stryn Næringshage, Tinggt. 3, 6880 Stryn, Tel. 57 87 40 40, www.nordfjord.no; WLAN, Fahrradverleih, geöffnet Mo - Fr 8.30 - 18 Uhr, im Juli bis 20 Uhr, Sa 9.30 - 17 Uhr, im Juli bis 19 Uhr + So.

HOTELS

Stryn Hotel, 69 Zi., Visnesvegen 1, Tel. 57 87 107 00, www.strynhotel.no; Komforthotel, Restaurant, Bar.
Hjelle Hotel, 35 Zi., Tel. 57 87 27 50, www.hjelle.com; in **Hjelledalen**, Café.

CAMPING

Camping Kleivenes *** [N 61° 55' 40.08" 6° 50' 21.48"], Tel. 57 87 75 13, www.kleivenes.no; 1. Mai – 15. Okt.; an der R15, ca. 7 km östl. Stryn, am Westende des Strynsvatn; kleine Campingwiese an der Straße, zahlr. Dauercamper, ca. 1 ha – 50 Stpl.; Standardausstattung. WLAN. 13 Miethütten ** – *****.
Camping Mindresunde *** [N 61° 56' 1" E 6° 53' 11"], Tel. 57 87 75 32, www.mindresunde.no; Anf. Jan. – Ende Dez.; über R15 ca. 10 km östl. Stryn; kleine Campingwiese am See; ca. 1 ha – 50 Stpl.; Standardausstattung; 10 Miethütten ** – ****.
Camping Strynsvatn **** [N 61° 55' 53" E6° 55' 16"], Tel. 57 87 75 43, www.strynsvatn.no; Ostern – Ende Okt.; ca. 12 km östl. Stryn, terrassierter Hang mit Obstbäumen oberhalb des Sees und der R15; ca. 2 ha. – 25 Stpl. + 40 Dau.; Komfortausstattung; Laden, Imbiss, Sauna, WLAN, **V & E** **für Wohnmobile**; 33 Miethütten ** – ****.

Weitere Campinganlagen liegen an der Straße 15 weiter östlich.

TOUR 17: LOEN – GEIRANGER – TROLLSTIGEN – ÅNDALSNES

Bei Oppstryn kann man das schön am Strynsee gelegene **Jostedalsbreen Nasjonalparksenter** besichtigen (siehe oben).

Von **Hjelle** geht es auf der gut ausgebauten Serpentinenstraße R15 hinauf zum Berggasthof **Videseter** (Sommerskigebiet).

Ab Videseter kann man wählen zwischen der Hauptstraße R15, die durch drei lange Tunnels (4.500 m, 3.660 m und 2.550 m) führt und oben im Gebirge Strynfjellet am See Lægervatna auf den Abzweig der R63 nach Geiranger stößt, und dem Umweg über die R258.

Die R258 (Wintersperre Oktober – Mai, je nach Schneelage auch bis in den Juni hinein!) führt durch das landschaftlich überaus reizvolle **Videdalen** und stößt in **Grotli** auf die R15, die von Lom (siehe Tour 14, Lærdal – Lom) aus dem Ottadalen herauf kommt. Zu beachten ist, dass die R258 und die Strecke durch das Videdalen vom norwegischen Straßenbauamt als „für Wohnwagen grundsätzlich abzuraten" eingestuft ist!

ABKÜRZENDE ROUTENALTERNATIVE: *Weiterreise von der R15 in Höhe des Lægervatna auf der R63 nordwestwärts zur* **Djupvasshytta** *(Abzweig auf unbefestigter, mautpflichtiger Serpentinenstraße zum* **Dalsnibba***, grandiose Aussicht hinab zum Geirangerfjord) und weiter nach Geiranger (siehe „Hauptroute")*.

HAUPTROUTE

ROUTE: *Der weitere Verlauf unserer* **Hauptroute** *führt von* **Stryn** *über die R15/ R60 westwärts bis* **Kjøs** *am* **Hornindalsvatn**. *Der fischreiche See zählt zu den größten Seen in Westnorwegen. Mit einer Tiefe von 604 m ist er außerdem der* **tiefste See in Europa**.

Schon 7 km westlich von Stryn kann man von der Hauptstraße nach Südwesten auf die R613 abzweigen. Die Straße führt hoch an der Nordseite des Innvikfjords entlang über die Orte **Blakset** (Blaksæter) und **Ulvedal** bis nach **Rangdalbygd** und **Hopland** (22 km).

Erst seit kurzem ist die Straße von Hopland weiterausgebaut und kann nun durchgehend über Heenebygda bis Lote und weiter befahren werden.

Von der bis 550 m über dem Fjord verlaufende Straße bieten sich immer wieder **schöne Ausblicke,** vor allem von der **Nordsida Kirche**, von Nos und von Hogjen aus, nach Süden über den Fjord zu den Höhen des Jostedalsbreen.

ROUTE: *Ab Kjøs führt die R60 über* **Grodås/Hornindal** *(im Sommer Touristeninformation im Raftevolds Hotel, Ausflüge auf dem See mit M/B „Dølen") und durch das Hornindal zur* **Fährstation Hellesylt** *am Südende des Sunnylvsfjords in der Provinz Møre og Romsdal. In der Nähe der Fährstation sieht man den herrlichen* **Hellesyltfoss** *in den Fjord stürzen*.

In **Hellesylt** ist ein Besuch in der **Peer Gynt Galleriet** lohnend *(geöffnet Juni - Aug. tgl. 11 - 19 Uhr, Sept. Sa + So 11 - 19 Uhr)*. Hier sind die Holzschnitzereien von Oddvin Parr ausgestellt, die Henrik Ibsens weltberühmte Geschichte von Peer Gynt darstellen. Cafeteria.

Tipp und Alternativroute für Gespannfahrer

Gespannfahrer wird interessieren, dass die gesamte Strecke (R63) von der **Djupvasshytta** (Dalsnibba) bis **Geiranger** und weiter über die spektakulären Serpentinenstraßen **Ørneveien** und **Trollstigveien** vom norwegischen Straßenbauamt als „für Wohn-

---

PRAKTISCHE HINWEISE – HELLESYLT

Hellesylt Turist Informasjon, Samfunnshuset, 6218 Hellesylt, Tel. 94 81 13 32, www. hellesylt.no, www.visitgeirangerfjorden.com; *geöffnet Mitte Juni - Mitte August.*

CAMPING

Hellesylt Camping ** [N62°5'14.32" E6°52'11.38"], Tel. 90 20 68 85, www. hellesyltturistsenter.no; 15. Mai – 30. Sept.; Zufahrt von der R60; ca. 1 ha – 50 Stpl.; Standardausstattung. Café, Restaurant, Einkaufsmöglichkeit und zum Fähranleger ca. 200 m.

Camping Stadheimfossen og Hytter *** [N 62° 5' 16" E 6° 51' 38"], Tel. 70 26 50 79, www.stadheimfossen.no; 1. Mai – 30. Sept.; im Ort beschildert, ca. 1 ha – 40 Stpl.; Kiosk, 10 Miethütten ** – *****. **V & E für Wohnmobile.**

TOUR 17: LOEN – GEIRANGER – TROLLSTIGEN – ÅNDALSNES

wagen als grundsätzlich abzuraten" eingestuft sind!

Wohnwagenfahrern wäre also zu empfehlen, ab **Stryn** bis **Hellesylt** zu fahren, den Caravan am Fährhafen zu parken (oder sich auf einem der Campingplätze zur Übernachtung einzumieten), dann mit der Fähre (Fahrzeit einfach ca. 1 Stunde 10 Min.) solo nur mit dem Pkw nach Geiranger zu reisen und dort die Abstecher auf die Passstraßen **Ørneveien** im Norden und **Dalsnibba** im Süden zu unternehmen. Anschließend nimmt man die Fähre zurück nach Hellesylt.

Zurück in Hellesylt, fährt man weiter auf der R60 über **Stranda** (*Hotel Stranda*, 62 Zi, Tel. 70 26 90 00, www.strandahotel.no, Restaurant, Sauna, Schwimmbad. **Camping Osen ****, Tel. 92 04 79 97, 1. Jan. – 31. Dez., 9 Miethütten) nach **Sykkylven** (*Hotell Loen*, 25 Betten, Tel. 70 25 11 00, Restaurant. **Camping Sjøbakken ****. Tel. 70 25 18 15; Anf. Jan. – Ende Dez.; 10 Miethütten), nimmt ab dem benachbarten **Aursnes** die **Fähre nach Magerholm** (tgl. zwischen 6 und 24 Uhr ca. alle 20 Min., Fahrzeit 15 Min.) und erreicht kurz darauf **Ålesund** (siehe weiter hinten).

Ab Ålesund reist man dann über die E136 nach **Åndalsnes** (Campings, siehe dort) und unternimmt von dort aus, wieder solo, den Abstecher auf den Pass Trollstigveien.

Der eben erwähnte Weg für Wohnwagenfahrer über Stranda und Ålesund kommt generell auch dann in Betracht, wenn die Pässe der R63 von Geiranger über Trollstigen nach Åndalsnes wegen Schnee gesperrt sind, was gewöhnlich zwischen Oktober und Ende Mai (gelegentlich bis in den Juni hinein) der Fall ist.

Autofähren durch den Geirangerfjord

Ab **Hellesylt [N 62° 05' 15.2" E 6° 52' 14.8"]** verkehren regelmäßig **Autofähren nach Geiranger** und zwar 1. Mai - 30. Sept. täglich um 9.30, 12.30, 15.30 und 18.30 Uhr, sowie zwischen 1. Juni u. 31. Aug. zusätzlich um 8.00, 11.00, 14.00 und 17.00 Uhr. Fahrzeit 65 Minuten. Änderungen möglich! **Info** unter www.fjord1.no.

Eine **Schifffahrt durch den Geirangerfjord** (seit 2005 auf der UNESCO-Liste für Welterbe) gehört zu den großen Attraktionen einer Norwegenreise. Entsprechend groß ist der Andrang im Sommer. Wartezeiten an den Fährstationen einplanen!

In der Tat ist es ein eindrucksvolles Erlebnis, durch den schmalen, langgezogenen Fjord, mit seinem ruhigen, tiefen Wasser, gesäumt von hoch und steil aufragenden Bergwänden zu fahren, von denen zahlreiche Wasserfälle stürzen. Berühmt sind die Wasserfälle *„Brudesløret"* (Brautschleier, linkerhand, Nordseite) *„Friaren"* (Freier, rechterhand, Südseite) und natürlich *„De Syv Søstre"* (die sieben Schwestern, linkerhand, Nordseite), dessen sieben Wasserschleier gut 250 m tief fast im freien Fall in den Fjord stürzen.

Wenn man die steilen, kargen Hänge am Fjord sieht ist man überrascht, dass selbst kleinste Grasflächen landwirtschaftlich genutzt wurden, was kleine Gehöfte, die sich an die Bergflanken klammern, bewe sen.

Man erzählt sich, dass die Bauern dort oben früher ihre Kühe und auch die kleinen Kinder anseilen mussten, damit sie nicht über die Felshänge in den Fjord stürzten. Und natürlich wird auch die Geschichte

Die „Sieben Schwestern" im Geirangerfjord

von dem schlauen Bauern erzählt, der immer dann die einzige Leiter, die zu seinem Hof führte, einzog, wenn er den Steuereintreiber kommen sah. Der Alltag auf einem Hof über dem Geiranger wird aber wohl noch um einiges härter gewesen sein. Man denke nur an Not- oder Krankheitsfälle, in denen man rasch einen Arzt oder die Hebamme brauchte.

Vor allem im Winter waren die Gehöfte von der ohnehin sehr spärlichen Zivilisation in den umliegenden Tälern so gut wie abgeschnitten und wenn überhaupt, dann nur vom Wasser her zugänglich und über eine anstrengende und auch nicht ungefährliche Kletterei zu erreichen.

So mancher Hof lag an lawinengefährdeten Hängen. So wie der Hof Westerås, der sich über Generationen hinweg auf einem Landvorsprung oberhalb von Geiranger in 400 m Höhe unterhalb des steilen Laushorns behauptete. Wie es heißt, suchten hier Jahrhunderte lang Menschen durch Landwirtschaft ihr Auskommen. Wie viele von ihnen im Laufe der Zeit durch Lawinen ums Leben kamen, ist gar nicht genau bekannt.

Immer wieder verlegten die Bauern ihre Häuser und Ställe. Einen wirklich sicheren Platz aber fanden die Leute von Westerås nicht. Zuletzt kamen im Winter 1907 hier oben 9 Menschen durch Lawinen ums Leben. Nach diesem Unglück wurde der Winterbetrieb auf dem Hof Westerås für immer eingestellt.

Zwischenzeitlich sind alle Höfe am Geiranger, wie *Skageflå* oder *Knivsflå*, schon lange verlassen. Der letzte Gehöft wurde 1961 aufgegeben.

Zwischen Hellesylt und Geiranger wird den Passagieren auf der Fähre durch den Geirangerfjord ein besonderer Service geboten. In verschiedenen Sprachen werden sie über alles Sehenswerte im Fjord über Bordansagen informiert.

Der Geirangerfjord ist ein beliebtes Ziel auf Nordlandkreuzfahrten.

Geiranger selbst ist ein kleiner, enger Ort, der im Sommer voll und ganz vom Fremdenverkehr beherrscht wird und aus allen Nähten zu platzen droht.

Kultur- u. Natur-Ausstellungen mit Multimediashow im **Geiranger Fjordsenter** *(geöffnet tgl. Apr. - Sept., www.fjordsenter.info, www.verdensarv.com)*.

Abstecher zum Dalsnibba

Sehr empfehlenswert ist ein Abstecher von Geiranger auf der Straße 63 nach Süden. Man passiert die weiße, achteckige **Kirche von Geiranger**, dann das Union Hotel, später den **Campingplatz Fossen [N 62° 05' 44.4" E 7° 13' 26.5"]** und kommt später zum Aussichtspunkt (Parkplatz) **Flydalsjuvet**. Von dort hat man einen prächtigen Ausblick auf Geiranger, den Fjord und die Serpentinen des Ørneveien an der Nordseite des Fjords. Dieses Motiv ist schon so oft

Millionenfach fotografiert – der klassische Blick auf den Geirangerfjord

TOUR 17: LOEN – GEIRANGER – TROLLSTIGEN – ÅNDALSNES

PRAKTISCHE HINWEISE – GEIRANGER

Destination Geirangerfjord-Trollstigen, 6216 Geiranger, Tel. 70 26 30 99, www.visitgeirangerfjord.com; *ganzjährig geöffnet.*

HOTELS

Geiranger, 151 Zi., Tel. 70 26 30 05, www.geiranger.no; *geöffnet 1. Mai – 30. Sept.*; Restaurant, Schwimmbad.
Grande Fjord Hotell, 48 Zi., Tel. 70 26 94 90, www.grandefjordhotel.com; *geöffnet 1. Mai – 31. Okt.*; Restaurant.
Villa Utsikten, 31 Zi., Tel. 70 26 96 00, www.villautsikten.no; *geöffnet 1. Apr. – 1. Nov.* Restaurant.

CAMPING

NAF-Geiranger Camping *** [N 62° 6′ 0″ E 7° 12′ 15″], Tel. 70 26 31 20, www.geirangercamping.com; 20. Mai – 20. Sept.; westl. vom Fährhafen; ebene Wiesen am Fjord in ansprechender Lage; ca. 1,5 ha – 100 Stpl.; gute Standardausstattung, Laden; **V & E** für Wohnmobile.

Camping Grande *** [N 62° 06′ 58.0″   E 7° 11′ 08.5″], Tel. 70 26 30 68, www.grande-hytteutleige.no; 1. Apr. – 30. Sept.; unterhalb der R63 knapp 2 km nordwestlich Geiranger; Terrassenplatz am Fjord in prächtiger Lage, ca. 1 ha – 50 Stpl.; Standardausstattung; WLAN; 11 Miethütten ** – ****.
Geirangerfjorden Feriesenter *** [N 62°6′ 53″ E 7° 11′ 8″], Tel. 95 10 75 27, www.geirangerfjorden.net; Ende apr. - Mitte Sept.; unterhalb der Straße R63 ca. 2 km nordwestlich von Geiranger; auf kleiner Halbinsel gelegenes, teils ebenes Wiesengelände mit Geländestufen in herrlicher Lage direkt am Geirangerfjord; c. 1 ha - 50 Stpl.; Standardausstattung. WLAN, Kiosk. Bootsverleih, Slipanlage. 18 Miethütten. **V & E** für Wohnmobile.
NAF-Camping Vinje *** [N 62° 05′ 41.9″   E 7° 13′ 05.3″], Tel. 70 26 30 17, www.vinje-camping.no; 1. Juni – 10. Sept.; an der Straße 63 etwa 2 km südl. Geiranger Richtung Dalsnibba; recht schräge Wiesen bei einem Wasserfall, schöne Lage oberhalb des Ortes; ca. 1,5 ha – 80 Stpl.; Standardausstattung. 7 Miethütten ****. **V & E** für Wohnmobile.
Camping Dalen Gaard *** [N 62° 04′ 20.6″ E 7° 14′ 56.3″], Tel. 70 26 30 70, www.dalengaard.no; 1. Apr. – 31. Aug.; südl. Geiranger an der R63 unterhalb der Dalsnibba-Passstraße, einfacher Platz in herrlicher Lage in einem Hochtal; ca. 1,5 ha – 80 Stpl.; Standardausstattung, Café. 9 Miethütten ** – ***.

Wohnmobil-Stellplatz Geriranger

Wohnmobil-Stellplatz Solhaug Camping [N 62°6′28.94″ E 7°10′49.53″], Homlung, Tel. 70 26 30 76; in Geiranger Richtung Geiranger Camping und noch ca. 2,5 km entlang des Südwestufers des Geirangerfjords bis Homlung; Wiese mit Schotterstellflächen bei Miethütten von Solhaug Camping mit Platz für 10 Wohnmobile; Gebühr pro Wohnmobil inkl. Strom und Wasser zzgl. Gebühr für Dusche. **V & E** für Wohnmobile. Geöffnet Apr. - Okt.

abgelichtet worden, daß es fast schon zum Wahrzeichen für die norwegische Fjordwelt geworden ist.

Später führt die Straße in gut 20 Kehren hinauf Richtung Dalsnibba **[N 62° 00′ 47.4″ E 7° 23′ 50.0″]**. Die Aussicht von der Straße in die umliegende grandiose Fjord- und Bergwelt ist überwältigend.

Bei der **Djupvasshytta** zweigt die unbefestigte und mautpflichtig Bergstraße ab, die in vielen Kehren und mit stattlichen Steigungen hinauf auf das Gipfelplateau des **Dalsnibba** (1.476 m) führt. Großartige Aussicht! Oben Cafeteria.

HAUPTROUTE

Alternativ zum Weg über die Serpentinenstraße Ørneveien bietet sich im Sommer zwischen Ende Juni und Mitte August die Fahrt mit der **Autofähre von Geiranger bis nach Valldal** an, Abfahrten tgl. um 12 Uhr und 17.15 Uhr, Fahrtdauer 2 Std. 15 Min. Ein

TOUR 17: LOEN – GEIRANGER – TROLLSTIGEN – ÅNDALSNES

Das wildromantische Meiardal, bei Langdal, R63

herrliches, wenn auch nicht gerade billiges (zumal mit Caravan oder Wohnmobil) Fjorderlebnis. Reservierung empfehlenswert Tel. 71 21 95 00.

ROUTE: *Weiterreise ab* **Geiranger** *auf der R63 zunächst am Fjord entlang nach Nordwesten, dann über den* **Ørneveien** *zum Fährhafen* **Eidsdal**.

Wenige Kilometer nach Geiranger verlässt die Straße den Fjord und führt in elf imposanten Kehren bergwärts. Die Serpentinenstraße ist bekannt als **Ørneveien** (auch Ørnevegen, Adlerweg). Von den Aussichtspunkten **[N 62° 07′ 34.5″ E 7° 10′ 02.8″]** an der Straße gelingen einzigartig schöne Blicke auf den von dunklen Felswänden gesäumten, schmalen Geirangerfjord und zurück bis ans Fjordende in Geiranger.

Auf dem höchsten Punkt der Straße, der **Korsmyra-Höhe** (624 m), erkennt man im Westen den 1.462 m hohen Geitfonneggja. Die Straße passiert hier einen Tunnel, um dann hinunter zur **Fährstation in Eidsdal** **[N 62° 15′ 45.6″ E 7° 10′ 20.0″]** am Norddalsfjord zu führen.

Ab Eidsdal verkehren **Fähren nach Linge** **[N 62° 17′ 03.7″ E 7° 11′ 23.9″]**. Im Sommer zwischen 6 und 23 Uhr, bis zu 38 Abfahrten, Fahrtdauer 10 Minuten.

ROUTE: *In* **Linge** *zweigt die R63 ab. Ihr folgen wir über* **Valldal** *(Hotel, Campingplätze) nordostwärts bis* **Åndalsnes**.

Abstecher

In **Valldal** (auf dem großen Parkplatz wurde bislang das einmalige Übernachten

---

CAMPING – EIDSDAL

Camping Solvang * [N 62° 11′ 45.1″ E 7° 08′ 27.1″]**, Tel. 90 11 83 02, www.solvang-camping.com; 15. Mai – 30. Sept.; ca. 8 km südl. von Eidsdal an der R63, Wiesenstreifen zwischen Straße und einem bewaldeten Hang, in schöner Lage, ca. 2 ha – 50 Stpl.; kleine, bescheidene Sanitärs, unter holländischer Leitung; Kiosk; 8 Miethütten.
Eidsdal Camping ** [N 62° 14′ 21.1″ E 7° 09′ 09.5″], Tel. 70 25 90 29; 1. Jan. – 31. Dez.; ca. 3 km südl. Eidsdal, beschilderter Abzweig von der R63; ca. 1 ha – 30 Stpl.; Standardausstattung; 9 Miethütten *** – ****.
NAF-Camping Ytterdal * [N 62° 15′ 41″ E 7° 10′ 8″]**, Tel. 70 25 90 13, www.ytterdal-camping.no; 1. Apr. – 30. Sept.; oberhalb der Fährstation in Eidsdal; ca. 2 ha – 80 Stpl.; Standard-ausstattung; 8 Miethütten ***. **V & E für Wohnmobile**.

TOUR 17: LOEN – GEIRANGER – TROLLSTIGEN – ÅNDALSNES

CAMPING BEI GUDBRANDSJUVET

Camping Gudbrandsjuvet *** [N 62° 19' 44.04" E 7° 28' 13.8"], 6210 Valldal, Tel. 70 25 86 31, 25. Mai – 15. Sept.; an der R63 15 km nordöstl. von **Valldal**, Campinggelegenheit in der Nähe der Klamm Gudbrandsjuvet; 1,5 ha – 40 Stpl.; Standardausstattung, 12 Miethütten.
Camping Haugtun ** [N62°19'59.50" E7°21'0.09"], 6210 Valldal, Tel. 70 25 86 14; 1. Juni – 1. Sept.; an der R63 15 km nordöstl. von **Valldal**; einfache Campingmöglichkeit, Standard-ausstattung, 9 Miethütten.

Wohnmobil-Stellplätze bei Langdal
Wohnmobil-Stellplätze [N 62° 21' 51.6" E 7° 33' 35.9"] – Ca. 10 km südwestlich der Trollstigen beschilderter Abzweig von der R63 zu **zwei Naturstellplätzen**. Die unbefestigte Erdstraße passiert etwa 100 m nach dem Abzweig von der Hauptstraße ein kleines, eingeebnetes Rondell in einem abgeschiedenen Tal am rauschenden Wildbach mit **6 Stellplätzen** und Wasserhahn, aber keine Entsorgungsmöglichkeit. Gebührenpflichtig, s. u.!
Rund 800 m weiter, am imposanten Wildbach entlang auf einspuriger Erdstraße, kommt man zum zweiten Platz mit **15 numerierten Stellplatzkojen** im Birkenhain. Einige der Stellplätze können nach langem Regen tiefgründig sein! Für Wohnmobile über 7 m sind die Platzverhältnisse hier m. E. zu beengt! Einsam und abgeschieden gelegen. Wasserhahn, Erdklosett. WC-Entsorgung nicht erlaubt!
Gebührenpflicht! Zuletzt 50,- NOK pro Nacht. Wird abends kassiert. Falls man früh schläft, Geld im Kuvert hinter Scheibenwischer klemmen.

im Wohnmobil toleriert) zweigt eine Stichstraße nach Osten ab. Sie führt am Nordufer des Tafjord entlang und endet im **Kaldhusdal**, einem Ausgangspunkt für zahlreiche Wandertouren z. B. ins Reindalen nach Süden oder ins Tal des Muldaselva nach Osten. Viele der Wasserläufe sind durch Kraftwerke gebändigt. Vor allem das Erscheinungsbild der Wasserfälle, wie der imposante, 200 m hohe Muldalsfosser, der auch als „Kaiser Wilhelm Fall" bekannt ist, leiden darunter.

In Tafjord ist das **Kraftswerksmuseum** sehenswert. Das bereits 1923 in Betrieb genommene Wasserkraftwerk lieferte bis 1989 Strom. Die Ausstellung zeigt die Geschichte des Ausbaus und der Nutzung von Wasserkraft *(geöffnet Mitte Juni - Mitte Aug. tgl. 12 - 17 Uhr; www.tafjord-kraft.no)*.

HAUPTROUTE

ROUTE: *Im weiteren Verlauf unserer* **Hauptroute** *nach Nordosten Richtung*

Die Passstraße Trollstigveien

TOUR 17: LOEN – GEIRANGER – TROLLSTIGEN – ÅNDALSNES

Nordische Mythologie – Die Welt mit den Augen der Wikinger

In der Vielfalt der Sagas ist die nordische Mythologie überliefert. Allen Saga-Sammlungen voran steht die **Edda**. Man kennt eine **ältere Edda** und eine **jüngere Edda**. Letztere entstand als Sammlung von Sagas und Liedern erst im Mittelalter durch den Isländer **Snorri Sturluson**.

Vor allem in den Erzählungen der alten Edda, die anfänglich mündlich weitergegeben und erst viel später niedergeschrieben wurden, leben die mythologischen Gestalten weiter, die **Asen** in Asgård mit der Weltesche **Yggdrasil**, und die **Trolle, Elfen, Nornen** und **Riesen** in Utgård am Rande der Welt, bäumeschleudernd und polternd **Thor**, lanzenschwingend **Odin**, oder **Loki**, der voller Bosheit steckt.

Nebelhaft waren die Vorstellungen der Wikinger über die Entstehung der Welt, vom eisigen, dunklen **Niflheim** irgendwo im Norden und von **Muspelheim**, dem Feuerland und Gegenpol weit im Süden. Das Eis des Nordens floss südwärts, um sich mit den Flammen des feurigen Südens zu verbinden. Aus dieser Verschmelzung von Feuer und Eis entstand **Ymir**, der erste Riese und Urvater aller Riesen, aller Menschen und auch der Asen nordischer Mythologie. So die Überlieferung.

Aber nicht Ymir alleine entstand aus dem Ureis, sondern auch eine Kuh, **Audumbla** mit Namen, die fortan als Symbol des Lebens und der Fruchtbarkeit galt.

Wundersam hört sich die Entstehung der weiteren Riesen und Götter an. Einer, **Buri**, kam zum Vorschein, als warme Milchtropfen der Kuh Audumbla über vereiste Felsen floss. Andere entstanden aus den Schweißperlen des Riesen Ymir und sogar dessen Zehen brachten einen Sohn hervor.

Aber zurück zu Buri. Sein Sohn **Bor** heiratete eine Nachkommin Ymirs, nämlich **Bestla**. Aus ihrer Verbindung entstammt unter anderen **Odin**, der erste unter den Göttern, die in **Asgård**, dem Göttergarten, wohnten. Odin heiratete die Erdgöttin **Freya**. Ihr erster Sohn ist der gewaltige **Thor** oder **Donar**, einer der germanischen Hauptgötter.

Nun brauchten die Riesen und Götter ja auch eine Welt, möglichst eine mit Menschen, die man beschützen, vernichten oder in Angst und Schrecken versetzen konnte.

Nicht sonderlich freundlich klingt die Entstehungsgeschichte eben dieser Welt. In den Augen der Altvordern soll sie als Folge von Katastrophen und Totschlag entstanden sein.

Der Riese Ymir wurde nämlich von den Söhnen Bors erschlagen. In seinem Blut, das sich gewaltig ergoss, starben alle Riesen bis auf ein Paar, **Ask** und **Embla**. Aus Ymirs Körper entstanden nun Erde und Himmel, Berge und Meer. Sein Fleisch wurde Land, seine Knochen Berge, sein Blut das Meer und seine Zähne die Steine am Strand. Sein Schädel wurde das Himmelsgewölbe und sein Gehirn die Wolken am Himmel.

„Trollstigen" (Weg der Zwerge) und **„Jotunheimen"** (Welt der Riesen) sind geographische Namen im heutigen Norwegen, aber auch Erinnerungen an alte nordische Mythologie.

Wenngleich auch Trolle und Riesen zu den niederen Chargen in der Geisterwelt zählten, so waren sie doch Gestalten, die in der Gedankenwelt der Wikinger, Normannen und Skandinavier lange ihren festen Platz hatten. Noch zu Beginn des Industriezeitalters war man sich unter norwegischen Bergleuten sicher, wer unter Tage einem Zwergen begegne – Zwerge leben nun einmal vornehmlich im Berg als Hüter geheimnisvoller Schätze – sei einer lohnenden Ader nicht mehr fern.

Auch im altdeutschen Nibelungenlied, das ja in vielen Punkten Parallelen zu nordischen Sagas aufweist, ist es ein Zwerg, Alberich, der den Schatz der Nibelungen hütet.

Und Trolle waren es auch, die den Großen in der Götterwelt, den Asen also, unbesiegbare Waffen schmiedeten oder zu anderen Wunderdingen verhalfen, **Thor** zu seinem Hammer **Mjölnir**, oder **Odin** zu seiner Lanze **Gungnir**.

TOUR 17: LOEN – GEIRANGER – TROLLSTIGEN – ÅNDALSNES

PRAKTISCHE HINWEISE – ÅNDALSNES

Åndalsnes og Romsdal Reiselivslag, Postboks 133, 6301 Åndalsnes, Tel. 71 22 16 22; www.visitandalsnes.com.

HOTELS
Grand Hotel Bellevue, 86 Zi., Åndalsgata 5, Tel. 71 22 75 00, www.grandhotel.no; zentral gelegenes Stadthotel, Restaurant.

CAMPING
Åndalsnes Camping & Motel**** [N 62° 33' 23.0" E 7° 40' 52.1"], Tel. 71 22 16 29, www.andalsnes-camping.com; 1. Mai – 15. Sept.; ca. 2 km südl. Åndalsnes beschilderter Abzweig von der E136; Grasgelände mit Baumbestand, bis an den Raumafluss reichend; ca. 6 ha – 200 Stpl. + Dau.; Standardausstattung; Laden, Imbiss, Fahrrad- und Bootsverleih; WLAN; 14 Miethütten ** – *****. **V & E für Wohnmobile**.

Camping Mjelva **** [N 62° 32' 22.1" E 7° 43' 30.4"], Mjelva, Tel. 71 22 64 50, www.mjelvacamping.no; 1. Mai – 15. Sept.; ca. 3 km südl. Åndalsnes beschilderter Abzweig von der E136; Waldgelände; ca. 3 ha – 100 Stpl. 26 Miethütten *** – *****.

Trollstigen Camping *** [N 62° 29' 56.5" E 7° 40' 17.5"], Isterdalen, Tel. 71 22 11 12, www.trollcamp.no; 1. Mai – 30. Sept.; rund 10 km südl. von Åndalsnes und ca. 4 km vom Abzweig von der E136 an der Straße R63 Richtung Trollstigen; ebene Wiesen in ansprechender Tallage; ca. 2 ha – 35 Stpl.; gute Standardausstattung; Laden, Cafeteria, Fahrrad- und Bootsverleih, 7 Miethütten ****, Zimmer im **Gasthof**.

Camping Trollveggen *** [N 62° 29' 36.5" E 7° 45' 41.6"], Horgheimseidet, Tel. 71 22 37 00, www.trollveggen.com; 15. Mai – 10. Sept., ca. 10 km südl. Åndalsnes abseits der E136, Zufahrt unter der Bahnlinie hindurch zum Platz; mehrere flache Wiesenterrassen im Romsdal, bei einem Wasserfall des Raumaflusses, in ansprechender Lage unterhalb der Trolveggen Wand direkt gegenüber des Romsdalshorns; 4 ha - 50 Stpl.; gute Standardausstattung, Miethütten ****. **V & E für Wohnmobile**.

Die Plätze bei Åndalsnes werden in der Hauptreisezeit sehr stark frequentiert. Ausweichmöglichkeiten bei **Isfjorden** (R64) oder in **Måndalen** (E136).

Camping angesichts der Bergkette Trolltindane

Åndalsnes, vorbei am einfachen **Camping Uritun [N 62° 18' 55.2" E 7° 17' 24.3"]** und **Camping Gjerde [N 62° 20' 00.8" E 7° 22' 44.9"]**, *passiert die Straße R63 die Felsschlucht* **Gudbrandsjuvet**, *eine enge, nur 5 m breite und 20 m tiefe Klamm mit wildem Wasserfall.*

Ab **Langdal** führt die Straße R63 durch das karge, halbrunde **Meiardalen** und erreicht schließlich in fast 860 m Höhe am oberen Ende des **Trollstigveien [N 62° 27' 17.2" E 7° 39' 56.5"]** das neue Visitor Center, die **„Trollstigen Mountain Lodge"** mit Restaurant und Ausstellung, das vom Architekten Reiulf Ramstad in modernem Stil entworfen wurde. Die Umbauarbeiten des neuen Touristenzentrums sollen bis 2012 abgeschlossen sein.

Die kühne Passstraße **Trollstigen** oder **Trollstigveien** (Wintersperre von ca. Mitte Oktober bis Ende Mai/Anfang Juni, www.trollstigen.com) zählt wohl zu den bekanntesten Straßen in Norwegen. Die Straße wurde 1936 fertiggestellt.

In weiten Kehren führt sie oft einspurig mit Ausweichstellen in 11 Haarnadelkurven talwärts und überwindet dabei auf halbem Wege den Wasserfall **Stigfossen**, der eine Fallhöhe von annähernd 180 m hat. Fahrzeuge sind erlaubt bis zu einer Gesamtlänge von 12,4 m.

Seit jeher war der Trollstigveien (Weg der Zwerge, Trolle) ein wichtiger Übergang von Sunnmøre ins Romsdal. Aber bis zur Fertigstellung der heutigen Straße, war es ein gefährlicher, steiler Saumpfad.

Bevor Sie sich aber auf die Talfahrt machen, gehen Sie zum neu angelegten, über einen Treppenweg erreichbaren, spektakulären Aussichtspunkt **Aussichtspunkt Stigøra** (ca. 5 Min.), direkt über dem in die Tiefe stürzenden Wasserfall Stigfossen mit grandiosen Ausblicken. Von dort kann man fast die ganze Trasse überblicken und man sieht auf die Bergketten der **Trolltindane** (1.795 m) im Osten und auf die Gipfel *Bispen* (1.786), *Kongen*, *Dronningen* (1.614 m) und *Karitind* (1.356 m) im Westen.

Im Tal stößt man – nach dem Trollstigen Camping – an der Sogge Bru auf die E136 und ist kurz darauf in Åndalsnes.

Åndalsnes, am Südostende des Romsdalsfjords gelegen, ist ein wichtiger Verkehrsknotenpunkt (Endpunkt der Raumabahn) und lebhafter Industrieort. Das Stadtbild trägt neuzeitliche Züge. Das frühere Åndalsnes wurde im 2. Weltkrieg durch Bomben fast vollständig zerstört.

Achtung Routenalternativen! Falls Sie auf die Abstecher nach Ålesund und/oder nach Runde verzichten und direkt nach Norden weiterreisen wollen, bitte weiter mit **Tour 20** (Åndalsnes – Dombås – Trondheim), siehe dort.

Und falls Sie Ihre Reise durch Norwegen diesmal auf den Süden des Landes beschränken wollen, bitte weiter mit der **Rückreisetour 18** (Åndalsnes – Dombås – Otta – Lillehammer – Oslo), siehe dort.

Abstecher nach Ålesund

ABSTECHER: Ålesund *liegt 122 km westlich von Åndalsnes und ist über die E136 bequem zu erreichen. Die Straße folgt lange dem Südufer des Romsdalsfjords, passiert*

Jugendstil in Ålesund

TOUR 17: LOEN – GEIRANGER – TROLLSTIGEN – ÅNDALSNES

Lohnt den Abstecher – der Panoramablick auf Ålesund vom Aussichtsberg Aksla aus

den 6.594 m langen Innfjordtunnel, nach 22 km **Måndalen** (*Camping Måna* **, kleiner, einfacher, aber hübsch gelegener Platz am Fjord, 15 Mietnütten ** – ***), später den **Fährhafen Vikebukt** (*Verbindungen nach Molde*) und schließlich **Tresjord** am Südende des gleichnamigen Fjords. Südlich des Ortes liegt ein **Museumshof** mit mehreren Gebäuden, die teils aus dem 17. Jh. stammen.

8 km nördlich von Tresfjord zweigt die E39 nordwärts ab und führt nach **Vestnes/Furneset** [N 62° 39' 27.8" E 7° 05' 17.7"] (*Fähren nach Molde*).

Die Straße zieht nun landeinwärts, quert die Örskog-Berge, um bei **Sjøholt** auf den Storefjord zu stoßen.

Nach weiteren 35 km erreicht man das Stadtgebiet von **Ålesund**.

Die Inseln, auf denen **Ålesund** liegt, auch die vielen vorgelagerten Inseln, sind altes Siedlungsgebiet. Funde in der Höhle „Skjonghelleren" auf der Insel Valderøy weisen auf steinzeitliche Siedlungen hin. Auch in der Wikingerzeit waren die geschützten Buchten besiedelt.

Der Wikingerfürst Gangerolv soll von der Insel Giske vor Ålesund stammen. Er ging als Gründer des französischen Herzogtums Normandie im Jahre 911 in die Geschichte ein. In Frankreich kennt man den Wikinger besser unter dem Namen Rollo.

Im Mittelalter schließlich hatte sich in Borgundkaupanger am Brei-Heissa Fjord südöstlich des heutigen Stadtzentrums, ein lebhafter Handelshafen etabliert. Aber erst 1848 bekam Ålesund Stadtrechte.

Ein trauriges Datum in den Annalen der Stadtgeschichte ist das Jahr 1904. Damals brannte in einer einzigen Sturmnacht die ganze Stadt ab. In einer groß angelegten Aktion, an der sich auch Kaiser Wilhelm II. mit Finanzmitteln beteiligte, entstand in relativ kurzer Zeit eine völlig neue Stadt. Viele der Geschäftshäuser und öffentlichen Gebäude wurden im damals populären Jugendstil errichtet. Das einheitliche **Stadtbild** mit seinen hübschen Jugendstilfassaden und den markanten Speicherhäusern am Hafenbecker Brosundet sind es u. a., welche die Innenstadt von Ålesunds prägen und einen Abstecher hierher durchaus lohnen.

Heute ist Ålesund eine lebhafte Stadt mit rund 41.000 Einwohnern und Norwegens größter Fischereiexporthafen.

Seit einigen Jahren präsentiert die Stadt in ihrem neuen **Nationalen Jugendstilzentrum** Ausstellungen zu Ålesunds Architekturgeschichte und des norwegischen Jugendstildesigns. Themen der Ausstellungen sind u. a. „Die Jugendstilstadt am Meer", „Aus der Asche zum Jugendstil" oder „Was ist eigentlich Jugendstil?" Das Museum liegt mitten in der Stadt am Brosund-Kanal in der Apotekergate 16 und ist im Gebäude der alten Schwanenapotheke eingerichtet (*geöff-*

TOUR 17: LOEN – GEIRANGER – TROLLSTIGEN – ÅNDALSNES

Im Atlantik-Meerpark, Ålesunds großes Seeaquarium, ein Erlebnis

net 1. Juni - 31. Aug. tgl. 10 - 17 Uhr; 1. Sept. - 31. Mai Di - Sa 11 - 16, So 12 - 16 Uhr).

Mit zu den größten Attraktionen zählt eine Fahrt auf den 189 m hohen Hausberg **„Aksla" [N 62° 28′ 15.7″   E 6° 12′ 16.1″].** Der Blick von der Terrasse mit Glaspavillon des **Höhenrestaurants Fjellstua [N 62° 28′ 28.6″   E 6° 09′ 55.6″]** *(geöffnet 15. Mai – 1. Sept. 11 – 20 Uhr)* über die auf Inseln verteilte, vom Wasser umschlossene Stadt, mit der Kulisse der umliegenden Schärengürtel und gezackten Sunnmøre-Berge im Westen, ist zweifellos eine der schönsten Stadtansichten in Norwegen.

Ein Treppenweg mit 418 Stufen führt vom Stadtpark (Denkmal des Wikingerfürsten Gangerolv und Gedenkstein an Kaiser Wilhelm II.) auf den Aussichtsberg im Osten der Stadt.

Die Fjellstua auf dem Berg Aksla ist aber glücklicherweise auch mit dem Auto zu erreichen. Man muss dazu ein Stück ostwärts (Richtung Åndalsnes) fahren und von der E136 abzweigen. Der Abzweig und die Auffahrt durch ein Wohngebiet ist mit **„Fjellstua"** ausgeschildert. Ein Sendemast oben kann zur Orientierung helfen. Wegen diverser Engstellen im oberen Bereich und der recht beschränkten Parkplatzverhältnisse oben, scheint uns die Auffahrt für Caravans ungeeignet!

Mein Tipp! Zum Fotografieren wegen besserer Lichtverhältnisse möglichst vormittags auf den Aksla fahren.

Weitere Sehenswürdigkeiten in Ålesund:

Im Stadtzentrum kann man – zum Beispiele von der Apotekergata mit ihren hübschen Jugendstilfassaden aus – der Kirkegade nach Westen folgen und kommt dann zur **Ålesund Kirche** *(geöffnet Juni bis August tgl. a. Mo 10 bis 14 Uhr).* Der gedrungen wirkende Natursteinbau liegt etwas erhöht und wurde 1909 errichtet. Portal und Fenster erinnern an den Rundbogenstil der Romanik. Im Inneren sind Freskomalereien von Enevold Thømt und schöne Fenster mit Glasmalerei zu sehen. Die Orgel soll eine Gabe von Kaiser Wilhelm II. anlässlich der Einweihung der Kirche sein.

Das **Ålesund Museum** liegt in der Rasmus Rønnebergsgate 16, im östlichen Stadtgebiet, unweit vom Rathaus. Es befasst sich vor allem mit der Entwicklungsgeschichte der Stadt vor und nach dem großen Stadtbrand von 1904. Sonderabteilungen dokumentieren Bootsbau und Fischerei in Ålesund *(geöffnet Mitte Juni - 31. Aug. Mo - Fr. 9 - 16 Uhr, Sa. 11 - 15 Uhr, So 12 - 16 Uhr, übrige Zeit Mo - Fr 11 - 15 Uhr, www.aalesunds. museum.no).*

Vom Ålesund Museum wird auch das **Fiskerimuseum**, das Fischereimuseum, betreut, das im Moloveien 10, im westlichen Stadtteil und dort an der Nordküste an der langen Steinmole liegt *(geöffnet Anf Mai - Mitte Sept. Mo - Sa 11 - 15 Uhr, So 12 - 16 Uhr).*

TOUR 17: LOEN – GEIRANGER – TROLLSTIGEN – ÅNDALSNES

Zu den neueren Attraktionen zählt der im Juni 1998 eröffnete **Atlanterhavsparken** (Atlantik-Meerpark) mit dem **Ålesund Aquarium** (geöffnet Juni - Aug. Mo - Fr. + So 10 - 19 Uhr, Sa 10 - 16 Uhr; Sept. - Mai tgl. 11 - 16 Uhr; www.atlanterhavsparken.no). Es gilt als größte Aquariumanlage in ganz Skandinavien. Der Meerpark liegt in **Tueneset**, ca. 3 km westlich vor Ålesund.

Neben diversen Ausstellungen, kleineren und größeren Aquarien beeindruckt vor allem das große Panoramafenster (18 x 4 m, 26,5 cm starke Acrylscheibe), das den Blick frei gibt in das riesige **Atlantikbecken**. In diesem Meerwassertank mit über vier Millionen Liter Wasser kann man die Meeresfauna bestaunen, so wie sie in den Schären und in den Tiefen des Storfjords anzutreffen ist. Fischfütterung durch Taucher um 13 Uhr. Im Freigelände ist ein Robbenbecken angelegt. Cafeteria. Souvenirladen. Parkplatz.

Östlich vom Ålesunder Stadtzentrum, etwa auf halbem Wege nach Spjelkavik, liegt in **Borgundgavlen** das **Sunnmøre Freilichtmuseum [N 62° 28' 06.5" E 6° 14' 27.2"]** (geöffnet Ende Juni - Mitte Aug. Mo - Sa 11 - 17 Uhr, So 12 - 17 Uhr; Frühjahr + Herbst Mo - Fr 11 - 15 Uhr; www.sunnmore.museum.no). An die 40 alte Bauernhöfe und Wohn- und Wirtschaftsgebäude aus der Region wurden hier zusammengetragen und geben Einblick in die Baukunst und in die Wohn- und Lebensverhältnisse in Sunnmøre in früheren Zeiten. Außerdem kulturhistorisches und archäologisches Museum. Bootsbauabteilung.

Unmittelbar beim Sunnmøre Freilichtmuseum liegt die **Kirche von Borgund**. Die in Resten aus dem 12. Jh. erhaltene

PRAKTISCHE HINWEISE – ÅLESUND

Ålesund Turist Informasjon, Skateflukaia, 6002 Ålesund, Tel. 70 15 76 00, www.visitalesund.com; geöffnet Anf. Juni - Ende Aug. Mo - Fr 8.30 - 18 Uhr, Sa 10 - 14 Uhr, So 11 - 17 Uhr; übrige Zeit Mo - Fr 9 - 16 Uhr.

HOTELS

Atlantica First Hotel, 73 Zi., Rasmus Rønnebergsgt. 4, Tel. 70 12 91 00, www.firsthotels.no, Komforthotel in zentraler Lage, gehobene Preislage; Restaurant, Parkplatz.
Thon Hotel Ålesund, 105 Zi., Kongensgt. 27, Tel. 70 12 29 38, www.thonhotels.no/aalesund, einfacheres Stadthotel, Parkmöglichkeit.
Rica Parken, 197 Zi., Storgt. 16, Tel. 70 13 23 00, www.rica.no; obere Preisklasse, Restaurant, Sauna, Parkmöglichkeit.
Norlandia Baronen Hotel, 61 Betten, Vikasenteret, Kanalveien 1, in **Spjelkavik** ca. 10 km außerhalb, Tel. 70 14 70 00, www.norlandia.no, obere Preisklasse, Restaurant. WLAN, Parkmöglichkeit.

CAMPING

Prinsen Strandcamping **** [N 62° 27' 53.3" E 6° 15' 35.6"], Gronvika 17, Tel. 70 15 21 90, www.prinsencamping.no; 1. Jan. – 31. Dez.; ca. 6 km östl. Ålesund Zentrum, Abzweig von der E136 Richtung Gåseid/Hatlane; in ansprechender Lage am Fjord; ca. 3 ha – 150 Stpl.; Standardausstattung; Fahrradverleih, Bademöglichkeit; 34 Miethütten **** - *****; **V & E für Wohnmobile**. In der Nähe Sunnmøre Freilichtmuseum und Borgundkaupangen.
Volsdalen Camping ***, Sjømannsveien, Tel. 70 12 58 90, www.volsdalencamping.no; 1. Mai – 1. Sept.; ca. 2 km östl. Ålesund Zentrum, Abzweig von der E136 südwärts; unebene, mehrfach unterteilte Wiesen, teils bis an den Fjord reichend; ca. 1 ha – 50 Stpl.; Standardausstattung; Laden; 17 Miethütten.

Wohnmobil-Stellplatz

„Bobil Parkering" Wohnmobil-Stellplatz [N 62° 28' 31.5" E 6° 09' 25.7"], Sorenskriver Bulls Gate, 1. Mai – 30. Sept.; Zufahrt vom Zentrum über Notensgata und Skansegata, am nördlichen Stadtrand vorbei am Radisson Hotel, danach beschilderte Einfahrt; an der Hafenmole unterhalb von Wohnhäusern gelegen; geteerte, ebene Fläche mit 30 Stellfeldern. Sanitäranlagen mit WC, Duschen und Waschbecken, **V & E-Säule für Wohnmobile**, gebührenpflichtig.

TOUR 17: LOEN – GEIRANGER – TROLLSTIGEN – ÅNDALSNES

Im Sunnmøre Freilichtmuseum bei Ålesund

Kirche konnte nach dem Brand von 1904 unter Verwendung alter Baufragmente rekonstruiert werden. Beachtung verdienen die Holzschnitzereien und die Decke des Kirchenraumes *(geöffnet 1. Juni - 31. Aug. Di - So 10 - 14 Uhr)*.

Nahebei wurde in **Borgundkaupangen**, einem mittelalterlichen Handelsplatz, ein **Mittelaltermuseum** eingerichtet, das die Grabungsfunde aus dem ehemaligen Markt- und Hafenstädtchen zeigt. Das Museum ist über den Gebäuderesten des „Årestue-Komplexes" aus dem 11./12. Jh. errichtet *(geöffnet wie Freilichtmuseum)*.

Seit einigen Jahren sind die vorgelagerten Inseln nordwestlich von Ålesund durch drei Tunnels mit dem Festland verbunden. Die mautpflichtige Tunnelverbindung zählt zu den längsten Unterseeverbindungen der Welt.

Diese Unterseetunnels und die Giskabrua erlauben es, relativ rasch auch die **Giske Inseln** zu gelangen, die mit historischen Sehenswürdigkeiten aufwartet, darunter die sog. **Marmorkirche von Giske** aus dem 12. Jh. und prähistorische Grabhügel.

Giske war in der Wikingerzeit ein wichtiges Zentrum. Hier lebten Fürsten und Edelleute. Und auch der Wikingerkönig Gangerolv war hier ansässig. Bei **Skong** erreicht man auf einem Spaziergang über einen Waldweg die beeindruckende **Skong-Höhle**, in der uralte Tierspuren gefunden worden sind.

Man kann den Ausflug auf die südlich gelegene **Insel Alnes** (Brücke) ausdehnen und dort zum einsamen Leuchtturm Alnes **Fyr** an der Nordwestspitze der Insel fahren.

Bei ausreichend zur Verfügung stehender Zeit lohnt ein **Ausflug auf die Insel Hareid** und dort nach **Brandal**, nördlich vom Fährhafen Hareid, zum **Ishavsmuseet Aarvak**. Das Eismeermuseum Aarvak wurde 1981 gegründet. Es befasst sich in erster Linie mit der langen norwegischen Tradition des Robbenfangs sowie mit anderen Aktivitäten im Polargebiet. Eine der größten Sehenswürdigkeiten des Museums ist das denkmalgeschützte, 1912 in Bergen gebaute und später mehrfach umgebaute Eismeerschiff „Aarvak".

Ab Ålesund, Hafen Brosundet, werden im Sommer mehrmals wöchentlich **Bootstouren u. a. zur „Vogelinsel" Runde** angeboten.

Abstecher zur „Vogelinsel" Runde

Mein Tipp! Die Fahrt mit dem Auto nach Runde ist ein abwechslungsreicher Ausflug durch eine reizvolle Inselwelt, die durch Brücken und Dämme verbunden ist.

Lediglich zwischen **Sulesund** (R61 südl. Ålesund) und **Hareid** [N 62° 22' 11.3" E 6° 01' 46.3"] auf der Insel Hareidlandet, muss eine Fähre benutzt werden (zwischen 6 und 23 Uhr bis zu 31 Abfahrten, Fahrzeit ca. 30 Min.).

Die **Kirchen** in Hareid und Ulsteinvik sind mit Rosenmalerei ausgeschmückt.

Weiter über **Ulsteinvik** bis **Dragsund** auf der Insel Gurskøy und dort westwärts bis **Tjørvåg** (*Lanternen Feriehytter*, Tel. 70 08 52 50, ganzjährig, 20 Stellplätze, Laden, Cafeteria, 10 Miethütten), dort nordwestwärts über die Inseln Bergsøy und Remøy nach Runde, das man schließlich über eine elegant geschwungene Brücke erreicht.

Auf dem Weg nach Runde passiert man bei Fosnavåg die Zufahrt auf die **Insel Herøy**, die jedes Jahr im Juli Schauplatz des **Freilichtspiels „Kongens ring"** (Der Ring des Königs) ist. Hintergrund des historischen

TOUR 17: LOEN – GEIRANGER – TROLLSTIGEN – ÅNDALSNES

Schauspiels ist das dramatische Treffen zwischen König Olav Haraldsson und dem rauhen Wikingerfürsten Møre-Karl im Jahre 1027, die beide um die schöne Unn von Herøy buhlten, die aber eigentlich dem jungen Ingolv Ynda versprochen war.

Besichtigen kann man auf Herøy das **Küstenmuseum**.

Runde, Norwegens südlichster „Vogelfelsen", ist eine kleine, gerade mal viereinhalb Kilometer lange Insel südwestlich von Ålesund. Die weit im rauhen Atlantik gelegene Insel ist für ihre **Seevögelkolonien** berühmt. Über 30 Vogelarten wurden hier registriert, die im Frühsommer (Mitte Juni bis Mitte/Ende Juli) zu Tausenden an den steilen, nach Südwesten zum offenen Meer abfallenden Klippen ihrem Brutgeschäft nachgehen.

Jedes Jahr bevölkern über 170.000 Vogelpaare die halsbrecherisch steilen Klippen über dem Meer. Vor allem Dreizehenmöwen, Papageientaucher, Trottellummen, Kormorane, Thordalken, Basstölpel, Eissturmvögel, Sturmschwalben etc. nisten hier, teils auf kaum handbreiten Gesteinssimsen.

Der Fußweg, der von der Nordostseite her hinauf zum Klippenrand über den Vogelfelsen führt, beginnt fast am Ende der einzigen Straße auf der Insel Runde unweit des schön am Meer gelegenen Campingplatzes Goksøyr. Vom Campingplatz geht man etwa 20 Minuten anfangs recht steil über Wiesen (Gatter bitte immer schließen!) hinauf an den Rand der Steilküste.

Zugang zum Vogelschutzgebiet nur auf freigegebenen Wegen! Achten Sie unbedingt darauf, die markierten Wege nicht zu verlassen und respektieren Sie bitte Verbotsschilder im Naturschutzgebiet.

Die Gewässer um Runde sind ein beliebtes **Tauchrevier**. Vor Jahren hoben Taucher weit über eine halbe Tonne an Gold- und Silbermünzen aus dem am 8. März 1725 vor der Insel im Sturm gesunkenen holländischen Kauffahrer „Akerendam" und weitere Wracks warten darauf, entdeckt zu werden.

Im Sommer werden ab Runde und ab Goksøyr bei gutem Wetter bis zu drei mal täglich Bootsrundfahrten um die Insel angeboten.

ROUTE: *Von Runde zurück über* **Ålesund** *nach* **Åndalsnes.**

Interessant für alle, die von Ålesund mit Tour 19 weiter nach Molde reisen wollen ist, dass von **Vestnes/Furneset** (nördlich der E136, Ålesund – Åndalsnes) **Autofähren über den Moldefjord nach Molde** verkehren und zwar täglich zwischen ca. 6.15 Uhr und 00.35 Uhr bis zu 24 mal, Fahrzeit 35 Minuten.

PRAKTISCHE HINWEISE – ULSTEINVIK, RUNDE

Turist Informasjon, Sjøgate 63, 6065 Ulsteinvik, Tel. 70 01 75 10, www.insel-runde.de, *geöffnet Mo - Fr 8 - 16 Uhr, Do bis 19 Uhr, Sa 10 - 14 Uhr.*

HOTELS

Hareid
Hareid Hotel, 30 Zi., Tel. 70 09 24 11, www.hareidhotel.com, gutes Mittelklassehotel in ansprechende Fjordlage, Restaurant, Sauna, Parkplatz.

Ulsteinvik
Quality Hotel Ulstein, 93 Zi., Tel. 70 01 30 00, www.choicehotels.no; modernes Nichtraucher-Mittelklassehotel am Fjord, Restaurant, Fitnesscenter, Parkplatz.

CAMPING

Runde

Mein Tipp! – Camping Goksøyr * [N 62° 24' 26.2" E 5° 37' 05.4"],** Tel. 70 08 59 05, www.goksoyr.no; 1. Jan. – 31. Dez.; zum Meer hin abfallende Wiesen, sowie geschützte Stellflächen am Meer für Wohnmobile, in schöner, ruhiger Lage, ca. 10 ha – 50 Stpl.; einfache Standardausstattung; Laden, Imbiss, Bootsverleih, WLAN; 10 Miethütten * - *****, Fremdenzimmer. **V & E für Wohnmobile.** Der Campingplatzhalter gibt fundierte Auskünfte und Tipps zur Vogelbeobachtung und zu **Ausflugsmöglichkeiten** in die nähere und weitere Umgebung. **Organisierte Bootsfahrten** zu den Vogelfelsen. **Runde Café** am Hafen, auch norwegische Gerichte.

UMKEHRPUNKT DER TOUREN „NORWEGENS SÜDEN" UND RÜCKREISE

1 TOUR – CA. 2 TAGE

**Tour 18: Åndalsnes – Dombås – Otta – Lillehammer – Oslo, S. 203
– Alternativroute über Elverum, S. 213**

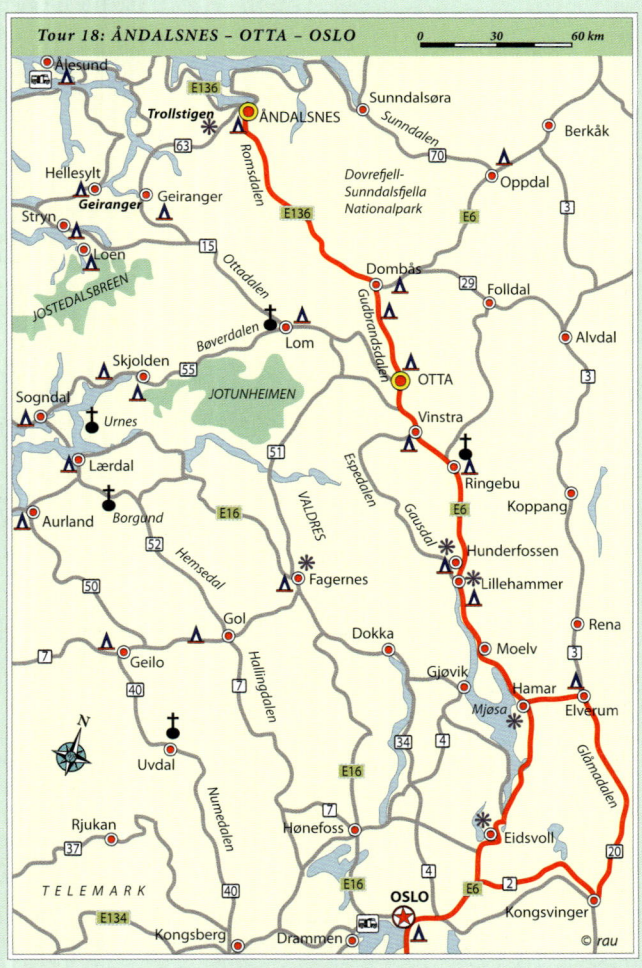

TOUR 18: ÅNDALSNES – DOMBÅS – OTTA – LILLEHAMMER – OSLO

ÅNDALSNES – DOMBÅS – OTTA – OSLO

UMKEHRPUNKT DER TOUR „NORWEGENS SÜDEN" UND RÜCKREISEWEGE

Länge dieser Tour: Rund rund 350 km.

Die Route: Über die E136 bis **Dombås** – E6 über **Otta, Lillehammer, Hamar** und **Eidsvoll** bis **Oslo**.

Routenalternativen: Über den **Peer-Gynt-Weg**. Über **Elverum**.

Reisedauer: Mindestens ein Tag, besser zwei oder mehr Tage.

Reisehöhepunkte: Die Fahrt durch das **Romsdal** * – Wandern auf dem „Kongenveien" – Wandern im **Rondanegebirge** *** – Fahrt über den „Peer-Gynt-Weg" – das **Norwegische Straßenbaumuseum** ** bei Hunderfossen – das **Freilichtmuseum Maihaugen** *** bei Lillehammer – mit dem **Veteranendampfer „Skibladner"** ** auf dem Mjøsa-See – das **Norwegische Eisenbahnmuseum** ** in Hamar.

Diese Etappe schließt die Rundreise durch das südliche Norwegen ab.

Ist dagegen die Weiterreise nach Nordnorwegen vorgesehen, fährt man ab Dombås weiter mit Tour 20 (Åndalsnes – Dombås – Trondheim), siehe dort.

ROUTE: *Der letzte Teil der in diesem Reiseführer beschriebenen Route* **durch Norwegens Süden** *führt ab Åndalsnes auf der E136 südostwärts zunächst nach* **Dombås** (ca. 105 km).

Unterwegs passiert man an der Sogge bru den Abzweig der R63 zum Trollstigen-Pass (siehe Tour 17, Loen – Geiranger – Trollstigen – Åndalsnes).

Wenig später erkennt man linkerhand den spitzen Kegel des 1.550 m hohen, steil aufragenden **Romsdalshorns**. Der Berg stellt heute noch eine Herausforderung für unternehmungslustige Bergsteiger dar.

Rechts sieht man die senkrecht aufragenden, glatten, bedrohlich dunklen Wände der **Trolltindane**.

Die Straße folgt dem Raumafluss mit seinem glasklaren, hellgrünen Gletscherwasser durch das ansteigende, enger werdende **Raumadalen**. Anfangs ist das Tal so eng und die Felswände so steil und hoch, dass angeblich an manchen Stellen ein halbes Jahr lang kein Sonnenstrahl die Talsohle erreicht, etwa bei **Marstein** oder bei der **Kirche von Kors** (Altarbild aus dem 18. Jh.).

Bei **Verma** überquert die Raumabahn auf der schönen alten Steinbrücke **Kylling bru** den Raumafluss.

Nach weiteren 25 km passiert man den schmalen, langgezogenen See Lesjaskogsvatnet, nur bereits in der *Provinz Oppland*.

Man kommt durch **Lesja [N 62° 07' 05.7" E 8° 51' 21.0"]** *(Campingmöglichkeit Rolstad Camping **, geöffnet im Sommer, 5 Miethütten)* mit einer **Kirche** von 1748 mit sehenswertem Kirchenraum und dem **Freilichtmuseum Lesja Bygdetun** mit 11 typischen Holzhäusern aus der Region.

16 km weiter erreicht man schließlich **Dombås** an der E6, Norwegens wichtigster und im Sommer immer stark frequentierten Nord-Süd-Straßenverbindung, die von Svinesund an der norwegisch/schwedischen

 CAMPING

Lesjaskog
Camping Lesjaskogsvatnet **, Tel. 61 24 45 56, www.lvcamp.no; 15. Juni – 15. Aug.; rund 45 km nordwestlich von Dombås; Wiese im lichten Föhrenwald, zwischen E136 und See; ca. 2 ha – 70 Stpl.; einfache Standardausstattung; 10 Miethütten ***.

203

TOUR 18: ÅNDALSNES – DOMBÅS – OTTA – LILLEHAMMER – OSLO

Südgrenze, über Oslo, Trondheim, Narvik, Alta und Karasjok bis Kirkenes führt.

Dombås ist ein wichtiger Verkehrsknotenpunkt der Bahn- und Straßenverbindungen nach Nord- und Westnorwegen sowie ein lebhaftes Geschäftszentrum mit Hotels, Supermärkten, einer zumindest in der Nebensaison nur sporadisch geöffneten Touristeninformation (Tel. 61 24 14 44) und Campingplätzen. Dombås, wo sich auch das Trainingszentrum des nationalen Sportverbandes befindet, ist zudem ein wichtiges Versorgungszentrum für die Dovrefjell-Region (Wandergebiet, Nationalpark) nördlich der Stadt.

ROUTE: *Ab Dombås folgen wir der E6 südwärts über* **Dovre** *und* **Nord-Sel** *zunächst bis* **Otta** *(46 km).*

Schon wenige Kilometer südlich von Dombås zweigt bei **Vårkinn** der alte „Kongenveien" nach Norden ab. Der „Königsweg" führt über den 1.338 m hohen *Hardbakken* nach **Fokstua** an der E6 und ist heute ein beliebter Wanderweg. Reine Gehzeit gut drei Stunden für eine Wegstrecke.

Sehenswert auf dem Weg von Dombås nach Otta ist kurz vor Dovre der **Gammel Kongsgård Tofte**, ein großes, altes Gehöft, das lange die traditionelle Residenz der norwegischen Könige auf ihren Reisen in nördliche und westliche Landesteile war.

Das älteste Gebäude des Hofes stammt aus dem späten 17. Jh.

Das historische Anwesen liegt an der alten Königsstraße die etwas östlich oberhalb parallel zur heutigen E6 verläuft. Abzweig in der Nähe der Kirche von Dovre.

In **Dovre** zählt die schiefergedeckte **Kirche** von 1740 zu den Sehenswürdigkeiten.

Landschaftlich reizvoll ist ca. 15 km südöstlich von Dovre die tiefe **Rosti Schlucht**

PRAKTISCHE HINWEISE – DOMBÅS UND DOVRE

Dombås Turistkontor, Frichgården, Dombås Zentrum, 2660 Dombås, Tel. 61 24 14 44, www.dovrenett.no.

HOTELS
Dombås
Dombås Hotel, 60 Zi. + 23-Motelzimmer, Tel. 61 24 10 01, www.dombas-hotel.no, Haus mit langer Tradition, Restaurant, WLAN, Parkplatz.
Norlandia Dovrefjell Hotel, 89 Zi., Tel. 61 24 10 05, www.dovrefjell.norlandia.no;, komfortables, etwas außerhalb gelegenes Haus, Restaurant, Sauna, Schwimmbad, Parkplatz.

CAMPING
Dombås
Bjørkhol Camping ***, Tel. 61 24 13 31, www.bjorkhol.no; 1. Mai – 30. Sept.; ca. 6 km südl. Dombås. Wiese an der E6 nahe dem Lågenfluss; ca. 2 ha – 30 Stpl.; Standardausstattung; Laden, 20 Miethütten ** - ****.

Dovre
Toftemo Turiststasjon *** [N 6° 59′ 54″ E 9° 13′ 24″], Tel. 61 24 00 45, www.toftemo.no; 1. Jan. – 31. Dez.; ca. 2 km nördl. von **Dovre**, weitläufiges Wiesengelände mit lichtem Föhrenwald, hinter dem Gasthof Toftemo, zwischen E6 und Lågen-Fluss; ca. 3 ha – 150 Stpl.; Komfortausstattung; Laden, Imbiss; Schwimmbad; 21 Miethütten. **Motel** mit einladendem **Restaurant**.

Dovreskogen
Dovreskogen Camping ** [N 61° 55′ 45″ E 9° 19′ 3″], Tel. 61 24 08 43; 20. Mai – 10. Sept.; nördlich des Ortes; ebene Wiese jenseits der E6 am Ostufer des Lågenflusses; 1 ha; 25 Miethütten.

Rast- und Picknickplatz an der E6, 2 km südl. von Dovreskogen; STATOIL-Tankstelle, **V & E Station**, WC.

Nord-Sel
Sandbakken Camping, Tel. 61 23 31 93; ca. 2 km nördlich von Nord-Sel; Wiesen unterhalb der E6; 12 Miethütten.

TOUR 18: ÅNDALSNES – DOMBÅS – OTTA – LILLEHAMMER – OSLO

mit Wasserfällen, unterhalb der Straßentrasse, in waldreicher Berglandschaft.

Abstecher in die Rondane-Berge

Rund 20 km südlich von Dovre zweigt von der E6 nach Nordosten eine Serpentinenstraße bergwärts ins ca. 8 km entfernte **Høvringen** ab.

Im Laufe der Jahrzehnte hat sich diese Hochalmsiedlung in der herrlichen Natur der **Rondane-Berge** zu einem viel besuchten Wander- und Skigebiet entwickelt. Im Sommer kann man in Høvringen Reiten, Radtouren unternehmen oder am See Smuksjø Boote mieten. Man findet hier eine ganze Reihe von Beherbergungsbetrieben, von der einfachen Berghütte mit Selbstverpflegung bis hin zum Gebirgshotel mit allem Komfort.

Høvringen ist **Ausgangspunkt für Touren** ins Rondane-Gebiet. Man hat die Wahl zwischen kurzen Strecken in leichtem Gelände (z. B. zur Hütte **Smukksjøseter**, Gehzeit gut eineinhalb Stunden einfach und weiter zur **Peer Gynt Hytta**, Gehzeit nochmals gut eine Stunde einfach) und anspruchsvollen, auch mehrtägigen Touren zu den über 2.000 m hoher Gipfeln, z. B. zur 1.173 m hoch und mitten im Rondane Nationalpark gelegenen **Rondvassbu Hütte** (128 Betten, Tel./Fax 61 23 18 66) Die Hütte kann man als Ausgangspunkt für Wanderungen auf den 2.138 m hohen **Rondvasshogda** oder auf den 2.178 m hohen **Rondeslottet**, die höchste Erhebung im Rondane Gebirge, nehmen.

Mehr über den Rondane Nationalpark siehe unter Otta, weiter hinten.

HAUPTROUTE

Die alten Höfe **Laurgård** und **Romundgård** bei Nord-Sel, westlich der E6 an der Vågårustistraße gelegen, spielen im **Roman „Kristin Lavransdatter"** der norwegischen Schriftstellerin Sigrid Undset (1882 – 1949) eine Rolle.

Die Romantrilogie über Kristin Lavransdatter (Kristin Lavranstochter) und ihre Zeit ist das Hauptwerk von Sigrid Undset, für das Sie 1928 den Literaturnobelpreis erhielt.

Einer der Hintergründe des Romans ist der Gesellschaftskonflikt zwischen Christentum und heidnischen Weltanschauungen im 14. Jh. Sel und die Höfe Jørundgård, Laurgård, Romundgård, aber auch die Almen von Høvringen und Vågårusti sind die mittelalterlichen Handlungsorte des Romans, der in nicht weniger als 70 Sprachen übersetzt worden ist.

Zum Auftakt zu „Der Kranz", dem ersten Teil der Trilogie „Kristin Lavransdatter" schreibt Sigrid Undset: „Bei der Erbteilung nach dem Tode Ivar des jungen Gjesling zu Sundbu im Jahre 1306 fielen dessen Ländereien zu Sil [Sel] an die Tochter Ragnfrid und ihren Gemahl Lavrans Bjørgulfsson. Sie hatten auf seinem Hof Skog in Follo nahe bei Oslo gelebt, nun aber zogen sie auf den Jørundgård hoch oben im Siler Bergland."

Sigrid Undset, die wahrscheinlich 1885 erstmals durchs Gudbrandsdal kam, dann 1891 mit ihren Eltern ihre Ferien in Sel verbrachte und später immer wieder hierher zurück kam, benutzte in ihren Romanen viele Namen von Bauernhöfen und Orten der Gegend. Nur der Name des Hofes Jørundgård ist erdacht. Ihn gab es in Sel nie. Wohl aber gab es ein Jørundstad, den wohl größten Gutshof weit und breit, der allerdings bei der Flut von 1789 vollkommen vernichtet und nie wieder aufgebaut wurde.

HOTELS
Høvringen
Brekkeseter Hotell, 130 Betten u. 15 rustikale Almhütten, Tel. 61 23 37 11, www.brekkeseter.no; Restaurant, Reitmöglichkeit.
Haukeliseter Fjellstue, 54 Betten, Tel. 61 23 37 17, www.haukeliseter.no: 6 Miethütten, Restaurant, Bar, Fahrrad- u. Bootsverleih.
Høvringen Høgfjellshotell, 100 Betten, Tel. 61 23 37 22, www.hovringen-hotell.no; geeignet für Rollstuhlfahrer (lt. Hotel), Restaurant, Bar, Fahrrad- u. Bootsverleih, Reitmöglichkeit.
Smuksjøseter Fjellstue, 45 Betten, Tel. 61 23 37 19, www.smuksjoseter.no; Restaurant, Bar, Bootsverleih, Kiosk.
Øigardseter Fjellstue, 80 Betten, Tel. 61 23 37 13, www.oigardseter.no; 4 Miethütten, Restaurant, Bar, Sauna, Fitness. – Und andere Gasthöfe. Nicht alle Berghotels sind ganzjährig geöffnet!

TOUR 18: ÅNDALSNES – DOMBÅS – OTTA – LILLEHAMMER – OSLO

Anlässlich der 100-Jahr Jubiläumsfeier für Sigrid Undset wurde 1982 vor der Kirche von Nord-Sel ein **Denkmal für Kristin Lavranstochter** enthüllt. Die Romanheldin ist als hübsche jugendliche Venus im langen Kleid dargestellt. Die Statue wurde von Kari Rolfsen geschaffen.

Kurz vor der Kirche von Nord-Sel zweigt die Zufahrt zum ganz in der Nähe gelegenen **Jørundgård Mittelalterzentrum** ab (geöffnet 9. Juni - 19. Aug. tgl. 10 - 17 Uhr, www.jorundgard.no).

Dieses Freilichtmuseum mit diversen Holzgebäuden eines rekonstruierten alten Gehöfts samt Stabkirche, wurde 1994 anlässlich der Verfilmung des Romans „Der Kranz" errichtet. Das Buch ist das erste in Sigrid Undsets Trilogie „Kristin Lavransdatter".

Die meisten Häuser sind eingerichtet und in den Ställen und Gehegen sieht man schottische Hochlandrinder, Wildscheine, Schafe u. ä. Außerdem gibt es eine kleine Ausstellung mit Requisiten aus der Filmproduktion. Im Sommer werden Führungen angeboten. Und in der Feriensaison werden alte Handwerks- und Handarbeitsmethoden vorgeführt.

Jedes Jahr am ersten Wochenende im Juli werden in Sel mit Konzerten, Messen, Wanderungen, Vorträgen und Theatervorstellungen auf dem Museumshof Jørundgård die **Kristintage** gefeiert.

Bei Interesse für die Geschichte um Kristin Lavransdatter lohnt ein Abstecher über Nord-Sel nach **Sel**. Der Ortsname stammt übrigens von dem altnorwegischen Wort „Sil", was soviel wie „ruhig fließendes Wasser in Fluss oder Bach" bedeutet.

Wahrscheinlich trug vor Zeiten der größte Gutshof im Tal den Namen „Selsbygd". Das Gut wurde später aufgeteilt in die Höfe Laurgård, Jørundstad und Romundgård.

Das breite, flache Tal von Sel ist uraltes Siedlungsgebiet, das aber immer wieder von Überschwemmungen heimgesucht wurde.

Das dramatischste Ereignis im ganzen Gudbrandstal aber war die **„Storofsen"**, die große Flutkatastrophe von 1789. In alten Aufzeichnungen heißt es, dass es damals Ende Juli drei Tage lang dermaßen geschüttet haben muss, dass die Leute von Sel glaubten, der jüngste Tag sei angebrochen. Von allen Talseiten rutschten riesige Erdlawinen herab. Natürlich traten alle Bäche über die Ufer und wurden zu reißenden Strömen. Der damals größte Hof im Tal, Kristin Lavranstochters Hof Jørundstad, wurde von den Fluten weggerissen. Und als die Wassermassen endlich zurückgingen stellte man fest, dass das Ackerland von einer fast meterdicken Schlamm- und Kiesschicht bedeckt war.

Bis 1897 lebten im Tal viele Wölfe, die vor allem im Winter zur Plage für die Bauern wurden. Immer wieder kam es vor, dass Leute aus Sel, die frühmorgens oder in den Abendstunden der dunkelsten Jahreszeit Moos für ihr Vieh von den Bergen holten, von Wölfen verfolgt wurden. Um sich der Wolfsplage zu erwehren, befestigten sie brennende Kienspäne an ihre Fuhren.

Zu den Sehenswürdigkeiten in **Sel** zählt die **Sel Kirche**. Sie stammt aus dem Jahre 1742 und wartet mit einer wunderschön gearbeiteten **Altartafel** auf. Sie ist eine Arbeit des Holzschnitzers Estin Kjørn von 1783.

Eine der Glocken der Kirche diente lange Zeit als Werksglocke des Kupferwerks in Selsverket.

Kurios klingt die Überlieferung, dass der alte Kirchenzaun, ein Holzzaun im Blockbaustil, bei einer Versteigerung 1878 verkauft wurde. Als Ersatz schuf man eine Kirchenmauer aus Talkstein und Schieferplatten, die seit altersher in der Gegend östlich von Otta in der Nähe des Pillarguri-Gipfels ge-

Kristin Lavranstochter Denkmal vor der Kirche von Nord-Sel

TOUR 18: ÅNDALSNES – DOMBÅS – OTTA – LILLEHAMMER – OSLO

brochen werden. Talkstein, in der Gegend von Sel schon seit der Wikingerzeit gewonnen, ist ein hellfarbenes Mineral, das sich fettig anfühlt und vor allem zur Herstellung von feuerfesten Töpfen und zum Bau von Öfen verwendet wird.

ROUTE: *Vor. Nord-Sel über die E6 nach* **Otta** *(14 km).*

Otta, eine Kleinstadt mit rund 1.700 Einwohnern im oberen Gudbrandsdal, liegt am Zusammenfluß des Otta- und des Lågenflusses. Wichtige Erwerbszweige sind Holz-, Schiefer- und Milchverarbeitung. „Otta" ist eine altnorwegische Bezeichnung für „der Bedrohliche", womit hier wohl der Ottafluss gemeint war.

Ein Fahrweg führt in Otta hinauf auf den rund 900 m hohen **Pilarguritoppen**, der

Im Jørundgård Mittelalterzentrum

südwestlich von Otta liegt. Schöne Ausblicke! Ganz in der Nähe findet man die **Thokamp Wehranlage** und die **Marcello Haugens Hütte**. Das romantisch gelegene Blockhäuschen mit Schieferdach war früher die Sommerhütte des etwas wunderlichen Marcello Haugen, der im bürgerlichen Beruf Lokführer, bei der Bevölkerung aber als großer Hellseher besser bekannt war.

PRAKTISCHE HINWEISE – OTTA

Otta Turistkontor, am Bahnhof von Otta.
Sel Rondane Reiselivslag, Otta Skysstasjon, Ola Dahlsgata 1, 2675 Otta, Tel. 61 23 66 50, www.sel-rondane.no; *geöffnet Mo - Fr 8.30 - 16 Uhr, Mitte Juni bis Ende Aug. tgl. bis 19 Uhr.*

HOTELS

Grand Gjestegård, 20 Zi., Ola Dahls Gate 3B, Tel. 61 23 12 00, Restaurant.
Norlandia Otta Hotell, 85 Zi., Ola Dahls Gate 7, Tel. 61 21 08 00, www.otta.norlandia.no; Restaurant, Sauna, Parkplatz.

CAMPING

Otta Camping og Motel *** [N 61° 46′ 17″ E 9° 30′ 45″], Ottadalen 580, Tel. 61 23 03 09; www.otta-camping.no; 1. Mai – 15. Okt.; westl. Otta, im Zentrum Abzweig bei der ESSO-Tankstelle (nicht über R15!); zum Südufer des Ottaflusses geneigte Wiesen; ca. 1,5 ha – 80 Stpl.; Standardausstattung; Laden; 15 Miethütten. Fremdenzimmer. **Motel**.
Camping Otta Turistcenter *** [N 61°47′39″ E 9°33′8″], Ulvolden, Tel. 61 23 03 23; www.ulvolcen.com; 1. Mai - 30. Sept.; Wiesegelände 2 km nördl. von Otta; 5 ha – 110 Stpl.; Standardausstattung; Imbiss, Cafeteria, WLAN; 4 Miethütten. Bootsverleih.

V & E für Wohnmobile.
Camping Sæta ***, Tel. 61 23 51 47, www.saeta.no; 15. Mai – 15. Sept.; ca. 5 km südl. Otta, an der E6; Wiesen am Lågen-Fluss; ca. 1 ha – 70 Stpl.; 8 Miethütten ** - ***.
Camping Vangen ***, Tel. 61 23 50 57; 1. Juni – 10. Sept.; kleinerer Platz an der E6, ca. 5 km südlich Otta; 1 ha – 25 Stpl.; 7 Miethütten ** - ****.
Camping Øihusviken ** [N 61° 47′ 12″ E 9° 23′ 24″], Tel. 61 23 03 98, www.oihusviken.com; Mitte Mai – Mitte Sept.; unterhalb der R15, ca. 9 km westl. Otta, Richtung Lom; große, ebene Wiese am Otta-Fluss, unterhalb steiler Berge, und im Nadelwäldchen; ca. 1,5 ha – 90 Stpl.; Standardausstattung; 10 Miethütten.

TOUR 18: ÅNDALSNES – DOMBÅS – OTTA – LILLEHAMMER – OSLO

Das Ende des „Schottenzuges"

1612 war die Gegend um Otta Schauplatz einer historischen Schlacht, der Schlacht bei Kringen. Kringen liegt nur wenige Kilometer südlich von Otta an der Ostseite der E6. Am 26. August 1612 kämpfte dort während des Kalmarkrieges eine Schar von miserabel bewaffneten Bauern aus dem Gudbrandsdal gegen ein 550 Mann starkes schottisches Söldnerheer, das der schwedische König nach Norwegen beordert hatte und das wenige Tage zuvor vom Romsdalsfjord aus zum legendären „Skottetoget" aufgebrochen war (siehe auch unter Torvik, Tour 19, Åndalsnes – Molde – Trondheim). Die Bauern besiegten die Schotten schließlich dadurch, dass sie eine Lawine aus Steinen und Bäumen auf ein Trompetensignal hin auslösten, das die Bauerntochter Guri vom Gipfel Pillarguri aus gab, und so einen großen Teil der Söldner töteten. Nach einem eineinhalbstündigen anschließenden Gefecht, war auch der Rest der Schotten besiegt.

Und wie es heißt, wurden die meisten der Gefangenen bei der folgenden Siegesfeier in Kvam einer nach dem anderen getötet. Als dem Massaker endlich Einhalt geboten wurde, waren von den 134 gefangenen Schotten, die eigentlich nach Akershus gebracht werden sollten, wozu aber wegen der Heuernte keine Zeit war, gerade noch 18 am Leben.

Heute erinnert ein Denkmal, das 1912 aufgestellt wurde, an die Ereignisse von 1612. Eine frühere Gedenktafel, die schon zu Zeiten König Christians VI. 1733 angebracht worden war, hatte einstmals ein Engländer, der des Weges kam, mit seiner Pistole zerschossen.

Lange verlief der legendäre Königsweg, den die norwegischen Herrscher von Harald Hårfagre bis Karl Johan auf ihrem Weg von Oslo in die Krönungskirche von Nidaros (Trondheim) nahmen, an den nordöstlichen Hängen des Gudbrandstals (oberhalb der heutigen E6) entlang und weiter über das Dovrefjell. Einer der schwierigsten Punkte war die Passage bei Kringen, dort wo auch die Schottenschlacht stattfand.

Im Gefolge der Könige zog ein gewaltiger Tross von oft über 1.000 Personen. Auch die Königinnen und die königliche Familie begleiteten den Zug. Die hohen Damen reisten gewöhnlich in leichten Coupés. Über die schwierigen Geländepassagen von Kringen aber mußten sie in Sänften getragen werden. Dort war der Weg sehr schmal und höchste Vorsicht war geboten.

Größte Vorsicht ist bei den in der Gegend gelegenen Schieferbrüchen geboten!

Abstecher ins Rondane Gebirge

Otta ist ein guter Ausgangspunkt für Touren in den Nationalpark des **Rondane Gebirges** nordöstlich von Otta.

Mit dem Auto kann man ab Otta über die Rondanestraße, eine steile, gut befahrbare in Serpentinenstraße, bis hinauf zur **Mysuseter** (13 km, mehrere Berghotels und Gasthöfe) fahren. Die Asphaltstraße endet an einer Weggabelung. **Mautpflichtige Straßen** führen von hier nach **Furusjøn** (4 km), nach **Vålåsjøsæter** (7 km) und auf unbefestigter Erdstraße nach **Spranget** (4, 5 km). Hier starten vom **Parkplatz am Ende der Straße** in 1.086 m Höhe **Wanderwege** (Hütten) durch den rund 570 qkm großen **Rondane Nationalpark,** Norwegens ersten Nationalpark. Das Gebiet wurde 1962 unter Naturschutz gestellt.

Die höchste Erhebung in dieser naturschönen Gebirgsregion ist der 2.178 m hohe **Rondslottet**. Bei Kennern ist der Nationalpark bekannt für seine artenreiche Flora und Fauna (u. a. Hermeline, Elche, Schneehühner, Moschusochsen).

Eine der Wanderungen ab Mysuseter bzw. vom Parkplatz Spranget führt zur (auch bei Høvringen erwähnten) Berghütte **Peer Gynt Hytta**. Sie liegt gut zweieinhalb Stunden nordwestlich von Mysuseter, etwa auf halbem Wege nach Høvringen.

Ganz in der Nähe der 1932 erbauten „neuen" Peer Gynt Hütte liegt eine alte Hütte, die in Verbindung gebracht wird mit einer alten Erzählung über den „großen" Jäger Per, die Henrik Ibsen später in seinem Werk „Peer Gynt" verarbeitete.

TOUR 18: ÅNDALSNES – DOMBÅS – OTTA – LILLEHAMMER – OSLO

Wie es heißt, war im Sommer 1842 der Volkskundler und Märchensammler P. Christian Asbjørnsen auf einer Wanderung durchs Gudbrandstal und von Sel hinauf nach Høvringen im Rondane Gebirge. Man übernachtete in der Alm Laurgårdseter und ging anderntags weiter zur Uløyhytta, die auch als „alte" Peer Gynt Hütte bekannt ist. Und man erzählt sich, dass die Uløyhytta so klein gewesen sein soll, dass der sechste Mann in Asbjørnsens Wandergruppe, ein gewisser Per Fugleskjelle, die Tür offen lassen musste, um seine Füße während der Nacht ausstrecken zu können.

Bei diesem Aufenthalt soll Asbjørnsen von Per Fugleskjelle angeblich die Geschichte von der „Rentierjagd in Rondane" erzählt bekommen haben, in deren Mittelpunkt der Prahlhans Per steht, der in seinen Phantasien zum „größten Jäger in Rondane" wird. Bei Ibsen wird Per zu Peer Gynt, der im Verlauf des Dramas kein einziges Wild erlegt, dafür aber Rondane einen Platz in der Weltliteratur verschaffte.

Zitat aus Ibsens „Peer Gynt" nach Hermann Stock: „Inmitten der Ronde-Berge – Hei, welch ein zinnengeschmücktes Schloss! / Wie glastet es dort! / Steh, willst du stehn! Da rückt es weiter und weiter fort!"

Auch in norwegischen Sagen wird das Fondanegebiet oft erwähnt, das in alten Erzählungen als Sitz von Trollen, Zwergen und Geistern gilt. Selbst aus der Wikingerzeit sind hier Gräber und Werkzeuge ausgegraben worden.

ROUTE: *Weiterreise von Otta auf der E5 südwärts über* **Kvam** *nach* **Vinstra**, *30 km.*

Alternativroute über den Peer Gynt Weg

Erste Gelegenheit auf dem Wege von Otta nach Oslo die E6 zu verlassen und auf Nebenstrecken auszuweichen, bietet sich in **Vinstra**, ca. 30 km südlich von Otta. Man kann dort nach Westen auf die R255 abzweigen und durch das **Espedalen** und das **Gausdalen** nach Fåberg an der E6 gelangen.

Lohnend ist auch der Weg über den **Peer-Gynt-Weg**, eine mautpflichtige (automatische Schranke zu bedienen mit Münzen oder Kreditkarte), meist unbefestigte Erdstraße,

HOTELS

Kvam
Rondablikk Høyfjellshotell, 72, Tel. 61 29 49 40, www.rondablikk.no; geöffnet Anf. Juni – Ende Apr.; ca. 12 km nördl. Kvam 910 m hoch gelegenes Berghotel, Sauna, Schwimmbad.

Vinstra
Sødorp Gjestgivergård, 50 Betten, Tel. 61 29 10 00, www.sodorp-gjestegard.no; Restaurant, Schwimmbad.

CAMPING

Sjoa
Camping Sjoa *** [N 61° 40' 54.08" E 9° 32' 21.05"], Tel. 61 23 60 36, www.sjoa.no; Ende Mai – Anf. Sept.; Abzweig von der E6 auf die R257; Wiesen am Lagen Fluß; ca. 2 ha – 120 Stpl.; Standardausstattung; 8 Miethütten.
Åmotcamping **, Tel. 61 23 60 37; Mitte Juni – Ende Aug.; an der R257; kleinere Anlage; 10 Miethütten. **Jugendherberge**.

Kvam
Kirketeigen Ungdomssenter og Camping ***, Tel. 61 29 40 82; Anf. Jan. – Ende Dez.; Zufahrt über E6; ca. 1 ha – 50 Stpl.; Standardausstattung; Laden, Imbiß, 18 Miethütten ** - ****.

Vinstra
Bøygen Camping *** [N 61° 36' 34.19" E 9° 44' 2.15"], Tel. 61 29 01 37, www.boygen.no; 20. Juni – 1. Sept.; nördl. Vinstra, an der E6; Miethüttenanlage (25 Miethütten *** - ****) mit Campingmöglichkeit, 20 Stpl.
Camping Furuheim **, Tel. 61 29 09 81; 1. Juni – 1. Sept.; an der R255, westl. Vinstra; kleinere Miethüttenanlage (11 Miethütten **) mit Campingmöglichkeit.

TOUR 18: ÅNDALSNES – DOMBÅS – OTTA – LILLEHAMMER – OSLO

die ab **Lo**, westlich von Vinstra, hinauf zum Ferien- und Wintersportgebiet **Gåla/Wadahl** (Berghotels) führt. Von der Höhenstraße, die bis auf über 1.000 m ansteigt, hat man bei klarem Wetter prächtige Ausblicke nach Norden zum Rondane Gebirge oder nach Westen bis zum Jotunheimen Gebirge.

Die Straße durchzieht ein Gebiet, in dem die legendäre Gestalt *Peer Gynt Eidsvoll* gelebt haben soll. Der Dramatiker Ibsen hat Peer Gynt zur tragischen Hauptfigur in seinem gleichnamigen Werk gemacht. Eine Gedenktafel an Peer Gynt ist auf dem Sødorp-Friedhof bei Vinstra zu finden.

Der Peer-Gynt-Weg passiert später das Wintersportgebiet Gausdal/Skeikampen (Hotels, Ferienhütten, Camping), um schließlich hinunter nach **Svingvold** an der R254 zu führen. Von hier kann man südwärts über **Follebu** nach **Fåberg** an der E6 weiterfahren.

Literaturliebhaber wird interessieren, dass in **Aulestad**, kurz vor Follebu, das Haus des Dichters, Theaterdirektors und Literaturnobelpreisträgers (1903) **Bjørnstjerne Bjørnson** (1832 – 1010) zu besichtigen ist, das er von 1874 bis zu seinem Tode im April 1910 zusammen mit seiner Frau Karoline bewohnte *(geöffnet Mitte Mai - 30. Sept. tgl. 11 - 16 Uhr, Juni - Aug. tgl. 10 - 17 Uhr)*.

HAUPTROUTE

ROUTE: *Folgt man ab Vinstra nicht dem Umweg über den Peer-Gynt-Weg, sondern fährt weiter auf der E6, durchquert man zunächst das überaus reizvolle, sanfte, weite* **Gudbrandsdal** *mit dem breiten Fluss Lågen. An den grünen Talhängen liegen Höfe verstreut, von denen viele auf eine jahrhundertelange Tradition zurückblicken können. Wenig später kommt man durch* **Ringebu** *(Camping Enden [N 61° 33' 05.6" E 10° 03' 04.6"] an der alten E6) mit seiner sehenswerten* **Stabkirche** *[N 61° 30' 30.6" E 10° 10' 23.0"] (9 - 17 Uhr, www. stavechurch.no) 1 km östlich des Ortes und erreicht über* **Tretten** *[N 61° 18' 45.6" E 10° 18' 05.8"] (Abzweig Richtung Gaustal zum Peer-Gynt-Weg, teils steil und kurvenreich),* **Hunderfossen** *und* **Fåberg** *nach 110 km schließlich* **Lillehammer**.

Nach einer Autoreise durch Norwegen wird man irgendwann die Leistungen, die das Land in den vergangen Jahrzehnten im Straßen- und Tunnelbau vollbracht hat, bewundern.

Mein Tipp! Wer sich dafür interessiert, sollte nicht versäumen, 15 km nördlich von Lillehammer bei **Hunderfossen**, das **Norwegische Straßenbaumuseum** zu besichtigen **[N 61° 13' 35.0"   E 10° 25' 40.2"]** *(geöffnet 18. Mai - 31. Aug. tgl. 10 - 18 Uhr; 1. Sept. - 17. Mai tgl. a. Mo 10 - 15 Uhr; www.vegmuseum. com)*. Von der E6 bei Hunderfossen beschilderte **Ausfahrt Vegmuseum**, danach links Richtung Hunderfossen, über die Flussbrücke und noch 2 km.

Es gibt ein Innenmuseum und eine Freilichtabteilung (Maschinen, Werkzeuge, Museumstunnel).

Neben der Geschichte des Straßenbaus in Norwegen erzählt das Museum mit seinen Ausstellungen und Exponaten auch etwas über die Entwicklung der Motorisierung des Landes seit 1960. Erst seit 1960 ist es in Norwegen nämlich auch jeder Privatperson möglich, ein Auto zu erwerben. Davor war das nur auf Antrag und nur bestimmten Berufsgruppen möglich.

Achten Sie im Museum auf das schnittige, cremefarbene Coupé des „Trollautos". Es ist das einzige noch erhaltene Exemplar von insgesamt fünf in Lunde (Telemark) gebauten Autos, die Beginn und Ende der kurzen norwegischen Autoindustrie darstellen.

Außerdem kann man den ganz in der Nähe des Straßenbaumuseums auf der westlichen Seite des Flusses Losna gelegenen **Hunderfossen Familiepark** besuchen, mit Märchengrotte, Wachsfigurenkabinett, Fahrgeschäften, Shows und anderen Attraktionen für die ganze Familie; Restaurants, Cafeteria, Minigolf *(geöffnet 1. Juni - 31. Aug. tgl. 10 - 17 Uhr, im Juli bis 20 Uhr; www.hunderfossen.no)*.

Für Familien mit Kindern sind Besuche im **Lilleputthammer Lekeby** in **Øyer**, einer Spielstadt mit Lillehammers Hauptstraße in Miniatur, östlich der E6 gelegen *(geöffnet Mitte Juni - Mitte Aug. tgl. 12 - 18 Uhr, www. lilleputthammer.no)*, oder auf dem „Kinderhof" **Barnas Gård** in **Høistad** mit vielen Tieren und Ponys sicher auch ein Erlebnis *(geöffnet Ende Juni - Mitte Aug. tgl. 10 - 16 Uhr, www. barnasgard.no)*.

Camping siehe bei Lillehammer.

Lillehammer, ca. 26.000 Einwohner, Austragungsort der XVII. Olympischen Winterspiele 1994, ist die Verwaltungshauptstadt

TOUR 18: ÅNDALSNES – DOMBÅS – OTTA – LILLEHAMMER – OSLO

der Provinz Oppland. Die relativ junge Stadt – Lillehammer erhielt erst 1842 Stadtrechte – liegt am Nordende des langgestreckten Sees Mjøsa und wird als „Tor zum Gudbrandsdal" bezeichnet, das nördlich anschließt.

Die verkehrsgünstige Lage und die zahlreichen Freizeitmöglichkeiten im Sommer wie im Winter (Wassersport auf dem Mjøsa, Bootsausflüge, Wandergebiete Nordseter und Sjusjøn im Osten, Langlauf und Abfahrtsski etc.), haben Lillehammer zu einem wichtigen Zentrum des Fremdenverkehrs im Lande gemacht.

Zu den **Sehenswürdigkeiten Lillehammers** zählt – neben der hübschen Fußgängerzone Storgata – das modern erweiterte **Kunstmuseum** am Marktplatz Stortorget mit einer Gemäldesammlung vor allem norwegischer Künstler *(geöffnet tgl. a. Mo 11 - 16 Uhr)*.

Wer sich für Oldtimer interessiert wird einen Besuch im **Norwegischen Fahrzeugmuseum** am Lilletorget 1, mit einer Reihe interessanter historischer Fahrzeuge nicht versäumen *(geöffnet Mo - Fr 11 - 15, Sommer bis 16 Uhr, Sa + So 11 - 16 Uhr)*.

Der repräsentativste Stadtbau aus der vorolympischen Zeit Lillehammers ist das 1895 für die Sparebank Lillehammer im neoklassizistischen Stil errichtete Verwaltungsgebäude in der Kirkegate 41. Es galt damals als das imposanteste Gebäude in ganz Oppland und dient heute – schön restauriert – als **Lillehammers Kulturzentrum**.

Die neue **Håkons-Halle** mit Platz für rund 10.000 Zuschauer, 1994 Lillehammers Olympiahalle und Schauplatz der Eishockeyaustragungen, dient der Stadt als Konzert- und Mehrzweckhalle für Veranstaltungen aller Art. Sie zählt zu den Sehenswürdigkeiten der Stadt.

Gleich daneben liegt das **Norwegische Olympia Museum** *(geöffnet 1. Juni - 31. Aug. tgl. a. Mo 10 - 17 Uhr; 1. Sept. - 31. Mai tgl. 10 - 17 Uhr, www.ol.museum.no)* Die Ausstellungen befassen sich mit Einzelheiten über die Geschichte der Olympischen Spiele (Sommer- und Winterspiele) von 1896 bis heute. Eine spezielle Abteilung ist den Olympischen Spielen 1994 in Lillehammer gewidmet. Es wird ein Film über die Abschlussfeier in Lillehammer 94 gezeigt.

Sportbegeisterte werden sich sicher auch die olympischen Anlagen mit den Lysgårdsbakkene Sprungschanzen, die Olympische Bob- und Rodelbahn in Fåberg, die Fjellhalle in Gjøvik und die Eisschnelllaufhalle in Hamar anschauen wollen.

Mein Tipp! Bedeutendste Sehenswürdigkeit der Stadt ist aber nach wie vor das **Freilichtmuseum** in **Maihaugen [Abzweig zum Museum N 61° 06' 40.9" E 10° 27' 59.5"]** *(geöffnet 18. Mai - 30. Sept. tgl. 10 - 17 Uhr, 1. Okt. - 17. Mai tgl. a Mo 11 - 16 Uhr; www.maihaugen.no)*. Hier wird mit der sog. „Sandvigschen Sammlung" – benannt nach dem Arzt und Heimatkundler *Anders Sandvig*, der das erste Haus und die ersten Bauernmöbel Ende des 19. Jh. herher bringen ließ – ein ausgezeichneter, fundierter Überblick über

Stabkirche im Freilichtmuseum Maihaugen, Lillehammer

PRAKTISCHE HINWEISE – LILLEHAMMER

Lillehammer Turistkontor, Jernebanetorget 2 (Bahnhofsgebäude) 2609 Lillehammer, Tel. 61 28 98 00, www.lillehammerturist.no; *geöffnet Ende Juni - Mitte Aug. Mo - Fr 9 -18, Sa + So 10 - 17 Uhr. Übrige Mo - Fr 9 - 16 Uhr.*

HOTELS

Birkebeineren Hotell/Motell, 61 Zi. + App., Birkebeinerveien 24, Komforthotel im Olympiapark, Tel. 61 26 47 00, www.birkebeineren.no; Restaurant, Parkplatz.
Breiseth First Hotell, 69 Zi., Jernbanegt. 1 – 5, Tel. 61 24 77 77, www.firsthotels.com; Restaurant, Sauna, WLAN, Parkplatz.
Clarion Collection Hotel Hammer, 134 Betten, Storgata 108B, Tel. 61 26 73 73, Nichtraucherhotel, Restaurant, Parkplatz.
Mølla Hotell, 58 Zi., Elvegt. 12, Tel. 61 05 70 80, Restaurant.
Rica Victoria Hotel, 109 Zi., Storgata. 84 B, Tel. 61 25 00 49,www.rica-hotels.com, Restaurant, Schwimmbad, Parkmöglichkeit.

CAMPING

Lillehammer Camping **** [N 61° 6′ 9″ E 10° 27′ 48″]**, Dampsagveien 47, Tel. 61 25 33 33, www.lillehammer-camping.no; Ausfahrt E6 Lillehammer Sentrum; Anf. Jan. – Ende Dez.; fast ebenes Wiesengelände südlich des Ortes am Ostufer des Mjøsa; ca. 7 ha – 300 Stpl.; Komfortausstattung, Laden, Imbiss. 5 Miethütten **. V & E für Wohnmobile.
Lillehammer Turistsenter ** [N 61° 07′ 36.4″ E 10° 26′ 26.0″]**, Tel. 61 25 97 10, Sandheimsbakken 20; 1. Juni – 31. Aug.; über E6 Ausfahrt Lillehammer Nord; breite Wiesenterrassen mit Birken, oberhalb der geräuschvollen E6, ca. 2,5 ha – 225 Stpl.; zeitgemäße Sanitärausstattung. Laden, Fahrradverleih. Hotel. 12 Miethütten ** - ****. V & E für Wohnmobile.

Hunderfossen
Camping Hunderfossen * [N 61° 13′ 09.7″ E 10° 26′ 18.4″]**, Tel. 61 27 73 00; www.hunderfossen-camping.no; 15. Juni – 15. Aug.; zwischen Bahnlinie und dem Westufer des Flusses gelegen; ausgedehntes, ebenes Wiesengelände unterhalb des Hunderfossen Familieparks; ca. 10 ha – 300 Stpl., gute Standardausstattung. Restaurant, Imbiss, Fahrrad- und Bootsverleih, Schwimmbad. 61 Miethütten ** - *****. Motel. **V & E für Wohnmobile**.

Campings südlich von Lillehammer
Camping Brøttum **, Tel. 62 36 02 75; 15. Mai – 15. Sept.; über die R213 ca. 13 km südl. Lillehammer, an der Ostseite des Mjøsa-Sees; ca. 1,5 ha – 70 Stpl.; Standardausstattung; 18 Miethütten **.
Camping Samuelstuen **, Tel. 62 36 03 90; 1. Jan. – 31. Dez.; ca. 15 km südl. Lillehammer, über die R213; an der Ostseite des Mjøsa-Sees, zum See geneigte Wiesen; ca. 2 ha – 60 Stpl.; Standardausstattung; Laden, 19 Miethütten ** - ****
Camping Stranda * [N 61° 01′ 19.4″ E 10° 27′ 15.1″]**, Tel. 61 18 46 72; Anf. Feb. – Ende Okt.; ca. 14 km südl. Lillehammer; langgestrecktes Wiesengelände zwischen Straße E6 und dem Westufer des Mjøsa-Sees; ca. 6 ha – 300 Stpl.; Standardausstattung; Laden, 25 Miethütten ** - ****.

Kultur, Architektur, Volkskunst, Brauchtum und Lebensweise der Menschen im Gudbrandsdal und angrenzenden Regionen vor dem 19. Jh. geboten. Dieses Museum ist mit über 150 Gebäuden das bedeutendste seiner Art in Norwegen, nur noch übertroffen vom Volksmuseum auf Bygdøy in Oslo.

Zu sehen gibt es neben der wiederaufgebauten Stabkirche von Garmo aus dem frühen 13. Jh., zahlreiche Gehöfte mit schön möblierten Bauernstuben, dann Speicher und Scheunen, Stallungen und Werkstätten, Sennhütten, Berghöfe etc. Alleine schon ein Spaziergang durch den weiten, wunder-

TOUR 18: ÅNDALSNES – DOMBÅS – OTTA – LILLEHAMMER – OSLO

schönen Maihaugenpark, in dem die einzelnen Museumshöfe verteilt liegen, lohnt den Weg hierher.

Bemerkenswert ist schließlich noch das **Haus Bjerkebæk**, von 1919 bis 1949 Wohnsitz der Schriftstellerin und Nobelpreisträgerin (1928) Sigrid Undset (1882 – 1949), *geöffnet Juni - Aug tgl. 10 - 17, Sept bis 16 Uhr.*

Ausflüge ab Lillehammer

Zu den beliebtesten **Ausflügen** im Sommer wird eine Fahrt auf dem **See Mjøsa** mit dem **Veteranendampfer „Skibladner"** gezählt (www.skibladner.no, auch Deutsch).

Der 1856 in Dienst gestellte Schaufelraddampfer, von Einheimischen liebevoll auch „Der weiße Schwan des Mjøsa" genannt, bedient heute als Ausflugsboot die Strecke zwischen Lillehammer, Gjøvik, Hamar und Eidsvoll.

Der Mjøsa ist Norwegens größter See. Er ist gut 100 km lang und stellenweise bis 450 m tief. Und der mittlerweile über 150 Jahre alte „Skibladner" braucht heute wie früher für die Reise vom Süd- zum Nordende des See zwei Tage. Wenig geändert hat sich auch auf der Speisekarten des Schiffsrestaurants. Noch heute werden nach alter Tradition Lachs, Gurkensalat und Erdbeeren mit Sahne serviert.

Achtung Routenalternative! Falls Sie auf die unten beschriebene Alternativroute über Elverum verzichten, bitte weiter mit **„Hauptroute"** weiter hinten.

Alternativroute über Elverum

Wer gerne auf abgeschiedenen Wegen fährt, oder gerne Wandertouren unternimmt, dem empfiehlt sich der Weg von Lillehammer über den historischen **Birkebeinerveien** nordostwärts ins **Østerdalen** an der R3.

Die Straße führt vom nördlichen Stadtbereich von Lillehammer hinauf zu den Berghotels von **Nordseter** (Ausgangspunkt für Wandertouren). Hier nimmt man die mautpflichtige Privatstraße ostwärts zu den Gebirgshotels von **Sjusjøen**, folgt dort der später auch mautpflichtigen Straße nordwärts und stößt an der Hütte **Storstilenseter** auf den eigentlichen Birkebeinerveien.

Besonders schöne Ausblicke sind vom 1.090 m hohen **Skollfjellet** weiter nördlich etwa auf halbem Wege und später noch

Der historische Raddampfer „Skibladner"

einmal kurz vor Erreichen des **Østerdalen** möglich. In den höheren Lagen ist die Straße, deren Verlauf im 13. Jh. schon die Getreuen König Håkon Håkonssons auf Birkenskiern folgten, nicht befestigt.

ALTERNATIVROUTE: *Vom Østerdalen über die R3 südwärts bis* **Elverum** *in der Provinz Hedmark.*

Elverum (ca. 10.000 Einw.), ein wichtiger Verkehrsknotenpunkt des Straßen- und Schienenverkehrs, liegt an Norwegens längstem Fluss, der Glomma (auch Glåma geschrieben). Der Glomma entspringt nördlich der alten Bergbaustadt Røros weiter nördlich in der Nähe der schwedischen Grenze und durchzieht das größte zusammenhängende Waldgebiet Ostnorwegens, um nach rund 600 km bei Fredrikstad in den Oslofjord zu münden.

Der Fluss Glomma ist seit altersher der wichtigste Transportweg für die Holzstämme, die aus den Weiten der Wälder zu den Verarbeitungsstätten in den Papiermühlen und Holzfabriken geflößt werden.

Ein wichtiger Umschlagplatz dabei ist Elverum. Kaum verwunderlich also, dass eines der Museen der Stadt, das **Norwegische Forstmuseum Skogbruksmuseum**, Solørveien 151, sich ganz ausführlich mit der Forstwirtschaft und mit der Jagd be-

TOUR 18: ÅNDALSNES – DOMBÅS – OTTA – LILLEHAMMER – OSLO

schäftigt *(geöffnet tgl. 10 - 16 Uhr, Juli + Aug. bis 17 Uhr, www.skogmus.no).*

Sehenswert ist auch das **Glomdalsmuseet**, Museumsveien 15, am Westufer der Glomma, ein Freilichtmuseum mit über 90 alten Gehöften und Gebäuden teils aus dem 17. Jh., das zu den schönsten und größten im Lande gehört *(1. Juli - 31. Aug. tgl. 10 - 17 Uhr, übrige Zeit bis 16 Uhr, www.glomdal.museum.no).*

Das riesige Waldgebiet der Provinz Hedmark, das von Poeten schon als der „grüne Ozean Ostnorwegens" bezeichnet worden ist, hat mit seiner Stille und Abgeschiedenheit außerhalb der wenigen Orte seine Bewohner geprägt, so wie die Weiten und die langen Nächte der Finnmark oder die Welt der Fjorde im Westen ihre Bewohner geprägt haben. Diese Region war besonders reich an Legenden, Märchen und Geschichten in denen Waldgeister, Feen, Trolle und Huldra-Hexen immer eine Hauptrolle spielten.

Ein für ganz Norwegen historisches Ereignis fand in Elverum statt, als sich hier im April 1940 das Norwegische Parlament zum letzten Mal traf, bevor die Stadt durch Bomben zerstört wurde. Auf dieser Sitzung wurde König Håkon dazu aufgefordert ins Exil zu gehen und von dort aus den Widerstand gegen die Besatzer der Wehrmacht zu betreiben.

ALTERNATIVROUTE: *Weiterreise ab Elverum über die R3/R25 westwärts nach* **Hamar** *an der E6.*

HAUPTROUTE

ROUTE: *Der Verlauf unserer* **Hauptroute** *folgt ab* **Lillehammer** *entweder der E6 am Westufer oder der R123 am Ostufer des Sees* **Mjøsa** *bis* **Moelv** *und weiter bis* **Hamar**. *Nimmt man die E6, wird der See Mjøsa kurz vor Moelv auf der 1,42 km langen Mjøsabru überquert.*

Südlich von Moelv verdienen bei **Stein** die Ruinenreste einer **Festung** von König Håkonsson aus dem 13. Jh. und bei **Ringsaker** die **Kirche** aus dem 12. und 13. Jh. mit flandrischer Altartafel aus dem 16. Jh. Beachtung.

Über **Brumunddal** erreicht man **Hamar** (ca. 27.000 Einwohner), Verwaltungshauptort der Provinz Hedmark.

Hamar war vom 12. Jh. bis zur Reformation bedeutender Bischofsitz. Zeugen aus jener Zeit sind die Reste einer gotischen **Kathedrale** (Domkirche), die, im 12. Jh. errichtet, 1577 aber von den Schweden zerstört wurde. Die neue Bistumskathedrale von Hamar wurde 1866 fertiggestellt.

Auf derselben Halbinsel am Mjøsa im Südwesten der Stadt, auf der die Ruine der Domkirche liegt, befindet sich auch das **Hedmarks Museum**, Strandvn. 100, ein Freilichtmuseum mit historischen alten Häusern aus der Provinz *(geöffnet Mitte Juni - Mitte Aug. tgl. 10 - 18 Uhr, übrige Zeit bis 16 Uhr und Sa + So geschlossen).*

Eine sehr besuchenswerte Sehenswürdigkeiten der Stadt Hamar ist das **Norsk Jernbanemuseet** [N 60° 47′ 59.2″ E 11° 01′ 39.9″] *(geöffnet ganzjährig 11 - 17 Uhr, 1. Juli bis 19. Aug. bis 17 Uhr; Winterhalbjahr*

PRAKTISCHE HINWEISE – ELVERUM

Elverum Turistinformasjon, Solørveien 151, 2403 Elverum, Tel. 62 40 90 45, www.visitelverum.com.

HOTELS

Central Rica Hotel, 95 Zi., Storgt. 22, Tel. 62 40 10 00, www.hotel-central.no; zentral gelegenes Komforthotel, Restaurant.
Elgstua Gjestgiveri, 19 Zi., Trondheimsveien 9, Tel. 62 443 10 10, www.elgstua.no; 1,5 westl. Elverum, Gasthof der einf. Kat., WLAN, Restaurant

CAMPING

Elverum Camping * [N60° 52′ 1″ E 11° 33′ 22″],** Halvdans Gransvei 6, Tel. 62 41 67 16, www.elverumcamping.no; 1. Mai – 15. Sept.; südl. der Stadt über R20; Wiesengelände am Glåma Fluss; ca. 5 ha – 230 Stpl.; einfache Standardausstattung; Kiosk, Fahrradverleih. 30 Miethütten. **V & E** **für Wohnmobile**.

TOUR 18: ÅNDALSNES – DOMBÅS – OTTA – LILLEHAMMER – OSLO

PRAKTISCHE HINWEISE – HAMAR

Hamar-regionen Reiseliv, Vikinskipet, 2304 Hamar, Tel. 62 51 75 41; www.hamarregionen.no.

HOTELS
Quality Hotel Astoria, 108 Betten, Torggt. 23, Tel. 62 70 70 00, www.choice-hotels.no, komfortables, nüchternes, zentrales Stadthotel, Restaurant.
First Hotel Victoria, 115 Zi., Strandgaten 21, Tel. 62 02 55 00, www.first-hotels.com, zentral gelegenes Komforthotel, WLAN, Restaurant, Parkplatz.
Rica Hotel Hamar, 176 Zi, Kårtorpvegen 1, Olrud City, Furnes, 4 km nördl. Hamar, Tel. 62 35 01 00, www.rica.no, modernes Konferenzhotel, Restaurant, Sauna, Schwimmbad, Parkplatz.

Mo geschlossen; www.norsk-jernbanemuseum.no).

Hier im Norwegischen Eisenbahnmuseum, das in den vergangenen Jahren wesentlich erweitert und so zu einem der größten Technikmuseen des Landes wurde, sind neben historischen Bahnhofsgebäuden, Zügen und Lokomotiven natürlich auch Signale, Uniformen etc. zu sehen. Und die 35 m lange Modelleisenbahn erfreut sich bei Jung und Alt größter Beliebtheit.

Den Zugang zum Freilichtteil des Museums erreicht man mit dem Nostalgiebähnchen „Tertitt", das vom Eingangsgebäude zum anderen Ende des Geländes mit Lokomotivschuppen jeweils zur vollen Stunde zwischen 11 und 16 Uhr fährt. Fahrpreis ist im Museumseintritt enthalten.

Die Geschichte der norwegischen Auswanderer, die es zwischen 1870 und 1910 vor allem in den amerikanischen Mittelwesten zog, wird im **Norsk Utvandrermuseum [N 60° 47′ 06.9″ E 11° 07′ 27.2″]** in **Ottestad** bei Hamar dokumentiert (geöffnet Mo - Sa 10 -16, So 12 - 16 Uhr; www.museumsnett.no/emigrantmuseum).

ROUTE: Auf der größtenteils autobahnähnlich ausgebauten E6 erreicht man nach rund 125 km die **Hauptstadt Oslo.** Genaue Stadtbeschreibung mit Sehenswürdigkeiten, Hotels und Campingplätzen etc. siehe Tour 2, Oslo.

Auf dem Weg nach Oslo **(Rastplatz mit V & E für Wohnmobile N 60° 40′ 45.8″ E 11° 17′ 08.4″]** auf der E6 kann man in **Hammerstad,** westlich von Eidsvoll, einen **Museumshof** (Bygdetun) besichtigen.

Wenige Kilometer südwestlich von Eidsvoll **[Abzweig N 60° 19′ 44.0″ E 11° 12′ 20.8″]** liegt **Eidsvoll Verk.**

Eidsvoll Verk (Achtung! Nicht verwechseln mit dem einige Kilometer entfernten Eidsvoll!) ist eine der namhaftesten Städte in der Geschichte Norwegens. Eidsvoll Verk wird deshalb gerne auch als „Wiege der Freiheit" bezeichnet.

Nicht ganz zu Unrecht. Denn im historischen, sehr repräsentativen **Eidsvollgebäude „Eidsvoll Bygningen" [N 60° 17′ 58.6″ E 11° 10′ 04.7″]**, der damaligen sehr repräsentativen Villa des Eisenwerkbesitzers Carsten Anker (1747 – 1824), wurde am 17. Mai 1814 von der hier einberufenen Reichsversammlung **Norwegens Verfassung** verkündet und damit der Grundstein für ein „neues" wieder unabhängiges Reich gelegt.

Das Eidsvollgebäude, heute Museum, kann auf Führungen (auch in englischer Sprache) besichtigt werden (geöffnet 1. Mai - 31. Aug. tgl. 10 - 17 Uhr, Apr. + Sept. Di - Fr 10 - 15, Sa + So. 12 - 17 Uhr; 1. Okt. - 31. März Mi - Fr. 10 - 15, Sa + So 12 - 17 Uhr; www.eidsvoll1814.no).

ROUTE: Zurück zur E6 und südwärts, vorbei an Oslo (Tour 2), **Frederikstad** und **Halden** (Tour 1) und weiter durch Schweden zum Fährhafen **Helsingborg [N 56° 02′ 43.9″ E 12° 41′ 39.4″].**

215

NORWEGENS NORDEN

Hamnøy auf der Lofoteninsel Moskenesøya

WESTNORWEGEN UND DIE INSELWELT DER LOFOTEN

6 TOUREN (PLUS 1 ALTERNATIVE) – CA. 7 TAGE

Tour 19: Åndalsnes – Molde – Kristiansund – Trondheim, S. 218

Alternativ-Tour 20: Åndalsnes – Dombås – Trondheim, S. 225
– Umweg über Røros, S. 226

Tour 21: Trondheim, S. 232

Tour 22: Trondheim – Mosjøen, S. 243
– Alternativroute über Namsos (via R17), S. 244
–– Abstecher nach Rørvik, S. 246

Tour 23: Mosjøen – Bodø – Lofoten, S. 255

Tour 24: Lofoten Inseln, S. 272

Tour 25: Vesterålen Inseln – Narvik, S. 284

TOUR 19: ÅNDALSNES – KRISTIANSUND – TRONDHEIM

ÅNDALSNES – KRISTIANSUND – TRONDHEIM

Länge dieser Tour: Rund 330 km + 2 Fähren.

Die Route: R64 bis **Åfarnes** – Fähre nach **Sølsnes** – R64 bis **Molde** – R64 bis **Bremsnes** – Fähre nach **Kristiansund** – R70/E39 bis **Kanestraum** – Fähre nach **Halsa** – E39 über **Orkanger** bis **Heimdal** – E6 bis **Trondheim**.

Abstecher: Von Orkanger nach **Løkken**.

Reisedauer: Mindestens ein Tag, besser zwei Tage.

Reisehöhepunkte: Eine Wanderung zur **Marmorhöhle Trollkyrkja *** – die Küstenstraße **Atlanterhavsveien** – das **Nordmøre Museum** in Kristiansund – ein Schiffsausflug zur **Insel Grip**.

Kleiner Tipp zur Routenauswahl: Falls Sie, z. B. aus Zeitgründen, überlegen, welche der Touren Sie für die Weiterreise nach Norden vorziehen sollten – diese nachfolgend beschriebene Tour 19 über Molde und Kristiansund oder die nächste Tour 20 über Dombås – sei erwähnt, dass **der Umweg über Kristiansund nur gewählt werden sollte**, wenn man viel Zeit mitbringt. Man versäumt nicht allzuviel, wenn man Kristiansund nicht gesehen hat. Weder landschaftlich noch städtebaulich bietet die Stadt Außergewöhnliches, das als „Muss" auf einer Reise bezeichnet werden

könnte. Interessant allerdings ist eine Bootsfahrt von Kristiansund zur recht weit vorgelagerten Insel Grip.

ROUTE: *Von Åndalsnes über die Straße 64 und über* **Isfjorden** [N **62° 34' 38.3"** E **7° 46' 53.1"**] *nach* **Åfarnes** *(35 km) am Langfjord.*

Einige Kilometer westlich von Isefjord passiert die R64 **Torvik**. In der dortigen Gegend ereignete sich im 17. Jh. ein für die norwegische Geschichte historisches Ereignis, der historische **„Schottenzug"**. Ein Gedenk-

TOUR 19: ÅNDALSNES – KRISTIANSUND – TRONDHEIM

Die Story vom „Schottenzug"

Im 17. Jh. gehörte Norwegen zu Dänemark. Folglich mussten die Norweger während des Kalmarkrieges 1612 auf der Seite Dänemarks gegen Schweden zu Felde ziehen.

Der schwedische König Karl IX. hatte sich damals die Dienste eines schottischen Söldnerheeres erkauft, das auch bald eintraf und am 20. August 1612 im Romsdalsfjord in der Nähe von Klungnes ankerte. Noch heute heißt dort ein Weiler „Skotthamaren".

Peder Klungnes, ein Bauer aus der Gegend von Torvik, glaubte in den ankernden Schiffen holländische Getreidefrachter zu erkennen und ruderte hinaus, um Getreide zu kaufen. Viel zu spät bemerkte er, dass es sich nicht um Kauffahrer, sondern um feindliche Schiffe handelte. Zu spät. Der Landmann wurde festgenommen und gezwungen, den Schotten auf dem legendären **„Skottetoget"** (Schottenzug) von 1612 den Weg ins Gudbrandstal und möglichst in den Rücken der dänisch-norwegischen Heere zu zeigen.

Peder Klungnes nun, ein aufrechter Patriot, tat sein möglichstes, ja die längsten Umwege zu wählen. In der Zwischenzeit hatten die Norweger Zeit ihre Streitkräfte zu sammeln und durch Feuer auf den Bergen vor der nahenden Gefahr zu warnen.

Die Bauern vom nördlichen Gudbrandstal sammelten sich bei Kringen (südl. von Otta, siehe dort). Dort bereiteten sie eine riesige Lawine aus Steinen und Baumstämmen vor, die so raffiniert angelegt war, dass sie auf einen lauten Trompetenstoß, den das Mädchen Guri (Denkmal in Otta) dann von der Anhöhe Pillarguri auf ihrer Lure kräftig ertönen ließ, auf das feindliche Heer hinab prasselte. Die Schotten wurden besiegt und Peder Klungnes zum Volkshelden.

stein gut 2 km westlich von Torvik an der Straße nach **Klungnes** erinnert daran.

ROUTE: *Ab* **Åfarnes** [N **62° 39' 50.6"** E **7° 30' 18.7"**] *mit der* **Fähre nach Sølsnes** [N **62° 41' 05.4"** E **7° 27' 52.2"**] *(zwischen ca. 5.30 und 23 Uhr täglich bis zu 31 Abfahrten, Fahrzeit 15 Min.). Später überquert man rund 10 km weiter nördlich bei* **Grønnes** *eine mautpflichtige Brücke und erreicht bald darauf* **Molde**.

Molde [N **62° 44' 13.1"** E **7° 10' 10.2"**], ca. 24.000 Einw., Hauptverwaltungsort der Provinz Møre og Romsdal, kann auf eine über 200jährige Tradition als Handelsstadt zurückblicken.

Die Stadt im inneren Moldefjord trägt den Beinamen "Stadt der Rosen". Vielleicht ist das schmückende Attribut auf das relativ milde Klima, gefördert durch die geschützte Lage der Stadt, zurückzuführen, das Blumen- und Rosenzucht ermöglichte. Zumindest im Rathaus wird mit dem städtischen Rosengarten dem Anspruch „Stadt der Rosen" zu sein, Rechnung getragen.

Molde wurde im Zweiten Weltkrieg stark zerstört und präsentiert sich dem Besucher heute mit einem modernen Stadtbild.

Keinesfalls versäumen sollte man den Blick vom nordwestlich der Stadt gelegenen, 407 m hohen **Hausberg „Varden"** auf das berühmte Moldepanorama, mit dem Moldefjord und den dahinter aufragenden (angeblich 87) Berggipfeln. Dieser Blick ist die große Attraktion der Stadt.

Lohnend ist weiter ein Besuch des **Romsdalsmuseums**, Per Amdamsv. 4, (geöffnet Mitte Juni - Mitte Aug. Mo - Sa 11 - 15 Uhr, So 12 - 15 Uhr, im Juli tgl. bis 18 Uhr, www.romsdalsmuseet.no). Zahlreiche schöne historische Holzhäuser, Gehöfte und Gebäude aus der Provinz wurden hier zu einem sehenswerten Museumsdorf zusammengetragen.

Bei längerem Aufenthalt sollte eine Bootstour ab Torgkai zum im Moldefjord vorgelagerten **Inselchen Hjertøya** eingeplant werden. Fahrtdauer rund 15 Minuten.

Auf der Insel kann ein **Fischereimuseum** in Form eines alten Fischerdorfes besichtigt werden. Außerdem bieten sich gute Bademöglichkeiten an den Stränden der Insel.

ROUTE: *Man verlässt Molde zunächst über die E39 in östlicher Richtung und zweigt am Flughafen Årø nordwärts auf die R64 ab Richtung* **Eide**. *Ein 2,8 km langer, mautpflichtiger Tunnel verkürzt den Weg der „normalen" Straße über Skar.*

TOUR 19: ÅNDALSNES – KRISTIANSUND – TRONDHEIM

PRAKTISCHE HINWEISE – MOLDE

Molde Turist Informasjon, Torget 4, 6413 Molde, Tel. 71 20 10 00, www.visitmolde.com; *geöffnet Ende Juni - Ende Aug. mo - Fr 9 - 18 Uhr, sa bis 15 Uhr, So 12 - 17 Uhr; übrige Zeit Mo - Fr 8.30 - 15.30 Uhr.*

HOTELS
Rica Seilet Hotel, Gideonvegen 2, Tel. 71 11 40 00, www.rica.no, Komforthotel in einem supermodernen Hochhausgebäude, das an ein Segel erinnert, zentral am Hafen neben dem Aker Stadion gelegen, Restaurant, Bar mit Aussicht in der 15. Etage, Parkplatz.
Alexandra Quality Hotel, 140 Zi., Storgata 1 – 7, Tel. 71 20 37 50, www.choicehotels.no, modernes Haus der oberen Mittelklasse, zentral gelegen, rustikales Restaurant, Sauna, Schwimmbad, Garage.
Hotel Molde, 36 Zi., Storgata 19, zentral gelegenes Mittelklassehotel, Tel. 71 20 30 00, www.hotellmolde.no, Restaurant.

CAMPING
Kviltorp Camping *** [N 62° 44′ 33″ E 7° 14′ 0″], Fannestrandsveien 142, Tel. 71 21 17 42, www.kviltorpcamping.no; 1. Jan. – 31. Dez.; ca. 4 km östlich Molde Zentrum; Wiesen zwischen E39 und Fjord; ca. 1,5 ha – 80 Stpl.; Standardausstattung; Imbiss, 33 Miethütten ** - *****.
Camping Bjølstad *** [N 62° 48′ 56.3″ E 7° 14′ 26.1″], Tel. 71 26 56 56, www.bjolstad.no; 1. Juni – 1. Sept.; ca. 10 km nördl. Molde, westl. der R64; drei breite Wiesenstreifen an einem zum Fraenfjorden teils stark geneigten Hang, von den meisten Plätzen schöner Ausblick; ca. 1,5 ha – 50 Stpl., einfache Sanitärausstattung; 10 Miethütten ** – ****.

Bud
Bud Camping ** [N 62° 54′ 14.184″ E 6° 55′ 43.536″], Tel. 71 26 10 23, www.budcamping.no; 1. Apr. – 30. Sept., rund 40 km nordwestlich von Molde, meist ebenes Wiesengelände in ruhiger Küstenlage; Standardausstattung, Bootsverleih, Bootsslipanlage. 13 Miethütten. **V & E für Wohnmobile**.

Auf dem Weg nach Eide passiert man etwa 30 km nördlich von Molde auf der R64 die Zufahrtsstraße (Info-Tafel) zum Parkplatz bei der **Marmorhöhle Trollkyrkja [N 62° 51′ 59.8″ E 7° 16′ 28.5″]** im Tverr-fjella. Vom Parkplatz führt ein Pfad anfangs durch Wald, später durch felsiges Terrain steil bergauf (anstrengend). Wer schlecht zu Fuß ist oder Kleinkinder dabei hat, sollte auf den Ausflug verzichten! Für den ca. 4 km langen Aufstieg wird man gut 1 Stunden benötigen.

Unerlässlich sind feste Wanderschuhe oder (besser für die Höhlenbegehung) gute Gummistiefel mit Profilsohle. Unbedingt starke, **leistungsfähige Taschenlampe** mitnehmen! Die Höhle mit unterirdischem, über 10 m hohem, tosenden Wasserfall ist nicht beleuchtet. Keine Führungen. Begehung auf eigene Gefahr! Achtung! Das Höhleninnere ist feucht, die Felsen sind daher rutschig!

In die gut 70 m lange, relativ schmale, Ende der letzten Eiszeit entstandene Höhle gelangt man durch den von einem felsigen Bachbett (glitschige Steine) gebildeten „unteren" Eingang. Oder man kann von oben über eine Leiter und nach abenteuerlicher Kletterei zum Wasserfall hinuntersteigen.

Man kann von der Marmorhöhle noch weiter bis zum Trolltindene wandern.

CAMPING
Bremsnes
Camping Sandvold **, Tel. 71 67 11 93; Anf. Juni – Ende Aug.; mit der Autofähre von Kristiansund nach Bremsnes, 20 Min.; Platz in der Nähe der Fähranlegestelle; 4 Miethütten.

TOUR 19: ÅNDALSNES – KRISTIANSUND – TRONDHEIM

ROUTE: *Weiter auf der R64 über* **Eide** *und* **Ørjavik** *bis* **Vevang**.

In **Vevang** beginnt der **Atlanterhavsveien [N 62° 59' 59.9" E 7° 17' 10.9"]**, eine Küstenstraße, die auf Brücken und über mehrere kleine Inseln den sich zum Meer öffnenden Sandøyfjord überquert.

Danach geht es quer über die Insel Averøya zum **Fährhafen Bremsnes**.

Küstenlandschaft am Atlanterhavsveien

Ab Bremsnes [N 63° 05' 19.9" E 7° 40' 04.7"] verkehren Autofähren nach Kristiansund [N 63° 06' 51.8" E 7° 44' 07.4"]. Zwischen ca. 6 und 23 Uhr bis zu 20 Abfahrten, Fahrzeit 20 Minuten.

Seit 2009 auch Meerestunnel „**Atlanterhavstunnel**".

Kristiansund, ca. 17.000 Einwohner, liegt auf drei Inseln (Kirkelandet mit Gomalandet, Innlandet und Nordlandet) an der stark gegliederten, klippenreichen Westküste Norwegens. Die Inseln sind durch Brücken verbunden und werden von einem ständig verkehrenden Fährdienst bedient.

Dem Stadtnamen Kristiansund wird gelegentlich ein „N" angefügt. Damit soll Verwechslungen mit Kristiansand S in Südnorwegen vorgebeugt werden.

1742 erhielt Kristiansund vom dänisch-norwegischen König Christian VI. Stadt- und Handelsrechte, was zu einem Aufblühen der Stadt führte. Holzhandel, vor allem mit Holland und England, und die Fischerei wurden trotz der heftigen Konkurrenz aus Trondheim und Bergen schnell die wichtigsten Wirtschaftszweige der Stadt. Der geschützte, an einem Sund gelegene Hafen begünstigte die wirtschaftliche Entwicklung.

Bis 1742 hieß Kristiansund übrigens „**Lille Fosna**". Aber nach der huldvollen Verleihung der Stadtrechte änderten die Stadtväter den Stadtname verständlicherweise nach dem Gönner König Christian um in „Kristiansund".

1940 wurde die Stadt bei Bombenangriffen fast völlig zerstört. Heute wird das Stadtbild von modernen Häuserzeilen geprägt.

Seit der Entdeckung der reichen Öl- und Gasvorkommen in der Nordsee ist Kristiansund wichtiger Stützpunkt und bedeutendes Versorgungszentrum für die Offshore-Exploration und Erdölförderung Norwegens.

Zu den **Sehenswürdigkeiten von Kristiansund** zählt u. a. die Ausstellung im Informationszentrum **Petro Senteret [N 63° 06' 31.2" E 7° 43' 52.4"]**, das mit Anschauungsmaterial über die norwegische Petroindustrie aufwartet.

Im alten Stadtteil auf der Hauptinsel Kirkelandet zählt die moderne **Kirkelandet Kirke** zu den Sehenswürdigkeiten. Sie liegt an der von Parkanlagen gesäumten Straße Langveien. Die Kirche wurde 1965 nach Plänen des Architekten Odd Østby im modernen Stil errichtet. Neben dem gesamten Erscheinungsbild der Kirche ist in ihrem Inneren die 30 m hohe Chorwand mit 320 farbigen Glasfenstern beachtenswert.

Weiter nordwestlich der Kirche steht auf einer Anhöhe der **Vardetårnet**. Früher erhob sich hier ein Holzturm (heute im Nordmøre Museum), von dem aus die Hafeneinfahrt überwacht wurde. 1892 musste dieser zur 150-Jahrfeier der Stadt einem Steinturm weichen, der dann 1978 abgebrochen wurde.

Offenbar wollte die Bevölkerung aber nicht auf ihren Vardetårnet verzichten und so kann der Besucher heute von der 1933 errichteten Kopie des alten Turms einen ganz vorzüglichen Rundblick über die Stadt, den Hafen, die Inseln und das Meer genießen.

Nordmøre Museum (*geöffnet in der Saison tgl. 12 - 17 Uhr, www.nordmore.museum.no*). Das Museum liegt im nordöstli-

TOUR 19: ÅNDALSNES – KRISTIANSUND – TRONDHEIM

Denkmal einer Klippfischfrau, einer einst für Kristiansund typischen Fischhändlerin

chen Stadtbereich beim Atlanten Stadion und Campingplatz. In dem modernen Museumsgebäude wird anhand einer archäologischen Ausstellung die 9.000-jährige Besiedelungsgeschichte dieses Landesteils von der Frühzeit über die Wikingerzeit bis heute dokumentiert. Großen Raum nehmen Ausstellungen über die Fischerei-, Seefahrt- und Schiffsbaugeschichte der Region ein. Im Freigelände sind alte Holzhäuser, Speicher, Mühlen etc. zu sehen.

Von der Museumsgesellschaft Nordmøre wird auch das **Klippfiskmuseum [Abzweig N 63° 07′ 04.6″ E 7° 44′ 56.0″]** betreut. Es ist untergebracht in einem stattlichen, ehemaligen Lagerhaus Milnbrygga an der Hafenbucht am Dikseleien *(geöffnet in Saison tgl. 12 - 17 Uhr, Tel. 71 58 70 00)*. Bei unserem letzten Besuch war das Museum allerdings geschlossen.

Die alte **„Mellemvårftet"** liegt an der Westseite der Hafenbucht Vågen. In dieser für den Außenstehenden wenig interessanten Reparaturwerft wird mit Unterstützung des Nordmøre Museums versucht, die alte Schiffbautradition, alte Fertigungsarten und Handwerksformen zu pflegen und zu erhalten.

In der Nähe der Werft liegt der denkmalgeschützte **Kaufmannshof Christiegården**. Er stammt aus dem späten 18. Jh. und gehörte ehemals den Handelshäusern und Schiffseignern Brodtkorb und Christie.

Schließlich lohnt das **Feuerwehrmuseum** von Kristiansund einen Besuch.

Und nicht zu vergessen: Kristiansund verfügt über eine großzügige Hallenbadanlage, das **Atlanterhavsbadet** im Dalaveien 16.

 PRAKTISCHE HINWEISE – KRISTIANSUND

Kristiansund Turist Informasjon, Kongens plass 1, 6059 Kristiansund, Tel. 71 58 54 54, www.visitkristiansund.com; *im Sommer geöffnet Mo - Fr. 8 - 17, Sa 10 - 14 Uhr, Winterhalbjahr nur Mo - Fr.*

 HOTELS

Quality Hotel Grand, 64 Zi., Bernstorffstredet 1, Tel. 71 57 13 00, www.choice.no, Restaurant, Sauna, Parkplatz.
Hotel Kristiansund, 49 Zi., Storgata 17, Tel. 71 57 03 00, www.hotell-kristiansund.no; Garage.
Rica Hotel Kristiansund, 89 Zi, Storgata 41 - 43, Tel. 71 57 12 00, www.rico.no; Restaurant, Parkplatz.

 CAMPING

 Atlanten Motell og Camping **** [N 63° 07′ 31.8″   E 7° 44′ 10.0″], Dalaveien 22, Tel. 71 67 11 04, www.atlanten.no; 1. Jan. – 31. Dez.; im nordöstl. Stadtbereich beschilderter Abzweig von der R70; Wiesenkuppen und Mulden, von Felsen durchsetzt, kaum ebene Stellflächen, wenig gepflegt; neben Sportplatz mit Sprungschanze; ca. 1,5 ha – 50 Stpl.; Standardausstattung; 21 Miethütten ** ****. **Jugendherberge**, Hallenbad und Museum in der Nähe. **V & E** **für Wohnmobile**.

TOUR 19: ÅNDALSNES – KRISTIANSUND – TRONDHEIM

Ausflüge mit den Sundbooten

Kürzere Ausflüge sind mit den Sundbooten ab Rathauspier zur südlich gelegenen **Insel Innlandet** möglich (hübsche Altstadtpartie „**Gamlebyen**" bei der Anlegestelle).

An der Nordostseite von Innlandet findet man den denkmalgeschützten **Kaufmannshof Lossiusgården** aus dem Jahre 1780.

Man kann mit den Sundbooten weiter nach **Nordlandet** fahren und von dort zur 1914 erbauten **Jugendstilkirche** von Nordlandet gehen (geöffnet Di - Sa 10 - 14 Uhr). Altarbilder aus dem 17. Jh., sowie Glasmalereien und Fresken von Emmanuel Vigeland.

Von der Anlegestelle auf Nordlandet direkt oder über **Gomalandet** („Woldbrygga" Museum) zurück zum Rathauspier.

Die Sundboote verkehren zwischen 6 und 24 Uhr laufend. Die Rundfahrt zu allen drei Inseln dauert (ohne Landgang) 20 Minuten.

Bootstour zur Insel Grip

Bei ruhiger See und gutem Wetter ist ein **Bootsausflug zur Insel Grip** ein besonderes Erlebnis.

Das Ausflugsboot „Sterkis II" verkehrt ab Kristiansund Rathauspier nach Grip zwischen Ende Mai und Ende August, montags bis donnerstags um 11 Uhr, freitags um 11 und 17.30 Uhr, samstags um 13.15 Uhr und sonntags um 11 und 16 Uhr. Der Ausflug dauert insgesamt 2 1/2 Stunden. Die Abfahrtszeiten können sich ändern! Infos im Touristenbüro.

Die Insel liegt etwa 14 km nordwestlich von Kristiansund ungeschützt in der offenen Nordsee. Kein Baum und Strauch ziert die flachen, kahlen Felsklippen.

Grip gehört zu einer Gruppe von über 80 Inselchen, Klippen und Schären, von denen aber nur Grip groß genug war, einer Ansammlung von Häusern Platz und gleichzeitig einen relativ geschützten Hafen zu bieten. Spätestens seit dem 15. Jh. lebten auf Grip Menschen, die ihr Auskommen im Fischfang suchten.

Bis 1728 war die Fischerinsel Kronbesitz, wurde dann aber an Kristiansunder Kaufleute verkauft. Die Privatisierung führte rasch zu einer starken finanziellen Abhängigkeit der Fischer von den neuen Inselbesitzern, die ihrerseits die Fischpreise schamlos diktierten. Die Folge war eine langsame, aber stetige Abwanderung vieler alteingesessener Fischerfamilien. In der Pfarrchronik von 1818 heißt es z. B., dass von ehemals 400 Einwohnern gerade noch 12 Fischer auf Grip ausharrten.

Mehr als die rigiden Preisforderungen der Fischaufkäufer waren es aber wohl die immer wiederkehrenden Stürme und Flutkatastrophen, die den Gripbewohnern zusetzten, die Insel kahl fegten und Häuser und Boote zertrümmerten. Wenn man die Insel bei angenehmem Sommerwetter besucht, kann man sich die dramatische Situation während eines tobenden Nordweststurms mit haushohen Brechern und peitschender Gischt kaum vorstellen. Hier auch nur ein paar Jahre zu leben, muss einen Menschen tief prägen.

Kristiansund

TOUR 19: ÅNDALSNES – KRISTIANSUND – TRONDHEIM

Als ein wahres Symbol für Standhaftigkeit könnte man die kleine **Stabkirche von Grip** bezeichnen. Sie hat alle Stürme und alle Fluten überstanden und diente früher als letzte Zufluchtsstätte für alle, denen der Sturm oder das Meer wieder einmal Haus und Hof zerstört hatte.

Die Kirche wurde wohl im 15. Jh. errichtet, 1621 umgebaut und später mehrfach restauriert. Der schön gearbeitete Altaraufsatz ist eine holländische Arbeit aus dem Jahre 1520. Genutzt wird sie nur noch jeden dritten Sonntag.

1909 verkaufte der letzte private Inselbesitzer Ludwig Williamsen die Insel Grip an ihre Bewohner zurück. Heute ist die Insel nur noch im Sommer bewohnt.

Wenige hundert Meter nördlich von Grip sieht man den **Leuchtturm von Grip**. Dieses wichtige Seezeichen steht auf der Klippe Brattharskollen, wurde 1888 erbaut und ist 47 m hoch.

HAUPTROUTE

ROUTE: *Ab Kristiansund nimmt man zunächst die Straße R70 südwärts in Richtung* **Sundalsøra**, *vorbei am Flughafen und dem Abzweig zum* **Camping Byskogen [N 63° 06' 27.5" E 7° 48' 30.0"]**. *Achten Sie auf den recht guten Blick, den man von der hohen Sundbrücke auf Kristiansund hat.*

Rund 10 km weiter südlich passiert man den über 5 km langen, mautpflichtigen **Freifjordtunnel**, der in 130 m Tiefe den Freifjord unterfährt. Unmittelbar nach dem Tunnel trifft man auf die E39, der wir ostwärts über **Øydegard** bis zum **Fährhafen Kanestraum [N 63° 03' 08.9" E 8° 07' 25.6"]** folgen.

Ab **Kanestraum** verkehren **Autofähren nach Halsa**, zwischen 6.00 und 23 Uhr bis zu 21 Abfahrten, Fahrzeit 20 Minuten.

Übrigens: In manchen Reisepublikationen wird der Weg **von Kristiansund über Sundalsøra nach Oppdal** an der E6 (eine denkbare Alternativroute, um nach Trondheim weiterzureisen) als **„Abenteuerstraße"** bezeichnet. Vor Ort allerdings ist nichts abenteuerliches anzutreffen, zumal wenn man an andere Straßen wie Trollstigveien, Ørneveien, Dalsnibba oder über das Jotunheimen denkt.

ROUTE: *Ab* **Halsa** *folgt der weitere Verlauf unserer Route der E39 über* **Orkanger** *(120 km, Hotels, Camping).*

Abstecher nach Løkken

Bei ausreichend zur Verfügung stehender Zeit kann man 5 km südlich von Orkanger auf der Straße R65 einen Abstecher südwärts ins knapp 20 km entfernte **Løkken** unternehmen.

In und um Løkken wurde von der Mitte des 17. Jh. bis 1987 Kupfererz gefördert. Die **„Gammelgruva"**, die „Alte Grube", galt als ergiebigste Kupfergrube der Welt. Im Bergwerk gibt es 400 m untertage einen riesengroßen Saal mit dem bezeichnenden Beinamen „Kathedrale der Arbeit und der Schinderei". Die über 15 m hohe Halle hat eine außergewöhnliche Akustik, weshalb sie heute gelegentlich Veranstaltungsort von Konzerten ist.

Industrialisiert wurde der Bergbau von Løkken im Jahre 1904 von einem Herrn namens Christian Thams. Herr Thams war bei seinen früheren Tätigkeiten als Großwildjäger, Minister und Architekt wohl zu Mitteln gelangt, die es ihm nun ermöglichten, mit seiner „Orkla Gruve Aktiengesellschaft" das Erz in Løkken Verk industriell abzubauen.

Es wurde eigens eine Bahnlinie zum Orkdalsfjord gebaut. Dort wurde das Kupfererz über den Hafen Thamshamn verschifft. Die Thamshavnbahn war übrigens die erste elektrisch betriebene Bahn in ganz Norwegen. Und heute ist sie die einzige Bahnlinie im Lande, die mit Wechselstrom gefahren wird. Die Bahn ist nach wie vor in Betrieb.

Christian Thams errichtete sich in Løkken die prächtige und erlesen ausgestattete **Villa „Bårdshaug"** inmitten eines herrlichen Parkgeländes, in der er Gäste aus Industrie und Adel aus ganz Europa empfing. Heute wird das Anwesen als Hotel genutzt.

Besichtigen kann man das **Orkla Industriemuseum**. Das Museum liegt mitten in Løkken und gibt einen guten Einblick in die Geschichte des Grubenbetriebs und der Thamshavnbahn. Beim Museum steht eine Büste von Christian Thams.

Von Løkken zurück nach Orkanger.

HAUPTROUTE

ROUTE: *Weiterreise ab Orkanger auf der E39 über* **Buvika** *nach* **Leinstrand**, *knapp 30 km (***Camping Øysand**, 1. 5. – 1. 9., www.oysandcamping.no, 40 Stpl. 22 Hütten) an der E6, über die man schließlich über* **Heimdal** *nach* **Trondheim** *(14 km) gelangt.*

TOUR 20: ÅNDALSNES – DOMBÅS – TRONDHEIM

ÅNDALSNES – DOMBÅS – TRONDHEIM

Länge dieser Tour: Rund 250 km, ohne Abstecher und Umwege.

Die Route: Über die E6 und über **Dombås, Hjerkinn, Oppdal, Berkåk** und **Støren** bis **Trondheim**.

Alternativroute: Über **Røros** nach **Trondheim**.

Reisedauer: Mindestens ein Tag.

Reisehöhepunkte: Wandern auf dem **Dovrefjell** ** – Wandern im **Trollheimen Gebirge** ** – die **Bergwerksstadt Røros** **.

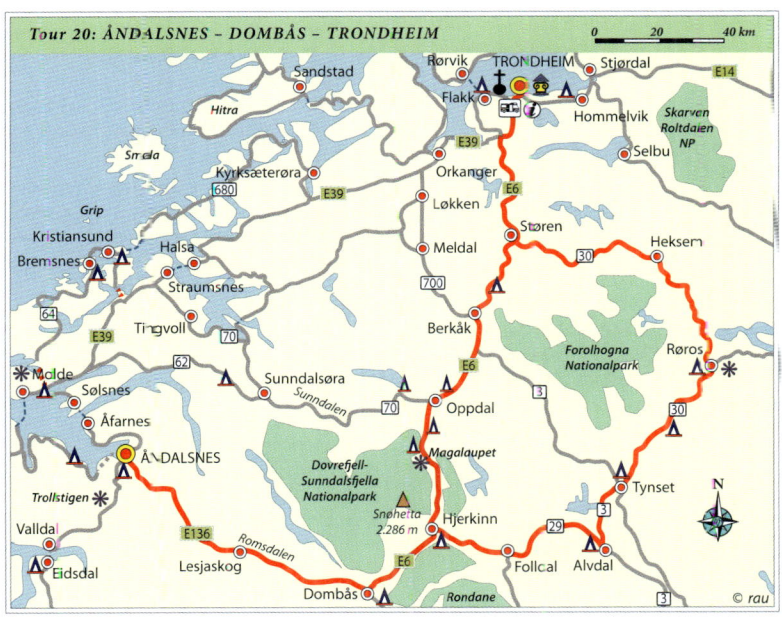

WEITERREISE NACH NORDNORWEGEN

Der erste Teil dieser Tour **bis Dombås** entspricht dem Anfang der Tour 18 (siehe dort)!

ROUTE: *Vor Åndalsnes* [N 62° 33' 31.0" E 7° 40' 58.4"] *über die E136, vorbei am* **Romsdalshorn** *und über* **Lesjaskog** [N 62° 07' 05.7" E 8° 51' 21.0"], *nach* **Dombås** [N 62° 04' 30.4" E 9° 07' 36.8"] *(105 km). Ab Dombås auf der E6 über* **Hjerkinn** *nach* **Oppdal**.

Hinter Dombås führt die Straße E6 hinauf ins **Dovrefjell**, vorbei an der **Fokstua** in einem Hochmoorgebiet, am Abzweig des „Königsweges", heute ein beliebter Wanderweg.

Große Teile (256 qkm) des Dovrefjells um den 2.286 m hohen **Snøhetta**, der höchsten Erhebung in dieser Berglandschaft, sind 1974 zum **Nationalpark Dovrefjell** erklärt worden. Tatsächlich findet man in dieser Bergregion noch ein nahezu intaktes Gebirgsökosystem, das jeden Versuch wert ist, es zu erhalten. Seltene Blumen und Pflanzen sind hier ebenso zu finden, wie viele interessante Vogelarten. Auf den Höhen des Dovrefjell sind noch Vielfraß und Polarfuchs heimisch. Und auf Wanderungen kann man Wildrens und Elchen begegnen.

TOUR 20: ÅNDALSNES – DOMBÅS – TRONDHEIM

Weniger einfach ist es, **Moschusochsen** zu Gesicht zu bekommen, die zum Wappentier des Dovrefjells geworden sind.

Moschusochsen mit ihrem zottigen, unglaublich dichten, bodenlangen Fell und ihrem Respekt einflößenden Gehörn lebten in der letzten Eiszeit in weiten Teilen Europas. Die Erwärmung des Klimas und starke Bejagung führten schließlich zu einer gravierenden Dezimierung der Art. Lange Zeit war dieses Urtier in Norwegen ausgestorben.

1931 bürgerte man 10 aus Grönland stammende Tiere auf dem Dovrefjell ein. Die kleine Herde verschwand aber während der Wirren des Zweiten Weltkrieges wieder. 1947 wurde ein neuerlicher Ansiedlungsversuch gestartet. Innerhalb von fünf Jahren wurden 23 Moschuskälber, die wieder aus Grönland stammten, auf dem Dovrefjell ausgewildert. Und dieses Mal konnten sich die Tiere in den Weiten des Gebirges gut behaupten. Heute wird von über 100 Moschusochsen im Dovrefjell berichtet.

Wenn Sie bei Wanderungen über das Dovrefjell das Glück haben sollten, auf eine Gruppe von Moschusochsen zu treffen, sollten Sie immer einen gehörigen Sicherheitsabstand von mindestens 200 m zu den Tieren einhalten. Moschusochsen sind von ihrem Naturell her ruhige, friedliche Tiere. Dringt man aber in ihren Fluchtdistanzbereich ein, können sie sehr ungemütlich werden. Wenn sie einen Angriff starten, können die massigen Tiere, die zwischen 250 und 450 kg auf die Waage bringen, eine Geschwindigkeit von über 60 km/h erreichen. Und einer rasenden halben Tonne im Gelände zu entkommen dürfte schwierig werden.

ROUTE: *Die Fahrt geht auf der E6 weiter in nordöstlicher Richtung durch hügeliges, von Mooren durchsetztes und mit niederen Birken bewachsenes Bergland, in dem verstreut zahlreiche Ferienhütten liegen.*

Etwa 20 km nach Dombås erreicht man den schönen Berggasthof **Dovregubbenshall [N 62° 10' 24.6" E 9° 26' 05.5"]**. Dovregubben ist übrigens der Name des obersten Königs aller Trolle des Dovregebiets, um das sich viele Legenden und Erzählungen ranken.

Ganz in der Nähe des Gasthofs sieht man eine alte **Steinbrücke**, über die ehemals der „Königsweg" führte.

Wenige Kilometer weiter passiert man die **Gautåseter Berghütte** und den **Campingplatz Hageseter** und erreicht kurz darauf **Hjerkinn** (Camping, s. u.). Hier zweigt die R29 nach Osten Richtung Folldal ab.

In der Nähe der Straßengabelung liegt im Westen die Erzgrube **Tverrfjellgruver** und im Osten die **Eysteinkyrka** (siehe unter „Alternativroute über Røros").

Achtung Alternativrouten! Falls Sie auf den nachstehend geschilderten Umweg über Røros verzichten oder ihn erst später auf der Rückreise nachholen wollen, bitte weiter mit **„Hauptroute"** weiter hinten.

PRAKTISCHE HINWEISE – DOVREFJELL

Dovregubbenshall, Tel 61 24 29 17, www.dovregubben.com, Berggasthof mit Restaurant, Fremdenzimmern und Miethütten, Parkplatz.

CAMPING
Furuhaugli Turisthytter *** [N 62° 09' 27.5" E 9° 21' 32.1"], Tel. 61 24 00 00, www.furuhaugli.no; 1. Jan. – 31. Dez.; 15 km nordöstlich von Dombås Richtung Hjerkinn Abzweig von der E6, in 1.007 m Höhe gelegenes Grasgelände im Birkenwäldchen **Miethüttenanlage mit Campingmöglichkeit;** ca. 50 Stpl.; Standardausstattung; Laden, Cafeteria, Fahrrad- und Bootsverleih. **V & E für Wohnmobile.** 29 Miethütten ** - ****.

Hageseter Turisthytte Pluscamp ***, Hjerkinn Dovrefjell, Tel. 61 24 29 60, www.hageseter.no; 1. Jan. – 31. Dez., 76 Stpl.; 12 Miethütten ****.
Camping Hjerkinn Fjellstue *** [N 62° 13' 17" E 9° 34' 41"9], Tel. 61 21 51 00, www.hjerkinn.no; 1. Jun. – 30. Sept.; an der R29, östl. der Straßengabelung E6/R29; in schöner Höhenlage bei der historischen **Hjerkinn Fjellstue;** guter Ausgangspunkt für Wanderungen über den Königsweg und ins Dovrefjell; ca. 1 ha – 80 Stpl.; Standardausstattung. WLAN. Restaurant im Gasthof.

TOUR 20: ÅNDALSNES – DOMBÅS – TRONDHEIM

Alternativroute über Røros

ALTERNATIVROUTE: *Wir verlassen in Hjerkinn die E6 und folgen der R29 nach Südosten. Die Straße führt über* **Folldal** *nach* **Alvdal** *an der R3, die man nach 69 km erreicht.*

Unweit östlich der Gabelung der E6 und der R29 liegt an der Nordseite der Straße 29 etwas erhöht die **Eysteinkyrka.** Die Kirche wurde erst 1969 errichtet, ist nach *König Eystein* benannt und soll u. a. an den historischen **Königsweg** erinnern, der Jahrhunderte lang den norwegischen Königen als Übergang über das früher unwegsame Dovrefjell auf ihrem Wege in die Krönungsstadt Trondheim (Nidaros) diente.

Ein kurzes Stück des alten Königsweges verläuft östlich der Straßentrasse der E6 von der Eysteinkirche nach Nordwesten Richtung Grønbakken an der E6.

Ein anderes Teilstück des alten Königsweges, der übrigens auch von Pilgern nach Nidaros zum Grab des heiligen Olav benutzt wurde, geht ein gutes Stück weiter südwestl. von der Fokstua (E6) südwärts über den 1.338 m hohen Hardbakken nach Vorkinn (E6).

Die kleine Gemeinde **Folldal** gilt als trockenster Ort mit den geringsten Niederschlagsmengen in ganz Norwegen. Folldal ist aber auch wichtige Bergwerksstadt.

Bereits Mitte des 18. Jh. wurde mit dem Abbau von Kupfererz begonnen. Als die Vorkommen nicht mehr ergiebig genug waren, verlegte man sich ausgangs des 19. Jh. auf die Förderung von Schwefelkies, bis 1969 der Bergbau in Folldal ganz eingestellt wurde.

Eine der Gruben oberhalb von Folldal ist als **Grubenmuseum „Borsmia Museum"** Besuchern im Sommer zugänglich, die auf Führungen u. a. mit dem Grubenzug ein Stück in den Stollen 1 einfahren. Grubenmuseum und markierter Lehrpfad (*geöffnet Mitte juni - Ende Aug., www.folldalgruver.no*).

ALTERNATIVROUTE: *Weiterreise von* **Alvdal** *auf der R3 nordwärts bis* **Tynset***. Dort weiter auf der R30 in nordöstlicher Richtung und über* **Tolga** *und* **Os** *bis* **Røros***, das man nach rund 80 km erreicht.*

Tynset, ein Zentrum für die Verarbeitung der in der Gegend produzierten Agrarprodukte, wartet mit einem hübschen **Bygdemuseum** (Freilichtmuseum) mit mehreren sehenswerten alten Gebäuden auf.

Wer sich für Kirchenbaukunst interessiert, sollte sich auch die achteckige **Tynset Kirche** aus dem 18. Jh. ansehen.

Rund 12 km nördlich von Tynset bietet sich Gelegenheit einen Umweg nach West über die Gemeinde **Vingelen** zu machen. Der bäuerlich geprägte Ort liegt sehr schön und weist ein eher bescheidenes, kleines **Kirke- og Skolemuseum** auf. Das Museum ist allerdings nur von Anfang Juli bis Mitte August und nur donnerstags geöffnet (Änderung möglich!).

In Vingelen und Umgebung liegen viele alte Gehöfte, die, wie der Oustadhof, noch aus der Mitte des 17. Jh. stammen und als Kulturdenkmal erhalten werden so len.

Røros [N 62° 34' 40.0" E 11° 23' 29.1"], die alte Grubenstadt Norwegens, entstand ab 1644, als hier von Hans Olsen

CAMPING

Folldal
Grimsbu Turistsenter Motell & Camping **** [N 62° 9' 20" E 10° 10' 20"], Tel. 62 49 35 29, www.grimsbu.no; 1. Jan. – 31. Dez.; an der R29 gut 10 km östlich von Folldal; Wiesengelände mit etwas Baumbestand; ca. 2 ha – 80 Stpl.; gute Standardausstattung; Laden, Imbiss, 24 Miethütten ** - ****, Motel. Der Platz wird gerne als Ausgangspunkt für Touren in den Rondane Nationalpark genutzt. V & E **für Wohnmobile.**

Tynset
Tynset Camping ****, Brugata 21, Tel. 62 48 03 11, www.tynsetcamping.no; 17. Mai - 1. Sept.; an der R30 nahe des Ortszentrums; Wiesengelände; 2 ha - ca. 20 Stpl.; Standardausstattung. Restaurant, Laden; 19 Miethütten ** - *****.
Hummelfjell Camping **, Os i Østerdalen, Tel. 62 49 72 58; 15. Mai – 15. Sept.; rund 33 km nördlich von Tynset an der R30; kleineres Wiesenareal in ansprechender Lage am breiten Glåmafluss; ca. 0, 8 ha – 50 Stpl.; Standardausstattung; Laden; 11 Miethütten ** - ***.

TOUR 20: ÅNDALSNES – DOMBÅS – TRONDHEIM

Aasen auf der Rørosvidda reiche Kupfervorkommen entdeckt worden waren und mit deren Abbau begonnen wurde. Mit seinem profitablen **Røros Kobberverk** (Kupferwerk) wurde das Städtchen im norwegischen Bergland nahe der Grenze zu Schweden rasch zu einem der größten Industriebetriebe Skandinaviens mit Verbindungen nach ganz Nordeuropa.

Noch heute wird das Umfeld der Stadt geprägt von den riesigen dunklen Abraumhalden der Kupferminen.

Und es sind noch eine ganze Reihe alter, größerer und kleinerer, recht rustikal wirkender Blockhäuser und Gebäude aus Holz erhalten, in denen viele der Bergarbeiterfamilien lebten.

Diese Blockhäuser geben der **Bergstad**, dem alten Stadtteil von Røros, der sich um das Kupferwerk gruppiert, noch heute ein ganz besonderes Gepräge. Das in dieser Form wohl einmalige Häuserensemble wurde in die UNESCO-Liste des erhaltenswerten Weltkulturerbes aufgenommen.

Im Sommer werden **geführte Stadtspaziergänge** durch Røros von eineinhalbstündiger Dauer auch in Deutsch angeboten. Start, Tickets und Infos darüber im Turistkontor.

Gehen Sie durch die Kirkegate hinauf bis zur **Kirche**. Vier Jahre nachdem die Kupferhütte errichtet worden war, baute man hier die erste Kirche in Bergstad. Allerdings wuchs die Gemeinde kontinuierlich an, so dass die Kirche schon bald zu klein war. 1780 endlich wurde die Holzkirche durch den steinernen Kirchenbau ersetzt, den man heute sieht. Die Kirche, deren mächtiger Turm Røros stolz überragt und die Stadtsilhouette prägt, war Jahrhunderte lang das einzige Steingebäude in der Altstadt. Die Kirche mit 1.600 Sitzplätzen ist auf Führungen zu besichtigen.

Von der Kirche geht man am besten rechts durch eine der Gassen hinab zur Kupferhütte in der Bergmannsgata am Malmplassen, dem Erzplatz.

In der **Kupferhütte Smelthytta,** in der man über dreihundert Jahre lang Kupfer schmolz, bis der Betrieb 1977 eingestellt wurde, ist heute eine Abteilung des sehenswerten **Rørosmuseet** eingerichtet (*geöffnet 20. Juni - 15. Aug. tgl. 10 - 18 Uhr, übrige Zeit Mo - Fr 11 - 15 Uhr, Sa + So 11 - 14 Uhr*).

Kaum zwei Jahre nachdem Hans Olson Aasen 1644 erstmals Kupfererz bei Røros entdeckt hatte, konnte hier im September 1646 schon die erste Kupferschmelze in Betrieb genommen werden. Sie war bis 1953 in Betrieb. 1888 wurde das Schmelzwerk erneuert, erweitert und modernen Anforderungen angepasst.

Noch heute kann der Besucher über die lange, ansteigende Holzrampe, dem „kjørkloppa" (Knüppeldamm), hinauf zum Eingang in die Kupferhütte gehen, die, wie schon gesagt, heute das Rørosmuseum beherbergt. Zu den umfangreichen Ausstellungen zählen z. B. Modelle von Förderanlagen und alten Bergwerkstechniken, Hochöfen, Schaufelräder, Pferdegöpelwerke u. v. m.

Mit der Schließung der Kupferhütte 1977 wurden auch alle Kupferbergwerke, die über Jahrhunderte die wirtschaftliche Grundlage der Gemeinde und Generationen ihrer Bewohner waren, um Røros herum stillgelegt.

Nur ein Bergwerk, die **Olavsgruva**, Olavsgrube (*geöffne Ende Juni - Mitte Aug. tgl. 10.30 - 17 Uhr. Führungen alle 90 Minuten. Übrige Zeit weniger häufige Führungen, im Winter nur Sa um 15 Uhr*), wurde erhalten und zum Museumsbergwerk umgewandelt, um sie der Nachwelt zu erhalten.

Über dem Stolleneingang wurde ein Museumsgebäude errichtet, das u. a. auch Einblick in die Arbeitsverhältnisse und Lebensweise der Bergarbeiter gibt.

Das Stollensystem der Olavsgrube besteht eigentlich aus zwei Bergwerken, nämlich Nyberget und Kronprins Olavs gruve. Die Nyberget Stollen sind das zweitälteste Bergwerk in der Gegend von Røros. Hier wurde schon Mitte des 17. Jh. Kupfererz abgebaut.

Die Stollen der Kronprins Olavs gruve liegen unter denen von Nyberget und wurden ab 1936 mit den jeweils modernsten zur Verfügung stehenden Mitteln vorgetrieben.

Teile der Bergwerksstollen können auf Führungen besichtigt werden. Die Tour geht bis 50 m untertage und gut 500 m in die Stollen hinein. Nehmen Sie unbedingt einen warmen Pullover und gute Schuhe mit. Im Bergwerk ist es das ganze Jahr über kaum wärmer als 5 Grad Celsius.

Die Olavsgrube liegt ca. 13 km östlich von Røros auf dem Storvarts-Feld etwas nördlich der Straße R31 nach Schweden.

TOUR 20: ÅNDALSNES – DOMBÅS – TRONDHEIM

In der Bergstadt von Røros

Røros ist aber nicht nur als Bergwerksstadt sondern auch für seine kunsthandwerklichen Kupfer-, Gold- und Silberschmiedearbeiten bekannt.

ALTERNATIVROUTE: *Weiterreise ab Røros auf der R30 in nordwestlicher Richtung. Nach einer landschaftlich recht reizvollen Fahrt, u. a. durch das Gauldal, erreicht man nach 103 km* **Støren** *an der* E6 und damit wieder unsere Hauptroute. **Trondheim**, liegt nur noch 50 km weiter nördlich.

HAUPTROUTE

ROUTE: *Die E6 führt im weiteren Verlauf von Hjerkinn auf dem Dovrefjell (Abzweig der oben erwähnten Alternativroute über Røros) hinab nach* **Kongsvoll**, *am*

PRAKTISCHE HINWEISE – RØROS

Røros Reiseliv, Turistkontor, Peder Hiortsgata 2, 7374 Røros, Tel. 72 41 11 64, 72 41 00 00, www.rorosinfo.com; *geöffnet Mitte Juni - Mitte Aug. Mo - Sa 9 - 18 Uhr, So 10 - 16 Uhr, übrige Zeit Mo - Fr 9 - 15 Uhr, Sa. 10.30 - 12.30 Uhr.*

HOTELS

Bergstadens Hotel, 89 Zi., Osloveien 2, Tel. 72 40 60 80, www.bergstaden.no; Schwimmbad, Bar, Restaurant, Nachtclub.
Quality Hotel Røros, 167 Zi., An Magrittsvei, Tel. 72 40 80 00, www.choice.no; Schwimmbad Restaurant „Consulen".
Vertshuset Røros, 17 Zi., Kjerkgate 34, Tel. 72 41 93 50, www.vertshuset-roros.no; Restaurant.

CAMPING

Bergstaden Camping *** [N 62° 34′ 57″ E 11° 22′ 9″], Johan Falkbergetsvei 34, Tel. 72 41 15 73, 1. Mai – 30. Sept.; etwa 1 km nördlich des Ortszentrums, zu erreichen über die R30; Wiesengelände; Standardausstattung; Laden, Imbiss, 7 Miethütten **. Freizeitspark Doktorfjønna nebenan.
Håneset Camping *** [N 62° 34′ 3″ E 11° 21′ 6″], Osloveien, Tel. 72 41 06 00, 1. Jan – 31. Dez.; Wiesengelände; rund 2 km südlich des Ortszentrums, zu erreichen über die R30 ca. 1 ha – 60 Stpl.; Standardausstattung, Laden, Imbiss, 9 Miethütten * - ****.

Südrand des Dovrefjell Nationalparks. Man befindet sich nun bereits in der Provinz Sør-Trøndelag. Der weitere Weg geht durch das Drivdalen bis Oppdal.

Wenig weiter nördlich passiert die E6 auf dem Weg nach Trondheim bei Kongsvoll ihren höchsten Punkt (1.026 m). Vor allem nach Westen hat man von hier bei klarem Wetter schöne Ausblicke bis zum 2.286 m hohen **Snøhetta** und zum etwas südlich davon gelegenen, 2.209 m hohen **Svånåtindan**.

Die **Kongsvold Fjellstue [N 62° 18' 12.8" E 9° 36' 16.5"]** ist ein altes, traditionsreiches ehemaliges Gehöft östlich der E6, mit den urigen Gaststuben **Kongsvold Kro** und 32 Gästezimmern in schön restaurierten Holzhäusern (Tel. 72 40 43 40, www.kongsvold.no, im Sommer tgl. Moschussafari).

Nebenan ist ein kleiner botanischer Garten (Fjellhage) angelegt worden, der den überaus großen Artenreichtum der hiesigen Flora zeigt. Drivdalen und Dovrefjell sind ein wahres Eldorado für passionierte Botaniker und Freunde seltener Bergblumen.

Die E6 führt weiter durch das schöne **Drivdalen** mit dem tosenden Wildbach Driva.

Nach rund 9 km führt rechts der Straße der alte Weg **Vårstigen [N 62° 22' 54.2" E 9° 38' 26.8"]**bergwärts (Parkplatz mit Toilette). Der 1182 erstmals erwähnte Gebirgssteig galt lange als gefährlichster Teil des Königsweges nach Trondheim.

Der Pfad musste vor allem im Frühling benutzt werden (Vårstigen = Frühlingssteig), wenn die Driva so viel Schmelzwasser führte, dass das Tal unpassierbar war und man an den Talhängen entlang gehen musste. Heute ist der Vårstigen ein rund 7 km langer Wanderweg mit herrlichen Ausblicken ins Drivdalen.

Das Drivdalen ist bekannt für seine Schiefersteinbrüche. Es heißt, dass der Drivdalschiefer als einziger in der Welt beim Brechen eine so schöne Bruchkante ergibt, dass er ohne große Nachbearbeitung z. B. als Treppenstufen verwendet werden kann.

12 km südlich von Oppdal und nördlich vom Engan Bahnhof findet man die **Schlucht Magalaupet [N 62° 30' 17.5" E 9° 35' 17.0"]** mit einem tosenden Wildbach, der hier als einstiger Gletscherabfluss mehrere sog. Strudellöcher oder „**Gletschermühlen**" geformt hat. Vom kleinen Parkplatz führt ein steiniger Fußweg rund 300 m weit zu einer schmalen, tiefen Felsklamm, durch die sich laut tosend der Drivafluss zwängt.

Oppdal, eine Gemeinde mit rund 6.000 Einwohnern, am Abzweig der Westverbindung R70 von der E6 gelegen, ist das Zentrum des hiesigen Schieferabbaus. Größere Holzverarbeitungsbetriebe.

Zudem ist Oppdal ein gern besuchter Wintersportort. Wintersaison ist von Ende November bis Ende April.

Seit kurzem entwickelt sich Oppdal immer mehr zu einem Zentrum jüngerer Sportarten, wie Drachenfliegen von den umliegenden Bergen oder River-Rafting durchs Drivdalen zum Beispiel. Organisierte Touren.

Zu den Sehenswürdigkeiten des Ortes zählt das **Oppdal Freilichtmuseum [N 62° 35' 47.5" E 9° 42' 13.1"]** im Museumsvegen nördlich des Stadtzentrums. 27 historische Holzgebäude, Bergbauernhöfe, Scheunen, Mühlen, Vorratshäuser etc. geben Einblick in das ländliche, bäuerliche Leben vergangener Jahrhunderte. Zahlreiche Gebrauchs- und kunsthandwerkliche Gegen-

---

CAMPING

Magalaupe Camping ** [N 62° 29' 53.9" E 9° 35' 11.7"], Rute 5, Tel. 72 42 46 84, www.magalaupe.no; Anf. Jan. – Ende Dez.; etwas abseits und unterhalb der E6 und der Bahnlinie; langgestreckte Wiese in schöner, aber geräuschvoller Lage am Driva Gebirgsfluss, zur Magalaupet-Klamm ca. 1 km; ca. 1,5 ha – 70 Stpl.; 11 Miethütten ** - ****. **V & E für Wohnmobile**.

Smegården Camping * [N 62° 32' 06.1" E 9° 37' 24.6"]**, Driva, Tel. 72 42 41 59, www.smegarden.no; 1. Jan. – 31. Dez.; an der E6, ca. 8 km südl. Oppdal; Wiesen im weiten Drivdal; ca. 1 ha – 50 Stpl.; Standausstattung; Laden; 16 Miethütten.

Granmo Camping * [N 62° 32' 50.9" E 9° 37' 54.4"]**, Rute 4, Tel. 99 64 29 47, www.granmocamping.no; ganzjährig; ca. 6 km südlich Oppdal, Zufahrt von der E6, beschildert; ebene, parzellierte Wiese am Fluss Driva; 3 ha – 50 Stpl.; Standardausstattung; Restaurant, Laden; Miethütten.

TOUR 20: ÅNDALSNES – DOMBÅS – TRONDHEIM

stände, eine kleine Waffensammlung und eine Abteilung mit Schnitzereien aus Oppdal komplettieren das Heimatmuseum.

Beachtung verdient auch die **Kirche von Oppdal**, ein Holzbau mit kreuzförmigem Grundriß aus dem Jahre 1651. Die Kirche liegt etwa drei Kilometer westlich des Stadtzentrums an der R70. Im Inneren sind der Reliefschmuck, sowie Kanzel und Altar aus der Mitte des 17. Jh. sehenswert.

Unterhalb der Kirche ist das **Gräberfeld von Vang** zu erkennen. Aus den annähernd 1.000 Hügelgräbern (die meisten stammen aus dem 6. Jh.) wurden zahlreiche eisenzeitliche Funde geborgen.

Bei längerem Aufenthalt mit der Absicht zu Bergwanderungen empfiehlt sich ein Abstecher in das **Trollheimen Gebirge** nordwestlich von Oppdal.

Einer der zentralen Ausgangspunkte für Bergwanderungen ist die **Gjevilvasshytta** am von Bergen umrahmten See Gjevilvatnet. Die Gebirgshütte ist bewirtschaftet und kann mit dem Auto erreicht werden. Abzweig ca. 10 km westlich von Oppdal, in **Festabru**, von der R70 nordwärts und über eine Mautstraße zur Hütte.

Die Wandermöglichkeiten durch das Trollheimen sind überaus vielfältig und werden eigentlich nur von der Ausdauer des Wanderers und von der zur Verfügung stehenden Zeit beschränkt.

Vorschlag: Drei-Tages-Wandertour:
Von der **Gjevilvasshytta** (54 Betten) nordwärts zur **Jøldalshytta** (bewirtschaftet, 48 Betten), Gehzeit gut 6 Stunden.

Von hier westwärts zur **Trollheimshytta** (bewirtschaftet, 55 Betten), wobei sich drei Möglichkeiten anbieten – der mittlere Weg durch das *Svartåa Tal* (5 Stunden), der nördliche Weg über den 1.614 m hohen *Trollhetta*, dem höchsten Gipfel im Trollheimen (9 Stunden, anstrengend) und der südliche Weg über den 1.316 m hohen *Geithetta* (gut 6 Stunden). Und von der Trollheimshytta schließlich südostwärts zurück zur Gjevilvasshytta (8 Stunden).

ROUTE: *Weiterreise von Oppdal auf der E6 über* **Fagerhaug, Ulsberg** *(Einmündung der R3)*, **Berkåk**, *vorbei am Camping Halland* [N 62° 51' 59.0" E 10° 04' 30.4"] *und* **Støren** *(Einmündung der R30 aus Røros), nach* **Trondheim**, *das man nach gut 115 km erreicht.*

Rund 15 km nördlich von Oppdal passiert man in **Fagerhaug** den **Oppdalporten-Rast- und Picknickplatz** [N 62° 39' 26.0" E 9° 52' 53.7"], mit Picknicktischen, Toiletten, **Motel, Stellplatz**, Tankstelle und **V & E für Wohnmobile** (www.oppdalsporten.com).

PRAKTISCHE HINWEISE – OPPDAL

Oppdal Turist Informasjon, Skysstasjon; 7340 Oppdal, Tel. 72 40 04 70, www.oppdal.com, *geöffnet Sommer Mo - Fr 9 - 18 Uhr, Sa + So 9 - 16 Uhr, übrige Zeit Mo - Fr 9 - 16 Uhr.*

HOTELS

Hotel Nor, 75 Zi., Aunevegen 6, Tel. 72 40 47 00, zentral gelegenes Mittelklassehotel, Pizza-Restaurant, Nachtclub.
Quality Hotell Oppdal, 75 Zi., Tel. 7240 08 00, zentral gelegenes Tagungshotel, Restaurant, Bar.

CAMPING

Camping Halsetløkka Oppdal **** [N 62° 36' 47.0" E 9° 45' 02.5"], Tel. 72 42 13 61; 1. Jan. - 31. Dez.; ca. 3 km nördl. Oppdal an der E6; weitläufiges Birkenwäldchen; ca. 3 ha – 180 Stpl. zahlr. Dauercamper; gute Standardausstattung; 22 Miethütten * - ****.
Breesgård Turistsenter ****, Tel. 72 42 17 40, www.breesgard.no; 1. Jan. 31. Dez.; ca. 12 km westlich von Oppdal, Zufahrt von der R70; ausgedehntes Wiesengelände modernere Anlage; ca. 5 ha – 130 Stpl.; gute Standardausstattung; Laden, Imbiss, Sauna, 7 Miethütten ** - ***.

TOUR 21: TRONDHEIM

TRONDHEIM

Reisedauer: Mindestens ein halber Tag.
Höhepunkte: Die **Nidaros Domkirche** *** – der **Stiftsgården** ** – das **Trøndelag Freilichtmuseum** ** in Sverresborg – das **Ringve Musikmuseum** *** in Lade – der Stadtblick von der **Festung Kristiansten** **.

Fast in der Mitte Norwegens, wenn man die Nord/Süd-Ausdehnung des Landes betrachtet, liegen die *Provinzen Süd-* und *Nord-Tröndelag*. Hauptverwaltungsort, kulturelles und wirtschaftliches Zentrum dieser Region mit großer Vergangenheit ist **Trondheim**. Mit annähernd 168.000 Einwohnern ist es heute die drittgrößte Stadt Norwegens.

Trondheim, das auf eine mehr als 1.000-jährige Geschichte zurückblicken kann – 1997 feierte man 1.000-jähriges Jubiläum – liegt am Südufer des weit ins Landesinnere reichenden Trondheimsfjords, dort wo der Fluss Nidelva in den Fjord mündet.

Mittelnorwegen mit seinem kulturellen Zentrum am Trondheimsfjord war schon in der frühen Wikingerzeit ein Machtzentrum, dessen Mittelpunkt und Herzstück das **„Frostating"** war. Dieser uralte Thingplatz wurde schon um das Jahr 900 benutzt. Kein Wikingerfürst, der König werden wollte, kam um die Entscheidungen des Frostatings herum. Ohne Anerkennung durch das Thing war eine Krönung nicht denkbar.

Das Thing lag in **Frosta** auf einer Halbinsel, die nordöstlich von Trondheim in den Trondheimsfjord ragt.

Erst um 1500 wurde der Thingplatz nach Trondheim verlegt. Und noch heute trägt das Oberlandesgericht in Trondheim die Bezeichnung „Frostating".

In der Kirche von Logtun, ganz in der Nähe von Frosta, wird ein uraltes Siegel und eines der ersten Gesetzbücher Norwegens aufbewahrt.

Von Frosta führt ein Damm auf die kleine **Insel Tautra**. Dort sind Reste einer Zisterzienserabtei aus dem Jahre 1207 erhalten.

Im Jahre 997 gründete der junge, gerade erst zum Christentum bekehrte Wikingerkönig **Olav Tryggvasson** an der Mündung des Nidelva seinen Königshof **Nidaros**. Rasch entwickelte sich eine Stadt mit prosperierendem Hafen, die bald das Machtzentrum des Königreichs wurde.

Der Einfluss der Wikinger reichte damals über England und Frankreich bis ins Mittelmeer und über Island und Grönland bis an die Küste Nordamerikas.

Nur drei Jahre nach der Stadtgründung fällt Olav Tryggvasson im Kampf gegen dänische und schwedische Truppen.

Ihm folgt auf dem Thron König **Olav II. Haraldsson**, ein leidenschaftlicher Verfechter des Christentums. Er fällt nach 30jähriger Regentschaft am 29. Juli 1030 bei **Stiklestad** im Kampf für die neue Religion, die zur Staatsreligion ernannt wird.

Olav II., nun mit dem Beinamen „der Heilige" versehen, wird in Nidaros beigesetzt.

Sein Mythos ist so groß, dass er bald Norwegens Nationalheiliger wird. Das Grab Olavs des Heiligen wird Mittelpunkt eines ausgeprägten Pilgerkults und eines rasch erstarkenden kirchlichen Machtzentrums.

1070 wird an der Stelle des Olavsgrabes der Grundstein zur Kathedrale gelegt.

1152 wird Trondheim Sitz der norwegischen Erzbischöfe. Die nun von der Stadt am Nidelva ausgehenden weltlichen wie religiösen Impulse prägen die Entwicklung des ganzen Landes, die einerseits erst mit der Dänenherrschaft Ende des 15. Jh., andererseits mit der Reformation 1537 enden.

Schon während der Union mit Dänemark (1397 – 1814) beginnt die politische Ausstrahlung der Stadt zu schwinden. Nidaros wird unter der Dänenherrschaft umbenannt in **Tronthjem**. Und mit der Entmachtung der Trondheimer Erzbischöfe in der Zeit der Reformation sinkt die Bedeutung der Stadt weiter. Selbst das Symbol des Christentums im Norden, der Nidaros Dom, beginnt zu verfallen.

Bis ins 17. Jh. war Trondheim eine Stadt aus Holz gebaut, mit engen Gassen („Vei-

TOUR 21: TRONDHEIM

tene") zwischen den Häuserzeilen. Feuer waren häufige Heimsuchungen. Bei der Feuersbrunst von 1681 wurde nahezu die ganze Stadt ein Raub der Flammen.

Von General *Caspar de Cicigno* stammen die Pläne für den Wiederaufbau der Stadt. Bald prägten breite Straßen, die ein möglichst regelmäßiges Raster um den zentralen Marktplatz Torvet bildeten, das neue Stadtbild. Es ist bis heute nahezu unverändert erhalten geblieben.

1760 erlangte Trondheim mit der Gründung einer wissenschaftlichen Hochschule durch die Königlich Norwegische Wissenschaftsgesellschaft den Rang einer Universitätsstadt und ist heute noch die zweitgrößte Lehranstalt (auch auf technischem Gebiet) des Landes.

Wirtschaftlich lebt Trondheim immer schon von seinem Hafen, von der Handelsschiffahrt, vom Fisch-, Holz- und Kupferexport. Die alten Speicher- und Handelshäuser am Nidelva zählen heute zu den Sehenswürdigkeiten der Stadt.

Prosperität und wirtschaftlicher Aufschwung, der vor allem nach der Loslösung von Dänemark 1814 wieder einsetzte, ermöglichten auch Einrichtungen des gesellschaftlichen Lebens. So wurde 1861 das „Norwegische Theater in Trondheim" eröffnet, das viele Jahre hindurch seinen festen Platz in der Theaterwelt behauptete.

Aber die Theatertradition der Stadt ist noch älter. Schon 1803 wurde in Trondheim das erste öffentliche Theater Norwegens eingerichtet.

1931 wurde die offizielle Schreibweise der Stadt auf *Trondheim* festgelegt.

Tipps zur Stadtbesichtigung

Die Zufahrt in Trondheims Innenstadt ist **mautpflichtig!**

Zentrale Parkhäuser in der Innenstadt sind z. B. das *Leüthenhav Parkeringhus*, Erling Skakkes gate 40, oder das *Bakke Parkeringhus*, Nedre Bakklandet 60, an der Brücke „Bakke Bru", beide täglich bis 24 Uhr geöffnet und das *Torget Parkeringhus*, Erling Skakkes gate 16, am zentralen Markplatz, werktags bis 21 Uhr und samstags bis 16 geöffnet, sonntags geschlossen. Die Parkgebühren in Parkhäusern sind niedriger als die an Parkuhren oder Parkscheinautomaten.

Parken an Parkuhren an der Straße ist bei Stadtbesichtigungen etwas problematisch, weniger weil man keinen Platz findet, sondern vielmehr weil die Parkdauer an vielen Parkuhren auf 30 Minuten beschränkt ist.

Besser ist es, einen **Straßenparkplatz mit Parkscheinautomat** (z. B. am Hauptbahnhof Sentralstasjon) zu finden. Dort darf je nach Gegend bis zu fünf Stunden geparkt werden.

Generell ist Parken an der Straße nur an Plätzen erlaubt, die mit „P mot avgift" beschildert sind.

Wer nicht auf eigene Faust durch Trondheims Innenstadt spazieren will, kann sich ei-

Blick über den Nidelva zum Nidarosdom, Trondheims Wahrzeichen

TOUR 21: TRONDHEIM

TRONDHEIM – **1** Information – **2** Nidarosdom – **3** Erzbischofspalais – **4** Kunstgalerie – **5** Torvet, Marktplatz, Tryggvasson Denkmal – **6** Kunstindustriemuseum – **7** Rathaus – **8** Stiftsgården – **9** Vår Frue Kirke – **10** Ravnkloa, Munkholmfähre – **11** Seefahrtmuseum – **12** Kirchenruine – **13** Bryggene, alte Speicherhäuser – **14** Gamle Bybrua – **15** Bahnhof – **16** Trøndelag Theater – **17** zum Musikinstrumentenmuseum Ringve und Richtung Wohnmobil-Stellplatz – **18** zum Volksmuseum – **19** Festung Kristiansten – **20** Museum der Universität Trondheim – **21** Postamt

ner **Stadtrundfahrt,** einer **Hafenrundfahrt** oder einem geführten **Stadtrundgang** anschließen. Details im Touristenbüro. Siehe auch unter „Praktische Hinweise – Trondheim" weiter unten.

Sollten Sie Trondheim lieber auf einer **Tour mit dem Fahrrad** kennenlernen wollen, was an einem sonnigen Sommertag sicher ein Vergnügen sein kann, ist das kein Problem. Die Stadt bietet ihren Einwohnern einen kostenlosen Service, den auch Touristen in Anspruch nehmen können.

Und zwar findet man in Trondheim an bestimmten belebten Orten und zentralen Plätzen **Bysykkel,** also **Stadtfahrräder.** Die Fahrräder – zuletzt waren es 125 an der Zahl – sind auffallend grün angemalt, haben einen Einkaufskorb und sind in eigens dafür geschaffenen, deutlich sichtbaren, zwölf in der Stadt verteilten Fahrradständern aufgestellt.

Wenn Sie ein Stadtfahrrad ausleihen wollen, müssen Sie zuvor bei der Touristeninformation für NOK 90,- plus einer Depositgebühr eine „Touristenkarte" erwerben. Fahrräder dürfen maximal drei Stunden lang ausgeliehen werden und müssen dann wieder an einer der Fahrradstationen zurückgestellt werden. Und Ihre „Touristenkarte" müssen Sie nach Gebrauch in der Touristeninformationen wieder zurückgeben.

Dort erfahren Sie auch alles über den neuen **Fahrradlift „Trampe",** der mit einer Schlüsselkarte (gibt's im Touristenbüro) bedient wird und in Brubakken an der alten Stadtbrücke „Gamle bybro" bis fast hinauf zur Festung Kristiansten (Aussicht) führt. Schlüsselkarten gibt's auch am Mix Kiosk und in der Kaffeebar „Dromedar" am Ausgangspunkt des Lifts in Brubakken.

Stadtbesichtigung

Straßenparkplätze in der Bispegata nördlich des Dombezirks **[N 63° 25' 40.1" E 10° 23' 50.6"]**.

Wir beginnen unseren **Stadtrundgang** durch die Innenstadt von Trondheim an der **Nidaros Domkirche (2) [N 63° 25' 37.3**

„ E 10° 23 41.8"], einem der größten mittelalterlichen Sakralbauten in Nordeuropa und Wahrzeichen der Stadt. *Geöffnet 1. Mai - 7. Juni Mo - Fr 9 - 15, Sa 9 - 14, So 13 - 16 Uhr; 8. Juni - 9. Aug. Mo - Fr 9 - 17.30, Sa 9 - 14, So 13 - 16 Uhr; 10. Aug. - 13. Sept. Mo - Fr 9 - 15, Sa 9 - 14, So 13 - 16 Uhr; 14. Sept. - 30. Apr. Mo - Fr 12 - 14.30, Sa 11.30 - 14, So 13 - 15 Uhr.*

Der Turm ist von Anfang Juni - Mitte Aug. geöffnet, separater Eintritt.

Orgelkonzerte im Sommer tgl. a. So 13 Uhr.

Domführungen auch in Deutsch.

Besucherzentrum mit Laden und Café neben dem Dom; www.nidarosdomen.no.

Begonnen wurde mit dem Bau des Nidarosdoms um 1070, als über dem Grab Olavs des Heiligen eine Kathedrale entstehen sollte. Unterbrochen durch Brände und andere Widrigkeiten, war der Dom um 1320, nach 250 Jahren, fertiggestellt.

Die lange Bauperiode schließt zwei Stilepochen ein. So sind vor allem am Querschiff romanische Stilelemente zu erkennen, während das Hauptschiff, der Chor mit seiner schönen Kuppel und die übrigen Teile gotisch sind.

Neben den kunstvollen Glasfenstern verdient vor allem die **Westfassade** mit ihrem reichen Figurenschmuck (Heilige, Könige und Bischöfe) Beachtung.

Nach der Reformation und der Ausweisung des Klerus begann der Bau zu verfallen, Brände setzten ihm zu und zu Beginn des 19. Jh. glich der Dom mehr einer Ruine als einem Gotteshaus.

1869 wurde mit dem Wiederaufbau begonnen. Damals war Norwegen erst seit etwas mehr als 50 Jahren wieder souverän und unabhängig und die Verfassunggebende Versammlung zu Eidsvoll erkor 1814 den Nidarosdom zum Symbol der neuen Norwe-

Eindrucksvoll – die Westfassade des Nidarosdoms

gischen Nation und legte fest, dass der Nidarosdom, wie schon im Mittelalter, wieder die Krönungskirche aller zukünftiger norwegischer Könige sein sollte. 1958 z. B. erhielt seine Majestät König Olav V. im Nidarosdom seine Königsweihen.

Südlich vom Dom schließt sich der Gebäudekomplex des **Erkebispegården,** des **Erzbischöflichen Palais (3)** an. Dieses älteste, nicht sakrale Bauwerk in Norwegen entstand im 12. Jh. und war bis zur Reformation die Residenz des Erzbischofs.

Später war das Anwesen Sitz der dänischen Lehnsherren, danach diente es als Militärunterkunft. Heute ist das Palais einer der städtischen Repräsentationsbauten, die bei offiziellen Anlässen genutzt werden. Es werden täglich Führungen angeboten

Die diversen Gebäudeflügel werden heute für unterschiedliche Zwecke genutzt. Im „Bispefløyen", dem östlichen Flügel, sind Büros und der Konzertsaal „Øysteinsaal" untergebracht. Daneben findet man im „Lafettenhaus" die sog. „Rüstkammer", das ehemalige Zeughaus.

TOUR 21: TRONDHEIM

Das stattliche Palais Stiftsgården

Im Südflügel des Bischofspalais ist das 1998 als „Museum des Jahres" ausgezeichnete **Museum** eingerichtet. Ausgestellt sind u. a. die Originalskulpturen des Nidarosdoms und archäologische Funde, darunter die Münzwerkstatt des Erzbischofs.

Im Nordflügel schließlich, dem ältesten Teil des Gebäudes, befand sich die **Erzbischöfliche Residenz** mit der großen Halle und den Privatgemächer der Bischöfe.

Beachtenswert und von historischer Bedeutung sind die **Norwegischen Reichsregalien**, die in einem mittelalterlichen Gewölbe der Residenz zu sehen sind *(geöffnet Anf. Juni - Anf. Aug. 9 - 17.30, Sa 10 - 15, So 12 - 16 Uhr; übrige Zeit Mo - Fr 10 - 15, Sa 11 - 15, So 12 - 16 Uhr)*.

Im **Indre Kongsgård** beim Erzbischöflichen Palais ist heute die Rüstkammer untergebracht. Sie beherbergt das **Museum der Widerstandsbewegung** *(geöffnet 1. Juni - 31. Aug. Mo - Fr 9 - 15, Sa + So 11 - 16 Uhr)*. Das Museum befasst sich mit der Geschichte der Landesverteidigung von der Wikingerzeit bis in die heutige Zeit. Schwerpunkte der Sammlungen sind neben Dokumentation zu den Ereignissen während des 2. Weltkriegs Uniformen und Ausrüstungsgegenstände.

Westlich, neben dem Nidarosdom, findet man in der Bispegata 7b die **Galerie** des städtischen Kunstvereins **„Trondhjems Kunstforening" (4)**. Vornehmlich werden Arbeiten norwegischer Künstler aus dem 19. Jh. bis in unsere Zeit gezeigt. Wechselnde Sonderausstellungen *(geöffnet Di - So 12 - 16 Uhr)*.

In unmittelbarer Nachbarschaft findet man das **Trondheim Kunstmuseum**, Bispegate 7B *(geöffnet 1. Juli - Ende Aug. tgl. 10 - 17 Uhr, übrige Zeit Di - So 12 - 16 Uhr, www.tkm.museum.no)*. Hier können Sie Norwegens drittgrößte Kunstsammlung, hauptsächlich Arbeiten norwegischer Künstler seit der Mitte des 19. Jh., bewundern.

Eine weitere Abteilung des Trondheim Kunstmuseums ist in **Gråmøla**, einem aufwendig restaurierten klassizistischen Gebäude aus der Mitte des 19. Jh. im nordöstl. Stadtteil Nedre Elvehaven, Innherredsvei 20 (E6), untergebracht *(geöffnet Ende Juni - Ende Aug. tgl. 10 - 17 Uhr, übrige Zeit Di - So 12 - 16 Uhr)*. Die Ausstellungen umfassen vor allem die Kunstsammlung von Håkon Bleken und Inger Sitter, sowie norwegische und internationale Gegenwartskunst.

Vom Dom gehen wir die breite Munkegate (links gleich das Rathaus –**7**–[N 63° 25' 40.1" E 10° 23' 47.4"]) stadteinwärts. Im Haus Nr. 5 auf der rechten Seite ist das **Nordenfjeldske Kunstindustriemuseum (6)** [N 63° 25' 43.0" E 10° 23' 45.7"], das Nationalmuseum für Kunsthandwerk, untergebracht *(geöffnet 1. Juni - 20. Aug. Mo - Sa 10 - 17 Uhr, So 12 - 17 Uhr, übrige Zeit bis 15 Uhr, www.nkim.museum.no)*. Gezeigt werden erlesene Möbel, Silber-, Glas- und Keramikgegenstände. Einen breiten Raum nehmen Textilien, eine schöne Jugendstilsammlung und eine Abteilung mit japanischer Kunst ein.

Wir gehen weiter bis zum zentralen Marktplatz **Torvet (5)** (großes Einkaufszentrum mit 37 Geschäften). Dort sieht man auf

TOUR 21: TRONDHEIM

einer hohen **Steinsäule** das Standbild des Stadtgründers Olavs Tryggvasson.

An der rechten (südöstlichen) Seite des Platzes, Ecke Munkegata, liegt das **Touristeninformationsbüro (1) [N 63° 25′ 47.1″ E 10° 23′ 43.4″]**.

Vor der Touristeninformation begrüßt Sie eine Bronzeplastik namens **„Go' dagen"**. Die stämmige Dame mit Hütchen und Einkaufstaschen stellt eine einst stadtbekannte Marktfrau dar, die jedermann stets mit einem freundlichen „Guten Tag" grüßte.

Unser Stadtspaziergang führt uns über den Marktplatz an dessen Nordseite. Dort folgen wir weiter der Munkegate. Nach wenigen Metern sieht man an der rechten (östlichen) Straßenseite den **Stiftsgården (8) [N 63° 25′ 52.0″ E 10° 23′ 40.9″]**, *geöffnet 1. Juni - 20. Aug. Mo - Sa 10 - 17, So 12 - 17 Uhr, Führungen obligatorisch, Start zur vollen Stunde.*

Dieses stattliche Patrizierpalais ließ sich um 1775 die als ehrgeizig geschilderte Witwe Geheimrätin Cecilie Christine Schøller errichten. Der mächtige Bau, der 1800 an den Staat verkauft wurde, gilt als das größte Holzgebäude in ganz Nordeuropa. Es dient heute noch als königliche Residenz, wenn sich der Monarch in Trondheim aufhält.

Geradezu pompös mutet dieses Meisterwerk der Zimmermannskunst an und man könnte fast meinen, die Bauherrin wollte seinerzeit etwas von der Verspieltheit mancher französischer Schlossfassaden in den hohen Norden bringen. Während königlicher Besuche ist das Palais der Allgemeinheit nicht zugänglich.

Am Ende der Munkegate, am Hafen, liegt die Fischmarkthalle **Ravnkloa (10)**. Dort findet man auch die Anlegestelle der Boote zur Insel Munkholmen **[N 63° 26′ 02.6″ E 10° 23′ 34.7″]**.

Wir gehen zurück bis zum Torvet und folgen der Kongensgate nach Osten. Rechts erkennt man den gedrungenen Bau der Liebfrauenkirche **„Vår Frue Kirke" (9) [N 63° 25′ 49.0″ E 10° 23′ 56.6″]**. Die Ursprünge dieses Kirchenbaus gehen zurück bis ins 13. Jh. Ihre heutige Form erhielt die Kirche allerdings bei eingreifenden Restaurierungsarbeiten in der ersten Hälfte des 18. Jh.

Weiter östlich sieht man links in der Søndregate 4 das Gebäude der „Sparebanken Midt-Norge". Als 1972 der Baugrund ausgehoben wurde, stieß man auf die Reste der mittelalterlichen Gregoriuskirche. Die Krypta wurde erhalten und kann im Bankgebäude besichtigt werden.

Die Kongensgate mündet in die Kjøpmannsgate am Fluss Nidelva. Man kann nun nach Norden bis zum **Trondhjems Sjøfartmuseum (11) [N 63° 26′ 04.5″ E 10° 24′ 18.1″]**, Ecke Fjordgate, gehen. Das Seefahrtmuseum ist im ehemaligen „Sklaveriet", Trondheims altem Zuchthaus aus dem 18. Jh., untergebracht. Das kleine Museum hat schöne Sammlungen von Schiffsmodel-

Zeugen einer langen Handelstradition – die Speicherhäuser am Nidelva

237

TOUR 21: TRONDHEIM

Trondheims Gamle Bybrua über den Nidelva

len, Galionsfiguren und Gerätschaften zur Navigation. Bilder und Dokumente geben Einblick in die lange Seefahrts- und Seehandelstradition der Stadt. Umfangreiches Archiv über Segelschiffe und ihre Kapitäne. Wg. Renovierung vorübergehend geschlossen.

Wir gehen die Kjøpmannsgate nach Süden und kommen dabei an den alten **Speicherhäusern (13) [N 63° 25' 51.6" E 10° 24' 11.8"]** am Nidelva vorbei. Viele der Holzbauten sind schön restauriert und beherbergen Gaststätten, wie das „Havfruen" oder das „Bryggen", Büros und Läden.

An der **Gamle Bybrua,** der **Alten Stadtbrücke (14) [N 63° 25' 41.8" E 10° 24' 03.3"]**, die wegen des schön gearbeiteten Holzportals aus der Mitte des 19. Jh. nicht zu verkennen ist, vorbei und über die Bispegate zurück zum Dom.

Sehenswertes ausserhalb von Trondheims Stadtzentrums

Außerhalb des Stadtzentrums kann auf dem Gelände der Universität das **Archäologische Museum**, mit Abteilungen zur Geologie, Völkerkunde und Kirchengeschichte besichtigt werden.

Westlich der Stadt, in **Sverresborg**, liegt das **Trøndelag Folkemuseum** *(geöffnet 1. Juni - 31. Aug. tgl. 11 - 18 Uhr, übrige Zeit Mo - Fr 10 - 15, Sa + So 12- 16 Uhr, www.sverresborg. no)*. Das Freilichtmuseum mit annähernd 60 typischen alten Gebäuden aus Trøndelag gruppiert sich um die Reste der von König Sverre im 12. Jh. errichteten Burg Sion.

Großgehöfte, Stadthäuser, alte Werkstätten u. a. sind hier wieder aufgebaut worden. Und natürlich gibt es auch eine echte Stabkirche zu sehen, nämlich die „Haltdalen Stabkirche", die ursprünglich aus dem Jahre 1170 stammt. Ein anderes Glanzstück ist die „Vikstua", eine Festhalle aus Oppdal.

Kunst- und Gebrauchsgegenstände geben Einblick in das Milieu früherer Tage in Trøndelag, in der Stadt wie auf dem Lande. Und ein Wirtshaus aus dem 18. Jh. dient heute wieder als Restaurant.

Das Volksmuseum kann mit Bussen der Linie 8 ab Haltestelle Dronningensgate Richtung Stavset erreicht werden.

Das **Ringve Museum [N 63° 26' 51.63" E 10° 27' 15.58"]**, Lade alle, Norwegens Nationalmuseum für Musik und Musikinstrumente, liegt in **Lade**, 4 km nordöstlich von Trondheim *(geöffnet Ende Juni - Mitte Aug. tgl. 11 - 17 Uhr, übrige Zeit bis 15 Uhr, www.ringve.no)*.

Das im „Ringve Gård", einem stattlichen Gutshof aus dem 17. Jh. untergebrachte Museum befasst sich fast ausschließlich mit Musikinstrumenten. Die interessanten, seltenen und oft auch recht exotisch anmutenden Instrumente stammen aus allen Teilen der Welt.

Das Museum besteht aus zwei Teilen, die in zwei verschiedenen Gebäuden, die sich

TOUR 21: TRONDHEIM

um den Innnenhof des Herrensitzes gruppieren, untergebracht sind.
„Das Museum im Hauptgebäude" ist (wie der Name schon vermuten lässt) im Hauptgebäude des Anwesens untergebracht, das im Wesentlichen aus der Zeit um 1860 stammt. In dieser Abteilung des Musikmuseums sind nicht nur die historischen und teils recht kostbaren Musikinstrumente von Interesse, sondern auch die Dekoration (herrliche Decken, Wandmalereien, Kamine, Gemälde, Standuhren etc.) und Möblierung der Salons. Dieser Teil der privaten Sammlung kann nur auf Führungen besichtigt werden, wobei viele der Instrumente angespielt und ihre Handhabung demonstriert wird.
„Das Museum im Heuboden" wurde erst 1999 in einem ehemaligen Wirtschaftsgebäude des Ringve Gård eingerichtet. Dieser nicht minder interessante Teil des Museums kann auch ohne Führung besichtigt werden. Die sehr schön und anschaulich präsentierten Ausstellungen und Exponate hier befassen sich mit Stationen der Musikgeschichte von der „Erfindung des Klaviers" über die Abteilungen „Jazz, Hot & Swing" oder „Rock & Pop" bis zur „Hausmusik". Hier sind auch Musikinstrumente aus außereuropäischen Kulturkreisen zu sehen.

Dem Ringve Museum ist ein Museumsshop und das „Tordenskjold Café", das für seine leckeren, frisch gebackenen Rahmwaffeln bekannt ist, angeschlossen.

Das Museum ist ab Trondheim Munkegatan mit Bussen Linien 3 oder 4 bis Lade zu erreichen.

Die gepflegten Gärten um das Ringve Museum werden vom Naturwissenschaftlichen Museum betreut und dienen heute als **Botanischer Garten** der Stadt. Teile der Gärten sind im Stil eines englischen Parks gestaltet. Außerdem kann man hier einen historischen Kräutergarten im Renaissancestil, nordische Baumarten und ähnliches sehen.

Schließlich können auf einer Stadtbesichtigung Trondheims noch **zwei Aussichtspunkte** besucht werden.

Die **Festung Kristiansten (19)** [N 63° 25' 37.5" E 10° 24' 34.0"] ist auf einer Anhöhe östlich der Stadt gelegen. Schon von weitem sieht man den massigen, weißen Turm der Anlage, die nach dem großen Stadtbrand von 1681 unter General Caspar de Cicignon errichtet wurde.

Wie es heißt, soll die Festung die Trondheimer 1718 davor bewahrt haben, von anrückenden schwedischen Truppen erobert

PRAKTISCHE HINWEISE – TRONDHEIM

Trondheim Tourist Informasjon [N 63° 25' 47.1" E 10° 23' 43.4"], Munkegata 19, Torvet, 7411 Trondheim, Tel. 73 80 76 60, www.trondheim.no; am zentralen Marktplatz gelegen. *Geöffnet Mo - Fr 9 - 16 Uhr, im Sommer länger + Sa + So. Zeiten veränderlich!*

Stadtrundfahrten mit Fremdenführer werden von Ende Mai bis Ende August täglich durchgeführt (www.visit-trondheim.com). Abfahrt um 11 Uhr an der Touristeninformation am Marktplatz/Torvet. Dauer zwei Stunden. Nach der Stadtrundfahrt fährt der Bus weiter zum Ringve Museum.
Außerdem werden im Sommer **Hafenrundfahrten**, ab Ravnkloa tgl. 12 Uhr + 14.30 Uhr, Dauer ca. 80 Min., sowie **Abendrundfahrten mit Schiff** von einstündiger Dauer angeboten (www.trippsbatservice.no).

RESTAURANTS

Bryggen Asian Cooking, Øvre Bakklandet 66, Tel. 40 61 88 07, www.bryggen. as. Nähe Alte Stadtbrücke, in einem historischen Speicherhaus aus dem 18. Jh. am Nidelva, renommiertes Haus, gepflegte Küche, elegantes Ambiente, gute Weinkarte, teuer. Sonntag Ruhetag.
Havfruen, Kjøpmannsgata 7, Tel. 73 87 40 70, renommiertes Fischlokal, gehobene Preislage, beliebte Kellerbar. Sonntag Ruhetag.
Vertshuset Tavern, Sverresborg Allé 11, Tel. 73 87 80 70, www.tavern.no; historisches Gasthaus von 1739, einstmals in der Innenstadt, heute beim Trøndelag Freilichtmuseum **im Stadtteil Sverresborg** gelegen. Uriges, rustikales Ambiente, norwegische Küche und traditionsreiche Hausmannskost wie hausgemachte Fischfrikadellen, Rømmegrøt (norwegische Spezialität, ein Brei aus

Milch, Sauerrahm und Weizenmehl), Trøndelag-Klöße u. a., jeden Donnerstag Erbsensuppe mit Salzfleisch, moderate bis mittlere Preislage.

HOTELS

Fast alle Hotels in Trondheim bieten zwischen Ende Juni und Mitte August stark ermäßigte Zimmerpreise an!
Best Western Chesterfield Hotel, Søndregt. 26 Tel. 73 50 37 50, www.cht. no; zentral gelegenes Stadthotel.
City Living Schøller Hotel, 50 Zi., Dronningens gt. 26, Tel. 73 87 08 00, www. cityliving.no; zentrale Lage, moderate Zimmerpreise.
Comfort Hotel Park, Prinsensgt. 4A, Tel. 73 83 39 00, www.hotel-park.no; zentrale Lage.
Nova Hotell, 44 Zi., Cicignons Plass, Tel. 73 80 63 00, www.nova-trondheim. no; zentral gelegenes Konferenzhotel, Restaurant.
Prinsen Hotell, 81 Zi., Kongensgt. 30, Tel. 73 80 70 00, www.prinsenhotell.no; zentral gelegenes Mittelklassehotel, WLAN, Restaurant, Parkmöglichkeiten.
Quality Hotel Augustin, 74 Zi., Kongensgt. 26, Tel. 73 54 70 00, www.hotel-augustin.no; zentral gelegenes Mittelklassehotel, mittlere Preisklasse.
Rica Nidelven, 349 Zi., Havnegata 1 - 3, www.rica.no; modernes Komforthotel, nordöstl. der Innenstadt, am Nidaleva gelegen, gehobene Preislage,
Scandic Solsiden, 155 Zi., Beddingen 1, Tel. 21 61 46 00, www.scandic-hotels. no/solsiden; nordöstlich der Innenstadt nahe der Ausfallstraße E6, modernes Komforthotel, gehobene Preislage, Restaurants, Café, Bar, Fitness, Garage.
Thon Hotel Trondheim, Kongens gt. 15, Tel. 73 88 47 88, www.thonhotels. no/trondheim; sehr zentral, in unmittelbarer Nähe zum Torget, Parkhaus nebenan.

CAMPING

Flakk
Flakk Camping *** [N 63° 27' 0.73" E 10° 12' 2.59"], Bosberg, Tel. 72 84 39 00, www.flakk-camping.no; 1. Mai – 1. Sept.; über R715 ca. 13 km westl. Trondheim, an der Fährstation am Trondheimsfjord; hügelige Wiesen am Fjord; ca. 2 ha – 100 Stpl., davon zahlr. Dau.; einfache Standardausstattung, Laden, Imbiss; **V & E für Wohnmobile**; 4 Miethütten ** - ***.

Malvik/Vikhamar
Storsand Gård Camping ** [N 63° 25' 52.6" E 10° 42' 26.0"], Tel. 73 97 63 60, www.storsandcamping.no; 1. Mai – 31. Aug.; ca. 15 km östlich von Trondheim, nördl. der alten E6; weitläufiges, teils ebenes, teils hügeliges, terrassiertes Gelände mit Waldanteil; am Fjord in ansprechender Lage; ca. 9 ha – 150 Stpl.; auf den schönsten Plätzen Dauercamper; Standardausstattung, Kiosk, 70 Miethütten ** - ****, Motel.

Wohnmobil-Stellplatz
Wohnmobil-Stellplatz Bobilparkering Trondheim [N 63° 26' 45.5" E 10° 26' 36.9"] – **Zufahrt/Lage**: Harald Hårfagres gate, ca. 3 km nordöstl. des Stadtzentrums, Zufahrt Richtung Lade/Ringve Museum, Jarleveien. Nahe Lade Kirche. Einfahrt am Kreisverkehr rechts Richtung Bunnpris Supermarkt, Rema 1000 Supermarkt und SpareBank Midt-Norge gegenüber. **Geöffnet:** Ganzjährig. **Gebühr:** Gebührenfrei. **Stellplatz:** Schattenloses, wenig einladendes Parkplatzgeviert ohne jede Einrichtung. Platz für ca. **20 Wohnmobile**; www.visit-trondheim.com. Zum Ringve-Museum ca. 500 m.

V & E Station in Trondheim [N 63° 26' 13.5" E 10° 24' 24.4"]:
Havnegata, Im Hafen am Pier bei der **SHELL-Tankstelle**.
Gauldal Billag, Bratsbergvegen 23.
Stav/Fina-senteret, östl. der Stadt bei Malvik an der Autobahn E6.

TOUR 21: TRONDHEIM

zu werden. Eine Gedenktafel erinnert an norwegische Freiheitskämpfer, die hier zwischen 1940 und 1945 von der deutschen Besatzungsmacht hingerichtet wurden.

Von der Festungshöhe genießt man einen schönen Blick auf die Stadt, ihren Hafen, auf den Fjord und die Berge. Solange die Flagge auf dem Festungssturm weht, sind die Festungstore geöffnet. Die Gebäude der Festung sind Besuchern jedoch nur von Juni bis August zugänglich.

Der 120 m hohe **Tyholt-Turm**, auch Egon Tårnet, liegt östlich der Stadt. In 80 m Höhe des Fernmeldeturms befindet sich ein Drehrestaurant mit Aussichtsterrasse. Der Turm kann auch mit Bussen der Linien 20 und 60 erreicht werden.

Bootsausflug zur "Mönchsinsel"

Bei längerem Aufenthalt lohnt ein Bootsausflug zur **Insel Munkholmen**. Die "Mönchsinsel" war schon um das Jahr 1000 von Benediktinermönchen besiedelt, die hier ein Kloster – wahrscheinlich das erste im Norden – gegründet hatten. Später wurde Munkholmen stark befestigt, diente im Mittelalter als Richtplatz, später als Gefängnisinsel und schließlich als Zollstation. Heute ist es im Sommer ein beliebter Ausflugsort mit **Bademöglichkeit** und **Restaurant**.

Im Sommer (Ende Mai bis Anfang September) verkehrt ab Ravnkloa täglich zwischen 10 und 18 Uhr stündlich eine Fähre zur Insel Munkholmen. Halbstündliche Führungen durch die Festung.

Wikinger – Erste Entdecker Amerikas

Schon seit dem frühen 9. Jh. segelten Wikinger, die "Männer aus der Bucht", so eine der vielen Deutungen des Wortes "Wikinger", mit ihren schlanken, meisterhaft konzipierten und gebauten Drachenbooten von Norwegen (Oslofjord, Trondheim), Dänemark (Roskilde), Schweden (Mälarsee) und Schleswig (Haithabu) entlang der Meeresküsten und über die großen Ströme Osteuropas.

Wikinger durchkreuzten das Waräger-Reich (Rußland) von Nowgorod (Holmgård) bis Kiew, kamen über das Schwarze Meer bis ans Goldene Horn von Byzanz (Miklegård). 885 segelten sie mit etwa 700 Schiffen die Seine hinauf und belagerten Paris. 930 eroberte der Wikingerfürst Rollo die Normandie. Und schon hundert Jahre zuvor hatte man sich an der südenglischen Küste festgesetzt.

Die meisten dieser Entdeckungsfahrten hatten den Charakter von Eroberungs- oder Plünderungszügen.

Erst allmählich, als hochseetüchtige Boote aus der langen Erfahrung vieler Jahre Seefahrt und Bootsbaukunst hervorgingen, wagte man sich weiter von der Küste weg. Reisen über das offene Meer waren waghalsige Unternehmungen. Kompaß oder präzise Navigationsinstrumente waren noch unbekannt. Sterne und Sonne dienten zur Richtungsbestimmung. Meeresströmungen und der Flug der Vögel boten Anhaltspunkte in Küstennähe. Später tauchten hölzerne Peilscheiben auf, die ähnlich wie eine Sonnenuhr funktionierten und sog. "Sonnensteine" ließen dank ihrer besonderen kristallinen Struktur den Stand der Sonne auch bei bedecktem Himmel erkennen.

Und ganz verwegene Seefahrer verließen sich auf metallene Runenzeichen, die, lose aufgehängt, immer in dieselbe Richtung zeigten – nach Norden. Wurde ein Schiff von schlechtem Wetter überrascht, gab es zwar ganz präzise seemännische Anweisungen, wie Reffen des Segels, Sichern der Taue, notfalls Umlegen des Mastes u. a., ansonsten aber empfahl sich die Besatzung wohl Ägir, dem Gott des Meeres und hoffte auf ein glückliches Ende der Reise. Die Orientierung aber hatte man nach langen Unwettern verloren.

So waren viele Entdeckungen im Atlantik wohl eher zufällige Ergebnisse nach sturmbedingten Irrfahrten. Auch die Erkundungsfahrten nach "Vinland" an der nordamerikanischen Ostküste waren in ihrem Anfang alles andere als kalkulierte Unternehmungen.

Um also nicht allzuviele Tage dem offenen Meer und seinen Unbilden ausgesetzt zu sein, bediente man sich bei der Erkundung der Meere im Westen der Orkney-, Shetland- und Färöer-Inseln als Sprungbretter.

TOUR 21: TRONDHEIM

Mit jeder Fahrt nach Westen lichtete sich der Nebel des Unbekannten mehr und mehr. Und bald fuhren die Schiffe von Norwegen direkt nach Island. Gardar Svarvarsson berichtete um 860 erstmals über die Insel.

Die „Entdeckung" Amerikas durch Wikinger war im Grunde die Folge einer Ächtung. Ächtung, oder Friedlosigkeit, war eine der härtesten Strafformen, die vom Thing über jeden verhängt wurde, der sich z. B. mit seinem Nachbarn böswillig überworfen oder gar seinen Gegner erschlagen hatte.

Im 10. Jh. wurde Erik Thorwaldsson, genannt „der Rote", ein ruheloser Entdeckergeist, an der norwegischen Westküste geboren. Mit seiner Familie kam er nach Island. Im gestandenen Mannesalter handelte sich der Hitzkopf die Schmach der Ächtung ein. Er wurde zu drei Jahren Friedlosigkeit verurteilt und aufs Meer verbannt, dem er sich – was blieb ihm anderes übrig – überließ. Sein Boot trieb nach Westen. So wurde um 980 Grönland entdeckt, ein weiterer Meilenstein und Stützpunkt auf dem Seeweg nach Westen.

In den drei Jahren der Ächtung gründete der rote Erik auf Grönland zwei Siedlungen. Wieder zu Hause, erzählte er so voller Begeisterung und sicher nicht ohne Übertreibung von der Insel „Grünland", dass sich im folgenden Sommer über zwanzig Schiffe, beladen mit Männern und Frauen, Tieren und Gerätschaften, aufmachten, um auf Grönland zu siedeln.

Doch „Grünland" hielt offenbar nicht das, was versprochen worden war. Die Kunde, dass noch weiter westlich ein Land läge, „wo der Tau wie Honig schmeckt", wurde, verständlich genug, mit wachem Interesse aufgenommen.

Des roten Eriks Sohn, Leif Eriksson, wollte Genaueres wissen. Um das Jahr 1000 machte er sich auf den Weg nach Westen. Nach Tagen mühevoller Fahrt ins Ungewisse erreichten Leif und seine Mannen eine Küste, die weit davon entfernt war nach Honiggras zu duften. Riesige, graue, von Gletschern blankgeschliffene Steine bedeckten alles. Leif Eriksson nannte das Land „Helluland", was Steinland bedeutet. Heute ist es die Baffin-Insel.

Die Besatzung des Drachenbootes ließ sich mit dem Labradorstrom weiter nach Süden treiben und traf auf eine Landschaft, die schon viel wirtlicher war und weite Waldgebiete aufwies. Man nannte sie „Markland", Waldland also. Heute wird angenommen, dass Labrador einst so bezeichnet wurde.

Noch weiter südlich, auf dem heutigen Neufundland, fand Leif Eriksson endlich was er suchte, grünes, fruchtbares Weideland. Was lag näher, als das Land „Vinland" zu nennen. Sprachforscher fanden heraus, dass das Wort „Vin" für Wiese oder Weide stand und nicht für Wein, was auf den ersten Blick plausibel wäre.

Auf Vinland siedelten Wikinger bis ins 14. Jahrhundert. Trotz gelegentlicher Scharmützel mit den Einheimischen waren es nicht Indianerangriffe, die die Wikinger von Vinland vertrieben, sondern blutige Zwistigkeiten in den eigenen Reihen.

Heute ist längst nachgewiesen, dass die Aufzeichnungen in den alten Sagas, die wortreich über die abenteuerlichen Fahrten von Erik dem Roten und Leif Eriksson berichten, keine in langen Polarnächten erdachten Geschichten sind, sondern mit Gewissenhaftigkeit aufgezeichnete Erlebnisberichte der ersten Entdecker Amerikas.

Vielleicht erlebte der unbekannte Skalde, der Sänger, der nachfolgende Verse niederschrieb, den Aufbruch nach Westen mit:

„Die Bordzelte brachen Sie ab,
so dass des Herrschers Heer erwachte.
Am Mast hißten hoch die Segel
die Wikinge im Warins-Fjord.

Wenn zusammenschlugen
die langen Kiele und Ägirs Wogen,
so scholl es laut,
als brächen Felsen und Brandung entzwei".

TOUR 22: TRONDHEIM – MOSJØEN

TRONDHEIM – MOSJØEN

Länge dieser Tour: Rund 410 km über E6. Ohne Abstecher. Die küstennahe Alternativroute via R17 ist 200 km länger + 3 Fähren.

Die Route: Über die E6 bis **Mosjøen**.

Alternativroute: Über die R715/R17 und über **Namsos** und **Brønnøysund** nach **Mosjøen**.

Reisedauer: Mindestens ein Tag über die E6. Zwei Tage über die küstennahen Straßen R715/R17.

Reisehöhepunkte: Das historische **Stiklestad** * – die Küstenlandschaften im Westen bei **Rørvik** ** – Blick zum **Berg Torghatten – Mosjøens Sjøgata**.

Achtung Routenalternativen! Auf der Weiterreise nach Norden müssen Sie sich entscheiden, ob Sie den schnelleren Weg (und auch preisweteren Weg, weil keine Fähren) unserer **Hauptroute**, oder den Weg über die küstennahe R17 (unsere **Alternativroute**) nehmen wollen.

Auf dem küstennahen Weg passiert man unzählige Buchten und Fjorde. Zwei der Meeresarme sind per Fähre zu überqueren, will man nicht einen gehörigen Umweg in Kauf nehmen. Und Fähren schlagen, zumal wenn man mit Auto oder Wohnmobil unterwegs ist, gehörig zu Buche.

Darüberhinaus ist der Weg über die küstennahe Alternativroute (R17) auch um rund 200 km länger.

Hat man es nicht allzu eilig auf der Reise nach Norden bietet es sich an, den Weg nach Norden über die R17 und später den Rückweg südwärts dann über die E6 zu wählen.

Im Interesse des Reiseerlebnisses sollten für den Weg über die R17 mindestens zwei Tage eingeplant werden. Als Stopps bieten sich z.B. Namsos, Vennesund oder Brønnøysund an.

Tipp zur Routenwahl: Der Reiseweg auf der Straße R17 von Steinkjer über Namsos ist nicht sonderl ich aufregend. Erst ab **Høylandet** wird die Strecke landschaftlich wirklich reizvoll. Wer mit seinen Reisetagen haushalten muss, dem sei empfohlen, ab Steinkjer die E6 bis **Gartland** zu nehmen und dort auf der R775 westwärts nach Høylandet zufahren, um dann von dort auf der R17 weiter nordwärts zu reisen.

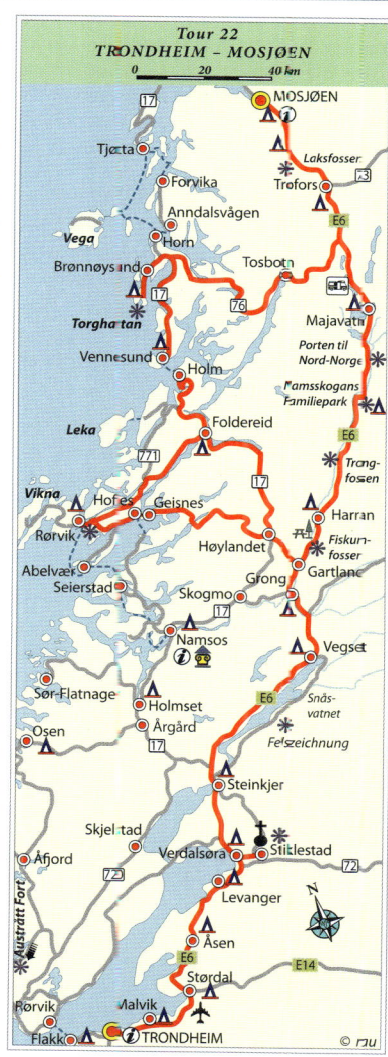

TOUR 22: TRONDHEIM – MOSJØEN

Auf dem Weg liegt eine Fährpassage und zwar zwischen Helm und Vennesund. Wer auch diese umgehen will, fährt auf der E6 von Gartland noch weiter nordwärts bis zum Abzweig der R76, die westwärts nach Brønnøysund führt (rund 100 km).

Falls Sie sich für die Weiterreise über die E6 entscheiden, bitte weiter mit **„Hauptroute"** weiter hinten.

Übrigens: Falls Sie der auf weite Strecken landschaftlich wirklich reizvollen Straße R17 über ihre gesamte Länge von Steinkjer bis nach Løding bei Bodø folgen, befahren Sie die vermutlich teuerste Straße Norwegens. Teuer deswegen, weil Sie unterwegs nicht weniger als sechsmal eine Fähre benutzen müssen. Und für ein Wohnmobil unter 6 m Länge waren dafür zuletzt rund 100 Euro an Fährgebühren zu berappen! Wohnmobilisten mit Fahrzeugen über 6 m Länge müssen noch viel tiefer in die Tasche greifen.

Alternativroute über Namsos

ALTERNATIVROUTE: *Will man sich die Fähre von Flakk nach Rørvik (siehe unten) ersparen, nimmt man ab Trondheim die E6 bis nördlich von **Steinkjer** (siehe Hautproute weiter hinten) und zweigt dort nordwestwärts auf die R17 nach **Namsos** und **Brønnøysund** ab.*

Entscheidet man sich dagegen für den **Weg über die Fährhäfen Flakk/Rørvik**, verlässt man Trondheim in westlicher Richtung und kommt nach 13 km zur **Fährstation Flakk** (Camping). Von hier verkehren regelmäßig **Fähren nach Rørvik** auf der Halbinsel Fosna, und zwar zwischen ca. 6 Uhr und 23.30 Uhr bis zu 25 mal, Fahrzeit 25 Minuten.

Ab Rørvik folgt man der R717 nach **Rissa** und dort der R715 über **Åfjord** bis **Osen (Steinsdalen)**, 136 km, einem kleinen Kirchdorf.

Etwa auf halbem Wege von Rissa nach Åfjord westwärts auf die R710 abzweigen und hinaus nach **Brekstad** auf der **Halbinsel Ørland** fahren (37 km). Kurz vor Brekstad kann man in **Opphaug** ostwärts zum **Austrått Fort** abzweigen (Camping s. u.). Vom Parkplatz führt ein Fußweg in 10 Minuten zu einem gigantischen technischen Monstrum, einer fünf Stockwerke tief ins Gestein reichende Geschützanlage, die einst von der deutschen Wehrmacht hier errichtet wurde. Zentrum des Ganzen ist der riesige insgesamt 800 Tonnen schwere Drillingsgeschützturm, der einstmals als Turm C auf dem Schlachtschiff „Gneisenau" Dienst tat *(geöffnet tgl. 15. Juni - 15 Aug)*. Wen's interessiert sollte sich die Webseite www.gneisenau.vip24.ch ansehen.

Auf dem Weg über Rissa nach Osen fährt man lange durch eine recht beschauliche, ländliche Gegend mit gepflegten Gehöften, Weiden und Feldern. Erst wenn die Straße wieder die Küste erreicht, wird die Szenerie kurz vor Osen von herrlichen Meeresbuchten geprägt.

Nach der Sundbrücke kann man in **Sundet** nach Norden abzweigen und hinaus nach **Vingsand** fahren, ein abgelegener kleiner Hafen mit netten Fischerhütten und **Museumshof**.

ALTERNATIVROUTE: *Kurvenreich folgt die R715 ab Osen (Steinsdalen) nun dem lachsreichen Steinselva flussaufwärts nach Osten, weg vom Meer, passiert nach 26 km die „Grenze" zur Provinz Nord-Trøndelag und trifft nach weiteren 17 km bei **Fossli/Årgård** auf die R17 aus Steinkjer. Hier nordwärts und über **Holmset** (Camping Holmset, Wiese an der R17, www.holmsetcamping.no) nach **Namsos** am Ostende des gleichnamigen Fjords.*

Namsos, eine relativ junge Stadt mit heute annähernd 12.800 Einwohnern, stammt zum größten Teil aus dem 19. Jh., wurde aber durch Brände und Bombardements im Zweiten Weltkrieg stark zerstört.

CAMPING

Opphaug
Camping Austrått ***, Tel. 72 52 14 70, www.austraat.no; Ende Mai – Anf. Sept., über die 710 zu erreichen, Wiesengelände am Meer, 14 Miethütten ** - ***.

Osen/Steinsdalen
Osen Fjordcamping, Tel. 72 57 72 32, www.osen-fjordcamping.no; Mai – Sept.; etwa 1 km außerhalb ansprechend am Sund gelegen; ca. 2 ha – 120 Stpl.; Standardausstattung; Kiosk, V & E **für Wohnmobile**; Bademöglichkeit, 9 Miethütten ** - ****.

TOUR 22: TRONDHEIM – MOSJØEN

Heute bietet die moderne Industriestadt, die auch den Beinamen „Holzstadt Norwegens" trägt, mit ihren großen Sägewerken dem durchreisenden Besucher nur wenig, was einen längeren Aufenthalt lohnen könnte.

Es sei denn, man will das **Namdalsmuseum** mit seinen umfangreichen Sammlung besichtigen. Das Regionalmuseum für das Namdalgebiet zeigt in 14 historischen Gebäuden Ausstellungen zu den Themen Fjell, Wald, Fluss, Land- und Stadtleben. Besonders stolz ist man auf das über 13 m lange Femböring-Ruderboot. Es ist eine wahre Rarität. Auf der ganzen Welt sind nur noch fünf Boote dieser Bauart erhalten.

Wer sich für die Geschichte der holzverarbeitenden Industrie in Namsos interessiert, kann das einzige norwegische Museum für dampfbetriebene Sägen besichtigen. Hier in der „Sillum dampsag og høvleri" wurde schon 1835 die erste Dampfsäge gebaut.

Eine schöne Sicht auf die Stadt Namsos hat man vom **Hausberg Klompen** aus. Es führt eine Straße hinauf zum Aussichtspunkt. Am Fuße des Berges liegen im Frederikspark noch Bunkeranlagen aus dem 2. Weltkrieg.

Badefreuden kann man das ganze Jahr über im **Erlebnisbad „Oasen"** erleben. Das Hallenbad, das zu den größten Schwimmanlagen in Europa zählt, ist in einen Berg gebaut und in allen Bereichen behindertengerecht ausgestattet. Wassertemperatur 28 Grad.

Bei längerem Aufenthalt lohnt eine Bootsfahrt durch den inselreichen Fjord. Ausführliche Informationen über Kreuzfahrten im **„Schärengarten von Namdalen"** erfährt man im Touristenbüro oder bei Namsos Trafikkselskap, Tel. 74 21 63 00.

ALTERNATIVROUTE: *Die Straße R17 umgeht Namsos im Osten, folgt dem breiten Namsenelva bis* **Overhalla.** *Wenige Kilometer östlich von Overhalla wendet sich die R17 bei* **Skogmo** *(Camping Skogmo [N 65° 28' 16.1" E 12° 21' 12.1"] (Abzweig nach Grong an der E6, 20 km) nach Norden und*

PRAKTISCHE HINWEISE – NAMSOS UND OVERHALLA

Namsos Turistkontor, Skysstasjonen, Dampskipskaia, Tel. 74 22 66 04.

HOTELS

Namsos
Norlandia Hotel Namsos, 43 Zi., Kirkegt. 7 – 9, Tel. 74 27 10 00, Restaurant „Le Journal", Pub, Disco, Sauna.
Namsen Motor Hotell, 31 Zi., in **Spillum** südl. Namsos, Tel. 74 27 61 00, www.namsen-motor-hotell.no; Restaurant.

Overhalla
Overhalla Hotell, 23 Zi., Tel. 74 28 15 00, www.overhalla-hotel.no; Restaurant, Fahrradverleih, Angelscheine.
Skogmo Gjestgiveri, in Skogmo, östlich von Overhalla, Tel. 74 28 27 01, Restaurant.

CAMPING

Namsos
Namsos Camping **** [N 64° 28' 26" E 11° 34' 39"], Tel. 74 27 53 44, www.namsos-camping.no; 1. Jan. – 31. Dez.; ca. 4 km östl. der Stadt, zwischen Straße und Namsenelva, in Flughafennähe; von Bäumen umrahmte Wiesen; ca. 3,5 ha – 150 Stpl.; gute Standardausstattung; Laden, 31 Miethütten *** - ****.

Overhalla
Bjøra Camping **, Tel. 74 28 13 08, www.bjora.no; 15. Mai – 15. Okt.; Zufahrt von der R17, kleinerer Übernachtungsplatz; ca. 1 ha – 25 Stpl.; Standardausstattung, Laden, 9 Miethütten **.
Namsen Fishing Camp [N 64° 26' 30" E 11° 53' 50], Tel. 74 28 21 94, www.namsen.no; 1. Juni – 10. Sept.; Wiesen an der Südostseite des Namsenflusses, etwa zwischen Overhalla und Namsos gelegen, zu erreichen über die Landstraße 401, ca. 2 ha – 30 Stpl.; Standardausstattg.; Laden, 15 Miethütten ** - ****.

TOUR 22: TRONDHEIM – MOSJØEN

Die moderne Fassade des Museums in Rørvik erinnert an geblähte Segel

erreicht über **Høylandet** [N 64° 37' 39.3" E 12° 18' 03.9"] *nach 77 km* **Foldereid**.

Overhalla, eine Gemeinde mit kaum 4.000 Einwohnern liegt am Namsenelva, der als einer der besten Lachsflüsse Norwegens gilt. Angelscheine verkaufen das örtliche Touristenbüro, die Beherbergungsbetriebe oder das Sportgeschäft am Platz.

Abstecher nach Rørvik

Nördlich von **Høylandet** oder weiter bei **Foldereid** bietet sich Gelegenheit zu einem Abstecher auf der Straße R776 bzw. R770 westwärts nach **Rørvik** (55 km) und in die wild zerklüftete Inselwelt von **Vikna** an. Wer weit abgeschiedene Küstenlandschaften liebt, kommt hier auf seine Kosten.

Rørvik [N 64° 51' 36.4" E 11° 14' 02.8"] liegt sehr hübsch inmitten eines Inselarchipels am Naerøysund. Der Hafen ist Anlaufpunkt der Hurtigrutenschiffe, die abends um 21 Uhr nord- wie südgehend hier anlegen. Dann wird es kurzzeitig richtig lebendig in dem sonst eher ruhigen Küs-tenort.

Besichtigen kann man in Rørvik das **Küstenmuseum „Norveg"** von Nord-Trøndelag mit der „Woxengs Samlinger", Strandgate 7, *(geöffnet Ende Juni - Anf. Aug. Mo - Sa 10 - 21.30, So 12 - 21.30 Uhr, übrige Zeit bis 17 Uhr, Winterhalbjahr bis 15.30 Uhr u. Mo geschl.; www.norveg.org)*. Das Museum, das in einem modernen Gebäude untergebracht ist, dessen Wandelemente an die geblähten Segel eines Schiffes erinnern, zeigt Interessantes über das Meer und die Kultur an Norwegens Küste von der Steinzeit bis ins Off-Shore-Zeitalter. Interessant ist u. a. die Ausstellung „Land am unendlichen Meer".

Schließlich lohnt die alte Handelsstation **Berggården** aus der Zeit um 1870 samt „Krämerladen", sowie die **Borgstua**, ein altes Gebäude, das einst auch als Gesindehaus des Berggården diente, einen Besuch.

Abstecher zur Insel Leka

Rund 22 km nördlich von Foldereid kann man westwärts zur **Fährstation Gutvik** abzweigen (20 km). Von dort verkehren Fähren nach **Skei** auf der **Insel Leka**. Die Fähren nach Leka verkehren nicht sehr häufig. Wartezeiten einplanen!

Die Insel ist bekannt für ihr rötliches Serpentingestein, für das **Hünengrab Herlaugshaugen** aus der Wikingerzeit und vor allem für die Höhlenmalereien in der Höhle **Solsemhulen** im Südwesten der Insel. Den Schlüssel zur Höhle erhält man in der Touristenformation im Postamt im **Skeisenteret** am Hafen von Leka.

Die Geschichte von der dreijährigen Svanhild, die 1932 angeblich von einem Adler entführt worden sein soll, hält sich hartnäckig. Immerhin diente die Story als Vorlage für ein Buch und einen Film.

TOUR 22: TRONDHEIM – MOSJØEN

PRAKTISCHE HINWEISE – RØRVIK

Turist Informasjon, Vika Næringsforening, Rørvik Samfunnshus, Engasvegen 27, 7901 Rørvik, Tel. 74 39 33 00, www.viknanett.no.

HOTELS

Kysthotellet Rørvik, 30 Zi., Storgt. 20, Tel. 74 36 66 00, zentral gelegenes, einfacheres Mittelklassehotel, WLAN, Restaurant, Parkplatz.

Kolvereid
Kolvereid Fjordhotell, 25 Zi., Tel. 74 38 25 50, www.kolvereid-fjordhotell.no; einfaches Mittelklassehotel, Restaurant, Parkplatz.

CAMPING

Camping Nesset *** [N 64° 5' 22.6" E 11° 15' 47.9"], Tel. 74 39 06 60, Mitte Mai – Mitte Sept.; ca. 2 km nördl. der Stadt; einladender Platz in fast ebener Wiesenmulde mit Stellplätzen zwischen den verstreuten Miethütten. Ansprechende Lage an einem Meeresarm. Von einzelnen Stellplätzen schöner Blick auf die zerklüftete Küstenlandschaft; ca. 2 ha – 40 Stpl.; Standardausstattung. **V & E für Wohnmobile. 19 Miethütten.**
Ytre Vikna Skjærgårdscamping, Tel. 74 39 25 20, Miethütten, Cafeteria.

Hofles
Kvisterø Kystcamping, Tel. 74 39 67 37, 1 km westl. Hofles Fährstation an der Straße 769. Am Fjord gelegen. Miethütten.

Leka
Leka Motell og Camping *,** Tel. 74 39 98 23, www.leka-camp.no. 15. Apr. – 15. Okt.; südl. der Fährstation; ca. 1 ha – 20 Stpl.; einfache Standardausstattung; 20 Miethütten, teils aus Serpentingestein; Cafeteria. Motel ganzjährig.

Von Rørvik und/oder von Leka zurück nach Foldereid.

Foldereid (Follakroa Turistsenter, Tel. 74 15 50 97, www.follakroa.no; 15 Miethütten, Restaurant, Campingmöglichkeit) ist ein kleiner Ort an der Brücke über den weit ins Land reichenden, sehr schmalen Meeresarm Indre Folda.

*ALTERNATIVROUTE: Von Foldereid auf der R17 nordwärts. Nach 22 km erreicht die Straße den **Fährhafen Holm** [N 65° 10' 59.0" E 12° 06' 48.4"], nun bereits in der Provinz Nordland.*

Ab **Holm** verkehren laufend **Autofähren nach Vennesund [N 65° 12' 58.3" E 12° 02' 26.6"]** Abfahrten zwischen 6 und 22 Uhr bis zu neunmal, Fahrzeit 20 Minuten. Vennesund (einladendes **Bryggecafé** an der Landungsbrücke) ist ein kleines, abgeschiedenes Küstendorf auf der Insel Sømna.

Auf der Weiterfahrt über **Vik** (Freilichtmuseum Sømna Bygdetun, Hotel, Restaurant) nach Norden hat man nach ca. 25 km bei gutem Wetter einen schönen Ausblick nach Westen auf den 260 m hohen, markanten, abgerundeten **Berg Torghatten [N 65° 23' 43.6" E 12° 05' 50.1"]**. Mitten durch den Felsen geht ein Loch, durch das man von einem günstigen Standpunkt aus (am besten vom Meer aus) den Himmel auf der anderen Bergseite sieht.

Natürlich ist eine solche Kuriosität von Sagen und Legenden umwoben. Hier heißt es, dass das Loch von einem Pfeil stammt, den der sagenhafte Riese Hestmann auf einer Verfolgungsjagd durch den Berg jagte. Und in der Sagenwelt ist der Berg auch kein

CAMPING– VENNESUND

Camping Vennesund ** [N 65° 12' 58.3" E 12° 02' 26.6"]**, Tel. 75 02 73 75; www.vennesund.no; 1. Jan. – 31. Dez.; Wiesenrang bei einem Gasthaus in ansprechender Lage, unmittelbar an der Fähranlegestelle; ca. 1,5 ha – 50 Stpl.; einfache Standardausstattung; 16 Miethütten *** - ****. Fremdenzimmer.

247

TOUR 22: TRONDHEIM – MOSJØEN

PRAKTISCHE HINWEISE – BRØNNØYSUND

Brønnøysund Turist Informasjon, Sømnaveien 92, 8900 Brønnøysund, Tel. 75 01 80 00, www.visithelgeland.com; www.destinationhelgeland.com; *geöffnet 9 - 15.30 Uhr, in Sommersaison erweitert.*

HOTELS
Galeasen Hotell, 22 Zi., Havnegt. 32/36, Tel. 75 00 88 50; www.galeasen.com, Restaurant.
Thon Hotell Brønnøysund, 59 Zi., Valveien 11, Tel. 75 00 89 00, www.thonhotels.no; zeitgemäßes, zentral gelegenes Komforthotel, WLAN, Restaurant, Schwimmbad, Sauna, Parkplatz.

CAMPING
Solli Camping **, Laukholmvei 4, Tel. 75 02 20 09; 1. Jan. – 31. Dez.; südlich der Stadt, kleinere Anlage mit 10 Miethütten.

V & E Station für Wohnmobile an der STATOIL-Tankstelle, Brønnøysund Zentrum.

Torghatten
Torghatten Camping ** [N 65° 23' 36.2" E 12° 5' 57.3"], Tel. 75 02 54 95; Wiesen bei einem Bauernhof an der Küste, 12 km südwestl. von Brønnøysund beim Berg Torghattan. Standardausstattung.

Berg, sondern der Hut des Königs von Sømna, der ihn nach aufsässigen Trollen auf der Insel Torget geschleudert haben soll.

Unsere nüchterne, aufgeklärte Welt hat für das „Fenster im Berg" natürlich eine andere Erklärung parat. Erosion hat das Loch (35 m hoch, 15 bis 20 m breit, 160 m tief) im Berg geschaffen.

Man kann bis an den Fuß des Berges Torghatten fahren, wenn man den Weg über **Brønnøysund [N 65° 28' 00.4" E 12° 11' 02.6"]**wählt. Die Straße endet nach 12 km an einem Parkplatz vor dem Campingplatz Torghatten. Es führt ein Weg hinauf bis in die Nähe des Lochs, Gehzeit ca. 30 Min.

ALTERNATIVROUTE: *Östlich von Brønnøysund verlassen wir in* **Skillebotn** *die R17 und nehmen die R76 über* **Hommelstø** *und* **Tosbotn** *ostwärts bis zur E6.*

Der sagenumwobene Berg Torghattan

TOUR 22: TRONDHEIM – MOSJØEN

Rund 4 km östl. von **Hommelstø** kann man das **Helgeland Museum** besichtigen, ein Freilichtmuseum mit einer interessanten Sammlung von 10 historischen Gebäuden sowie Gegenständen aus der Region Velfjord (geöffnet 1. Juni - 15. Aug.).

Die Straße R76 führt durch sehr idyllische Fjordlandschaften nach **Tosbotn** (**Camping Bakken**, Wiese mit Miethütten bei einem Gasthof nahe der Straße).

Auch die Fahrt am Tosenfjord entlang ist herrlich, mit Blick auf wilde, hellgraue Berge an seinem Ostufer.

Ab Tosbotn ist die Straße bestens ausgebaut und führt in einer schönen Bergfahrt durch das Tal des Storelva aufwärts, passiert den 5,5 km langen Tosen Tunnel und erreicht nach rund 15 km die E6. 66 km weiter nördlich liegt **Mosjøen** (siehe weiter hinten).

HAUPTROUTE – ÜBER DIE E6 NACH MOSJØEN

ROUTE: Unsere **Hauptroute** folgt ab Trondheim der E6 am Fjord entlang nach Osten. Die zwischen Ranheim und Hommelvik mautpflichtige Straße ist autobahnähnlich ausgebaut. Sie passiert **Malvik** und die Stände bei **Vikhamar** (Camping siehe bei Trondheim). Wenig später (35 km seit Trondheim) kommt man durch **Stjørdal** (Flughafen; Abzweig der E14 nach Schweden). Weiterreise auf der E6 nordwärts und über **Åsen** zunächst bis **Verdalsøra** (54 km).

9 km nördlich von Stjørdal bietet sich Gelegenheit von der E6 nach Westen Richtung **Fløan** abzuzweigen. Man erreicht dann nach 3 km die Reste der mittelalterlichen **Burgruine Steinvikseholm** im Åsenfjord.

In **Åsen** zweigt die R753 nach Westen auf die **Halbinsel Frosta** ab. Am Südwestende der Halbinsel findet man bei **Logtun** eine **mittelalterliche Kirche** nahe beim Frostating, eine uralte **Thingstätte** (siehe auch unter Trondheim).

Etwas weiter südlich davon kann man hinüber auf die **Insel Tautra** fahren, die per Straße zu erreichen ist. Auf der Insel gibt es **Klosterruinen** aus dem frühen 13. Jh.

HOTELS

Stjørdal

Quality Airport Hotel Værnes, 115 Zi., Kjøpmannsgt. 20, Tel. 74 80 45 00, www.choice.no, Restaurant, Parkplatz.

Rica Hell Hotel, 377 Zi., in **Hell,** Tel. 74 84 48 00, www.rica.no; modernes Konferenzhotel; Restaurant, Sauna, Schwimmbad.

CAMPING

Stjørdal

Camping Hognes Gård ***, Tel. 74 82 45 06; Anf. Jan. – Ende Dez.; ca. 1 km östl., an der E14; ca. 1,5 ha – 30 Stpl.; 31 Miethütten **.

Åsen

Camping Gullberget **** [N 63° 37' 23.4" E 11° 04' 05.8"], [N 63° 37' 23.4" E 11° 04' 05.8"], Tel. 74 05 61 51; 1. Mai – 1. Okt.; an der E6 ca. 2 km nördl. Åsen; ebene Wiesen hinter einem Wohnhaus, durch Hecken in Stellflächen unterteilt; ca. 1,5 ha – 30 Stpl.; 25 Miethütten ** - ****.

Levanger

Levanger Camping ** [N 63° 26' 36.528" E 11° 10' 1.308"], Tel. 40 00 70 06, www.levangercamping.no; 1. Jan. - 31. Dez.; Wiesengelände am Ortszentrum; 3 ha - 100 Stpl.; Standarddausstattung. 7 Miethütten *****. **V & E** für **Wohnmobile**.

Camping Bergstad ***, Tel . 74 09 52 23; 1. Jan. – 31. Dez.; an der E6, ca. 7 km südl. Levanger; kleinere Anlage; 12 Miethütten.

Verdal

Stiklestad Camping ***, Tel. 74 04 12 94, www.stiklestadcamping.no; 1. Mai – 30. Okt.; in Verdalsøra über die R757 ca. 7 km ostwärts, durch Stiklestad; Wiesen am Verdalselva; ca. 2 ha – 80 Stpl.; 17 Miethütten.

TOUR 22: TRONDHEIM – MOSJØEN

Abstecher nach Stiklestad

ABSTECHER: *In* **Verdalsøra** *auf der R757 ostwärts nach* **Stiklestad**, *ca. 6 km* [**N 63° 47' 06.0"   E 11° 27' 55.3"**].

Die kleine, ländliche Gemeinde **Stiklestad** [**N 63° 47' 47.0"   E 11° 33' 38.9"**] ist ein bekannter Festspielort in Norwegen.

In der historischen **Schlacht von Stiklestad** fiel am 29. Juli 1030 der zum Christentum übergetretene Wikingerkönig Olav II. Haraldsson „der Heilige", im Kampf für den Glauben, für die Einigung des Reiches und gegen den Dänenkönig Knut. Der Überlieferung nach starb König Olav schwer verwundet an einen Stein gelehnt.

Genau an dieser Stelle steht heute die **Stiklestad Kirche**. Sie wurde zwischen 1150 und 1180 im romanischen Stil erbaut. Die wuchtige Steinkirche hat an ihrer Südseite ein schönes romanisches Portal und zeigt im Inneren Fresken aus dem Mittelalter. Das Taufbecken stammt noch aus der Gründungszeit der Kirche. An den Wänden hängen auf Holz gemalte Bilder. Sie dienten auch zu Lehrzwecken, als die Kirche nicht nur als Gotteshaus, sondern auch als Schulraum genutzt wurde.

Etwa 400 m von der Kirche entfernt findet man das **Freilichttheater**. Hier wird jedes Jahr um den 29. Juli, dem Todestag König Olavs des Heiligen, und am darauffolgenden Sonntag das *„Olsokspiel"* aufgeführt. Zu dem Theaterspiel, dessen zentrales Thema Szenen aus dem Leben des Heiligen Olav sind, kommen jedes Jahr Tausende von Zuschauern und die besten Schauspieler des Landes nehmen daran teil. In Verbindung mit dem Olavsfest werden Theatervorstellungen, Konzerte, Seminare und gelegentlich auch ein Mittelaltermarkt veranstaltet.

Unmittelbar beim Freilichttheater dient ein schöner alter Gutshof als **Freilichtmuseum**. Insgesamt kann man 30 gut erhaltene Holzgebäude und Blockhäuser aus dem 17. und 18. Jh. sehen.

Im Haupthaus, das aus dem 18. Jh. und aus der Gegend um Stiklestad stammt, ist ein überaus gemütliches, mit altem Mobiliar ausgestattetes **Café** eingerichtet.

Im Eingangsbereich der Theater- und Museumsanlage von Stiklestad findet man das **Nationale Kulturzentrum Stiklestad** mit Ausstellungen über die Ereignisse von Stiklestad im Jahre 1030, über St. Olav den Volks- und Kirchenheiligen und über die Zeit von Olav Haraldsson bis Olav Engelbrektsson.

Im Kulturzentrum, dem ein modernes **Hotel** angefügt ist, ist auch ein **Informationsbüro** untergebracht.

ABSTECHER: *Von Stiklestad zurück zur E6 bei* **Verdalsøra**.

HAUPTROUTE VIA E6

HAUPTROUTE: *Der weitere Verlauf unserer Reise folgt der E6 von Verdalsøra nach Norden über* **Røra** *zunächst bis* **Steinkjer** *(30 km)*.

Wer Zeit mitbringt, kann in **Røra** einen Abstecher westwärts über **Straumen** nach **Hustad** (Orte mit alten Kirchen auf der Insel Inderøy) machen. Bei **Vist** trifft man dann wieder auf die E6.

Oder machen Sie in **Mære** von der E6 einen kurzen Abstecher von nur 2 km nach Westen zur **Kirche von Mære**, die herrlich auf einem Hügel liegt und einen weiten Blick auf die liebliche Landschaft ringsum ermöglicht.

Steinkjer [**N 64° 00' 43.7"   E 11° 29'33.1"**], eine Stadt mit fast 21.000 Einwohnern, Bezirkshauptstadt von Nord-Trøndelag, Verkehrsknotenpunkt und bedeutendes Wirtschaftszentrum

Stiklestad Kirche

TOUR 22: TRONDHEIM – MOSJØEN

in Mittelnorwegen, ist uraltes Siedlungsgebiet.

Der Ort an der Nordostseite des Beitstadfjords wird schon in der Edda erwähnt, die vor dem Jahr 1000 entstanden ist. Nach der Schlacht von Svolder wurde das Land von den Jarlen Erik und Svein Håkonsson von Steinkjer aus regiert.

Steinkjer hat im Stadtzentrum ein großes Hallenbad, das **Erlebnisbad Dampsaga**, mit großen Becken, 43 m langer Rutsche, Whirlbank, Strömungskanal, Sauna, Solarium Fitnessraum, Cafeteria etc. Im angeschlossenen **Kulturhaus** findet man u. a. drei Kinos, eine Kunstausstellung, ein Theater und eine Bibliothek.

Im Ortsteil **Egge** ist im Fylkesmannsgården, einem Gehöft aus dem 19. Jh., das **Egge Museum [N 64° 01' 42.7" E 11° 28' 35.6"]** eingerichtet (geöffnet Anf. Juni - Mitte Aug. tgl. 11 - 16 Uhr, www.eggemuseum.no). Dieses Heimat- und Regionalmuseum mit Freilichtabteilung veranschaulicht mit seinen Ausstellungen das Leben der hiesigen Landbevölkerung und der Bauern. Im Obergeschoss ist eine alte Straßenzeile rekonstruiert.

In der Nähe des Museums wurde ein Schwert aus der Zeit 900 n. Chr. gefunden, das heute im Museum in Trondheim zu bewundern ist.

ROUTE: *Weiterreise ab Steinkjer über die E6 und am langgestreckten, schön in waldreicher Landschaft gelegenen* **See Snåsavatnet** *entlang bis* **Grong** *(73 km).*

7 km nördlich von Steinkjer passiert man den Abzweig der R17 nach Namsos (74 km), siehe „Alte nativroute" weiter vorne.

Ab Steinkjer muss man nicht zwangsläufig der E6 folgen, sondern man kann auch am Südostufer des **Snåsavatnet** entlang nordwärts fahren. Auf diesem Wege passiert man rund 30 km nordöstlich von Steinkjer rund 6.000 Jahre alte Helleristninger, **Felsritzungen**. Bekannt unter den Motiven der Steinritzungen ist das **„Bølareinen"**, das Bøla-Rentier, das zu einer Jagdszene mit der lebensgroßen Darstellung eines Rentiers gehört.

Schließlich trifft man westlich von **Snåsa** wieder auf die E6.

Kurz vor Grong führt bei **Formofoss** die R74 ostwärts nach **Gäddede in Schweden** (ca. 96 km bis zur schwedischen Grenze).

ROUTE: *Ab Grong führt die E6 durch das bewaldete, landschaftlich sehr reizvolle Namdalen nach Nordosten.*

Man passiert etwa 4 km vor **Harran** (Camping s. nächste Seite) einen einladenden **Rast- u. Picknickplatz** oberhalb des Namsenflusses mit schöner Aussicht, Fick-

---

PRAKTISCHE HINWEISE – STEINKJER UND UMGEBUNG

Innherred Turistinformasjon [N 64° 00' 43.7" E 11° 29' 33.1"], Namdalsveien 11, Durchgangsstraße E6, gegenüber Globus Shopping Center, 7701 Steinkjer, Tel. 74 40 17 16; www.visitinnherred.com; geöffnet Ende Juni - 15. Aug. Mo - Fr 9 - 20, Sa 10 - 19, So 12 - 19 Uhr; übrige Zeit Mo - Fr 9 - 16 Uhr.

HOTELS

Quality Hotel Grand, 113 Zi., Kongensgt. 37, Tel. 74 16 47 00, www.grandhotell.no; komfortables Mittelklassehotel in zentraler Lage, zwei Restaurants, Sauna.
Tingvold Park Hotel, 55 Zi., Gamle Konkavei 47, Tel. 74 14 11 00, www.tingvoldhotel.no; Restaurant, Sauna, Hotelgarten.

CAMPING

Røra
Koa Camping ***, Tel. 74 15 44 71, www.koa-camping.no; 1. Mai - 30. Sept.; südl. Røra; Terrassenplatz unterhalb der E6; ca. 3 ha – 100 Stpl.; 23 Miethütten *** - ****.

Steinkjer
Guldbergaunet Sommerhotell & Camping *** [N 64° 1' 22" E 11° 30' 26"], Elvenget 34, Tel. 74 16 20 45; 1. Jan. - 31. Dez.; Wiesen am Fluss, östlich des Ortes beim gleichnamigen Hotel; ca. 4 ha – 70 Stpl. Standardausstattung; Laden, Imbiss; 13 Miethütten *****. Motel.

TOUR 22: TRONDHEIM – MOSJØEN

HOTELS
Grong
Hotell Vertshuset Grong, 37 Zi., Tel. 74 31 10 00, www.vertshuset.com; WLAN, einfacheres, komfortables Mittelklassehotel, Parkplatz.

CAMPING
Kvam
Braseth Camping **, Tel. 74 14 94 52; 15. Mai – 1. Nov.; ca. 10 km nordöstl. Kvam; 1 ha – 40 Stpl.; 15 Miethütten **.
Snåsa
Camping Vegset *** [N 64° 15′ 52.2″ E 12° 16′ 06.4″], Tel. 74 15 29 50; Ostern – 1. Okt.; an der E6; in ansprechender Lage am Nordostende des Snåsavatnet, neben dem **Gasthof Snåsa Kro**; 9 Miethütten ** - ****.
Snåsa Hotell / Camp ***, Leiråmoen, Tel. 74 15 10 57, www.snasahotell.no; 1. Mai – 30. Sept.; ca. 5 km östl. der E6, an der R763; Campingmöglichkeit beim gleichnamigen **Hotel** mit **Jugendherberge**; Laden, Restaurant; 9 Miethütten.
Grong
Langnes Camping *** [N 64° 27′ 31.0″ E 12° 17′ 36.8″], Tel 74 33 18 50, 1. Jan. – 31. Dez.; Zufahrt von der E6 ca. 2 km südlich des Ortes; Wiesengelände in ansprechender Umgebung; ca. 2,5 ha – 70 Stpl.; gute Standardausstattung; 8 Miethütten.
Harran
Moa Camping ***, Tel. 74 33 27 29, 15. Mai - 15. Sept.; am nördlichen Ortsrand von Harran und oberhalb der E6; gepflegtes, ebenes Weisengelände mit Birken; ca. 2 ha - ca. 50 Stpl., 10 Miethütten ** - ****

Camping Harran *** [N 64° 33′ 49.6″ E 12° 29′ 52.1″], Tel. 74 33 29 90, 1. Mai - 15. Sept.; Einfahrt am südl. Ortsrand von Harran. 2 km nördlich des Namsen Laksakvarium; ebene Wiesen mit hochstämmigen Birken unterhalb der E6, bis an den Namsenfluss reichend; 70 Stpl. V & E **für Wohnmobile**. 25 Miethütten ** - *****.

nicktischen und Toiletten.

Wenig später kommt man am Abzweig zum gewaltigen **Wasserfall Fiskumfossen** am Namsenfluss vorbei, der trotz des Stauwehrs noch recht imposant ist.

Der Namsenfluss ist einer der großen Lachsflüsse in Norwegen. Auf dem Weg zu ihren Laichplätzen flussaufwärts wäre der Fiskumfossen mit seinem Stauwehr eine fast unüberwindliche Barriere für die Fische. Also wurde hier eine **Lachstreppe** von 291 m Länge, die längste Lachstreppe Europas wie es heißt, erbaut. Allerdings sind nur 90 m der Anlage sichtbar. Der Rest verläuft in einem Tunnel im Fels.

Insgesamt haben die Lachse hier einen Höhenunterschied von 34,5 Metern zu überwinden. In anderen Worten, sie müssen 77 Kolke (kleine Bassins) der Lachstreppe hochspringen. Im obersten Kolk ist ein Sichtfenster eingebaut. Und mit etwas Glück und Geduld können Sie dort springende Lachse beobachten. Übrigens: Der größte bislang am Fiskumfossen gefangene Lachs soll stolze 31,5 kg auf die Waage gebracht haben.

Ganz in der Nähe des Fiskumfossen finden Sie das **Namsen Laksakvarium [N 64° 32′ 43.4″ E 12° 27′ 18.8″]** (www.namsen-laksakvarium.no) mit 55.000-Liter-Aquarium für Wildlachse und Ausstellungen über die Lachsfischerei, mit einer Fischräucherei und dem **Restaurant „Fossen"**. Natürlich wird hier Lachs serviert.

30 km weiter nordöstlich von Harran liegen **Trones** und der **Trongfoss Wasserfall**, etwas abseits der E6.

Später kommt man auf der E6 durch den Ort **Namsskogan** mit dem **Namsskogan Familiepark**, ein Tier-, Natur- und Freizeitpark für die ganze Familie; mit **Namsskogan Hotell og Camping** (außerdem **Camping Nyheim**, Tel. 74 33 43 66, www.nyheimcamping.no) ca. 1 km nördlich zwischen E6 und Namsenfluss).

2,5 km nördlich von **Smalåsen** passiert man in 310 m Höhe das **„Porten til Nord-**

TOUR 22: TRONDHEIM – MOSJØEN

Stellplatz am Store Svenningsvatn nördlich Majavatn

Norge", das „**Tor nach Nordnorwegen**". Es markiert die Grenze zwischen der Fylker (Provinzen) Nord-Trøndelag und Nordland. Ein beliebter Haltepunkt mit Grenzmarker, Parkplatz, Touristeninfo, Kiosk, Souvenirs, Toiletten.

Etwa 30 km weiter kommt man am schön in bewaldeter Hügellandschaft gelegenen **See Majavatn** vorbei. Unmittelbar zwischen Straße und See liegt der schmale Wiesenstreifen von **Majavatn Camping** (1. Juni - 1. Sept., 21 Miethütten).

17 km nördlich von Majavatn passiert man die Zufahrt zum **Stellplatz Camping Rasteplass**, s. u. Nochmals rund 8 km weiter trifft man auf die Einmündung der R76 aus Brønnøysund (siehe auch „Alternativroute über Namsos" weiter vorne).

Auf dem weiteren Weg nordwärts passiert man auf der E6 südlich von Trofors **Elvetun Camping**.

Nach **Trofors** sollte man auf den Abzweig von der neuen E6 auf die alte E6 achten. Man gelangt hier zum recht breiten und imposanten **Wasserfall Laksfossen**. Am Rand des tosenden Falls wurde eine 200 m lange Lachsleiter angelegt. Parkplatz, Cafeteria „Laksfors", Souvenirshop, WC.

40 km weiter – unterwegs kommt man am schön am Svenningdalselva gelegenen **Campingplatz Svenningdal [N 65° 26′ 42.4″ E 13° 24′ 02.2″]** vorbei – erreicht man schließlich **Mosjøen**.

Mosjøen [N 65° 50′ 22.4″ E 13° 11′ 17.3″] ist eine langgestreckte Gemeinde ganz am Südostende des Vefsne-fjords. Die Stadt mit rund 13.000 Einwohnern verdankt ihre Prosperität heute in erster Linie einem großen Aluminiumwerk im Norden der Stadt, einer Großweberei, der holzverarbeitenden Industrie sowie eines großen

 WOHNMOBIL-STELLPLATZ NÖRDLICH VON MAJAVATN

Camping-Rasteplass Svenningsvatn [N 65° 19′ 31.1″ E 13° 22′ 42.4″], 17 km nördlich von Majavatn Zufahrt an der E6; ein von der staatlichen Forstverwaltung angelegter **Stellplatz für Wohnmobile und Caravans**. Das relativ große Areal liegt schön am See Svenningsvatnet. Zahlreiche eingeebnete, geschotterte Stellplatzbuchten zwischen Birken und Nadelbäumen mit Platz für 30 Wohnmobile bzw. Caravans. Es gibt einen Grillplatz mit Hütte, Picknicktische, Mülltonnen und Toiletten. Der Platz ist jederzeit zugänglich, aber **gebührenpflichtig**! Man findet an der Platzeinfahrt einen grünen Briefkasten vor mit Anmeldeformularen und Kugelschreiber. Formular ausfüllen, in anhängenden Umschlag die Gebühr legen, Quittungsabschnitt ausfüllen und abreißen und Umschlag mit Geld in Kassenbox werfen. Quittung gut sichtbar ins Auto legen!

TOUR 22: TRONDHEIM – MOSJØEN

An der Sjøgata in Mosjøen

In einigen Gebäuden an der Sjøgata sind heute gepflegte Restaurants eingerichtet.

Nicht all zu weit von der Sjøgata und etwa 1,5 km vom Ortszentrum entfernt liegt das **Vefsn Museum** *(geöffnet 15. 6. - 15. 8. Mo - Fr 8. - 15.30 Uhr, So 11 - 16 Uhr)* ein 1909 gegründetes **Freilichtmuseum**, bestehend aus 12 alten Gebäuden aus der Region und einer großen heimatkundlichen Sammlung. Die Gebäude mit ihren originalgetreu restaurierten Einrichtungen stammen aus der Zeit vom 17. bis ins 19. Jh. Es gibt ein Café in der Museumsanlage.

karbonverarbeitenden Werks.

Ein Umweg von der Umgehungsstraße durch die Innenstadt lohnt allemal. Vor allem an der **Sjøgata** am Ufer der Vefsnamündung findet man eine ganze Reihe alter Lager-, Wohn- und Fischerhäuser aus dem 18. und 19. Jh. Wie es heißt, soll dies das längste zusammenhängende Holzhausviertel in Nordnorwegen sein.

In den vergangenen Jahrhunderten wurden hier die landwirtschaftlichen Produkte aus dem Hinterland umgeschlagen. Im Kaigebäude **Jakobsenbrygga** gibt eine Ausstellung Einblick in das Leben und die Arbeitswelt im alten Mosjøen.

Zu den insgesamt eher bescheidenen Sehenswürdigkeiten in Mosjøen zählt außerdem die **Dolstad Kirche** an der Flussbrücke im nördlichen Stadtbereich, nahe der E6. Die achteckige Kirche stammt aus dem Jahre 1734. Ihre jetzigen Altarbilder wurden Mitte des 19. Jh. geschaffen. Interessant ist die Kanzel mit Apostelabbildungen und einem ungewöhnlichen, auf kurzen Säulen ruhenden Laufgang.

PRAKTISCHE HINWEISE – MOSJØEN

 Mosjøen Turist Informasjon, C. M. Havigsgt. 39/41, 8656 Mosjøen, Tel. 75 11 12 40, www.visithelgeland.com; www.mosjoen.com, *geöffnet 9 - 15.30 Uhr, im Sommer länger.*

HOTELS

 Fru Haugans Hotell, 84 Zi., Strandgata 39, Tel. 75 11 41 00, www.fruhaugans.no, historisches Haus in einem 200 Jahre alten Gebäude, Restaurant.
Mosjøen Hotell, 34 Zi., Vollanveien 35, Tel. 75 17 11 55, www.mosjoenhotell.no; Restaurant.
Norlandia Lyngengården Hotell, 41 Zi., Vollanveien 15, Tel. 75 17 48 00, www.norlandia.no/lyngengarden.

CAMPING

 Mosjøen Camping **** [N 65° 50′ 4″ E13° 13′ 11″], Kippermoen, Tel. 75 17 79 00, www.mosjoencamping.no; Anf. Jan. – Ende Dez.; am südlichen Ortsrand, Wiesen zwischen E6 und einem Wäldchen; ca. 5 ha – 200 Stpl.; bei unserem letzten Besuch ohne Aufsicht und Pflege! Vernachlässigte Sanitäranlagen! 35 Miethütten ** - ****. Öffentliches Freibad, Go-Kart-Bahn, Restaurant.

 V & E Station für Wohnmobile an der SHELL-Tankstelle in **Halsøy** nördlich von Mosjøen.

Als Ausweichmöglichkeit bietet sich ggf. der Platz **Korgen Camping**, 1. 6. – 10. 9., 30 Stpl., 17 Hütten; bei **Korgen**, ca. 49 km nördlich von Mosjøen an.

TOUR 23: MOSJØEN – BODØ – LOFOTEN

MOSJØEN – BODØ – LOFOTEN

Länge dieser Tour:
- **Hauptroute (R17):** Rund 450 km + 4 Fähren und mautpflichtige Brücke.
- **Alternativroute (E6):** Rund 360 km.

Verlauf der Hauptroute: R78 von **Mosjøen** bis **Leirosen** – evtl. Abstecher nach **Sandnessjøen** – R17 von **Leirosen** bis **Levang** – Fähre von **Levang** nach **Nesna** – R17 von **Nesna** bis **Kilboghamn** – Fähre von **Kilboghamn** nach **Jektvik** – R17 von **Jektvik** bis **Ågskardet** – Fähre von **Ågskardet** nach **Forøy** – R17 von **Forøy** über **Glomfjord** bis **Løding** – R80 bis **Bodø**. Fähre von **Bodø** nach **Moskenes/Lofoten**.

Verlauf der Alternativroute: E6 über **Mo i Rana** und **Fauske** bis **Ulvsvåg** – R18 bis **Skutvik** (oder bis **Bognes**) – Fähre nach **Svolvær/Lofoten** (oder Fähre **Bognes** – **Lødingen**).

Abstecher: Zur **Grønligrotte** und zum **Svartisgletscher**. Von **Fauske** nach **Bodø**, 63 km einfach.

Reisedauer: Hauptroute (R17) mindestens zwei oder mehr Tage. Alternativroute (E6) mindestens ein Tag, ohne Abstecher!

Reisehöhepunkte: Die Nordlandküste *** – die **Grønligrotte** *** – Abstecher zum **Svartisgletscher** ** – der **Mahlstrom** bei Bodø – das **Luftfahrtmuseum** *** von Bodø – der historische Handelshof **Kjerringøy** *.

Tourenkarte siehe nächste Seite

Die folgende Etappe führt durch die **Provinz Nordland**, mit gut 38.000 qkm Norwegens zweitgrößte, längste, aber auch schmälste Provinz.

In der Provinz Nordland quert man den Polarkreis, kommt endlich in den Bereich der Mitternachtssonne, passiert die engste, nur etwa 6 km breite Landstelle Norwegens und kann einen Abstecher zum Svartisen, dem zweitgrößten Gletschergebiet des Landes, unternehmen.

Nordland gilt aber auch als die Region Norwegens mit den vielleicht schönsten Küstenabschnitten. Sicher aber zählt die Küste Nordlands zu den zerklüftetsten und inselreichsten des Königreichs. Die Provinz weist nicht weniger als 14.000 km Küstenlinie auf!

Achtung Routenalternativen! Auch auf dieser Etappe bieten sich zwei Alternativrouten an – einmal der zeit- und kostenaufwendige Weg über die küstennahe Straße R17 (wg. der zahlreichen Fähren die vielleicht teuerste Route ganz Norwegens), zum anderen der schnellere Weg über die E6.

Wer sich die nachstehend beschriebene, etwas zeit- und kostenaufwendige Hauptroute ersparen will, bitte weiter mit **„Alternativroute über die E6"** weiter hinten

HAUPTROUTE ÜBER DIE R17

Mein Tipp! Wenn Sie etwas Zeit mitbringen und die Kosten für die vielen Fähren nicht scheuen, möchte ich Ihnen – zumal wenn Sie eine sonnige Schönwetterperiode erwischt haben sollten – in diesem Falle den Weg über die küstennahe R17 empfehlen (Hauptroute).

Abstecher zur sehenswerten Grønligrotte kann man dann ggf. auf dem Rückweg zurück nach Süden von der E6 aus einplanen.

Es ist ein eindrucksvolles Reiseerlebnis, entlang dieser oft von schroffen Bergketten und weit ins Land reichenden Meeresarmen geprägten Küste auf dem Landwege nordwärts nach Bodø zu fahren.

Der schnellste Weg ist das aber wirklich nicht. Denn obwohl in den vergangenen Jahren schon viele Meerengen mit Straßenbrücken überspannt wurden, wird die Straße 17 nördlich von Brønnøysund immer noch von fünf, teils langen Fährpassagen unterbrochen.

TOUR 23: MOSJØEN – BODØ – LOFOTEN

Die längsten Fährstrecken liegen zwischen Forvik und Tjøtta (Fahrzeit 60 Minuten) und zwischen Kilboghamn und Jektvik (Fahrzeit 50 Minuten).

Wer aber mit seinen Urlaubstagen nicht allzusehr geizen muss, für den kann die Fahrt über die R17 mit den Fährfahrten zu einem unvergesslichen Urlaubserlebnis werden. Denn auf kaum eine andere Art lässt sich die herrliche Küste der Provinz Nordland mit mehr Muse betrachten als vom Meer und vom Schiff aus. Und unter Kennern zählt eine Schiffsreise (z. B. mit den Schiffen der Hurtigruten) entlang der Nordlandküste schon immer mit zu den schönsten Eindrücken einer Norwegenreise.

HAUPTROUTE (R17): *Von* **Mosjøen** *auf der R78 nordwestwärts bis* **Leirosen** *(45 km). Dort stößt man auf die R17. Bevor man weiter nordwärts fährt, bietet sich ein Abstecher südwärts nach* **Sandnessjøen** *an.*

Einer dieser unvergleichlichen, inselreichen Küstenstriche Nordlands findet man 65 km nordwestlich von Mosjøen bei **Sandnessjøen** (Touristeninformation, www.helgelandskysten.com, Hotels, mehrere Campings). Die Stadt liegt auf der **Insel Alsten** und ist ab **Leinesodden** auf der 1.073 m langen **Helgelandsbrua** über den Botnfjorden mit dem Auto bequem zu erreichen.

Das herrliche Landschaftspanorama der Insel Alsten wird von der prächtigen Bergkette „De Syv Søstre" (Die Sieben Schwestern) an der Ostseite von Alsten geprägt.

In **Alstahaug,** am Südende der Insel 22 km südlich von Sandnessjøen gelegen, kann man das **Petter Dass Museum** besichtigen. Petter Dass, Gemeindepfarrer von Alstahaug, lebte vor rund 300 Jahren (gestorben 1707) und ging als Theologe und Dichter in die norwegische Geschichte ein.

HAUPTROUTE (R17): *Von Sandnessjøen ggf. zurück bis* **Leirosen** *und weiter zum* **Fährhafen Levang***. Mit der Fähre nach Nesna. Übrigens sollte man ab Leirosen rechtzeitig tanken. Tankstellen sind auf der kommenden Strecke relativ selten.*

Die Autofähren zwischen Levang und Nesna [N 66° 12′ 00.4″ E 13° 01′ 04.2″]

TOUR 23: MOSJØEN – BODØ – LOFOTEN

Die Nordlandküste Anfang April vom Hurtigrutenschiff „Midnatsol" aus gesehen

verkehren zwischen ca. 6 Uhr und 23 Uhr etwa alle 70 Min. Fahrzeit 25 Min.

HAUPTROUTE (R17): *Von Nesna auf der R17 über* **Sjoneidet, Stokkvågen** *und* **Brattland** *(„Flo + Fjaere Turistanlegg" Campingmöglichkeit bei einem Motel [N 66° 23' 12.2" E 13° 06' 43.2"]) und durch mehrere Tunnels (Sjonatunnel 2, 7 km lang, Silatunnel 2, 8 km lang) zum* **Fährhafen Kilbognhamn** *[N 66° 29' 19.3" E 13° 13' 37.6"]. Mit der* **Fähre** *nach* **Jektvik***.*

Etwa auf halbem Wege zwischen Sjoneidet und Stokkvågen passiert man den **Rastplatz „Hellåga"** [N 66° 18' 49.1" E 13° 16' 54.5"] in schöner Lage am Sjonafjord. Es gibt WC's und eine Wohnmobil-Abwasserentsorgungsmöglichkeit.

Die Autofähren zwischen Kilbognhamn und Jektvik verkehren im Sommer ab ca. 6.30 Uhr bis 20.30 Uhr ca. alle 90 Min., Fahrtdauer 55 Min.

Mein Tipp: Setzen Sie sich auf dieser Fähre auf die Steuerbordseite (rechts in Fahrtrichtung). Nach ca. 35 Minuten wird nämlich der **Polarkreis** passiert und rechterhand sehen Sie am Ufer einen weißen Stahlgitterglobus, der die Stelle markiert.

HAUPTROUTE (R17): *Weiter auf der R17 durch den 3,2 km langen Strømdaltunnel und über* **Reppen** *zum*

Fährhafen Ågskardet *[N 66° 43' 10.3" E 13° 28' 35.6"]. Mit der* **Fähre** *nach* **Forøy** *[N 66° 44' 20.5" E 13° 30' 55.1"].*

Die Autofähren zwischen Ågskardet und Forøy verkehren zwischen ca. 5.40 Uhr und 00.15 Uhr ca. alle 60 Min. Fahrzeit 10 Min.

Zwischen der Fährstation Forøy und dem Städtchen **Glomfjord** passiert die R17 die in Sichtweite gelegenen Westausläufer des riesigen **Svartisgletschers,** des zweitgrößten Gletscherfeldes in Norwegen.

Übernachtungsmöglichkeiten in Gasthöfen oder auf Campingplätzen gibt es in **Halsa**.

Am **Aussichtspunkt Braset** genießt man bei klarem Wetter einen schönen Blick über den Holandfjorden zu Ausläufern des Svartisen.

Kurz nach Braset und ca. 25 km südlich von Glomfjord passiert man beim Ort **Holand**, das **„Tor zum Svartisen - Porten til Svarisen".** Hier findet man den **Rast- und Picknickplatz „Svartisen"** mit **Touristeninformation** *(geöffnet Ende Mai bis Anf. September)*. Außerdem die Skulptur „Breporten", großer **Park- und Rastplatz** mit Toiletten und **Ver- und Entsorgungsstation für Wohnmobile** [N 66° 43' 29.2" E 13° 41' 59.6"]. Übernachten im Wohnmobil war bislang erlaubt und kostenfrei.

Gleich unterhalb des Zentrums befindet sich ein **Bootsanleger** mit Parkplatz.

257

TOUR 23: MOSJØEN – BODØ – LOFOTEN

PRAKTISCHE HINWEISE – HALSA

Meløy Turist Informasjon, 8178 Halsa-Holand, Tel. 95 99 23 64, Ende Mai - Anf. Sept.; www.meloy.kommune.no; www.rv17.no.

CAMPING

Furøy Camping ***, Tel. 75 75 05 25, www.furoycamp.no; 1. Jan. – 31. Dez.; Wiese am am Holandsfjord, bei der Fährstation Forøy gelegen. Standardausstattung. 19 Miethütten *** - ****. V&E für Wohnmobile.

Von dort verkehren zwischen ca. 7.45 Uhr und 21 Uhr etwa alle Stunde Ausflugsboote (Fahrradverleih auf dem Schiff) über den Holandsfjord zur Anlegestelle Svartisen am Gletschersee **Engavatnet**, Fahrtdauer ca. 10 Min. Rund 1 km von dieser Anlegestelle entfernt befindet sich die Brestua **Svartis-Pavillon** mit Café und Kiosk. Vom Pavillon führt ein Fuß- und Radweg am See entlang zum rund 3 km entfernten **Engabreen**, dem Gletscherfuß des Svartisen.

Es werden auch geführte Gletscherwanderungen zum Engabreen von 4-stündiger Dauer angeboten. Es heißt, dass dazu keine Vorkenntnisse im Gletscherwandern notwendig seien.

In 1.100 m Höhe liegt „Tåkeheimen", eine **Schutzhütte** (15 Betten, Tel. 75 75 11 00) des DNT, des Norwegischen Wandervereins. Von der Hütte kann man weiterwandern hinauf aufs „Dach von Meløy" zum 1.454 m hohen Helgelandsbukken, prächtige Aussicht!

Mein Tipp! Falls Sie mit dem Fahrrad auf der R17 unterwegs sind, sollten Sie wissen, dass der 7,6 km lange **Svartistunnel** südlich von Glomfjord **nicht mit dem Fahrrad passiert werden darf.** Nehmen Sie den Bus nach Glomfjord oder gleich bis Ørnes oder bedienen Sie sich der Fähre von Vassdalsvik nach Ørnes.

HAUPTROUTE (R17): *Weiterreise von* **Glomfjord** *auf der R17 über* **Ørnes, Reipå** (*Camping Reipå* [N 66 54 52.7 E 13 37 39.3], **Grimstad, Sundsfjord** *und* **Saltstraumen** *bis* **Løding** *und weiter nach* **Bodø** (180 km).

Nordöstlich von Grimstad, etwa zwischen Mevik und Storvik, passiert die R17 den **Rast- und Picknickplatz „Storvik"** [N 66° 57' 34.6" E 13° 48',15.4"]. Der Platz liegt bei einem COOP-Markt mit Tankstelle und V&E **Station** an einer weiten Bucht mit Sandstrand. Picknicktische, Grillstelle, Toiletten, Abfallcontainer.

HAUPTROUTE (R17): *Weiter durch das 3,1 km lange Storvikskartunnel und über die Kjellingsundbrücke und* **Åseli** *nach* **Saltstraumen**.

Der Saltstraumen, eines der erstaunlichsten Naturphänomene an der Norwegischen Küste, die stärkste Gezeitenströmung der Welt, lässt sich an der von einer langen, hohen Betonbrücke überspannten Meerenge rund 30 km südöstlich von Bodø beobachten.

Außerdem findet man hier, östlich der Kirche Saltstraumen, das **Saltstraumen Museum** (*geöffnet 1. Juni - 1. Sept. Di - Fr 16 - 18, Sa 13 - 16, So 13 - 18 Uhr*), mit Ausstellungen über die 10.000-jährige Geschichte der Region samt 15-minütiger Multivisionsshow, Naturlehrpfad, Touristeninformation, Cafeteria und Grillplatz.

Der Parkplatz vor dem Zentrum und unterhalb der Straßenbrücke wird von Wohnmobilisten als Übernachtungsstellplatz genutzt.

Hervorgerufen werden die früher bei den Seefahrern sehr gefürchteten **Gezeiten- oder Mahlströme** an Meerengen durch die Wasserstandsdifferenzen zwischen Ebbe und Flut. Sie betragen an der Küste Nordnorwegens mehrere Meter. Durch enge Sunde zwischen den Inseln wird der Austausch des Wassers zwischen Fjord und offenem Meer verzögert. Die Wasser stauen sich an den Engstellen und schießen dann mit reißender Geschwindigkeit, gefährliche Strudel und Strömungen bildend, durch die „Nadelöhre".

Am Saltstraumen, dem stärksten Gezeitenstrom der Welt, zwängen sich alle 6 Stunden bis zu 400 Mio. Kubikmeter Wasser durch die 3 km lange und nur 150 m breite Meerenge zwischen Saltenfjord und Skerstadfjord. Das Wasser schießt hier mit Geschwindigkeiten bis zu 20 Knoten (ca. 37 km/h) hindurch, wobei die Strudel einen Durchmesser bis zu 10 m und eine Tiefe bis zu 5 m erreichen.

TOUR 23: MOSJØEN – BODØ – LOFOTEN

Besonders an zwei bis drei Tagen während der Springfluten bei Neu- und Vollmond, sind die rauschenden, gurgelnden Bewegungen der Wassermassen ein richtiges Naturschauspiel. Im Touristenbüro in Bodø kann man Listen bekommen, die die stärksten Strömungszeiten genau angeben.

Am Saltstraumen bei Bodø

Der Saltstraumen ist aber auch für seinen Fischreichtum bekannt. Vor allem Prachtexemplare von Lachsen können hier geangelt werden. Mit einem Rekordfisch von 22,7 kg Gewicht wurde hier bei einer der Weltmeisterschaften im Seelachsangeln, die jedes Jahr stattfindet, der Weltrekord im Seelachsangeln aufgestellt.

Eine ausführliche **Beschreibung der Stadt Bodø** und ihrer Sehenswürdigkeiten samt Campings und Hotels finden Sie weiter hinten am Ende der nachfolgend beschriebenen **Alternativroute über die E6**.

Nach der Beschreibung Bodøs wird unter „Hauptroute" die Weiterreise zu den Lofoter geschildert.

Alternativroute über die E6

ALTERNATIVROUTE (E6): *Ab Mosjøen weiter über die E6 und durch eine seendurchsetzte Berglandschaft nach Osen und weiter durch den 8,6 km langen Korgfjell-Tunnel, einem der längsten Straßentunnels in Norwegen, hinab nach Korgen (49 km). Rastplatz mit Toiletten unweit des südlichen Tunnelportals* [**N 66° 02' 56.0" E 13° 36' 38.5"**].

Abstecher zum Røssvatnet

In **Korgen** bietet sich Gelegenheit, über die R806 südwärts nach **Røssvassbukt** (38 km) an Norwegens zweitgrößtem Stausee **Røssvatnet** (Wandern, Angeln) abzuzweigen.

Auf dem Weg dahin kann man in **Bleikvassli** zum Staudamm Tustervassdamm fahren. Östlich von Bleikvassli liegen große Blei- und Zinkgruben.

Wer gerne Bergwanderungen unternimmt, sollte in **Olderneset** (am Ostrand von Korgen gelegen), nach Osten ins **Okstindangebirge** abzweigen. Das Gebirge unweit der schwedischen Grenze, mit einem über 40 qkm großen Gletscherfeld und Gipfeln über 1.900 m (Oksskolten 1.915 m) ist mit Wanderwegen und Hütten (unbewirtschaftet) recht gut erschlossen. Allerdings sind viele Touren, vor allem im alpinen und Gletscherbereich, nur geübten und bergerfahrenen Bergwanderern zu empfehlen.

ALTERNATIVROUTE (E6): *Von Korgen geht es über* **Bjerka** *und am Ranafjord entlang (Camping Yttervik* [**N 66° 13' 54.7" E 13° 53' 13.2"**] *nach* **Mo i Rana** *(42 km). In Mo i Rana bietet sich zum letzten Mal die*

CAMPING

Saltstraumen

Saltstraumen Camping *** [**N 67° 14' 08.0" E 14° 37' 17.3"**], Knaplund, Tel. 75 58 75 60, www.saltstraumen-camping.no; 1. Jan. – 31. Dez.; rund 33 km südöstl. Bodø an der R17 in **Saltstraumen**, in Gehnähe zum Saltstraumen Zentrum oberhalb des Mahlstroms; ebene, geschotterte Fläche, durch Fahrwege und niedere Zäune unterteilt; neben einer Gruppe von Miethütten; ca. 1,5 ha – 100 Stpl.; Standardausstattung mit zweckmäßigen Sanitärs; Laden, Imbiss; Supermarkt gegenüber. 20 Miethütten *** - ****. **V & E** **für Wohnmobile**.

TOUR 23: MOSJØEN – BODØ – LOFOTEN

Möglichkeit nach Westen zur Nordlandküste und zur R17 abzuzweigen!

Mo i Rana [N 66 19 26.0 E 14 10 39.4] (ca. 17.000 Einw.) ist eine Industriestadt mit großen Eisen- und Stahlwerken. Zu den Sehenswürdigkeiten gehört das **Rana Museum** *(geöffnet Di - Fr 10 - 15 Uhr; 20. Juni - 31. Aug. Do auch 18 - 21 Uhr sowie Sa 10 - 14 Uhr)* mit einer Sammlung zur regionalen Kunst- und Kulturgeschichte und das **Stenneset Freilichtmuseum** *(geöffnet 20. Juni - 20. Aug. lediglich So 12 - 17 Uhr).*

Auch die Eisenhütte „Norsk Jernverk" kann nach Voranmeldung besichtigt werden.

Außerdem lässt sich mit dem Sessellift auf den **Mofjell** fahren. Prächtiger Ausblick.

Abstecher zur Grønligrotte und zum Svartisgletscher

ABSTECHER: *Etwa 12 km nordöstlich von Mo i Rana zweigt bei* **Røssvoll** *von der E6 eine nicht klassifizierte Straße westwärts zur* **Grønligrotte** *und weiter zum* **Svartisengletscher** *ab. Vorbei am Flugplatz Mo i Rana folgt die Straße dem schönen Røvass Fluss.*

In **Røssvoll** findet man am Abzweig der Straße zum Svartisen einen großen **Parkplatz [N 66° 21' 24.5" E 14° 19' 19.1"]** mit einem interessanten **Denkmal**. Es erinnert an Karl Johann, den legendären Spezialisten des Svartisen-Gletschergebiets. 1958 erhielt Karl Johann für seine Erforschung des

PRAKTISCHE HINWEISE – MO I RANA

Mo i Rana Turist Informasjon, O. T. Olsens gt. 3, 8622 Mo i Rana, Tel. 75 13 92 00; www.arctic-circle.no. *Ganzjährig geöffnet.*

HOTELS

Meyergården, 150 Zi., Fr. Nansensgt. 28, Tel. 75 13 40 00, www.meyergarden.no; teures Mittelklassehotel; Restaurant, Sauna.
Mo Hotell og Gjestegård, 12 Zi., Elias Blixgt. 5, Tel. 75 15 22 11, www.mo-gjestegaard.no; einfacheres Gästehaus in zentraler Lage; Parkmöglichkeit.

CAMPING
Korgen
Korgen Camping *** [N 66° 04' 54.1" E 13° 49' 35.8"], Tel. 75 19 11 36, www.korgen-camping.no; 1. Juni – 10. Sept.; östl. Korgen, Richtung Røssvass, Zufahrt von der E6 bei der Kirche beschildert; kleiner, einfacher Wiesenplatz an einem Flussknie des Røssåga; ca. 1 ha – 30 Stpl., Standardausstattung; hübscher Aufenthaltsraum, 17 Miethütten ** – ****.
Bjerka Camping *** [N 66° 09' 16.0" E 13° 50' 13.7"], Nergårdsgaten 27, Tel. 75 19 05 47, www.bjerkacamping.no, 1. Jun. – 1. Sept.; an der E6, ca. 32 km südl. Mo i Rana; ebenes Gelände im Birkenhain; vom Sørfjord durch die E6 getrennt, ansprechend gelegen; ca. 1,5 ha – 70 Stpl.; gute Standardausstattung; Laden, Imbiss, 25 Miethütten ** – ****. Motel. **V & E für Wohnmobile**. Cafeteria und Restaurant ganz in der Nähe.

Mo i Rana
Bech's Hotell og Camping [N 66° 19' 02.4" E 14° 10' 50.0"], Hammerveien 10, Tel. 75 14 41 44; 1. Jan. – 31. Dez.; beschilderter Abzweig von der E6 Richtung Gruben; Wiesenrondell in einer Senke an einem Fluss in Sichtweite einer rauchenden Gruben- und Hüttenanlage. 5 Miethütten *. Hotel 44 Zimmer.
Weitere Campingplätze liegen rund 20 km, bzw. 30 km nördlich von Mo i Rana bei **Storforshei**:
Storli Camping **, Saltfjellvn. 632, Tel. 75 16 02 32; 1. Juni - 31. Aug.; Zufahrt von der E6; einfacher Übernachtungsplatz auf kleiner Wiese am Ranelva, 15 Miethütten * - **.
Skogly Overnatting ***, Tel. 75 16 01 57, www.skoglyovernatting.no; 15. Mai – 15. Sept.; Zufahrt von der E6; einfacher Übernachtungsplatz oberhalb der Straße, nahe der Nevernes Kirche in waldreicher Umgebung; 12 Miethütten **.

TOUR 23: MOSJØEN – BODØ – LOFOTEN

Svartisen in Oslo die größte Auszeichnung, die einem norwegischen Bürger zuteil werden kann.

Abstecher zum „Marmorschloss"

Wer viel Zeit mitbringt und gerne wandert, kann auf dem Weg Richtung Svartisen schon wenige Kilometer nordwestl. von Røssvoll nach Westen Richtung Melfjordbotn abzweigen **[N 66° 21' 28.7" E 14° 19' 24.9']**. Nach rund 28 km kommt man an eine Brücke. Hier **nicht** links über den Fluss fahren, sondern geradeaus, bis die Straße an einem alten Gehöft endet. Dahinter beginnt ein ansteigender Fußweg, der Sie nach rund 1,5 km zum **Marmorslottet**, dem Marmorschloss im Glomadalen, bringt. Hier zwängt sich der Fluss durch ein Gewirr aus Felsbrocken, denen das Wasser im Laufe der Zeit fantastische Formen und Strukturen verliehen hat.

Abstecher zur Grønligrotte

Mein Tipp! Wenn Sie die Grønligrotte **und** den Svartisengletscher besuchen wollen, sollten Sie für diesen **Abstecher mindestens einen ganzen separaten Tag** vorsehen!

3 km nordwestl. von Røssvoll trifft man auf den Abzweig **[N 66 25 23.5 E 14 14 14.8]**, der hinauf zum **Berggasthof Grønlihytta** und zur **Grønligrotte** führt. Der letzte Teil der rund 1 km langen Auffahrt ist recht steil und unbefestigt.

Nach etwa 1 km passiert man den Park- und Startplatz des Wanderweges zur Setergrotte. **Gespanne lassen den Hänger tunlichst hier stehen!**

Schließlich endet die Straße am großen **Parkplatz** weiter oben beim **Berggasthof Grønlihytta**, Fremdenzimmer, Cafeteria.

Im Informationsbüro *(Tel. 75 13 25 86, www.arctic-circle.no, geöffnet 1. Juni - 30. Aug. Führungen um 9, 11, 13 und 15 Uhr, Änderungen möglich!)* am Parkplatz erhält man die Eintrittskarten für die Grønligrotte. Die Höhle kann nur auf Führungen besichtigt werden. Der Höhleneingang liegt von dort nur ein kurzes Stück entfernt.

Nehmen Sie Gummistiefel und eine wasserdichte Jacke mit. In der Höhle ist es feucht und bei der Begehung geht es stellenweise durch den Höhlenbach.

Der Weg durch die Höhle ist nicht sonderlich gut präpariert. Gelegentlich muss man sich mit beiden Händen an Handläufen festhalten, um nicht in den reißenden unterirdischen Bach (mit Wasserfall) zu fallen.

Wer nicht wirklich gut zu Fuß ist oder Kleinkinder bei sich hat, dem kann die Begehung nicht empfohlen werden. Allen anderen wird der Höhlenbesuch, eben weil nicht alles penibel präpariert ist und ein richtiges „Höhlengefühl" aufkommt, als beeindruckendes Erlebnis in Erinnerung bleiben.

Vor der Tour wird die Höhle, ihre Entstehung etc. von Führern in mehreren Sprachen erklärt. Während des Marsches durch die Grotte sind Erklärungen wegen des sehr lauten Baches schlecht möglich. Die Höhlentour dauert 30 Minuten.

Die Grønligrotte, die einzige beleuchtete Höhle in Norwegen übrigens, ist auf 400 m begehbar umfasst jedoch insgesamt ein etwa 2 km langes Gangsystem.

Vor annähernd 2 Mio. Jahren begannen sich die abfließenden Wasser der umliegenden Gletscher ihren Weg durch das Marmorgestein zu graben. Umso erstaunlicher der riesige Granitblock, den man in der sog. Kapelle sieht. Granitgestein, so wird erklärt, kommt im Umkreis von 10 km nicht vor. Des Rätsels Lösung: Während der Eiszeit wurde der Granitblock von den wandernden Eismassen hierher transportiert und in die Höhlenröhre gepresst.

Die Grønligrotte wurde 1715 entdeckt und 1940 vermessen.

Ein Stück unterhalb der Grønligrotte führt von einem Parkplatz an der Zufahrtsstraße ein etwas längerer Fußweg zur **Setergrotta [N 66° 25' 07.4" E 14° 15' 08.9"]**. Die Setergrotta ist eine weitere von über 200 Höhlen in der Region Rana. Ihr System ist auf etwa 2.400 m erforscht. Es gilt aber als sicher, dass sich noch Kilometer unerkundeter Gänge anschließen.

Auch diese Höhle ist nur auf Führungen zu begehen. Anmeldung in der Grønlihytta. In die Setergrotta gibt es im Sommer (Anf.Juni - Ende Aug., Tel. 75 16 23 50) gewöhnlich nur ein bis zwei Führungen am Tag (meist 15 Uhr) Der Eintritt ist relativ teuer Dafür bekommt der Besucher auch Helm mit Kopfleuchte, Overall und Gummistiefel ausgeliehen. Allein an der offenbar notwendigen Ausrüstung lässt sich schon erkennen, dass eine Besichtigung der Setergrotta weniger eine gemütliche Begehung, als schon mehr eine zünftige, schwierigere Höhlentour ist, auf der man riesige Hallen ebenso passiert wie schmale Passagen, Gletscher-

TOUR 23: MOSJØEN – BODØ – LOFOTEN

Am Svartisvatnet, Ausgangspunkt für Touren zum Gletscher Svartisen

mühlen und tiefe, vom Höhlenfluss ausgewaschene Spalten im weißen Marmor- und Kalkgestein.

FAHRT ZUM SVARTISEN: *Die Straße führt am Abzweig zur Grønligrotte vorbei weiter nordwärts und entlang des breiten, grünen Gletscherbaches Røvass Richtung Svartisen. Schließlich endet die Straße – die letzten 5 km sind unbefestigt – nach 14 km am* **Parkplatz** *am Svartisvatnet* [**N 66° 29' 27.9"   E 14° 11' 51.7"**].

Hier am Ende der Straße findet man einen **Kiosk** und eine **Campinggelegenheit** (gegen Gebühr).
Mein Tipp: Die Parkplatzparzellen und ein kleines wunderschön am See gelegenes, etwas moorige Wiesenareal an der **Svartisdalhytta** können als **Wohnmobil-Stellplatz** genutzt werden. Die Stellplätze sind gebührenpflichtig. Es gibt Wasser und ein WC.

Viel ist von hier aus vom rund 370 qkm großen **Svartisen**, dem „Schwarzen Eis", allerdings noch nicht zu sehen. Man kann aber mit Booten über den See Svartisvatnet zu einer Anlegestelle unterhalb eines Felshangs an der Westseite des Sees fahren. Die Boote verkehren etwa ab 20. Juni bis ca. 31. August zwischen 10 und 18 Uhr immer zur vollen Stunde. Fahrtdauer 20 Minuten.

An der Anlegestelle am Westufer des Sees beginnt ein etwas anstrengender Fußmarsch (ca. 3 km) zu einem weiteren See unterhalb des **Østerdalsisen**, einem der 60 Ausläufer des Svartisgletschers. Festes Schuhwerk ist empfehlenswert.

Die Gletscherzunge Østerdalsisen, die etwa 140 m höher als der Svartisvatnet liegt, hat in den letzten Jahrzehnten eine ganz erstaunliche Wandlung vollzogen. Generell ist das Gletschereis ja auf dem Rückzug, obwohl auf dem Svartisen jedes Jahr zwischen 10 und 15 m Schnee fallen. Noch 1910 soll das Eis bis fast an den Svartisvatnet herangereicht haben. Und noch 1982 bedeckte das Østerdalseis das gesamte Becken, das heute der Østerdalssee einnimmt. 1982 brach ein gigantisch großes Eisstück vom Østerdalsisen ab. Und wie man liest, zog sich daraufhin das Eis in nur einer Woche um über 100 m vom Seeufer zurück. Inzwischen endet die Gletscherzunge 1 km weiter oben.

Es kommt immer wieder vor, dass der Gletscher kalbt und riesige Eismassen in den See donnern. Es können dann über fünf Meter hohe Flutwellen entstehen.

So fesselnd ein solches Naturschauspiel ist, so gefährlich ist es für den unvorsichtigen Wanderer. Wanderer sind also aufgefordert, nicht zum Seeufer zu gehen, sondern immer einen Sicherheitsabstand von mindestens fünf Metern einzuhalten. Eine ernst zu nehmende Warnung der Behörden.

Nicht minder ernst gemeint ist die Aufforderung, das Gletschereis unter keinen Umständen zu besteigen! Halten Sie einen sicheren Abstand zu den unsicheren Eiskanten!

TOUR 23: MOSJØEN – BODØ – LOFOTEN

In früheren Zeiten war es oft so, dass sich das Schmelzwasser unter dem Gletscher staute, sich dann aber irgendwann in gewaltigen Fluten in das Røvasstal ergoss, mit schlimmen Auswirkungen und Schäden im Tal. Zuletzt geschah dies im Jahre 1941. Um 1950 baute man dann einen Tunnel, der das Schmelzwasser nun kontinuierlich und kontrolliert abfließen lässt.

Zurück zur E6 bei **Røssvoll**.

Alternativroute über die E6

ALTERNATIVROUTE (E6): *Die E6 zieht nordöstlich von* **Mo i Rana** *durch das waldreiche Dunderlandsdalen, passiert* **Krokstrand Camping** *an der Brücke über die Rana, in einem Birkenwald am Fuße des Kjerringfjells am Ranaelva gelegen (12 Miethütten) und quert 80 km nordöstlich von Mo i Rana auf dem Saltfjellet in fast 700 m Höhe und auf neuer Trasse der* **Polarkreis**.

Der Polarkreis, 66°33" nördlicher Breite, lange nur durch eine Steinsäule mit Meridiankugel markiert, ist heute durch das **Polarsirkelsenteret**, das Polarkreiszentrum an der E6 nicht zu übersehen. In diesem modernen, 1990 eröffneten Informationszentrum mit **großem Parkplatz** (Stellplatzmöglichkeit ohne jede Einrichtung) befindet sich eine Polarkreis-Ausstellung, eine Cafeteria, ein Sonderpostamt und ein großer Souvenirladen. Gegen Gebühr kann man hier auch der informativen und schön gemachten Multivisionsshow „Nord Norge" beiwohnen.

Ganz in der Nähe des Polarkreises erinnert eine von einem Stern gezierte Steinsäule an jugoslawische Kriegsgefangene, die hier im 2. Weltkrieg beim Bau der Straße und der Bahntrasse ums Leben kamen. Ein ähnliches Denkmal erinnert an russische Kriegsgefangene.

Nördlich des Polarkreises kann im Sommer die **Mitternachtssonne** und im Winterhalbjahr die **Polarnacht** erlebt werden. Die Zeitspannen, in denen man diese Phänomene erleben kann, nehmen nach Norden hin zu, soll heißen, daß die Sonne in Bodø z. B. nur zwischen 1. 6. und 12. 7. nicht untergeht, während sie am Nordkap schon vom 12. 5. bis 1. 8. in den Nachtstunden nicht hinter dem Horizont verschwindet und es auf Spitzbergen vom 20. 4. bis 24. 8. 24 Stunden lang taghell ist.

Etwa 2 km nach dem Polarkreis sieht man rechts der Straße drei markante Felsblöcke auf einem Hügel. Es sind uralte Opfersteine der Lappen oder Samen, wie sie sich selbst nennen.

ALTERNATIVROUTE (E6): *Die E6 führt weiter nordwärts, durch das karge Hochtal des Saltfjells (Passhöhe 692 m), dann am herrlichen Lønselva, der über Felsterrassen talwärts strömt, hinab nach* **Rognan** *am Südende des Saltdalsfjords. Die E6 führt schließlich am Ostufer des Saltdalsfjords*

Das Polarkreiszentrum an der E6

Mitternachtssonne und Polarnacht

Eine interessante Besonderheit der Regionen nördlich des Polarkreises ist die Mitternachtssonne im Sommer bzw. die Polarnacht im Winter. In Nordskandinavien geht von Mitte Mai bis Mitte Juli die Sonne nicht unter. Selbst auf der Höhe von Stockholm ist im Hochsommer bereits gegen 2.30 Uhr Sonnenaufgang. Dafür ist von Dezember bis in den Januar hinein die Sonne in Nordskandinavien überhaupt nicht zu sehen und in südlichen Landesteilen ist um den 21. Dezember herum gegen 15 Uhr schon wieder Sonnenuntergang.

Ein altes Märchen der Samen erzählt, warum es Mitternachtssonne und Nordlicht gibt:

Gott war am Ende der Erschaffung der Welt angelangt. Zufrieden betrachtete er sein Werk, das ihm wohlgeraten schien. Nun hatte er aber in seinen Händen noch etwas übrig vom Material, aus dem die Erde geschaffen war. Aber es waren lauter Dinge, die ihm nicht mehr verwendbar erschienen. Da gab es noch einige riesige Flächen Ödland, ein paar Fjorde, Wildflüsse waren übrig, Rentiermoos und viele Felsbrocken. Damit diese Reste niemanden stören sollten, warf sie der Schöpfer weit nach Norden an den Rand der Welt, da wo niemand lebte. So entstand die Tundra, der nördlichste Teil Lapplands. Aber siehe da, auch in diesen unwirtlichen Erdenzipfel wanderten Menschen. Und so schenkte ihnen der Herr zum Trost und zur Freude die Mitternachtssonne und das geheimnisvoll strahlende Nordlicht.

Das magische Schauspiel des Polarlichts ist in der am längsten dauernden Jahreszeit, dem Winter, zu sehen. Die Finnen wie die Sami teilen die Winterzeit gerne in zwei Hälften ein, in die Zeit der Dunkelheit und in die Zeit der wiederkehrenden Sonne. „Kaamos" ist die lange Zeit der Dunkelheit.

Wochenlang geht die Sonne nicht auf. Ab Ende November verabschiedet sie sich für rund fünfzig Tage. Vollständige Finsternis herrscht aber auch dann nicht. Das Licht der Sterne bricht sich tausendfach auf dem hell glitzernden Schnee und taucht alles in ein mystisches Dämmerlicht.

Ein befreiendes Aufatmen geht durch die Menschen im hohen Norden, wenn Ende Januar, etwa zu Beginn des zweiten Winterabschnittes, die Sonne wieder über den Horizont klettert. Kaamos, die dunkle Jahreszeit, ist auch die Zeit der Rentierwanderungen nach Süden.

Ein kurzer Übergang zum Sommer ist der Frühling. Schon unter den letzten Resten des Schnees blühen die ersten Moosblumen. Und nun geht alles sehr schnell. Die Natur legt ein atemberaubendes Tempo vor. Die Zeit zum Blühen, Gedeihen und Reifen ist extrem kurz.

Zur Mittsommerzeit, so um den 20. Juni, ist Lappland am hellsten und von da ab am wärmsten. Bis 35 Grad Wärme können erreicht werden. Schon zeitig im Frühjahr haben sich die Rentierherden wieder aufgemacht, um nach Norden zu ziehen und auf den luftigen Höhen der Tunturis und an den Küsten des Eismeeres den Mückenschwärmen zu entgehen. Dann ist ganz Skandinavien auf den Beinen. Und zum Fest der Mittsommerwende hält es niemanden zu Hause.

Aber schon im September kann auf den Höhen, noch zaghaft zwar, der erste Schnee fallen. Die Natur beginnt sich auf die lange, kalte, lichtarme Jahreszeit vorzubereiten. Und als wollte sie zeigen was in ihr steckt, verwandelt sich das Laub der Birken, das Moos und das Heidekraut in ein leuchtendes Farbenfest. Diese in Lappland „Ruska" genannte Jahreszeit ist der farbenprächtige Höhepunkt des Herbstes, für Kenner sowieso die schönste Jahreszeit in Lappland.

entlang über Finneid nach Fauske, einem wichtigen Verkehrsknotenpunkt am Abzweig der R80 nach Bodø.

Saltdal liegt am Abzweig der R77 ins **Junkerdalen** und weiter nach Schweden. Das Junkerdalen ist ein vorzügliches Wandergebiet mit Touristeninfo, Motel und Camping.

In Saltdal liegt unmittelbar an der E6 das **Saltdal-Turistsenter.** Hier findet man eine große Tankstelle samt Raststätte, Toiletten, ein Motel, einen Kinderspielplatz, einen **Campingplatz** (Mai - Sept., 115 Stpl., www.saltdal-turistsenter.no), 12 Miethütten und ein Schwimmbad.

Gleich nebenan sieht man das **Nordland Nasjonalparksenteret**, ein ringförmig angelegter Ausstellungs- und Informationspavillon. Es gibt **vier große Ausstellungsthemen** – Geologie und Landschaft, Fauna und Flora, Siedlungsgeschichte und Leben in der Natur und schließlich Schutz der Natur.

Rund 7 km südlich von Rognan kommt man am großen **Rast- und Picknickplatz „Saltdalen"** vorbei, der zwischen E6 und Saltdalselva liegt, mit Toiletten und Picknicktischen.

Am Nordrand von **Rognan** bietet sich Gelegenheit zu Camping Rognan und zum **Saltdals Museum** abzuzweigen *(geöffnet Ende Juni - Mitte Aug. tgl. 11 - 17 Uhr, www.saltenmuseum.no)*. Hauptthemen des Freilichtmuseums mit einem historischen Kapitänshof sind Fischfang, Bootsbau, Landwirtschaft. Eine Abteilung des Museums fungiert als „Blutweg-Museum", das sich mit dem Schicksal von Kriegsgefangenen während des Zweiten Weltkriegs befasst.

Fauske ist die Stadt des Marmors, und zwar des schönen rosaroten Marmors „Norge Rose". Marmor aus Fauske wurde schon im Kaiserpalast in Tokio oder im UN-Gebäude in New York, im Osloer Rathaus oder noch früher im Nidarosdom zu Trondheim verwendet. Natürlich ist der Marktplatz der Stadt aus Fauske-Marmor.

Interessante Ausstellungen und Infos über Stadt und Land, über Handel und Handwerk findet man im **Heimatmuseum Fauske** mitten im Ort am Fjord im gleichen Gebäude, in dem sich auch das Touristenbüro befindet *(geöffnet Ende Juni - Mitte Aug. tgl. 11 - 16 Uhr, www.saltenmuseum.no)*.

Fjordlandschaft bei Bodø

TOUR 23: MOSJØEN – BODØ – LOFOTEN

Bei ausreichend zur Verfügung stehender Zeit sei besonders Bergwanderern ab **Finneid**, südlich von Fauske, ein Abstecher ostwärts in die 36 km entfernte Grubenstadt **Sulitjelma** empfohlen. Sulitjelma liegt landschaftlich sehr reizvoll von Bergen und Gletschern umgeben am See Langvatnet. **Grubenmuseum** über Bergbau und Schwefelgewinnung *(geöffnet Ende Juni - Mitte Aug. tgl. 11 - 17 Uhr)*. Besuchsgrube. Zahlreiche **Wandermöglichkeiten** zu Berghütten.

Der Aussichtsberg **Jakobsbakken**, 9 km südlich von Sulitjelma, in der Nähe einer bewirtschafteten Berghütte (25 Zi., geöffnet März - 15. Okt.) am Kjelvatnet, kann auch per Straße erreicht werden.

Verzichtet man auf den Abstecher nach Bodø, bitte weiter mit **Hauptroute** weiter hinten!

Abstecher nach Bodø

ABSTECHER: *63 km westlich von Fauske, über die gut ausgebaute R80 bequem zu erreichen, liegt* **Bodø**.

Bodø (ca. 46.000 Einwohner) ist Verwaltungszentrum der Provinz Nordland, bedeutendste Handels- und Hafenstadt an Nordlands Küste und ein wichtiger Luftwaffen- und Marinestützpunkt des Landes.

Bodø liegt an der Südspitze einer Halbinsel am Eingang des Saltfjords.

1816, als Bodø auf Betreiben des Bischofs von Nordnorwegen Mathias Bonsak Stadtrechte verliehen bekam, hatte die „Stadt" gerade mal 55 männliche Einwohner. Offenbar wurden damals nur Männer in den Chroniken erfasst. Dank riesiger Fischschwärme, die die Gewässer vor der Stadt durchzogen, entwickelte sich eine überaus ertragreiche Heringsfischerei, die wiederum zu einem

---

PRAKTISCHE HINWEISE – ROGNAN UND FAUSKE

Saltdal kommune, Kirkegt. 23, 8250 Rognan, Tel. 75 68 20 00, www.saltdal.kommune.no.
Salten Reiseliv Turist Informasjon, Torggate 21, 8200 Fauske, Tel. 75 50 35 15, 75 60 06 00, www.fauske.kommune.no.

HOTELS

Rognan
Norlandia Rognan Hotell, 60 Zi., Håndverkeren 14, Tel. 75 69 38 55, www.norlandia.no/rognan; Restaurant, Sauna.

Fauske
Fauske Hotell, 92 Zi., Storgata 82, Tel. 75 60 20 00, www.fauskehotell.no Restaurant, Sauna.

CAMPING

Rognan

Rognan Fjordcamp ** [N 67° 6' 13" E 15° 24' 31"], Sandbakilveien 16, Tel. 75 69 00 88, www.fjordcamp.com; 1. Mai – 31. Okt.; Zufahrt an der Umgehungsstraße E6 beschildert; ebene Wiesen vor einer Gruppe von Miethütten, teils mit Baumbestand, am Saltdalsfjord; ca. 2,5 ha – 80 Stpl.; Standardausstattung; Laden, Fahrradverleih; 24 Miethütten ** - ****. **V&E für Wohnmobile**, befahrbare Betonfläche mit Abwasserauslass, Wasserhahn mit Schlauch, Chemikalausguss.

Fauske

Fauske Camping & Motell ** [N 67°13'46.6" E 15°24'36.9"]**, Leivset, Tel. 75 64 84 01; 1. Jan. – 31. Dez.; ca. 3 km südl. Fauske, an der E6; Gelände im Birkenwald; ca. 1 ha – 40 Stpl.; gute Standardausstattung; Laden, Cafeteria, Fahrradverleih; 50 Miethütten ** - ****. Motel.

Lundhøgda Camping & Cafe * [N 67 15 23.6 E 15 22 01.4]**, Lund, Tel. 75 64 39 66; 1. Mai – 1. Okt.; 2 km westl. Fauske beschilderter Abzweig von der R80 (Fauske – Bodø); teils schräge Wiesen, Hügel; schöne Lage, mit Ausblicken; ca. 1,5 ha – 50 Stpl.; Standardausstattung; Laden; 36 Miethütten ** - ****. **V&E für Wohnmobile**.

TOUR 23: MOSJØEN – BODØ – LOFOTEN

geradezu stürmischen Wachstum der Stadt führte. 1875, rund 50 Jahre nach der Stadtgründung, konnte man schon auf die stolze Zahl von 1.478 Einwohnern verweisen.

1940 wurde Bodø bei Bombenangriffen fast vollständig zerstört.

Nach dem Wiederaufbau bot Bodø ein völlig anderes Stadtbild und in den 50er Jahren entwickelte sich die Stadt stetig weiter, wurde Bischofsitz und Hochschulstadt, bekam einen Dom und einen Flughafen, einen Bahnhof und ein neues Rathaus. Schließlich wurde die Bedeutung der Stadt mit dem Einzug der Fylke- (Bezirks-) Verwaltung untermauert.

Im Mai 1960 tauchte Bodø sogar in den Weltschlagzeilen auf, als nämlich am 1. Mai ein Aufklärungsflugzeug vom Typ U2 auf dem Weg nach Bodø über dem Territorium der Sowjetunion abgeschossen wurde. Nach diesem weltweit Aufsehen erregenden, heiklen Ereignis musste man sich für kurze Zeit sogar Sorgen um den Weltfrieden machen.

Ab Bodø bestehen Flug- und Schiffsverbindungen zu den Lofoteninseln Moskenes, Røst und Værøy. Die Flugzeit beträgt 30 Minuten, die Fahrzeit mit dem Schiff rund vier Stunden.

Die **Mitternachtssonne** ist in der Gegend um Bodø zwischen **4. Juni** und **8. Juli** zu sehen. Vier Tage vor und nach obigen Daten ist die Sonne um Mitternacht immer noch teilweise über dem Horizont sichtbar.

Polarnacht vom 15. Dezember bis 29. Dezember.

Zu den eher bescheidenen touristischen **Sehenswürdigkeiten** der von moderner Nachkriegsarchitektur geprägten Stadt zählen:

Das **Nordland Provinzmuseum** in der Prinsensgate 16, liegt ganz in der Nähe der Domkirche. Das Museum *(geöffnet 1. Mai - 1. Sept. Mo - Fr 9 - 16, Sa + So 11 - 16 Uhr, übrige Zeit Mo - Fr 9 - 16 Uhr, www.saltenmuseum.no)* ist in einem der ältesten Gebäude der Stadt aus dem 19. Jh. untergebracht und zeigt vor allem Sammlungen zur Fischerei- und Samikultur in Nordland. Vor dem Museum sieht man ein typisches Nordlandfischerboot.

Die **Domkirche** (Bodø ist Bischofsitz) in der Kongensgate ist ein massiver Basilikabau, der 1956 fertiggestellt wurde. Über dem Hauptportal außen eine Christusfigur. Im Inneren sind die 12 m hohe Fensterfront über dem Altar mit Glasmalerei, die Kreuzigungsgruppe unter dem Chorbogen und schließlich die Fensterrosette an der Westfassade bemerkenswert. Der markante, durchbrochene Glockenturm steht separat.

Nicht nur für Technikfans ist das **Norwegische Luftfahrtmuseum [N 67° 16'34.3" E 14° 24' 41.2"]** eine sehr besuchenswerte Sehenswürdigkeit. Hier erfahren Sie fast alles über die norwegische und internationale Luftfahrtgeschichte *(geöffnet 15. Juni - 15. Aug. tgl. 10 - 18 Uhr, übrige Zeit außer Jan. Mo - Fr. 10 - 16, Sa + So 11 - 17 Uhr, www.luftfart.museum.no)*.

Bemerkenswert ist schon das moderne Museumsgebäude. Es erstreckt sich beiderseits der Straße, ähnelt in seiner langgestreckten Form einem Propeller und wird in der Mitte von einem „Tower" überragt. Und hier bereits **ein Tipp**: Gehen Sie unbedingt hinauf auf den Tower und genießen Sie von dort den herrlichen **Panoramablick** auf Bodø, die Berge und auf das Geschehen auf der Rollbahn des benachbarten „echten" Flughafens.

Das Museum zeigt im Wesentlichen zwei große Abteilungen, eine über die zivile und eine über die militärische Luftfahrt.

Zu sehen sind viele, wunderschön restaurierte Flugzeugveteranen, aber auch neueres Gerät. Man erfährt viel über die physikalischen Prinzipien der Aerodynamik, über Navigation, Meteorologie oder die Fortschritte im Flugzeug- und Motorenbau etc. Tatsächlich kann man die Entwicklung der Luftfahrt, von den Anfängen der Ballonfahrten der Gebrüder Montgolfier und den ersten Gleitflügen Otto Lilienthals, über den ersten kontrollierten Motorflughopser der Gebrüder Wilbur und Orville Wright 1903 in Amerika, und über die ersten abenteuerlichen Schritte im Linienflugverkehr bis hin zu den modernen Düsenjets unserer Tage.

Und natürlich befassen sich die sehenswerten Abteilungen auch mit den Flugpionieren Norwegens, wie z. B. Tryggve Gran, der am 30. Juli 1914 als erster Norweger die Nordsee zwischen Schottland und Norwegen überflog, oder Roald Amundsen, der als erster Flugzeuge auf Erkundungen in polaren Gefilden benutzte und 1926 mit dem Luftschiff „Norge" über den Nordpol flog.

Darüberhinaus erhält der Besucher Einblick in die Entwicklung der zivilen Luftfahrt im Lande.

TOUR 23: MOSJØEN – BODØ – LOFOTEN

Lohnt immer einen Besuch – das Norwegische Luftfahrtmuseum

Die militärische Abteilung zeigt Doppeldecker aus dem Ersten Weltkrieg, Kampfflugzeuge aus dem Zweiten Weltkrieg und Jets der Nachkriegszeit.

Zu den spektakulären Ausstellungsstücken zählen u. a. eine „Tante" JU 52 auf Schwimmern (eine weltweite Rarität), ein amerikanisches Spionageflugzeug vom Typ U 2, ein De Haviland 88 Mosquito Aufklärer, ein U-Bootjäger Spitfire MK IX, u. a. Ein besonderes Erlebnis ist der Flugsimulator.

Etwa 3 km östlich des Stadtzentrums findet man die **Bodin Kirche** aus dem 13. Jh., eine der ältesten Kirchen Nordlands. Sie steht auf einem Platz, der wahrscheinlich schon in vorchristlicher Zeit als Opferstätte diente. Renaissancekanzel aus der Mitte des 17. Jh. und barocker Altaraufsatz.

Im Norden von Bodø kann man zum Aussichtspunkt auf dem 150 m hohen **Røvikfjellet** fahren. Restaurant mit Aussichtsterrasse. Kleiner Freizeitpark.

Abstecher zum Saltstraumen

Ist man auf unserer „Alternativroute (E6)" von Fauske her nach Bodø gekommen, sollte man auf einen **Abstecher zum Mahlstrom Saltstraumen** nicht verzichten. Der Gezeitenstrom Saltstraumen lässt sich etwa 30 km südöstlich von Bodø beobachten.

Man zweigt 19 km östlich von Bodø, in **Løding**, auf die R17 nach Süden ab und erreicht nach rund 10 km die Meerenge **Saltstraumen** (Details siehe „Hauptroute R17" weiter vorne).

Abstecher von Bodø nach Kjerringøy

40 km nördl. von Bodø liegt in imposanter Küstenlandschaft der alte Handelsposten **Kjerringøy** [N 67° 30' 28.1" E 14° 43' 47.5"] der heute als **Freilichtmuseum** dient (geöffnet Mitte Mai - 30. Aug. tgl. 11 - 17 Uhr, www.saltenmuseum.no).

Auf dem Weg dahin über die Straße 834 muss **zwischen Festvåg und Misten eine Fähre** benutzt werden. Abfahrten im Sommer tgl. 8.50 Uhr (Mo - Fr bereits ab 6.15 Uhr) bis 23.30 ca. alle 70 Min., Überfahrtdauer 10 Min. (http://ruteinfo.hurtigruten.com).

Kjerringøy war vor allem im 19. Jh. eines der wichtigsten Handelszentren in Nordnorwegen. 15 historische Gebäude, darunter eine Kirche, das Haupthaus, ein Ladengeschäft, eine Bäckerei, ein Feuerstellenhaus, ein Speicherhaus u. a., sind erhalten, von denen nahezu alle noch mit ihrem originalen Inventar ausgestattet sind.

Der Besucher erhält in Kjerringøy einen guten Einblick in das Leben einer Kaufmannsfamilie und deren Bedienstete ausgangs des 19. Jh. in der Abgeschiedenheit Nordnorwegens. 20-minütige Ton-Dia-Schau.

Auf dem Museumsgelände gibt es eine Cafeteria und eine Touristeninformation.

Um 1879 hielt sich der Autor und Nobelpreisträger **Knut Hamsun** gelegentlich in Kjerringøy auf. Eine Büste erinnert an den Schriftsteller, der hier manche Eindrücke sammelte, die er in späteren Romanen verarbeitete. Einige Romane Hamsuns wurden auf Kjerringøy verfilmt z. B. „Rosa und Benoni", oder „Pan", oder „Der Telegrafist", der auf dem Roman „Schwärmer" basiert.

Mit der Fähre von Bodø nach Moskenes/Lofoten

Eine abwechslungsreiche, allerdings auch etwas kostenintensive Variante für

TOUR 23: MOSJØEN – BODØ – LOFOTEN

PRAKTISCHE HINWEISE – BODØ, KJERRINGØY

Turist Informasjon Bodø, Sjøgata 4, Sentrumsterminalen, 8001 Bodø, Tel. 75 54 80 00, www.visitbodo.com; geöffnet Sommer Mo - Fr 9 - 20, Sa 10 - 18, So 12 - 20 Uhr, übrige Zeit Mo - Fr 9 - 15.30 Uhr.

HOTELS

Bodø Hotell, 31 Zi., Professor Schyttesgt. 5, Tel. 75 54 77 00, www.bodohotell.no; zentral gelegenes Stadthotel, Restaurant, Bar, Sauna.
Rica Hotel Bodø, 114 Zi., Sjøgt. 23, Tel. 75 54 70 00, www.rica.no/hotelbodo; Restaurant, Bar.
Thon Hotel Nordlys, 147 Zi., Moloveien 14, Tel. 75 53 19 00, www.thonhotels.no/nordlys, Restaurant, Bar.

Kjerringøy
Kjerringøy Brygge, 20 Zi., Tel. 75 52 54 00, Zimmer und App. in restaurierten Hafenhäusern, Restaurant, Café, Parkmöglichkeit.

CAMPING

Bodøsjøen Camping *** [N 67° 16' 10" E 14° 25' 29"], Båtstøveien 1, Tel. 75 56 36 80, www.bodocamp.no; 1. Jan. – 31. Dez.; östl. der Stadt beschilderter Abzweig von der R80 südwärts, Nähe Bodin Kirche; ebene Wiesen am Saltfjord; ca. 3 ha –140 Stpl.; einfache, nicht sonderlich gepflegte Ausstattung; Lader; 45 Miethütten ** - ****. **V & E für Wohnmobile**.
Saltstraumen Camping *** [N 67° 14' 7" E14° 37' 15"], Knaplund, Tel. 75 58 75 60, www.saltstraumen-camping.no; 1. Jan. – 31. Dez.; rund 33 km südöstl. Bodø an der R17 in **Saltstraumen**, in unmittelbarer Nähe des Saltstraumen Zentrums oberhalb des Mahlstroms; ca. 1,5 ha – 100 Stpl.; Standardausstattung; Laden, Imbiss; 20 Miethütten *** - ****. **V & E für Wohnmobile**.
Geitvågen Bad og Camping, Tel. 75 51 01 42, www.geitvaagen.com; 2. Jun. – 20. Aug.; in **Geitvågen**, rund 10 km nördlich von Bodø an der Straße 834; ca. 2,5 ha – 200 Stpl.; Laden, Imbiss; 15 Miethütten.

Kjerringøy
Kjerringøy Camping *** [N 67° 31' 43.68" E 14° 48' 29.88"], Tel. 75 51 12 20, www.kjerringoy.no, 1. Apr. – 30. Sept.; diese etwas einfachere Campingmöglichkeit auf Wiesengelände liegt bei **Alsos**, unweit nördlich der Handelsstation; 7 Miethütten ** - ***.

Wohnmobil-Stellplatz Bodø

Wohnmobil-Stellplatz [N 67° 17' 59" E 14° 24' 48.93"], Teglverkveien 1, Tel. 75 55 00 00; 20 Stellplätze auf Wiese neben der Esso-Tankstelle, Gebühr € 12,- pro Wohnmobil zuzüglich € 6,- Gebühr für Strom.

---

die Weiterreise bietet eine Überfahrt mit der **Autofähre von Bodø nach Moskenes** [N 67° 17' 18.1" E 14° 24' 02.3"] auf der gleichnamigen Lofoteninsel (siehe Tour 24, Lofoten Inseln).

Die Autofähren MS „Bodø", MS „Malangen" und MS „Røst" verkehren zwischen Bodø und Moskenes (Rute 18-782) von Anf. Juni bis 30. Aug. tgl. um 4.30 Uhr (a. So), 6.00 Uhr, 10.15 Uhr, 15.00 Uhr, 17.45 Uhr und 00.45 Uhr (a. So). In der Nebensaison weniger häufige Abfahrten (Änderungen möglich!).

Die Überfahrt dauert rund 4 Stunden. Reservierungen für das Auto sind zumindest im Sommer ratsam.
Infos bei http://ruteinfo.hurtigruten.com oder bei Torghatten Nord AS, Tel. 90 62 07 00 oder im Touristenbüro in Bodø.

HAUPTROUTE

Der weitere Verlauf unserer Hauptroute führt über Fauske, die E6 und über den Fährhafen Skutvik auf die Lofoten.

ROUTE: *Von* **Bodø** *zurück nach* **Fauske** *und zur E6 und nordwärts bis* **Ulvsvåg**.

TOUR 23: MOSJØEN – BODØ – LOFOTEN

Fauske machte sich einen Namen als die Stadt des **Norwegischen Rosenmarmors**. Namhafte Bauwerke wurden mit Marmor aus Fauske ausgestattet, Details, Camping etc. siehe weiter vorne.

Man passiert **Straumen** (**Camping Strømhaug *** [N 67 20 56.2 E 15 34 44.1]**, www.stromhaug.no, Anf. Jan. – Ende Dez.; 21 Miethütten) und gelangt durch etliche Tunnels an den Leir-fjord und nach **Sommerset** einer ehemaligen Fährstation.

Auf ganz neuer Trasse mit mehreren Tunnels (es gibt hier übrigens keine Alternative zur E6), umgeht die E6 den Leirfjord, überquert die schöne Bergkette des Horndalsfjells mit dem See **Kobbvatnet** (**Kobbvassgrenda Camping [N 67° 37' 26.6" E 15° 55' 44.6"]**, Tel. 75 69 58 50; 15. Mai – 30. Sept., 4 Miethütten) unterhalb der Straße und erreicht nach dem 4,7 km langen Kobbskaret-Tunnel den Ort **Mørsvikbotn** am Mørsvikfjord (Camping **[N 67° 42' 29.5" E 15° 51' 23.9"]** siehe weiter hinten).

PRAKTISCHE HINWEISE

Reiseliv i Hamsuns Rike, 8298 Hamarøy, Tel. 97 87 63 06, www.hamsuns-rike.no.

HOTELS

Hamarøy Gjestegård, 17 Zi., in **Oppeid**, Tel. 75 77 03 05, www.hamaroy-gjestegard.no; Restaurant, Cafeteria, Boots- und Fahrradverleih.
Hamarøy Hotell, 35 Zi., in **Innhavet**, Tel. 75 76 55 00, www.hamaroyhotel.no; Restaurant, Cafeteria, Boots- u. Fahrradverleih.

CAMPING

Mørsvikbotn
Mørsvikbotn Camping * [N 67° 42' 29.5" E 15° 51' 23.9"]**, Tel. 75 59 51 18; 20. Mai – 15. Sept.; an der E6, ca. 2 km nördl. des Kobbskaret Tunnels; ebene Wiese in schöner Lage am Fjord; ca. 0,5 ha – 30 Stpl.; Standardausstattung; 11 Miethütten ** – ***.

Tømmerneset
Tømmerneset Camping* [N 67° 54' 00.8" E 15° 51' 25.0"]**, Tel. 75 77 29 55, www.camping.no; 1. Juni – 1. Sept.; ca. 1 km südl. Tømmerneset; Wiesen mit Nadelbäumen zwischen E6 und Sagfjord in schöner Lage; ca. 1 ha – 30 Stpl.; Standardausstattung; 14 Miethütten ** – ****.

Ulvsvåg
Ulvsvåg Gjestgiveri og Camping ** [N68°6' 57" E 15° 51' 58"], Tel. 75 77 15 73, www.gjestgiveriet.net; 1. Mai – 30. Sept.; an der Gabelung E6/R81; einfache Campingmöglichkeit am Fjord hinter einem Gasthaus mit Fremdenzimmern und Restaurant; 18 Miethütten.

Hamarøy/Presteid
Hamarøy Fiskecamping * [N 86° 27' 55.08 E 15° 21' 37.332]**, Tel. 75 77 03 95, www.hamaroyfiskecamp.no; 1. Jan. – 31. Dez.; an der R81 rund 15 km westlich Ulvsvåg/E6; schräge Wiese am westl. Ortsrand von **Presteid**; ca. 1,5 ha – 35 Stpl.; Standardausstattung; Laden, Restaurant; 14 Miethütten. Motel.

Skutvik
Ness Camping **, Tel. 75 77 13 88, www.ness-camping.no; 15. Mai - 15. Sept.; bei Ness ca. 4 km südöstl. Skutvik; Wiese am Fjordufer; 2 ha - 30 Stpl.; einfache Standardausstattung; Fahrradverleih. 11 Miethütten ** - *****.

Wohnmobil-Stellplatz Dyping
Wohnmobil-Stellplatz [N 67° 54' 52" E 15° 20' 15"], Tel. 75 77 67 45, Jarle Hanssen; Abzweig in Tømmerneset auf die Straße L 835 und noch ca. 30 km westwärts nach Dyping; im Schulhof der ehemaligen Schule in Dyping, heute Ferienwohnungen, Gebühr für Wohnmobil inkl. Strom und Nutzung der **V & E**-Station.

TOUR 23: MOSJØEN – BODØ – LOFOTEN

Wieder folgt eine schöne Bergfahrt hinauf ins Sjettevassfjellet, vorbei am imposanten, 924 hohen Berg **Kråkmotind** im Osten.

Schließlich zieht die E6 hinunter nach **Sagelva/Tømmerneset** am Südende des Sagfjords. Hier Abzweig von der E6 zu einem **Rast- und Picknickplatz [N 67° 53′ 56.2″ E 15 51′ 34.7″]** mit WC + Wohnmobil-Entsorgungsstation, kostenfrei.

Vom Rastplatz führt ein Fußweg zu einem Felsen oberhalb des Flusses. Zu sehen (besser: zu erahnen) ist jenseits des Wasserlaufs eine prähistorische **Felszeichnung** (Helleristninger). Das dargestellte Rentier soll vor annähernd 5.000 Jahren in den Stein geritzt worden sein. Imposant auch der Fluss in seinem Felsbett mit abgebrochenen Uferrändern.

Weiter östlich der E6 reicht der Hellemofjord, ein Arm des Tysfjords, weit nach Südosten ins Landesinnere. An seinem Ende liegt **Hellemobotn** an der **engsten Landstelle Norwegens**. Die schwedische Grenze ist von dort nur noch genau 6,3 km entfernt.

Im weiteren Verlauf der Route passiert man **Innhavet**, danach ein bewaldetes, seendurchsetztes Hochtal und hat kurz vor der Abfahrt nach **Ulvsvåg** einen schönen Blick nach Hamarøy im Westen.

ROUTE: *In Ulvsvåg zweigt die R81 nach Westen ab. Sie führt über* **Oppeid** *und* **Hamsun** *auf die Insel Hamarøy (neues* **Knut-Hamsun-Zentrum**) *mit ihren bizarren Berggipfeln. Die Straße endet schließlich nach 36 km in* **Skutvik**, *einem wichtigen Hafen der Lofotenfähren.*

In **Hamsund** kann das Elternhaus des Schriftstellers Knut Hamsun besichtigt werden.

Ab Skutvik [N 68 00 54.3 E 15 20 09.2] verkehren Autofähren nach Svolvær auf der Lofoteninsel Austvågøy.

Die **Fähren** (Rute 18-751) verkehren von Mitte Juni bis Mitte Aug. Mo - Fr um 8.30 Uhr, 10.35 Uhr, 12.50 Uhr, 17.35 Uhr und 18.30 Uhr; Sa 12.50 Uhr, 15.30 Uhr und 16.55 Uhr sowie So 12.50 Uhr, 13.30 Uhr, 17.35 Uhr und 18.30 Uhr. In der übrigen Zeit weniger häufige Abfahrten. Fahrtdauer rund zwei Stunden. Infos: http://ruteinfo.hurtigruten.com.

Routenalternative ohne Lofoten-Abstecher

Verzichtet man auf den Umweg über die Lofoten und Vesterålen Inseln, folgt man **ab Ulvsvåg** zwangsläufig weiter der E6 und nimmt in **Bognes [N 68 13 25.5 E 16 04 21.7] die Fähre nach Skarberget**. Die Fähren (Rute 18-611) verkehren im Sommer zwischen 5.35 und 22.45, Abfahrten ca. alle 70 Min. In der übrigen Zeit etwas weniger häufige Abfahrten. Fahrzeit 25 Min. (www.http://ruteinfo.hurtigruten.com).

Sollte Ihnen unterwegs doch noch der Sinn nach einem Abstecher auf die Lofoten oder Vesterålen stehen, bietet sich in Bognes nochmals Gelegenheit dazu. Ab Bognes verkehren auch **Fähren nach Lødingen** auf den Vesterålen, zwischen 5.15 Uhr und 22.45 Uhr Abfahrten ca. alle 75 Min., übrige Zeit etwas weniger häufig. Fahrzeit 60 Min. (www.http://ruteinfo.hurtigruten.com).

Von Lødingen gelangt man auf neuer Straßentrasse über **Hanøy** und **Fiskebøl** nach **Svolvær** auf der Lofoterinsel Austvågøya, dem Ausgangspunkt unserer Lofotentour.

ROUTE OHNE LOFOTEN-ABSTECHER: *Auf der Weiterreise ab* **Skarberget** *über die E6, eine herrliche Fahrt durch prächtige Berglandschaft, erreicht man über die Kjerringvik-Brücke, die den Efjord überspannt, und über* **Ballangen** *nach 80 km* Narvik (*siehe Tour 25 Vesterålen Inseln – Narvik*).

CAMPING – BALLANGEN

Ballangen Camping **** [N 68° 20′ 18″ E 16° 51′ 28″], Tel. 76 92 76 90; www.ballangencamping.com; 1. Jan. – 31. Dez.; komfortabler, einladender Ferienplatz, ausgedehntes Wiesengelände in ansprechender Lage zwischen E6 und Ballangenfjord; ca. 9 ha – 150 Stpl.; Komfortausstattung; Laden, Imbiss, Restaurant; Fahrradverleih, Bootsverleih, Waschmaschine, Trockner, WLAN, Schwimmbad, Sauna, Solarium. 52 Miethütten ** – *****. **V & E für Wohnmobile**.

TOUR 24: LOFOTEN INSELN

LOFOTEN INSELN

Länge dieser Tour: Rundfahrt ca. 380 km.

Die Route: Über die Straßen E10 und R815 bis **Leknes** – E10 bis **Å** auf der Insel Moskenes – E10 über **Borg** zurück bis **Svolvær**.

Reisedauer: Mindestens zwei Tage.

Reisehöhepunkte: Die **Küstenlandschaften***** und **Fischerorte ***** von Henningsvær, Stamsund, Ballstad, Nusfjord, Sund und Moskenes – der **Wikingerhof von Borg *****.

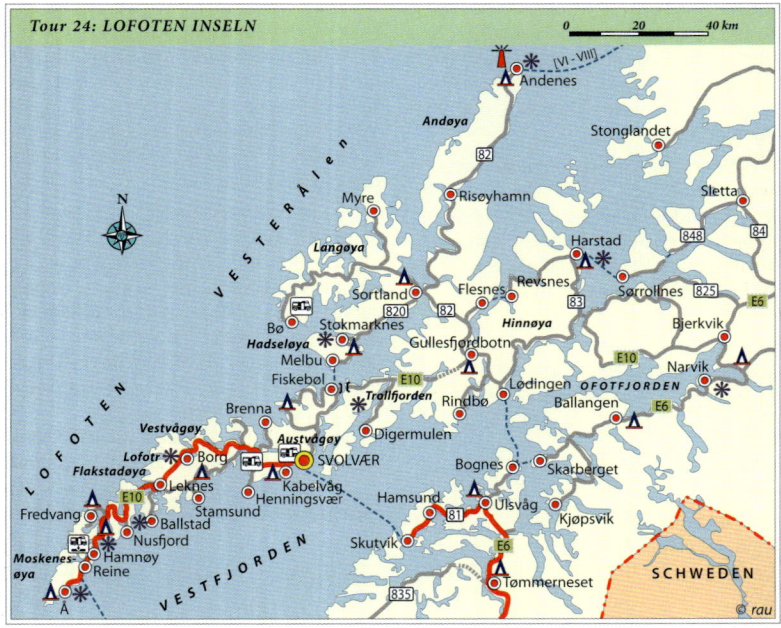

Tour 24: LOFOTEN INSELN

Nähert man sich mit der Fähre der **Inselwelt der Lofoten** – *Lofoten* soll soviel wie „Luchsfüße" heißen – erkennt man bald die bizarren Bergkegel und zackigen Grate der „Lofotwand" aus dem ruhigen, grauen und so fischreichen Meer emporsteigen.

Fast anthraziten glänzen die glatten, blanken, steilen Felsen, die höchstens etwas Moos als Vegetation dulden.

Das Lofotengebirge zählt zu den ältesten der Welt. Geformt in die uns heute sichtbare Gestalt wurde es vor allem von den Gletschern der letzten Eiszeit vor ungefähr 10.000 Jahren.

Erst um die Jahrhundertwende wurden die sieben großen Inseln der Lofoten – **Røst, Værøy, Moskenesøya, Flakstadøya, Vestvågøya, Gimsøya** und **Austvågøya** – richtiggehend besiedelt. Zwar sind bei Ausgrabungen Spuren von 4.000 Jahre alten Siedlungen gefunden worden – auch die Wikinger hatten hier schon Hafensiedlungen, wie die Reste einer Wikingerburg bei Borg auf Vestvågøya oder bei Halsneset (Leknes) beweisen – aber von längerem Bestand waren diese Ansiedlungen nicht. Heute leben auf den Lofoten, die ein Territorium von fast 1.230 qkm umfassen rund 25.500 Menschen.

TOUR 24: LOFOTEN INSELN

Rorbuer bei Kvalvik, Insel Moskenesøya, Lofoten

Das Wetter auf den Lofoten und auch auf den nördlich benachbarten Vesterålen ist eine ziemlich wechselhafte Angelegenheit. Lange beständige Wetterlagen gehören zu den Ausnahmen. Klare, sonnige und windstille Tage können rasch mit windigem Nieselwetter wechseln. Und im Winterhalbjahr steigert sich der fast immer gegenwärtige Wind schon mal zum kräftigen Sturm mit Regen oder Schnee.

Gerade wenn Sie in den Bergen wandern oder sich mit einem gemieteten Boot ohne ortskundige Begleitung aufs Meer wagen, sollten Sie auf Wetterstürze vorbereitet sein.

Zwar können die Tagestemperaturen auch auf den Lofoten Extremwerte von 30 Grad im Juni und Juli oder –15 Grad im Februar erreichen. Aber ein ausgeprägtes Küstenklima, unterstützt von den positiven Auswirkungen des Golfstroms, sorgt dafür, dass für gewöhnlich die Durchschnittswerte in den genannten Monaten aber kaum über 11 oder 12 Grad hinausgehen bzw. nur wenige Grade unter Null sinken.

In der Regel – aber auch beim Wetter bestätigen Ausnahmen die Regel – soll in der Zeit zwischen April und Juni der wenigste Niederschlag fallen, während es zwischen Oktober und Dezember viel regnet und auch schneit.

Rorbuer-Ferien ist eine für die Lofoten und Vesterålen typische Art, die Urlaubstage zu verbringen. Die alten Rorbuer, ehemals ausschließlich für die winterliche Kabeljaufangsaison erbaute Fischerhütten, bestanden lediglich aus Vorraum für Fanggerät und Vorrat und aus einem kombinierten Wohn-Koch-Schlafraum.

Mietrorbuer sind immer noch recht rustikale Unterkünfte. Aber fließend Wasser, Strom, Kochgelegenheit und Heizung haben sie heute alle.

Wer fern allen Lärms, aller Hektik einmal naturnah Ferien machen möchte, hat auf den Lofoten gute Chancen, ein passendes Fleckchen zum Erholen zu finden.

Lofotentour

Die nachfolgend geschilderte Tour über die Lofoten Inseln beginnt in **Svolvær**. Danach folgt eine detaillierte Schilderung der südlich anschließenden Inseln.

Falls Sie mit der Fähre von Bodø nach Moskenes auf die Lofoten gereist sind, bitte zunächst weiter mit „**Abstecher nach Sü-**

TOUR 24: LOFOTEN INSELN

den, empfehlenswert!" weiter hinten und von **Moskenes, Reine, Leknes, Stamsund, Borg** und **Henningsvær** nach **Slovær**.

Svolvær [N 68° 14' 10.9" E 14° 33' 10.6"] (ca. 4.000 Einwohner) ist der Hauptverwaltungsort der Lofoteninseln und wichtigster Fischereihafen (fischverarbeitende Industrie) der Region.

Zu den Sehenswürdigkeiten der Stadt zählen das **Rathaus** wegen des Gemäldes von Gunnar Berg „Schlacht im Trollfjord" das im Rathaus hängt, weiter das **Künstlerzentrum** am Torvet (Marktplatz), eine Kunstgalerie regionaler Künstler mit wechselnden Ausstellungen von Kunsthandwerk und bildender Kunst *(geöffnet Mi - So 11 - 15 Uhr, im Sommer tgl. 10 - 18 Uhr, www.nnks.no)*, dann die Ausstellung **Lofoten Nature**, ebenfalls am Torget, die mittels Fotodokumenten und Multimedia-Präsentationen über Flora und Fauna an Land und im Meer informiert *(geöffnet Mitte Juni - Mitte Aug. tgl. 14 - 22 Uhr, www.lofotennature.com)* und schließlich die Installation **Magic Ice** am Hurtigruten-Anleger *(geöffnet tgl. 18 - 22 Uhr, im Sommer tgl. 12 - 22.30 Uhr, www.magic-ice.no)*, die mittels multimedialer Präsentationen mit Musik- und Lichteffekten Einblick in die Naturgeschichte der Region und die lange Fischereitradition gibt.

Auch die **Felsen „Svolværgeita"** (**Svolværgeiß**), die von der Stadt aus zu sehen sind, zählen zu den Attraktionen Svolværs. Die Felsen, die erst 1910 erstmals bezwungen wurden, gelten unter Bergsteigern als recht schwieriges Klettergebiet.

Ab Svolvær werden diverse **Bootsausflüge** angeboten. Einer der schönsten ist eine Schiffsfahrt hinein in den schmalen, herrlichen, von hohen, schroffen Felswänden gesäumten **Trollfjord** (legendäre Trollfjordschlacht), der ein gutes Stück weiter nordöstlich von Svolvær liegt. Die Ausflüge dauern zwischen zweieinhalb und vier Stunden, je nach dem, ob ein Landgang eingelegt wird oder nicht. Die Ausflugsschiffe verkehren gewöhnlich von Anfang Juni bis Mitte August mehrmals täglich ab Svolvær. Ein anderer lohnender Bootsausflug führt zur Walstation **Skrova**. Tickets und die neuesten Abfahrtszeiten gibt es im Touristenbüro in Svolvær.

Die **Mitternachtssonne** ist in dieser Region zwischen **28. Mai** und **14. Juli** zu sehen. Und in der Zeit von September bis April ist auf den Lofoten gelegentlich das Phänomen der **Nordlichter** zu bestaunen.

In **Kabelvåg-Storvågen**, heute eine Gemeinde mit fast 2.000 Einwohnern und ca. 5 km südwestlich von Svolvær gelegen, können Sie das bescheidene, dennoch recht interessante **Lofotmuseet** besichtigen werden *(geöffnet 1. Mai - 31. Aug. tgl. 9 - 15 Uhr, Sommer tgl. 10 - 19 Uhr, übrige Zeit Mo - Fr 9 - 15 Uhr, www.lofotmuseet.no)*.

Dieses **Regionalmuseum der Lofoten** ist an der Stelle des alten Ortsteils **Storvå-**

Hafeneinfahrt von Svolvær, Mitte April hält sich noch der letzte Schnee auf den Bergen

TOUR 24: LOFOTEN INSELN

gan errichtet. Mittelpunkt der Museumsanlage ist das historische Gehöft eines „Fischerdorfbesitzers" mit einem Wohnhaus aus dem Jahre 1810, mit Schul- und Gesellschaftsraum, Fischerhütten, Bootsschuppen und einer Sammlung von Nordlandbooten. Und natürlich ist eine Ausstellung über die Lofotenfischerei zu sehen.

PRAKTISCHE HINWEISE – SVOLVÆR/KABELVÅG

Destination Lofoten AS, Torvet, Marktplatz, 8301 Svolvær, Tel. 76 06 98 00, www.lofoten.info; *geöffnet ganzjährig tgl. 9 - 16 Uhr, Juni + Aug. tgl. a. So bis 19.30 Uhr, Juli tgl. bis 21.30 Uhr.*

HOTELS
Svolvær
Norlandia Vestfjord Hotell, 63 Zi., Fiskergata 46, Tel. 76 07 08 70, www.norlandia.no/vestfjord, in zentraler Lage, Restaurant.
Rica Hotel Svolvær, 147 Zi., Lamholmen, Tel. 76 07 22 22, www.rica.no; auf einer Insel (Brücke) im Hafen, Restaurant.
Svolvær Best Western, 28 Zi., Austnesfjordgata 12, Tel. 76 07 19 99, www.volvar-hotell.no; Restaurant.

Kabelvåg
Nyvågar Rorbuhotell, Storvåganveien 22, Tel. 76 06 97 00, www.nyvaagar.no; 30 Rorbuer, modern eingerichtete Fischerhütten mit Zimmern, Stube, Küche, Bad, teuer.

CAMPING
Wohnmobil-Stellplatz Svolvær

Wohnmobil-Stellplatzmöglichkeit [N 68° 13' 59.89" E 14° 33' 33.59"] beim Supermarktzentrum AMFI, Lofotgata 33. Großer Stellplatz mit Stromanschlüssen, nahe großer COOP-Supermarkt, Restaurants und andere Geschäfte.

Kabelvåg

Sandvika Fjord og Sjøhuscamping **** [N 68° 12' 17.8" E 14° 25' 37.3"], Ørsvågveien 45, Tel. 76 07 81 45, www.sandvika-camping.no; 1. Jan. – 31. Dez.; ca. 9 km westl. Svolvær beschilderter Abzweig von der E10 und ca. 1 km schmale Straße; mehrere kleine, teils unebene Wiesenstücke zwischen hohen Felsriegeln in schöner Lage am Meer; ca. 3 ha – 60 Stpl.; Standardausstattung, Fahrradverleih; 21 Miethütten ** – ****. **V & E** für **Wohnmobile**.
Ørsvågvær i Lofoten Camping **** [N 68° 12' 23.3" E 14° 2' 34.9"], Tel. 76 07 81 80, www.orsvag.no; 1. Mai – 30. Sept.; ca. 9 km westl. Svolvær beschilderter Abzweig von der E10 und ca. 1 km schmale Straße; im Rahmen des Lofoter Turist- og Rorbusenter mehrere kleine Wiesenstücke zwischen hohen Felsriegeln in ausgesprochen schöner Lage am Meer; ca. 2 ha – 100 Stpl.; Standardausstattung; öffentliches Hallenbad; 28 Miethütten ** – ****. Motel.

Sandsletta/Laukvik

Sandsletta Camping *** [N 68° 19' 31.7" E 14° 41' 13.0"], Tel. 76 07 52 57, www.camping-lofoten.com; 1. Jun. – 30. Sept.; ca. 15 km nördlich von Svolvær Abzweig von der E10 westwärts und noch ca. 10 km; Wiesengelände; ca. 2 ha – 30 Stpl.; Standardausstattung; Laden, Fahrradverleih; 17 Miethütten ** – ****. **V & E** für **Wohnmobile**.

Laukvik

Camping Skippergården ** [N 68° 23' 23' E 14° 25' 20"], Tel. 97 10 66 36; 15. Apr. – 1. Sept.; ca. 15 km nördlich von Svolvær Abzweig von der E10 westwärts und noch ca. 18 km; kleiner Platz teils auf Wiesen, teils auf geschotterter Fläche, von Felsen umrahmt, am Ortsrand von Laukvik, das sehr abgeschieden an der Westküste der Lofoteninsel liegt; ca. 0,8 ha – 15 Stpl.; bescheidene, aber funktionelle Sanitärs. 5 Miethütten.

TOUR 24: LOFOTEN INSELN

Lofotfischfang

Spätestens seit der Wikingerzeit waren die reichen Fischgründe in den Gewässern um die Lofoten Inseln bekannt.

Selbst in den kältesten Wintermonaten, wenn in diesen Breiten im Landesinneren klirrender Frost herrscht, sinken die Temperaturen auf den Lofoten kaum einmal unter den Gefrierpunkt. Dank des Golfstroms bleiben die Häfen und Buchten eisfrei und gestatten zwischen Januar und April seit altersher den „Lofotfisket", den bedeutendsten Saisonfischfang des Landes.

Aber bis weit ins vergangene Jahrhundert hinein kamen viele Fischer im Winter nur sporadisch in die fischreichen Gewässer. Sie zogen weiter, wenn im Frühjahr das Fischvorkommen wieder geringer wurde.

In alten Tagen lebten die Fischer in ihren offenen Fangbooten, bzw. nächtigten unter den umgedrehten, kieloben liegenden Booten. Denn Siedlungen an Land gab es für die Fischer lange so gut wie nicht.

Ein Chronist, der den Lofotfischfang wohl ausgangs des 17. Jh. miterlebt hat, schreibt: „Das Elend, das diese armen Leute um ihres Auskommens willen auf sich nehmen, ist unbeschreiblich". Und bei aufkommenden Stürmen fanden an einem Tag oft hunderte Fischer ein nasses Grab.

Wohl hatte König Øystein 1103 eine Kirche und 1120 ein paar Rorbu-Hütten in Vågan (Insel Austvågøya) bauen lassen. Dies geschah aber weniger, um die Fischer zu einer Besiedelung der Lofoten zu animieren, als wohl eher, um zu demonstrieren, dass der König den Handel und das Steuerwesen hier kontrollierte und nicht die Lokalfürsten und Großgrundbesitzer, die diese profitablen Aufgaben liebend gerne in die eigenen Hände genommen hätten.

Storvågen war übrigens eines der allerersten Fischerdörfer auf den Lofoten. Hier wurde schon vor über 1.000 Jahren nach Dorsch gefischt und Stockfisch produziert.

Und hier bei Storvågen lagen auch die Anfänge des mittelalterlichen Handelszentrums **Vågar,** die erste Stadt in Nordnorwegen, wie es heißt. Reste der Siedlung wurden vor einiger Zeit ausgegraben.

Im 14. Jh. z. B. machte Stockfisch rund 80% des Exports Norwegens aus, der zu großen Teilen über Vågar lief. Damals bestanden Handelsbeziehungen mit nahezu ganz Europa, was auch zu einem regen Kulturaustausch beitrug. Wahrscheinlich schon im Jahre 1103 ließ König Øystein hier die erste Kirche auf den Lofoten und rund zwanzig Jahre später die ersten festen Fischerhütten, die Rorbuer, errichten.

Ganz in der Nähe des Lofotmuseums liegt das **Lofotakvariet**, mit nicht weniger als 23 größeren und kleineren Aquarien, mit Seehund- und Fischotterbecken, ein Erlebniszentrum mit Ausstellungen wie „Die Kunst des Zusammenlebens", Multivisionsshow, Souvenirshop und Cafeteria *(geöffnet 1. Juni - 31. Aug. tgl. 10 - 19 Uhr, Mai tgl. 11 - 15 Uhr, übrige Zeit Mo - Fr 11 - 15 Uhr, www.lofotakvariet.no).*

TOUR 24: LOFOTEN INSELN

Erst im 17. Jh. waren die Fischer durch königliches Dekret und mit ausdrücklicher Unterstützung aus Oslo ermächtigt worden, an den felsigen Gestaden feste Hütten, sog. „Rorbuer", zu errichten. Nun konnten das Fanggerät, die Netze, die Leinen, die Kleidung besser gepflegt werden als in den engen, offenen Ruderbooten damaliger Zeit. Und die Fangzeit konnte ausgedehnt werden. Die Erträge stiegen und es entstanden erste feste Siedlungen und Dörfer.

Das Wort „Rorbu" setzt sich übrigens aus zwei Begriffen zusammen, aus „ro" (rudern, zum Fischen hinausrudern) und aus „bu" (wohnen).

Im 18. Jh. wurde das königliche Handelsmonopol gelockert. Nun erwarben reiche Kaufleute und Großgrundbesitzer Grund und Boden, um darauf Fischerdörfer zu gründen. Diese „Landzungenkönige" hatten seit dem Lofotgesetz von 1816 auch das Aufsichts- und Eigentumsrecht am Meer. Erst mit einem neuen Gesetz Mitte des 19. Jh. waren Meer und Fischfang wieder frei, die Fischereiaufsicht eine öffentliche Angelegenheit. Heute hat der Lofotfischfang nicht mehr ganz die wirtschaftliche Bedeutung wie noch vor dem zweiten Weltkrieg.

Seit Menschengedenken zieht in der Zeit um Januar ein unermesslicher Schwarm von laichbereiten Dorschen, einer Art des Kabeljaus, vom Norden des Eismeers herab an die norwegische Küste, um zu laichen.

Der Lebensraum des Dorsches ist gewöhnlich die Barentssee, nördlich und östlich von Norwegen. Auf den Bänken dieser arktischen Gewässer wächst der Fisch heran. Die geschlechtsreifen Fische ziehen dann südwärts. Bei den Lofoten finden sie vor allem im Vestfjord optimale Verhältnisse, um abzulaichen. Für die Entwicklung des Kabeljulaichs sind dort Temperatur und Salzgehalt des Wassers, ein reiches Planktonvorkommen und die Meeresströmung ideal.

Auch wenn der individuelle jährliche Lofotfischfang kleiner wird, weil der Kabeljau seit Jahren in industriellen Größenordnungen abgefischt wird, was immer deutlicher zur Dezimierung der Kabeljaubestände führt, wimmelt es auch heute noch an einem einladenden Wintertag vor der Küste von Tausenden von Fangbooten. Denn zum Lofotfang kommen die Bauern aus den Tälern mit kleinen Booten ebenso, wie die großen Fischkutter aus Trondheim, Tromsø oder Hammerfest, um Jagd auf Dorsch und Kabeljau zu machen.

In dieser Zeit, von Januar bis April, dienen die „Rorbuer", die oft auf hohen Pfählen auf den Uferfelsen und immer in unmittelbarer Nähe des Wassers stehen, noch ihrem eigentlichen Zweck, nämlich der Unterbringung von Fischern und ihren Fanggeräten. Später, den Sommer über, wenn sich wieder Touristen in diese urtümlich gebliebene Landschaft trauen, werden die Holzhäuschen als Ferienhütten vermietet.

Nicht weit vom Lofotaquarium entfernt werden in der **Galleri Espolin** Arbeiten des Lofotenmalers Kaare Espolin Johnson (1907 - 1994) gezeigt *(geöffnet wie Lofotakvariet).*

Abstecher nach Süden – empfehlenswert!

Mein Tipp! Für einen **Abstecher** auf der E10, dem „Kong Olavs Veg", hinunter nach **Reine** und bis **Å** auf der Insel Moskenesøya

WOHNMOBIL-STELLPLATZ

Lyngvaer Lofoten Bobilcamping [N 68° 13' 27.1" E 14° 13' 08.1"], Kleppstad, Tel. 76 07 87 80, www.lofoten-bobilcamping.no, Anf. Apr. – Ende Sept. ca. 20 km westlich Svolvær, unterhalb der E10 in schöner, aussichtsreicher Lage am Gimsøya Straumen; breite, flache Wiesenterrassen mit überwiegend geschotterten Stellplätzen; ca. 5 ha – 100 Stpl.; gute Standardausstattung mit zeitgemäßen, aber etwas knapp bemessenen Sanitärs; Laden, Grillhütte, Einrichtungen für Angler, Bootssteg, Bootsverleih. **V & E für Wohnmobile**.

TOUR 24: LOFOTEN INSELN

Lofoten bei Moskenes

sollten Sie sich auf alle Fälle Zeit nehmen! Sehen Sie dafür mindestens einen ganzen Tag, besser aber zwei Tage vor.

ROUTE: *15 km westlich von Svolvær, nach dem Straßentunnel, sollte man von der E10 südwärts auf die R816 nach* **Henningsvær** *abzweigen, 6 km.*

Der Fischerort **Henningsvær [N 68° 09' 13.3" E 14° 12' 05.3"]** liegt hübsch auf einer Insel, die über zwei Brücken zu erreichen ist. Der Ort lässt sich auch gerne als „Venedig der Lofoten" bezeichnen. Nun ja.

Besichtigen kann man die **Galerie Karl Erik Harr** und eine Sammlung mit Werken von Nordlandmalern, der eine Ausstellung von Fotografien mit Lofotenmotiven aus den Anfängen des 20. Jh. angeschlossen ist. Sehenswert ist auch die stündlich dargebotene Multivisionsschau *(geöffnet Ende Mai - Ende Aug. tgl. 10 - 19 Uhr, www.galleri-lofoten.no).*

Außerdem wartet Henningsvær mit einer Ausstellung der ortsansässigen Glasbläserei auf.

An den Brücken nach Henningsvær sieht man übrigens große Fischtrockengestelle, die noch Anfang Juni üppig mit Dorsch bestückt sein können.

ROUTE: *Zurück zur E10. Die Hauptverkehrsader E10 führt bei* **Kleppstad** *auf einer Brücke über den Gimsøystraumen auf die* **Insel Gimsøya** *und*

HOTELS
Leknes
Norlandia Lofoten Hotell, 60 Zi., Lillevollveien 15, Tel. 76 08 08 25, www.norlandia.no/lofoten; Restaurant.

CAMPING
Strandslett
Brustranda Sjøcamping **** [N 68° 12' 17" E 13° 53' 11"], Tel. 76 08 71 00, www.brustranda.no; Mitte Mai - Ende Aug.; an der R815, ca. 15 km nördl. Stamsund bei Rolvsfjord; Wiesenstreifen mit 21 Miethütten ** - *****; ca. 1 ha – 40 Stpl.; Kiosk, Boots- und Fahrradverleih. **V & E für Wohnmobile**.

Stamsund
Camping Storfjord ***, Tel. 76 08 68 04, www.storfjordcamping.no; 1. Jan. – 31. Dez.; ca. 9 km östl. Leknes, am Abzweig der R817 nach Stamsund; ca. 1 ha – 50 Stpl.; Standardausstattung; 11 Miethütten.

TOUR 24: LOFOTEN INSELN

schon wenige Kilometer weiter über die Sundklakkstraumen-Brücke auf die **Insel Vestvågøya**. Folgen Sie nach der Brücke der Straße R815 über **Strandslett** und **Stamsund** nach **Leknes**.

Umweg über Stamsund

Die Fahrt über die Straße R815 ist eine überaus ansprechende Reise durch die von mächtigen Felsen übersäte Küstenregion. Allerdings ist die Straße selbst streckenweise relativ schlecht mit teils schmaler Fahrbahn.

Vor allem der Blick vom Straßenknie bei **Sandvikneset** über den Rolvsfjord nach Stamsund im Südwesten ist sehr reizvoll.

Bei ausreichend zur Verfügung stehender Zeit können Sie nach **Stamsund** [N 68° 07′ 59.7″ E 13° 50′ 27.2″], einem hübschen Lofotendorf und wichtigen Fischereihafen, abzweigen.

Malerisch ist die Landschaft auch bei **Steine**, mit Fischerbooten und Rorbuer vor der türmenden Bergkulisse.

In Leknes trifft man wieder auf die E10, unsere Hauptroute nach Süden und später wieder zurück nach Svolvaer.

Auf der E10 bis Å

In einer weiten Talfläche breitet sich **Leknes** aus. Die weit verstreute Gemeinde an der E10 ist Handels- und Verwaltungszentrum der Großgemeinde Vestvågøya.

Von hier sollte auf alle Fälle ein Abstecher südwärts über die R818 nach **Ballstad** [N 68° 04′ 48.8″ E 13° 32′ 44.5″] eingeschoben werden, 19 km einfache Strecke. Die Küstenszenerie ist sehr reizvoll und Ballstad selbst zählt zu den hübschesten Fischerdörfern auf den Lofoten. Schöne, malerische Anlegestege mit urigen Rorbuer.

Später, wenn Sie wieder auf dem Rückweg nach Svolvær sind, nehmen Sie ab Leknes die E10 nordwärts. Nach rund 14 km passieren Sie auf diesem Wege **Borg** (Camping Unstaa). Dort können Sie das **Wikingermuseum Lofotr** [N 68° 14′ 43.0″ E 13° 45′ 23.4″] besichtigen (geöffnet Anf. Juni - Ende Aug. tgl. 10 - 19 Uhr, Mai + Sept. tgl. 11 - 16 Uhr, www.lofotr.no).

Zwischen 1983 und 1989 wurden hier auf einer Anhöhe oberhalb der Straße die Reste eines nordnorwegischen Herrscherhofes aus der Eisenzeit ausgegraben. Die Funde sorgten damals für Aufsehen, hatte man doch Fragmente eines Häuptlingshofes in Form eines 83 m langen Wikingergebäudes freigelegt, das als größtes seiner Art gilt, das je entdeckt worden ist.

Die wissenschaftlichen Untersuchungen ergaben, dass der Häuptlingssitz wohl um 500 n. Chr. angelegt worden ist und rund 400 Jahre lang bis um 900 bewohnt war. Der letzte Hausherr von Borg soll Olaf Tvennembruni gewesen sein, der sich wohl wegen Streitigkeiten lieber nach Island verzog.

In dem originalgetreu rekonstruierten Wikingerhaus, das mit seinem riesigen Schindeldach aussieht wie ein kieloben liegendes Wikingerboot, erhält man Einblick in die Kulturgeschichte der Wikinger.

Wie das Original ist auch die Rekonstruktion in fünf große Räume aufgeteilt, den Wohnraum, die Eingangshalle, die Gildhalle, das Lager und den Stall, der fast die Hälfte des Gebäudes einnimmt. Im Wikingerhaus sind Grabungsfunde ausgestellt, die in der Nähe gemacht wurden.

Zum Museum gehört auch ein Nachbau eines Wikingerschiffes, dem das Gokstadschiff als Vorlage gedient haben soll. Das Schiff liegt ein gutes Stück vom Museum entfernt. Auf diesem Wikingerschiff können Sie in der Zeit vom 15. Juni bis 15. August eine zünftige Ruderfahrt mitmachen. Das Schiff

Der rekonstruierte Wikingerhof Lofotr

TOUR 24: LOFOTEN INSELN

Hamnøy

legt in dem angegebenen Zeitraum jeden Tag um 14 Uhr ab (Änderungen möglich!), außer bei schlechtem Wetter.

ROUTE: *Von Leknes über Lilleeidet und durch den Nappstraumentunnel, der unter dem Sund hindurch auf die Insel Flakstadøya führt. Die Straße E10 endet schließlich nach rund 50 km in Å auf Moskenesøya, dem südwestlichsten per Straße erreichbaren Ort auf den Lofoten und wohl auch dem Ort mit dem denkbar kürzesten Ortsnamen.*

Bei **Kilanplass** kann man südwärts nach **Nusfjord** [N 68° 01' 49.6 „ E 13° 20' 52.8"] fahren. Das sehr malerisch zwischen Felsen gelegene Fischerdorf mit seinen traditionellen Fischerunterkünften und dem hübschen Gasthof Oriana Kro steht auf der UNESCO-Liste der erhaltenswerten Kulturdenkmäler.

1 km südlich von **Flakstad** (Camping Skagen [N 68° 06' 09.6" E 13° 17' 44.0"], Wiese zwischen E10 und Bucht mit weißem Sandstrand) führt die E10 an einem einladenden **Rast- und Picknickplatz** [N 68° 06' 12.7" E 13° 16' 59.9"] vorbei. Herrliche Meeresbucht „Skagsanden Beach" mit Sandstrand, Picknicktische, WC.

Ramberg (Ramberg Camping s.u. [N 68° 05' 30.8" E 13° 14' 06.3"]) macht mit seinem weißen Sandstrand auf sich aufmerksam.

Wenige Kilometer weiter südlich zweigt die Strichstraße nach **Fredvang** ab *(Fredvang Camping s. u.* [N 68° 05' 50.4" E 13° 09' 42.2"]*)*. Der kleine Ort liegt rund 5 km westlich der Hauptstraße an einer herrlichen, weiten Sandbucht.

Später sollte man bei der Kåkern-Brücke von der E10 zum **Fiskerimuseum** von **Sund** abzweigen. Das kleine, aber recht interessante, 1964 aus einer privaten Sammlung entstandene Museum befasst sich mit der Motorisierung und Instandhaltung von Fischkuttern in den vergangenen 100 Jahren. Technikfreunde können z. B. alte Schiffsdiesel in Betrieb sehen und hören. Außerdem gibt es ein Bootshaus mit Nordlandbooten und Zubehör, eine **Kunstschmiede** mit Galerie (Kongeskarven, Königskormoran Skulptur) und in einer Fischerhütte ein „Raritätenkabinett".

Nach besagter Kåkern-Brücke befindet man sich auf der **Insel Moskenesøya.**

Wenige Kilometer weiter passiert man den schön gelegenen **Rast- und Picknickplatz „Akkarvikodden"** [N 67° 57' 44.6" E 13° 09' 14.0"] in herrlicher Lage mit Blick auf Hamnøy; Picknicktische, WC.

Im Ort **Hamnøy** findet man gleich am Ortsbeginn eine **Ver- und Entsorgungsstation für Wohnmobile** [N 67° 56' 54.1" E 13° 08' 11.6"] mit Frischwasser und Ausguss für Abwässer.

TOUR 24: LOFOTEN INSELN

Hamnøy mit seinem fotogenen Fischereihafen liegt überaus malerisch vor einer ganz prächtigen Bergkulisse. Die vor allem im Juni voll mit Kabeljau behangenen **Fischtrockengestelle [N 67° 56' 43.1" E 13° 08' 00.0"]** vor den roten Rorbuer machen die ganze Szenerie zu einem Lofotenmotiv wie aus dem Bilderbuch.

Der alte Handelsort und Fischereihafen **Reine [N 67° 55' 43.2" E 13° 05' 15.0"]** auf der Insel Moskenesøya ist bekannt für seine malerische Umgebung.

Besichtigen kann man z. B. **Dagmars Puppen und Spielzeugmuseum**, Sakrisø (geöffnet Ende Mai - Ende Aug. tgl. 10 - 18 Uhr, Sommer bis 20 Uhr). In der Ausstellung mit mehr als 1.500 Puppen und Teddys aus der Zeit von 1860 bis 1965 können Sie „eine Reise zurück in die Kindheit" machen.

Bootsausflüge ab Reine

Ab Reine wird eine ganze Reihe von **Bootsausflügen** angeboten. Sie können wählen zwischen Touren wie

– „Fischer für einen Tag" (Dauer 4 Stunden), auf denen Sie selbst mit Handleinen Ihr Glück als Lofotfischer versuchen können,

– oder einer Tour durch den berühmt-berüchtigten **Mahlstrom** und um die Südspitze der Insel Moskenes herum und auf der Westseite der Insel und dort auf einer Wanderung von rund 45 Minuten Dauer zur 115 m tiefen **Refsvik-Höhle** mit mehr als 3.000 Jahre alten Höhlenmalereien (Dauer 6 Stunden),

– oder einer Tour in den **Reinefjord** (Dauer 4 bis 5 Stunden), der mit seinen steil abfallenden Bergen, Wasserfällen und kleinen Gehöften zu einem der schönsten Fjorde in Norwegen zählt. Auf dieser Tour wird in Vindstad an Land gegangen und eine Wanderung von einer Stunde durch den so gut wie verlassenen Ort Vindstad nach Bunes an der Nordseite der Insel eingelegt.

Die meisten der Bootsausflüge werden im Sommer zwischen 1. Juni und 30. August angeboten. Die Touren starten, wenn das Wetter es erlaubt, täglich in Reine vom Pontonanleger Sverdrup meist um 12 Uhr mittags. Bei Interesse sollten Sie sich nach den neuesten Daten und Preisen im Touristenbüro in Moskenes erkundigen, Tel. 75 09 1599/98 01 7564, www.lofoten-info.de.

Mein Tipp! Auch wenn das Wetter noch so einladend sein sollte, sollten Sie sich davon nicht täuschen lassen, wenn Sie an einem Schiffsausflug teilnehmen. Auf dem Meer kann es empfindlich kalt werden. Schnell bricht ein Regenschauer herein. Und windig ist es immer.

Nehmen Sie also unbedingt immer warme, wind- und regendichte Kleidung, eine Kopfbedeckung, evtl. einen Schal und Handschuhe mit! Und auch warme Schuhe. Griffige Gummisohlen sind auf den gelegentlich nassen Decks von Vorteil. Viele der Ausflugsboote bieten zwar die Möglichkeit, sich unter Deck wieder etwas aufzuwärmen. Die wenigsten Schiffe verfügen aber über eine

Reine

TOUR 24: LOFOTEN INSELN

Cafeteria oder etwas ähnliches. Sie sollten also etwas leichtes zu essen und vor allem etwas warmes zu trinken dabeihaben. Und wenn Sie anfällig für die Seekrankheit sind, sollten Sie vorsorgen. Es gibt da zwischenzeitlich gute Medikamente, z. B. Kautabletten oder etwas ähnliches.

Übrigens: Angeln ist auf dem offenen Meer vom Ufer und vom Boot aus erlaubt und kostenfrei. Angeln in Binnengewässern ist dagegen nur mit Angelschein und in den freigegebenen, nicht verpachteten Gewässern erlaubt.

Moskenes [N 67° 53' 59.5" E 13° 02' 37.8"] (Touristeninformation, Tel. 76 09 15 99) ist ein wichtiger Fährhafen auf den Lofoteninseln mit regelmäßigen Verbindungen nach Værøy, Røst und Bodø.

In **Sørvågen [N 67° 53' 29.1" E 13° 01' 35.8"]** können Sie im **Norwegischen Telekommunikationsmuseum** vorbeischauen (geöffnet Ende Juni - Ende Aug. tgl. 11 - 17 Uhr). Die Ausstellungen „Dorsch, Telegraf und Telefon" dort befassen sich z. B. mit der leitungsgebundenen Telegrafie, mit der Funktelegrafie und mit der Funktelefonie.

Der Ort **Å** „am Ende der Welt" **[N 67° 52' 58.4" E 12° 58' 59.2"]** hat in der Ortsmitte einige alte Häuser aus der Mitte des 19. Jh. aufzuweisen.

Die Straße E10 endet am Südrand von Å nach einem Straßentunnel an einem großen **Parkplatz [N 67° 52' 45.4" E 12° 58' 39.2"]** mit Touristeninformationspavillon. Lt. Tafel ist Übernachten auf dem Parkplatz nicht erlaubt. Ein Fußweg führt hinab zum Fischerdorfmuseum.

Ein weiterer kurzer Fußweg führt zum Aussichtspunkt „am Ende der Welt".

In Å ist das **Norwegische Fischerdorfmuseum Å [N 67° 52' 53.1" E 12° 58' 52.8"]** sehenswert, einer der wenigen alten Handelsorte der Lofoten, der in seiner ursprünglichen Form erhalten blieb (geöffnet Ende Juni - Ende Aug. tgl. 11 - 17 Uhr, übrige Zeit Mo - Fr 11 - 15.30 Uhr, www.lofoten-info.no/nfmuseum). Die Ausstellungen des Museums verteilen sich auf mehrere nahe beieinanderliegende historische Gebäude im Ort. Man sieht u. a. die älteste Trankocherei ganz Norwegens. Und wenn Sie noch zu der Generation gehören, die in ihrer Kindheit mit Lebertran „verwöhnt" worden ist, dann können Sie sich hier gleich mit frischem Nachschub versorgen.

Zum Museum gehören auch Fangboote, Bootshäuser und Gebäude mit Gerätschaften zur Fischverarbeitung und vieles mehr.

Das Museum veranstaltet auch Rundgänge durch das Museumsdorf und Angeltouren mit typischen Nordlandbooten.

CAMPING ZWISCHEN FREDVANG UND Å

Fredvang
Mein Tipp! – **Fredvang Strand og Skjægårdscamping *** [N 68° 05' 50.4" E 13° 09' 42.2"]**, Tel. 76 09 42 33, www.fredvangcamp.no; 20. Mai – 31. Aug.. Beschilderter Abzweig von der E10 bei Finnbyen, nordwestwärts noch knapp 4 km teils über Sundbrücken, letzter Teil der Zufahrt einspuriger Schotterweg. Sehr schön gelegener Platz am Meer in herrlicher, abgeschiedener Umgebung. Fast ebenes Wiesengelände neben einem breiten, weißen Sandstrand; ca. 4 ha – 100 Stpl.; gute Standardausstattung. Laden. Bootsverleih. V & E **für Wohnmobile**.

Ramberg
Ramberg Camping & Gjestegård *** [N 68° 05' 30.8" E 13° 14' 06.3"], Tel. 76 09 35 00, www.ramberg-gjestegard.no; Anf. Mai – Mitte Sept.; ca. 2 ha – 30 Stpl.; Standardausstattung. Laden, Restaurant, WLAN, Boots- und Fahrradverleih; 10 Miethütten ****.

Sørvågen
Camping Moskenesstraumen **, Tel. 76 09 11 48, Anf. Mai – Mitte Sept.; an der E10; ca. 1,5 ha – 50 Stpl.; Standardausstattung. Laden, Imbiss; 12 Miethütten.

Å
Camping Å, im Ortsbereich am Ende der E10; Juni – Mitte Sept; einfache Stellmöglichkeit für Wohnmobile und Caravans auf kleinem, ebenem Geländerondell, einerseits von Felsen begrenzt, andererseits zum Meer hin offen, ca.10 Stpl.

TOUR 24: LOFOTEN INSELN

Gute Straßenverbindungen auf den Lofoten Inseln

Im **Lofoten Tørrfiskmuseum**, dem Trockenfischmuseum der Lofoten und einzigem Stockfischmuseum der Welt *(geöffnet Anf. Juni - Ende Aug. tgl. 10 - 18 Uhr, übrige Zeit Mo - Fr 11 - 15.30 Uhr)*, erfahren Sie alles über die Herstellung und den Verkauf von Trockenfisch, Norwegens ältestem Exportartikel.

Sie werden sehen, mit welchen Gerätschaften und mit welchen Methoden Salzfisch, Klippfisch, Stockfisch in Prima-Qualität oder in Sekunda-Qualität hergestellt wird, wie man Fische „sperrt", sprich zwei und zwei zusammenbindet, wozu die getrocknet sehr bizarr wirkenden Dorschköpfe verwendet werden oder wie man einen Königsdorsch zum „Wetterpropheten" macht und vieles mehr.

In vielen Ländern, besonders in Portugal zum Beispiel, ist Trockenfisch (Stockfisch, Klippfisch), den man dort als **Bacalhau** kennt, zum Nationalgericht geworden. Man sagt, die portugiesische Küche kenne 365 Bacalhaurezepte und Gerichte, für jeden Tag des Jahres eines.

Auf der Insel Moskenes bietet sich dem **Bergwanderer** eine ganze Reihe, teilweise recht anspruchsvoller Touren, meist Tagestouren zwischen vier und sieben Stunden Gehzeit. Die meisten der Routen sind mit Steinpyramiden markiert. Es gibt einige einfach ausgestattete Schutzhütten ohne Bewirtung.

Eine mit Steinpyramiden markierte und als mittelschwer eingestufte Tour ist **der Weg von Sørvågen nach Munkebu**. Die Route führt von Sørvågen hinauf zum See Studalsvann, weiter Richtung Tridalsvann-See und Fjerddalsvann-See, von dort hinauf auf die Djupfjordheia und schließlich nach Munkebu. Dauer nach Munkebu und zurück 5 Stunden. Es werden auch geführte Touren angeboten, Infos unter Tel. 76 09 15 99.

Südlich des berggezackten Eilands Moskenesøya fließt der **Moskenstraumen**, der seit altersher gefürchtete **Mahlstrom**, den Jules Verne in seinem Roman „Reise zum Mittelpunkt der Erde" erwähnt und der durch Erzählungen Edgar Allan Poes über den Kreis der Seeleute hinaus bekannt wurde.

Südlich von Moskenesøya liegen die Vogelinseln **Værøy** und **Røst** im offenen Atlantik. Die Inseln sind ab Reine oder ab Bodø per Schiff zu erreichen.

Værøy und Røst sind bekannt als Brutfelsen für viele Seevogelarten. Vor allem Papageientaucher (Lundevögel), Kormorane, Thordalken, Möwen und Eiderenten und sogar Seeadler können hier beobachtet werden. Allerdings wird auch berichtet, dass die Papageientaucher in den vergangenen Jahren wegen Nahrungsmangel nicht mehr so eifrig gebrütet haben, wie in den langen Jahren zuvor.

TOUR 25: VESTERÅLEN INSELN – NARVIK

VESTERÅLEN INSELN – NARVIK

Länge dieser Tour: Rund 270 km, ohne Abstecher, + 1 Fähre.

Die Route: Über die E10 von **Svolvær/Lofoten** bis **Fiskebøl** – Fähre nach **Melbu** – R820 bis **Sortland/Strand** – evtl. Abstecher nach **Andenes** – E10 bis **Bjerkvik** – E6 bis **Narvik**.

Abstecher: Von Strand nach **Andenes** ca. 100 km einfach.

Reisedauer: Mindestens ein Tag, besser zwei Tage.

Reisehöhepunkte: Die **Landschaften der Vesterålen** – das **Hurtigrutenmuseum** in Stokmarknes – **Walsafari** in Andenes – die Stadt **Narvik.**

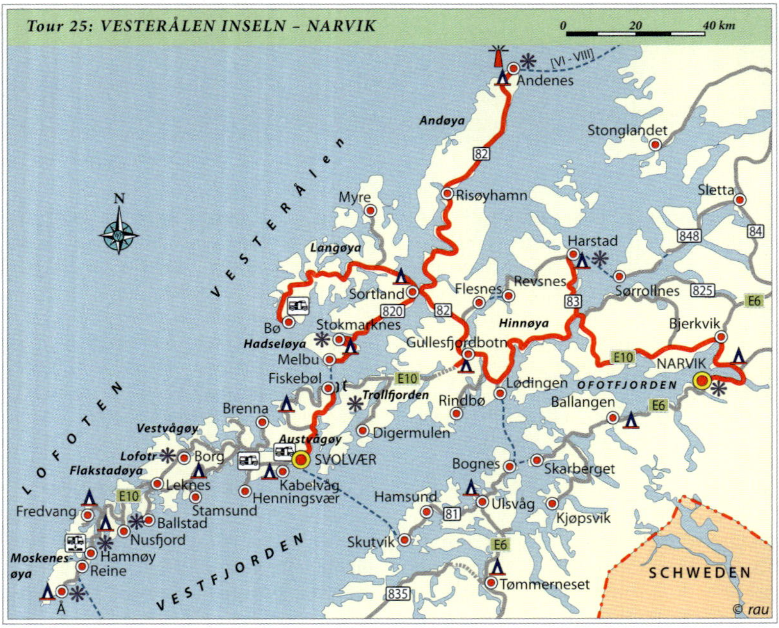

ROUTE: *Von* **Svolvær** *über die E10 nordwärts bis zum* **Fährhafen Fiskebøl** *[N 68° 25' 54.8" E 14° 49' 30.9"].*

Auf dem Weg von Svolvaer nach Fiskebøl genießt man eine wunderschöne Aussicht auf herrlich bizarre Berge und, etwa 16 km nördlich von Svolvær, auf die Landzunge Sildpollen (Kapelle) mitten im Austnesfjord. Der Weiler Sildpollen wird übrigens in verschiedenen Romanen von Knut Hamsun erwähnt.

Relativ neu ist die abkürzende **„Lofast"-Querverbindung** mit 4 Tunnels, darunter ein 3,5 km langer Unterseetunnel, **von Fiskebøl nach Gullesfjordbotn** (*Camping Gullesfjord*, ebene Wiese an der E10, umgeben von Bergketten, die bis in den Sommer mit Schnee bedeckt sind).

Abstecher zum Raftsund

Falls Sie nicht ohnehin die abkürzende E10 über Gullesfjordbotn nehmen, lohnt sich bei ausreichend zur Verfügung stehender Zeit zumindest die Fahrt auf der E10 nach **Hanøy**. Östlich des Ortes wird der Raft-sund überquert. Und kurz darauf zweigt nach Süden eine relativ schmale Küstenstraße Richtung Digermulen ab. Nach

TOUR 25: VESTERÅLEN INSELN – NARVIK

rund 15 km hat man einen schönen Blick über den Raftsund nach Westen hinein in den legendären **Trollfjorden**.

Die **Hauptroute** unseres Reiseweges aber führt von **Fiskebøl** mit der **Autofähre** über den Hadselfjord nach **Melbu [N 68° 29′ 54.8″ E 14° 47′ 56.3″]** auf der Insel **Hadseløya**, die bereits zum Archipel der Vesterålen gehört.

Ein Blick in den legendären Trollfjorden

Die Fähren verkehren zwischen 7.10 Uhr und 22.10 Uhr im Abstand von ca. 90 Minuten. Fahrtdauer 25 Minuten.

Zu den eher bescheidenen Sehenswürdigkeiten von Melbu zählen das **Norwegische Fischindustriemuseum** (Ausstellung „Vom Fischgrund in den Mund"), das im Hauptgebäude der ehemaligen Heringsöl- und Heringsmehlfabrik Neptun eingerichtet ist *(geöffnet Mo - Fr 9 - 15 Uhr, www.museumnord.no)*, sowie das **Vesterålen Museum** in der Maren Frederiksens allé 1 *(geöffnet Mitte Juni - Ende Aug. tgl. 11 - 17 Uhr übrige Zeit Mo - Fr 9 - 15 Uhr, www.museumnord.no)*.

Dieses Regionalmuseum ist in einem großen Vesterålengehöft, dem historischen Melbu Hovedgård mit einem Herrenhaus aus dem 19. Jh. eingerichtet. Zum Museum gehört eine Garten- und Parkanlage und die Kunstabteilung „Galleri Rødgården" in der Ortsmitte.

Wohnmobilfahrer finden am östlichen Ortsrand von Melbu eine **V & E-Station**.

ROUTE: *Ab Melbu weiter auf der E10 nach* **Stokmarknes**.

Stokmarknes ist ein alter Handelsort am Langøysund. Im Hafen sieht man am Anleger der Hurtigrutenschiffe ein Denkmal für Richard With. Richard Bernhard With gründete 1881 in Stokmarknes die Reederei „Vesterålens Dampskibsselskab". Zwölf Jahre später, am Sonntag, den 2. Juli 1893, legte die D/S „Vesterålen" unter dem Kommando von Richard With höchstpersönlich in Trondheim zur ersten Hurtigrutenfahrt nach Hammerfest ab. Damals machte das Schiff Station in elf Häfen. Heute verkehren 13 Schiffe der Hurtigruten ganzjährig zwischen Bergen und Kirkenes und laufen dabei jeweils 35 größere und kleinere Küstenorte an.

Im modernen „Haus der Hurtigruten" am Hafen (Richard Withs plass, Tel. 76 11 81 90, www.hurtigrutenmuseet.no), können Besucher im **Hurtigruten Museum [N 68° 33′ 55.6″ E 14° 54′ 52.1″]** auf drei Etagen die Geschichte der Reederei und ihrer Schiffe nachvollziehen. Ausgestellt sind Gemälde, Schiffsmodelle, Inneneinrichtungen, Bild- und Tondokumente. Und es gibt eine Tonbildschau von 20-minütiger Dauer.

Vor dem Gebäude kann man die M/S „Finnmarken", das ehemalige Hurtigrutenschiff, Baujahr 1956, in seiner vollen Pracht und Größe bestaunen (separater Eintritt).

Wenn Sie etwas Zeit übrig und Lust auf eine Fjordfahrt haben, können Sie ab Stokmarknes, Abfahrt täglich um 15.15 Uhr (oder um 13.00 Uhr ab Sortland), einen **Ausflug mit einem Hurtigrutenschiff** durch den malerischen **Raftsund** und vorbei am faszinierenden **Trollfjord** nach Svolvær (Ankunft 18.30 Uhr) unternehmen. In Svolvær haben Sie drei Stunden Aufenthalt und fahren (täglich außer Samstag) um 22 Uhr mit dem Bus ab Markt Svolvær zurück nach Stokmarknes, Ankunft 23.30 Uhr. Erkundigen Sie sich nach Einzelheiten und Preisen im „Haus der Hurtigruten" in Stokmarknes.

ROUTE: *Ab Stokmarknes führen Brücken über den Sund. 25 km weiter nordöstlich liegt* **Sortland**.

TOUR 25: VESTERÅLEN INSELN – NARVIK

CAMPING – STOKMARKNES
Camping Stokmarknes ** [N 68° 33' 37.2" E 14° 54' 48.2"], Tel. 76 15 20 22; 1. Juni – 31. Aug.; knapp 1 km vom Fähranleger, Zufahrt von der E10, die letzten 400 m sind unbefestigt; kleiner Übernachtungsplatz in einem Birkenhain unterhalb eines steilen Hangs in waldreicher Umgebung; 0,5 ha – 25 Stpl.; einfache Standardausstattung; 8 Miethütten **.

Wohnmobil-Stellplatz – Stokmarknes
Wohnmobil-Stellplatz Kinnarps Turistsenteret [N 68° 34' 12.9" E 14° 55' 31.3"], am Nordrand von Stokmarknes (Weiterbestand fraglich!), ebene, schattenlose Fläche neben einem Motel.

PRAKTISCHE HINWEISE – SORTLAND

Vesterålen Reiseliv, Turist Informasjon, Postboks 243, Kjøpmannsgata 2, 8401 Sortland, Tel. 76 11 14 80, www.visitvesteralen.com; *ganzjährig geöffnet.*

HOTELS
Sortland Hotell, 60 Zi., Vesterålsgt. 59, Tel. 76 10 84 00, www.sortlandhotell.no; Restaurant.
Strand Hotel Sortland, 37 Zi., Strandgt. 34, Tel. 76 11 00 80, www.strand-hotell.no.

CAMPING
Sortland Camping & Motell **** [N 68° 41' 55.0" E 15° 24' 49.7"], Vesterveien 51, Tel. 76 11 03 00, www.sortland-camping.no; Anf. Jan. – Ende Dez.; im Ortsbereich; ca. 2,5 ha – 50 Stpl.; einfache Standardausstattung; Laden, Cafeteria; 39 Miethütten ** - ****. Motel.

Abstecher auf die Insel Bø
[N 68° 37' 04.3" E 14° 27' 33.8"]

Ab Sortland ist ein Abstecher über die R820 westwärts auf die **Insel Lanøya** möglich.

Schon nach knapp 10 km kann man in **Jennestad** Halt machen und sich den **Alten Handelsplatz** ansehen.

17 km westlich von Sortland zweigt die Straße R821 nordwärts ab. Die Straße führt über **Myre** und endet nach rund 40 km in **Stø** mit prächtiger Sicht aufs offene Meer. Tägliche **Walsafaris** von Anfang Juni bis Ende August (Tel. 76 13 43 00, www.arcticwhaletours.com). Wohnmobil-Stellplatz s. u.

Die „Finnmarken" ist heute Teil des Hurtigrutenmuseums in Stokmarknes

TOUR 25: VESTERÅLEN INSELN – NARVIK

Zurück zur R820. Rund 34 km westlich von Jennestad bietet sich Gelegenheit, in **Malnes** von der R820 nordwärts ins rund 9 km entfernte **Nykvåg** abzuzweigen. Nykvåg ist ein kleines, hübsches und recht fotogenes Fischerdorf mit einem Vogelfelsen mitten im Dorf.

Schließlich kommt man, rund 70 km südwestlich von Sortland und fast am Ende der Straße R820, nach **Steine**. Dort sind frühgeschichtliche Denkmäler wie eisenzeitliche **Grabhügel** auf der kleinen Insel Svinøy, **Steingräber** bei **Føre** und das **Heimatmuseum** in **Vinje** über die Fischerei- und Landwirtschaftsgeschichte der Region zu besichtigen.

Von Steine zurück nach Sortland.

ROUTE: *Die R820 quert bei* **Sortland** *den Sortlandsund und trifft in* **Strand** *auf die R82.*

Achtung Routenalternativen! Verzichtet man auf den nachstehend geschilderten Abstecher nach Andenes, reist man ab Strand (R82/E10) quer über die Insel Hinnøya ostwärts, um nach 165 km in **Bjerkvik** auf die E6, Norwegens Hauptverkehrsader nach Norden, zu stoßen. Siehe auch **„Hauptroute"** weiter hinten.

Abstecher nach Andenes

Mein Tipp! Entschließt man sich zu dem Abstecher nach Andenes, muss man nicht die ganzen 100 km wieder zurück bis Strand fahren, sondern man kann zwischen 1. Juni und 31. August von Andenes mit der **Fähre nach Gryllefjord** und von dort weiter zur E6 reisen! Näheres siehe unter Andenes.

ABSTECHER: *Nach der Brücke zwischen Sortland und Strand bietet sich Gelegenheit auf der R82 über* **Forfjord** *(Camping),* **Buknesfjord** *(***Andøy Friluftsenter***, Campingplatz, Hütten, Restaurant; www.andoy-friluftsenter.no),* **Risøyhamn** [N 68° 58' 24.7" E 15° 38' 25.5"] *und* **Åse** *nordwärts auf die* **Insel Andøya** *zu fahren. Nach rund 100 km erreicht man* **Andenes**.

Andenes [N 69° 19' 25.2" E 16° 07' 05.0'] liegt am äußersten Nordende der **Insel Andøya**. Viel Abwechslung bietet der 100 km weite Weg nach Andenes nicht gerade, außer ein paar schöne Landschaftsbilder entlang des Gavlfjords vielleicht.

Andenes, eine ehemals holländische Walfangstation, ist heute Luftwaffenstützpunkt und bietet außer seiner abgeschiedenen Lage keine besonderen touristischen Raritäten.

Allerdings hat das dem norwegischen Festland weit vorgelagerte Städtchen den Vorteil, dass sich in den Gewässern in der Nähe regelmäßig und gerne Wale, meist männliche Pottwale, aufhalten. Bootstouren hinaus zu den Walgründen sind zur größten Touristenattraktion in Andenes geworden.

Seit 1988 werden im Sommerhalbjahr, etwa zwischen Ende Mai und Mitte September, ab Andenes sog. **Walsafaris** angeboten. Nach einer Führung durch das Walzentrum mit Multimediaschau starten die Ausflüge täglich um 11.15 Uhr, soweit das Wetter es erlaubt, bei Bedarf auch öfter. Jeder Teilnehmer erhält eine Tablette gegen Seekrankheit, zur Vorbeugung, wie der Veranstalter meint. Nach einer Schifffahrt von etwa einer Stunde hinaus auf den Atlantik – übrigens eine ziemlich kalte Angelegenheit, auf die Sie sich kleidermäßig entsprechend einstellen sollten – können Sie mit etwas Glück Pottwale zu Gesicht bekommen.

Und vielleicht werden Sie nach einer Walsafari Herman Melvills Beschreibung von Walen bestätigen können, der in seinem legendären Walfängerroman „Moby Dick" u. a. schreibt: „Der schwimmende Wal strahlt eine stille Freude aus, eine friedliche, mächtige Ruhe." Die Bootstouren dauern drei bis fünf Stunden. Infos bei Hvalsafari AS, Postboks 58, Tel. 76 11 56 00; www.whalesafari.com.

Vieles über Wale und Walforschung erfahren Sie im **Walzentrum** (geöffnet Ende Mai - 15. Sept. 8.30 - 16 Uhr, 15. Juni - 15. Aug. tgl. bis 19.30 Uhr, www.whalesafari.com) am Leuchtturm vor Andenes. Interessant ist die Ton-Dia-Schau. Cafeteria. Souvenirladen.

Wohnmobil-Stellplatz in Stø
Stø Bobilcamp, Myre, Tel. 76 13 25 30; www.stobobilcamp.com; 15. Mai – 30. Aug.; kleiner, fast ebener, für Wohnmobile eingerichteter Platz mit geschotterten Stellflächen, ansprechend gelegen, mit Sicht aufs Meer; ca. 2 ha – 30 Stpl.; Standardausstattung; Restaurant. Boots- und Fahrradverleih. 6 Miethütten.

TOUR 25: VESTERÅLEN INSELN – NARVIK

Andenes ist bekannt als Ausgangspunkt für Walsafaris

Bei ausreichend zur Verfügung stehender Zeit lohnt ein Besuch im **Nordlichtzentrum** und im **Naturzentrum HISNAKUL** *(geöffnet 15. Juni - 31. Aug. tgl. 10 - 18 Uhr, übrige Zeit 9 - 16 Uhr, www.hisnakul.no)*. Themen: Nordlicht, Nordland Kulturgeschichte, Seevögel, Fischfang.

Der markante und weithin sichtbare 40 m hohe **Leuchtturm Andenes Fyr,** der seit 1859 den Seeweg sichert, kann nur auf Führungen nach Vereinbarung (Info im Polarmuseum) bestiegen werden (148 Stufen).

Wer sich für die Erforschung der polaren Regionen interessiert, sollte im **Andøy Museum** (auch **Polar- og Fiskerimuseet**) in Andenes vorbeischauen *(geöffnet Ende Juni - Mitte Aug. tgl. 10 - 18 Uhr, übrige Zeit Mo - Fr 9 - 15 Uhr, www.museumnord.no)*. Einer der Mitbegründer des Museums war Hilmar Nøis (1891 – 1975). Nøis, der 1909 im Alter von 18 Jahren das erste Mal auf Spitzbergen überwinterte, konnte später auf insgesamt 38 Überwinterungen in Svaldbard/Spitzbergen zurückblicken. Und noch heute ist man in Norwegen davon überzeugt, dass Spitzbergen keiner so gut kannte wie Hilmar Nøis.

Autofähre nach Gryllefjord

Zwischen 1. Juni und 30 Aug. besteht ab Andenes eine **Fährverbindung nach Gryllefjord** auf der Insel Senja, was die Weiterreise ab Andenes nach Norden vereinfacht.

Die Autofähre verkehrt gewöhnlich zwischen Anfang Juni und Mitte Juni sowie zwischen Mitte und Ende August zweimal täglich um 9 Uhr und um 17 Uhr sowie zwischen 15. Juni und 9. August dreimal täglich um 9 Uhr, 13 Uhr und 17 Uhr. Änderungen sind möglich! Fahrzeit 1 Stunde und 40 Minuten (www.senjafergene.no). Teurer Passagetarif!

Ansprechender ist der Weg von Andenes zurück nach Sortland entlang der Westküste der Insel Andøya. Die unklassifizierte Landstraße führt an vielen hübschen, menschenleeren Sandbuchten vorbei. Sie trifft an der hohen Brücke über den Risøysund bei **Risøyhamn** wieder auf die Hauptstraße R82 Richtung **Sortland/Strand**.

PRAKTISCHE HINWEISE – ANDENES

Turist Informasjon Andøy [N 69° 19' 25.2" E 16° 07' 05.0"], Hamnegata 1c, Fyrvika, 8483 Andenes, Tel. 76 14 12 03; www.andoyturist.no; ganzjährig.

HOTELS
Norlandia Hotell Andrikken, 73 Zi., Storgata 53, Tel. 76 14 12 22, www.norlandia.no, Restaurant.

CAMPING
Andenes Camping [N 69° 18' 14.56 E 16 4' 3.52"], Bleiksvegen 34, Tel. 76 14 14 12, www.andenescamping.no; Ende Mai – 20. Aug.; Küstengelände ca. 2 km vor Andenes; ca. 70 Stpl., Standardausstattung; V & E **für Wohnmobile**.

Stave
Stave Camping * [N 69° 12' 17" E 15° 51' 47"] www.stavecamping.no, an der Westküste rund 20 km südl. Andenes; 50 Stpl.; Standardausstattung; Café, Miethütten, Whirlpool am Meer.

TOUR 25: VESTERÅLEN INSELN – NARVIK

HAUPTROUTE

ROUTE: *Auf der Weiterfahrt von der* **Sundbrücke bei Sortland** *über die R82 in östlicher Richtung, trifft man nach 28 km in dem Flecken* **Gullesfjordbotn** *(Camping* **Gullesfjord** *[N 68° 31' 55.0" E 15° 43' 35.5'], Tel. 77 09 11 10, ganzjährig geöffnet, ebene Wiese an der E10, umgeben von Bergketten, die bis in den Sommer mit Schnee bedeckt sind, Café, 15 Miethütten) auf die E10, die neue Straßendirektverbindung zu den Lofoten über Hanøy nach Fiskebøl.*

Weiterreise von Gullesfjordbotn ostwärts. Nach 18 km passiert man den Abzweig zur **Fährstation Lødingen [N 68° 25' 13.4" E 15° 59' 39.4"]** *(Campings, Touristeninformation im Sommer, Lotsen- und Norwegisches Telekommunikationsmuseum, regelmäßige Fährverbindungen nach Bognes an der E6) und nach weiteren 48 km den Abzweig der R83, die nordwärts nach* **Harstad** *führt (27 km).*

Harstad [N 68° 47' 49.5" E 16° 32' 21.2"] – man befindet sich nun bereits in der Provinz Troms – mit rund 23.000 Einwohnern liegt an der Nordküste der **Insel Hinnøy**, Norwegens größter Insel (2.200 qkm). Maßgebliche Impulse zur Stadtentwicklung gingen im 19. Jh. vor allem von einer überaus ertragreichen Heringsfischerei aus. 1903 erhielt Harstad Stadt- und Handelsrechte. Heute sind Werftindustrie, Handel, Fischverarbeitung und die Versorgung der Nordseeölindustrie wichtige Wirtschaftszweige.

Zu den eher bescheidenen touristischen Sehenswürdigkeiten zählen die **Wehrkirche von Trondenes** aus dem 13. Jh. (Trondenesveien 134), die **Hünengräber** aus der Wikingerzeit in der Nähe der Kirche, dann das nahebei gelegene **Historische Zentrum Trondenes** (Trondenesveien 122), eine kulturhistorische Ausstellung mit Multivisionsschau, weiter die sog. **„Adolfkanone"**, eine der größten an Land stehenden Kanonen der Welt, die im 2. Weltkrieg von der Deutschen Wehrmacht gebaut wurde (eigenes Fahrzeug notwendig, im Sommer Führungen) und schließlich das **Freilichtmuseum** auf der weiter nördlich gelegenen **Insel Grytøya** (Fähre Stornes – Björnerå).

Einer der gesellschaftlichen Höhepunkte von **Harstad** ist die **Festspielwoche** Ende Juni, mit Konzert- und Theaterveranstaltungen.

Die **Mitternachtssonne** ist in Harstad zwischen **23. Mai** und **22 . Juli** zu sehen.

ROUTE: *Von Harstad zurück zur E10 und weiter ostwärts. Die E10 trifft nach 65 km bei* **Bjerkvik [N 68° 32' 58.62" E 17 33' 27.6"]** *auf die E6. Von Bjerkvik auf der E6 südwärts. Nach 33 km erreicht man am Südufer des Ofotenfjords die Stadt* **Narvik**.

Falls ein Stopp in Narvik später, z. B. auf der Rückreise, vorgesehen ist, folgt man der E6 ab Bjerkvik direkt nordwärts Richtung Alta. Nördlich von Bjerkvik weist ein Schild darauf hin, dass von hier Kirkenes noch stattliche 1.042 km entfernt ist.

Narvik N 68° 26' 21.9" E 17° 25' 47.9"], eine Stadt mit rund 18.000 Einwohnern und dem großen, ganzjährig eisfreien Erzhafen in Nordnorwegen, verdankt seine Entwicklung und Bedeutung in erster Linie den reichen Erzvorkommen im schwedischen Kiruna. 1883 wurde eigens für den

PRAKTISCHE HINWEISE – HARSTAD

Destinasjion Harstad, Hans Egdesgt. 3, 9486 Harstad, Tel. 77 01 89 89; www.visitharstad.com.

HOTELS
Grand Nordic Hotel, 117 Zi., Strandgt. 9, Tel. 77 00 30 00, www.nordic.no, Restaurant, Café.
Quality Hotel Arcticus, 75 Zi., Havnegt. 3, Tel. 77 04 08 00, www.arcticus.hotel.no Restaurant, Café, Garage.

CAMPING
Harstad Camping *** [N 68° 46' 22" E 16° 34' 38"], Nesseveien 55, Tel. 77 07 36 62, www.harstad-camping.no; 1. Jan. – 31. Dez.; ca. 6 km südl. Harstad Zentrum, östl. der R83, im Stadtteil Kannebogen; ca. 2 ha – 120 Stpl.; Standardausstattung; 16 Miethütten ** – ****.

TOUR 25: VESTERÅLEN INSELN – NARVIK

Narvik – noch 739 km bis zum Nordkap

Transport des Erzes eine Eisenbahnlinie von Kiruna nach Narvik gebaut, die nach 9 Jahren schwierigsten Trassenbaus durch die legendären „Rallar" (Eisenbahn-Wanderarbeiter) eröffnet werden konnte. Narvik trägt seitdem auch den Beinamen „Stadt der Eisenbahn-Wanderarbeiter".

In Narvik waren spezielle Verladekais für das aus Schweden antransportierte hochwertige Erz errichtet worden. Bald machte der Erzumschlag Narvik zu einer der wichtigsten Hafenstädte in Norwegen.

Zwischenzeitlich gehören die Hafeneinrichtungen für die Erzverladung zu den modernsten der Welt. Jährlich werden hier mehr als 25 Mio. Tonnen Erz verladen.

Narvik war im 2. Weltkrieg, nicht zuletzt wegen des Erzumschlags, ein hart umkämpfter Hafen. 1940 erlitt die Stadt bei der Rückeroberung aus Wehrmachtsbesetzung durch alliierte Truppen starke Zerstörungen und wurde nach dem Krieg im modernen Stil wieder aufgebaut.

Das **Freiheitsdenkmal** (Mutter mit Kind) von Finn Eriksen, das mitten auf dem Marktplatz steht, erinnert an die Kriegswirren. Mit der Friedenskapelle von 1957 und mit dem Kriegerehrenhain auf dem Narviker Friedhof wird der Gefallenen aus Norwegen, England, Polen, Frankreich und Deutschland gedacht.

Bis 1984 bestand von Narvik nach Schweden nur die Bahnverbindung. Seit 1984 ist die bestens ausgebaute „Nordkalottenstraße" über das schwedische Wintersport- und Nationalparkgebiet Abisko bis Kiruna fertiggestellt (175 km). Diese Straße ermöglicht es Ihnen, später auf der Rückreise von Nordnorwegen (Nordkap, Kirkenes etc.) den Weg über Karasjok, Kautokeino und Kiruna nach Narvik zu nehmen.

Zu den **Sehenswürdigkeiten** in Narvik zählen:

Das **Ofotenmuseum**, untergebracht im ehemaligen Verwaltungsgebäude der „NSB-Ofotbahn" aus dem Jahre 1912 (Administrasjonsveien 3), ist ein bescheidenes Regionalmuseum mit kunstgewerblichen, fischereihistorischen und heimatkundlichen Sammlungen, sowie Anschauungsmaterial über den Eisenbahnbau und die Erzverschiffungsanlage *(geöffnet Mo - Fr 10 - 15 Uhr, im Sommer auch Sa + So 12 - 15 Uhr, www.ofoten.museum.no)*.

Das **Kriegsmuseum** *(geöffnet Sommer Mo - Sa 10 - 21 Uhr, So 12 - 18 Uhr, sonst Mo - Fr 11 - 15 Uhr, www.warmuseum.no)* am zentralen Marktplatz mit dem erwähnten Freiheitsdenkmal, sowie die Lokomotive **„Bifrost"** am Bahnhof, das letzte Exemplar einer der im schwedischen Trollhättan 1882 für die Erzbahn gebauten Lokomotiven, lohnen bei ausreichend zur Verfügung stehender Zeit eine Besichtigung.

Und schließlich zählen auch die etwa 3.000 Jahre alten **Felszeichnungen** im Park **Brennholtet**, knapp 1 km nordwestlich vom Bahnhof, zu den Sehenswürdigkeiten in Narvik.

Bei längerem Aufenthalt ist – neben einer Stadtrundfahrt mit Besichtigung von Teilen der Erzkais – eine Fahrt mit der Seilbahn (knapp 8 Min.) auf das **Narvikfjell** (656 m) lohnend. Prächtige Aussicht bei klarem Wetter bis zu den Lofoten. Restaurant. Startplatz für Drachen- und Gleitschirmflieger. Beginn der **Downhill-Strecke** für Mountainbiker. Ausgangspunkt für Bergwanderungen. Die Talstation liegt ca. 1 km östlich vom Bahnhof.

Eisenbahnliebhabern sei die Fahrt mit der Bahn bis Bjørnfjell an der schwedischen Grenze empfohlen. Die Strecke gilt als landschaftlich besonders eindrucksvoll.

Die **Mitternachtssonne** ist in Narvik zwischen **24. Mai** und **19. Juli** zu sehen.

TOUR 25: VESTERÅLEN INSELN – NARVIK

PRAKTISCHE HINWEISE – NARVIK

 Destination Narvik [N 68° 26′ 21.9″   E 17° 25′ 47.9′], Kongens gate 57, 8505 Narvik, Tel. 76 96 56 00, www.destinationnarvik.com.

 HOTELS

Quality Hotell Grand Royal, 107 Zi., Kongens gate 64, Tel. 76 97 70 00, www.coice.no; Restaurant.
Nordstjernen Hotell, 25 Zi., Kongens gate 26, Tel. 76 94 41 20, www.nordstjernen.no.
Norlandia Narvik Hotell, 91 Zi., Skistuaveien 8, Tel. 76 96 48 00, Restaurant. Bei der Seilbahn-Talstation.

 CAMPING

 Narvik Camping *** [N 68° 27′ 2″ E 17° 27′ 54″], Rombaksveien 75, Tel. 76 94 53 10; www.narvikcamping.com; 1. März – 15. Sept.; im nördl. Stadtbereich, zwischen E6 und Ofotenfjord; zum Fjord abfallendes Gelände; ca. 2 ha – 100 Stpl.; gute Standard-ausstattung; Laden, Cafeteria. **V & E für Wohnmobile**. 30 Miethütten ****.

V & E Station Narvik, STATOIL Norge Fagernes Autosenter AS, südöstlich an der E6.

Trædal
Camping Hærsletta **, Tel. 76 95 55 95; www.narvikherslettacamping.no; 20. Mai – 20. Sept.; kleiner Übernachtungsplatz bei **Trædal**, Wiesengelände an der E6 ca. 18 km nördlich von Narvik gelegen; ca. 1 ha – 12 Stpl.; einfache Standardausstattung; 19 Miethütten ** – ***.

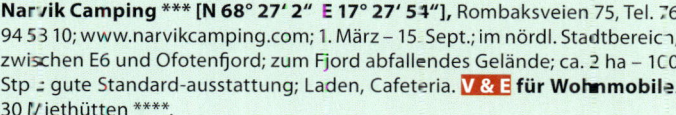

Am Efjorden südwestlich von Narvik

FINNMARK UND NORDKAP

6 TOUREN – CA. 9 TAGE

Tour 26: Narvik – Tromsø, S. 293

Tour 27: Tromsø, S. 295

Tour 28: Tromsø – Alta, S. 301

Tour 29: Alta – Nordkap, S. 310
 – Abstecher nach Hammerfest, S. 310

Tour 30: Nordkap – Varanger Halbinsel – Kirkenes, S. 320

Tour 31: Rückreisevarianten, S. 333

DIE TOUREN: FINNMARK UND NORDKAP

TOUR 26: NARVIK – TROMSØ

NARVIK – TROMSØ

Länge dieser Tour: Rund 255 km, ohne Abstecher.
Die Route: Von Narvik auf der E6 bis **Nordkjosbotn** – E8 bis **Tromsø**.
Reisedauer: Ein Tag.
Reisehöhepunkte: Der **Polar Zoo** * bei Fossbakken – das **Freilichtmuseum Bardu Bygdetun** *.

ROUTE: *Weiterreise von Narvik auf der E6 nordwärts über* **Storfossen** *und über das Gratangsfjell (Motel) nach* **Fossbakken** *(Camping Fossbakken [N 68° 41' 18.8" E 17° 58' 59.6"], Wiese hinter einem Café) und weiter bis* **Bardufoss**.

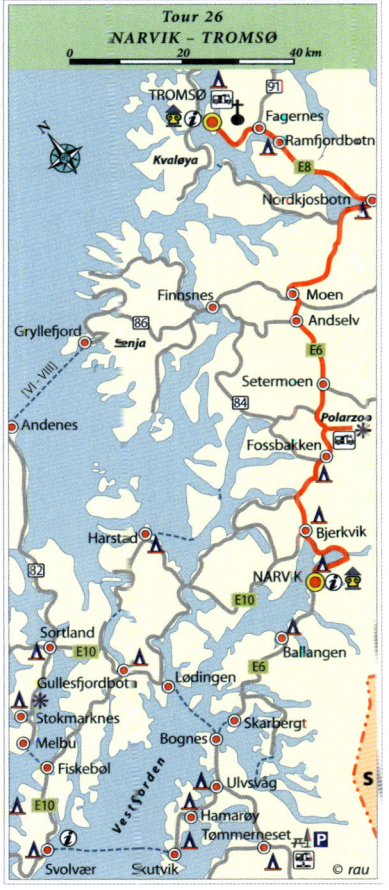

Rund 10 km nördlich von **Fossbakken** passiert man auf der E6 den **Abzweig zum 3 km entfernten Polar Zoo [N 68° 41' 32.0" E 18° 06' 38.5"]** (geöffnet Juni - August tgl. 9 - 18 Uhr; www.polarzoo.no). In dem weitläufigen Naturgehege in waldreicher Umgebung kann man auf Spaziergängen Braunbären, Luchsen, Vielfraßen, Rotfüchsen, Moschusochsen, Wölfen, Hirschen, Rentieren, Dachsen und diversen Haustieren begegnen.

Außerdem finden Besucher einen Minigolfplatz, einer Angelteich, Picknickplätze, einen Kinderspielplatz, Reitmöglichkeiten, Cafeteria, Souvenirladen, Duschen und WC. Der Polarzoo wirbt damit, dass die Anlage behindertengerecht eingerichtet sei. Hunde sind im Polarzoo nicht erlaubt!

Nach weiteren 15 km liegt direkt an der E6 das **Freilichtmuseum Bardu Bygdetun [N 68° 48' 33.2" E 18° 10' 55.4"]**, mit schönen alten Häusern und sehenswerter **Mineraliensammlung**.

 WOHNMOBIL-STELLPLATZ

Wohnmobil-Stellplatz Polar Zoo, Fossbakken – Zufahrt/Lage: Parkplatz vor dem Eingang zum Polar Zoo. **Geöffnet:** Juni bis August. **Gebühr:** Gebührenpflichtig (ca. NOK 85,- ohne, NOK 160,- mit Strom). Anmeldung und Bezahlung am Kiosk des Polar Zoos. **Stellplatz:** Ausgewiesene Stellplätze für Wohnmobile. Geebnete, teils gekieste Stellplatzbuchten mit Stromanschlüssen. **Ausstattung:** Ausguss für Womo-Abwässer gegen Gebühr, Schlüssel erforderlich. Frischwasserhahn mit Schlauch. WC, Cafeteria, Souvenirladen. www.polarzoo.no

TOUR 26: NARVIK – TROMSØ

Der Golfstrom

In den nördlichen Breiten Europas herrschen erstaunliche klimatische Verhältnisse, die es an anderen Stellen unseres Globus' so weit im Norden nicht gibt. Wo sich ewiger Frost ausbreiten sollte, wie in der Taiga oder in Labrador, wachsen Erdbeeren. Häfen bleiben im langen Winter eisfrei, wie der von Narvik, die Häfen auf den Lofoten oder in Kirkenes. Natürlich weiß man heute längst, daß dafür der Golfstrom verantwortlich ist.

Aber woher kommt diese Warmwasserheizung Nordeuropas? Ausgangspunkt des Golfstromes ist der *Golf von Mexiko*. Durch intensive Sonneneinstrahlung erwärmt sich das Meer dort rasch. Die sich ausdehnenden, stark erwärmten Wassermassen strömen durch die Meerenge am Florida-Tor in den Atlantik, wobei Geschwindigkeiten bis zu 2,5 m/sec. erreicht werden. Der Wasserstrom wird nun durch die Luftströmung nach Norden gedrängt, schiebt sich entlang der nordamerikanischen Küste und später quer über den Atlantik bis nach Nordeuropa.

Auf seinem Weg nach Nordosten teilt sich der „Fluss im Meer" in mehrere Zweige, und zwar in den **Nordäquatorialstrom**, in den **Floridastrom** und in den **Yukatanstrom**. Einer davon, der an Irland und Schottland vorbei bis ins Eismeer reicht, ist der **Golfstrom**.

Auf dem 12.000 km langen Weg sinkt die Wassertemperatur natürlich ab. Sind am Ausgangspunkt 20°C zu messen, so können im Eismeer immerhin noch 5 – 6°C registriert werden. Diese wenigen Grade über Null genügen aber, Norwegen im Schnitt 20°C höhere Temperaturen zu bescheren, als sie ohne den Golfstrom entstehen würden.

Am Hardangerfjord blühen Ende Mai die Obstbäume. Recht erstaunlich, wenn man bedenkt, daß auf dem gleichen Breitengrad auf dem Südkap Grönlands kilometerdicke Gletscher liegen. Oder nehmen wir den Lyngenfjord, der etwa auf 69° nördlicher Breite liegt. Kartoffeln und Erdbeeren werden hier angebaut. Auf dem gleichen Breitengrad, in der russischen Taiga zum Beispiel, herrscht immerwährender Bodenfrost.

Bereits im 17. Jahrhundert war diese Naturerscheinung „Golfstrom" der damaligen Seemacht Spanien bekannt, wurde aber lange als großes Geheimnis gehütet. Denn durch Kenntnis und Ausnutzung der einzelnen Strömungszweige war es den Caravellen der spanischen Armada möglich, die neuen Kolonien Mittelamerikas schneller zu erreichen.

Noch auf den Seekarten des mächtigen Britischen Empire fehlte lange ein entsprechender Hinweis. Also stampften die Segler der Royal Navy mühevoll wie eh und je auf den alten Routen buchstäblich gegen den Strom nach Boston und Philadelphia. Gut gemeinte Ratschläge der erfahrenen Walfänger aus Nantucket, die die Strömung lange schon zu ihren Gunsten nutzten, wurden nicht ernstgenommen.

Kurz darauf kommt man durch **Setermoen**, fährt durch das waldreiche Bardutal und kann schließlich bei **Bardufoss** auf die R853 und zum Wasserfall **Målselvfossen** (ca. 3 km) mit Nordeuropas längster Lachstreppe (450 m) abzweigen.

ROUTE: *61 km östlich von Bardufoss erreicht man* **Nordkjosbotn** *[N 69° 13' 08.9" E 19° 33' 17.4"] am Ostende des Balsfjords und damit den Abzweig der E8 nordwestwärts ins 73 km entfernte* **Tromsø**.

Zwischen Bardufoss und Nordkjosbotn liegen an der E6 mehrere **Rast- und Picknickplätze [N 69° 08' 27.9" E 18° 35' 52.4"]** mit Toiletten, teils mit Touristeninfo bzw. Sami-Souvenirs.

CAMPING – NORDKJOSBOTN

Camping Bjørnebo [N 69° 13' 09.1" E 19° 33' 17.4"], Sentrumsveien 10, Tel. 77 72 81 61; Anf. Juni – Mitte Aug.; ebene Wiesen nahe der E6, beschildert; ca. 1 ha – 30 Stpl.; Standardausstattung. Imbiss, Laden. 6 Miethütten.
Camping Sjøvollan [N 69° 13' 12.4" E 19° 32' 22.1"], Tel. 77 72 84 70; ebene Wiese am Ende des Balsfjorden, Miethütten.

TOUR 27: TROMSØ

TROMSØ

Reisedauer: Mindestens ein halber Tag.

Reisehöhepunkte: Tromsøs **Polarmuseum** *** – das **Polaria Erlebniszentrum** * – der Robbenfänger **„Polstjerna** * – das **Tromsø Museum** *** – die **Eismeerkathedrale** * – Stadtblick vom **Aussichtsberg Storsteinen** **.

Tromsø, ca. 66.000 Einwohner, liegt recht malerisch an der Ostseite der **Insel Tromsøya**. Eine hohe, 1960 erbaute, 1.036 m lange **Bogenbrücke** verbindet das Stadtzentrum mit dem Gemeindeteil Tromsdalen auf dem Festland.

Vom Scheitelpunkt der Brücke hat man auf der Hin- wie auf der Rückfahrt jeweils einen schönen Blick – stadteinwärts auf die Stadt selbst und auf die Berge der weiter westlich liegenden Insel Kvaløy, und stadtauswärts fahrend auf die markante, 1965 eingeweihte **Ishavskatedralen**, die **Eismeerkathedrale (20) [N 69° 38' 55.2" E 18° 59' 12.9"]** und den dahinter aufragenden 1.238 m hohen **Tromsdalstind**.

Die Eismeerkathedrale im Stadtteil Tromsdalen ist ein architektonisches Meisterwerk von Jan Inge Hovig. Im Innern wird der Blick des Betrachters von den großflächigen Glasmalereien gefesselt.

Man kann die Eismeerkathedrale ab Stadtmitte auch mit Bussen der Linien 26, 27 und 28 erreichen. Die Kirche ist außerhalb der Gottesdienste gegen Eintritt zu besichtigen *(geöffnet 1. Juni - 15. Aug. tgl. 9 - 19 Uhr, So 13 - 19 Uhr; 16. Aug. - 31. Mai 16 - 18 Uhr; www.ishavskatedralen.no).*

Eine markierte Zufahrt führt an der Eismeerkathedrale vorbei, rechts ab und bergwärts zur **Talstation der Seilbahn Fjellheisen [N 69° 38' 29.1" E 18° 59' 06.8"]** *(geöffnet: 1. April - 30. Sept tgl. 10 - 17 Uhr; 20. Mai - 20. Aug. tgl. bis 1 Uhr morgens; www.fjellheisen.no).* Die Schwebeseilbahn führt auf den 421 m hohen **Storsteinen**. Bergstation mit Restaurant, Souvenirladen, Spielplatz. Von oben hat man einen **prächtigen Blick** auf Stadt, Inseln und Sunde. Die Talstation ist auch mit Bussen der Linie 26 zu erreichen.

Ausgrabungsfunde und Felszeichnungen weisen darauf hin, dass auf Tromsøya schon vor ungefähr 4.500 Jahren Menschen gelebt haben müssen. Zur eigentlichen Stadtgründung kam es erst im 13. Jh., als König Hå-

Blick über den Tromsøsund zu Tromsøs Eismeerkathedrale

TOUR 27: TROMSØ

TROMSØ – **1** Touristeninformation – **2** Busbahnhof – **3** Hurtigruten-Anleger – **4** Amundsen Denkmal – **5** Nordnorwegisches Kunstmuseum – **6** Domkirche / Richard Withs plass – **7** Ølhallen Pub – **8** Mack Brauerei – **9** Polaria – **10** „Polstjerna" Robbenfänger Museumsschiff – **11** zum Tromsø Museum, Aquarium, Folkeparken – **12** Kunstverein Tromsø Kunstforening – **13** Stor Torget – **14** Kulturhaus – **15** Rathaus – **16** König Håkon VII. Denkmal – **17** Katholische Kirche – **18** Perspektivet Museum – **19** Polarmuseum – **20** zur Eismeerkathedrale

kon Håkonsson auf Tromsøya eine Kirche errichten ließ und im Stadtteil Skansen, am Westende der heutigen Sundbrücke, eine Hafensiedlung gründete.

Lange war die Entwicklung der Stadt beeinträchtigt durch die Abhängigkeit von Handelsprivilegien, die Bergen für sich in Anspruch nahm. Erst 1794 erhielt Tromsø Stadtrechte und das Recht auf selbständigen Handel.

Ihre große Blütezeit erlebte die Stadt Tromsø vor allem im 19. Jh. Damals entstanden viele der stattlichen Speicher am Hafen und Stadthäuser, allesamt aus Holz gebaut. Noch heute prägen sie das Bild der Innenstadt mit und verleihen den Straßenzügen ein buntes, abwechslungsreiches Gepräge.

Natürlich etablierten sich Handelshäuser in der Stadt, die naturgemäß beste Verbindungen mit dem Ausland pflegten. So blieb es nicht aus, dass die Damen die Handelskontakte auf die von ihnen geliebte Weise nutzten. Sie waren immer nach der neuesten Mode gekleidet. Wie konnte es da ausbleiben, dass Tromsø einen weiteren Beinamen erhielt – „Paris des Nordens".

Ebenfalls im 19. Jh. wurde Tromsø mehr und mehr zum Ausgangspunkt für Eismeer- und Polarexpeditionen. Anfangs waren es Fangexpeditionen nach Walen, Robben und Fischen, die von hier ausgingen. Dann waren es Überwinterungsexpeditionen nach Spitzbergen (Svalbard), die von der Eismeerstadt ausliefen. Und zu Zeiten der kühnen Erforschung des Nordpols war Tromsø eine wichtige Station, bevor man weiter nach Spitzbergen zog und von dort zu den eigentlichen Forschungsreisen in polare Regionen aufbrach. Und bald wurde Tromsø mit Beinamen belegt wie „Tor zur Arktis" oder „Eismeerstadt".

Roald Amundsen, der große norwegische Polarforscher, startete in Tromsø zu vielen seiner Expeditionsreisen. 1926 überquerte er zusammen mit der italienischen Nobile-Expedition im Luftschiff den Nordpol. Zwei Jahre später, am 18. Juni 1928, war Amundsen an Bord des französischen Suchflugzeugs „Latham", das die Rettungsaktion nach dem nördlich von Spitzbergen verschollenen, von Nobile gesteuerten Luftschiff „Italia" unterstützen sollte. Die „Latham" stürzte

TOUR 27: TROMSØ

ab, alle 11 Besatzungsmitglieder, darunter auch Amundsen, kamen ums Leben.

Die Bewohner von Tromsø haben Amundsen am Hafen ein würdiges Denkmal gesetzt

Während des Zweiten Weltkriegs war Tromsø kurze Zeit Hauptstadt des unbesetzten Norwegens. Am 12. November 1944 versenkten englische Bomber vor Tromsø das deutsche Schlachtschiff „Tirpitz". Der Stadt blieben Zerstörungen durch Kriegseinwirkungen erspart.

1960 wurde die hohe Bogenbrücke Tromsøbrua über den Tromsøysund fertiggestellt, 1964 der Langnes Flughafen ausgebaut, 1965 die Eismeerkathedrale eingeweiht, 1969 Teile der Innenstadt durch ein Großfeuer zerstört, 1972 die Universität eingerichtet und 1974 schließlich der Sandnessund im Westen der Stadt hinüber nach Kvaløy überbrückt.

Die **Mitternachtssonne** ist in Tromsø zwischen **20. Mai** und **20. Juli** zu sehen.

Stadtbesichtigung

Tipps zur Stadtbesichtigung: Öffentliche Parkplätze findet man am Busterminal im südlichen Stadtbereich zwischen Strandvegen und Fischereihafen. Außerdem gibt es einen großen Parkplatz beim Polaria Museum sowie eine riesige unterirdische Parkanlage (Trygg Parkering, max. Einfahrtshöhe 2,30 m!) in Felstunnels, die rund um die Uhr geöffnet ist. Parken am Straßenrand ist stark reglementiert und für längere Stadtbesuche kaum tauglich.

In der Søndre Tollbugate 11, an der Nordseite des Hafenbeckens im **historischen Stadtteil Skansen**, ist in einem alten Zollspeicherhaus von 1830 das sehr sehenswerte **Polarmuseum (19)** untergebracht (geöffnet 1. März - 15. Juni 11 - 17 Uhr; 16. Juni - 15. Aug. 10 - 19 Uhr; 16. Aug. – 30. Sept. 11 - 19 Uhr; 1. Okt. - 28. Feb. 11 - 15 Uhr; www.polarmuseum.no). Zugang für Rollstuhlfahrer lt. Museum möglich.

Viele der Schaubilder werden durch Tonkulissen noch interessanter. Wichtige Ausstellungsthemen stehen im Zusammenhang mit den Forschungsarbeiten, mit den Lebensumständen, der Überwinterung oder der Jagd in Polargebieten. Man sieht z. B. Schaubilder über die Jagd auf Eisbären oder auf Moschusochsen in Grönland und erfährt dabei, dass der Pelzjäger Henry Rudi, der in Jägerkreisen als „Eisbärenkönig" bekannt war, zwischen 1908 und 1948 nicht weniger als 713 Eisbären zur Strecke gebracht haben soll.

Tromsø wäre aber nicht das „Tor zur Arktis", wenn das Museum nicht breiten Raum den großen Expeditionen von Fridtjof Nansen, der sich zwischen 1893 und 1896 mit dem Polarexpeditionsschiff „Fram" zum Nordpol driften ließ und Roald Amundsen einräumen würde.

In **„Alt-Tromsø"**, dem Viertel um das Polarmuseum, sieht man an den Kais noch einige alte Hafengebäude, Packhäuser und Kontore, die in ihrem Kern oft noch aus dem ausgehenden 18. Jh. stammen.

Gehen Sie hinter dem Polarmuseum herum und an den Kaianlagen stadteinwärts bis zur **Flytebrygga**, direkt neben dem großen Kaufhaus Domus. An der Anlegestelle sind oft Kutter zu finden, die fangfrischen

Amundsen Denkmal und Domkirche

Fisch, Krabben etc. anbieten. Kaufen Sie sich eine Tüte frischer Krabben und genießen Sie beim Auspulen den Blick über den betriebsamen Hafen, zur Sundbrücke und zur Eismeerkathedrale unterhalb der aufragenden Bergkette auf der gegenüberliegenden Seite.

In der Sjøgata 1 ist gegenüber vom Touristenbüro das **Nordnorwegische Kunstmuseum (5)** untergebracht (geöffnet 20. Juni - 21. Aug. Mo - Fr 12 - 18 Uhr, Sa + So 12 - 17 Uhr; 22. Aug - 19. Juni Di - Fr 10 - 17 Uhr, Sa + So 12 - 17 Uhr; Eintritt; www.museumsnett/nordnorsk-kunstmuseum.no). Zugang für Rollstuhlfahrer lt. Museum möglich.

Neben Keramiken, Zeichnungen, Kunsthandwerk, Grafik etc. wird eine Gemälde-

TOUR 27: TROMSØ

Sind selten geworden, die schönen alten Stadthäuser in Tromsø

ausstellung mit Werken Nordnorwegischer Maler vom 19. Jh. bis heute gezeigt. U. a. schildert die Ausstellung kunstgeschichtliche Hintergründe zu J. C. Dahl. Edvard Munch, O. Nerdrum.

Stadteinwärts liegt der Marktplatz **Stor Torget (13)** mit einem Denkmal der verschollenen Seefahrer und Fischer.

Gehen Sie über den Marktplatz hinauf bis zur Grønnegate mit dem Holzbau der **Vår Frue Kirke (17)**, der Katholischen Kirche Tromsøs aus dem Jahre 1862 rechts und dem modernen Bau des **Kulturhaus (14)** links.

Rechts neben der Katholischen Kirche ist das supermoderne **Einkaufszentrum** *„Veita Senter"* entstanden.

Nördlich der Grønnegate steht in einer kleinen Parkanlage das **Denkmal König Håkons VII. (16)**. Es erinnert an die Monate Mai und Juni 1940, als Tromsø kurzzeitig Hauptstadt des nicht besetzten Norwegens war und König Håkon und Kronprinz Olav in Tromsø residierten, bevor sie nach England emigrieren mussten.

Wir gehen zurück bis zur Hauptstraße Storgata und folgen ihr südwärts (rechts)

Das **Touristeninformationsbüro (1)** [N 69° 38′ 53.1″ E 18° 57′ 37.7″] findet man an der Storgata 61, Ecke Kirkegate 2, Nähe Bankgata und Kaianlagen Dampskipskaia.

Man erreicht den Stadtpark mit der **Domkirche (6)** [N 69° 38′ 54.5″ E 18° 57′ 23.5″] linkerhand. Der Kirchenbau der prostestantischen Kathedrale Tromsøs stammt aus dem Jahre 1861 und gilt als eine der größten aus Holz errichteten Kirchen in Norwegen. Besichtigungen sind außerhalb der Gottesdienste und außer montags gewöhnlich zwischen 12 und 16 Uhr möglich.

Man kann nun über die Kirkegate Richtung Hafen (Anlegestelle der Hurtigrutenschiffe, 3) gehen und kommt dabei über den Platz mit dem **Amundsen-Denkmal (4)**.

Geht man ab Domkirche die Storgata weiter nach Süden, passiert man das Grand Nordic Hotel und drei Querstraßen weiter die **Brauereigaststätte „Ølhallen" (7)**, eine in Tromsø sehr traditionsreiche, für Norwegen aber überaus bemerkenswerte, sprich seltene Einrichtung.

Noch ein Stück weiter liegt linkerhand (östlich) am dortigen Hafen in der Hjalmar Johansensgate 12 der futuristische Bau des Erlebniszentrums **Polaria (9)** *(geöffnet 18. Mai - 15. August 10 - 19 Uhr; 16. August - 16. Mai 12 - 17 Uhr; www.polaria.no)*. Für Rollstuhlfahrer lt. Museum zugänglich. Zu erreichen mit Buslinie 28.

Aus der Ferne mutet das moderne Ausstellungsgebäude des Polaria an, wie gewaltige Eisschollen, die sich bei der Eisdrift übereinander geschoben haben und nun aus dem Meer ragen.

Erlebnisse, Wissen und Polarabenteuer sind die Ausstellungsthemen im Polaria Informations- und Erlebniszentrum. Ne-

TOUR 27: TROMSØ

ben Aquarien mit arktischen Meerestieren, Seehundbecken, Ausstellungen zum Thema Polarforschung, in denen Sie z. B. erfahren können, warum das Polarschiff „Fram" von den Packeismassen nicht zerdrückt werden konnte, ist vor allem auch der **Panoramafilm über Svalbard** sehenswert, Dauer 18 Minuten. Cafeteria. Souvenirladen.

In unmittelbarer Nachbarschaft zum Polaria hat in einem modernen Glasbau die „**Polstjerna**" **(10)** für den Rest ihrer Tage „festgemacht" *(geöffnet 1. Juni - 15. Aug. 11 - 18 Uhr; Eintritt; www.polstjerna.no).*

Die „Polstjerna" ist ein noch ganz aus Holz gebauter Robbenfänger. Das ausgezeichnet erhaltene und restaurierte Schiff entstand 1949 und hat im Laufe der Zeit nicht weniger als 33 Fangreisen in die Arktis überstanden. Obwohl das Thema Robbenfang sicher nicht jedermanns Gefallen findet, geben die Ausstellungen doch einen guten Einblick in das harte Leben der arktischen Robbenfänger.

Gut 3 km südlich des Stadtzentrums liegt im Lars Thørvigs veg 10 das **Tromsø Museum (11)** *(geöffnet 1. Juni - 31. Aug. tgl. 9 - 18 Uhr; 1. Sept. - 31. Mai Mo - Fr 9 - 15.30 Uhr, Sa + So 11 - 17 Uhr; www.tmu.uit.no).* Die Ausstellungen sind lt. Museum für Rollstuhlfahrer zugänglich. Cafeteria, Museumsladen. Parkplatz. Man kann auch mit Bussen der Linie 28 ab Storgata zum Museum gelangen.

PRAKTISCHE HINWEISE – TROMSØ

Destinasjon Tromsø [N 69° 38' 53.1" E 18° 57' 37.7"], Kirkegata 2, 9253 Tromsø, Tel. 77 61 00 00, www.destinasjontromso.no; *geöffnet Mitte Mai - 30. Aug. Mo - Fr 9 - 19 Uhr, Sa + So 10 - 17 Uhr, übrige Zeit Mo - Fr 9 - 16 Uhr, Sa 10 - 16 Uhr.*

Der „**Eismeerzug**", ein gebührenpflichtiger Sightseeing-Trolly, verkehrt vom 1. Juni bis 31. August täglich ab Stortorget und fährt durch die Straßen Tromsøs. Haltepunkte sind am Polaria und am Polarmuseum. Abfahrt ab Stortorget stündlich zwischen 10.30 und 18 Uhr.

HOTEL

Rica Ishavshotel, 180 Zi., Fr. Langesgt. 2, Tel. 77 66 64 00, www.rica.no; zentral am Hafen gelegenes Firstclass Hotel, **Restaurant „Gallionen"** am Kai mit Blick über den Sund zur Eismeerkathedrale.

CAMPING

Tromsø Camping *** [N 69° 38' 53.9" E 19° 00' 57.8"], Tromsdalen, Elvestrandvegen 10, Tel. 77 63 80 37, www.tromsocamping.no; 1. Jan. – 31. Dez.; ca. 1 km östl. der Sundbrücke und der Eismeerkathedrale, das letzte kurze Stück der Platzzufahrt war bei unserem letzten Besuch in einem sehr schlechten Zustand! In einem niederen Laubwäldchen am Tromsdalselva, im Sommer stark frequentiert; ca. 2 ha – 70 Stpl.; Standardausstattung; Laden, Restaurant, Imbiss, WLAN; 55 Miethütten ** - ****.

Wohnmobil-Versorgungsstation Tromsø, Nahe Polaria-Museum gelegen, V & E kostenlos, beschildert, neben Parkplatz am Tromsøsund. Zum Stadtzentrum 5 Min. Fußweg.

Skittenelv/Krokelvdalen

Skittenelv Camping **** [NN 69° 46' 39" E 19° 22' 57"], Tel. 77 69 00 27, www.skittenelvcamping.no; 1. Jan. – 31. Dez.; von der Sundbrücke noch ca. 22 km über die Küstenstraße nordostwärts, fast ebene Wiesen zwischen Straße und Meeressund, in schöner Landschaft, ruhig gelegen; ca. 2 ha – 60 Stpl.; Standardausstattung; Laden, Imbiss, Schwimmbad, 20 Miethütten ** – ****.

Ramfjordbotn

Ramfjord Camping *** [N 69° 31' 01.7" E 19° 15' 01.5"], Tel. 77 69 21 30, www.ramfjordcamp.no; 1. Jan. – 31. Dez.; ca. 30 km südöstl. Tromsø unterhalb der E8; Wiese und ebene geschotterte Fläche am Ramfjord, ca. 1,5 ha – 70 Stpl.; stark mit Dauercampern belegt! Standardausstattung. Restaurant, Laden. 13 Miethütten ** – ****.

TOUR 27: TROMSØ

Das 1872 eingerichtete und seit 1976 von der Universität Tromsø betreute Museum – Nordnorwegens ältestes Museum übrigens – besteht aus drei großen Abteilungen – dem **Aquarium**, dem **Folkemuseum** und dem großen **Kulturgeschichtlichen Museum** mit großen Abteilungen über Geologie, Archäologie, Botanik, Zoologie, Meereskunde und Samische Kultur. Viele Besucher sind von der Nordlicht-Ausstellung mit der sog. „Nordlichtmaschine" angetan, während andere sich vor allem für die neue Abteilung über das Leben der Menschen während der Steinzeit in Nordnorwegen interessieren. Der Besuch des Museums ist empfehlenswert! Eintrittskarten gelten für Museum und Aquarium.

Es sind Planungen im Gange, die eine erhebliche Erweiterung des Museums vorsehen.

Nordlicht

Polarlicht oder **Nordlicht** (aurora borealis) sind Erscheinungen am nächtlichen Himmel in polaren Zonen, die der Wissenschaft lange Zeit Rätsel aufgaben.

Wenn sich in den langen Winternächten der Himmel streifenweise hellgrün färbte, oder wenn stundenlang ein in bläulichem Licht erstrahlender, übernatürlicher Vorhang vom Himmel zu hängen schien, wurden Märchen und Sagen der Tundrabewohner, der Sami oder Eskimos, lebendig.

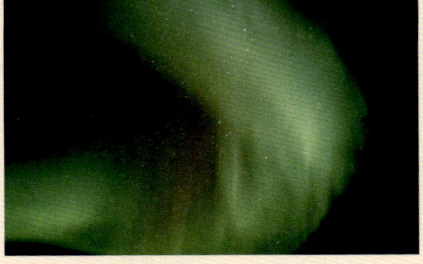

Böse Geister sollen auf der Suche nach armen Seelen sein, Verstorbenen wird angeblich mit dem Nordlicht ins ewige Leben geleuchtet und die Richtigkeit von Vorhersagen wird heute noch von so manchem an die Erscheinung dieses überwältigenden Naturschauspiels geknüpft.

Später versuchte man dem Phänomen mit wissenschaftlicher Logik auf die Spur zu kommen. Da die Astrophysik aber noch in den Kinderschuhen steckte, muten auch die ersten Deutungsversuche noch etwas unbeholfen an.

Ein gewisser Herr Hells war zum Beispiel der festen Überzeugung, das ganze Phänomen sei „ein optischer Meteor, welcher aus der Zurückwerfung des Sonnenlichtes von platten Eisteilchen" erklärbar sei.

Die Hypothese eines Herrn Mairan Anfang des 18. Jahrhunderts war, dass Polarlicht eine „Folge der in den Luftkreis eintretenden Sonnenatmosphäre" sei. Und der britische Nordpolforscher Sir John Franklin (1786 – 1847), kam der Sache ebenfalls schon recht nahe. Er bezeichnete das Nordlicht als „elektrisches Gleichgewicht zwischen der Polarluft und derjenigen, der gemäßigten Erdstriche" und brachte somit Nordlicht als erster in Verbindung mit atmosphärischer Elektrizität.

Von der Sonne werden ständig durch gewaltige Ausbrüche elektrisch geladene Teilchen ins All geschleudert. Und nicht selten sind diese Sonnenwinde so enorm, dass sie bis an das Kraftfeld der Erde heranreichen. Durch das Magnetfeld der Erde können sie aber nicht in die Erdatmosphäre eindringen. Nur an den Polen, Polarlicht ist ja im nördlichen Polargebiet ebenso zu sehen, wie im südlichen, ist es möglich, dass diese elektrisch aufgeladenen Teilchen auf die Atmosphäre treffen.

Drei Dinge sind also nötig, um das faszinierende Phänomen des Nordlichts entstehen zu lassen: Elektrisch geladene Teilchen der Sonnenwinde, Magnetfeld und Luftmoleküle (Stickstoff und Sauerstoff).

Wissenschaftlich erklärt ist heute die Erscheinung Nordlicht. Aber das schmälert nicht im geringsten die geheimnisvolle Stimmung angesichts der blaßblau oder hellgrün über dem dämmrigen Nachthimmel der Polarzonen wallenden Geistervorhänge.

TOUR 28: TROMSØ – ALTA

TROMSØ – ALTA

Länge dieser Tour: Rund 300 km + 2 Fähren.
Die Route: Über die E8 bis **Fagernes** – R91 bis **Breivikeidet** – Fähre nach **Svensby** – R91 bis **Lyngseidet** – Fähre nach **Olderdalen** – E6 bis **Alta**.
Reisedauer: Mindestens ein Tag.
Reisehöhepunkte: Die prächtige **Berglandschaft** der Lyngenalpen am **Lyngenfjord** *** – die **prähistorischen Felszeichnungen** ** von Alta – Wandern in der **Finnmarksvidda**.

Achtung Routenalternativen! Für den ersten Teil dieser Etappe bieten sich **zwei Routenvarianten** an.

Zum einen kann man über die E8 zurück bis **Nordkjosbotn** fahren und dort der E6 am Storfjord und Lyngenfjord entlang, über **Skibotn** (am Abzweig der E8 nach Schweden; Motel und Camping) und um den gesamten Kåfjord herum nach **Olderdalen** folgen (188 km). Der Vorteil dieses längeren Weges: Man erspart sich die Kosten für zwei Autofähren!

Andererseits ist auch der nachstehend geschilderte Reiseweg der „**Hauptroute**" landschaftlich überaus reizvoll.

Mein Tipp: Es bietet sich an, auf dem Weg nordwärts die nachstehende „Hauptroute" und später auf dem Rückweg südwärts die „Alternativroute" über die E6 (siehe oben) zu nehmen.

HAUPTROUTE

ROUTE: *Der Weg unserer* **Hauptroute** *nordwärts führt von* **Tromsø** *über die E8 zurück bis* **Fagernes** *am schönen, berggesäumten Ramfjord und folgt dort der R91 nordostwärts, quer durch die Halbinsel Tromsø, zur Fährstation Breivikeidet.*

Ab **Breivikeidet [N 69° 40′ 11.5″ E 19° 39′ 00.0″]** verkehren regelmäßig **Autofähren** über den Ullsfjord nach Svensby **[N 69° 39′ 48.1″ E 19° 48′ 33.5″]** (Heimatmuseum Lyngen Bygdetun, geöffnet im Sommer) auf der Halbinsel Lyngen.

Zwischen ca. 6 und ca. 21.30 Uhr gibt es bis zu 14 Abfahrten alle 50 Minuten; Fahrtdauer 25 Minuten. Auf der Überfahrt kann man ein herrliches **Bergpanorama** mit dem stolzen, 1.596 m hohen, vergletscher-

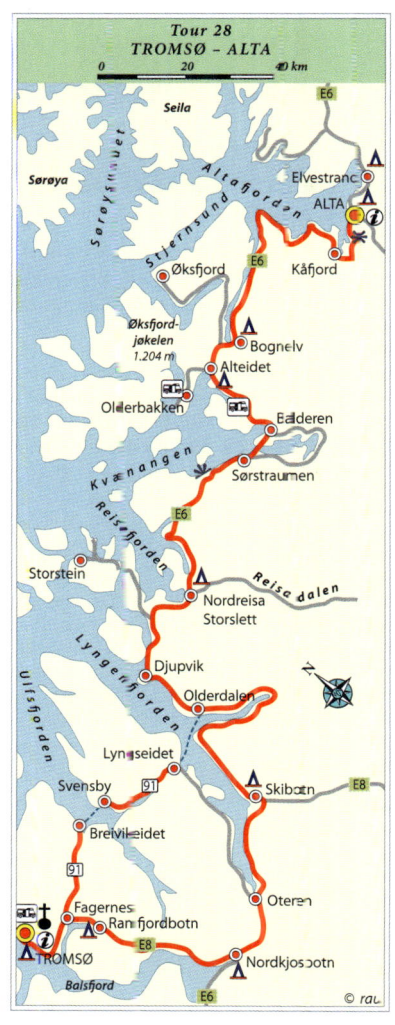

ten **Storetind** auf der Halbinsel Lyngen genießen.

TOUR 28: TROMSØ – ALTA

Die Lyngenalpen von der Fähre Breivikeidet - Svensby aus

ROUTE: *Weiterreise ab Svensby auf der R91 mit Blick auf den Fornesbreen (1.567 m) im Süden weiter zur* **Fährstation Lyngseidet.**

In **Lyngseidet [N 69° 34′ 37.7″ E 20° 13′ 20.3″]** nimmt man die Fähre über den Lyngenfjord nach **Olderdalen [N 69° 36′ 05.2″ E 20° 32′ 02.3″]** an der E6. Fähren verkehren zwischen ca. 8 und ca. 21.30 Uhr bis zu 11 mal. Fahrzeit 45 Minuten.

Mein Tipp: Die Abfahrtszeiten der Fähren in Lyngseidet sind übrigens so gelegt, dass man die Fähren dort problemlos erreicht, wenn man nach Ankunft in Svensby zügig, aber unter Einhaltung der erlaubten Geschwindigkeiten, nach Lyngseidet fährt.

ROUTE: *Der weitere Verlauf unserer Route führt ab dem Fährhafen* **Olderdalen** *über die E6 nordwärts und über* **Storslett/Nordreisa** *(119 km ab Olderdalen),* **Sekkemo** *und* **Bognelv** *(90 km ab Nordreisa) bis* **Alta** *(85 km ab Bognelv).*

Immer wieder sieht man auf der **sehr reizvollen Fahrt am Lyngenfjord** entlang große Fischgestelle am groben Kiesstrand stehen. Diese für die nordischen Fjordufer so typischen, satteldachförmigen Lattengerüste hängen nach einer guten Fangsaison oft bis in den Juni hinein voller Kabeljau, der luftgetrocknet wird. Trocken- oder auch Stockfisch ist noch heute ein unentbehrlicher Grundbestandteil zahlreicher norwegischer Gerichte. Gerade im Winter wird selbst heute im Zeitalter der Tiefkühltruhe noch gerne auf diese Naturkonserve zurückgegriffen.

Sehr beeindruckend sind die Küstengestade an diesen für uns eher abweisend und kühl anmutenden Meeresarmen so hoch im Norden, etwa bei **Djupvik**. Weit kann der Blick ungehindert schweifen, von der einsamen, steinigen Küste mit einigen Fischerhütten und wenigen farbigen Häusern auf den Wiesen, am graugrünen Fjord entlang und hinüber zu den dunklen, stellenweise vom ewigen Schnee bedeckten Bergzügen auf der Lyngenhalbinsel im Westen.

ROUTE: *Kurvenreich zieht die E6 um den verzweigten* **Reisafjord**. *Man passiert*

 CAMPING
Birtavarre
Birtavarre Camping ** [N 69° 29′ 28.37″ E 20° 49′ 36.93″], Tel. 77 71 77 07, www.birtavarrecamping.com; 1. Mai – 15. Okt.; ca. 20 km südl. **Olderdalen Fährstation**, am Abzweig von der E6 ins Kåforddalen bei Kåfjordbotn; ca. 2 ha – 50 Stpl.; Standardausstattung, Laden, Fahrradverleih; 16 Miethütten.

einen schönen Rast- und Picknickplatz [N 69° 49' 03.4" E 20° 51' 52.2"].

Abstecher ins Reisadalen

Wer Zeit mitbringt, kann ab **Storslett [N 69° 46' 04.4" E 21° 01' 25.1"]** einen Abstecher südwärts in das **Reisadalen,** jetzt **Reisa Nasjonalpark,** unternehmen. Die Straße R865 führt durch eine überaus reizvolle Landschaft und endet nach 44 km in **Bilto**. Von dort kann man per Boot flussaufwärts durch die Reisaschlucht bis zur **Nedresfosshytta** weiterreisen (ca. 3 Stunden). Auf der Bootsfahrt sieht man im Nordosten den 270 m hohen **Mollesfoss**, einen der höchsten Wasserfälle in Norwegen. Ein Wanderweg führt von der Nedrefosshytta zum etwa eine Stunde entfernten **Imofossen**, einem anderen imposanten Wasserfall.

HAUPTROUTE

ROUTE: *Auf der E6 passiert man etwa 30 km nach* **Storslett/Nordreisa** *auf einer schönen Fahrt in 402 m Höhe das* **Kvænangsfjell.**

Seit alters her schlagen die Kautokeino-Sami auf den abgeschiedenen Höhen des Kvænangsfjell gerne ihr Sommerlager auf. Sami in ihren bunten Trachten treten dem durchreisenden Urlauber allerdings nur noch als Souvenirverkäufer in schnell am Straßenrand provisorisch aufgeschlagenen Buden gegenüber.

Sami in ihren angestammten Lebensweisen als nomadisierende Rentierzüchter zu erleben, wird nicht leicht sein. Man müsste schon einige Mühe auf sich nehmen, um diesem ehedem so naturnah und naturverbunden lebenden Völkchen zu begegnen.

Am ehesten kann das auf Wanderungen über die Finnmarksvidda, die von fischreichen Seen und Flüssen durchsetzte Tundraebene Nordnorwegens, geschehen.

Wenn die E6 auf den Kvænangenfjord stößt, genießt man von der Straße aus einen **prächtigen Ausblick** auf den Fjord und die Insel Skorpa, auf der regelmäßig Seevögel nisten und brüten.

Hier liegt oberhalb der E6 das Gasthaus **Gildetun Fjellstua [N 69° 53' 54.4" E 21° 36' 21.0"]**. Hier auf Anfrage Möglichkeit zum Übernachten für Wohnmobile.

Später überquert man auf einer 300 m langen Brücke den Sørstraumen. Man kann den Fjordauslläufer aber auch im Süden über **Kvænangsbotn** umfahren (Umweg von 39 km) und kommt in **Sekkemo** wieder auf die E6.

36 km weiter passiert man die Grenze zu Norwegens nördlichster **Provinz Finnmark** und erreicht den schmalen Langfjord kurz vor **Bognelv**.

Abstecher zum Gletscher Øksfjordjøkelen

Nördlich von Alteidet beschilderter Abzweig zum **Øksfjordjøkelen-Gletscher**. Die-

Fischtrockengestelle am Lyngenfjord

TOUR 28: TROMSØ – ALTA

PRAKTISCHE HINWEISE
Halti Nasjonalparksenter, Hovedveien 2, 9151 Storslett, Tel. 77 77 05 50, www.halti.no/Turistinfo.

HOTELS
Sørkjosen bei Storslett
Reisafjord Hotel, 54 Zi., Nesseveien 32, 91522 Sørkjosen, Tel. 77 76 60 00, www.reisafjord-hotel.com; ordentliches Mittelklassehotel an der E6, Restaurant, Parkplatz.

CAMPING
Storslett
Camping Fosselv ** [N 69° 50′ 21.8″ E 21° 12′ 35.2″], Straumfjord, Tel. 77 76 49 29, www.fosselv-camping.no; 10. Mai – 20. Sept.; ca. 12 km nordöstl. Storslett; kleinerer Platz an der E6; ca. 2 ha - 50 Stpl.; 13 Miethütten ** - ****.
Camping Oksfjord *, Tel. 77 76 58 00; 1. Juni – 20. Aug., 6 Miethütten.
Camping Sandnes ** [N 69° 49′ 50.0″ E 21° 11′ 16.6″], Tel. 77 76 49 15, Ende Mai – Ende Sept.; ca. 10 km nordöstl. Storslett, Wiesen zwischen E6 und Fjord, ca. 3 ha – 150 Stpl.; einfache Standardausstattung; 10 Miethütten.

Sekkemo
Camping Sekkemo ** [N 69° 50′ 16.4″ E 21° 57′ 19.3″], Tel. 77 76 84 43; Anf. Juni – Ende Aug.; ca. 3 km östl. der Brücke über den Sørstraumen; ca. 1,5 ha – 50 Stpl.; Standardausstattung; 10 Miethütten.

Alteidet
Alteidet Camping * [N 70° 01′ 43.9″ E 22° 05′ 38.4″], Tel. 78 48 75 59; 15. Juni – 15. Aug.; ca. 11 km nördl. Burfjord; Wiesenhang am Bach in Fjordnähe; ca. 2 ha – 40 Stpl.; Standardausstattung; 20 Miethütten.

Bognelv/Langfjordbotn
Camping Altafjord ** [N 70° 01′ 41.8″ E 22° 17′ 03.4″], Tel. 78 43 80 00, www.altafjord-camping.no; 1. Juni – 1. Sept.; freie Wiesen und Schotterflächen, in sehr ansprechender Lage mit Ausblick, bei einem alten Gehöft, oberhalb der E6; ca. 2,5 ha – 50 Stpl. + Dau.; Standardausstattung; Sauna, Bootsverleih; 30 Miethütten.

Wohnmobil-Stellplatz, Storeng bei Burfjord
Wohnmobil-Stellplatz Ansi Turistservice AS [N 70° 0′ 29.86″ E 22° 1′ 25.219″], Tel. 77 76 99 37; 90 km westlich von Alta gelegen, 8 km nördlich von Burfjord der Beschilderung Storeng und Ansi 0,8 km folgen; Wiesengelände in schöner Lage am Kvænangsfjord mit Platz für 20 Wohnmobile, Gebühr für Wohnmobil, **V & E**-Station und Dusche.

Wohnmobil-Stellplatz, Jøkelfjord
Wohnmobil-Stellplatz „Jøkelfjord-Bobil-Camp"[N 70° 03′ 39.8″ E 21° 55′ 48.5″] – Zufahrt/Lage: Ca. 3 km westlich des Abzweigs zum Gletscherparkplatz (Øksfjordjøkelen) bzw. 10 km nordwestlich der E6 gelegen. **Geöffnet:** Mai bis Oktober. **Gebühr:** NOK 130,- inkl. Strom. **Stellplatz:** Privat geführter Stellplatz auf ebener, geschotterter Fläche in herrlicher Lage am Jøkelfjord. Platz für **10 Wohnmobile**. Ausstattung: Stromanschlüsse, WC, Grillhütte.
V & E Einrichtung. Wunderschöne Ausblicke zum Gletscher und in die Fjordlandschaft.

se Stichstraße (letztes Stück einspurig) endet nach gut 8 km an einem kleinen **Parkplatz [N 70 04 58.6 E 22 00 29.5]** oberhalb des Jøkelfjorden, ein traumhaftes Plätzchen, das auch zu einer Übernachtungsrast einlädt.

Der Parkplatz ist Ausgangspunkt eines **Wanderweges zum Øksfjordjøkelen-Gletscher**, Weglänge 7,8 km, Gehzeit rund 3 Stunden ein Weg. Gutes Schuhwerk ist erforderlich, da steinig und holprig. An einem

TOUR 28: TROMSØ – ALTA

Am Jøkelfjorden

sonnigen Tag ein schöner Ausflug. Man fährt den gleichen Weg zurück zur E6 und weiter nach Bognelv (Camping).

HAUPTROUTE

ROUTE: *Die E6 führt am Langfjord entlang bis zu seiner Mündung in den Altafjord und weiter nach* **Alta**.

An der Landzunge, wo die Straße E6 einen scharfen Knick nach Süden macht, bietet sich abermals ein herrlicher **Blick auf Norwegens Fjordlandschaft** und auf das weite Rund der Buchten des Altafjords. Bei klarem Wetter sind im Norden die Eisgipfel des Seilandsjøkulen (985 m) zu erkennen. Diese Urlandschaft strömt etwas ungeheuer Ruhiges, Unveränderliches und Unbeirrbares aus.

Etwa 17 km bevor man Alta erreicht, passiert man den Ort **Kåfjord**. Bei Interesse kann hier das erst seit kurzem existierende das **Tirpitz-Museum [N 69° 55' 57.7" E 23° 01' 16.6"]** besichtigt werden (*geöffnet 1. Juni-31. Aug. tgl. 10 - 18 Uhr, www.tirpitz-museum.no*). Die Ausstellung mit annähernd tausend Fotos und Zeitdokumenten befasst sich mit dem deutschen Schlachtschiff "Tirpitz", dem seinerzeit größten Schlachtschiff der Welt, das während des Zweiten Weltkriegs am 12. November 1944 in der Bucht von Tromsø kampfunfähig gebombt und versenkt wurde. Der Altafjord diente in jenen Jahren als größte deutsche Marinebasis im Norden. Die Schlachtschiffe „Scharnhorst" und „Tirpitz" hatten hier über mehrere Jahre ihren Stützpunkt, an dem zeitweise über 20.000 deutsche Soldaten stationiert waren.

Alta, die 9.000-Seelen-Gemeinde am Altafjord, ist das Zentrum der Altagroßgemeinde (14.300 Einw.), die sich aus den Gemeinden *Bossekop, Elvebakken* und *Bukta* zusammensetzt. Landwirtschaft, Schieferbrüche, Bergbau, Fischerei, Handel und Dienstleistungsgewerbe sind die wichtigster Wirtschaftszweige.

Die **Mittemachtssonne** ist in Alta von **17. Mai bis 26. Juli** zu erleben.

In Alta länger verweilen werden wohl nur passionierte Angler, die im Altaelva, dem angeblich lachsreichsten Fluss der Welt, ihr Glück versuchen wollen. Für die Vergabe der Angellizenzen gibt es allerdings lange Wartelisten. Anfragen richtet man an: *Alta Laksfiskeri Interessentskap*, 9510 Elvebakken.

TOUR 28: TROMSØ – ALTA

Prähistorische Felsritzungen bei Alta

Seit 1985 ist Altas Besuchern eine interessante Sehenswürdigkeit zugänglich, die **prähistorischen Felsbilder von Hjemmeluft**.

Im Vorort **Hjemmeluft**, am Südwestrand von Alta (gut beschilderter Abzweig von der E6), wurden im Frühjahr 1973 auf den glatten Felsen oberhalb der Bucht am Ende des Alta-fjords **Felszeichnungen** (Helleristninger) entdeckt, deren Anzahl zwischenzeitlich auf etwa 3.000 Abbildungen geschätzt wird. Forscher stellten fest, dass die in den Fels geritzten Bilder um 2.000 bis 4.000 vor unserer Zeitrechnung entstanden sein müssen, also annähernd vier- bis sechstausend Jahre alt sind.

Abgebildet sind Tiere und Menschen in verschiedenen Situationen. Man sieht Jagdszenen mit Bären, Rentieren und Elchen, aber auch Menschen in Booten, mit Pfeil und Bogen, auf Rentierjagd, bei Zeremonien etc.

Im Eingangsbereich des denkmalgeschützten Küstenbereichs mit den Felsbildern ist ein neues, modernes **Besucherzentrum** (Altaveien 19) eingerichtet worden. Zufahrt von der E6 beschildert. Es gibt reichlich Parkplätze und im Museumsgebäude eine Cafeteria.

Sehenswert sind die Ausstellungen im **Alta Museum [N 69° 56' 47.6" E 23° 11' 21.7"]**, das Teil des Besucherzent-rums ist (geöffnet Mai + Sept. tgl. 8 - 17 Uhr, 1. Juni - 31. Aug. tgl. 8 - 20 Uhr, Winterhalbjahr Mo - Fr 8 - 15, Sa + So 11 - 16 Uhr; www.alta.museum.no). Die unterschiedlichen Abteilungen des Museums geben Einblick in die Kulturgeschichte der Altaregion von der Zeit der Felszeichnungen bis zum Christentum.

Man sieht Sammlungen über samisches Kunsthandwerk, über den Schieferabbau und über die Fluss- und Fjordfischerei. Andere Themen sind das Marktgeschehen in Alta und der Schatzfund aus der Wikingerzeit, die Kriegsereignisse in der Finnmark sowie das Nordlicht und die Gewinnung von Kupfererzen.

Vom Besucherzentrum aus führt ein gut präparierter **Fußweg** teils über Holzstege durch das ganze, ausgedehnte Gebiet dieser prähistorischen „Freilichtgalerie". Wichtige Punkte sind mit Nummern markiert. Dazu gibt es im Besucherzentrum eine Broschüre mit detaillierten Erklärungen, auch in deutsch. Die Felsbilder von Alta sind in die UNESCO-Liste über bewahrenswerte Kulturschätze aufgenommen.

Am Fjordufer sind in einer besonderen Abteilung des Museums einige bemerkenswerte typische Fischerboot zu sehen, wie sie im Altafjord benutzt wurden.

Wer die prähistorischen Spuren der im Gebiet um Alta einst lebendigen *Komsakultur* weiter verfolgen will, findet auf dem **Komsafjellet**, einem Landvorsprung im nördlichen Stadtgebiet, Reste alter Siedlungen, die zu den ältesten des Landes überhaupt gehören. Außerdem hat man vom 212 m hohen Komsafjellet einen reizvollen Rundblick.

Südöstlich von Alta erstreckt sich ein ganz ausgezeichnetes Wandergebiet, das sich über die **Finnmarksvidda** mit dem **Jiesjärvi**, dem größten See in der Finnmark, bis Karasjok erstreckt.

Eine bei einem längeren Altaaufenthalt empfehlenswerte Wanderung führt 100 m von der alten **Kirche von Kåfjord** (E6, ca. 15 km südwestlich von Alta) hinauf ins Halddegebirge zum rund 1.000 m hohen **Halddetoppen**. Dort sind die teilweise restaurierten Ruinen des ersten **Nordlichtobservatoriums** der Welt zu sehen, das 1898 errichtet wurde und bis 1927 in Betrieb war.

Die Wanderung dauert rund drei bis vier Stunden und ist ziemlich anstrengend, da der Weg recht steil ist. Ohne gutes Schuhwerk und gute Kondition ein sehr mühsames Unterfangen. Dafür genießt man oben einen schönen Blick auf den Altafjord.

Ausflug zu Nordeuropas grösstem Canyon

Mein Tipp! Bei längerem Aufenthalt lohnt ein Tagesausflug zum **Alta Canyon** bei **Savtso**.

TOUR 28: TROMSØ – ALTA

PRAKTISCHE HINWEISE – ALTA

Alta Turist Informasjon, Bjørn Wirkolasvei 11, 9510 Alta, Tel. 78 44 50 50, www.visitalta.no, geöffnet Jan - Mai + Sept - Dez. Mo - Fr 9 - 15.30 Uhr, Sa 10 - 15 Uhr, 1. Juni - 30. Aug. tgl. 9 - 18 Uhr, im Juli bis 20 Uhr.
Zusätzliches Büro Bossekop, im westlichen Stadtteil Bossekop am Bossekop-Marktplatz (nahe E6); geöffnet 15. Juni - 15. Aug. Mo - Fr. 10 - 18 Uhr.

HOTELS

Nordlys Hotell Alta, 39 Zi., Bekkefaret 3, Tel. 78 45 72 00; www.nordlys-hotell.no; Restaurant, Sauna, Parkplatz.
Park Hotell Alta, 34 Zi., Markedsgata 6, Alta Sentrum, Tel. 78 45 74 00; www.parkhotell.no. Sauna.
Rica Hotel Alta, 241 Zi., Løkkeveien 61, Tel. 78 43 27 00; www.rica.no; modernes Komforthotel am Rande des Gewerbegebietes, Restaurant. Sauna.
Thon Hotel Vica, 24 Zi., Fogdebakken 6, Stadtteil Bossekop, Tel. 78 48 22 22; www.thonhotels.no/vicaalta; Restaurant, Schwimmbad, Sauna.

CAMPING

Alta Strand Camping og Apartment *** [N 69° 55' 46.1" E 23° 15' 31.9"], Steinfossveien 29, Øvre Alta, Tel. 78 43 40 22; www.altacamping.no; 1. Jan. – 31. Dez.; in Øvre Alta beschilderter Abzweig von der R93, Wiesengelände; ca. 1,5 ha – 40 Stpl.; gute Standardausstattung; Laden, Cafeteria, Sauna. 24 Miethütten ** - *****, 10 Fremdenzimmer. **V & E für Wohnmobile.**
Wisløff Camping *** [N 69° 55' 38" E 23° 16' 8"], Steinfossveien 25, Tel. 78 43 43 03. www.wisloeff.no; 1. Jan. – 31. Dez.; in Øvre Alta beschilderter Abzweig von der R93, ca. 5 km südl. von Alta; Wiesen am Fluss Altaelva; ca. 3 ha – 80 Stpl.; gute Standardausstattung; Fahrradverleih. 18 Miethütten. **V & E für Wohnmobile.**
In der Nachbarschaft findet man **Alta River Camping** und **Alta Strand Camping**.

Elvebakken
Kronstad Camping *** [N 69° 57' 45.0" E 23° 23' 40.0"], Altaveien 375, Tel. 78 43 03 60; 1. Jan. – 31. Dez.; in Elvebakken an der E6, ca. 1 km östl. Alta; Waldgelände; ca. 3 ha – 70 Stpl.; Standardausstattung; Laden, Cafeteria. 20 Miethütten. **V & E für Wohnmobile.**
Solvang Camping und Jugendzentrum ** [N 69° 58' 40.1" E 23° 28' 18.4"], Transfarelv, Tel. 78 43 04 77; www.solvangcamping.no; 1. Juni – 30. Aug.; bei Elvebakken, ca. 6 km nordöstl. Alta; Wiesengelände mit Waldanteil, zwischen E6 und Fjord; ca. 1 ha – 30 Stpl.; Standardausstattung; Laden; 21 Miethütten **. **V & E für Wohnmobile.**

Man fährt zunächst auf der R93 von Alta südwärts **Richtung Kautokeino [N 69° 57' 24.6" E 23° 13' 11.2"]**, zweigt aber schon nach 8 km auf die alte Reichsstraße links ab. Sie führt am Altaelva entlang und erreicht nach 17 km den Berggasthof **Gargia Fjellstua** (ganzjährig geöffnet, 40 Betten, Restaurant, Tel. 78 43 33 51).

Von hier kann man die Schlucht auf einem Fußmarsch (ca. 4 Stunden hin und zurück) erreichen. Oder man fährt auf einem alten Fahrweg weiter Richtung **Bæskades**.
Nach etlichen Kilometern erkennt man einen Sendemasten. In seiner Nähe führt vom Fahrweg ein markierter Fußweg (ca. 6 km, 2 Stunden einfach) nach Osten zur mehrere Kilometer langen und bis zu 600 m tiefen **Felsschlucht des Altaelva**, Nordeuropas größtem Canyon.

Auf organisierten, im Sommer regelmäßig durchgeführten Ausflügen ist es möglich, zum 110 m hohen Staudamm bei Savtso zu fahren. Dort werden Führungen durch das **Alta Kraftwerk** angeboten. Man kann dort z. B. durch ein Panoramafenster in den Stausee und zur Staumauer sehen. Es wird eine Multivisionsshow gezeigt.
Vom Kraftwerk ist eine Wanderung zum Alta Canyon (ca. 7 km) möglich. Details über die jeweils gültigen Abfahrtszeiten und Preise erhält man im Touristenbüro.

Sami, "Nomaden des Nordens"

Die Bevölkerungsgruppe der Sami (Lappen) nennt sich in ihrer eigenen Sprache *sábme*, mit dialektbezogenen Abweichungen. Die Bezeichnung *Lappe* empfinden sie als mit einem negativen Beiklang belastet, wie das Schwedische Institut berichtet. In Schweden haben die Sami durchgesetzt, dass das Wort *same* (plur. *samer*) verwendet wird. Die deutsche Abwandlung dieses Wortes ist *Sami* (singular und plural). In diesem Reiseführer ist also nicht mehr von Lappen, sondern von Sami die Rede.

Bis auf den heutigen Tag ist nicht eindeutig nachgewiesen, von woher die Sami einst in den skandinavischen Raum einwanderten. Vielfach wird angenommen, dass sie vor Jahrtausenden aus dem Gebiet des Urals oder der Wolga kamen. Diese Überlegung basiert auf der Tatsache, dass Samische Dialekte deutlich finnisch-ugrischen Ursprungs sind. Sicher ist, dass schon vor rund 10.000 Jahren Stämme samischer Völker im skandinavischen Raum gesiedelt haben, wie archäologische Funde beweisen. Noch vor etwa 2.000 Jahren war das gesamte Gebiet des heutigen Finnland von Sami besiedelt. Andere Sami-Völker wohnten an den Küsten des Atlantik im heutigen Norwegen, auf der Kola Halbinsel Russlands und an den Küsten des Botnischen Meerbusens.

Heute leben zwischen 50.000 und 60.000 Sami in einem Gebiet, das von der Finnmark in Norwegen, über Schwedisch- und Finnisch Lappland bis auf die Kola Halbinsel, dem nordwestlichen Teil Russlands, reicht. Der Lebensraum der Sami reichte früher viel weiter nach Süden. In den waldreichen Gegenden fanden sie ihr Auskommen als Jäger und Pelzhändler. Mit der Zeit drangen aber Siedler aus dem Süden immer weiter nach Norden vor und der von Hause aus friedliebende Sami zog sich immer weiter nach Norden zurück. In den Tundren, die für eine Urbarmachung durch die Landnehmer aus dem Süden wenig taugten, fanden die Sami eine neue Heimat. Die arktischen Breiten aber waren nicht so reich an Pelztieren. Man machte sich das Ren zur Lebensgrundlage. Viele der Sami wurden so gezwungenermaßen Nomaden, denn das Ren war nicht zu domestizieren oder "sesshaft" zu machen. Andere Stämme zogen weiter an die Küste oder ließen sich an den fischreichen Flüssen nieder und wurden Fischer.

Seit etwa der Mitte des zu Ende gegangenen Jahrhunderts folgen immer weniger Sami dem Zug des Rens. Dienten die Tiere, die früher nur in kleinen Herden gehalten wurden, einst als Zug- und Lasttiere, als Lieferanten für Milch, Fleisch, Fell, Knochen, Sehnen etc. (alles, was nicht verzehrt werden konnte, wurde zu Gebrauchsgegenständen weiterverarbeitet), werden sie heute fast ausschließlich zur Fleischgewinnung gehalten.

Die Methoden der Zucht und die Überwachung der Herden wurden modernisiert, Hubschrauber, Sprechfunk, Geländewagen und Snowscooter sind im Einsatz. Die meisten Rentierzüchter haben sich zu genossenschaftsähnlichen "Sami-Dörfern" *(cearru)* zusammengeschlossen, in denen die verwaltungstechnischen und wirtschaftlichen Belange der Zucht und der Vermarktung der Produkte gesteuert werden. Heute ziehen schätzungsweise noch 750.000 Tiere durch das nordskandinavische Gebiet.

Stark in Mitleidenschaft gezogen wurde die Rentierzucht im Frühjahr 1986 durch die Folgen der Reaktorkatastrophe in Tschernobyl. Durch hohe Cäsiumwerte, die heute noch im Rentierfleisch gemessen werden können, hat dieser kleine Wirtschaftszweig einen nicht abschätzbaren Schaden erlitten.

Im Winter, zur Zeit der Rentierscheide, wenn schlachtreife, aber auch kranke und alte Tiere ausgesondert werden und Jungtieren das Zeichen des Besitzers in die Ohren oder das Fell geschnitten wird, wählte man früher gerne Kirchdörfer wie Sodarkylä in Finnland zum Beispiel, Karasjok in der Finnmark oder Jokkmokk in Schweden als Standquartier. Es waren Orte, wo Sami mit anderen Zivilisationen in Berührung kamen und mit ihnen Handel trieben.

Die Sprache der Sami gliedert sich in drei Grunddialekte – Ost-Samisch, Zentral-Samisch und Süd-Samisch – und annähernd fünfzig Unterdialekte, zwischen denen aber nicht selten größere Unterschiede bestehen, als zwischen der deutschen und der norwegischen Sprache zum Beispiel. Und ein Sami vom nördlichen Eismeer würde wahrscheinlich einen Sami aus Mittelschweden kaum verstehen, bedienten sie sich nicht der Landes- und Amtssprache.

Die Sprache der Sami ist eine Sprache mit einem überaus reichen Vokabular. Sehr zahlreich sind die Bedeutungen für Dinge der Natur. So gibt es überaus präzise Beschreibungen für Landschaften, Gewässer, den Schnee oder für Tiere. Alleine für den Begriff Rentier soll es so zahl- und variantenreiche Bezeichnungen z. B. für das Fell, das Geschlecht, das Geweih, das Alter u.s.w. geben, dass es mit diesen Begriffen ohne weiteres gelingt, aus einer tausendköpfigen Herde ein Tier so präzise und eindeutig zu beschreiben, dass es jeder Kundige auch aus der größten Herde problemlos herausfindet.

Bis in jüngste Zeit war der Gebrauch ihrer Dialekte unter der samischen Bevölkerung stark im Abnehmen begriffen. Heute hat man allerdings – unter den Sami selbst wie auch in Regierungskreisen der skandinavischen Länder – längst erkannt, dass die samische Sprache ein unabdingbares Kulturgut ist, das es zu erhalten und zu fördern gilt.

Wie bei vielen nomadisierenden Völkern haben sich Schrift und Literatur kaum entwickelt. Viel größere Bedeutung kam der Überlieferung in Erzählungen oder Liedern zu. In der Tradition der Sami hat hier das *Joiken*, eine Art erzählender Sprechgesang, sehr große Bedeutung. Beim Joiken werden Geschichten erzählt, Personen und Ereignisse geschildert oder Landschaften beschreiben.

Zu den wenigen Werken der Literatur werden die 1910 erstmals erschienene Erzählung *„Mui'talus Sami.d birra"* von Johan Turi und die 1969 erschienene Erzählung *„Anta"* von Andreas Labbas, mit Geschichten von der ursprünglichen Lebensweise der Sami gerechnet.

Rentiere

TOUR 29: ALTA – NORDKAP

ALTA – NORDKAP

Länge dieser Tour: Rund 450 km. Abstecher nach Hammerfest 58 km einfach.

Die Route: Über die E6 bis **Skaidi** – Abstecher über R94 bis **Hammerfest** und zurück – E6 bis **Olderfjord/Russenes** – E69 über **Honningsvåg** bis zum **Nordkap**.

Reisedauer: Mindestens ein Tag.

Reisehöhepunkte: Der Panoramablick auf **Hammerfest** * vom Berg Salen – Mitternachtssonne am **Nordkap** ** – Sekt und Kaviar in der **Nordkaphalle** genießen.

Ab Alta führt die E6 durch niedere, mit zunehmender Höhe mehr und mehr zurückweichende Birkenwälder bergan. Man passiert das Hochtal Sennelandet in einer öden Tundralandschaft.

Schließlich führt die Straße am Lachsfluss Repparfjordelva entlang hinab nach **Skaidi [N 70° 25′ 56.9″ E 24° 30′ 08.0″]**. Skaidi ist weniger eine Ortschaft, als vielmehr eine wichtige Straßenkreuzung mit Tankstelle und **V & E Station für Wohnmobile**.

Abstecher nach Hammerfest

ABSTECHER: *Ab* **Skaidi** *bietet sich ein Abstecher über die R94 nach Hammerfest an. Auf dem Weg dahin passiert man nach 27 km in* **Kvalsund** *auf einer der längsten Hängebrücke Norwegens (741 m) die Meerenge Kvalsund, befindet sich dann auf der* **Insel Kvaløya**, *passiert den 2,29 km lange Stallogargotunnelen und fährt am Westufer der Insel noch 31 km weiter bis* **Hammerfest**.

Sollten Sie auf Ihrer Norwegenreise bisher noch kein Rentier zu Gesicht bekommen haben, spätestens hier auf Kvaløya werden Ihnen mit fast hundertprozentiger Sicherheit Rentiere begegnen.

Hammerfest, ca. 9.400 Einwohner, nimmt für sich in Anspruch, die nördlichste Stadt der Welt zu sein (70°39′48″ nördliche Breite).

Gegründet wurde Hammerfest als Stadtgemeinde offiziell am 17. Juli 1789, damals

TOUR 29: ALTA – NORDKAP

HOTEL – SKAIDI

Skaidi
Skaidi Hotel, 41 Zi. ; Tel. 78 41 55 00, www.skaidihotel.no; komfortables Mittelklassehotel, Restaurant, WLAN, Sauna, Whirlpool, Parkplatz.

CAMPING

Skaidi
Camping Repparfjord Ungdomssenter [N 70° 26′ 50.9″ E 24° 23′ 43.6″], Tel. 78 41 61 65; 1. Juni - 31. Aug.; 5 km westlich von **Skaidi** beschilderter Abzweig von der Straße 94 Richtung Kvalsund; Wiese im Birkenhain, einfache Campingmöglichkeit bei der Jugendherberge. 10 Miethütten.

Kvalsund
Rast- und Picknickplatz [N 70° 30′ 08.3″ E 23° 58′ 45.8″] zwischen der weißen Kirche und einem Coop-Supermarkt.

Kargeneset, Insel Kvaløy
Rast- und Picknickplatz [N 70° 31′ 38.0″ E 23° 44′ 30.9″] in ansprechender Lage mit Aussicht auf den Straumen-Fjord. WC, Picknicktische.

---

angeblich mit nicht mehr als 40 Einwohnern.

Dank lebhafter Küsten- und Hochseefischerei, durch Fischhandel und später auch Fischverarbeitung (heute ist Hammerfest Heimathafen einer der größten Trawlerflotten des Landes und Sitz einer international operierenden Fischverarbeitungsfabrik) nahm die Stadt einen langsamen, aber stetigen Aufschwung.

Fast genau 100 Jahre nach der Stadtgründung fiel 1890 nahezu ganz Hammerfest einem Großfeuer zum Opfer. Im gleichen Jahr übrigens bekam Hammerfest als erste Stadt Europas elektrische Straßenbeleuchtung.

Beim Rückzug deutscher Truppen 1944/45 wurde Hammerfest total zerstört und musste nach dem Zweiten Weltkrieg völlig neu aufgebaut werden.

Zugegebenermaßen ist die Lage der Stadt Hammerfest an der geschützten Hafenbucht recht reizvoll. Besonders vom 86 m hohen **Aussichtsberg Salen** [N 70° 39′ 42.0″ E 23° 41′ 23.0″] im Osten der Stadt, direkt über dem Hafen, genießt man einen **prächtigen Panoramablick.**

Man kann über einen steilen Fußweg ab Ole Olsen's Plass am Hafen hinaufwandern. Per Auto muss man den Weg von der Durchgangsstraße etwas suchen. Man folgt der

Panoramablick auf Hammerfest vom Berg Salen

Gas von „Schneewittchen" oder Das zukunftsorientierte Hammerfest

So geruhsam die Stadt auf den Besucher auch wirken mag, auf der Insel Melkøya ein gutes Stück vor Hammerfest, wird modernste Technik realisiert. Dort entstand eine der größten und modernsten Anlagen zur Verflüssigung von Erdgas.

Mehr als sieben Milliarden Euro mussten in das gigantische Projekt gepumpt werden, bevor Erdgas aus dem rund 140 km vor Hammerfest in der Barentsee gelegene Gasfeld mit dem hübschen Namen „Snøhvit" (Schneewittchen) durch Pipelines in die Verflüssigungsanlage vor Hammerfest strömen konnte.

Mit Spezialschiffen wird das auf minus 163 Grad Celsius herabgekühlte und verflüssigte Gas (es schießt rund 90 Grad heiß aus dem Meeresboden!) dann zu spanischen und amerikanischen Häfen transportiert, wo es wieder in seinen gasförmigen Ausgangszustand versetzt wird, um schließlich über Gaspipelines zu den Abnehmern transportiert zu werden.

Beschilderung Camping Storvannet bergwärts, fährt am Campingplatz vorbei. Das erste Hinweisschild weist falsch, nicht rechts ab, sondern geradeaus. Weiter am Sportplatz vorbei, dem Schild Turiststua folgen.

Der weite Blick vom Salen auf die Stadt und die Hafenbucht ist, um der Wahrheit die Ehre zu geben, auch schon der touristische Höhepunkt eines Besuchs in Hammerfest. Man sieht die Stadt, diesen weit vorgeschobenen Zivilisationsposten, unter sich liegen, umgeben von baum- und strauchlosen Hügeln. Der meist heftig wehende Wind, lange Winter und oft schneidende Kälte, lassen außer Rentiermoos kaum etwas gedeihen.

Stolz verweist man auf einen kleinen Forst, der an einem windgeschützten Hang im Norden der Stadt heranwächst, den „nördlichsten Wald der Welt".

Auf dem Salen finden Sie das Panorama-Restaurant **Turiststua**. Geöffnet 1. Juni bis 15. August.

In diesen nördlichen Breiten geht von Mitte November bis in die letzten Januartage die Sonne überhaupt nicht auf. Da kommt man auf den Gedanken zu fragen, wer kommt freiwillig in diese Stadt am Ende der Welt? Antwort: Touristen!

Die Mitternachtssonne ist in Hammerfest von **16. Mai** bis **27. Juli** zu erleben.

In der Kirkegata 21, im Gebäude, in dem auch das Touristenbüro untergebracht ist, kann man das **Gjenreisningsmuseet**, das **Wiederaufbaumuseum** besichtigen (geöffnet Sommer Mo - Fr 9 - 16, Sa + So 11 - 14 Uhr; übrige Zeit tgl. 11 - 14 Uhr; www.gjenreisningsmuseet.no). Es vermittelt Einblicke in die Geschichte der Finnmark von der Steinzeit bis heute. Breiten Raum nimmt die Stadtgeschichte in der Zeit vor, während und nach dem Zweiten Weltkrieg ein.

Ein interessantes Monument liegt im nördlichen Stadtteil Fuglenes – die **Meridiansäule (N 70°40'11,3" E 23°39'48")**. Die runde Granitsäule mit bronzener Erdkugel wurde einst auf Veranlassung von König Oscar II. errichtet, zur Erinnerung an die erste präzise Vermessung der Erdgröße und Erdform in den Jahren 1816 bis 1852.

Schließlich verdient die moderne, recht markante **Hammerfest Kirche** am südlichen

Die Meridiansäule in Hammerfest

TOUR 29: ALTA – NORDKAP

PRAKTISCHE HINWEISE – HAMMERFEST

Hammerfest Turist Informasjon, Havnegate 3, 9615 Hammerfest, Tel. 78 41 31 00; www.hammerfest-turist.no. *Geöffnet 15. Juni – 15. Aug. tgl. 9 - 16 Uhr, übrige Zeit tgl. 10.30 - 13.30 Uhr.*

HOTELS

Thon Hotel Hammerfest, 53 Zi., Strandgata 2 - 4, Tel. 78 42 96 00; www.thonhotels.no; zentrale Lage; Restaurant „Benoni", Bar, Nachtclub.
Rica Hotel Hammerfest, 86 Zi., Sørøygata 15, Tel. 78 42 57 00; www.rica.no; zentrale Lage, Restaurant, Parkplatz.
Skytterhuset Hotell, 75 Zi., Skytterveien 24, Tel. 78 42 20 10, www.skytterhuset.no; Restaurant.

CAMPING

Storvannet Camping ** [N 70° 39' 32.6" E 23° 42' 45.3"], Storvannsveien 103, Tel. 78 41 10 10; 1. Juni – 15. Sept.; in der Stadt beschilderter Abzweig bergwärts, kleine Wiese an einem See, unterhalb eines markanten Wohnblocks gelegen; ca. 1 ha – 50 Stpl.; Standardausstattung; 7 Miethütten.
Hammerfest-Storsvingen

Hammerfest Turistsenter ** [N 70° 39' 11.9" E 23° 39' 36.4"], Storsvingen, Tel. 78 41 11 26; www.hammerfest-turist.no; 15. Mai – 1. Okt.; an der E94 südl. von Hammerfest, Einfahrt bei der SHELL-Tankstelle; Stellmöglichkeiten bei einer **Miethütten- und Motelanlage**, schöne Lage, Cafeteria, Kiosk. Rezeption in der Tankstelle. **V & E** Station für Wohnmobile (gebührenpflichtig).

Stadtrand Beachtung. Der Kirchenbau entstand 1961. Er weist eine mit farbenprächtigen Glasmalereien versehene Giebelwand auf, die als Altarwand in den Innenraum integriert ist.

Interessantes über die lange Fischfangtradition in Hammerfest erfährt man in den Museumsräumen des **Isbjørnklubben** - The Royal and Ancient Polar Bear Society, Havnegate 3 *(geöffnet Sommer tgl. 9 - 17, Winter 10.30 - 13.30 Uhr- www.isbjornklubben.no)*. Natürlich gibt es auch eine Ausstellung über Eisbären sowie über das Phänomen des Polarlichts. Souvenirshop.

Gegen eine nicht allzu hohe Gebühr können Sie übrigens Klubmitglied in der weltweit berühmten, ehrenwerten Königlichen Eisbär Gesellschaft werden. Als Mitgliedszeichen erhalten Sie die exklusive Eisbärennadel.

Von Hammerfest **zurück bis Skaidi** an der E6.

HAUPTROUTE

ROUTE: *Im weiteren Verlauf unserer Hauptroute folgen wir ab Skaidi der E6 über eine Tundrahochebene bis* **Olderfjord** *am gleichnamigen Seitenarm des weit ins Land reichenden Porsangerfjords. In Olderfjord zweigt nach Nordwesten die E69 zum* **Nordkap** *ab (125 Straßenkilometer), der wir folgen. Westlich der Straßengabelung liegt* **Russenes** [N 70 28 26.0 E 25 04 17.0].

Abstecher nach Havøysund

Wer gerne wirklich abgelegene, touristisch fast noch unbeleckte Landschaften aufsucht (was von der Nordkapinsel Magerøya zumindest im Juli schon lange nicht mehr behauptet werden kann!), dem bietet sich in **Smørfjord**, 4 km nordwestlich von Olcerfjord, Gelegenheit, auf der erst seit 1987 durchgehend befahrbaren R889 nach **Ha-**

CAMPING – OLDERFJORD/RUSSENES

Russenes Camping / Olderfjord Hotel ** [N 70° 28' 38.9" E 25° 04' 04.2"], Tel. 78 46 37 11; www.olderfjord.no; 1. Apr. – 31. Okt.; an der E69; Campinggelegenheit bei einer Touristenstation mit Gasthof und **Hotel**; ca. 2,5 ha – 100 Stpl. (stark mit Dauercampern belegt!); Standardausstattung; Laden, Restaurant; **V & E** für Wohnmobile. 35 Zimmer, 14 Miethütten.

313

TOUR 29: ALTA – NORDKAP

HOTEL – HAVØYSUND
Havøysund Hotell & Rorbuer, 37 Zi. + 8 Miethütten (Rorbuer), Strandgata 149, Tel. 78 42 43 00; www.havoysundhotel.com. Restaurant.
V&E **Campingmöglichkeit** auf Anfrage. V & E **für Wohnmobile.**

vøysund, einem der größten Fischerhäfen der Finnmark, abzuzweigen (ca. 90 km). Havøysund (www.masoy.kommune.no) besitzt nicht nur Norwegens nördlichste Gemeindeverwaltung sondern auch eine der größten Fischereiflotten des Landes.

Zu besichtigen gibt es das **Måsøy Museum,** Kirkeveien 3, das über die Küstenkultur in Norwegisch-Lappland, über die Lebensweise der Menschen hier und über die Fischindustrie informiert (geöffnet 25. Juni - 24. Aug. Mo - Fr 10 - 16, Sa 11 - 16, So 14 - 17 Uhr; www.masoy.kommune.no).

In der Nähe der Gemeinde sieht man 16 Windgeneratoren des Havøygavlen Vindpark, des nördlichsten Windparks der Welt. Jährlich wird hier Strom erzeugt, der für annähernd 6.000 Haushalte ein Jahr lange reichen würde.

Im Sommer kann man sich zweimal wöchentlich abends Ausflügen mit Schnellbooten und Bussen zum Nordkap anschließen. Infos im Hotel.

HAUPTROUTE

Die Nordkapstraße E69 ist gut ausgebaut. Sie folgt ab Olderfjord der Küstenlinie des Porsangerfjords und verschafft immer wieder eindrucksvolle Ausblicke auf die Eismeerküstenlandschaft.

Man passiert den 2.980 m langen Skarbergtunnel. Vorsicht vor Rentieren, die sich gelegentlich die Tunnelröhre als Aufenthaltsort aussuchen!

46 km nach Olderfjord kommt man zum Abzweig zum **Fährhafen Repvåg [N 70 44 20.1 E 25 36 52.9]**, der früheren Fährstation zur Nordkapinsel (Repvåg Fjordhotell og Rorbusenter mit Fischres-taurant, 70 Zi., Tel. 78 47 54 40; www.repvag-fjordhotell.no. Geöffnet 1. 5 - 20. 9; Repvåg Camping og Kafé, 1. 6. - 20. 8.).

25 km nach besagtem Abzweig erreicht man die Zufahrt zur ehemaligen, und seit der Eröffnung des Seetunnels verwaisten Fährstation Kåfjord.

Seit 1. Juni 1999 ist die **Nordkapinsel Magerøya** über ein **neues Straßen- und Tunnelsystem** (insgesamt 28,6 km), das teils unter dem Meer verläuft, zu erreichen.

Der Tunnel unter dem Magerøy-Sund zählt mit 6,87 km Länge zu einem der längsten unterseeischen Straßentunnels der Welt. An seinem tiefsten Punkt liegt der Tunnel 212 m unter dem Meeresspiegel. Er ist 8 m breit und hat 2 Fahrbahnen.

Auf der Nordkapinsel Magerøya

TOUR 29: ALTA – NORDKAP

Die beiden anderen auf das Modernste ausgestatteten Tunnel, die durch das Honningsvågfjel auf der Insel Magerøya führen, sind 4,4 km lang.

Die Benutzung des neuen Straßensystems auf die Nordkapinsel Magerøya soll 15 Jahre lang mautpflichtig sein. Dann sollen, so die Planung, 27% der Gesamtbaukosten von annähernd 930 Mio. NOK (ca. 120 Mio. Euro) durch Mautgebühren erwirtschaftet sein und der Tunnel ggf. mautfrei werden.

Die Mautgebühr belief sich zuletzt auf NOK 145,- für Fahrzeuge bis 6 m Länge und bis 3,5 t (ab 6 m NOK 430,-!) inklusive Fahrer, plus NOK 47,- für jede weitere Person. Die Maut ist in beide Richtungen zu bezahlen!

Aber es gibt gute Nachrichten! Aufgrund des unerwartet positiven Verlaufs der Amortisierung der Baukosten durch Maut ist damit zu rechnen, dass das Tunnel ab Mitte 2012 mautfrei ist.

PRAKTISCHE HINWEISE – HONNINGSVÅG / MAGERØYA

Nordkapp Turist Informasjon, Nordkapp Reiseliv AS, Fskeriveien 4D, 9750 Honningsvåg, Tel. 78 47 70 30; www.northcape.no. *Geöffnet: 15. 6. - 10. 8. Mo - Fr 8.30 - 20 Uhr, Sa + So 12 - 20 Uhr. Winterhalbjahr: Mo - Fr 8.30 - 16 Uhr.*

HOTELS

Honningsvåg Brygge Hotel, 42 Zi., Vågen 1 A, Tel. 78 47 72 50; www.rica.no; *geöffnet Oktober bis April*, Restaurant, Parkplatz, Internetzugang.
Rica Hotel Honningsvåg, 174 Zi. Nordkappgata 4, Tel. 78 47 72 20; www.rica.no; *geöffnet Mai bis September*, Restaurant, Sauna, Parkplatz.

Skipsfjorden/Kamøyvær
Rica Hotel Nordkapp, 290 Zi., in **Skipsfjorden**, Tel. 78 47 72 60; www.rica.no/hotelnordkapp; *geöffnet Juni bis August*, Restaurant, Parkplatz.
Havstua, 20 Zi., Tel. 78 47 51 50, www.havstua.no; *geöffnet 1. 5. – 31. 8.*, Gasthof am Meer in **Kamøyvær**, Restaurant.

Skarsvåg
Nordkapp Turisthotell, 30 Zi., *geöffnet 15. 5. – 30. 9.*, in **Skarsvåg**, Tel. 78 47 52 67; www.nordkappturisthotell.no; Restaurant.

CAMPING

Nordkapp Camping og Vandrerhjem **** [**N 71° 01' 36.2"   E 25° 53' 18.2"**], Skipsfjorden, Tel. 78 47 33 77; www.nordkappcamping.no; 1. Mai – 30. Sept.; in Skipsfjord an der E69 ca. 8 km nördl. Honningsvåg Richtung Nordkap; ca. 5 ha – 100 Stpl.; Standardausstattung; Laden, Imbiss; 15 Miethütten ** – ****; 12 Zimmer, Jugendherberge. V & E für Wohnmobile.

Skarsvåg
Midnattsol Camping *** [**N 71° 5' 34"   E 25° 47' 7"**], Tel. 78 47 52 13, Skarsvågkrysset; Ende Mai – 15. Sept., Abzweig von der Hauptstraße Richtung Skarsvåg und noch ca. 2 km; kleine, gestufte Wiese in windgeschützter Lage beim Midnatsol Hotell. 15 Miethütten ** – ***. V & E für Wohnmobile. Zum Nordkap 13 km.

Nordkapp Caravan og Camping * [**N 71° 05' 43.1"   E 25° 47' 26.2"**], Tel. 45 22 19 42; www.nordkappcaravancamp.no; 1. Juni – 31. Aug.; ca. 1 km südwestl. von Skarsvåg; kleine, ebene, befestigte Fläche in windgeschützter Lage vor Miethütten zum einem See. 10 Miethütten. Zum Nordkap 13 km.

Kirkeporten Camping **** [**N 71° 06' 27.4"   E 25° 48' 48.7"**], Storvannsveien 2, Tel. 78 47 52 33; www.kirkeporten.no; 15. Mai – 31. Aug.; am südwestl. Ortsrand von Skarsvåg; kleine, einfache Campingmöglichkeit, teils auf ebener, geschotterter Fläche zwischen Campinghütten und dem See Storvannet. 16 Miethütten ** – ***, Cafeteria.

Auch auf dem **Nordkapplateau** findet man eine **Campingmöglichkeiten in Form eines Stellplatzes** auf windiger Schotterfläche (ohne jegliche Einrichtung) vor der Nordkaphalle. Dort gibt es Toiletten, Cafeteria, Restaurant.

315

TOUR 29: ALTA – NORDKAP

Der wichtige Fischereihafen **Honningsvåg [N 71° 00' 06.2" E 25° 57' 56.2"]** (ca. 3.600 Einw.) ist der Hauptort der 437 qkm großen Insel Magerøya.

Zu den bescheidenen Sehenswürdigkeiten der Hafenstadt zählt das **Nordkapmuseum - Maritim Museum** im Nordkaphuset am Fiskeriveien 4 *(geöffnet wie Touristeninformation)*. Mit kulturhistorischen Sammlungen und Ausstellungen wird u. a. über die Fischerei und den Nordkaptourismus berichtet.

Das Nordkaphuset selbst ist ein modernes Gemeindezentrum mit Galerie, Multivisionsshow „Jahreszeiten in der Finnmark" (Weiterbestand fraglich), Café, Geschäften, Geldwechselstelle, Touristeninformation.

Neben dem Nordkaphuset liegen der Busbahnhof und der Hafen, der täglich von Schiffen der Hurtigruten angelaufen wird.

Schließlich verdient die 1884 erbaute **Kirche von Honningsvåg** Erwähnung. Die Kirche, heute das älteste Gebäude der Stadt, war nach den Wirren und Zerstörungen im Zweiten Weltkrieg bis zu den Anfängen des Wiederaufbaus, ein Zuhause für einen großen Teil Stadtbevölkerung. Die Kirche ist im Sommer zwischen 8 und 22 Uhr geöffnet.

Es werden diverse **Bootsausflüge** ab Hafen Honningsvåg angeboten, z. B. rund ums Nordkap zum Fischerdorf Skarsvåg (ca. 4 Stunden), zum Fischerdorf Sarnes (ca. 1 1/2 Stunden) oder zu Nistklippen von Seevögeln (ca. 3 Stunden).

Busse zum Nordkap verkehren ab Honningsvåg im Sommer viermal täglich, um 12.20, 16.00, 19.30 und 21.45 Uhr. Fahrzeit 50 Minuten. Rückfahrt vom Nordkap nach Honningsvåg um 14.20, 17.50, 21.00 und 00.30 Uhr. Die Abfahrtszeiten können Änderungen unterliegen! Busverbindungen bestehen auch, an Werktagen bis zu dreimal täglich, über Skarsvåg nach Gjesvær.

NORDKAP

Das Nordkap (www.northcape.no) auf 71° 10' 21" nördlicher Breite, liegt 34 km nördlich von Honningsvåg.

Das 307 m hohe, fast senkrecht zum Eismeer abfallende Felsplateau gilt als der nördlichste per Straße erreichbare Punkt Europas. Die Betonung liegt aber auf „per Straße erreichbar". Denn das weiter nordwestlich gelegene Kap Knivskjellodden ragt noch ein paar Kilometer weiter nach Norden.

Seit 1956 kann das Nordkapplateau auf zwischenzeitlich gut ausgebauter Straße völlig problemlos mit Auto, Wohnmobil, Caravan etc. erreicht werden.

Ab Honningsvåg führt die E69 (Wintersperre von ca. Mitte Oktober bis Ende Mai) durch eine fast außerirdisch anmutende, kahle Landschaft, ohne Strauch, ohne Baum, nur in windgeschützten Mulden mit Islandmoos, Flechten und höchstens etwas knöchelhohem Gestrüpp bewachsen.

Aber diese spärliche Vegetation genügt den Rentieren, die hier häufig zu sehen sind. Jedes Jahr aufs neue ziehen die Tiere vom Festland hierher auf die Insel und überqueren dabei schwimmend den Magerøyasund. Ihre Besitzer, Samifamilien aus Kautokeino und Karasjok, folgen ihnen dann hierher zu den Sommerweiden.

Nach dem Anstieg ins Vestfjordfjellet (336 m) genießt man von der Straßenkehre einen weiten Blick über den Tufjorden nach Westen.

Später taucht in der Ferne die weiße Kugel einer Radarstation auf und wenig später hat man, nach Tausenden von Kilometern, das eigentliche Ziel und einen der Höhepunkte der Reise erreicht – das Nordkap.

An einer **Mautstation** an der Zufahrt zum Nordkap muss Eintritt bezahlt werden – 195 !!! Kronen pro Person, was rund satten 25 Euro entspricht! Die Gebühr schließt Parkerlaubnis für 48 Stunden Aufenthalt, Eintritt zur Nordkaphalle und zum Videokino ein. Campen ist auf einem eigens dafür vorgesehenen Areal bei der Nordkaphalle gestattet (keine Wasser- oder Stromanschlüsse, Sanitäranlagen in der Nordkaphalle).

Zählt man Eintrittsgebühr und Straßenmaut zusammen, kommt man auf eine Gebühr für zwei Personen von immerhin 776,- Kronen, was dem erklecklichen Sümmchen von runden 100,- Euro entspricht, das für einen Besuch des Nordkaps zu berappen ist! So gesehen ist das Nordkap der teuerste Stellplatz der Welt!

Wildes Campen ist zwischenzeitlich auf der ganzen Nordkapinsel verboten! Das Verbot wird scharf überwacht! Zuwiderhandlungen oder „nicht umweltgerechtes Verhalten" werden mit hohen Geldbußen belegt.

Der englische Seefahrer Richard Chancellor, 1553 mit seinem Segler „Edward Bonaventura" auf der Suche nach einem nördlichen Seeweg nach China, nannte das bis dahin namenlose Kap „North Cape".

TOUR 29: ALTA – NORDKAP

Als erster „Tourist" wird 1664 der italienische Pfarrer Francesco Negri verzeichnet.

Etwa ab dem Ende des 18. Jh. wurde in wohlbetuchten Gesellschaftskreisen eine Seereise ins Nordmeer mit Besuch des Nordkaps ein beliebter Ausflug mit „Expeditionscharakter". Die Damen und Herren mussten damals allerdings von der Anlegestelle in der Hornvika-Bucht, östlich des Kaps, einen beschwerlichen Aufstieg zum Plateau auf sich nehmen.

Der erste Veranstalter, der einen Nordkapbesuch touristisch vermarktete, war das altehrwürdige Reiseunternehmen Thomas Cook aus London. 1875 veranstaltete es die erste Kreuzfahrt zum Nordkap.

Zu sehen gibt es auf dem völlig kahlen, steinigen Nordkap-Plateau neben Felsen, Meer und Himmel einen stählernen Globus, einen kleinen Obelisken zum Gedenken an König Oskar II., der das Nordkap 1873 besuchte, sowie eine Marmorbüste des Herzogs von Orleans, Louis Philippe. Der spätere „Bürgerkönig" (1830 – 1848) besuchte das Nordkap 1795, während die Grande Nation von den Wirren der Revolution erschüttert wurde.

Und neben der Nordkaphalle sieht man die 1989 geschaffenen Skulpturen „Kinder der Erde", die die grenzüberschreitende Freundschaft, Hoffnung, Freude und Zusammenarbeit symbolisieren sollen.

Die **Mitternachtssonne** ist vom Nordkap aus vom **13. Mai** bis **29. Juli** zu erleben.

Aber auch in den Tagen vor und nach den eben genannten Daten ist hier – sofern Wolken keinen Strich durch die Rechnung machen – ein Sonnenuntergang ein grandioses Erlebnis. Die Aussicht vom Nordkap-Plateau hoch über dem Meer und das Schauspiel der ins graue Eismeer eintauchenden, tausend glühende Strahlen versprühenden Sonnenscheibe, die eine breite Glutstraße über die Wellen zieht und die ins Meer stürzenden

Das Nordkap – Ziel vieler Reiseträume, von Norwegens Südküste 2.518 km entfernt

schwarzen Klippen kupfern aufleuchten lässt, ist die Belohnung für viele Tausend Kilometer Autofahrt.

„Hier stehe ich endlich an der äußersten Spitze der Finnmark – ja, am Ende der Welt. Hier wo die Welt endet, nimmt auch meine Neugier ein Ende und ich kehre zufrieden nach Hause zurück, wenn Gott es will" schrieb Francesco Negri über seinen Nordkapbesuch im Jahre 1664.

Aber: Die bequemen Verkehrswege durch Norwegen bis direkt zum Nordkap führen Jahr für Jahr mehr Besucher hierher. Und ein mitternächtliches Beobachten der über die Kimm ziehenden Sommersonne genießt man – zumindest in der Hauptreisezeit – inzwischen im Back eines babylonischen Stimmengewirrs, das von hunderten von Touristen aus aller Herren Länder stammt, die kurz vor Mitternacht mit einer wahren Busarmada angefrachtet werden. In der Nordkaphalle stolpert man dann über lagernde Touristen, quält sich an endlosen

TOUR 29: ALTA – NORDKAP

Tausendfach fotografiert, der Stahlglobus auf dem Nordkap – N 71° 10' 21"

Schlangen am Postschalter vorbei, wo der begehrte Nordkapstempel täglich auf sackweise abtransportierte Postkarten gehämmert wird, sucht oft vergeblich nach einem freien Tisch in der Cafeteria und wird durch den großen Souvenirsupermarkt geschoben. Romantisch ist es dann am nördlichsten Punkt Europas wahrlich nicht mehr! Viele Besucher verlassen denn auch das Nordkap mit einem gelangweilten Achselzucken, während andere selbst bei einer so gnadenlosen Vermarktung diesem Ort noch etwas abgewinnen können und ihren Nordkapbesuch mit dem Erwerb eines „Nordkap Diplom" krönen (gibt's im Souvenirshop).

NORDKAPHALLE – **1** Souvenirsupermarkt – **2** Café Kompasset, Restaurant, Videokino im Untergeschoss, Suite 71° 10' 21" (im Obergeschoss) – **3** Information, Coffeeshop – **4** Postamt – **5** Tunnel mit Schaubildern – **6** Thai-Nische – **7** Kapelle – **8** Royal Nordkaphalle – **9** Panoramafenster und Terrasse – **10** Royal Nordkap Club – **11** Oscar-Denkmal – **12** Steinmedaillons „Kinder der Erde" – **13** Globus – **14** Panoramahalle und Ausgang zum Globus Richtung Nordpol

TOUR 29: ALTA – NORDKAP

Die Nordkaphalle [N 71° 10' 12.6" E 25° 47' 08.3"] *(geöffnet von Anf. Mai bis Anf. Oktober, übrige Zeit Bustouren ab Honningsvag, www.nordkapp.no)*, ein riesiger Touristenpavillon, ist das infrastrukturelle Zentrum am Nordkap. Das Gebäude wurde 1997 erneut erweitert und mit neuen Attraktionen versehen.

Heute findet der Besucher in der Nordkaphalle in wohlig warmer Atmosphäre u. a. das **Kompasset-Café und Restaurant**, ein **Postamt**, einen großen **Souvenirmarkt**, die sog. **Thai-Nische** (1989 zur Erinnerung an König Chulalongkorn von Siam eingerichtet, der das Nordkap 1907 besuchte), die kleine ökumenische **St. Johannes-Kapelle**, die gerne für Trauungen benutzt wird, und ein **Video-Kino** mit 225-Grad-Leinwand. Dort wird ein recht spektakulär gemachter Film über das Nordkap und seine Umgebung gezeigt. Der Besuch des Films lohnt sehr!

Durch einen tief im Nordkap-Fels verlaufenden Tunnelgang mit einigen Schaubildern in der Wand, gelangt man zur großen **Royal Nordkap Halle**. An einer Seite ist die aus dem Fels gesprengte, unterirdische Halle von einem 80 qm großen Panoramafenster (mit Terrasse) abgeschlossen, das den Blick auf das Meer bzw. die Mitternachtssonne erlaubt. Die Royal Nordkap Halle ist bewirtschaftet und beschallt. Hier können Sie, an amphitheatralisch angeordneten Bartischchen sitzend, bei Sekt und Kaviar das Nordkapabenteuer ausklingen lassen. Heute ist es „unter" dem Nordkap fast interessanter als „oben". Wie der Tourismus doch die Welt verändert.

Zwar ist das Nordkap der nördlichste *per Straße* erreichbare Punkt Europas, der tatsächlich nördlichste Punkt ist es aber nicht. Der liegt auf der Landzunge **Knivskjellodden** ein gutes Stück weiter nordwestlich auf 71°11'08" nördlicher Breite. Ein markierter Wanderweg führt von der Straße E69 rund 5 km südlich vom Nordkap nach Nordwesten zum Kap Knivskjellodden mit der 2000-Jahrespyramide, gut 9 km eine Wegstrecke. An klaren Tagen hat man von dort einen schönen Blick bis zum Nordkap.

Auf der Rückreise, die ab dem Nordkap zwangsläufig nur nach Süden führen kann, bietet sich nach 13 km Gelegenheit nach **Skarsvåg**, dem „nördlichsten Fischerdorf der Welt" und Norwegens nördlichster Gemeinde abzuzweigen. Ein nur schwer erkennbarer Fußweg führt von Skarsvåg zum Felsen **„Kirkeporten"** (Kirchenpforte), ca. 30 Minuten Gehzeit. Interessanter Blick zum Nordkap. Und zwischen 24 und 2 Uhr scheint die Mitternachtssonne durch das Felsentor.

Unterkunft findet man bei Skarsvåg im *Nordkap Turisthotell* und auf dem *Campingplätzen Midnattssol Camping* und *Kirkeporten Camping* sowie *Nordkap Caravan + Camping* (s. u. Honningsvåg).

Ein anderer Abstecher führt 13 km nördlich von Honningsvåg westwärts zum Fischereihafen **Gjesvær** (*Gjesvær Turistsenter*, Motel und Camping, 1. 6. – 15. 9.). Dort werden z. B. Hochseeangeltörns und Vogelsafaris angeboten. Dem Ort sind viele kleine Inseln und Vogelfelsen vorgelagert.

Mitternachtssonne an der Finnmarkküste

TOUR 30: NORDKAP – VARANGER HALBINSEL – KIRKENES

NORDKAP – VARANGER HALBINSEL – KIRKENES

Länge dieser Tour: Rund 555 km, ohne Abstecher.

Die Route: Über die E69 bis **Russenes** – E6 bis **Lakselv** – R98 bis **Tana Bru** – E6 bis **Kirkenes** – E105 bis **Grense Jakobselv.**

Abstecher: Auf die **Varanger-Halbinsel**, 125 km einfach.

Reisedauer: Mindestens ein Tag, besser zwei Tage. Plus Extratag für Abstecher auf die Varanger-Halbinsel

Reisehöhepunkte: Die Tundralandschaft der **Finnmark** *** – **Vardø** und die **Varanger-Halbinsel** – **Grense Jakobselv**, Norwegens äußerstes Ende – eine Wildniswanderung im **Øvre Pasvik Nationalpark** *.

ROUTE: *Ab Honningsvåg zurück bis* **Olderfjord** *[N 70° 28' 25.3" E 25° 04' 16.8"] an der E6 und weiter auf der E6 südwärts, am Westufer des Porsangerfjords entlang, über* **Indre Billefjord** *und* **Stabbursnes** *nach* **Lakselv***, 156 km.*

Östlich von **Indre Billefjord** kann man zu einer Gruppe markanter weißer Dolomitfelsen im Meer, die als **„Die Trolle im Trollholmsund"** [N 70° 17' 06.2" E 25° 04' 15.8"] bekannt sind, abzweigen. 5 km Stichstraße dorthin.

Über sie gibt es eine hübsche samische Geschichte. Man erzählt sich, dass eines Nachts eine Schar von Trollen auf dem Weg über die Finnmarksvidda war. Sie hatten eine riesige Kiste voller Gold bei sich, die sie an der Küste weit im Norden sicher verstecken wollten. Langsam ging die

TOUR 30: NORDKAP – VARANGER HALBINSEL – KIRKENES

Nacht zu Ende und die Trolle versuchten nun fieberhaft am Porsangerfjord ein Loch zu graben, in dem sie ihren Schatz verbergen konnten. Aber so sehr sie sich auch mühten, kein Loch war groß genug, um den Schatz aufnehmen zu können. Also wanderten sie weiter. Aber gerade als sie den Porsangerfjord überqueren wollten, ging die Sonne auf. Und alle leichtsinnigen Trolle, die sich vor den ersten Sonnenstrahlen nicht rechtzeitig versteckten, wurden zu Stein.

Stabbursnes (Stabbursdalen Camping Feriesenter) ist Ausgangspunkt für Touren in den **Stabbursdalen Nasjonalpark.** Das 96 qkm große Natur- und Landschaftsschutzgebiet erstreckt sich westlich vom Porsangerfjord. Es ist ein artenreiches Eldorado der Tier-, Pflanzen- und Vogelwelt. Einige der Bäume dort sollen 500 Jahre alt sein. Im Park gibt es eine ganze Reihe markierter Wanderwege. Infos darüber im Naturhaus.

In Stabbursnes findet man das **Stabbursnes Naturhus og Museum** (geöffnet 14. Juni - 17. Aug. tgl. 9 - 20 Uhr; übrige Zeit 11 - 18 Uhr; www.museumsnett.no/stabbursnes). In diesem Natur- und Informationszentrum erfahren Sie alles über Fauna und Flora im Stabburdalen und über den nördlichsten Kiefernwald dort. Eindrucksvolle Landschaftsbilder sieht man in den Videopräsentationen, die im Museum gezeigt werden. Interessant ist der Film „Skábma - Gedanken über acht Jahreszeiten", der die samischen Jahreszeiten im hohen Norden schildert. Man erhält Auskunft über Wanderwege und Touren im Nationalpark. Es werden auch geführte Themenwanderungen (Geologie, Vogelkunde, Pflanzenwelt u. ä.) angeboten.

Achtung Routenalternativen! In Lakselv können Sie sich entscheiden, ob Sie den rund 500 km langen **Abstecher nach Kirkenes** und/oder auf die **Varanger Halbinsel** unternehmen wollen.

Falls Sie auf den Weg nach Kirkenes verzichten, fahren Sie von Lakselv auf der E6 weiter nach Karasjok (siehe Tour 31, Rückreisevarianten).

ROUTE: *In Lakselv verlassen wir die E6 und folgen der R98 in nordöstlicher Richtung. Man passiert* **Børselv, Ifjord** *und* **Rustefjelbma** *und erreicht schließlich nach 211 km* **Tana Bru.**

Die Strecke über die R98 folgt lange dem Ostufer des Porsangerfjords, Norwegens viertlängstem Fjord.

Etwa nach 20 km, auf halbem Wege von Lakselv nach Børselv, kann man am Landvorsprung **Roddineset [N 70° 10′ 03.4″ E 25° 17′ 36.5″]** an den gestuften Strandlinien erkennen, wie sich das Land nach der letzten Eiszeit langsam aus dem Meer hob. Mit „Roddenes" beschildert.

PRAKTISCHE HINWEISE – STABBURSNES, LAKSELV

Porsanger Turist Informasjon, im Ort an der E6, Postboks 18, 9711 Lakselv, Tel. 78 46 07 00, www.visitarcticnorway.no; geöffnet Mitte Juni - Mitte August Mo - Fr 9 - 17 Uhr, Sa + So 10 - 17 Uhr, übrige Zeit Mo - Fr 8.30 - 16 Uhr.

HOTELS

Lakselv Hotell, 44 Zi., Karasjokveien, E6, Tel. 78 46 54 00; www.lakselvhotell.no; Restaurant, Sauna.

CAMPING

Stabbursnes
Wenige Kilometer südlich von Stabbursnes passiert man einen schön am Vesterbotn gelegenen **Rast- und Picknickplatz [N 70° 06′ 18.2″ E 24° 55′ 04.9″]**, Picknicktische, Toilette.
Stabbursdalen Camping Feriesenter * [N 70° 10′ 39.8″ E 24° 54′ 30.3″]**, Tel. 78 46 47 60; www.stabbursdalen.no; 1. Jan. – 31. Dez., an der E6, Wiese hinter einigen Miethütten; ca. 1 ha – 30 Stpl.; Laden, Restaurant; 30 Miethütten ** – *****.
Lakselv
Solstad Camping ** [N 70° 03′ 06.2″ E 25° 00′ 30.6″], Tel. 78 46 14 04; 1. Juni – 31. Aug.; ca. 1 km östl. von Lakselv; ca. 2 ha – 150 Stpl.; Standardausstattung; 16 Miethütten Fremdenzimmer.

TOUR 30: NORDKAP – VARANGER HALBINSEL – KIRKENES

Ab **Børselv** (**Bungalåven Vertshus Børselv**, Restaurant, 6 Miethütten, **Campingmöglichkeit**, Tel. 95 77 82 11) findet man auf 80 km keine Tankstelle. Die nächsten Zapfsäulen gibt's wieder in Ifjord.

Im weiteren Verlauf quert die R98 im Süden die Sværholt-Halbinsel, dabei passiert man den **Silfar Canyon** südlich der Straße, der zu den längsten Canyons in Nordeuropa zählt.

Später zieht die R98 kurvenreich durch seendurchsetzte herrliche Tundralandschaft in einer eindrucksvollen Hochebene, die sich bis zur Südküste des Laksefjords erstreckt.

Man gelangt schnell hinab nach **Kunes**. Bei Kunes sind Luftschutzstellungen und Bunker mit Schützengräben aus dem Zweiten Weltkrieg erhalten.

Rund 15 km nördlich von Kunes sieht man den wilden Adamsfoss-Wasserfall herabstürzen (ca. 37 m).

Schließlich gelangt man nach **Ifjord** (**Ifjord Camping [N 70° 27' 45.2" E 27° 06' 23.6"]**, Tel. 78 49 98 17; 16. März – 31. Dez.; Stromanschlüsse, Cafeteria, 14 Miethütten). Stundenlang fährt man hier, ohne auch nur auf ein Zeichen menschlicher Behausung zu stoßen. Die Bevölkerungsdichte so weit im Norden ist sehr gering. Theoretisch lebt hier nur ein Mensch je Quadratkilometer.

Achtung Routenalternativen! Falls Sie auf den Abstecher auf die Nordkinn-Halbinsel verzichten, bitte weiter mit **„Hauptroute"** weiter hinten.

Abstecher auf die Nordkinn-Halbinsel

Seit noch nicht allzu langer Zeit kann man auf einer durchgehenden Straße, der R888, ab Ifjord über **Lebesby** (Ausstellung über den Hellseher Anton Johanson; Touristeninformation, Juni – Aug. tgl. 11 -– 17 Uhr, Tel. 78 49 98 69) und **Bekkarfjord** nordwärts auf die **Nordkinn-Halbinsel** zu den Hafenstädten **Kjøllefjord**, **Mehamn** und **Gamvik** fahren. Im Winter gilt der Abschnitt der R888

PRAKTISCHE HINWEISE – NORDKINN-HALBINSEL

Kjøllefjord Turist Informasjon, 9790 Kjøllefjord, im Ort im Hotel Nordkyn, Tel. 78 49 81 51, *ganzjährig geöffnet.*

Gamvik
Touristeninformation im Gamvik Museum, www.gamvik.kommune.no/touristinfo.

HOTELS

Kjøllefjord
Hotel Nordkyn, 12 Zi. + 12 Miethütten; Strandveien 136, Tel. 78 49 81 51, www.hotelnordkyn.no, Restaurant, Bootsverlieh.

Mehamn
Mehamn Arctic Hotell, 16 Zi., Tel. 78 49 67 00, www.mehamn.no, Restaurant, Pool, Bootsverleih, Entsorgungsstation für Womo-Abwässer.

Gamvik
Gamvik Gjestehus, 21 Zi. + 12 Miethütten, Strandveien 78, Tel. 90 47 78 78, www.gamvik.org; Bootsverleih.

CAMPING

Kjøllefjord
Nordkyn Camping [N 70° 56' 45.80" E 27° 19' 39.79"], Store Ringveg 24, Tel. 48 06 60 66, www.nordkyncamping.no; ganzjährig; Sauna, 7 Miethütten.

Mehamn
Mehamn Brygge og Rorbuer, Holmen Mehamn havn, Tel. 97 42 19 00; www.nordicsafari.no; 1. Jan. – 31. Dez.; Campingmöglichkeit bei einer Touristenanlage; Stromanschlüsse, Restaurant; 6 Miethütten, 5 Zimmer.

Gamvik
Campingmöglichkeit beim **Gamvik Gjestehus**, Strandveien 78, Tel. 90 47 78 78, ganzjährig; 12 Miethütten.

TOUR 30: NORDKAP – VARANGER HALBINSEL – KIRKENES

Die Straße R98 im Ifjordfjellet zwischen Ifjord und Rustefjelbma

zwischen Bekkarfjord und Hopseidet, die hier auf endlosen 42 km durch eine wirklich menschenleere Mondlandschaft führt, übrigens als Norwegens schwierigste Straße.

Westlich von **Kjøllefjord** liegt die ähnlich wie eine Kirche geformte Felsenklippe **„Store Finnkjerka"**, ein alter Opferplatz der Samen. Die Klippe ist nur zu Fuß oder per Boot zu erreichen.

Auf dem Weg nach Kjøllefjord passiert man die **Oksvågen Landstation**. Hier war lange eine Basis des norwegischen Walfangs, der früher in den Gewässern vor der Finnmark von dieser Landstation aus betrieben wurde. Von der Hauptstraße führt ein Weg zur Landstation, die man auf einem Spaziergang in einer knappen halben Stunde erreichen kann. Auf dem Wege kommt man durch den nördlichsten Birkenwald der Welt.

Überhaupt findet man auf der Nordkinn-Halbinsel einige „nördlichste" Dinge. So z. B. das **Kap Kinnarodden**, 71° 08' 00" nördlicher Breite, den nun tatsächlich **nördlichsten Festlandspunkt Europas** (das Nordkap liegt ja auf einer Insel). Der Punkt befindet sich rund 20 km nordwestlich von **Mehamn** und kann nur auf einer langen Wandertour erreicht werden.

Und nördlich von **Gamvik**, der nördlichsten Gemeinde Europas, steht auf dem Kap Varnesodden das **Slettnes fyr,** der nördlichste Festlands-Leuchtturm der Welt. Im Sommer Führungen und Cafeteria. Der Leuchtturm befindet sich auf dem gleichen Breitengrad wie die Nordspitze Alaskas.

An der recht stürmischen Küste am Slettnes fyr, deren Ufer übersät sind mit rundgeschliffenen Steinen, führt ein markierter Wanderweg entlang. Man kommt an der Höhle Varnesovnen vorbei, die 1944 während der Evakuierung genutzt wurde.

Besichtigen kann man in Gamvik das **Gamvik Museum 71° Nord,** Brodtkorbbruket, Strandveien 94 *(geöffnet 20. Juni - 20. Aug. tgl. 9 - 16.30 Uhr, übrige Zeit Mo - Fr 9 - 16 Uhr).* Das zeigt Ausstellungen über die Fischerei- und Küstenkultur, über Steinzeitfunde, die hier gemacht wurden, über die Siedlungsgeschichte, über den Walfang und über den Mehamn-Aufstand zeigt.

HAUPTROUTE

Auf der Weiterreise über die R98 ostwärts folgt ab **Ifjord** (ggf. hier tanken, da die nächste Tankstelle erst in 88 km in Rustefjelbma kommt), eine sehr schöne Fahrt durch die menschenleere, einsame Bergwelt des Ifjordfjellet nach **Sjursjok** am Tanafjord.

Ab Ifjord bis Rustefjelbma dürfte die Straße R98 wegen ihrer ausgefransten Bankettränder für Caravangespanne nicht gerade die reinste Freude sein. Sie ist in schlechtem Zustand, ja teils miserabel. Löchrig, wellig, ausgefahren. Dennoch ist es eine landschaftlich schöne Fahrt.

Der Streckenabschnitt über das Ifjordfjellet zwischen Ifjord und Sjursjok/Skjærnes ist

TOUR 30: NORDKAP – VARANGER HALBINSEL – KIRKENES

PRAKTISCHE HINWEISE – TANA BRU

Tana Turist Informasjon c/o **Tana Reioseliv AS**, 9845 Tana, www.visittana.no - oder Info-Tafeln am Tanatorget.

HOTELS

Hotel Tana, 29 Zi. + 12 Miethütten (Juni - Aug.), Tel. 78 92 81 98, einfaches Mittelklassehotel im Ort an der Durchgangsstraße, Cafeteria, **Campingmöglichkeit**.

CAMPING

Camping Hotel Tana, Tel. 78 92 81 98; 2. Jan. – 14. Dez.; Campingmöglichkeit hinter dem Hotell Tana an der R98 in Tana Bru gegenüber der SHELL-Tankstelle; gestufte, teils schräge Wiesen zwischen Straße und Tana-Fluss; ca. 2 ha – 50 Stpl.; einfache Standardausstattung; Restaurant. Supermarkt und Bank gegenüber; 12 Miethütten.
Tana Familiecamping *** [N 70° 09′ 57.8″   E 28° 13′ 38.0″], Tel. 78 92 86 30; 1. Mai – 1. Okt., nach telefonischer Anmeldung auch außerhalb der Öffnungsperiode; bei **Skiippagurra**, ca. 5 km südöstl. Tana Bru, am östl. Ufer des Tanaflusses, Nähe Abzweig R895 von der E6; kleines, welliges Wiesenstück oberhalb der Rezeption und Cafeteria; ca. 2 ha – 60 Stpl.; Standardausstattung; 17 Miethütten * - **.
Camping Storfossen *** [N 70° 04′ 03.9″   E 27° 44′ 45.4″], Tel. 78 92 88 11; 1.März – 15. Okt.; ca. 30 km südwestl. von Tana Bru, zwischen E6 und Fluss; 50 Stpl.; einfacher Übernachtungsplatz, 14 Miethütten.

gewöhnlich zwischen Anfang Oktober und Ende Mai gesperrt!

Ab **Rustefjelbma** (sehenswerte Kirche von 1964, sowie *Tana Vertshus*, 26 Betten) folgt die R98 dem breiten, lachsreichen Tana-Fluss südwärts bis **Tana Bru** und trifft dort auf die E6.

Wie viele Gemeinden in der Finnmark ist auch **Tana Bru/Deatnu [N 70° 11′ 56.8″   E 28° 11′ 26.4″]** eine flächenmäßig sehr große Kommune. Auf 4.045 qkm leben hier aber kaum mehr als 3.000 Einwohner.

Wie der Ortsname schon vermuten lässt, liegt Tana Bru am Fluss Tanaelva, auf Samisch „Deatnu" und auf Finnisch „Teno", der Strom.

Der lachsreiche **Tana-Fluss**, mit über 300 km der drittlängste Fluss in Norwegen, markiert auf über 200 km die Grenze zu Finnland. Tana, wo Landwirtschaft, Rentierhaltung und Bergbau die Haupterwerbsquellen sind, ist ein dreisprachiges Städtchen. Hier wird Norwegisch genauso verstanden, wie Samisch und Finnisch.

Das **Deanu Musea/Tana Museum**, ein Museum, das sich vornehmlich mit der Lachsfischerei im Tanaelva, und mit der Fischerei im Wandel der Zeit befasst, findet man in **Polmak** an der R895 an der Südseite des Flusses, gut 12 km südwestlich von Tana Bru *(geöffnet Sommer tgl. 10 - 17 Uhr)*.

Im Museum erfährt man z. B. dass im Tanaelva, angeblich Norwegens fischreichstem Fluss, das Fischen mit Treibnetzen erlaubt ist, dass das Fischen im Fluss durch eigene Gesetze geregelt ist und dass über ein Drittel des norwegischen Wildlachses aus dem Tanaelva und seinen Nebenflüssen stammt.

Abstecher nach Berlevåg

Berlevåg liegt an der Eismeerküste weit im Nordwesten der Varanger Halbinsel.

Wer unberührte arktische Natur liebt, gerne über Stock und Stein durch einsame

CAMPING – BERLEVÅG

Berlevåg Pensjonat og Camping *** [N 70° 51′ 26.0″   E 29° 06′ 02.2″], Havngata 8, Tel. 78 98 16 10; www.berlevag-pensjonat.no; 1. Juni – 30. Sept., in Berlevåg an der Nordküste der **Varanger-Halbinsel**, 135 km nördlich von Tana Bru, zu erreichen über die R890; kleinere Campingmöglichkeit mit etwa 20 Stellplätzen, Sanitärs im Gasthaus, Stromanschlüsse; 6 Fremdenzimmer, Bad auf dem Flur. Hier ist auch die **Touristeninformation** zu finden.

TOUR 30: NORDKAP – VARANGER HALBINSEL – KIRKENES

Landschaften wandert oder lieber Lachse angelt oder an einem Hochseeangeltörn teilnimmt, kommt in dieser wirklich abgelegenen Ecke Norwegens voll auf seine Kosten.

Eine besondere Attraktion sind **Kamtschatka-Krabben-Safaris,** auf denen aber nicht nur nach Riesen- oder Königskrabben gefischt, sondern – je nach Saison – auch nach Dorsch oder Seelachs geangelt wird. Und wenn Sie nicht angeln wollen können Sie mit etwas Glück vor allem im Frühjahr Wale beobachten.

Zu den eher bescheidenen Sehenswürdigkeiten in Berlevåg zählt das **Havnemuseum** in der Havnegata (geöffnet 15. Juni - 15. Aug. Mo - Fr 10 - 18, Sa + So 13 - 18 Uhr; übrige Zeit Mo - Fr 12 - 15 Uhr). Themen der Ausstellungen sind Schiffahrt, Fischfang, Hafen und Mole sowie der 2. Weltkrieg. 20-minütiger Videofilm.

Zurück nach **Tana Bru**.

HAUPTROUTE

ROUTE: Weiterreise von **Tana Bru** auf der E6 ostwärts über die Flussbrücke bis **Varangerbotn,** 13 km.

Varangerbotn/Vuonnabahta [N 70° 10' 21.8" E 28° 33' 19.1"] am West-ende des Varangerfjords ist ein wichtiger Verkehrsknotenpunkt (Tankstelle) in der östlichen Finnmark und Teil der Gemeinde Nesseby/Unjárga.

Einen Besuch lohnt das **Várjjat Sámi Musea/Varanger Samiske Museum** (geöffnet Mitte Juni - Mitte/Ende Aug. tgl. 10 - 18 Uhr, übrige Zeit Mo - Fr 10 - 15 Uhr; www.varjjat.org). Das Museum veranschaulicht mit lebendig und modern gestalteten Ausstellungen die Kulturgeschichte des Volks der See- und Küstensamen.

Im Museum ist auch die **Touristeninformation** untergebracht, www.varanger.com.

Achtung Routenalternativen! Falls Sie auf den Abstecher auf die Varanger-Halbinsel verzichten, bitte weiter mit **„Hauptroute"** weiter hinten nach Kirkenes, oder bereits ab Tana Bru Beginn der Rückreise auf der E6/E75.

Abstecher auf die Varanger-Halbinsel

Ab **Varangerbotn/Vuonnabaht** bietet sich ein Abstecher über die E75 ostwärts nach **Vadsø** und **Vardø** auf der **Varanger-Halbinsel** an. Die gesamte riesige Halbinsel ist ein Paradies für Wanderer, Angler, für Naturfreunde und für alle, die Einsamkeit und Ruhe suchen.

ABSTECHER: *Die E75 folgt ab* **Varangerbotn/Vuonnabahta** *der Nordküste des Varangerfjords. Man passiert* **Nesseby/Unjárga** *und* **Mortensnes** *mit frühgeschichtlichen Ausgrabungen, dann* **Vestre Jakobselv** *und erreicht nach 66 km* **Vadsø**.

Beachtung verdient die hübsche, weiße **Nesseby Kirche** aus dem 19. Jh., die weiter östlich etwas abseits der Straße E75 Richtung Vadsø recht malerisch auf einer Landzunge an der Nordseite des Varangerfjords liegt.

Bei **Mortensnes** am nördlichen Fjordufer, ca. 5 km östlich der Nesseby Kirche an der E75, wurden frühgeschichtliche Siedlungsreste mit Grundmauern, Gräbern, Fallgruben, Opferstätten entdeckt. Sie sind im **Mortenses Kulturminne Museum [N 70° 07' 43.7" E 29° 02' 37.6"]** zu besichtigen (geöffnet 15. Juni - Mitte/Ende. Aug. tgl. 10 - 18 Uhr, übrige Zeit Mo - Fr 10 - 15 Uhr). Das Museum ist quasi eine Außenstelle des Varanger Samiske Museum in Varangerbotn. Der Parkplatz wird von Wohnmobilfahrern auch als Übernachtungsstellplatz genutzt.

Die Nesseby Kirche am Varangerfjord

TOUR 30: NORDKAP – VARANGER HALBINSEL – KIRKENES

PRAKTISCHE HINWEISE

Nesseby/Unjárga
Nesseby Turist Informasjon, im Varanger Samiske Museum, 9820 Varangerbotn, Tel. 78 95 99 20, www.varanger.com, *geöffnet wie Museum, s. u.*

CAMPING

Gandvik Camping **; Tel. 78 95 85 31; Ende Juni – Ende Aug.; an der E6; ca. 1 ha – 30 Stpl.; 4 Hütten.

Vestre Jakobselv
Vestre Jakobselv Camping og Ungdomssenteret [N 70° 07' 06.7"   E 29° 19' 56.3"], Lilledalen 6, Tel. 78 95 60 64, www.vj-camping.no; 1. Mai – 30. Sept.; im Ort beschilderter Abzweig von der E75 und noch ca. 800 m; Wiese neben der Jugendherberge (Rezeption) mit Platz für ca. 20 Caravans oder Wohnmobile. Im hinter Platzteil weicher Untergrund. Stromanschlüsse; Cafeteria. 7 Miethütten.

Prähistorische Funde weisen darauf hin, dass das Gebiet um den Varangerfjord schon vor etwa acht- bis zehntausend Jahren besiedelt war. Bis um 1600 allerdings waren die Siedlungen mehr sporadischer Natur und richteten sich mehr nach den Jagdgepflogenheiten der damaligen Bewohner, lange ausschließlich Sami, die Fischfang betrieben, Ren- und Pelztiere jagten. Samischen Ursprungs ist auch der Gemeindename Nesseby.

1688 wurde auf Geheiß des Königs am Westufer des Varangerfjords eine erste kleine Marktgemeinde namens Karlebotn gegründet, die rasch ein beliebter Treffpunkt für Händler aus Russland, Norwegen und Schweden wurde.

Interessant ist ein Spaziergang durch die Freilichtabteilung des Museums, durch „10.000 Jahre Geschichte". Der **„Kulturpfad"** beginnt an der Information am Museum und führt durch eine Ansammlung von Kulturdenkmälern, Siedlungsresten aus verschiedenen Perioden, vorchristliche Samigräber, sowie Opferstätten. Ein Torhaus der Küstensami wurde am Ufer des Fjord rekonstruiert. In früheren Zeiten lebten in solchen Torfhütten Mensch und Tier unter einem Dach.

Vadsø mit seinem relativ hohen finnischstämmigen Bevölkerungsanteil ist Hauptverwaltungsort der Finnmark (Denkmal *Innvandrermonumentet*). Vor allem im 18. und 19. Jh. kamen sog. „Kvener", Finnland-Norweger mit finnischer Sprache und Kultur hierher nach „Ruija" (Land am Eismeer), ließen sich als Fischer oder Grubenarbeiter nieder und prägten damals die hießige Region.

Das **Varanger Museum - Ruijka Kvenmuseum**, Hvistendalsgata 31, in Vadsø, das auch als Heimat- u. Stadtmuseum fungiert, befasst sich u. a. mit der Geschichte der Volksgruppe der „Kvener", die im 18. und 19. Jh. aus Finnland und Nordschweden nach „Ruija", dem „Land am Eismeer", kamen. Das Museum liegt in der Ortsmitte an der Hauptstraße *(geöffnet 20. Juni - 15. Aug. Mo - Fr 10 - 17, Sa + So 10 - 16 Uhr, übrige Zeit Mo - Fr 10 - 15 Uhr, www.museumsnett.no/vadsomuseet)*.

In der Nähe des Varanger Museums kann man den stattlichen Museumshof **„Esbensengården" [N 70° 04' 28.9"   E 29° 46' 01.9"]**, ein Patrizierhaus und Handelshof aus der Mitte des 19. Jh., besichtigen. Das

PRAKTISCHE HINWEISE – VADSØ

Vadsø Turist Informasjon, Kirkegata 15, 9811 Vadsø, Tel. 78 94 04 44; www.varanger.com; *geöffnet Mitte Juni bis Mitte/Ende Aug. Mo - Fr 10 - 18, Sa + So 10 - 16 Uhr, übrige Zeit Mo - Fr 8 - 15.30 Uhr.*

HOTELS

Nobile Hotell [N 70° 04' 03.8"   E 29° 44' 56.5"], 30 Zi., Brugata 2, Tel. 78 95 33 35; www.nobilehotell.no; Restaurant, Cafeteria.
Rica Hotel Vadsø, 68 Zi., Oscarsgata 4, Tel. 78 95 52 50; www.rica.no/hotel-vadso; Restaurant „Oscar Mat og Vinhus", Sauna.

TOUR 30: NORDKAP – VARANGER HALBINSEL – KIRKENES

Anwesen, eine Rarität hier soweit im Norden, besteht aus Herrenhaus, Stallungen, Remise für Kutschen, Scheune und Gesindeunterkünften. Abzweig von der E75 zum Museumshof.

Ebenso gehört der kvenisch-finnische Museumshof **Tuomainenegården** aus der Zeit um 1840 zum Vadsø-Museum.

Ein Stück außerhalb des Ortszentrums liegt der **Haltemast Luftskipsmasta [N 70° 04' 26.4" E 29° 45' 13.0"],** an dem einst die von Amundsen und Nobile zur Nordpolerforschung benutzten Luftschiffe „Norge" und „Italia" festmachten. Vom Parkplatz **[N 70° 04' 03.8" E 29° 44' 56.5"]** am Nobile Hotel führt ein Fußweg zum Masten.

Die **Ausstellung „Luftschiffe und Schiffe"** zeigt Bilder, Dokumente und Exponate über die Nordpolexpeditionen mit den Luftschiffen „Norge" und „Italia", die hier 1926 und 1928 festmachten. Man sieht ein Modell der Gondel der „Norge" sowie Kopien von Amundsens Fotografien über seine Polexpeditionen. Das Museum liegt im Hafen hinter dem Hafenterminal *(geöffnet 20. Mai - 30. Sept. 7.30 - 8.15 Uhr zur Ankunftzeit der Hurtigrutenschiffe).*

ABSTECHER: *Weiterreise auf der E75 nach* **Vardø,** *76 km.*

13 km östlich von Vadsø kann man zur unter Naturschutz stehenden **Vogelinsel Ekkerøya** abzweigen. Man findet dort die einzigen Nistklippen für Seevögel in der Finnmark, die auf dem Landwege erreichbar sind. Parkplatz. Markierte Natur- und Wanderwege.

Die ehemalige Fischverarbeitungsfabrik **Kjeldsenbruket**, die auf **Ekkerøya [N 70° 04' 47.8" E 30° 04' 41.7"]** von 1900 bis 1960 in Betrieb war, wurde restauriert und dient nun als **Fischerei- und Fabrikmuseum**. Ausstellungen „Historische Fischereigeräte" und „Vögel in Varanger", Trankocherei, „Tante Emma Laden" *(geöffnet Sommer 12 - 18 Uhr).*

Auf dem Landvorsprung **Kibergneset** kurz vor Vardø befand sich während des Zweiten Weltkriegs eine der größten Kanonenstellungen in Europa. Kibergneset ist der **östlichste Punkt** des norwegischen Festlandes. Hier ist auch das **Kiberg Partisanenmuseum** eingerichtet worden *(geöffnet 1. Juni - 31. Aug. tg. 8 - 18 Uhr).*

Schließlich erreicht man **Vardø**, das „Tor zur Barentssee". In Norwegens östlichster Stadt (31°05'55 Ost) und einziger Stadt des Landes, die in der arktischen Klimazone liegt, d. h., die Jahresdurchschnittstemperatur liegt unter 10° C, gelangt man durch einen 2,9 km langen See-Tunnel, der an seiner tiefsten Stelle 88 m unter dem Meeresspiegel verläuft. Er war der erste seiner Art in Norwegen.

Interessant und bedeutsam für die lokale Handels- und Kulturgeschichte sind die Ausstellungen im **Pomormuseum [N 70° 22' 15.9" E 31°° 06' 25.3"]** *(geöffnet 15.*

Vardø

TOUR 30: NORDKAP – VARANGER HALBINSEL – KIRKENES

Die Vardøhus Festung

Juni - 15. Aug. 12 - 17 Uhr, übrige Zeit tgl. 16 - 17 Uhr; www.vardomuseum.no). Es informiert über den russische/norwegischen Handel der Region Pomor zwischen dem 18. Jh. und der russischen Revolution. Das Museum ist in den denkmalgeschützten Gebäuden der historischen Kaispeicheranlage **Brodtkorbsjåene** mitten in der Stadt untergebracht

Zu den historischen Sehenswürdigkeiten der Inselstadt zählt vor allem die **Vardøhus Festning [N 70° 22' 21.1" E 31° 05' 55.3"]**, eine große, achteckige Sternschanze, die 1738 angelegt worden ist *(geöffnet Sommer tgl. 8 - 21 Uhr, Winter 10 - 18 Uhr)*. Die Festungsanlage liegt in der Festningsgaten 20 im Westen der Stadt unweit oberhalb des Denkmals von Fridtjof Nansen. Zufahrt am Pomormuseum bergwärts und noch 200 m. Schon um 1300 war Vardø stark befestigt. Und heute ist die Festung die älteste in Norwegen und die nördlichste ihrer Art weltweit.

Nur etwa 300 m von der Festung entfernt ist in der Per Larssensgate 32 in einem stattlichen Gebäude aus dem Jahre 1920 am Bussesund das **Vardø Lushaugenmuseum [N 70° 22' 32.6" E 31° 05' 21.4"]** untergebracht *(geöffnet Juni - Aug. Mo - Fr 9 - 17 Uhr, Sa + So 12 - 17 Uhr)*. Neben Ausstellungen zur Natur- und Kulturgeschichte der Region Vardø sowie über die Polarforscher Fridthof Nansen und Willem Barentsz zeigt das Museum eine Sammlung zum Thema Hexenverfolgung in der Finnmark.

Man hält es kaum für möglich, aber das abgelegene Vardø soll im Mittelalter eine Stadt der Hexen gewesen sein. Die Leute behaupteten damals, dass die Hexen den Teufel in einer Höhle und auf dem Gipfel des Hexenberges Domen trafen. Aktenkundig ist die Verbrennung von 80 Frauen, die zwischen 1621 und 1692 als Hexen einen grausamen Feuertod auf dem Scheiterhaufen erleiden mussten.

1893 startete Fridtjof Nansen mit dem berühmt gewordenen Polarschiff „Fram" von Vardø aus zu seiner Expedition zum Nordpol. Ein Denkmal am Fridtjof Nansen Plass erinnert an den Polarforscher.

Und falls sie Ihren Besuch in der nördlichsten Festungsstadt der Welt sowie die Passage der Barentssee im ersten Unterseetunnel Norwegens bescheinigt wissen wollen, können Sie sich das im Touristenbüro oder im Souvenirladen am Kai des Pomormuseums mit einem käuflich zu erwerbenden Tunnelzertifikat (NOK 100,-) beurkunden lassen.

In Vardø gibt es bislang weder Campingmöglichkeiten noch Tankstellen.

Abstecher an die Nordküste

Lohnend ist ein Abstecher nach **Hamningberg [N 70° 32' 25.6" E 30° 37' 43.9"]**, rund 41 km nordwestlich von Vardø gelegen. Es ist eine herrliche, sehr lohnende Fahrt in diesen wirklich abgelegenen Ort

TOUR 30: NORDKAP – VARANGER HALBINSEL – KIRKENES

PRAKTISCHE HINWEISE – VARDØ

Vardø Turist Informasjon [N 70° 22' 26.1" E 31° 06' 13.6"], Kaigate 18, 9950 Vardø, Tel. 78 98 69 07, www.varanger.com; an der Hafenmole beim Vardø Hotel; geöffnet 15. Juni- 31. Aug. Mo - Fr 10 - 17 Uhr, Sa + So 12 - 17 Uhr.

HOTELS

Vardø Hotel, 42 Zi., Kaigata 8, Tel. 78 98 77 61; www.vardohotel.no; im Stadtzentrum, Restaurant Arctic.

buchstäblich am Ende von Europa, in dem die Straße endgültig endet.

Der Weg hierher führt an der Nordmeerküste entlang durch eine Urweltlandschaft aus zernagten, bizarr geformten Felsen. Wissenschaftler sagen, dass hier „deutliche geologische Spuren der plattentektonischen Bewegungen der Erdkruste" zu erkennen und an anderen Stellen „die Arbeit der Eismassen in den verschiedenen Eiszeiten" zu sehen ist, die an manchen Küstenstrichen in Form von wellenartigen Kiesrändern noch heute deutlich zu erkennen sind.

Von Vardø muss man den selben Weg über die E75 wieder zurück bis **Varangerbotn** fahren. Es gibt keine Alternative.

HAUPTROUTE

ROUTE: *Der Verlauf unserer Hauptroute führt ab Varangerbotn über die E6 nach Südosten. Man passiert den alten Handelsplatz* **Karlebotn**, *dann* **Grasbakken**. *Auch hier wurden steinzeitliche Funde gemacht.*

Bald erreicht man die herrliche **Bucht von Gandvik**.

Nachdem man die von wuchtigen Felsrücken umgebene Bucht Gandvika umfahren hat (schöner **Rast- und Picknickplatz [N 70° 00' 26.9" E 29° 12' 03.5"]** mit Toiletten und Picknicktischen), passiert man den Abzweig zum noch recht ursprünglich erhaltenen Fischerdorf **Bugøynes** (ca. 20 km).

Bugøynes hatte das Glück, im Zweiten Weltkrieg nicht niedergebrannt zu werden. Diesem Umstand ist es zu verdanken, dass sich der Ort mit seinen Gebäuden im alten finnischen Baustil noch heute wie zu Zeiten seiner Besiedelung durch finnischsprachige Kvener im 19. Jh. präsentiert. Viele Einwohner sprechen immer noch ihren alten finnischen Dialekt.

Beachtenswert ist der restaurierte **Plem-Kai**, der einen Eindruck von der früheren Küstenkultur in dieser abgelegener Region Norwegens vermittelt.

Interessant auch der alte **Lassigården**, ein Handels- und Kaufmannshof aus dem Jahre 1850. Hier gibt es auch ein Café.

Von Bugøynes aus geht man dem Fang der riesigen Kamtschatkakrabben nach.

Ein gekennzeichneter Wanderweg führt südwärts zum **Ranvika Vogelfelsen**, den man nach gut 90 Minuten Gehzeit erreicht.

Zurück zur E6.

Auf der Weiterfahrt Richtung Kirkenes kommt man schließlich durch **Neiden**.

In Neiden bietet sich westlich der Straßengabelung Gelegenheit zur hübschen **Kirche von Neiden** abzuzweigen, die einer Stabkirche nicht unähnlich ist. Die Holzkirche wurde übrigens 1902 als „kulturelle Grenzmarkierung" zu Finnland errichtet.

Nach der Brücke über den Wasserfall und dem Abzweig der Straße 893 nach Ivalo sieht man ein Hinweisschild zur russisch-orthodoxen **St. Georgs Kapelle [N 69° 41' 19.5" E 29° 22' 28.9"]**. Der kleine, unscheinbare Holzbau mit einem bescheidenen orthodoxen Kreuz auf dem Dach stammt aus der Mitte des 16. Jh.

Die etwas abseits auf einer kleinen Erhöhung gelegene Kapelle gilt als einzige ihrer Art in ganz Norwegen. Sie entstand in einer

PRAKTISCHE HINWEISE – NEIDEN

Neidenelven Camping og Motell * [N 69° 41' 56.3" E 29° 22' 37.9"]**, Tel. 78 99 62 03; 1. Jan. – 31. Dez., an der E6 westlich der Straßengabelung (R893), in einem Birkenwäldchen, ca. 3 ha – 45 Stpl.; Standardausstattung; Laden, Cafeteria. 14 Miethütten ** – ****. beim **Neidenelven Motell**, 13 Zi.; **V & E für Wohnmobile**.

TOUR 30: NORDKAP – VARANGER HALBINSEL – KIRKENES

Die altehrwürdige orthodoxe St. Georgskapelle

Zeit, als die Skolte-Samen, die lange in Neiden ihr Sommerlager hatten, für den christlichen Glauben gewonnen wurden. Jedes Jahr am letzten Sonntag im August findet vor der Kapelle eine feierliche russisch-orthodoxe Freilichtmesse statt.

Ab Neiden bietet sich die Möglichkeit über Finnland zurückzureisen **[N 69° 41' 32.5" E 29° 22' 18.1"]**, siehe nächs-te Tour 31, Rückreisevarianten.

ROUTE: *Weiterreise auf der E6 ostwärts bis* **Kirkenes***, das man nach rund 45 km erreicht.*

Die Tundralandschaft hier, mit ihren unzähligen Seen, weiten, sanft geschwungenen, kahlen, nur mit Flechten und Moos bewachsenen Hügelkuppen und niederen Birkenwäldern in den Senken und Tälern, hinterlässt trotz ihrer Kargheit und Eintönigkeit einen nachhaltigen Eindruck.

Kirkenes (ca. 4.900 Einw.), der eisfreie Erzhafen, ist nicht nur durch die ergiebigen Erzvorkommen bei Bjørnevatn (Grubenbesichtigung möglich) von wirtschaftlicher, sondern durch seine grenznahe Lage zur früheren Sowjetunion auch von großer strategischer Bedeutung für das Land. Von Kirkenes sind es übrigens 2.502 km bis nach Oslo und 5.102 km nach Rom.

Kirkenes wurde im Zweiten Weltkrieg bei fast 300 Bombenangriffen nahezu völlig zerstört. Viele der Einwohner konnten dank der ausgedehnten Bergwerkstollen, die als Bunker dienten, die Bombardements überleben.

Einer dieser Zufluchtsbunker war die **Andersgrotte** in der Tellef Dahls gate. Im Sommer finden dort regelmäßig Führungen statt. Zudem wird ein 90-minütiger Film über die Kriegswirren in und um Kirkenes gezeigt. Nähere Infos und Anmeldung im Touristenbüro.

Zu den eher bescheidenen Sehenswürdigkeiten in Kirkenes zählen das **Savio Museum**, das Werke des samischen Künstlers John Andras Savio (1902 – 1938) zeigt, sowie das **Sør-Varanger Grenselandmuseet [N 69° 43' 11.4" E 30° 02' 25.0"]**, Førstevannslia, das am Stadtrand etwas außerhalb an der E6 an der Zufahrt nach Kirkenes liegt. Das Museum befasst sich mit der Geschichte des Grenzgebietes. Kriegsausstellung aus dem Zweiten Weltkrieg. *Beide Museen sind geöffnet Ende Juni - Mitte Aug. 10 - 18 Uhr, übrige Zeit 10 - 15.30 Uhr, www.sosr-varanger.museum.no.*

Eine naturnahe, interessante Abwechslung ist ein **Ausflug mit Flussbooten** zur russischen Grenze bei **Boris Gleb**. Sie erleben die Küstenlandschaft und mit etwas Glück bekommen Sie Seehunde, Seeadler, Falken und Rentiere zu Gesicht. Die Touren werden vom 1. 6. bis 30. 9. täglich um 15 Uhr und 18 Uhr ab Kleinboothafen Kirkenes durchgeführt. Infos und Anmeldung bei *Barents Safari, Tel. 90 19 05 94.*

Andere Ausflüge werden angeboten zur russischen Grenze und in die riesige **Eisenerzgrube**, aus der fast 100 Jahre lang bis 1996 im Tagebau Eisenerz gefördert wurde. In einem Tunnel hier fanden im 2. Weltkrieg während der Bombardements auf Kirkenes 3.500 Menschen Zuflucht. Wiederaufnahme des Bergbaubetriebes 2009 (geplant).

Seit den politischen Veränderungen im einstigen Ostblock und dem Zerfall des Sowjetreiches sind **Ausflüge ins russische Murmansk** möglich. Ab Kirkenes werden im Sommer Ausflüge per Bus oder Boot angeboten. Allerdings ist für Ausflüge nach Russland nach wie vor ein Visum notwendig! Aktuelle Infos über die Visumerlangung, über Ausflüge, Unterkünfte, Transport etc. erfährt man im Touristenbüro

TOUR 30: NORDKAP – VARANGER HALBINSEL – KIRKENES

PRAKTISCHE HINWEISE – KIRKENES

Kirkenes Turist Informasjon [N 69° 43′ 40.9″ E 30° 02′ 49.2″], Presteveien 1, 9915 Kirkenes, Tel. 78 99 25 44; www.kirkenesinfo.no. *Geöffnet Juni - 31. Aug. Mo - Fr 9 - 18.30, Sa + So 10 - 16 Uhr; übrige Zeit Mo - Fr 9 - 16.30 Uhr.*

HOTELS
Rica Hotel Kirkenes, 61 Zi., Pasvikveien 63, Tel. 78 99 14 91; www.rica.no/hotelkirkenes; Restaurant.
Rica Arctic Hotel, 92 Zi., Kongensgt. 1 - 3, Tel. 78 99 59 00; www.rica.no/arctic; Restaurant, Sauna.

CAMPING

Camping Kirkenes *** [N 69° 41′ 51.7″ E 29° 56′ 59.8″], Ekveien 19, Hesseng, Tel. 78 99 80 28; www.kirkenescamping.no; 1. Jan. - 31. Dez.; ca. 7 km südwestl. Kirkenes, an der E6 beschilderte Zufahrt; oberhalb der E6 kleines, ebenes, geschottertes Stellplatzrondell, einerseits von Birkenwald, andererseits von einer felsigen Anhöhe umgeben. Für Zelte eine separate Wiese; ca. 2,5 ha – 40 Stpl.; Standardausstattung; 18 Miethütten. **V & E Station für Wohnmobile**, kleine, befahrbare Betonfläche mit Wasserhahn plus Schlauch am Platzeingang gegenüber der Rezeption. Chemikalausguss neben dem Sanitärgebäude.

Die **Mitternachtssonne** kann man in Kirkenes (70° Nord 30° Ost) erleben vom **18. Mai bis 26. Juli**.

Abstecher an die russische Grenze

Ein Ausflug über die E105 und R886 ostwärts endet nach 54 km in **Grense Jakobselv,** unmittelbar an der norwegisch-russischen Grenze. Planen Sie für Abstecher hin und zurück etwa drei Stunden ein.

Die Straße ist anfangs in gutem Zustand, stößt bei **Storskog [N 69° 39′ 38.5″ E 30° 12′ 07.9″]**, 12 km östlich von Kirkenes, an die russische Grenze (offizieller Grenzübergang nach Murmansk in Russland) und führt später kurvenreich weitere 42 km durch eine herrlich wilde, felsreiche Berglandschaft mit einigen glasklaren Seen.

Die letzten 10 km der Straße, die nun meist unmittelbar am Grenzfluss Jakobselv entlangführt, ist eine Erdstraße mit gelegentlichen Schlaglöchern, aber ohne Probleme befahrbar.

Einen „Ort" Grense Jakobselv im eigentlichen Sinne gibt es nicht. Lediglich die 1869 errichtete, meist verschlossene **König Oscar II. Steinkapelle [N 69° 47′ 08.2″ E 30° 48′ 39.9″]** findet sich hier. Sie soll ein Symbol für die Souveränität Norwegens darstellen.

Die Staatsgrenze zwischen Norwegen und Russland verläuft mitten im Fluss Ja-

nur im Winter geöffnet, die Bar aus Eis im Kirkenes Snow Hotel

TOUR 30: NORDKAP – VARANGER HALBINSEL – KIRKENES

kobselv. Schilder mit Verhaltensinfos weisen immer wieder darauf hin.

Die Straße endet schließlich am Eismeer an einer Mole mit einigen Fischerhütten. Das kleine, sandige Gelände an der Mole (Platz für etwa 6 Wohnmobile, Toilette) und eine kleine Wiese mit sandigem Untergrund kurz zuvor werden gerne als **Wohnmobil-Stellplatz [N 69° 47' 26.4" E 30° 47' 38.2"]** genutzt.

Weiter nach Osten zu reisen, ist in Norwegen nicht möglich.

Abstecher in den Øvre Pasvik Nasjonalpark

ABSTECHER: *6 km südlich von Kirkenes zweigt von der E6 die R885 ab* **[N 69° 41' 14.9" E 29° 59' 19.9"]**. *Die Straße führt nach Süden durch das Pasviktal über* **Svanvik** *nach* **Nyrud** *(100 km). Von dort geht es auf mautpflichtigen Fahrwegen bis zum* **Øvre Pasvik Nationalpark**.

In **Svanvik** kann man im Sommer den Museumshof **Bjørklund Gård**, einen historischen Siedlerhof aus der Mitte des 19. Jh., besichtigen (die genauen Öffnungszeiten sind im Grenselandmuseum in Kirkenes zu erfahren).

Bemerkenswert ist die **Svanvik Kapelle**, eine Holzkirche, die 1934 unter König Håkon VII. errichtet wurde, um das Pasvik-Gebiet als norwegisches Territorium zu markieren.

Informationen über den weiter südlich gelegenen Nationalpark **Øvre Pasvik Nasjonalpark** erfährt man im **Bioforsk Svan-hovd Nationalparkzentrum,** Tel. 46 41 36 00; www.bioforsk.no/svanhovd. Moderne Ausstellungen informieren über Fauna, Flora und Kulturgeschichte des Pasviktals.

In Svanvik können Sie sich einer **Bärensafari** anschließen. In Begleitung erfahrener Wildhüter kommen Sie in Teile des Nationalparks, in denen große Bärenpopulationen leben. Dauer des Ausflugs ca. 4 Stunden. Auskunft im Pasvikdalen Villmarkssenter Svanvik, Tel. 78 99 50 01.

Schließlich kann man von der **„Høyde 96"** (Höhe 96, Aussichtspunkt mit Café) nicht weit südwestlich von Svanvik an der Straße 885 einen herrlichen **Panoramablick** genießen bis hinüber zur russischen Bergbaustadt **Nikel**. Am Fuße des Berges liegt ein Friedhof mit einer Gedenkstätte an die Ost-Samen, die Urbevölkerung des Pasvik-Tales.

Nördlich von **Nyrud** in Øvre Pasvik liegt der **Noatun Hof,** eine alte ornithologische Station, von der aus schon seit dem ausgehenden 19. Jh. die interessante Vogelwelt der Region beobachtet und erforscht wurde.

Zwischen Vaggatem und Nyrud findet man **Øvre Pasvik Camping**, Vaggatem, Tel. 78 99 55 30, www.pasvik-cafe.no; 1. Jan. – 31. Dez.; einfacher Übernachtungsplatz mit Stromanschlüssen. Cafeteria, 6 Fremdenzimmer.

Südwestlich von Nyrud **[N 69° 09' 04.9" E 29° 13' 41.6"]** liegt am **Dreiländereck** Norwegen/Finnland/Russland im äußersten Zipfel im Nordosten Norwegens der **Øvre Pasvik Nasjonalpark**.

Das 68 qkm große Gebiet wurde 1970 unter Naturschutz gestellt. Hier findet man ausgedehnte Seen und endlos erscheinende Kiefernwälder mit einer bemerkenswerten Pflanzen- und Tierwelt. In der Region leben noch zahlreiche Bären, Wölfe und Vielfraße.

Das Gebiet eignet sich zu ausgedehnten Wildniswanderungen für Geübte oder zu Kanutouren auf dem verzweigten und mit vielen Inselchen durchsetzten **See Ellenvatnet** in der Abgeschiedenheit und Ruhe einer Urlandschaft, die hier einen fließenden Übergang von der skandinavischen Natur zur russischen Tundralandschaft bildet.

Ein Fahrweg führt wenige Kilometer nordwestlich von Nyrud bei Vaggatem von der Hauptstraße R885 nach Südwesten bis zu einem **Parkplatz am See Sortbryststjern**. Von dort kann man auf einem markierten Pfad bis zum mitten im Nationalpark gelegenen See Ellenvatnet wandern.

Rund 18 km südwestlich von Nyrud liegt am Dreiländereck der Dreiländerstein **Treriksrøysa**. Die Länder Norwegen, Finnland und Russland grenzen hier aneinander. Der Punkt ist durch eine **Steinpyramide** markiert. Es ist aber nicht erlaubt, um die Steinpyramide herum zu gehen (Verletzung der Staatsgrenzen).

Ein mautpflichtiger Waldweg führt zwischen Noatun und Nyrud bis in die Nähe des Sees **Odevatnet** (Hütte). Vom Ende des Weges kann man auf einem markierten Wanderpfad weiter bis zum Dreiländereck gehen, ca. 5 km ein Weg.

TOUR 31: RÜCKREISEVARIANTEN

RÜCKREISEVARIANTEN

Länge dieser Tour: Kirkenes – Oslo rund 2.500 km.
Reisedauer: Vier bis fünf Tage.

TOUR 31: RÜCKREISEVARIANTEN

Die Rückreisemöglichkeiten von Kirkenes oder vom Nordkap sind relativ vielfältig.

Man kann z. B. den **Weg durch Norwegen (E6)** wählen. Dieser Weg würde Gelegenheit bieten, alle Orte und Sehenswürdigkeiten, die man auf dem Weg nach Norden nicht ansteuern konnte, nun auf dem Weg südwärts zu sehen.

Andererseits bietet sich die **Strecke durch Finnisch Lappland und durch Schweden** an. Wählt man hier die Hauptstraßen und in Schweden die E4, lassen sich die vielen hundert Kilometer, die vor einem liegen, relativ rasch zurücklegen.

Und schließlich lassen sich die eben genannten Wege kombinieren.

Rückreiseweg durch Finnland zurück nach Norwegen

ROUTE: *Auf der Rückreise folgt man ab Kirkenes der E6 bis* **Neiden** *und nimmt dort die Straße R893 nach Finnland. Oder man fährt über* **Tana Bru** *bis* **Karasjok** *und entscheidet sich für eine der dort erwähnten Möglichkeiten zur Weiterreise.*

In **Neiden** zweigt die Straße R893 Richtung **Ivalo** in Finnland ab **[N 69° 41′ 32.5″ E 29° 22′ 18.1″]**. Nach 129 km erreicht man das finnische **Kaamanen** (Campingmöglichkeit).

Nördlich von Kaamanen zweigt die Straße 4 nordwestwärts ab. Ihr folgen wir bis zum finnisch-norwegischen Grenzpunkt **Karigasniemi** (66 km). Von dort führt die Straße als R92 weiter nach **Karasjok/Kárášjohka** in Norwegen (s. u.). Karasjok liegt nur knapp 19 km westlich der finnisch-norwegischen Grenze.

Alternativrouten über Karasjok/Kárášjohka

Ab Kirkenes – E6 zurück über **Neiden** und **Varangerbotn** bis **Tana Bru**. Dort nach Südwesten und weiter auf der E6 am Tana Fluss entlang bis **Karasjok/Kárášjohka** (s. u.).

Ab Nordkap – Auf der E69 zurück bis **Olderford.**

Ab Olderfjord entweder über die E6 und über **Lakselv** nach **Karasjok/Kárášjohka** (s. u.) oder aber auf der E6 zurück bis **Alta** und ab Alta auf der Straße R93 südwärts bis **Kautokeino** (siehe dort).

Ab Lakselv führt die E6 südwärts. Die Straße passiert über viele Kilometer militärisches Sperrgebiet (Beschilderung über Halte- und Fotografierverbot beachten).

Später kommt man durch die Samisiedlung **Skoganvarre** (Skoganvarre Turist og **Campingsenter** ***, Tel. 78 46 48 46; www.skoganvarre.no; 1. Jan. – 31. Dez., Camping am See; ca. 3 ha – 50 Stpl.; Laden, Cafeteria, Sauna. **V & E** für **Wohnmobile**. 32 Miethütten ** – ****).

Auf der Weiterfahrt bieten sich auf den kahlen Höhen herrliche Ausblicke.

Schließlich erreicht man nach 74 km **Karasjok/Kárášjohka**.

Karasjok/Kárášjohka ist Kreisgemeinde. Die Stadt mit knapp 2.900 Einwohnern, von denen viele zu den heute noch etwa 100 nomadisierenden Samifamilien zählen, ist kulturelles und gesellschaftliches Zentrum im norwegischen Teil des Samilandes. Mehr über die Volksgruppe der Sami können Sie unter „Sami, Nomaden des Nordens" weiter vorne bei Alta lesen.

Dokumentiert wird der Anspruch Karasjoks „Hauptstadt der Samen" zu sein u. a. mit dem neuen **Sameting**, dem Parlament der Sami. Es gilt als architektonisches Monument des ersten Ureinwohner-Parlaments der Welt.

Typisches Merkmal der Trachten der Karasjok-Sami ist übrigens die sternförmige bunte Mütze.

Die Lappmark, die Heimat der „Sami" oder „Samen", wie sie sich selbst nennen, beschränkt sich keineswegs nur auf die norwegische Finnmark, sondern schließt Finnisch- und Schwedisch-Lappland und den nordwestlichen Teil Russlands mit ein. Allerdings leben heute rund zwei Drittel des gut 30.000 Seelen zählenden Samivolkes in Norwegen und sind norwegische Staatsbürger.

Karasjok als Kulturzentrum der in der Finnmark lebenden Sami gewährt mit diversen Ausstellungen und Museen Einblick in die interessante Samenkultur und in die Lebensweise dieses Nomadenvolkes.

Dazu zählen die **„Samiske Samlinger – Samische Sammlung"**, Mari Boine geaidnu 17 (*geöffnet 1. März - 31. Okt. tgl. 9 - 18 Uhr; www.samimuseum.com*). Die Ausstellungen befassen sind mit der Kultur- und Kunstgeschichte des Samivolkes. Interessant auch die angeschlossene Freilichtabteilung und Sami-Siedlung.

Eine zentrale, besuchenswerte Informationsstelle ist **Sápmi [N 69° 28′ 24.2″ E**

TOUR 31: RÜCKREISEVARIANTEN

Das Gebäude des Parlaments Sameting in Karasjok

25° 30' 20.7"], der Kultur- und Themenpark „Land der Samen", Leavnnjageaidnu 1/ Porsangerveien 1 *(geöffnet 2. Juni - 12. Aug. tgl. 9 - 18 Uhr, Frühsommer und Herbst tgl. bis 16 Uhr. Winter Mo - Fr 9 - 16 Uhr; www.sapmi. no).*

Neben einem großen Parkplatz findet man hier nicht nur das Büro der **Touristeninformation**, einen Souvenirladen und eine Cafeteria, sondern auch Ausstellungen zu nahezu allen Bereichen des samischen Alltags.

Darüberhinaus bieten ein ethnischer Themenpark, ein **Freilichtmuseum**, das nahezu alle Aspekte der samischen Kultur und Geschichte anschaulich präsentiert, sowie eine **Videopräsentation** Einblick in die Welt der Samen.

Außerdem werden hier samische Aktivitäten veranstaltet.

Ebenfalls zum Themenpark Sápmi gehört **Storgammen**, „Die großeHütte", ein einem großen Erdhaus nachempfundenes Restaurant mit typisch lappländischem Ambiente. Die Gäste sitzen hier auf mit Rentierfell belegten Bänken um eine zentrale Feuerstelle.

ROUTE: *Ab* **Karasjok/Kárašjohka** *auf der R92 westwärts. Nach 97 km trifft man auf die Straße 93, der wir südwärts zunächst bis* **Kautokeino/Guovdageaidnu** *folgen,*

PRAKTISCHE HINWEISE – KARASJOK/KÁRAŠJOHKA

Karasjok Touristinformation Sápmi, Leavnnjageaidnu 1/ Porsangerveien 1, 9730 Kárášjohka/Karasjok, Tel. 78 46 88 00, www.sapmi.no; *geöffnet wie Sápmi.*

HOTELS

Rica Hotel Karasjok, 56 Zi., an der E6, Leavnnjageaidnu 3 (Porsangerveien 3), Tel. 78 46 88 60; www.rico.no/hotelkarasjok; neben dem Themenpark Sápmi; Gammen-Restaurant (auch samische Spezialitäten), Sauna, Parkplatz.

CAMPING

Karasjok Camping og Vandrerhjem *** [N 69° 28' 07.6" E 25° 29' 05.7"], Ávjovárgeaidnu (Kautokeinoveien), Tel. 78 46 61 35, www.karacamp.no; 1. Jan. – 31. Dez.; an der R92 Richtung Kautokeino; von Wald begrenzte Wiesenstreifen, ca. 3 ha – 120 Stpl.; gute Standardausstattung; Laden, WLAN; 28 Miethütten **-*****. Jugendherberge.

TOUR 31: RÜCKREISEVARIANTEN

PRAKTISCHE HINWEISE – KAUTOKEINO/GUOVDAGEAIDNU

Touristeninformation, 9520 Kautokeino, Tel. 78 48 65 00, www.kautokeino.no; geöffnet 15. Juni - 30. Juni tgl. 9 - 16 Uhr, 1. Juli - 15. Aug. tgl. 9 - 18 Uhr.

HOTEL
Kautokeino Villmarksenter, 17 Zi. + 8 Miethütten, Hannoluojka 2, Tel. 78 48 76 02, Restaurant, Sauna, Bootsverleih.
Madam Bongos Fjellstue, 12 Zi. + 6 Miethütten, Čuonovuohppi, Tel. 78 48 61 60, Restaurant, Sauna, Bootsverleih.

CAMPING
Arctic Motell & Camping [N 69° 00' 06.4" E 23° 02' 21.2"], Suomaluodda 16, Tel. 78 48 54 00; www.visit-kautokeino.net; 1. Jan. – 31. Dez.; kleinere Campingmöglichkeit bei einer Hüttenanlage mit 25 Miethütten, Sauna.

das man nach weiteren 31 km erreicht. Auf dem Weg nach Kautokeino passiert die R92 einige teils ansprechend gelegene Rast- und Picknickplätze. Allerdings taucht auf dem gesamten Weg bis Kautokeino keine Tankstelle auf!

Kautokeino/Guovdageaidnu – Stadtname bedeutet angeblich so viel wie „auf halber Strecke" – hat zwar lediglich knapp 3.000 Einwohner, gilt aber wegen ihrer Gemarkungsfläche von stattlichen 9.708 qkm als größte Gemeinde in Norwegen. Etwa ein Drittel der Einwohner verdient seinen Lebensunterhalt mit der Rentierzucht (ca. 100.000 Rentiere).

Kautokeino ist u. a. ein wichtiges Ausbildungszentrum für die samische Bevölkerung. Und man ist stolz auf des Beaivvás Sámi Teáhter, das Samische Theater, das einzige seiner Art im Norden.

Eine besondere Bedeutung für die Bewohner hat das Osterfest, das hier nicht nur als religiöses Fest gefeiert sondern von vielen Veranstaltungen und weltlichen Festen begleitet wird. Z. B. wird das Ende des langen Winter gefeiert, es finden ein Grand Prix der Samischen Melodie, dann die Weltmeisterschaft im Rentierrennen, Konzerte etc. statt.

Zu den eher bescheidenen Sehenswürdigkeiten zählt das Freilicht- und Hofmuseum **Kautokeino Bygdetun Boaranjárga** (geöffnet 15. Juni - 15. Aug. Mo - Sa 9 - 19, So 12 - 19 Uhr, übrige Zeit wochentags bis 15 Uhr).

ROUTE: *Weiterreise von Kautokeino/Guovdageaidnu auf der Straße 93 südwärts. Nach 43 km passiert man die norwegisch-finnische Grenze [N 68° 39' 34.4" E 23° 19' 24.0"]. Von hier führt die Straße (nun mit der Nr 958) weiter nach* **Enontekiö** *(zwei Campingplätze) in Finnland, das man nach weiteren 37 km erreicht. Von hier westwärts zur Fernstraße E8 (26 km). Ihr folgen wir nordwärts bis* **Kaaresuvanto/Karesuando** *(28 km, Campingmöglichkeit [N 68° 26' 00.1" E 22° 30' 42.1"]).*

Rückreisevarianten

In **Kaaresuvanto** *hat man die Wahl. Entweder man bleibt auf der E8 und fährt nordwestwärts bis nach* **Skibotn** *in Norwegen an der E6, der man bis* **Oslo** *(siehe auch Tour 18) und ggf. weiter bis ins südschwedische Helsingborg folgt.*

Oder man passiert in Kaaresuvanto die finnisch-schwedische Grenze und folgt der Straße 45 bis ins schwedische **Svappavaara.**

In Svappavaara schließlich muss man sich entscheiden, ob man über die E10 und die E4 den Rückreiseweg durch Schweden antritt oder ob man über **Kiruna** *und die* **Nordkalottenstraße** *nach* **Narvik** *in Norwegen weiterreist und von dort den Weg über die E6 nach Süden nimmt.*

Detaillierte Routenbeschreibungen durch Finnland und durch Schweden finden Sie in den Reiseführern „*Mobil Reisen: SKANDINAVIEN*" und "*Mobil Reisen: SCHWEDEN*" aus unserer Buchreihe.

Auf dem Rückweg durch Norwegen von Narvik südwärts bietet sich Gelegenheit – wie schon erwähnt – all jene Alternativrouten und Umwege zu berücksichtigen, die auf dem Weg nordwärts nicht befahren werden konnten.

PRAKTISCHE UND NÜTZLICHE INFORMATIONEN VON A BIS Z

ANSCHRIFTEN

Fremdenverkehrsämter

Innovation Norway, Norwegisches Fremdenverkehrsamt, Caffamacherreihe 5, 20355 Hamburg, Tel. 01 80-500 15 48, 040-22 94 150; www.visitnorway.com.

Weitere Touristeninformationsbüros sind in den Routenbeschreibungen bei den jeweiligen Orten aufgeführt.

Internet

Über Norwegen: www.visitnorway.com. Über Oslo, u. a. Hotels, Restaurants, Veranstaltungen: www.visitoslo.com oder www.visitosloregion.com (Infos über den Großraum Oslo).

Informationen verschiedenster Art über die skandinavischen Länder, also auch über Norwegen, finden Sie in deutscher Sprache, unter: www.skandinavien.de

Automobilclubs

NAF – Norges Automobil-Forbund, Østensjøveien 14, N-0661 Oslo, Tel. +47-22 34 14 00, www.naf.no. Gibt auch ein umfangreiches **Verzeichnis von Campingplätzen** heraus.

KNA – Kongelig Norsk Automobilklubb, Cort Adelersgate 16, N-0254 Oslo, Tel. +47-22 60 49 00.

MA – Motorförernes Avholdsfor-bund, St. Olavsgt. 26, N-0166 Oslo, Tel. +47-22 11 22 55.

Busunternehmen

Deutsche Touring GmbH, Am Römerhof 17, 60486 Frankfurt/Main, Tel. 069-790 35 01; www.touring.de.

Nor-Way Bussekspress AS, Kundenzentrum, Oslo Busterminal, Schweigaardsgate 8 - 10, 0185 Oslo, Tel. +47-81 54 44 44; www.nor-way.no.

Jugendherbergen

Deutsches Jugendherbergswerk, Im Gilde-Park, Leonardo-da-Vinci-Weg 1, 32760 Detmold, Tel. 0 52 31 -99 36-0; www.jugendherberge.de.

Hostelling International Norway, Norske Vandrerhjem, Box 53 Grefsen, N-0409 Oslo, Tel. +47-23 12 45 10, www.hihostels.no.

Kanusport

Norges Padleforbund, Ullevå Stadior, N-8400 Oslo, Tel. +47-21 02 98 35, www.padling.no.

Konsularische Vertretungen

Königlich Norwegische Botschaft be den Nordischen Botschaften Berlin, Rauchstr. 1, 10787 Berlin, Tel. 030–50 50 50, www nordischebotschaften.org.

Botschaft der Bundesrepublik Deutschland, Forbundsrepublikken Tysklands Ambassade, Oscarsgate 45, N-0244 Oslo, Tel. +47-23 27 54 00; www.solo.diplo.de.

Schifffahrtslinien

Color Line GmbH, Norwegenkai, 24143 Kiel-Gaarden, Tel. 04 31–73 00-0, Fax 04 31–73 00-400. www.colorline.de; eMail: servicecenter@colorline.com.

DFDS (Deutschland) GmbH – Högerdamm 41, 20097 Hamburg, Tel. 01 805-30 43 50, Fax 040 38 903-120. www.dfds.de; eMail: post@dfcs.de.

Fjord Line GmbH, Nizzestr. 28. 18311 Ribnitz-Damgarten, Tel. 03 821-70 97 210, Fax 03 821-70 97 219. www.fjordline.de; eMai : buchung@fjordline.de.

Hurtigruten, Burchardstr. 14, 20095 Hamburg, Tel. 0 40-37 69 30, Fax 0 40-36 41 77, www.hurtigruten.de, eMail: ce.info@hurtigruten.com.

Scandlines, Hochhaus am Fährhafen, 18119 Rostock-Warnemünde, Tel. 01805-11 66 88 Fax 03 81–573 12 13. www.scandlines.de, eMail: Buchung@scandlines.com.

Stena Line, Schwedenkai 1, 24103 Kiel, Tel. 01 805 – 91 66 66, Fax 04 31–90 92 00. www.stenaline.de; eMail: info.de@stenaline-com.

Wandern

DNT – Den Norske Turistforening, Youngstorget 1, N-0181 Oslo 1, Tel. –47-40 00 18 68; info@tu istforeningen.no; www.turistforeningen.no.

DNT Vertretung Deutschland, Nach Norden, Drosteschr. 3, 48157 Münster, Tel. 0251-32 46 08, www.huettenwandern.de.

CAMPING

Thema Wohnmobil-Stellplätze

Wohnmobilstellplätze mit Ver- und Entsorgungseinrichtungen sind in Norwegen

CAMPING

noch nicht sehr verbreitet. Alle offiziell eingerichteten Stellplätze, die wir auf unserer jüngsten Recherchenreise durch Norwegen finden konnten, oder von denen wir erfahren haben, wurden registriert und erscheinen in diesem Reiseführer.

Wo kein Kläger, da kein Richter. Nach diesem Motto wurde in der Vergangenheit von vielen Gemeinden das Thema „Übernachten mit Wohnmobilen oder Caravans auf Rast- und Parkplätzen" behandelt.

Auf einer Reise durch Norwegen trifft man nämlich immer wieder auf teilweise sehr einladende Parkplätze, teils mit Picknicktischen, teils sogar mit Toiletten.

Man sollte aber wissen, dass nach offizieller Lesart das Übernachten in Wohnmobilen oder Caravans auf Rast- und Parkplätzen generell nicht erlaubt ist!

In zunehmendem Maße findet man an Parkplätzen Schilder mit Aufschriften wie „Camping Forbud", „Parken 8 - 20 Uhr", oder „Wohnmobile verboten" (Schild mit durchgestrichenem Wohnmobilsymbol).

Übrigens: Auf der Nordkapinsel ist wildes Campen zwischenzeitlich strikt verboten! Das wird streng kontrolliert und Zuwiderhandlungen werden unnachsichtig und empfindlich bestraft.

Ver- und Entsorgung

Geradezu vorbildlich ist in Norwegen – und hier besonders in Südnorwegen – das dichte **Netz von Ver- und Entsorgungsstationen für Wohnmobilabwässer**. Diese Stationen – man kennt Sie in Norwegen als **„Tømmestasjon"** – sind an den Durchgangsstraßen sehr deutlich beschildert. Gewöhnlich findet man Sie an Tankstellen! Nutzen Sie dieses Angebot. Der Inhalt von Chemietoiletten gehört keinesfalls irgendwohin in den Straßengraben!

Die Stationen können gegen Gebühr (Münzen), in sehr vielen Fällen aber kostenlos benutzt werden.

An den **V & E Säulen** findet man eine Entleerungsmöglichkeit für Chemietoiletten, einen Auslass für Grauwasser und in aller Regel auch einen Wasserhahn für Frischwasser. Allerdings geht ohne mitgebrachten eigenen Schlauch meist gar nichts (falls der Wasserhahn überhaupt einen Schlauchanschluss erlaubt!). Ein Falt-Wassersack, eine Gießkanne oder ein anderes Behältnis kann hier sehr hilfreich sein, um das kostbare Nass in den Wassertank im Wohnmobil zu befördern.

Und falls Sie einen fest eingebauten Fäkalien-/Abwassertank im Fahrzeug haben, müssen Sie auch dafür einen entsprechenden Schlauch dabeihaben.

Camping in Norwegen

Annähernd 1.400 Campinganlagen sind in Norwegen zu finden, wobei die Konzentration und Dichte von Süd nach Nord deutlich abnimmt. Die Zufahrten zu den Campingplätzen sind in aller Regel sehr gut und deutlich beschildert, führen aber abseits der Hauptverkehrsstraßen oft über unbefestigte Wege.

Das Gelände, fast immer Wiesengelände, gelegentlich mit Waldanteil, ist bei der Mehrzahl der Plätze naturbelassen.

Viele Campinganlagen zeichnen sich durch eine landschaftlich schöne Lage aus.

Das Herrliche an vielen, vor allem den kleinen, etwas abseits der Hauptreiserouten gelegenen Plätzen ist ihre sympathische Einfachheit und ihre Naturnähe.

Andererseits muss auch bemerkt werden, dass manche Anlagen in den touristischen Ballungszentren wie Oslo, an der Südküste, bei Loen, Geiranger, Voss oder Trondheim im Hauptreisemonat Juli gelegentlich südländische Belegungsdichten aufweisen, mit entsprechenden Auswirkungen auf die Platzeinrichtungen.

Die norwegischen Campingplätze sind in fünf **Kategorien** eingeteilt, die durch **Sternsymbole** angezeigt werden. Fünf Sterne werden an die besten Anlagen, ein Stern an einfachere Campingplätze vergeben.

Diese Klassifizierung wird vom Norwegischen Campingrat vorgenommen. Das Gremium setzt sich aus Vertretern der Automobilclubs KNA, MA und NAF, des Norwegischen Campingverbands und des Caravan Clubs zusammen.

Die Klassifizierungen lässt zwar eine grobe Einschätzung der Platzausstattung zu, sagen aber nichts über Lage oder Führung aus. Und die präzise Abgrenzung zwischen den einzelnen Kategorien wird das Geheimnis des Campingrats bleiben. Es ist auch keineswegs so, dass z. B. ein 2-Sterne-Platz immer billiger sein muss, als ein 3-Sterne-Platz.

Laut Angaben des Norwegischen Campingverbandes sind alle 3 – 5 Sterne-Plätze mit behindertengerechten Toiletten, Du-

CAMPING

schen und anderen Einrichtungen ausgestattet. Als behindertengerecht kann ein Platz aber schon eingestuft werden, wenn eine Rampe für Rollstuhlfahrer in das Sanitärgebäude oder eine breitere Tür in einen Toilettenraum vorhanden ist. Ob die Installationen selbst auch behindertengerecht sind, ist dann manchmal immer noch die Frage.

Eine Campingrezeption und eine Platzaufsicht tagsüber zwischen 9 Uhr und 22 Uhr wird z. B erst ab drei Sternen verlangt.

Infos zu Gasfüllstationen findet man unter: http://www.lpg-norge.no/stasjoner.html (in norwegischer Sprache).

Viele norwegische Campingplätze verlangen bei der Anmeldung die Vorlage der **Camping Card Scandinavia (CCS)**. Die CCI-Karte (Camping Card International) wird oft nicht anerkannt.

Die CCS-Karte kann man auf den meisten Campingplätzen vor Ort gegen eine geringe Gebühr erwerben.

Die Übernachtungspreise auf Campingplätzen bewegten sich in den vergangenen Jahren in der Nebensaison zwischen 17,- und 23,- Euro (Stand Aug. 2009). Mit Preissteigerungen ist (wie überall) zu rechnen!

Negativ fällt auf dass auf vielen Plätzen die Neigung wächst, Extragebühren bei den Warmduschen zu erheben. 10 Kronen für 4 Minuten Duschzeit sind fast die Regel.

Noch unverständlicher erscheinen solche Preise, wenn man erfährt, dass Norwegen weder an Wasser- noch an Strommangel leidet. In kaum irgend einem anderen Land ist Strom (z. B. zur Warmwassererzeugung) so billig wie in Norwegen.

Hinweise über Angaben zu Campingplätzen

Bei den in diesem Reiseführer aufgelisteten Campingplätzen folgen dem **Platznamen** die **Telefonnummer**, dann **Öffnungszeit** und die Lokalisierung oder **Zufahrt**.

Bei der Beschaffenheit des **Geländes** wird die Form angegeben, die überwiegt, z. B. Wiesengelände.

Die **Größe** des Platzgeländes wird in Hektar (ha), die Aufnahmekapazität in Stellplätzen (Stpl.), ggf. mit Belegung durch Dauercamper (Dau.), angegeben.

Die Angabe **Miethütten** (evtl. mit Anzahl) deutet auf das Vorhandensein von mietbaren Campinghütten hin.

Wir haben versucht, die **Platzeinrichtungen**, so wie sie beim Besuch vorgefunden wurden, in etwa zu charakterisieren, wobei Zustand und Pflege der Gebäude und Installationen auch von Bedeutung waren. Die Übergänge zwischen den drei von uns als grobe Anhaltspunkte geschaffenen Kategorien sind fließend.

Mindestausstattung: Einfacher Platz mit bescheidenen, veralteten oder vernachlässigten Einrichtungen, die außer WC's, Kaltwasserwaschbecken und evtl. Duschen keine oder völlig unzeitgemäße Einrichtungen für Hygiene und Körperpflege aufweisen.

Standardausstattung, mit den Varianten **einfache** oder **gute Standardausstattung**: Der Durchschnittscampingplatz mit WC's, Kaltwasserwaschbecken und Duschkabinen in den Waschräumen, evtl. mit Warmwasser, Kochgelegenheit, Geschirrspül- und Wäschewaschbecken teils mit Warmwasser. Ordentlicher Gesamteindruck, einige Stromanschlüsse für Caravans.

Komfortausstattung, mit der Variante **gehobene Komfortausstattung:** Außer ausreichend WC's, Waschbecken mit Warmwasser und Warmduschen in zeitgemäßen, gepflegten Sanitäranlagen, werden auch Geschirr- und Wäschewaschbecken mit Warmwasser, Waschmaschine und Trockner, Küche und Aufenthaltsraum, Chemikalausgüsse für Campingtoiletten und eine Entsorgungsstation für Wohnmobilabwässer und Stromanschlüsse für Caravans in ausreichender Zahl erwartet. Das Terrain soll durch Wege erschlossen sein und im Gelände verteilte Müllbehälter und Wasserzapfstellen, sowie Restaurant oder Cafeteria, Einkaufsmöglichkeit und möglichst Freizeit- oder Sporteinrichtungen aufweisen.

Infos zu Campingplätzen in Norwegen erhalten Sie im **Internet** unter www.camping.no oder auch vom Norwegischen Automobilclub NAF unter www.nafcamp.com.

Campinghütten

Wer nicht mit Wohnwagen oder Wohnmobil durch Norwegen reist, oder auf einer Radtour abends ein festes Dach über dem Kopf vorzieht, dennoch aber nicht in Hotels oder Gasthäusern übernachten will, findet auf fast jedem Campingplatz in Norwegen sog. **Campinghütten (hytter)**. Sie sind in ganz Skandinavien sehr verbreitet und bieten eine recht komfortable, wenn auch rus-

EINREISEBESTIMMUNGEN

tikale, aber für Norwegen relativ preiswerte Übernachtungsmöglichkeit. Vor allem auf einer Rad- oder Motorradtour werden Sie bei Schlechtwetterperioden eine gemütliche Hütte schätzen lernen.

Die aus Holz, oft in Blockhausmanier errichteten Häuschen bieten Platz für zwei bis sechs Personen. Sie sind in aller Regel recht zweckmäßig eingerichtet.

Die Ausstattung, bei der fast immer reichlich Holz verwendet wird, reicht von der spartanischen Version mit Tisch, Stuhl und Bett, aber ohne Strom und Wasser (1-Stern-Hütte) bis zum komfortabel ausgestatteten und stilvoll möblierten Ferienhäuschen mit Dusche und WC, Heizung, Kochgelegenheit mit Töpfen, Geschirr und Kühlschrank, Fernseher und Wohnecke (5-Sterne-Hütte). Oft ist eine kleine überdachte Veranda vorgebaut.

Bettwäsche ist mitzubringen, kann aber gelegentlich auch geliehen werden. Saubermachen muss man selbst und auch für das eigene leibliche Wohl muss man selbst sorgen.

Einfachere Campinghütten haben keine eigenen Sanitäreinrichtungen, man bedient sich dann der Einrichtungen des Campingplatzes.

Auch Campinghütten sind in offizielle Qualitätskategorien unterteilt, die durch ein bis fünf Sternesymbole angezeigt werden.

Vor allem im Hauptreisemonat Juli sollten Hütten unbedingt vorbestellt, oder sehr früh am Tage angefahren werden, da in dieser Zeit die Nachfrage überaus groß ist! Einquartieren kann man sich in Miethütten gewöhnlich ab 14 Uhr, die Abreise muss vor 12 Uhr erfolgen.

Anhaltspunkte für Hüttenpreise: Nebensaison für Hütten mit Sanitäreinrichtungen zwischen ca. 500,- und 800,- Kronen, in der Hochsaison ab ca. 750,- bis weit über 1.000,- Kronen. Wobei der Einrichtungsstandard (Stil) und die Sauberkeit sehr, sehr unterschiedlich sein können.

Jedermannsrecht

Ein sehr tolerantes, großzügiges, traditionsreiches Recht in Norwegen, Schweden und Finnland ist das **Allemannsretten** (Jedermannsrecht), dessen Maxime lautet: *Nicht stören, nichts zerstören und den Hausfrieden respektieren.*

Überall in den skandinavischen Ländern wird das Jedermannsrecht hoch geschätzt und von den Bürgern mit größter Verantwortung wahrgenommen.

Das Jedermannsrecht erlaubt im Prinzip jeder Einzelperson (aber nicht Gruppen), sich in den „Allmenninge", also auf öffentlichem Grund und Boden, an Küsten, Stränden, in staatlichen Wäldern, Berg- und Grünlandgebieten, frei zu bewegen, solange weder Mensch noch Natur gestört oder geschädigt werden.

Auch der ausländische Besucher kommt in den Genuss dieses Rechts. Die Entwicklungen in den vergangenen Jahren führten allerdings dazu, dass Autofahrer und Wohnmobilisten dieses Jedermannsrecht nicht mehr für sich in Anspruch nehmen dürfen, solange sie mit ihren Gefährten und nicht zu Fuß unterwegs sind.

Natürlich gibt es ein paar Spielregeln, an die man sich zu halten hat, wie z. B. an das strikte Verbot von offenen Feuern zwischen 15. April und 15. September.

Respektieren Sie Fischgewässer, Jagdgebiete und geschützte Pflanzen und vor allem, schonen Sie die Natur, besonders im hohen Norden.

Allgemein ist übrigens motorisierter Verkehr (Geländewagen, Motorrad, Wohnmobile etc.), aber auch das Fahren mit Mountainbikes im freien Gelände abseits der Fahrwege grundsätzlich nicht erlaubt. Die Natur im hohen Norden reagiert sehr empfindlich auf Verwüstung, Störung oder Verschmutzung. Regenerierungsprozesse gehen hier – wenn überhaupt – um ein Vielfaches langsamer vonstatten.

So großzügige Freiheiten wie das Jedermannsrecht setzten in erster Linie Verantwortungsbewusstsein von Jedermann (nicht Verbrauch durch Jedermann) voraus. Sonst können Freiräume wie dieses „Recht auf den Gebrauch durch Jedermann" nicht von Bestand sein, zumal in einer Zeit, in der die Natur auch in Skandinavien durch Umwelteinflüsse geschädigt wird.

EINREISEBESTIMMUNGEN

Einreise mit dem Auto

Private Kraftfahrzeuge können von Besuchern vorübergehend zollfrei eingeführt werden.

Gültiger nationaler Führerschein und Kraftfahrzeugschein sind ausreichend.

Die Internationale „Grüne Versicherungskarte" ist nicht zwingend vorgeschrieben, ihre Mitführung wird aber empfohlen. Das Nationalitätskennzeichen „D", „A", „CH" o. a. muss am Auto angebracht sein.

Fahrzeuge und Anhänger (Wohnanhänger) dürfen eine Gesamtbreite von 2,55 m nicht überschreiten.

Haustiere

Das Mitnehmen von Hunden und Katzen nach Norwegen ist seit einigen Jahren bei Erfüllung bestimmter Voraussetzungen (Identitätsmarkierung, Mikrochip oder Tätowierung, Impfungen gg. Tollwut etc.) möglich. Der **EU-Heimtierpass** wird anerkannt. Ausweis, Impfungen, Bandwurm-Behandlung etc. gibt es gegen Gebühr u. a. beim Tierarzt. Weitere Details erfährt man beim Fremdenverkehrsamt.

Nicht erlaubte Tiere sind u. a Dogo Argentino, Tosa Inu, Fila Brasiliereo oder Pit Bull Terrier.

In Norwegen herrscht Leinenzwang für Hunde. Hundebesitzer müssen die „Hinterlassenschaften" der Tiere beseitigen!

Norwegen war bislang noch tollwutfrei. Entsprechend scharf gehen die Behörden bei Verstößen und illegalen Einfuhren von Haustieren vor!

Auf den Fähren müssen Haustiere während der Überfahrt im Auto bleiben. Fußpassagiere müssen ihr Haustier in den auf den Fähren dafür vorgesehenen Käfigen unterbringen. Sind die Käfige belegt, kann das Haustier in aller Regel nicht mitgenommen werden! Unbedingt vorher bei der Reederei nach neuesten Stand der Vorschriften erkundigen!

Persönliche Dokumente

Dank der „Nordischen Passunion" zwischen Dänemark, Norwegen, Schweden und Finnland gelten die Staatsgebiete der vier nordischen Staaten als einheitliches Passgebiet. Zudem haben die fünf nordischen Länder (inkl. Island) Ende 1996 das Schengener Abkommen über Passfreiheit und politische Zusammenarbeit unterzeichnet. Die EU-Mitglieder Dänemark, Schweden und Finnland sind Vollmitglieder des Abkommens, Norwegen und Island gingen eine Kooperationsabsprache ein.

Zur Einreise in die skandinavischen Ländern als Tourist benötigen Bürger aus der Bundesrepublik Deutschland, aus Österreich, der Schweiz und weiteren westeuropäischen Ländern lediglich einen gültigen Personalausweis oder Reisepass. Für Kinder unter 16 Jahren wird ein Kinderausweis (ab 10 Jahren mit Lichtbild) verlangt. Ohne weitere Formalitäten ist der vorläufige Aufenthalt auf drei Monate beschränkt.

Zollbestimmungen

(unvollständiger Auszug)

Persönliche Gegenstände und alle auf der Reise benötigten Artikel wie Sportgeräte, können zollfrei vorübergehend eingeführt werden. Medikamente, die ausschließlich für den Gebrauch durch die Reisenden bestimmt sind, können mitgeführt werden. Über Medikamente, die Rausch- oder Betäubungsmittel enthalten, auf die der Reisence aber aus medizinischen Gründen nicht verzichten kann, ist eine ärztliche Bescheinigung mitzuführen, aus der eindeutig diese Notwendigkeit hervorgeht.

Die Freigrenzen zollfreier Waren für Reisende aus EG-Ländern: 2 Liter Bier und 5 Liter Wein. Oder: 1 Liter Spirituosen, 2 Liter Bier und 1,5 Liter Wein. Oder: Falls Sie ausschließlich Bier und keine Spirituosen und keinen Wein einführen - 5 Liter Bier. 200 Zigaretten oder 250 g Tabak.

Zur Einfuhr von Tabakwaren, Bier und Wein müssen Sie über 18 Jahre und zur Einfuhr von Spirituosen (bis 60%) über 20 Jahre alt sein.

Die Einfuhr von Fleisch, Fleischwaren, Käse und/oder Nahrungsmitteln ist pro Person bis zu einer Gesamtmenge von 10 kg erlaubt.

Einem Einfuhrverbot unterliegen Gemüse, Pflanzen, Eier, Milchprodukte, Kartoffeln, Rauschgifte und Waffen, Säugetiere, Vögel u.a.

Besonderen Einfuhrbestimmungen unterliegen auch bestimmte Fischfanggeräte (u. a. Angelnetze, Ausrüstung für den Krebsfang).

Es empfiehlt sich immer, sich vor der Abreise nach den neuesten Bestimmungen zu erkundigen! Weitere Infos: www.toll.no (auch in Deutsch).

FREIZEITAKTIVITÄTEN

Angeln

Wer in Norwegen angeln möchte und über 16 Jahre alt ist, benötigt die staatliche Angellizenz „fiskeavgift" für Lachs, Meerforelle und Meersaibling (anadrome Salmoniden), Preis zuletzt ca. NOK 210,- pro Person

FREIZEITAKTIVITÄTEN

gültig für ein Jahr. Man bekommt die Angellizenz auf allen Postämtern.

Damit nicht genug. Zudem wird eine „fiskekort", ein Angelschein, benötigt, der das Angeln in Binnengewässern (räumlich und zeitlich begrenzt) erlaubt. Die „fiskekort" kann man in Touristenbüros, in Hotels, auf Campingplätzen oder Sportgeschäften der jeweiligen Region kaufen. Die Preise sind je nach Gültigkeitsdauer und Qualität der Fischgewässer ganz unterschiedlich. Natürlich sind Angelzeiten und Angelregeln zu beachten. Saison ist gewöhnlich zwischen 15. Juni und Ende August. Interessierte sollten die spezielle Broschüre „Angeln in Norwegen" vom Norwegischen Fremdenverkehrsamt anfordern.

Angeln im Meer ist unter Beachtung der Vorschriften für Gerätschaften und Angelzeiten gebührenfrei und ohne weitere Erlaubnis möglich. Angaben ohne Gewähr.

Radfahren

Eine Radtour durch Norwegen, mit seinem bergigen ja gebirgigen Terrain, ist sicher etwas für Spezialisten und trainierte Biker. Auf jeden Fall empfiehlt es sich, die Tour voraus zu planen.

Gerne befahrene Routen führen z. B. entlang des Telemarkkanals oder auf dem „Rallarvegen", dem alten Versorgungsweg der Bahnarbeiter entlang der Bahnstrecke nach Flåm (siehe dort).

Viele Gebirgsstraßen führen durch Tunnels, die oft sehr lang sind und durch die Radfahrer nicht fahren dürfen. Und nicht immer ist eine Umgehung der Tunnels, etwa auf der alten, nicht mehr benutzten Trasse, möglich. Tunnels, die für Radfahrer freigegeben sind, stehen im *„Tunnelguide for syklister"* vom norwegischen Straßenbauamt, Vegmeldingstjenesten, Tel. +47-81 54 89 91.

Dazu kommt, dass viele Bergstraßen, vor allem kleine Nebenstraßen, oft bis weit in den Sommer hinein (Juni) wegen Schnee gesperrt sind.

Um keine allzu großen Enttäuschungen zu erleben, empfiehlt sich vor einer ausgedehnten Radtour durch Norwegen eine Anfrage beim Norwegischen Fremdenverkehrsamt oder bei *Stiftelsen Sykkelturisme i Norge*, Nadderudlia 23, N-1357 Bekkestua, Tel. +47-95 23 17 06. Mail: Info@bike-norway.com. Internet: www.bike-norway.com.

Unter dieser Adresse oder unter www.geobuchhandlung.de ist die Fahrradkarte **„Sykkelruter i Norge"** erhältlich, die 75 Tourenvorschläge von Kap Lindesnes bis Pasvikdal an der russischen Grenze mit Kurzbeschreibungen (allerdings lediglich in Norwegisch) zeigt.

Mountainbiking ist auch in Skandinavien eine überaus beliebte Freizeitbeschäftigung. Wenn Sie mit Ihrem Mountainbike im Norden Skandinaviens unterwegs sind, sollten Sie unbedingt auf den Wegen bleiben! Die Natur im hohen Norden ist sehr empfindlich und regeneriert sich wesentlich langsamer als in unseren Breiten. Grobstollige Fahrradreifen zerstören z. B. nachhaltig die dünne Vegetationsdecke.

Wasser- und Kanusport

Schöne Kanutouren lassen sich vor allem auf den Binnenseen in der Telemark unternehmen. Und an der Fjordküste entlang lassen sich tagelange Wasserwanderungen mit dem Meerkajak planen. Auch für Wildwasserfahrten und Gelegenheiten zum River Rafting bieten sich zahlreiche Möglichkeiten. Über Einzelheiten und Schwierigkeitsgrade der einzelnen Wassersportreviere erkundigt man sich in den Touristenbüros.

Immer beliebter wird in Norwegen das **Canyoning**. In Oppdal gibt es Veranstalter für diesen Sport.

Wildwasserrafting ist ein nasses, aber herrliches Freizeitvergnügen. Angeboten werden Extremtouren ebenso wie mehr oder minder gemütliches „rappid shooting" über Stromschnellen. Gute Veranstalter stellen Neoprenanzüge, Helme und Rettungswesten zur Verfügung. Schwimmen sollte man dennoch können. Da es aber selten ohne kalte Wasserdusche abgeht, sollte man wollene Sachen anziehen, sowie ein Handtuch und Kleidung zum Wechseln dabeihaben.

Wandern

Norwegen weist ganz ausgezeichnete Wandergebiete auf. Vor allem auf den Hochflächen der Viddas, in den Berg- und Gletscherregionen und in den Weiten der Finnmark sind zahlreiche ausgedehnte, mehrtägige Touren möglich. Nicht selten sind die Routen so anspruchsvoll, dass sie nur geübten, gut trainierten Wanderern empfohlen werden können. In vielen Fällen ist der Umgang mit Karte und Kompass nötig.

Alle großen Wanderregionen wurden durch Bergwandervereine (z. B. vom DNT) einem breiten Publikum erschlossen. Viele Routen wurden markiert, Schutzhütten und Berggasthöfe entlang den Wegen, oder Brücken und Stege in unwegsamem Gelände angelegt.

Einige der größten Wandergebiete liegen in den Nationalparks Hardangervidda, Jotunheimen, Rondane, Dovrefjell, Øvre Dividalen, Stabbursdalen und Øvre Pasvik.

Ein sehr beliebter Wanderweg ist z. B. der 320 km lange „**Jotunheimstien**". Der Weitwanderweg, ausgelegt für etwa 17 Tagesetappen, führt von Oslo direkt ins höchste Gebirge Norwegens, das Jotunheimengebirge. Entlang des Weges stehen Wanderern bewirtschaftete und unbewirtschaftete Hütten des DNT zur Übernachtung zur Verfügung.

Norwegens neuester Wanderweg ist der **Pilgerwanderweg von Oslo zum Nidarosdom** in Trondheim, der historischen Grabstätte von König Olav dem Heiligen und der Jahrhunderte alten Krönungsstätte norwegische Könige. Der Weg ist rund 500 km lang, führt u. a. über das Dovrefjell und ist kein Spaziergang, sondern eine Herausforderung für jeden anspruchsvollen Tourenwanderer. Der DNT empfiehlt, für den gesamten Weg etwa 30 Tage einzuplanen! Entlang des Weges findet man Übernachtungsmöglichkeiten unterschiedlicher Kategorien. Infos u. a. beim Pilegrimskontoret ,www.pilegrim.no, Tel. +47-22 33 03 11.

Um Hütten des DNT nutzen zu können ist es lediglich notwendig, Mitglied im DNT zu sein. Unter www.huettenwandern.de kann man sich problemlos anmelden.

Detailliertes Kartenmaterial, Infos zu den Hütten und Tourenbeschreibungen findet man auf der Internetseite www.jotunheimstien.no. Die Seite ist auf Norwegisch und Englisch gestaltet.

Wandertouren sollten gut vorbereitet und geplant und nur mit perfekter, den hohen Anforderungen entsprechender Ausrüstung angetreten werden.

Einige Anhaltspunkte für Wandertouren in der Hardangervidda oder im Jotunheimen sind in diesem Reiseführer an entsprechender Stelle skizziert.

Wichtige einschlägige Infos, Detailkarten, Routenvorschläge, Anmeldungen für Hüttenschlüssel etc. erteilt der **DNT – Den Norske Turistforening**, Youngstorget 1, N-0181 Oslo 1, Tel. +47-40 00 18 68; info@turistforeningen.no; www.turistforeningen.no.

DNT Vertretung Deutschland, Nach Norden, Drostestr. 3, 48157 Münster, Tel. 0251-32 46 08, www.huettenwandern.de.

Mückenschutz

Es lässt sich nicht leugnen, die summenden, blutsaugenden Plagegeister können Aktivitäten in freier Natur und den Spaß daran schon arg verleiden. Vor allem in windgeschützten, waldreichen Seengebieten oder in feuchten Niederungen können Stechmückenschwärme im Sommer den Aufenthalt im Freien für den Unvorbereiteten zum Martyrium werden lassen.

Einziger kleiner Trost: Die in Skandinavien auftretenden Stechmücken übertragen keine Malaria wie es heißt. Und an der norwegischen Atlantikküste treten Stechmücken selten in größerem Maße auf, im Gegensatz zu den Inlandsteilen und Tundragebieten der Finnmark zum Beispiel.

Im Prinzip hilft nur, sich rechtzeitig vorher mit wirksamen Mitteln einzucremen oder einzusprühen. Die Sportgeschäfte und Apotheken in Norwegen halten da recht wirksame Mittelchen bereit. Im Normalfall sollte das genügen.

Ist man allerdings im Sommer in Nordskandinavien oder in der seendurchsetzten Tundra auf Wander- oder Kanutour, wird das Eincremen alleine nicht genügen. Kleidung aus festem Stoff mit dichten Bünden an den Ärmeln und Hosenbeinen, spezielle Hemden, ein Hut mit Moskitonetz, Handschuhe u. ä. sind dann fast unerlässlich. Machen Sie sich vorher in einschlägiger Outdoor-Literatur kundig, was Spezialisten zu diesem Thema zu sagen haben.

Mein Tipp! Machen Sie es wie viele Kenner der Verhältnisse und verschieben Sie ihre Wandertour auf den Spätsommer bzw. Frühherbst, wenn in Nordskandinavien bereits die ersten leichten Nachtfröste eingesetzt haben, die Tage aber noch herrlich sonnig und warm sein können. Dann ist die Mückenplage in aller Regel kein Thema mehr, die Landschaft in ihrer beginnenden Herbstfärbung aber noch traumhafter!

GESETZLICHE FEIERTAGE

Neben kirchlichen Feiertagen wie Dreikönig, Gründonnerstag, Karfreitag, Ostern,

HOTELS UND ANDERE UNTERKÜNFTE

Christi Himmelfahrt, Pfingsten und Weihnachten, gelten folgende Feiertage, an denen Geschäfte, Banken und Büros meist geschlossen bleiben:
- 1. Januar – Neujahrstag
- 1. Mai – Tag der Arbeit
- 17. Mai – Tag der Verfassung, Nationalfeiertag
- Ende Juni – St. Hans Tag und Mittsommerfest
- Ende Juli – Olsokfest.

HOTELS UND ANDERE UNTERKÜNFTE

Alle in Norwegen betriebenen Hotels bedürfen einer behördlichen Genehmigung. Der Begriff „Hotel" ist gesetzlich geschützt. Nicht jeder Zimmerwirt kann also sein Haus als Hotel bezeichnen. Die Hotelanlage und ihr Management müssen bestimmte Voraussetzungen erfüllen, um als „Hotel" zu firmieren. Häuser die sich z. B. „Høyfjellhotell" oder „Turisthotell" nennen, müssen besondere Bedingungen erfüllen, die ebenfalls staatlicher Kontrolle unterliegen. U. a. zählen zu diesen Bedingungen eine besondere landschaftliche Lage, Einrichtungen zur Freizeitgestaltung wie Wanderwege, Schwimmbad etc. Solche Ferienhotels haben in aller Regel auch eine Schanklizenz.

Ein umfangreiches Angebot an Hotels und Pensionen (Gjestgiveri) verschiedener Qualität und Preislagen ist in den Großstädten ebenso wie in den touristisch stark frequentierten Fjord- oder Gebirgsregionen anzutreffen. Auf dem „flachen Lande" ist das Angebot schon deutlich geringer, mit nach Norden hin abnehmender Tendenz.

Dringend anzuraten sind deshalb bei Rundreisen auf Hotelbasis im Sommer rechtzeitige Zimmerreservierungen.

Norwegische Hotelbetriebe zählen nicht gerade zu den billigen und preiswertesten Übernachtungsstätten. Andererseits ist der Qualitätsstandard vieler Häuser dafür überdurchschnittlich hoch.

Wenn Sie eine Rundreise durch Norwegen auf Hotelbasis planen, sollten Sie sich vorher nach **Hotelpass- oder Rabatt-Systemen** erkundigen, die dem Reisenden Übernachtungen zu ermäßigten Preisen gestatten.

Das momentan am weitesten verbreitete System in Norwegen ist der **„Fjord Pass"**. Dem System sind z. Zt. mehr als 170 Hotels, Pensionen oder Hüttenvermietungen angeschlossen.

Den Fjord Pass können Sie für NOK 120,- (entspricht rund 15 Euro) kaufen, z. B. per Internet via www.fjordpass.no. Er gilt ein Jahr lange für zwei Erwachsene und Kinder unter 15 Jahren. Die Zeiten, in denen die jeweiligen Hotels ermäßigte Zimmerpreise mit dem Fjord Pass einräumen, sind allerdings von Haus zu Haus unterschiedlich!

Die wichtigsten **Hotelketten** in Norwegen, deren Häuser oft dem Fjord Pass-System angeschlossen sind, sind:

Best Western Hotels Norway, Reservierung unter Tel. +47-800 11 624; www.bestwestern.no.

Choice Hotels AS, Reservierung unter Tel. +47-22 33 42 00; www.choice.no.

First Hotels, Reservation unter Tel. +47-23 11 60 80 (aus dem Ausland), Tel. +47-80 01 04 10 (in Norwegen); www.firsthotels.com.

Norlandia Hotellene, Reservierungen unter Tel. +47-81 54 41 44; www.norlandia.no.

Rica Hotels, Reservierungen unter Tel. +47-66 85 45 60; www.rica.no.

Scandic Hotellene, Reservierungen unter Tel. +47-23 15 50 00; www.scandic-hotels.no.

Thon Hotels, Reservierungen unter Tel. +47-23 08 02 00; www.thonhotels.com.

Jugendherbergen gibt es über das ganze Land verstreut, bislang rund 80 Häuser.

Norwegische Jugendherbergen (*Ungdomsherberger* oder *Vandrerhjem*) kennen kaum noch die Schlafsäle früherer Art. Fast immer werden individuelle Zimmer, oft mit eigener Dusche und WC, mit zwei, vier oder sechs Betten angeboten.

Aufnahme finden nicht nur Jugendliche, sondern auch Familien. Es gibt keine Altersbegrenzung. Mit anderen Worten, auch als Auto- oder Motorradtourist können Sie in Norwegens Jugendherbergen übernachten, solange auch ausreichend Betten für Wanderer oder Radler vorhanden sind, die bei evtl. Bettenknappheit bevorzugt aufgenommen werden. Oft werden Mahlzeiten angeboten, oder es steht eine Küche zur Verfügung.

Um das Übernachtungsangebot von Jugendherbergen in Anspruch nehmen zu können, muss man im Besitz eines Mitgliedsausweises des Internationalen Jugendherbergswerkes sein. Man kann den Ausweis auch noch vor Ort gegen eine Gebühr von zuletzt NOK 250,- erwerben.

Eine ganz besondere, typische Art an den Küsten Nordnorwegens zu übernachten ist

MEDIKAMENTE, ÄRZTLICHE VERSORGUNG

ein Aufenthalt in **„Rorbuer"**, alten, ausgedienten Fischerhütten oder solchen nachempfundenen Strandhäusern.

Der Ursprung der Rorbuer geht darauf zurück, dass die Fischerhütten an der Küste Westnorwegens in der Regel früher nur in der winterlichen Fangsaison von Fischern bewohnt waren und so im Sommer an Gäste vermietet werden konnten. Wirklich alte Rorbuer bieten gewöhnlich wenig Luxus, dafür aber meist eine herrliche, oft recht abgeschiedene Lage in wunderschöner Küstenlandschaft.

Heute sind die meisten Touristenrorbuer dem Komfort zeitgemäßer Wohnbedürfnissen angepasst. Rorbuer werden gewöhnlich nicht nur für eine Übernachtung vermietet und in aller Regel auch nur für Selbstversorger. Nur gegen Aufpreis werden vom Vermieter Bettwäsche und Handtücher gestellt.

KLIMA UND DURCHSCHNITTSTEMPERATUREN

Man muss schon zweimal hinschauen, wenn man liest, dass Norwegen eines der wärmsten Länder der Erde ist – allerdings im Verhältnis zu seiner geographischen Lage gesehen.

Verantwortlich für diesen erstaunlichen Umstand ist der Golfstrom. Die größte und augenfälligste Auswirkung haben die warmen Wasserströmungen allerdings auf die Häfen des Landes, die alle während des langen Winters eisfrei bleiben. Um so erstaunlicher klingt dann die Tatsache, dass nur rund 130 km Luftlinie von der Küste entfernt, im Inneren der Finnmark bei Kautokeino, winterliche Temperaturen weit unter –40°C keine Seltenheit sind. Andererseits werden dort im Sommer mitunter Höchstwerte von 30°C und mehr gemessen.

Im allgemeinen Landesdurchschnitt bewegen sich die Sommertemperaturen zwischen 15°C und 21°C.

MEDIKAMENTE, ÄRZTLICHE VERSORGUNG

Wer unterwegs auf bestimmte Medikamente angewiesen ist, sollte sich diese in ausreichenden Mengen von zu Hause mitbringen. Wichtig ist dabei aber, dass man dann tunlichst eine Bescheinigung des Arztes mitführt, die aussagt, dass man auf diese Medikamente aus medizinischen Gründen nicht verzichten kann. Eine solche Bescheinigung ist um so wichtiger, wenn die Medikamente Stoffe enthalten, die unter das Betäubungsmittelgesetz fallen. Ein Rezept alleine würde Ihnen nichts nützen. Norwegische Apotheken dürfen auf ausländische Rezepte keine Medikamente abgeben.

Ganz allgemein kann festgestellt werden, dass der Medikamentenverkauf in den skandinavischen Ländern strenger geregelt ist als bei uns.

In allen größeren Städten gibt es Apotheken mit Nacht- und Notdienst, auch am Wochenende.

Obwohl zwischen der BRD und den skandinavischen Ländern Sozialversicherungsabkommen bestehen und in Dänemark und Norwegen darüber hinaus das E111-Formular der deutschen Krankenkassen (das Sie sich vor Abreise bei Ihrer Krankenkasse besorgen müssten) akzeptiert wird, der Reisende dadurch im Krankheitsfall oder bei einem

Durchschnittstemperaturen im Sommerhalbjahr:

Ort	April °C	Mai °C	Juni °C	Juli °C	Aug. °C	Sept. °C	Okt. °C
Bergen	7,5	10	12,5	16	15	12	10
Bodø	3,8	7	10	14	13	10	6,2
Karasjok	1	4	11	13	12	4	0
Lillehammer	5	9	14	16	14	10	6
Oslo	7	11	15	17	16	11,5	8,3
Stavanger	8	9	14	16	14	10	8,6
Tromsø	1,6	4	9	13	11	7	3,5
Trondheim	6	8	12	16	14	10	7,8
Vardø	1	3	6	9	10	7	3

MINIWORTSCHATZ – KLEIN, ABER NÜTZLICH

In dieser Zeit kann man die Mitternachtssonne bzw. die Polarnacht erleben:

Ort	Mitternachtssonne von – bis	Polarnacht von – bis
Bodø	04. Juni – 08. Juli	
Svolvær	28. Mai – 14. Juli	
Harstad	23. Mai – 22. Juli	
Narvik	24. Mai – 19. Juli	
Tromsø	20. Mai – 20. Juli	25. Nov. – 18. Jan.
Alta	17. Mai – 26. Juli	24. Nov. – 18. Jan.
Hammerfest	16. Mai – 27. Juli	21. Nov. – 22. Jan.
Vardø	14. Mai – 29. Juli	22. Nov. – 20. Jan.
Nordkap	13. Mai – 29. Juli.	18. Nov. – 24. Jan.
Svalbard (Spitzbergen)	20. Apr. – 20. Aug.	Nov. – Febr.

Unfall eine gewisse krankenversicherungstechnische Absicherung genießt, sollte man dennoch auf eine Auslandskrankenschutzversicherung nicht verzichten.

MINIWORTSCHATZ – KLEIN, ABER NÜTZLICH

Etwa seit dem späten Mittelalter war in ganz Norwegen Dänisch die offizielle Sprache. Norwegisch lebte in den Dialekten der einzelnen Regionen fort. Mit der Zeit vermischten sich Dialekte und offizielle Sprache. Im 19. Jh. wurde daraus das sog. *„Riksmål"* (Reichssprache), auch *„Bokmål"* (Buchsprache) entwickelt. Gleichzeitig hielten aber weite Kreise der Bevölkerung am *„Landsmål"* fest, einer aus westnorwegischen Mundarten gebildeten Sprache, die heute als *„Nynorsk"* offizielle Amtssprache ist.

Für den Besucher sind die unterschiedlichen Sprachen am ehesten an gelegentlich noch differierenden Orts- oder Landschaftsnamen erkennbar wie z. B. „Vann" oder „Vatn" für See. Auch findet man differierende Schreibweisen bei den Buchstaben „å" und „ø", z. B. Haakon statt Håkon oder Hönefoss statt Hønefoss etc.

Wichtig ist noch, dass die Buchstaben Å, Æ und Ø **am Ende** des norwegischen Alphabets stehen. Mit diesen Buchstaben beginnende Namen oder Ortsnamen findet man im Telefonbuch oder im Hotelverzeichnis u. ä. also ganz hinten!

Allgemeines

Anruf	– oppringning
Apotheke	– apotek
Arzt	– lege/doktor
Auf Wiedersehen	– adjø
Auslandsgespräch	– utenriks samtale
bitte	– vær så god
Brief marke	– frimerke
Damen, Herren	– dame, herer
danke	– takk
Entschuldigung!	– unnskyld!
Erwachsener	– voksen
geöffnet	– åpen
geschlossen	– lukket
gut	– bra
Guten Tag	– god dag
Guten Abend	– god kveld
hallo!	– hei!
ja, nein	– ja, nei
Jugendherberge	– vandrerhjem
Kinder	– barn
Krankenhaus	– sykehus
Miethütten	– utleiehytter
Personalausweis	– legitimasjonskort
Postamt	– postkontor
schlecht	– dårlig
wann	– når
übernachten	– overnatte
Zimmer	– værelse
zu vermieten	– til leie
Ich verstehe nicht.	– Jeg forstår ikke.
Ich hätte gerne	– jeg vil gjerne
Gibt es ...	– Finnes det
Wo ist ...?	– Hvor er ...?
Sprechen Sie deutsch?	– Snakker du tysk?

MINIWORTSCHATZ – KLEIN, ABER NÜTZLICH

Auto und Verkehr

Abschleppdienst	– redningstjeneste
Auto	– bil
Autofähre	– bilferje
Autovermietung	– bilutleie
Bahnhof	– jernebanestasjon
Bremse	– bremse
Einbahnstraße	– ensrettet
Flughafen	– flyhavn
Führerschein	– førerkort
Geschwindigkeits- begrenzung	– fartsgrense
Hafen	– havn
langsam fahren	– kjøre langsomt
Keilriemen	– vifterem
Maut, Weggebühr	– bompenger
Mautstraße	– bomvei
Ölwechsel	– oljeskift
Panne	– uhell
Reifen	– dekk
Reifenpanne	– punktering
Reifenwechsel	– å skifte hjul
Rollsplit	– grus
Scheinwerfer	– frontlys
Straßenarbeiten	– veiarbeid
Tankstelle	– bensin stasjon
Umleitung	– omkjørsel
Wohnmobil	– bobil
Wohnwagen	– campingvogn
Zug	– tog
Zündkerze	– plugg

Essen und Trinken

Abendessen	– middag
Barsch	– abbor
Bier	– Øl
Blaubeere	– blåbær
Brot	– brød
Butter	– smør
Eier	– egg
Erdbeere	– jordbær
Fisch	– fisk
Fleisch	– kjøtt
Forelle	– ørret
Frühstück	– frokost
Garnelen	– reker
Gemüse	– grønsaker
Hauptgericht	– hovedrett
Heilbutt	– kveite
Hering	– sild
Himbeere	– bringebær
Huhn, Hähnchen	– høns, kylling
Imbissstube	– gatekjøkken
Kabeljau	– torsk
Kalb	– kalv
Käse, Ziegen-, alter -	– ost, geitost, gammel ost
Kartoffeln	– poteter
Lachs	– laks
Limonade	– brus
Marmelade	– syltetøy
Milch	– melk
Mittagessen	– lunch, lunsj
Preiselbeere	– tyttebær
Rentier	– reinsdyr
Rind	– okse
Sahne	– fløte
Salz	– salt
Sauerrahm	– rømme
Schellfisch –	hyse
Schweinefleisch	– svinekjøtt
Speisekarte	– meny
Stockfisch	– tørrfisk
Tagesgericht	– dagens rett
Vorspeise	– forrett
Wasser, Trink-	– vann, drikke-
Wein, Rot-, Weiß-	– vin, rød-, hvit-
Würstchen –	pølse
Zucker	– sukker

Unterwegs

ås, åsen	– Bergrücken
austre	– östlich
botn, botnen	– Talende, -mulde
bomveg	– Mautstraße
bree	– Gletscher
elv, elva	– Fluss, Bach
fjell	– Gebirge
fonn	– Gletscher
foss	– Wasserfall
hav	– Meer
holmen	– Insel
hovd	– Hügel
høyre	– rechts
litle	– klein
nibba	– Gipfel
nordre	– nördlich
os, osen	– Flussmündung
øy, øya	– Insel
rettfram	– geradeaus
sæter, seter, støl	– Berghof, Alm
sjø, vatn	– See
søre	– südlich
store	– groß
tind, tindan	– Gipfel
topp, toppen	– Bergspitze
vær	– Fischerdorf
venstre	– links
vester	– westlich
vik, vika	– Bucht

MIT DEM AUTO DURCH NORWEGEN

MIT DEM AUTO DURCH NORWEGEN

Ein dichtes, gut ausgebautes und ausgezeichnet beschildertes Straßennetz durchzieht zwischenzeitlich ganz Norwegen bis in den hohen Norden.

Große Anstrengungen wurden in Norwegen in der Vergangenheit unternommen, um Engpässe im Straßennetz, z. B. im Fjordgebiet oder in den Gebirgsregionen, zu entschärfen. Ganz erstaunliche Tunnels, Gebirgs- wie Meerestunnels, wurden angelegt, wie der 11,4 km lange Gudvangentunnel oder der 24,5 km lange Lærdalstunnel.

Brücken verbinden Inseln mit dem Festland oder mit Nachbarinseln wie bei Runde, bei Kristiansund oder auf den Vesterålen. Ganz neue Trassen wurden angelegt wie bei Tosbotn in Nord-Trøndelag, nördlich von Fauske an der E6, oder die neue Passstraße bei Lysebotn in Rogaland.

Große, ehrgeizige Tunnel- und Brückenprojekte wurden im Fjordgebiet zwischen Stavanger und Haugesund realisiert.

Viele Straßen wurden verbreitert, befestigt, Kurven oder riskante Engstellen durch Tunnels entschärft etc. etc.

Längst gelangt der Autofahrer durch ein Untersee- und Landtunnel-System schnell und bequem auf die Nordkapinsel Mageröya und rollt auf asphaltierter Straße weiter bis zum Nordkap.

Sehr interessant in diesem Zusammenhang ist das **Norwegische Straßenbaumuseum** in Hunderfossen nahe der E6, 15 km nördlich von Lillehammer (s. Tour 18).

Trotz dieser gravierenden Verbesserungen sind in den straßenbautechnisch oft schwierig zu meisternden Fjordregionen manche Straßenabschnitte immer noch relativ schmal (4 – 5 m). Und nach wie vor findet man in den Fjord- und Bergregionen längere Straßenabschnitte, die das Straßenbauamt „ausschließlich geübten Caravan-Fahrern" empfiehlt.

Folgende Straßenabschnitte sind besonders schmal und kurvenreich und m. E. für Wohnwagengespanne bzw. sehr große Wohnmobile recht beschwerlich bzw. ungeeignet:

Provinz Rogaland
Lysefjordveien – Lysebotn - Suleskar
R13 – Lutsikrossen - Høle
R501 – Hauge i Dalane - Heskestad
R503 – Vikså - Byrkdal
R506 – Røynåsen - Ålgård
R511 – Skudeneshavn - Kopervik/Kamrøy
R513 – Solheim - Skoldastraumen
R520 – Sauda - Røldal

Provinz Hordaland
R48 – Tysse - Eikelandsosen
R550 – Utne - Jondal

Provinz Sogn og Fjordane
Aurlandsvegen – Aurland - Erdal
Øvre Årdal - Turtagrø
R13 – Bårddalen, Gaularfjell
R50 – Steine - Grenze Buskerud
R55 – Sognefjellvegen
R258 – Ospeli - Grenze Oppland
RV569 – Dalseid - Eidlandet (für Caravans ungeeignet!)

Provinz Møre og Romsdal
R63 – Geirangervegen - Ørneveien - Trollstigen
R651 – Straumshamn - Volda
R655 – Leknes Tryggestad
R661 – Eidsvik - Tomra

Folgende Straßen sind vom norwegischen Straßenbauamt Statens Vegvesen als „**für Wohnwagengespanne bzw. Fahrzeuge mit Anhänger nicht geeignet**" eingestuft:

R63 – Geirangervegen, Trollstigen
R92 – Bjordal - Grenze Hordal
R461 – Førland - Moi, Kvås - Konsmo
R465 – Hanesund - Liknes
R501 – Rekeland - Heskestad
R758 – Vuku - Stene

Caravangespannfahrer sollten bei ihrer Routenplanung Straßenkarten besonders sorgfältig studieren, sowie Angaben zu schmalen Straßenpartien und die Vorschriften für die Benutzung von Wohnwagen auf norwegischen Straßen beachten, z. B. max. Fahrzeugbreite von 2,55 m (gilt auch für Wohnmobile).

Extra-Außenspiegel sind vorgeschrieben, wenn der Anhänger breiter ist als das Zugfahrzeug. Bei Fahrten ohne Anhänger müssen die Extra-Spiegel abgenommen werden. Fernsehantennen dürfen während der Fahrt nicht über die Seiten des Fahrzeugs hinausragen.

Wohnwagengespanne dürfen nicht länger als 19,5 m und Wohnmobile nicht länger als 12 m sein.

Übrigens: Eine deutliche Beschilderung weist im ganzen Lande auf **Wohnmobil-Abwasserentsorgungsstellen** hin, die sich meist bei Tankstellen befinden.

Mit unbefestigten Straßen muss nur noch in entlegenen Landesteilen abseits der Durchgangsstraßen gerechnet werden. Dort sind die Straßen oft nur einspurig (3 m breit), aber mit häufigen Ausweichstellen versehen.

Wer schon sehr früh im Jahr in Norwegen unterwegs ist, sollte bei seiner Routenplanung auf die **Wintersperren von Gebirgsstraßen** achten (gewöhnlich von Ende Oktober bis Ende Mai, je nach Schnee- und Wetterlage). Wichtige Straßen können bei winterlichen Bedingungen mitunter nur im Kolonnenverkehr mit Begleitfahrzeug passiert werden.

Wintersperre gilt u. a. für **R13** (Gaularfjell), **R51** (Valdresflya), **R55** (Sognefjell), **R63** (Geirangerstraße sowie Trollstigen), **R258** (Alte Strynstraße), **R520** (Breiborg – Røldal) sowie die **Aurlandstraße** (Aurland – Erdal).

Straßenmaut in Norwegen

Für die Benutzung gewisser Tunnel- oder Brückenbauten und Straßenabschnitte wird **Maut (bompenge)** erhoben, z. B. auf die Nordkapinsel. Außerdem werden für entlegene Bergstraßen, die oft Privatstraßen sind (z. B. zum Nigardsgletscher, zum Raubergstulen, nach Kenndal u. a.) Maut erhoben.

AutoPASS – Fast alle Mautstellen in Norwegen werden automatisch betrieben. Die Kennzeichen aller Fahrzeuge ohne AutoPASS Chip oder ohne **„Visitor's Payment"** werden automatisch erfasst. Dem Fahrzeugbesitzer wird später eine Rechnung ohne Extrakosten per Post zugestellt, dies ist auch für ausländische Fahrzeuge gültig. Dies kann bis zu 6 Monate dauern.

Um die Rechnungsstellung per Post zu vermeiden, kann bis spätestens 3 Tage nach Passieren in der Nähe der Mautstelle an ESSO-Tankstellen bezahlt werden. Achten Sie auf das Zeichen „KR-Service".

Ausländische Fahrer können die Bezahlmethode „Visitor's Payment" benutzen. Dabei können Sie Ihre Kreditkarte vorab oder bis zu zwei Wochen nach dem ersten Passieren einer Mautstation registrieren. Dabei wird Ihnen ein Betrag im voraus abgebucht, von dem jeder Mautbetrag nach Passieren abgezogen wird.

Alle anderen Mautstellen haben AutoPASS-Fahrspuren und Fahrspuren für manuelle Bezahlung. Wichtig zu wissen: Es wird Ihnen eine Strafgebühr von NOK 300,- berechnet, wenn Sie die AutoPASS-Fahrspur ohne AutoPASS-Vertrag oder ohne „Visitor's Payment" benutzen.

Gewöhnlich gibt es an Nichtautomatischen-Mautstationen Durchfahrtsfurten mit der gelben Bezeichnung **„Mynt/Coin"** und der blauen Bezeichnung **„AutoPASS"**. Seltener gibt es an wichtigen Mautstellen eine Spur mit der weißen Bezeichnung „Manuel". Wenn besetzt, sind sie auf der Spur „Manuell" immer richtig und können mit norwegischen Münzen, Scheinen und meist auch mit Ihrer Kreditkarte bezahlen. www.autopass.no/Besucher/AutoPASS/.

Nicht genug damit. Norwegens Großstädte wie Oslo, Bergen, Kristiansand, Trondheim u. a. erheben eine **Stadtmaut.** Die Stadtmaut in Oslo z.B. betrug zuletzt NOK 26,- (€ 3,30). Sie wird beim Hineinfahren in die Stadt erfasst und wie oben beschrieben berechnet. Auswärtsfahren kostet nichts. Für Motorräder/Mopeds gibt es keine Stadtmaut.

Sie dürfen die Mautstationen in die Städte passieren ohne anzuhalten! Die Fahrspuren sind dann mit „do not stop" markiert. Die Rechnung kommt – wie weiter oben beschreiben - per Post - ohne Mehrkosten! Die Fakturierung für ausländische Fahrzeuge wird über die Fa. Euro Parking Collect on (EPC) in London abgewickelt. Betrieben werden alle Mautstationen von Fjellinjen AS, www.fjellinjen.no.

Falls Sie in Kristiansand oder in Trondheim (wo es bislang noch keine vollautomatisch-elektronische Kennzeichenerfassung bei der Stadtmaut gibt) auf Stadtbesichtigungen immer wieder Mautautomaten (in der gleichen Stadt wohlgemerkt) passieren, müssen Sie nicht jedesmal aufs Neue Maut bezahlen. Bewahren Sie die Quittung der ersten Mautzahlung gut auf, dann können Sie innerhalb einer Stunde Mautstationen innerhalb derselben Stadt passieren, ohne neu bezahlen zu müssen. Sie müssen lediglich die Quittung in den untersten Leseschlitz schieben. Das Gerät erkennt im Normalfall, dass innerhalb einer Stunde bereits bezahlt wurde und schaltet von Rot auf Grün. Sie dürfen passieren.

Besonders im Südwesten von Norwegen wird man gelegentlich Passstraßen befahren müssen, die oft lange Steigungen bzw. Abfahrten aufweisen. Hier sollte bei Talfahrten daran gedacht werden, dass zu häufiges Bremsen die Bremsen stark erhitzt und zu einem Nachlassen der Bremswirkung führen kann. Da im Urlaub in aller Regel der

MIT DEM AUTO DURCH NORWEGEN

Pkw oder das Wohnmobil stark beladen ist, werden die Bremsen ohnehin stärker beansprucht. Besser rechtzeitig herunterschalten und die Bremswirkung des Motors ausnutzen! Alte Faustregel: Wählen Sie den Gang für die Talfahrt, mit dem Sie auch bergauf fahren müssten. Bei langen Bergfahrten Temperaturanzeige der Kühlflüssigkeit im Auge behalten.

Pannenhilfe

Zwischen 20. Juni und Mitte August sind Straßenwachtfahrzeuge des norwegischen Automobilklubs NAF auf den Hauptverkehrsstraßen und auf kritischen Passstraßen unterwegs, um notfalls **Pannenhilfe** leisten zu können.

Die **Pannen-Notruf-Nummer** der **NAF Alarmzentrale** (24-Stunden-Dienst): **+47-810 00 505.**

Der **Rettungsdienst Viking** ist über das 24-Stunden-Nottelefon **+47-06 000** und der **Falck Rettungsdienst** über **+47-02 222** zu erreichen.

Alles über den neuesten Stand in Sachen Straßen-, Schnee- und Verkehrsverhältnisse erhalten Sie vom **Vegemeldingstjenesten** (Straßendienst), www.vegvesen.no, landesweit und rund um die Uhr unter Tel. 175.

Und noch ein Tipp: Sie können einiges an Geld auf den Fjordfähren sparen, wenn Sie mit einem Wohnmobil unter 6 m Gesamtlänge unterwegs sind! Die Sechs-Meter-Marke ist eine Grenze, über der die Fährpreise erheblich höher liegen. Falls Sie also viele Fähren benützen werden und ein Wohnmobil haben, das gerade 6 m lang ist, mit Fahrradträger aber deutlich über 6 m misst, ist es der Überlegung Wert, den Fahrradträger abzumontieren und (falls das möglich ist), Träger und Fahrräder solange im Fahrzeuginneren zu transportieren.

Verkehrsregeln

In Norwegen gelten die international üblichen **Verkehrsregeln**.
Kreisverkehr hat Vorfahrt!
Straßenbahnen haben Vorfahrt.
Das **Abblendlicht** (Fahrlicht) muss **auch tagsüber während der Fahrt** immer eingeschaltet sein!
Die erlaubten **Höchstgeschwindigkeiten** betragen innerhalb geschlossener Ortschaften 50 km/h, in Wohngebieten meist 30 km/h.

Für Pkw und Wohnmobile bis 3,5 t gelten außerhalb geschlossener Ortschaften 80 km/h, auf Autobahnen/Schnellstraßen 90 km/h.

Für Pkw mit Anhänger (Caravan) gelten außerorts max. 80 km/h mit gebremstem Anhänger und 60 km/h mit ungebremstem Anhänger.

Es besteht **Anschnallpflicht** auf den Vorder- und auf den Rücksitzen und für Zweiradfahrer besteht **Helmpflicht**. Zuwiderhandlungen werden mit sehr hohen Geldbußen geahndet.

Die **Promillegrenze** ist seit 1. 1. 2001 auf 0,2 Promille festgesetzt. Vergehen gegen die Promillebeschränkung werden mit empfindlichen Strafen belegt.

Spikes sind erlaubt zwischen 1. November und Ostern, in Nordnorwegen von 17. Oktober bis 31. April. In Oslo wird eine Umweltabgabe auf Reifen mit Spikes erhoben.

Fahrzeuge mit einem zul. Gesamtgewicht von über 3,5 t müssen zwischen 15. Oktober und dem 1. Sonntag nach Ostern **Schneeketten** mitführen.

Wildwechselbeschilderung ernst nehmen! Erhöhte Wildwechselgefahr vor allem in den Morgen- und Abendstunden. Mitunter halten sich Schafe oder Rentiere in den Straßentunnels auf, was vor allem in unbeleuchteten Tunnels zu unliebsamen Überraschungen führen kann.

Übrigens: In Norwegen, wie in ganz Skandinavien, gibt es neben der Entfernungsangabe in Kilometern, eine weitere – wenn auch nur noch sehr selten gebrauchte, inoffizielle Angabe in *„Meilen"* (mil). Bei Wegauskünften kann es u. U. noch vorkommen, dass es heißt: „Noch 10 Meilen". Es handelt sich dann aber nicht etwa um 16 km (entsprechend 10 englischen Meilen), sondern um 100 km. 1 skandinavische Meile entspricht nämlich 10 km.

Kraftstoffpreise

Tankstellen aller gängigen Marken sind in einem dichten Netz über das ganze Land verteilt. Selbstbedienung an den Zapfsäulen ist üblich.

Die meisten Tankstellen akzeptieren Kreditkarten. Tankstellen sind gewöhnlich zwischen 7 und 21/22 Uhr geöffnet.

Nachts und an Sonntagen können Tanksäulen an vielen Tankstellen nur mit Kreditkartenautomaten betrieben werden.

POST UND TELEFON

Bei der Kraftstoffversorgung und den Benzinpreisen in Norwegen gilt, wie bei fast allen anderen Gütern auch: Im Süden reichlich, im hohen Norden dünner gesät und etwas teurer. Dennoch ist es kein Fehler, vor allem bei Reisen im hohen Norden, einen gefüllten Reservekanister mitzuführen.

Preise pro Liter (Durchschnittswerte, Kraftstoffpreise variieren je nach Region):
Normalbenzin ca. NOK 11,86 (ca. € 1,57),
Superbenzin ca. NOK 12,77 (ca. € 1,69),
SuperPlus ca. NOK 12,85 (ca. € 1,70),
Diesel ca. NOK 12,09 (ca. € 1,60).

Diesel-Zapfsäulen mit der Aufschrift „avgiftfri" und verlockend niedrigen Literpreisen sind für ausländische Touristen absolut tabu! Wird bei Kontrollen in Ihrem Tank steuerfreier (eingefärbter) Kraftstoff gefunden, wird das mit empfindlich hohen Strafen belegt!

ÖFFNUNGSZEITEN

Geschäfte
Kein allgemein verbindliches Ladenschlussgesetz, keine einheitlichen Öffnungszeiten. Generell schließt man vor allem im Sommer recht früh!
Montag – Freitag 10 – 17 Uhr, Donnerstag in Städten bis 19 Uhr. Samstag 10 – 15 Uhr.
Supermärkte sind oft bis 19 oder 21 Uhr, Kioske auch an Samstagen und Sonntagen geöffnet.

Banken
Montag – Freitag 8.30 – 15 Uhr.
Donnerstag 8.15 – 17 (18) Uhr.

Postämter
Montag – Freitag 8 (8.30) – 16 (16.30) Uhr, Samstag 8 – 13 Uhr.
Die Zeiten in Klammern gelten im Sommer.

POST UND TELEFON

Porto in europäische Länder: Für Postkarten oder einen Standardbrief bis 20 g bis lang NOK 9,00.

Telefonieren ist im ganzen Land von Telefonämtern („TELE"), Telefonzellen, natürlich auch von Privatanschlüssen, Hotelzimmern etc. möglich.

In Norwegen gibt es Telefonnummern mit acht Ziffern. Die Ortsvorwahl ist in die Rufnummer integriert!

Es gibt rückrufbare öffentliche Telefonzellen, in denen Sie sich anrufen lassen können.

Verbreitet sind **Kartentelefone**, die mit den gängigen Kreditkarten (American Express, Diners, Master/Eurocard, Visa) betrieben werden können.

Die Telefonkarten „telekort" können nicht mehr verwendet werden!

Notrufe:
Feuerwehr **110**,
Polizei **112**,
Ambulanz **113**.

Allg. Telefonauskunft: 0130.

Vorwahlen:
Für **Norwegen: 00 47** (danach achtstellige Rufnummer ohne weitere Ortsvorwahl).

Für **Deutschland: 00 49** (danach Ortsvorwahl ohne erste Null, dann Rufnummer).

ENTFERNUNGSÜBERSICHT

Bergen								
1.420	**Bodø**							
2.255	955	**Hammerfest**						
2.685	1.390	495	**Kirkenes**					
395	1.610	2.445	2875	**Kristiansand**				
1.590	295	665	1.095	1.780	**Narvik**			
485	1.280	2.115	2.540	330	1.445	**Oslo**		
1.750	565	440	840	2.040	260	1.710	**Tromsø**	
685	740	1.575	2.005	875	910	540	1.170	**Trondheim**

Beispiel: Oslo – Bodø 1.280 km

REISEN IM LANDE

Für **Österreich: 00 43** (danach Ortsvorwahl ohne erste Null, dann Rufnummer).

Für die **Schweiz: 00 41** (danach Ortsvorwahl ohne erste Null, dann Rufnummer).

Ihr **Mobiltelefon** funktioniert auch in Norwegen, wenn das Gerät zu den Systemen GSM 900 und GSM 1800 kompatibel ist.

REISEN IM LANDE

Mit dem Flugzeug

Drehscheiben des inländischen Flugverkehrs sind Oslo, Bergen, Bodø und Tromsø. Das Luftlinienetz in Norwegen wird vor allem von den Gesellschaften SAS, Braathens SAFE, Widerøe, Norsk Air und kleineren Carriern bedient. Im ganzen Land werden rund 26 Städte regelmäßig angeflogen. Bis zu dreimal täglich bestehen z. B. Verbindungen von Oslo über Tromsø nach Kirkenes. Rege Frequenzen auch zwischen Oslo und Bergen (bis zu 15 Abflüge täglich).

Die Flugzeiten betragen von Oslo nach Kirkenes z. B. rund 4 Stunden, von Oslo nach Trondheim rund 1 Stunde 20 Minuten, oder von Oslo nach Bergen rund 50 Minuten.

Sondertarife werden auf Inlandslinien angeboten.

Mit der Bahn

Die wichtigsten Städte des Landes sind per Bahn zu erreichen. Auch im Bahnverkehr ist Oslo der zentrale Knotenpunkt.

Die nördlichste mit den **Norwegischen Staatsbahnen (NSB)** erreichbare Stadt in Norwegen ist Bodø.

Die wichtigsten Bahnstrecken sind die *Sørland-Bahn* (Oslo - Kristiansand - Stavanger), die *Bergen-Bahn* (Oslo - Myrdal - Voss - Bergen), eine der interessantesten Strecken des Landes, von der aus der Abstecher mit der berühmten *Flåmbahn* möglich ist, dann die wichtige Nord-Süd-Verbindung *Dovre-Bahn* (Oslo - Dombås - Trondheim) und die weiterführende *Nordland-Bahn* (Trondheim - Fauske - Bodø). Durch sehr reizvolle Landschaft führt die *Rauma-Bahn* von Dombås nach Åndalsnes.

Von Oslo nach Bergen verkehren täglich bis zu vier Züge (Fahrtdauer rund 6 Stunden), nach Stavanger bis zu vier Züge (Fahrtdauer rund 8 Stunden), nach Trondheim bis zu fünf Züge (Fahrtdauer rund 7 bis 9 Stunden, je nach Strecke). Die Bahnfahrt von Oslo über Trondheim nach Bodø dauert rund 20 Stunden.

Fernzüge der Norwegischen Staatsbahnen (NSB) sind moderne, voll klimatisierte Komfortzüge und verkehren auf den Strecken Oslo – Kristiansand, Oslo – Stavanger, Oslo – Trondheim – Bodø und Oslo – Bergen.

Die Züge bieten auf Nachtstrecken komfortable Schlafwagen und darüber hinaus u. a. spezielle Abteile für Rollstuhlfahrer und für Allergiker, es gibt Büroabteile, Kinder- bzw. Spielabteile und einen Buffetwagen.

Vorab informieren über Fahrpläne etc. kann man sich unter www.nsb.no.

Mit dem Bus

Ein recht dichtes Netz von Buslinien, die auf allen wichtigen Fernstraßen des Landes verkehren, komplettieren und erweitern die Bahn- und Schiffsstrecken.

Nor-Way Bussekspress bedient Langstrecken, u. a. die durch das Setesdal (Kristiansand – Haukeligrend), die Strecke Skien – Haugesund, dann die Strecke von Trondheim über Molde nach Ålesund und die Linie von Fauske über Narvik nach Kirkenes.

Infos bei *Nor-Way Bussekspress AS, Schweigaarsgate 8 - 10, N-0185 Oslo, Tel. 8154 44 44, www.nor-way.no*

Mit dem Mietauto

Pkws können an den Flughäfen sowie in allen großen Städten des Landes gemietet werden, z.B. in Oslo, Larvik, Kristiansand, Egersund, Stavanger, Bergen, Trondheim, Bodø, Tromsø, Kirkenes.

In großen Städten gibt es auch Mietstationen für Wohnmobile.

Ein gültiger Führerschein muss vorgelegt werden. Mindestalter des Mieters - 19 Jahre. Einige Unternehmen vermieten nur an Personen die älter als 25 Jahre sind. Wenn Sie mit einer Kreditkarte bezahlen können, vereinfacht das die Formalitäten erheblich.

Mit dem Schiff

Ein sehr dichtes Netz von **Autofähren** stellt die Verbindung in den Fjorden und zu den vielen Inseln an der westnorwegischen Küste her.

Auf allen wichtigen Strecken sind die Abfahrten der Fähren so häufig, dass der Autofahrer nicht mit unkalkulierbar langen Wartezeiten rechnen muss.

Reservierungen sind auf den Fjordfähren in aller Regel nicht möglich. Fahrkarten werden direkt auf den Schiffen verkauft.

Angaben zu Fähren sind im Routenteil bei den entsprechenden Fährstationen angegeben. **Fahrpläne** der Fähren der **Reedereien Tide und Fjord1**, die die meisten Strecken im Südwesten des Landes bedienen, findet man auf den **Webseiten** www.tide.no und www.fjord1.no.

Personenschnellboote verkehren außerdem von Bergen in den Sognefjord, nach Norheimsund im Hardangerfjord, über Haugesund nach Stavanger und in den Nordfjord.

Mein Tipp! Wenn Sie viele Fjordfähren benutzen werden, z. B. auf der R17 in Westnorwegen, können Sie viel Fährgeld sparen, wenn Ihr Wohnmobil unter 6 m lang ist. Die „Preis-Schallgrenze" liegt bei 6 m Fahrzeuglänge.

Speziell bei Fahrzeugen die an der 6-m-Grenze sind und durch einen angebauten Fahrradträger samt Rädern über 6 m lang sind, kann es sich lohnen, Träger und Fahrräder abzumontieren und im Fahrzeug zu transportieren.

Hurtigruten

Ein Norwegenerlebnis besonderer Art sind Reisen mit den ganzjährig und täglich verkehrenden Küsten-Postschiffen der **Hurtigruten**.

Hurtigrutenschiffe verkehren zwischen Bergen und Kirkenes und laufen auf der sechs Tage dauernden Seereise alle wichtigen Hafenstädte an der Westküste an. Die Rückreise dauert abermals sechs Tage. Häfen die auf der Nordfahrt am Tage angelaufen wurden, werden auf der Südfahrt nachts bedient und umgekehrt. Man kann auch nur Teile der Gesamtstrecke buchen.

Auf den neueren Schiffen können bis zu 50 Personenwagen befördert werden. Die Autos dürfen aber folgende Werte nicht überschreiten: Gesamtgewicht 5.000 kg, max. Höhe 2,50 m!, max. Länge 6,50, max. Breite 2,45 m.

In den größeren Häfen wie Ålesund, Trondheim, Bodø, Svolvær, Tromsø, Hammerfest, Honningsvåg oder Kirkenes sind die Aufenthalte so lange, dass man sich getrost zu einem Stadtspaziergang aufmachen oder an einem organisierten Landausflug teilnehmen kann.

Den Passagieren stehen bequeme Kabinen zur Verfügung, die zumindest auf den großen, neueren, sehr komfortablen Schiffen wie MS „Midnatsol", MS „Trollfjord", MS „Nordnorge", MS „Finnmarken", MS „Polarlys" oder MS „Nordkapp", die Platz für bis zu 1.000 Passagiere bieten, bestens klimatisiert und mit Dusche, WC und meist mit TV ausgestattet sind.

Hurtigrutenschiffe bieten den Komfort von Kreuzfahrtschiffen auf eine sehr legere Art und Weise. Ob zum Frühstücksbuffet oder zum Abendessen, man kleidet sich wie's gefällt.

Die Passagiere werden an Bord fürstlich verpflegt und können es sich morgens und mittags an überaus üppigen Buffets so richtig gut gehen lassen. Abends wird am Tisch ein vorzügliches Drei-Gänge-Menü serviert. Und wer gerne leckeren Fisch isst, wird auf den Schiffen seine wahre Freude haben.

Tischgetränke gibt es nach Wahl. Wasser ist im Preis inbegriffen. Bier oder Wein (die „Weinkeller" der Schiffe sind übrigens bestens sortiert, auch wenn Wein auf den Schiffen nicht gerade preiswert zu haben ist) werden Ihrem „Bordkonto" berechnet, das Sie bei Antritt der Reise mit Ihrer Kreditkarte einrichten können.

Das Unterhaltungsangebot an Bord hält sich in engen Grenzen. Kleine Bibliothek, Leseraum, Fernseh- und Internetecke, abends vielleicht ein Gesangsduo. Aber wer vermisst das schon auf so einer erholsamen Schiffsreise, auf der man eh am liebsten im Panoramasalon sitzt und die unvergleichliche Aussicht genießt.

Und wem es nach den üppigen Frühstücks- oder Mittagsbuffets nach etwas Bewegung ist, findet Fitnessraum, Sauna, Whirlpools auf dem Oberdeck oder Gelegenheit zu einem Spaziergang um das Promenadedeck.

Übrigens: Eine „beste Reisezeit" gibt es auf einer Hurtigrutenreise einfach nicht. Sie ist rund ums Jahr ein grandioses Erlebnis.

Detaillierte Informationen erfährt man unter www.hurtigruten.de.

REISEZEIT UND KLEIDUNG

Die beste Zeit für eine Reise durch Norwegen dürfte die Zeit von Ende Mai bis Anfang Juli sein. Nicht zuletzt der Mitternachtssonne wegen, die ja ein besonderes und typisches Nordlanderlebnis ist und gerade in dieser Zeit nördlich des Polarkreises am eindrucksvollsten erlebt werden kann, bietet sich die erwähnte Zeitspanne an.

Wer aber nach Norwegen fährt, um in erster Linie in der Finnmark zu wandern, wird

WÄHRUNG UND DEVISEN

sich den Frühherbst aussuchen. Und wer des Angelns wegen nach Norden reist, dem wird die für ihn günstigste Reisezeit von spezifischen Faktoren vorgegeben.

Bis Ende Mai kann man ab und zu Neuschnee erleben, dann aber nur noch in sehr hohen Lagen und ohne Beständigkeit. Zum Ende des Monats Mai hin ist bereits mit angenehmen Temperaturen zu rechnen. Das Wetter ist in aller Regel beständiger und die Sicht oft klarer als im Juli etwa.

Allerdings ist um diese relativ frühe Reisezeit Ende Mai/Anfang Juni bei der Routenplanung darauf zu achten, ob die Wintersperren über bestimmte Bergpässe (gewöhnlich Mitte Oktober bis Ende Mai) schon aufgehoben sind. Und viele Informationsbüros und touristische Einrichtungen öffnen erst Anfang oder Mitte Juni.

Die turbulenteste Reisezeit ist erfahrungsgemäß der Monat Juli. Es ist der Urlaubsmonat der Norweger schlechthin. Alles was vier Räder hat ist dann unterwegs. Dazu kommen jedes Jahr größer werdende Scharen ausländischer Touristen.

In dieser Zeit kann es durchaus passieren, dass in touristisch stark frequentierten Regionen, wie etwa an der südlichen Küste um Kristiansand, im Gebiet des Geirangerfjords, bei Voss, im Gebiet Loen/Stryn und entlang der E6, der wichtigsten Nord-Süd-Verbindung des Landes, Campingplätze vollbelegt und Hotels ausgebucht sind. In dieser Zeit ohne Anmeldung eine Campinghütte zu bekommen, kann Schwierigkeiten bereiten. Wer es einrichten kann, dem sei ans Herz gelegt, nicht in der Hauptreisezeit Juli zu fahren!

Die zweite Augusthälfte gehört in Norwegen, zumindest in nördlichen Landesteilen, schon zum Herbst. Es wird kühler und vor allen Dingen, die Tage werden rapide kürzer. Auf der Höhe von Kristiansand z. B. lassen sich in den letzten Augusttagen merkliche „Tagesverkürzungen" von rund 15 Minuten je Tag feststellen.

Anfang September kann man in der Finnmark mit den ersten Frösten rechnen. Diese frühe Herbstperiode ist die mit Abstand am besten geeignete Zeit für Wanderungen in der Finnmark. Die Laubfärbung der Birken und der zaghafte erste Schnee auf den Hügelköpfen lassen Fußmärsche in dieser Zeit unvergesslich werden. Außerdem wird dann das Wandererlebnis nicht mehr von den im Sommer gelegentlich lästigen Stechmücken beeinträchtigt.

Zur **Kleidung** – eine individuelle Frage, die sich ja ganz nach persönlichen Vorlieben oder geplante Urlaubsaktivitäten richten wird – für eine Urlaubsreise durch Norwegen sei lediglich erwähnt, dass auch im Sommer dicke Wollpullover, winddichte Jacken und vor allem eine gute Regenbekleidung mit Gummistiefeln (mit denen es sich übrigens vorzüglich über die morastigen Hochebenen wandern lässt) im Reisegepäck nicht fehlen sollten.

Übrigens, selbst wenn Sie in einem schicken Berghotel abends zum Essen gehen erwartet niemand, dass Sie dort im feinen Zwirn und mit „Schlips und Kragen" auftauchen.

WÄHRUNG UND DEVISEN

Für Norwegen gelten bei der Ein- und Ausfuhr inländischer wie ausländischer Währung keinerlei Beschränkungen. Übersteigt allerdings die Ein- oder Ausfuhr NOK 25.000,- gelten besondere Bestimmungen!

Die norwegische Währungseinheit ist die **Norwegische Krone** (NOK) zu 100 Øre.
NOK 100,- = ca. EUR 12,94,
EURO 1,- = ca. NOK 7,72.
Die Wechselkurse unterliegen Schwankungen.

Geldautomaten, an denen Sie mit Ihrer EC-Karte oder Kreditkarte mit der geheimen PIN-Nummer rund um die Uhr Geld bekommen können, finden immer mehr Verbreitung. Beschriftungen wie **„Minibank"** weisen auf Geldautomaten hin.

International bekannte **Reiseschecks** und die gängigen **Kreditkarten** werden in vielen Geschäften, Tankstellen, Hotels, Restaurants, auf den Fähren und sogar an den meisten Mautstationen (außer Reiseschecks) für Straßen, Brücken oder Tunnels etc. als Zahlungsmittel akzeptiert.

Mein Tipp! Es kann sehr hilfreich sein, wenn Sie und Ihre Reisebegleiter Kreditkarten unterschiedlicher Gesellschaften dabei haben. Wir haben in Geschäften erlebt, dass die Euro/Mastercard nicht, wohl aber die Visa-Karte akzeptiert wurde, umgekehrt konnten wir an einigen Tankstellen nicht mit Visa, wohl aber mit Euro/Mastercard bezahlen.

Nach neuesten Informationen werden **Postsparbücher** nicht mehr akzeptiert. Sie wurden ersetzt durch die **Postbank**

ZEICHENERKLÄRUNG

Sparcard, die Geldbezug an Automaten erlaubt.

Das generelle Preisniveau ist in Norwegen gegenüber Deutschland in vielen Bereichen, vor allem bei Alkoholika, wesentlich höher.

Haftungsausschluss

Alle in diesem Reiseführer gemachten Angaben, sowie Reise- und Sicherheitshinweise sind nach den aktuell erreichbaren und dem Verlag zugänglichen Informationen mit Sorgfalt und nach bestem Wissen zusammengestellt. Eine Gewähr für die Richtigkeit und die Vollständigkeit der Angaben sowie eine Haftung für eventuell eintretende oder daraus entstehende Schäden kann nicht übernommen werden. Gesetze und Vorschriften können sich jederzeit ändern, ohne dass der Verlag davon erfährt. Die Entscheidung über die Durchführung einer Reise liegt in der Verantwortlichkeit des Lesers.

Verlag und Autor empfehlen, sich rechtzeitig vor Antritt der Reise nach den neuesten reiserelevanten Vorschriften zu erkundigen.

ZEICHENERKLÄRUNG

⊛	Hauptstadt		▲	Campingplatz
⊙	Etappen-Start-/Endpunkt		🚐	Womo-Stellplatz
○	Orte			V & E Station
✳	Sehenswürdigkeit		✝	Kirche, Kathedrale
ⓘ	Touristeninformation			Burg, Kastell
🏛	Museum, Schloss		🥾	Wandermöglichkeit
🏛	Rathaus, öffentl. Gebäude		⌘	archäol. Stätte
🚌	Busbahnhof, Bahnhof		△	Berg, Gipfel
P	Parkplatz			Rast-, Picknickplatz
🅿	Tiefgarage		✖	Grenzübergang
✈ ✈	Flughafen		) (	Pass
✉	Postamt			Strand, Badeküste
✕	Restaurant		⋂	Höhle
🏨	Hotel			
▬▬▬	Reiseweg, Route			

V & E für Wohnmobile – Einrichtungen für Versorgung mit Trinkwasser sowie Entsorgung für Wohnmobilabwässer sind auf dem Platz vorhanden.

Wichtige, am Anfang zu jeder Tour vermerkte Sehenswürdigkeiten sind ihrer Bedeutung entsprechend mit einem, zwei oder drei Sternchen versehen.

$$* = \text{sehenswert}$$

$$** = \text{sehr sehenswert}$$

$$*** = \text{ein „Muss" auf der Reise}$$

GPS-KOORDINATEN

GPS-Koordinaten

Wegpunkt-Koordinaten sind im Text in eckigen Klammern nach Orten, Campingplatznamen o. ä. wie folgt dargestellt, z. B.: **[N 38° 53′ 53.8″   E 22° 39′ 18.6″]**.

Bei den **Koordinaten** steht „N" für Nord, „E" für Ost und „W" für West. Die erste Zahl danach steht für Breiten- bzw. Längen-Grad, gefolgt von Minuten und Sekunden.

Minuten/Sekunden ändern in Dezimalkoordinaten

Falls Sie Navigationskoordinaten in Ihr Autonavigationsgerät evtl. nur als **Dezimalkoordinaten,** nicht aber im üblichen (und wie auf der Roadbook CD gespeicherten) **Grad/Minuten/Sekunden Format** eingeben können, ist das kein größeres Problem.

Koordinaten lassen sich von Grad/Minuten/Sekunden – so wie bei uns dargestellt – relativ einfach „per Hand" in Dezimalkoordinaten umrechnen und müssen dann gewöhnlich auch von Hand in das Navigationsgerät im Auto eingegeben werden.

Da das Minuten/Sekunden-System in 60er Schritten geht, darf man die Minuten- und Sekunden-Markierungen nicht einfach ignorieren und daraus Dezimalkoordinaten machen, sondern man muss die Daten durch 60 teilen. Umgekehrt ist das auch von Dezimalwerten in Minuten/Sekunden möglich (multiplizieren).

Beispiel:

Grad/Minuten/Sekunden-Format: N 39° 29′ 12.6″ wird so zum Dezimalformat: 29 : 60 = 0,48, 12.6 : 60 = 0,21. Das wieder zusammengesetzte Format zeigt nun die **Dezimalkoordinate: N 39,4821°.**

Oder: E 20° 15′ 34.2″ – entspricht dann E 20,2557° (alle Angaben ohne Gewähr).

REGISTER

Personennamen in kursiver Schrift.

(CP) bzw. (ST) hinter dem Ortsnamen weist darauf hin, dass in oder ganz in der Nähe des Ortes ein im Reiseführer beschriebener Campingplatz und/oder ein Wohnmobil-Stellplatz zu finden ist.

A

Å (CP) 282
Ågskarcet 257
Akkerhauger (CP) 114
Åkrafjord 120
Åkrahamn 84
Ål 154
Ålesund (CP, ST) 197
Ålgård (CP) 80
Alstahaug 256
Alta Canyon 306
Alta (CP) 305
Alteidet (CP) 304
Åmot (CP) 116
Amundsen, Roald 16, 30, 44, 296
Åndalsnes (CP) 196
Andenes (CP) 287
Årdal 91
Arendal (CP) 61
Åsen (CP) 249
Åsgårdstrand 55
Augvaid, Götterkönig 85
Aulestad 210
Aurland (CP) 146
Austrått Fort 244
Avdalsnes 85

B

Balestrand (CP) 175
Ballangen (CP) 271
Ballstad 279
Bandakkanal 58, 113
Baroniet, Schloss 120
Begby 29
Beitostølen (CP) 157
Bergen (CP, ST) 123
  Bergen Karte 132
  Camping 134
  Damsgård 131
  Festspiele 133
  Gamlehaugen 130
  Hotels 134
  Information 132
  Restaurants 133
  Stadtspaziergang 124
  Troldhaugen 130
  Ulriken 131
  Wohnmobil-Stellplatz 134
Bergtouren im Jotunheimen 162
Berlevåg (CP) 324
Bessheim 158
Birtavarre (CP) 302
Bjåland, Olav 1 1
Björheimsund (CP) 91
Bjørnson, Bjørnstjerne 16, 210
Bø (CP) 115
Bodø (CP, ST) 266
Bognelv (CP) 304
Bognes 271
Bø, Insel 286
Borg 279
Borgund (CP) 53
Borgundkaupangen 200
Borgund Stabkirche 151
Bøyabreen 177
Brandal 200
Brattlandsdalen 93
Breivikeidet 301
Brekkestö 64
Bremsnes (CP) 220, 221
Briksdalsgletscher (CP) 182
Briksdalsbre.
  Siehe Briksdalgletscher (CP)
Brønnøysund (CP) 248
Brundtland, Gro Harlem 15, 16
Brusand (CP) 74
Buarbreen 94
Bud (CP) 220
Bugøynes 329
Bull, Ole 16, 131
Bygland 104
Byglandsfjord (CP) 104
Bykle (CP) 108
Byrkjelo (CP) 178

C

Campingplätze

Camping 337
Camping Å 282
Camping Alda 183
Camping Altafjord 304
Camping Alta Strand 307
Camping Alteidet 304
Camping Åmotcamping 209
Camping Åndalsnes 195
Camping Andenes 288
Camping Arctic Motell 336
Camping Åros Motellcamp 66
Camping Atlanten og Motel 222
Camping Austrått 244
Camping Ballangen 271
Camping Båthavn 56
Camping Bech's Hotell 260
Camping Beitostølen og Hytter 157
Camping Bergen Campingpark 134
Camping Bergstad 249
Camping Bergstaden 229
Camping Berlevåg Pensjonat 324
Camping Birtavarre 302
Camping Bjerka 260
Camping Bjølstad 220
Camping Bjøra 245
Camping Bjøraker 153
Camping Bjørkestølen 157
Camping Bjørkhol 204
Camping Bjørnebo 294
Camping Blokkebukta 56
Camping Bø 115
Camping Bodøsjøen 269
Camping Bogstad 52
Camping Bore Strand 80
Camping Borgund og Hyttesenter 153
Camping Borre Familiecamping 56
Camping Bøygen 209
Camping Bøyum 177
Camping Braseth 252
Camping Bratland 134
Camping Breesgård Turistsenter 231
Camping Breivik 63
Camping Brøttum 212
Camping Brusand 74
Camping Brustranda Sjøcamping 278
Camping Bud 220
Camping Buey Dalen Telemark 108
Camping Byklestøylane 107
Camping Byrkjelo 178
Camping Dalen Gaard 191

REGISTER

Camping Dalsøren 169
Camping Djuvik 174
Camping Drammen 55
Camping Krristiansand Feriesenter 66
Camping Edland 107
Camping Egenes 72
Camping Eidatunet 179
Camping Eidsdal 192
Camping Ekeberg 52
Camping Elverum 214
Camping Espelandsdalen 137
Camping Fagernes 157
Camping Fauske 266
Camping Fister 91
Camping Flakk 240
Camping Flåm 145
Camping Flateland 107
Camping Flatlandsmo 137
Camping Fosselv 304
Camping Fossen 157
Camping Fossheim 153
Camping Frederiksten 28
Camping Fredrikstad & Motel 30
Camping Furøy 258
Camping Furuhaugli Turisthytte 226
Camping Furuheim 209
Camping Furustrand 56
Camping Gandvik 326
Camping Garvikstrondi 115
Camping Gåsodden 57
Camping Geiranger 191
Camping Geitvågen Bad 269
Camping Gloppen 179
Camping Goksøyr 201
Camping Gol Campingsenter 153
Camping Grande 191
Camping Granvin 137
Camping Grimsbu Turistsenter 227
Camping Grindefjord 84
Camping Groven 116
Camping Gryta 184
Camping Gudbrandsjuvet 193
Camping Gudvangen 143
Camping Guldbergaunet og Sommerhotell 251
Camping Gullberget 249
Camping Gullesfjord 289

Camping Hærsletta 291
Camping Hageseter 226
Camping Halsetløkka Oppdal 231
Camping Hamarøy Fiskecamping 270
Camping Hammerfest Touristsenter 313
Camping Hamresanden 66
Camping Hånesset 229
Camping Haraldshaugen 89
Camping Hardangertun 99
Camping Harran 252
Camping Harstad 289
Camping Hauen 73
Camping Haugen 178
Camping Haugtun 193
Camping Hellesylt 188
Camping Hjelmeland 91
Camping Hjerkinn Fjellstue 226
Camping Hognes Gård 249
Camping Holmset 244
Camping Holt 60
Camping Horness 103
Camping Hotel Tana 324
Camping Hovden Fjellstoge 107
Camping Høyseth Turiststasjon 178
Camping Hummelfjell 227
Camping Hunderfossen 212
Campinghütten 339
Camping Hyllandsfoss 116
Camping Ifjord 322
Camping Jølstraholmen 177
Camping Jostedal 170
Camping Karasjok 335
Camping Kinsarvik 99
Camping Kirkenes 331
Camping Kirkeporten 315
Camping Kirketeigen Ungdomssenter 209
Camping Kjerag Lysebotn 101
Camping Kjerringøy 269
Camping Kjørnes 172
Camping Kleivenes 187
Camping Koa 251
Camping Kobbvassgrende 270
Camping Korgen 260
Camping Kronstad 307

Camping Kvanhøgd Turistsenter 153
Camping Kvavik 72
Camping Kviltorp 220
Camping Kvisterø Kystcamping 247
Camping Kyrping 120
Camping Lærdal Ferie og Fritidspark 148
Camping Langenuen 89
Camping Langnes 252
Camping Leira og Hyttesenter 157
Camping Leka Motel 247
Camping Lesjaskogsvatnet 203
Camping Levanger 249
Camping Lillehammer 212
Camping Lillehammer Turistsenter 212
Camping Lindesnes 71
Camping Lofthus 99
Camping Lone 134
Camping Longerak 104
Camping Lothe 96
Camping Lo-Vik 183
Camping Løvøya & Båthavn 56
Camping Lunde 146
Camping Lundhøgda 266
Camping Måbødalen 138
Camping Magalaupe 230
Camping Måna 197
Camping Marivold 63
Camping Melkevoll Bretun 184
Camping Midnattssol 315
Camping Mindresunde 187
Camping Mjelva 195
Camping Mo 136
Camping Moa 252
Camping Moen 60, 153
Camping Morgedal 111
Camping Mørsvikbotn 270
Camping Mosjøen 254
Camping Moskenesstraumen 282
Camping Mostrand 56
Camping Moysand Familiecamping 63
Camping Namsen Fishing Camp 245
Camping Namsos 245
Camping Narvik 291

REGISTER

Camping Neidenelven og Motell 329
Camping Nes 169
Camping Neset 105
Camping Nesjartun 179
Camping Ness 270
Camping Nesset 247
Camping Nidelv 61
Camping Nigardsbreen 170
Camping Nordal Turistsenter 161
Camping Nordkapp 315
Camping Nordkapp Caravan 315
Camping Nordkyn 322
Camping Norsjø Ferieland 114
Camping Notodden 113
Camping Nyheim 252
Camping Nymoen Leirplass 167
Camping Odda 94
Camping Oddane Sand 56
Camping Odden 103
Camping Øen Turistsenter 155
Camping Ogna 74
Camping Olhusviken 207
Camping Olsfjord 304
Camping Olden Gytri 184
Camping Oldevatn 183
Camping Ørsvågvær i Lofoten 275
Camping Osen 189
Camping Osen Fjordcamping 244
Camping Oslo Fjordcamping AS 52
Camping Otta 207
Camping Otta Turistcenter 207
Camping Øvre Pasvik 332
Camping Øyen 159
Camping Øysand 224
Camping Preikestolen 80
Camping Prinsen Strandcamping 199
Camping Rabben Feriesenter 121
Camping Ramberg 282
Camping Ramfjord 299
Camping Randsverk 158
Camping Rasteplass Svenningsvatn 253
Camping Raubergstulen 163
Camping Reiårsfossen 105
Camping Repparfjord Ungdomssenter, 311
Camping Rica Havna 56
Camping Rognan Fjordcamp 266
Camping Røldal 119
Camping Roligheden 66
Camping Rørestrand 56
Camping Rosfjord 72
Camping Russenes 313
Camping Rysstad Feriesenter 105
Camping Sæbø 138
Camping Sæta 207
Camping Saltdal-Turistsenter 265
Camping Saltstraumen 259
Camping Saltvold 119
Camping Samuelstuen 212
Camping Sandbakken 204
Camping Sandce 183
Camping Sanden 115
Camping Sandhåland 85
Camping Sandnes 304
Camping Sandnes Hytte- og Campinganlegg 79
Camping Sandnes Mandal 70
Camping Sandsletta 275
Camping Sandvik 169
Camping Sandvika Fjord 275
Camping Sandvold 220
Camping Sauda 92
Camping Seim 119, 137
Camping Sekkemo 304
Camping Selje 181
Camping Seljord 115
Camping Sjoa 209
Camping Sjøbakken 189
Camping Sjøsanden Feriesenter 70
Camping Sjøtun 176
Camping Sjøvollan 294
Camping Skardå 158
Camping Skippergården 275
Camping Skittenelv 299
Camping Skoganvarre 334
Camping Skogly Overnatting 260
Camping Skottevik FerieSenter 63
Camping Skudenes 85
Camping Skysstasjonen Røldal 119
Camping Smedsmo 158
Camping Smegården 230
Camping Solli 248
Camping Solplassen & Rakke 56
Camping Solstad 321
Camping Solstrand 71
Camping Solvåg Fjordferie 91
Camping Solvang 174, 192, 307
Camping Solvik 91
Camping Sørlandet Fritidssenter 60
Camping Sortland 286
Camping Stabbursdalen 321
Camping Stadheimfossen 188
Camping Stavanger Mosvangen 79
Camping Stave 288
Camping Stedje 172
Camping Steinklepp 153
Camping Steinsnes 73
Camping Stiklestad 249
Camping Stokmarknes 286
Camping Storfjord 273
Camping Storfossen 324
Camping Stori 260
Camping Storsand Gård 240
Camping Storvannet 313
Camping Stranda 212
Camping Strandheim og Hyttetun 157
Camping Strand og Skjægårdscamping 282
Camping Strømhaug 270
Camping Strynsvatn 187
Camping Sundal 95
Camping Sundre 154
Camping Synstad 161
Camping Tallaksbru 107
Camping Tana Familiecamping 324
Camping Taulen 140
Camping Teksten 114
Camping Telemark Kanal 114
Camping Tingsaker 63
Camping Tjugen 183
Camping Tofebrekke 121

REGISTER

Camping Toftemo Turiststasjon 204
Camping Tømmerneset 270
Camping Torghatten 248
Camping Trollstigen 195
Camping Trollveggen 195
Camping Tromsø 299
Camping Tveit 174
Camping Tvinde 140
Camping Tynset 227
Camping Tysdal 91
Camping Ulvik Fjordcamping 139
Camping Ulvsvåg Gjestgiveri 270
Camping Vang 143
Camping Vangen 207
Camping Vasetdansen 157
Camping Vassbakken Kro 167
Camping Veganeset 176
Camping Vegset 252
Camping Velemoen 107
Camping Vennesund 247
Camping Vestkapp 180
Camping Vestre Jakobselv og Ungdomssenteret 326
Camping Vik 174
Camping Viking 182
Camping Vinje 191
Camping Volltveit 114
Camping Volsdalen 199
Camping Voss 140
Camping Wathne 91
Camping Wisløff 307
Camping Ytre Vikna Skjærgårdscamping 247
Camping Ytterdal 192
Christian Frederik 14
Christiania. *Siehe* Oslo (CP, ST)
Christian, Johann 16

D

Dalen (CP) 108
Dalsnibba 191
Dass, Peter 13, 16, 256
Deatnu. *Siehe* Tana Bru (CP)
Dombås (CP) 203
Dovre (CP) 204
Dovrefjell Nationalpark 225
Dovreskogen 204
Dragseidet 180
Dragsvik (CP) 176
Drammen (CP) 54
Dyping (ST) 270
Dyrskar-Pass 118

E

Egersund (CP) 73
Eidfjord (CP) 137
Eidsborg Stabkirche 109
Eidsdal (CP) 192
Eidsvoll 14
Eidsvoll Verk 215
Eiken 103
Einwohnerzahl 8
Ekkerøya, Vogelinsel 327
Eldalsosen 176
Eleverum (CP) 213
Elvebakken (CP) 307
Elveseter 164
Engabreen Gletscher 258
Erikson, Leif 11
Evje (CP) 103

F

Fagernes (CP) 156
Fantoft Stabkirche 130
Fauske (CP) 266
Felszeichnungen 306
Ferkingstad (CP) 84
Finnmark, Provinz 303
Finse 139, 146
Fiskebøl 285
Fister (CP) 91
Fjære, Kirche 64
Fjærland (CP) 177
Fjørresfjorden 88
Flakk (CP) 240
Flakstad (CP) 280
Flåmbahn 145
Flåm (CP) 145
Flateland (CP, ST) 106
Flekkefjord (CP) 71
Foldereid (CP) 247
Folgefonn-Gletscher 94
Folgefonntunnel 95
Folldal (CP) 227
Fonndalen (CP) 178
Fossbakken (CP) 293
Fram, Expeditionsschiff 44
Fredrikstad-Gamlebyen (CP) 29
Fredvang (CP) 280, 282
Frette 120
Frosta 249

G

Galdhøpiggen 8, 163
Gamvik 323
Garmo (CP) 159
Garnes 135
Gaularfjell 176
Gaupne (CP) 169
Geilo (CP) 155
Geiranger (CP, ST) 191
Geirangerfjord 189
Giske Inseln 200
Gjendesheim 158
Gjerde (CP) 170
Gjermundshamn 95, 121
Gjesvær 319
Gletscher 171
Glittertind 163
Glomma, Fluss 213
Gol (CP) 151
Golfstrom 294
Granvin (CP) 137
Grendi 104
Grense Jakobselv 331
Grieg, Edvard 16, 131
Grimdalen 108
Grimdalen, Anne 108
Grimstad (CP) 62
Grindheim, Kirche 103
Grip, Insel 223
Grong (CP) 252
Grønligrotte 261
Grovane 67
Gryllefjord 288
Gudbrandsjuvet (CP) 193
Gudvangen (CP) 143
Gullesfjordbotn (CP) 284
Gvarv (CP) 114

H

Hafslo 171
Hafslund 30
Håkon Håkonsson 12
Håkon V., König 31
Håkon VII. 14
Halden (CP) 26
Haldenkanal 27
Halhjem 89, 121
Halsa (CP) 258
Hamar 214
Hamarøy (CP) 270
Hammerfest (CP) 310
Hamnøy 280
Hamresanden (CP) 66
Hamsun, Knut 17, 64, 159, 268
Hanse 12

REGISTER

Harald Hårdråde, König 12, 31
Harald Hårfagre 11
Haraldhaugen, Nationaldenkmal 88
Harald V. 10
Hardangerfjord 121
Hardanger Fossasti 98
Hardangervidda, Hochebene 95, 138
Hardangervidda Naturzentrum 138
Hardangervidda, Wandervorschlag 117
Hareid 200
Hårfagre, König Harald 86
Harran (CP) 252
Harstad (CP) 289
Hauge i Dalane (CP) 73
Haugesund (CP) 87
Haukeland (CP) 134
Haukeligrend (CP) 108
Havøysund 313
Heddal Stabkirche 112
Helgeroa (CP) 56
Helle 105
Helleristninger, Felszeichnungen 10
Hellesylt 188
Hemsedal (CP) 153
Henningsvær 278
Herøy, Insel 200
Heyerdahl, Thor 17, 43
Hjelmeland (CP) 91
Hjemmeluft (Alta) 306
Hjerkinn (CP) 226
Hoddevika 180
Hofles (CP) 247
Hol 154
Holberg, Ludvig 17
Holland 257
Holmset (CP) 244
Holtsås (CP) 114
Homborsund (CP) 63
Hommelstø 249
Honningsvåg (CP) 316
Hopperstad Stabkirche 174
Hordaland, Provinz 118
Hornindalsvatnet 9, 188
Hornnes (CP, ST) 103
Horten (CP) 55
Høvåg (CP) 63
Hovden (CP) 108
Hove Steinkirche 175
Hovland 172

Høvringen 205
Høyheimsvik (CP) 169
Hunderfossen (CP) 210
Hunn 28
Hunnedalen 102
Hurtigruten 353
Hvidsten 30

I

Ibsen, Henrik 17, 59, 62
Ifjord (CP) 322
Indre Billefjord 320
Innvik (CP) 182

J

Jedermannsrecht 340
Jelsa 93
Jevnaker 49
Johansen, Hjalmar 44
Jøkulfjorden (ST) 304
Jondal 97
Jørpeland (CP) 91
Jostedalen Breheimsenteret 168
Jostedalsbreen 9, 169
Jotunheimengebirge, Bergtouren 163
Juvasshytta Berggasthof 163

K

Kabelvåg (CP) 274
Kåfjord 305
Kalmarer Union 13
Kanestraum 224
Kap Kinnarodden, 323
Kap Lindesnes 9, 71
Karasjok (CP) 334
Karmøy, Insel 84
Karmsund 85
Kaupanger 172
Kautokeino (CP) 336
Kibergneset 327
Kieler Frieden 13
Kielland, Alexander 18
Kilbognhamn 257
Kinsarvik (CP) 98
Kirkenes (CP) 330
Kjeldal 114
Kjenndal 185
Kjerag 101
Kjerringøy (CP) 268
Kjerringvik 57
Kjøllefjord (CP) 322, 323
Kleppe (CP) 80
Knaben 103
Kongenveien 204

Kongsberg 112
Kongsvold Fjellstue 230
Königsweg 227
Kopervik 84
Korgen (CP) 259
Kristiansand (CP) 64
Kristiansund (CP) 221
Kristin Lavransdatter, Roman 205
Kunes 322
Kvalvåg (ST) 89
Kvam (CP) 209, 252
Kvanndal 137
Kviteseid 115
Kyrping (CP) 120

L

Lade 238
Lærdalsøyri/Lærdal (CP) 148
Lærdals Tunnel 147
Lakselv (CP) 321
Landesnatur 8
Langdal (ST) 193
Langfoss Wasserfall 120
Larvik 55
Låtefossen 94
Laukvik (CP) 275
Lebesby 322
Leif Eriksson 242
Leinstrand (CP) 224
Leira (CP) 157
Leirvik 88
Leka, Insel (CP) 246
Leknes 278
Lesja (CP) 203
Lesjaskog (CP) 203
Levang 256
Levanger (CP) 249
Lie, Jonas 18
Lie, Trygve 18
Lillehammer (CP) 210
Lillehavn (CP) 71
Lillesand (CP) 64
Løding 271
Loen (CP) 182
Løffalstrand 95
Lofoten Inseln 272
Lofthus (CP) 98
Løkken 224
Lom (CP) 159
Longerak (CP) 104
Lothe (CP) 96
Lunde (CP) 114
Luster (CP) 168, 169
Lyngdal (CP) 72

REGISTER

Lyngseidet 302
Lysebotn (CP) 101
Lysefjord 82, 100
Lysekloster 131
Lysevegen 101
Lysøyen, Insel 131

M

Mære 250
Magalaupet Schlucht 230
Mågelitop 98
Magnus Eriksson 12
Majavatn (ST) 253
Malvik (CP) 240
Månafossen, Wasserfall 81
Mandal (CP) 69
Måndalen (CP) 197
Mannheller 172
Marmorslottet 261
Maurvangen 158
Mehamn (CP) 322
Melbu 285
Merdø, Inseln 62
Mitternachtssonne 264
Mjøsa See 9, 213
Moen (CP) 60
Mo i Rana (CP) 260
Molde (CP) 219
Morgedal (CP) 111
Mørsvikbotn (CP) 270
Mortensnes 325
Mosjøen (CP) 253
Moskenes 282
Moskenstraumen 283
Moskog 176
Mosterøy, Insel 82
Møvik Fort 65
Munch, Edvard 18, 47
Myrdal 145

N

Nå 96
Nærbø 74
Nærøyfjord 143
Namsen Laksakvarium 252
Namsos (CP) 244
Namsskogan 252
Nansen, Fridtjof 18, 44
Narvik (CP) 289
Nationalfeiertag 9
Nationalflagge 9
Nationalpark Jotunheimen 166
Nationalversammlung 14
Neiden (CP) 329
Nesbyen 156
Nes (CP) 179
Neset (CP) 104
Nesna 256
Neumann Sverdrup, Otto 44
Nevlunghavn (CP) 56
Nidarosdom 12
Nigardsbreen 168
Nordfjordeid (CP) 179
Nordkap (ST) 316
Nordkinn-Halbinsel 322
Nordkjosbotn (CP) 294
Nordlicht 300
Nord-Sel 204, 205
Nordsjøvegen 84
Nordvegen 85
Nore Stabkirche 156
Norheim, Sondre 111
Norheimsund (CP) 136
Nörholm 64
Norsjø-Bandakkanal 58
Notodden (CP) 112
Nusfjord 280
Nykvåg 287
Nyrud 332

O

Oanes 80
Odda (CP) 94
Ogna (CP) 74
Øksfjordjøkulen-Gletscher 303
Okstindangebirge 259
Oksvågen Landstation 323
Olav der Heilige. Siehe Olav II. Haraldsson
Olav Håkonsson 13
Olav Haraldsson 11
Olav II. Haraldsson 232, 250
Olav Tryggvasson 11
Olav V. 15, 18
Olden (CP) 183
Olderfjord (CP) 313
Oldtidsvegen 28
Ölexport 81
Oppdal (CP) 230
Opphaug (CP) 244
Oppheim 143
Oppstryn 187
Ørneveien 192
Osa 139
Oseberg 57
Osebergschiff 41
Ose (CP) 105
Osen (CP) 244
Oslo (CP, ST) 31
  Akershus Festung 37
  Bygdøy 39
  Camping 52
  Frogner Park 46
  Holmenkollen 45
  Hotels 51
  Information 49
  Kon-Tiki Museum 43
  Norsk Folkemuseum 40
  Oslo Kortet 32
  Restaurants 51
  Stadtbesichtigung 32
  Vikingskiphuset 41
  Wohnmobil-Stellplatz 52
Otta (CP) 207
Overhalla 246
Øvre Eidfjord (CP) 138
Øvre Pasvik Nasjonalpark 332
Øygardsstøl, Berggasthof 101
Øyslebø 70
Øystese 136

P

Peer Gynt 208
Peer Gynt Weg 209
Polarkreis 263
Polarlicht. *Siehe* Nordlicht
Polarnacht 264
Polar Zoo (ST) 293
Preikestolen (CP) 80

Q

Quisling, Vidkun 14

R

Rå 131
Rallarvegen 139, 141, 145
Ramberg (CP) 280, 282
Ramfjordbotn (CP) 299
Randsverk (CP) 158
Raubergstulen (CP) 163
Raundalen 141
Ravnjuvet, Schlucht 116
Reime 74
Reine 281
Reisadalen 303
Ridderspranget, Felsklamm 158
Ringebu (CP) 210
Risør (CP) 61
Roddineset 321
Rognan (CP) 265
Røisheim 162
Røldal (CP) 94, 118
Rondane-Berge 205
Rondane Nationalpark 208

REGISTER

Røra (CP) 251
Rorbuer-Ferien 273
Røros (CP) 227
Rørvik (CP) 246
Rosendal 120
Røssvassbukt 259
Røst 283
Runde (CP) 201
Russenes (CP) 313
Rysstad (CP) 105

S

Saga-Säule 164
Saltdal (CP) 255
Saltstraumer (CP) 258
Sami 308
Sand 92
Sandane (CP) 178
Sandefjord (ST) 55
Sandnes (CP) 60, 79
Sandnessjøen 256
Sandsletta (CP) 275
Sandvikvåg 89
Sarpsborg 30
Sauda (CP) 93
Sauherad 113
Savtso 306
„Schottenzug" 208, 219
Scott, Robert Falcon 44
Sekkemo (CP) 304
Sel 206
Selja, Insel (CP) 181
Selje Kloster 181
Seljestadjuvet 119
Seljord (CP) 115
Setergrotta 261
Setesdal 104
Setesdalbahn 67
Setesdal Mineralpark 103
Setesdalsheiene, Hochebene 108
Simadalen 138
Sjoa (CP) 209
Skaidi (CP) 310
Skåla, Berg 184
Skånevik (CF) 120, 121
Skarsvåg (CP) 315
Skei (CP) 173
„Skibladner", Veteranendampfer 213
Skieggedal 98
Skien (CP) 57
Skien-Norsjøkanal 58
Skiippagurra (CP) 324
Skisport 111

Skittenelv 299
Skjalgsson, Erling, Wikingerfürst 86
Skjerefossen 139
Skjolden (CP) 167
Skoganvarre (CP) 334
Skudeneshavn (CP) 84
Skutvik (CP) 271
Snåsa 252
Sogndal (CP) 172
Søgne (CP) 66
Sognefjell 165
Sognefjord 9, 143, 175
Sogn og Fjordane, Provinz 175
Solbakk 90
Solberg 28
Sølsnes 219
Solvorn 171
Sortland (CP) 236
Sørvågen (CP) 282
Spiterstulen (CF) 163
Staatsform 8
Stabbursnes (CP) 321
Stabkirchen 152
Stalheim 143
Stalheimskleiva-Straße 143
Stamsund (CP) 278
Stavanger (CP) 75
Stave (CP) 288
Stavern (CP) 56
Stein 214
Steine 287
Steinkjer (CP) 250
Steinklepp (CP) 153
Steinsdalsfossen 136

Stellplätze für Wohnmobile

Stellplatz Ansi Turistservice, Storeng 304
Stellplatz Bergen Bobilsenter 134
Stellplatz „Bob I Parkering" Ålesund 199
Stellplatz Bodø 269
Stellplatz Camping-Rasteplass Svenningsvatn 253
Stellplatz Dyping 270
Stellplatz Gerianger 191
Stellplatz Hornnes Mineralparken Bobilcamp 103
Stellplatz „Jøkelfjord-Bobil-Camp" 304

Stellplatz Kinnarps Turistsenteret 286
Stellplatz Langdal, Nähe Trollstigen 193
Stellplatz Lyngvaer Lofoten Bobilcamp 277
Stellplatz Messa, Tønsberg 56
Stellplatz Nordkapplateau 315
Stellplatz Polar Zoo, Fossebakken 293
Stellplatz Sandefjord Bobilhavn 55
Stellplatz Sanden Såre Flateland 107
Stellplatz Sjølyst Bobil Parkering Oslo 52
Stellplatz Stø Bobilcamp 287
Stellplatz Svolvær 275
Stellplatz Victors Naturpark, Kvalvåg 89

Stiklestad 250
Stjørdal (CP) 249
Stokmarknes (CP, ST) 285
Stord (CP) 89
Storeng (ST) 304
Storforshei (CP) 260
Storslett (CP) 304
Storvågan, Lofoten 274
Stø (ST) 286
Stranda 189
Strandslett (CP) 278
Straumen (CP) 270
Stryn (CP) 187
Sturluson, Snorri 12, 86
Suldal 93
Sulitjelma 266
Sund 280
Sundal (CP) 95
Sunnfjord Freilichtmuseu 176
Svanvik 332
Svartisen, Gletscher 257, 262
Sverrestien Weg 150
Svinesund 26
Svolvær (ST) 274
Sykkylven 189

T

Tana Bru (CP) 324
Tautra, Insel 232
Telavåg 132
Telemark 109

REGISTER

Telemarkkanal 58
Thorwaldsson, Erik „der Rote" 242
Tisleidalen (CP) 157
Tjøme (CP) 56
Tjøme, Insel 57
Tjørvåg (CP) 200
Tømmerneset (CP) 270
Tønsberg (CP, ST) 57
Tonstad 74, 102
Torghatten, Berg (CP) 247
Torpo 154
Torvik 218
Tosbotn (CP) 249
Trædal (CP) 291
Treriksrøysa 332
Tresjord 197
Trofors 253
Troldhaugen 130
Trollfjord 274
Trollheimen Gebirge 231
Trollkyrkja, Marmorhöhle 220
Trollstigen 196
Trolltunga, Felszunge 98
Tromsø (CP) 295
Trondheim (ST) 232
  Hotels 240
  Restaurants 239
  Ringve Museum 238
  Stadtspaziergang 234
  Touristeninformation 239
Trones 252
Tryggvasson, König Olav 86, 180
Tungestølen Hütte 171
Tvedestrand (CP) 61
Tynset (CP) 227
Tyssedal 94, 97

U

Ula 57
Ulefoss 113
Ullmann, Liv 18
Ulsteinvik 201
Ulvik (CP) 138
Ulvsvåg (CP) 270
Undset, Sigrid 18, 205
Urnes Stabkirche 167
Uskedal (CP) 121
Utåker 120
Utne (CP) 96
Utstein Kloster 83
Uvdal Stabkirche 155

V

Vadsø 326
Værøy 283
Vågåmo (CP) 158
Vågar, Lofoten 276
Våge 95
Vågen 89
Valldal (CP) 192
Valle 106
Valleheiene, Hochebene, Wandervorschlag 106
Vangsnes (CP) 174
Varangerbotn 325
Varanger-Halbinsel 325
Vardø 327
Varhaug 74
Vårkinn 204
Vårstigen 230
Vassenden (CP) 177
Vedavågen 84
Vennesund (CP) 247
Venstøp 59
Verdal (CP) 249
Verdens End 57
Ver- und Entsorgung für Wohnmobile 338
Vestre Jakobselv (CP) 326
Vettifoss 166
Videdalen 188
Vigeland (CP) 70
Vigeland, Gustav 18, 46, 70
Vik 247
Vikafjell 175
Vik (CP) 174
Vikhamar (CP) 240
Vingelen 227
Vingsand 244
Vinstra (CP) 209
Vinterbro 49
Visnes 87
Vøringsfoss 138
Voss (CP) 139
Vrangfoss, Katarakt 114

W

Walküren 85
Walsafaris 287
Wandertour Jotunheimen 166
Wergeland, Henrik 19
Westkap 180
Wikinger 11, 241
Wirtschaftliche Schwerpunkte 9
Wohnmobil-Stellplätze 337

Y

Ytre Vinje (CP) 116

MOBIL REISEN

Mobile Touring Highlights

Unterwegs auf den schönsten Reiserouten

Erlebnisreiche Reisen mit Auto, Motorrad, Caravan oder Reisemobil.

Mobil Reisen: BALTIKUM
Die schönsten Reiserouten kombiniert zu einer erlebnisreichen Tour durch alle drei baltischen Länder - Litauen, Lettland und Estland. Mit einem Abstecher nach Kaliningrad. Reisetipps in Fülle. Plus Vorschläge zu sechs Radtouren.
Mit Wohnmobil-Stellplätzen u. Campingplätzen.
Von Michael Moll, 252 S., zahlr. Farbfotos, Karten und Stadtpläne.
ISBN 978-3-926145-32-1.
GPS-Roadbook-CD mit Navigationskoordinaten verfügbar!

Mobil Reisen: BRETAGNE
Ein individueller Reiseführer mit Routenvorschlägen, ausgesuchten Touren für eine Reise von Nantes bis ans „Ende der Welt" der Finistère an die bretonische Atlantikküste. Historisches, Amüsantes, Kulinarisches und natürlich viele praktische Reisetipps. Jetzt mit noch mehr Wohnmobil-Stellplätzen.
Mit vor Ort erfassten GPS-Koordinaten.
264 S., zahlr. Farbfotos, Karten, Stadtpläne, Hotels, sowie viele Infos und die schönsten Campingplätze.
ISBN 978-3-926145-49-9
GPS-Roadbook-CD mit Navigationskoordinaten verfügbar!

Mobil Reisen: GRIECHENLAND
Aus der Reisepraxis für die Reisepraxis geschrieben. Ein Reisehandbuch mit Routen, Touren und Reisetipps fürs Auto-, Motorrad-, Caravan- oder Reisemobil-Touring. Eine Fülle von Routenvorschlägen führt Sie durch alle Regionen Festlandgriechenlands, von den Badestränden der Chalkidiki-Halbinsel bis in den Süden des Peloponnes und natürlich zu allen archäologischen Stätten.
Mit vor Ort erfassten GPS-Navigationskoordinaten!
264 S., zahlr. Farbfotos; Karten, Stadt- u. Lagepläne, Stadtspaziergänge, Hotels und die schönsten Campingplätze.
ISBN 978-3-926145-36-9
GPS-Roadbook-CD mit Navigationskoordinaten verfügbar!

RAU'S REISEBÜCHER „MOBIL REISEN"

Mobil Reisen: IRLAND – Mit Nordirland
Der ideale Urlaubsführer für alle, die den Charme der "Grünen Insel" auf eigene Faust entdecken wollen. Ausgesuchte Routenvorschläge fürs Auto-Touring von den südlichen Counties über die imposante Westküste bis hinauf ins abgeschiedene Donegal und durch Nordirland. Ausführlicher Dublin-Teil mit detaillierten Rundgängen. Kultur, Folklore, Tipps zu Pubs, Wandermöglichkeiten.
Mit vor Ort erfassten GPS-Navigationskoordinaten!
336 S., zahlr. Farbfotos, Karten, Stadtpläne, Hotels, viele Infos und die schönsten Campingplätze.
ISBN 978-3-926145-40-6
GPS-Roadbook-CD mit Navigationskoordinaten verfügbar!

Mobil Reisen: KORSIKA
Korsika, „Ile de Beauté", die „Insel der Schönheit" besticht durch ihre wunderbare Berglandschaft und ihre herrliche, oft atemberaubende Küstenszenerie. Eine Herausforderung für alle unternehmungslustigen Wohnmobilisten und Caravaner und ein Eldorado für anspruchsvolle Wandertouren.
Hotels, Restaurants, Campingplätze und Menge Tipps und Infos.
Mit vor Ort erfassten GPS-Koordinaten.
ca. 240 S., zahlr. Farb-Abb., Karten, Stadtpläne.
ISBN 978-3-926145-41-3
GPS-Roadbook-CD mit Navigationskoordinaten verfügbar!

Mobil Reisen: KROATIEN
Istrien, die Dalmatinische Küste und Kroatiens herrliche Adriainseln auf den schönsten Reisewegen erleben. Dieses praktische Reisehandbuch sagt Ihnen, wo's lang geht. Eine Fülle an Reisetipps, Infos zu Hotels und Campings.
240 S., zahlreiche Farb-Fotos, Karten, Stadtpläne, Stadtspaziergänge.
ISBN 978-3-926145-26-0
GPS-Roadbook-CD mit Navigationskoordinaten verfügbar!

Mobil Reisen: LOIRETAL
Die schönsten Reisewege durch das Herz Frankreichs, der Landschaft, in der es sich leben lässt „wie Gott in Frankreich". Nicht umsonst entstanden hier die prächtigsten Schlösser Frankreichs. Aber auch wer weniger das Historische als viel mehr kulinarische Erlebnisse sucht, wird in der Gegend um das Loiretal auf seine Kosten kommen. Und dieser Reiseführer sagt Ihnen wo's lang geht. NEU! Jetzt mit vielen Wohnmobil-Stellplätzen und mit vor Ort erfassten GPS-Navigationskoordinaten!
264 S., zahlr. Farbfotos, Karten, Stadtpläne, Hotels, sowie viele Infos und die schönsten Campingplätze.
ISBN 978-3-926145-38-3.
GPS-Roadbook-CD mit Navigationskoordinaten verfügbar!

RAU'S REISEBÜCHER „MOBIL REISEN"

Mobil Reisen: NORMANDIE
Nicht nur ein praktisches Touren-Buch mit vielen Tipps, sondern ein Komplett-Reiseführer mit den interessantesten Reiserouten. Lernen Sie die schönsten Gegenden Küstenlandschaften und Städte auf eigene Faust kennen. Ausgesuchte Touren für Selbstfahrer und Wohnmobil-Urlauber, aber auch für alle, die mit ihrem Pkw oder Motorrad unterwegs sind. Natürlich mit Camping- und Wohnmobil-Stellplätzen.
Von Michael Moll; 240 S., zahlr. Farbfotos, Karten, Stadtpläne, Hotels, sowie viele Reiseinfos.
ISBN 978-3-926145-33-8
GPS-Roadbook-CD mit Navigationskoordinaten verfügbar!

Mobil Reisen: RUND UM DIE OSTSEE
Auf überlegt ausgesuchten Routen und Touren die schönsten Gegenden Pommerns und Masurens, sowie wunderschöne baltische Städte wie Vilnius, Riga und Tallinn sowie die russische Perle Sankt Petersburg erleben. Reisen Sie über Finnland, Schweden und die dänische Insel Seeland zurück. Dieser Reiseführer hilft – ob Wohnmobil-Tourer, Caravaner, Autourlauber oder Motorbiker – sowohl bei der Vorbereitung als auch auf der Reise unterwegs Ein unvergessliches Reiseerlebnis!
360 S., Stadtrundgänge, zahlr. Farb-Abb., Karten, Stadtpläne, Hotels, sowie viele Infos und die schönsten Camping- und Wohnmobil-Stellplätze. ISBN 978-3-926145-34-5
GPS-Roadbook-CD mit Navigationskoordinaten verfügbar!

Mobil Reisen: POLEN
Polen bequem auf eigene Faust kennen lernen. Über die Sudeten und über Schlesien, weiter durch die Karpaten, Zentral- und Ostpolen mit einem ausführlichen Teil über die Hauptstadt Warschau, durch Ermland, die Masurische Seenplatte, durchs Lebuser Land und über Pommern schließlich bis zur Ostseeküste. Alles in bequem nachvollziehbaren Reiserouten beschrieben.
Von Michael Moll, 240 S., viele Farbfotos; Karten, Stadt- u. Lagepläne, Stadtspaziergänge, Hotels und die schönsten Campingplätze.
ISBN 978-3-926145-28-4

Mobil Reisen: PORTUGAL
Gesamt Portugal, vom grünen Norden bis zur sonnigen Algarveküste, vom kargen, ursprünglichen Alto Alentejo bis zu den Seebädern am Atlantik beschreibt dieser Band auf leicht nachvollziehbaren Touren, die einen kompletten Eindruck von diesem überaus interessanten Reiseland vermitteln. Besonders ausführlich die Weinstadt Porto und natürlich Lissabon, eine der schönsten Hauptstädte Europas.
Mit vor Ort erfassten GPS-Koordinaten.
ca. 300 S., zahlr. Farb-Abb., Karten, Stadtpläne, Hotels, sowie viele Infos und die schönsten Campingplätze.
ISBN 978-3-926145-43-7

RAU'S REISEBÜCHER „MOBIL REISEN"

Mobil Reisen: SARDINIEN
Ein Reiseziel mit ganz unerwarteten Attraktionen – zauberhafte Küstenszenerien, das größte Dünengebiet ganz Italiens, wunderschöne Seegrotten, mystische Nuraghen, geisterhafte alte Minenstädte und einer der spektakulärsten Canyons in Europa.
Dieses Tourenbuch, gespickt mit jeder Menge Reisetipps, führt auf den schönsten Routen und Wohnmobil-Touren durch Sardinien. Mit Wohnmobil-Stellplätzen, Tipps zu Hotels und Restaurants, Campingplätzen. Mit GPS-Navigationskoordinaten!
240 S., zahlr. Farbfotos, Karten, Stadtpläne.
ISBN 978-3-926145-37-6
GPS-Roadbook-CD mit Navigationskoordinaten verfügbar!

Mobil Reisen: SCHOTTLAND
Schottland auf neuen Wegen erleben. Eine variantenreiche Rundreise – von den Borders bis zu den Highlands, von den Western Isles bis zu den Orkneys. Detaillierte Beschreibung von Edinburgh, Glasgow, allen wichtigen Städten, Schlössern und Landschaften.
Außerdem Essen und Trinken, Whisky, Clans, Tartans und Dudelsäcke, Wandern u.v.m.
276 S., zahlr. Farbfotos., Karten, Stadtpläne, Hotels, sowie viele Infos und die schönsten Campingplätze.
ISBN 978-3-926145-46-8

Mobil Reisen: SCHWEDEN
Mit Inseln Öland und Gotland
22 sorgfältig ausgewählte, vor Ort getestete Reise(mobil)routen und Autotouren durch die schönsten Landschaften, Städte und Regionen. Mit vielen Reisetipps und Informationen über Sehenswertes vom südlichen Schonen bis Lappland. Mit ausführlichem Stockholm-Teil, Stadtrundgänge u.a. durch Helsingborg, Göteborg, Uppsala, Kalmar, sowie die Inseln Öland und Gotland. Mit vor Ort erfassten GPS-Koordinaten.
288 S., zahlr. Farbfotos, Karten, Stadtpläne, Hotels, sowie viele Infos und die schönsten Campingplätze. Mit Wohnmobil-Stellplätzen.
ISBN 978-3-926145-48-2
GPS-Roadbook-CD mit Navigationskoordinaten verfügbar!

Mobil Reisen: SIZILIEN
Auch ein klassisches Reiseziel lässt sich immer wieder neu entdecken. Dieses neue Tourenbuch schildert kompetent und ausführlich die schönsten Reisewege durch Sizilien.
Mit Wohnmobil-Stellplätzen.
276 S., zahlr. s/w.- u. Farb-Abb., Karten, Stadtpläne, Hotels, sowie viele Infos und die schönsten Campingplätze.
ISBN 978-3-926145-29-1
GPS-Roadbook-CD mit Navigationskoordinaten verfügbar!

RAU'S REISEBÜCHER „MOBIL REISEN"

Mobil Reisen: SKANDINAVIEN
Reiseziel Nordkap
Die große Tour zum Nordkap in bequem zu kombinierenden Reiserouten. Mit neuen Touren und vielen Streckenvarianten durch alle vier nordischen Länder – Dänemark, Norwegen, Schweden und Finnland. Ausführliche Beschreibung der Hauptstädte. Übersichtlich, informativ, kompetent. Mit vor Ort erfassten GPS-Koordinaten.
348 S., zahlr. Farbfotos, Karten, Stadtpläne, Hotels, sowie viele Infos und die schönsten Campingplätze.
ISBN 978-3-926145-45-1
GPS-Roadbook-CD mit Navigationskoordinaten verfügbar!

Mobil Reisen: SPANIEN NORD
Spaniens Norden von den Stränden der Costa Brava über die Pyrenäen, durch das grüne Galicien mit dem Pilgerziel Santiago de Compostela bis ins Herz Kastiliens mit den Hochburgen von Kunst, Kultur und Geschichte wie Salamanca oder Segovia.
Ausführlich: **Der Jakobsweg**. Hotels, Restaurants und die schönsten Campingplätze. Mit vor Ort erfassten GPS-Koordinaten.
ca. 320 S., zahlr. Farb-Fotos; Karten und Stadtpläne.
ISBN 978-3-926145-42-0

Mobil Reisen: SPANIEN – Der Süden
Eine gelungene Mischung aus Kunst, Kultur, Information und Reisetipps. Ein kompletter Reiseführer, der mehr als nur Routen und Touren bietet. Vom Mittelmeer ins Herz Kastiliens, auf den Spuren der Conquistadores, weiße Dörfer, maurische Paläste und der sonnige Süden Andalusiens.
PLUS: Madrid City Guide.
304 S., zahlreiche s/w- u. Farb-Fotos, Karten, Stadtpläne, Stadtspaziergänge, Hotels, Paradores, Campings u. v. m.
ISBN 978-3-926145-25-3

Mobil Reisen: TOSKANA
Wiege der Renaissance, altes Zentrum von Kunst, Kultur und Wissenschaft und natürlich Eldorado für Weinliebhaber und ein wahres Paradies für kulinarische Entdecker. Ein Autoführer mit bequem zu kombinierenden Reiserouten durch die gesamte Toskana, mit Elba.
Großer Florenz-Teil sowie alle wichtigen Städte, Landschaften und Sehenswürdigkeiten. Mit GPS-Koordinaten.
288 S., zahlr. Farbfotos. Hotels, Restaurants, Camping- u. Reisemobil-Stellplätze, Kartenskizzen, Stadtpläne und viele Infos.
ISBN 978-3-926145-39-0

RAU'S REISEBÜCHER „MOBIL REISEN"

Mobil Reisen: USA SÜDWEST
Touring America – Die Traumtour durch den Südwesten der Vereinigten Staaten – Von den Rockies bis LA und San Francisco, vom Yellowstone bis zu den Indianerstätten und vom „Wilden Westen" bis ins Spielerparadies Las Vegas und mehr.
Erleben Sie mit diesem praktischen Touring-Guide für Selbstfahrer die aufregendsten Gegenden Amerikas – ob Sie nun mit dem Mietwagen, zünftig mit dem Motorbike oder mit dem Wohnmobil unterwegs sind. Ein Reiseführer und Tourenbuch – übersichtlich, praktisch, informativ und aus Erfahrung kompetent.
444 S., zahlr. Karten, Stadtpläne, Motels/Hotels, jede Menge Reise-Infos, die schönsten Campingplätze und viele Farbfotos.
ISBN 978-3-926145-35-2
GPS-Roadbook-CD mit Navigationskoordinaten verfügbar!

Weitere Titel sind in Vorbereitung!

Fragen Sie im Buchhandel nach unseren aktuellen Neuerscheinungen.

Oder besuchen Sie uns im Internet:
http://www.rau-verlag.de
http://www.mobil-reisen.eu

RAU'S REISEBÜCHER „MOBIL REISEN"

WERNER RAU VERLAG, Feldbergstraße 54, D - 70569 Stuttgart
e-mail: info@rau-verlag.de

Mobil Reisen: NORWEGEN – Reisewege zum Nordkap
© Werner Rau, Stuttgart, 1988
Vorliegend: Überarbeitete, aktualisierte 12. Auflage 2012/2013

GPS-ROADBOOK-CD
NORWEGEN

Alle Touren dieses Reiseführers können Sie als Roadbook-CD mit GPS-Navigationsdaten beim Verlag erwerben.

Die Navigations-Koordinaten sind im System WGS 84 („World Geodetic System 1984") entsprechend dem Verlauf der in diesem Reiseführer beschriebenen Routen und Touren angelegt. Sie berücksichtigen alle wichtigen Orte, Sehenswürdigkeiten, Campings und andere Points of Interest (POI's).

Unsere „Roadbook-CD" stellt Ihnen vor Ort erfasste Original-Navigationsdaten im **Garmin-Format *.GPD** (garmin database) sowie im **Garmin MapSource *.mps-Format** zur Verfügung.

Darüberhinaus finden Sie auf der „Roadbook-CD" alternative Dateiformate wie **GPX** (global positioning exchange), **GoPal** (GoPal GPS track log (*.trk), **Magellan MapSend, Navigon Mobile Navigator** – *.rte files, TomTom*.ov2 poi files.

Zudem sind die Daten im **Microsoft® Excel® Format** abgelegt. Damit können Sie alle Koordinaten **ganz einfach ausdrucken**!

Die tatsächliche Lage der Wegpunkte (Ziele/Zwischenziele) kann von den angegebenen Koordinaten ggf. bis zu ca. 300 m abweichen!

Mit entsprechender Software „MapSource®, City Select Europe"® des Anbieters Garmin® können die Daten im Garmin-Format über einen PC oder über ein Notebook direkt in viele Garmingeräte eingelesen werden.

NEU! Wissen wo's lang geht! Mit den auf der Roadbook-CD abgelegten Dateien im GPX-Format können Sie in Verbindung mit Google Earth® (kostenloser Download) die Reiseroute, sowie alle als Wegpunkt markierten Stationen der Reise schon vorab aus der Vogelperspektive auf Ihrem PC ansehen, oder sich einzelne Abschnitte der Route im Google Earth Routenplaner berechnen lassen. Wie's geht und vieles mehr steht auf der CD.

Für die Richtigkeit der Koordinaten und deren Transformierung in andere Dateiformate kann keine Gewähr übernommen werden! Weitere Details finden Sie auf der jeweiligen CD und auf unserer Webseite www.rau-verlag.de.

Unsere Roadbook-CD's können Sie gegen eine Schutzgebühr von EUR 9,90 nur direkt über den Verlag beziehen!

Bestellungen bitte über unseren Webshop:
www.rau-verlag.de/onlineshop.

Oder per Post an: Werner Rau Verlag, Feldbergstr. 54, D-70569 Stuttgart, Tel. 0711-687 21 43, Fax 0711-68 22 47, E-Mail: info@rau-verlag.de.